上饶市广丰区
人民代表大会志

（2005—2021）

《上饶市广丰区人民代表大会志》编纂委员会　编

方志出版社
Publishing House of Local Records

图书在版编目（CIP）数据

上饶市广丰区人民代表大会志 ：2005—2021 / 《上饶市广丰区人民代表大会志》编纂委员会编. —北京 ：方志出版社，2023.11

ISBN 978-7-5144-5872-5

Ⅰ. ①上… Ⅱ. ①上… Ⅲ. ①地方各级人民代表大会—工作概况—上饶—2005-2021 Ⅳ. ①D624.564

中国国家版本馆 CIP 数据核字(2023)第 206119 号

责任编辑：张颢
责任校对：张玉霞
责任印制：梅中英
出 版 者：方志出版社
地　　址：北京市朝阳区潘家园东里 9 号（国家方志馆 4 层）
邮　　编：100021
网　　址：http://www.zgfzcb.cn
发　　行：方志出版社图书营销中心（010-67110500）
印　　刷：北京中科印刷有限公司
开　　本：889 毫米×1194 毫米　1/16
印　　张：48.25
字　　数：1066 千字
版　　次：2023 年 11 月第 1 版
印　　次：2023 年 11 月第 1 次印刷
定　　价：268.00 元

《上饶市广丰区人民代表大会志（2005—2021）》编纂委员会

主 任 委 员：皮晓瑶

副主任委员：刘旭涛　颜显高　俞柳君　李积林　刘荣伟

李　强　王华安　鲍小红　郑建平　郑日贵

委　　　员：余玉辉　饶敏云　祝灵文　邱在庆　龚哲峰

陈丽军　吴处银　王建红

《上饶市广丰区人民代表大会志（2005—2021）》编辑人员

主　编：刘旭涛

副主编：饶敏云　吴处银

编　辑：郑连塘　叶妙生　张志强

摄　影：潘　栋　杨　静

序

正值广丰全面建成小康社会，倾力打造全市领先、全省一流现代化强区之际，《上饶市广丰区人民代表大会志（2005—2021）》付梓问世。这是广丰县（区）地方政权和民主法治建设的重要成果，也是广丰县（区）人大工作发展历程中的一件大事，值得庆贺。

古人云：求木之长者，必固其根本；欲流之远者，必浚其泉源。古今中外都很重视修史编志工作，广丰也不例外。编辑出版《上饶市广丰区人民代表大会志（2005—2021）》是2005年以来广丰县（区）历届人大常委会领导、人大代表和人大工作者的共同心愿。为此，区十七届人大常委会主任会议研究决定，于2022年5月启动编纂《上饶市广丰区人民代表大会志（2005—2021）》，以志书的形式，全面反映人民代表大会的发展历程，承前启后，鉴往知今，守正创新，继往开来。《上饶市广丰区人民代表大会志（2005—2021）》在编纂过程中，全体编委会成员和编辑人员以习近平新时代中国特色社会主义思想为指导，运用辩证唯物主义和历史唯物主义的立场、观点和方法，本着尊重历史、实事求是的原则，认真学习研究，博采史料，精筛细选，科学统稿，去粗存精，历时一年，数易其稿，终于付梓成书。志书凝结了全体编纂人员的心血和汗水，集聚了社会各界的厚爱和关注，也承载了历届人大工作者的耕耘和智慧。它客观真实地记述了2005年以来人民代表大会制度在广丰县（区）的实践与创新，是一部全面反映广丰人大工作历史与现状的科学志书。

岁月不居，时光荏苒。自2005年8月《广丰县人民代表大会志》（1993年1月至2004年12月）出版，至今已17载。17年间，广丰县（区）的经济建设与社会各项事业成绩斐然，城市面貌日新月异，人民生活富裕安乐。县（区）人大常委会通过不断努力、不断实践和不断探索，人大各项制度日趋完善，各项工作不断推进，人民代表大会制度在广丰县（区）彰显出勃勃生机，为广丰县（区）经济社会高质量发展提供了坚强有力的法治保障。广丰县（区）人大常委会始终坚持党的领导，紧贴中心，服务大局，围绕民主法治建设这一根本任务，解放思想，开拓进取，依法行使宪法法律赋予的职权，创造性地开展工作，工作范围明显扩大，履职方式不断创新。按时召开人代会，对重大事项作出决定决议，依法任免国家机关工作人员，有序开展工作评议、执法检查、个案监督、代表视察以及听取和审议专项报告等监督工作，不断提高监督实效。代表选举日趋民主化、规范化、科学化；人大常委会议事坚持民主决策、集体决策、科学决策制度；积极推进人大代表联络站建设，逐步建立起人大代表联系选民、保障选民权利的工作制度，践行“人民选我当代表，我当代表为人民”的初心。人大常委会积极开展横向联系，组织外出考察学习，参加赣浙闽皖四省十二县（市、区）人大常委会联席会议，探讨交流工作经验。人大常委会加强对乡镇人大工作的联系与指导，不断推动乡镇人大工作创新发展。积极开展人大系统创先评优工作，表彰先进，鞭策后进。总之，17年来，广丰县（区）人大及其常委会积极作为，依法履职，取得了可喜的成绩，也积累了不少的工作经验。

“以史为鉴，可以知兴替。”我们组织编纂的《上饶市广丰区人民代表大会志》（2005—2021），对于人民了解广丰（区）民主法治建设进程，研究和总结人大及其常委会工作，进一步坚持和完善人民代表大会制度，深入践行全过程人民民主，更好地发挥地方国家权力机关作用，将发挥存史、资政、育人的作用。实践证明，人民代表大会制度是最适合我国国情的根本政治制度，充分体现了社会主义民主的本质特征，具有极大的优越性和强大的生命力。《上饶市广丰区人民代表大会志》（2005—2021）的编纂出版，将给从事人大工作的同志和关心人大工作的干部群众提供了一份比较系统的史料，并为开展爱国主义教育、社会主义民主法治教育提供生动现实的素材。我相信志书的出版，必将对宣传人民代表大会制度，增强道路自信、理论自信、制度自信和文化自信，加强民主法治建设，践行全过程人民民主，做好新时代人大工作，具有积极推动作用。

皮晓瑶

2023 年 5 月

凡　例

一、本志以马克思列宁主义、毛泽东思想、邓小平理论、“三个代表”重要思想、科学发展观、习近平新时代中国特色社会主义思想为指导，坚持辩证唯物主义和历史唯物主义的立场、观点和方法，全面系统地记述广丰县（区）坚持和完善人民代表大会制度、践行全过程人民民主、人大及其常委会依法开展工作的历史和现状。

二、本志为《广丰县人民代表大会志》的续志。上自 2005 年 1 月，下至 2021 年 12 月。

三、本志采用记述体，分章、节、目编排，采用述、记、志、图、表、录等表述形式，以志为主。全志分为 8 章 40 节，编首立序、概述、大事记。

四、本志采用现代汉语书面语记述体。叙述直陈事实，一般只述不议，寓褒贬于事实中。行文力求简朴、流畅。

五、本志纪年一律采用公元纪年。各种数字和公元纪年，除人大常委会的序数按惯例使用中文数字书写外，均用阿拉伯数字书写。地理名称、行政区域以当时、当地习惯称呼。

六、本志中法律和机构名称，首次出现用全称，之后用简称。

七、本志设立《县（区）人民代表大会》章，收录 2005 年 1 月以来历届广丰人大历次会议县（区）人大常委会及“一府两院”的工作报告；设文件辑存，收录 2005 年至 2021 年中共上饶市委、中共广丰县（区）委关于人大工作的有关重要文件。

八、本志注重体现人大及其常委会依法行使职权、集体行使权力的特点。国家机关工作人员经人大选举或人大常委会任免的按任免先后顺序入志。否则，一律不予列入。

九、本志《人物》章中，历任县（区）人大常委会主任、副主任的，以简历形式入志。历届人大代表中受市级以上表彰的劳动模范和先进工作者也予以入志，但排名不分先后。

十、本志主要资料来源是广丰县（区）历届各次代表会材料专集、县（区）人大常委会会刊、县（区）档案馆馆藏资料、县（区）委组织部档案资料、广丰县（区）志、刊登在报刊上的宣传报道与调研文章、乡镇（街道）人大主席团（工委）按要求上报的材料等。录用资料均未注明出处。

2007 年 3 月 16 日，全国人大办公厅研究室原主任陈寒枫到广丰作法律讲座

2017 年 5 月 18 日，省人大常委会机关部分老干部到广丰视察社会经济发展情况

2017 年 7 月 19 日，市人大常委会党组书记、主任汪东进（前左四）到广丰调研乡镇人大代表工作联络站建设和高速公路建设

2020 年 6 月 3 日，市人大常委会党组书记朱寅健（左二）到广丰调研指导城区重点项目建设工作

2021 年 12 月 1 日，市人大常委会党组书记、主任杨文英（前左三）到广丰调研新时代人大工作

2007 年 3 月 15 日，县十四届人大一次会议在县人民法院会议中心举行

2011 年 9 月 4 日，县十五届人大一次会议在县人民法院会议中心举行

2017 年 3 月 15 日，区十六届人大二次会议在区人民法院会议中心举行

2018 年 4 月 19 日，省人大常委会执法检查组到广丰开展《中华人民共和国预算法》执法检查工作

2020 年 7 月 23 日，市人大常委会调研组到广丰法院调研两个“一站式”建设工作

2019 年 3 月 13 日，区人大代表集中视察广丰部分重点项目，感受经济社会发展情况

2020 年 7 月 16 日，区委举行全区人大工作会议

2021 年 11 月下旬，区人大常委会主任皮晓瑶（中）带领部分市、区人大代表，视察广丰区城建项目建设情况

2018 年 8 月 16 日上饶市人大常委会主任汪东进（中）到广丰区驻上海市流动人大代表联络站视察工作

2021 年 11 月 8 日，区人大代表、区人大常委会主任皮晓瑶到铜钹山镇人大代表联络站接待选民

2021 年 5 月 17 日，区人大常委会机关老干部党支部学习会

2021 年 9 月 26 日，区十七届人大常委会组成人员合影

2021 年 9 月 26 日，区十七届人民政府新当选领导任职宣誓

江西中烟广丰卷烟厂

永丰大道商贸中心

广丰电子信息产业园

广丰木雕城

上饶市广丰区西坛果园

上饶市广丰区黑滑石展览展示馆

广丰中学

广丰贞白中学

目 录

概 述

广丰区隶属江西省上饶市，位于江西省东北部，地处赣浙闽三省交界，东接浙江省江山市，北邻玉山县，西毗上饶市广信区、信州区，南接福建省浦城县、武夷山市。广丰置县始于唐，原称永丰，清雍正十年（1732 年）改称广丰。2015 年 2 月 16 日，国务院批复同意撤销广丰县，设立上饶市广丰区，2015 年 6 月 6 日，广丰区正式挂牌成立。广丰地处北纬 28° 3′ 33″ ~ 28° 37′ 23″，东经 118° 1′ 18″ ~ 118° 29′ 15″，属亚热带季风气候。2021 年全区辖 23 个乡镇（街道），其中街道 5 个，镇 15 个，乡 3 个。设铜钹山国家森林公园管理委员会、上饶高新技术产业园区管理委员会两个功能区管理机构。全区共有 157 个村民委员会和 76 个社区居民委员会。截至 2021 年末，广丰全区户籍人口 980943 人，总面积 1377.79 平方千米。2021 年实现生产总值（GDP）5517354 万元，完成财政收入 67.78 亿元。广丰素有“武术之乡”“挖掘机之乡”“黑滑石之乡”“马家柚之乡”的美誉，先后荣获“全国卫生县城”“全国社会治安综合治理先进县”“国家双拥模范县”“全国文明县城”等十余项国家级荣誉。

人民代表大会制度是中国的根本政治制度，它在广丰的经济建设和社会发展实践中，经历了长期的形成和发展过程。1954 年，中国颁布第一部宪法，人民代表大会制度进入全面确立和实施阶段。“文化大革命”期间，人民代表大会制度遭到破坏，广丰县也不例外。党的十一届三中全会后，人大制度得到恢复与发展。1979 年五届全国人大二次会议通过了《关于修正中华人民共和国宪法若干规定的决议》《中华人民共和国地方各级人民代表大会和地方各级人民政府组织法》和《中华人民共和国全国人民代表大会和地方各级人民代表大会选举法》。1980 年，广丰县召开第七届人民代表大会第一次会议，选举产生了县人大常委会。从此，人民代表大会制度在广丰进入一个新的发展时期。2005 年以来，在广丰县（区）委的正确领导下，人民代表大会制度得到进一步坚持、完善和发展。

从 2005 年到 2021 年的 17 年中，广丰县（区）人大已换届四次，乡镇人大也换届四次，县（区）人民代表大会召开了 22 次。县（区）人大常委会召开了 138 次。17 年间，人民代表大会制度在广丰发展社会主义民主，健全社会主义法治，实施依法治县，推进广丰改革开放和经济建设方面发挥越来越重要的作用，彰显了人民代表大会制度无与伦比的制度优越性。

一、坚持党的领导。中国共产党是中国特色社会主义事业的领导核心。人民代表大会制度是坚持党的领导、人民当家作主、依法治国有机统一的根本政治制度安排，是支撑国家治理体系和治理能力的根本政治制度。人大工作是党委全盘工作中的一个重要组成部分。一直以来，县（区）人大常委会增强“四个意识”，坚定“四个自信”，做到“两个维护”，自觉在思想上、政治上、行动上同党中央保持高度一致。自觉接受县（区）委的领导，严格落实重大事项向县（区）委请示汇报制度，紧紧围绕县（区）委的重大决策部署谋划推进人大工作，依法开展监督工作，切实增强监督实效。广丰县（区）委十分重视人大工作，经常听取人大党组的工作汇报，讨论研究人大工作，支持人大依法履职，关心人大建设工作。2016 年、2020 年中共上饶市广丰区委先后两次下发了《关于推动人大工作创新发展的意见》《关于加强新时代人大工作的意见》等文件，凸显了区委对人大工作的重视和对人大依法履职的支持。

二、按期召开县（区）人民代表大会会议。《中华人民共和国地方各级人民代表大会和地方各级人民政府组织法》第十四条规定，“地方各级人民代表大会会议每年至少举行一次”。2005 年至 2021 年的 17 年中，县（区）人民代表大会会议共举行 22 次。大会召开期间，人大代表依法履行职责，积极参与管理国家事务，行使审议权、表决权、提议案权等法律赋予的权力。代表们听取和审议政府工作报告、国民经济和社会发展计划执行情况及计划草案的报告、财政预算执行情况和预算草案的报告、生态文明建设情况报告、人民代表大会常务委员会的工作报告、人民法院的工作报告、人民检察院的工作报告共 122 个，其中人民政府工作报告 21 个，县人大常委会工作报告、人民法院工作报告和人民检察院工作报告各 20 个，计划、财政的报告各 18 个，生态文明建设情况报告 5 个，并相应地作出决议；选举出省十一届人大代表 5 名，省十二届人大代表 6 人，省十三届人大代表 7 名。选举产生市二届人大代表 54 名，市三届人大代表 53 名，市四届人大代表 53 名，市五届人大代表 51 名。选举产生国家机关领导人员和组成人员 164 名，其中县（区）人大常委会主任 4 名，副主任 25 名，委员 91 名；县（区）人民政府县（区）长 6 名，副县（区）长 25 名；县（区）人民法院院长 6 名，县（区）人民检察院检察长 4 名，区监察委员会主任 3 名。提出议案、意见、建议共 2325 件，经大会主席团审议，通过人大常委会向人民政府及有关部门交办，并及时跟进督办，代表提出的议案、意见、建议都得到办理，实现了“事事有回音，件件有答复”，代表们都比较满意。

三、依法行使重大事项决定权。县（区）人大及其常委会根据法律规定，认真履职，行使法律赋予的重大事项决定权，力求做到决定之前搞好调查，决定过程讲求民主，决定内容贴合实际，决定之后追问实效，从而使人大及其常委会作出的决定具有法律权威性和全面的约束力，助力广丰经济社会高质量发展，得到了“一府两院”的大力支持和广大群众的一致好评。从 2005

年县第十三届人大常委会第十五次会议至2021年区第十七届人大常委会第三次会议为止，人大常委会共作出决定、决议30个，涵盖了加强法制宣传教育工作、城市建设、民生工程建设、撤县设区、调整支出预算、地方政府债务限额、区乡两级换届选举等方面的内容。这些决定决议的作出与实施，有力地助推了广丰的城市建设，改善了营商环境和交通现状，极大地推动了民生工程建设，增进了民生福祉，为广丰以“干在实处、走在前列”的奋进姿态，实现广丰经济社会高质量跨越式发展贡献力量。

四、依法行使人事任免权。县（区）人大常委会坚持中国共产党的领导，坚持党管干部的原则，充分发扬民主，严格依法任免。2005年1月至2021年12月，县（区）人大常委会共任免人大、“一府一委两院”及政府组成部门国家机关工作人员538名，其中任命357名，免职181名（含撤职2名）。其间，县（区）人大常委会任免干部的程序和方式不断创新、完善和发展，逐步实现科学化、规范化、制度化。任命前，由县人大常委会统一命题，组织拟任命人员参加宪法知识任前考试，成绩合格者予以任命，不合格者不予任命。决定任免案时，先由提请人宣读提请任免报告，介绍被提请人的情况，再由常委会分管领导宣布任前宪法知识考试成绩，被提请任命人员在会上作供职报告，使常委会组成人员知其人知其事，便于集中审议并发表意见，最后进行投票表决。任命后，组织被任命的干部面向国徽，当场进行严肃的就职宣誓，并对被任命的国家机关工作人员颁发任命书，给予被任命干部法律确认，激发他们勤勉廉洁履职的责任感和使命感。

五、依法行使监督权。监督权是宪法和法律赋予地方人大及其常委会的重要职权。县（区）人大常委会在总结往届人大常委会监督工作经验的同时，建立科学规范的工作机制，完善监督工作方法，不断增强监督工作的主动性，增强监督实效。17年间，县（区）人大常委会通过听取和审议专项工作报告、视察调查、工作评议、述职评议、执法检查、专题询问、预算联网监督等多种监督方式方法，广泛而又系统地开展监督工作。有力地助推了广丰经济社会高效快速发展。从2005年1月至2021年12月，县（区）人大常委会共听取和审议“一府两院”的专项工作报告271个。组织视察调查7次，人代会会前代表集中视察5次，对19个单位开展工作评议，述职评议10人，执法检查58次，专题询问5次，连续3年开展预算联网监督工作。人大常委会开展监督工作，对于保证行政、审判、检察等国家机关在法律允许的范围内履行职责，减少工作失误，实现决策的民主化、科学化，对于促使国家机关工作人员依法行政、公正司法、清正廉洁，都起到重要的作用。

六、依法选举县（区）人大代表。人民代表大会制度是中国的根本政治制度。选举产生人大代表，是中国共产党坚持为人民执政、依靠人民执政、支持和保证人民当家作主的重要实践，是坚持和加强人民代表大会制度的生动写照。2007年、2011年、2016年、2021年四次县级换届，按照选举法的有关规定，都成立了县（区）选举委员会。制定了换届选举工作方案，召开了全县（区）换届选举工作会议。培训选举工作骨干，抽调得力干部组成选举工作联络指导小组，分赴各乡镇（街道）指导、督促选举工作。县（区）人大常委会在整个选举过程中始终做到加强领导，严格依法办事，从代表候选人的提名、推荐，正式代表候选人的考察与名单确定，选民名单、初步候选人名单、正式代表候选人名单的公布，都按法律规定的时间和程序执行。选举时都实行了差额选举。县（区）级四次换届选举中，选出县第十四届人大代表257名，县第十五届人大代表256名，区第十六届人大代表247名，区第十七届人大代表310名。中途因工作变动等因素，县（区）人大代表补选了58名。总体上讲，选举产生的四届县（区）人大代表结构合理，政治素质好，履职能力强，能较好地发挥人大代表应有的作用。

七、积极主动开展代表工作活动。每次换届选出新一届的人大代表后，便依法开展各项代表工作活动。召开人民代表大会时，人大代表按时参加代表大会，听取并审议列入大会议程的各种报告和议案，参加大会选举，表决大会决议，提出议案、建议、批评和意见。大会闭会后，人大代表参加人大常委会组织的或由代表团（小组）组织的视察调查、执法检查、工作评议等活动。同时，县（区）人大常委会在人代会闭会期间组织人大代表开展下列活动：一是组织代表学习培训。为提高代表履职能力，充分发挥代表作用，县（区）人大常委会多次组织代表学习培训。如2009年3月30日，县人大常委会邀请省人大常委会选任联工委主任吴会清为省、市、县人大代表，不是人大代表的乡镇（街道）人大（工委）主席（主任）、副主席（副主任），人大机关干部共300余人进行“充分认识人大代表的地位和作用，切实加强人大代表工作”的主题讲座。2017年3月16日，区人大常委会邀请市人大常委会选任联工委副主任汤志华为全体人大代表和人大常委会机关工作人员授课，围绕“如何做好人大代表履职工作”这个主题，深入讲解宪法法律知识、人民代表大会制度及代表履职知识。二是组织外出考察学习，在积极参加赣浙闽皖四省交界县（市、区）人大常委会联席会议的基础上，常委会先后组织部分人大代表到西安、深圳、昆明、延安等地参加全国人大培训中心举办的培训班学习。还先后由县人大常委会主任或副主任带队到浙江、福建等地交流工作，学习取经。三是参加省市人大讲堂。从2013年6月28日省人大常委会创立的“人大讲堂”开讲时，县（区）人大常委会就一期不落地组织部分县（区）人大代表及机关工作人员进行收听收看。四是坚持联系选民和群众，接受选民监督，密切代表与选民关系。县（区）人大常委会建立并实行了常委会组成人员联系代表，代表联系选民，接受选民监督的工作制度。人大常委会组成人员按照各自的选区，分乡镇（街道）联系人大代表，走访选民。2017年7月，区人大常委会积极推进人大代表联络工作站建设，做到“两个全覆盖”：一是乡镇（街道）地域设立全覆盖；二是代表进站全覆盖。各级人大代表全部编入代表联络工作站，参加活动。逐步建立起人大代表联系选民制度、人大代表接待日制度，解决了选民提出的一大批困难和问题，拉近代表和选民之间的距离。据统计，2021年，全区24个代表联络工作站1507名四级人大代表就地就近编入站点，开展接待选民等活动。为发挥好“代表机关”作用，实现“流动代表履职”和“在外选民权利保障”的有机结合，区人大常委会于2018年7月在上海市设立“上饶市广丰区驻上海市流动人大代表联络工作站”，为广丰在上海的选民解决实际困难和问题，充分保障在外选民的权利，进一步密切流动代表与选民的关系。同时，着力抓好信访工作，建立了常委会主任、副主任信访接待制度和“专人登记、领导阅批、归口处理、分级负责、监督办理、落实回复”的信访工作制度。据统计，从2005年1月至2021年12月，共接待群众来信来访3214次，其中办理省人大常委会转交办信访件2件，市人大常委会转交办信访件15件。五是在代表中开展创先争优活动。随着形势的发展变化和工作的不断深入，新时代赋予人大代表新的工作职责和任务。2017年4月26日，区人大常委会制定了《上饶市广丰区人大代表履职考核暂行办法》，引导鼓励人大代表带头依法办事，密切联系群众，回应群众关切，为群众排忧解难，切实履行代表职责，在助力乡村振兴、发展地方经济、疫情防控等工作中起模范带头作用，涌现出一大批优秀县（区）人大代表。据统计，2005年至2021年被县（区）人大常委会表彰的县（区）人大代表共371人次。

八、加强对乡镇人大工作的联系和指导。乡镇人大是最基层的一级人大组织，县（区）人大常委会始终把指导乡镇人大开展工作当作义不容辞的责任。帮助乡镇（街道）建立健全工作制度，指导乡镇（街道）搞好换届选举，开好一年两次的人代会例会，邀请乡镇人大主席列席县（区）人大常委会会议等，组织人大主席（主任）进行人大工作业务培训，提高其业务水平。从县十三届人大换届开始，县（区）人大常委会都成立了县（区）选举委员会，指导乡镇（街道）的县（区）人大代表选举工作。同时，乡镇换届时，常委会召开培训会，派出工作指导组，指导乡镇开好人代会、乡镇主席团会，做好选举工作，确保换届工作圆满成功。常委会在开展视察工作、执法检查、专题调研和评议工作时，邀请乡镇（街道）人大（工委）主席（主任）参加，通过工作实践帮助提高乡镇（街道）人大（工委）主席（主任）的业务能力和工作水平。县（区）人大常委会对乡镇（街道）人大主席团（工委）实行目标管理并进行年终考核评比，推动乡镇（街道）人大工作规范化、高质量发展，并制定了对乡镇（街道）人大主席团（工委）工作的考核办法，每年年底对乡镇（街道）人大工作进行全面系统考核，评选出乡镇（街道）人大工作先进单位。据统计，2005年度至2021年度共表彰乡镇（街道）人大工作先进单位109个。

九、不断加强人大的自身建设。县（区）人大常委会把加强自身建设摆在人大工作的重中之重来抓，以加强思想政治建设为引领，以作风建设为突破口，以制度建设为保障，着力塑造地方国家权力机关形象，实现履职能力和履职水平的双提升。一是加强思想政治建设，提升整体素质。认真落实党组理论学习中心组、机关干部职工学习、党支部“三会一课”、党组班子成员上党课等制度，深入学习习近平新时代中国特色社会主义思想、习近平总书记关于坚持和完善人民代表大会制度的重要思想，学习法律法规知识等。扎实开展“整顿机关作风、提高工作效能”专题教育、深入学习实践科学发展观、党的群众路线教育实践、“把纪律挺在前面”工作试点、“学党章党规、学系列讲话、做合格党员”学习教育、“我是党员我带头”、“学习、研究、宣传、贯彻习近平总书记关于人民代表大会制度重要论述”专题、“不忘初心，牢记使命”专题教育和“党史学习教育”等九项专题活动，教育引导机关干部职工进一步增强“四个意识”，更加坚定“四个自信”，坚决做到“两个维护”，用习近平新时代中国特色社会主义思想武装头脑，指导实践，推动工作。二是切实强化作风建设，搞好调查研究。常委会要求人大工作者必须思想端正，作风正派，勤于履职，清正廉洁，积极倡导深入实际搞调研，履职尽责求实效的工作作风。常委会组成人员及机关工作人员紧紧围绕县（区）委的重大决策部署和每年年初人大常委会工作要点，积极开展专题调研、工作评议、执法检查、民生实事、重大事项决定等工作的调查研究，通过与群众座谈，到现场察看，掌握第一手资料，了解真实情况，为审议“一府两院”及其相关部门的工作报告，为会议决定重大事项提供了依据，打下了基础。三是加强制度建设，抓好制度执行。每届县（区）人大常委会都高度重视制度建设。制定并完善了《常委会组成人员守则》《常委会议事规则》《常委会人事任免规定》《主任会议议事规则》《人大代表履职考核暂行办法》等一系列规章制度，并抓好了各项制度落实。2021 年区人大常委会为进一步加强代表联络工作，提升代表联络站工作质效，制定了《关于进一步提升人大代表联络站工作质效的实施方案》和《人大代表联络工作站考核评比方案》。这些制度的出台和落实，使人大的各项工作逐步走上规范化、程序化、制度化的轨道。

习近平总书记在中央人大工作会议上指出：人民代表大会制度是符合我国国情和实际、体现社会主义国家性质、保证人民当家作主、保障实现中华民族伟大复兴的好制度，是我们党领导人民在人类政治制度史上的伟大创造，是在我国政治发展史乃至世界政治发展史上具有重大意义的全新政治制度。区人大及其常委会正以坚定的制度自信，充分发挥人民代表大会的制度优势和职能作用，紧紧围绕区委的重大决策部署，扎实开展人大各项工作，不断实践全过程人民民主，突出人民中心，回应百姓关切，依法履行职责，助推改革发展，以实际行动助力广丰打造全市领先、全省一流的现代化强区。

大事记

2005年

1月24日，省人大代表、县人大常委会主任戴水春赴南昌参加省十届人大三次会议。

2月26日，机关全体党员参观横峰葛源、弋阳方志敏纪念馆，缅怀革命先烈的丰功伟绩。

3月1日，举行县人大机关、县建设局保持共产党员先进性教育活动模范人物先进事迹报告会，邀请月兔集团倪风华（全国劳模）、林科所徐炳星（省劳模）作报告。

3月2日，举行县人大机关、建设局保持共产党员先进性教育专题宣讲报告会，邀请市委党校副校长罗时平主讲。

4月13日，省人大常委会副主任全文甫带领省人大法工委主任陈克林等到广丰调研，市人大常委会主任黄木华陪同。下午，在广丰宾馆二楼会议室召开《江西省出版监督管理条例》征求意见座谈会。

5月13日，省人大常委会办公厅副主任陈毓平，市人大常委会办公室主任叶成东一行6人，到广丰调研贯彻落实全省人大工作会议精神情况。

5月15—17日，县人大机关党支部组织全体机关工作人员到井冈山革命根据地和抚州市参观、学习。

5月18日，市人大常委会副主任张又发一行6人到广丰召开关于对市水利局局长述职评议的座谈会。

5月31日，省人大财经委副主任委员宋军带领执法检查组一行4人到广丰检查《中华人民共和国安全生产法》实施情况。

6月22日，省人大常委会副主任孙用和、省人大内司委副主任委员周山印等执法检查组成员在市人大常委会副主任夏洪柏的陪同下，到广丰对《江西省集体合同条例》实施情况进行检查。

7月16日，省人大内司委副主任周山印、《时代主人》编辑室主编公艳萍、省人大办公厅宣教室主任何剑峰一行8人到广丰调研。

7月21日，省人大常委会评议省计生委主任冯红莲调查组到广丰召开座谈会。

8月9日，省人大选任联工委副主任刘润余，市人大选任联工委主任郭琳到广丰指导工作。

8月11日，市人大常委会副主任张又发、助理巡视员周昆正及市人大环资工委、市环保局、林业局负责人组成的检查组到广丰检查“环保上饶行”工作，重点检查台鑫钢铁厂、福丰化工厂等企业。

9月1日，全省县乡换届选举工作调研暨《中国人大》宣传工作座谈会在广丰宾馆四楼会议室举行，出席会议的有省人大选任联工委主任吴会清、副主任刘润余、市人大常委会副主任郑树additional，省人大选任联工委办领导、各市人大选任联工委领导及选任联工委、办公室工作人员等40余人。县人大常委会主任戴水春、副主任郑德龙应邀列席会议。

9月14日，省人大常委会农工委副主任委员黄耀春带队的执法检查组一行20人到广丰检查《中华人民共和国农业法》贯彻实施情况；上午，在县人大常委会会议室召开座谈会，下午到桐畈镇世堂有限公司等单位检查。

10月15—23日，县人大常委会主任戴水春带队，赴内蒙古、东北考察环保、下岗再就业工作。

10月28—29日，赣闽浙皖四省八县（市）人大常委会第18次联席会在广丰宾馆二楼会议室举行。参加本次会议人员共有40余人，会议邀请上饶市人大常委会副主任郑树炗参加。

11月18日，县人大常委会在县公安局三楼会议室举办《中华人民共和国预算法》法制讲座，邀请省人大常委会财经委副主任委员张振球讲课。参加讲座的人员有县人大常委会组成人员、各乡（镇）长、县直有关单位业务主管共160余人。

11月26日，由江西省地方志四方印刷厂印刷、历时一年之余编纂的《广丰县人民代表大会志》（1993年1月至2004年12月），正式内部出版。市人大常委会主任黄木华题词。

12月8日，市人大常委会组织在上饶市的部分省、市人大代表黄木华、郑树炗等20余人到广丰视察县城乡公路建设情况。下午在广丰宾馆四楼会议室举行了座谈会，县长郑卫平参加了会议。

2006年

2月24—28日，县人大常委会组织广丰的市人大代表到上饶参加市一届人民代表大会第九次会议。

4月12日，县人大常委会信访工作座谈会在县人大常委会会议室举行。市委副秘书长、市信访局局长李志发应邀到会并讲话。

4月13日，县人大常委会召开宣传工作座谈会。省人大《时代主人》编辑室主任公艳萍应邀到会并作指导。

5月25日，县人大常委会在县法院会议中心举行《中华人民共和国审计法》讲座，邀请省审计厅法规处律师叶敏主讲，市审计局副局长董岚作讲话。

6月30日，省人大财经委副主任虞中一一行在市人大常委会副主任王永革陪同下到广丰县调研经济运行情况。

7月27日，省人大常委会原副主任王昭荣，原省计委正厅级领导（曾担任广丰县委书记）周景山，原上饶地区政协工委主任张续文等一行8人在市人大常委会领导陪同下视察广丰博山寺、精元电脑、藤椅厂、广丰一中等单位。

10月26—27日，浙闽赣皖四省八县（市）人大常委会第19次联席会议在浙江省龙泉市召开，广丰县人大常委会一行5人参加会议。

11月20日，县人大常委会主任戴水春、副主任张瑞耀、吴祥国到丰溪河上游督查水质情况，并就福建浦城位于广丰县桐畈邻近的两个选矿厂污染丰溪水源问题，同浦城县人大常委会面对面反馈情况，随后以县人大常委会的名义，发出公函。县环保局等有关单位和人员参加督查。

12月20—24日，市二届人大一次会议召开，广丰代表团54名市人大代表参加会议。

2007年

1月23—29日，县人大常委会主任戴水春等5名省人大代表赴南昌参加第十届省人民代表大会第五次会议。

3月16日，县人大常委会在县法院中心会场举办代表培训班，邀请全国人大办公厅政研室原主任陈寒枫主讲，参加人员有参加县十四届人大一次会议的全体代表及列席人员。

3月17日，县人大常委会在县供电局12楼会议室举办“人民代表大会制度”讲座。主讲是全国人大办公厅政研室原主任陈寒枫，参加人员有县人大常委会组成人员，人大常委会机关工作人员、乡、镇（街道）人大主席、副主席（工委主任、副主任），人大秘书，县人民法院、监察局、审计局等单位中层领导干部。

3月22日，福建省松溪县人大常委会副主任邹建强、副调研员吕新春等一行7人到广丰考察月兔广场建设情况。

3月28日，县人大常委会组织市人大代表去上饶参加市二届人大二次会议。

4月10日，县人大常委会全市人大农业农村工作座谈会在海源宾馆召开。

4月24日，市人大常委会副主任周华北、徐水花到铜钹山调研旅游资源情况。

4 月 26 日，省人大常委会委员、城建环资委副主任委员王飚，环保赣江行王孝槐等一行 13 人在市人大、县人大、县政府有关领导陪同下到京新药业检查。

5 月 17 日，省人大常委会外侨民宗工委副巡视员孙学军、副调研员高发根一行到广丰县调研红色旅游资源保护与开发利用情况。

6 月 18 日，市人大常委会副主任裴建勤到广丰召开部分省、市人大代表座谈会。

6 月 30 日，省人大常委会办公厅副主任傅世平、办公厅秘书处副处长巫欣春、办公厅研究室副主任周同跃到广丰调研。在永利大酒店召开“江西省《监督法》实施办法”立法调研座谈会。

10 月 17—19 日，浙赣闽皖四省八县（市）人大常委会第 20 次联席会议在浙江省常山县召开，广丰县人大常委会一行 5 人参加会议。

2008 年度

1 月 17 日，市人大常委会副主任徐水花到广丰走访市二届人大代表。

1 月 30 日，新当选的省人大代表戴水春、周遐光、俞彤、张素珍、倪风华参加省第十一届人民代表大会第一次会议。

3 月 31 日。市人大常委会副主任张又发一行到广丰县进行“城乡低保工作”调研。

4 月 19 日，省人大常委会委员、省人大内司委副主任委员陈发芳、胡应良、刘昌诗等在县四套班子主要领导陪同下开展扩大就业再就业工作调研。

5 月 15 日，县人大常委会举行倡议全体代表向汶川地震灾区捐赠活动仪式。

5 月 16 日，市人大常委会副主任裴建勤到广丰铜钹山调研。

5 月 26 日，市人大常委会副主任李友鸿带领市人大《中华人民共和国农产品质量安全法》执法检查组到广丰开展执法检查活动。

6 月 20 日，市人大《中华人民共和国房地产管理法》执法检查组到广丰开展执法检查工作。

6 月 25 日，省人大常委会到广丰县开展《中小企业条例》立法调研。

7 月 4 日，省人大常委会秘书长程水凤一行在市人大常委会副主任周华北陪同下到广丰调研。

9 月 14 日，市人大常委会副主任周华北一行到广丰调研义务教育法落实情况。

10 月 20—23 日，县人大常委会副主任郑德龙、韩祥华，办公室副主任周兴旺，农业农村工委副主任严剑飚赴武夷山市参加闽浙皖赣四省八县（市）人大常委会第 21 次联席会议。

10 月 29 日，省人大外侨民宗工委副主任傅小健一行到广丰检查《中华人民共和国台湾同胞投资保护法》实施情况。

12月25—26日，全市县（市、区）人大常委会主任座谈会在县永利大酒店召开。

2009年

1月5—6日，省人大常委会副主任姚亚平到广丰走访。

2月5—8日，县人大组织市人大代表赴饶参加市二届人大三次会议。

2月10—17日，县人大常委会主任戴水春赴南昌参加省十一届人大二次会议。

3月30日，县人大常委会在公安局三楼会议室举办代表培训会议，省人大选任联工委主任吴会清主讲。

4月14日，中共上饶市人大常委会机关第三支部到广丰举行科学发展观实践教育活动。

4月17日，省人大内司委主任周山印、副秘书长傅世平到广丰调研，县人大常委会主任戴水春陪同。

4月18日，全国人大代表、省水利科学院院长傅琼华到广丰调研视察，县人大常委会主任戴水春陪同。

4月28日，市人大常委会选任联工委主任郭琳一行2人到广丰座谈，就《江西省乡镇人大工作条例》征求意见，副主任鲍小红陪同。

5月2日，省人大常委会选任联工委安云昌到广丰开展调研工作。

5月24—26日，县人大常委会主任戴水春、副主任韩祥华，内务司法工委主任巩宪进赴安徽休宁参加四省八县（市、区）人大常委会第22次联席会议。

6月5日，县人大常委会主任戴水春赴上饶参加市二届人大常委会第二十一次会议。

6月15日，上饶市人大常委会副主任张又发、副巡视员江厚全、秘书长肖月高一行12人来广丰调研“非法用地、非法建房、非法交易大整治活动”。

7月7日，江西省人大常委会副主任魏小琴率省人大常委会《中华人民共和国水污染防治法》执法检查组一行19人到广丰进行执法检查，上饶市人大常委会副主任张又发陪同。

8月6日，由省人大常委会副主任朱秉发一行10人组成的省人大国有企业改革与发展情况调研组到广丰调研。

8月25日，市人大常委会副主任张又发一行10人到广丰检查《中华人民共和国道路交通安全法》实施情况，县人大常委会主任戴水春、副主任韩祥华陪同，并参加汇报及座谈会。

8月27—28日，市人大常委会副主任徐水花带领省、市人大代表一行11人到广丰调研农家乐发展情况，县人大常委会主任戴水春、副主任王忠毅陪同。

9月22日，市人大常委会副主任王永革到广丰调研财政担保投融资情况，县人大常委会主任戴水春陪同。

9月25日，县人大常委会在广丰宾馆隆重举行“县历届人大代表庆祝中华人民共和国成立60周年茶话会”，县委副书记刘月林主持会议，县人大常委会主任戴水春讲话，县政协主席周重明，县十四届人大常委会组成人员，历届常委会主任、副主任、委员、部分人大代表及县人大常委会机关干部职工、离退休老干部共130余人参加。

12月8日，市人大财经工委副主任黄润民一行2人到广丰调研经济运行情况，县人大常委会副主任郑德龙陪同。

12月19日，市人大常委会副主任周华北到广丰调研，县人大常委会主任戴水春陪同。

2010年

1月24日，县人大常委会主任戴水春一行参加省第十一届人大三次会议。

2月1日，市人大常委会副主任张又发、选任联工委主任郭琳一行到广丰县走访慰问市人大代表。

3月26日，市人大常委会副主任李友鸿到广丰调研农村水利基本设施情况。县人大常委会副主任余锡恭陪同。

4月22日，省“环保赣江行”检查采访组一行到广丰开展检查采访活动。

5月27日，市人大常委会副主任周华北，教科文卫工委主任罗田有一行4人，到广丰开展传染病防治工作专题调研，县人大常委会主任戴水春、副主任王忠毅陪同。

6月7日，江苏省淮安市涟水县人大主任周春梅一行16人到广丰走访，县人大常委会主任戴水春，副主任王忠毅、吴祥国陪同。

7月8日，《江西省消防条例（修订草案）》立法调研在广丰进行，省人大常委会委员、内司委主任委员胡波一行10人，市人大常委会副主任周华北一行5人，在县人大常委会主任戴水春、副主任韩祥华等陪同下，召开由县林业局、财政局、建设局、工商局、消防大队、质监局、交通局、人劳局等单位负责人出席的座谈会。

7月14日，省人大常委会办公厅副主任刘小华，省人大环资委副主任委员、理法研究会顾问王飚，法制委副主任委员、理法研究会顾问朱开扬一行6人到广丰调研及了解《中华人民共和国各级人民代表大会常务委员会监督法》实施办法贯彻执行情况。上饶市人大常委会党组副书记张又发一行5人陪同。县人大常委会主任戴水春，县委常委、常务副县长周金明及部分县直机关负责人、部分人大代表参加调研座谈会。

7 月 29 日，丰城市人大常委会副主任李全春一行 6 人到广丰学习人大志编撰工作，县人大常委会副主任鲍小红陪同。

8 月 4 日，市人大常委会主任肖天连率市人大常委会省 市人大代表调研组一行 17 人到广丰调研污水处理厂建设及福丰化工监管情况，县委副书记、县长周遐光出席座谈会，调研组实地察看了县污水处理厂建设运行情况，县人大常委会主任戴水春参加调研并全程陪同。

8 月 20 日，市人大常委会主任肖天连与南平市人大常委会副主任魏林钦一行到广丰了解福丰化工生产过程中有关问题并召开协调会。

9 月 2 日，市人大常委会副主任周华北一行 9 人到广丰开展《中华人民共和国法官法》实施情况执法检查，县人大常委会主任戴水春陪同并参加座谈。

10 月 21 日，江苏省宿迁市宿城区人大常委会主任王学通、副主任吴春秀一行 38 人到广丰考察走访，县人大常委会主任戴水春陪同。

10 月 26—29 日，县人大常委会主任戴水春，副主任王忠毅、鲍小红、余锡恭、韩祥华，办公室主任周兴旺等到福建浦城参加赣浙闽皖四省八县（市、区）人大常委会第 23 次联席会议。

11 月 5 日，全国人大常委会委员、全国道教协会副会长张继禹到广丰考察，县人大常委会主任戴水春陪同。

11 月 24 日，江西人大新闻网记者来广丰采访省人大代表、县人大常委会主任戴水春。

11 月 30 日，省人大农业农村委员会办公室调研员杨珍华一行 6 人到广丰县调研气象探测环境保护情况，县人大常委会副主任余锡恭陪同调研。

12 月 7 日，市人大常委会副主任王永革到广丰调研经济运行情况，并召开座谈会，会议由县人大常委会主任戴水春主持，副主任郑德龙等参加会议。

2011 年

1 月 18 日，省人大常委会副主任魏小琴来广丰走访慰问困难企业和困难户，县人大常委会主任戴水春陪同。

1 月 18 日，县人大常委会主任戴水春率市人大代表赴上饶参加市二届人大第七次会议。

2 月 12 日，县人大常委会主任戴水春一行赴南昌参加省十一届人大第四次会议。

3 月 31 日，市人大常委会副主任周华北一行到广丰开展禁毒工作调研，在县公安局会议室召开座谈会。县人大常委会主任戴水春，县委常委、政法委书记、公安局局长刘敏建，县人大常委会副主任韩祥华及部分省、市、县人大代表参加了座谈会。

4 月 27 日，省人大常委会委员、教科文卫委主任委员严平一行 9 人在市人大常委会副主任周华北陪同下到广丰开展《中华人民共和国食品安全法》执法检查。检查组一行听取了县人民政府的汇报并与相关县直机关单位负责人座谈，座谈会后检查组实地察看了广丰县部分餐饮单位。县人大常委会主任戴水春，副主任王忠毅，县人民政府副县长林伟陪同。

6月15日，省人大财经委主任委员黄素英带队来广丰工业园区考察，县人大常委会副主任郑德龙陪同。

6月29—30日，上饶市二届人大常委会第三十次会议在广丰县永利大酒店举行。

7月1日，浙江省江山市人大常委会副主任周水仙一行4人到广丰考察换届选举工作。

8月3日，省人大常委会委员、内司委主任委员胡波率省人大常委会执法检查组一行18人来广丰进行《中华人民共和国残疾人保障法》执法检查。

8月25日，浙江省常山市人大常委会副主任徐建华一行6人到广丰考察，县人大常委会副主任鲍小红陪同。

8月31日，浙江省东阳市人大常委会副主任韦上升一行7人到广丰县学习考察，县人大常委会党组书记刘月林、副主任鲍小红陪同。

9月5日，县人大常委会在县人民法院中心会场举办代表培训，由省人大常委会选任联工委副主任刘润余主讲。县人大常委会主任刘月林出席并讲话。县人大常委会机关全体干部和县十五届人大全体代表参加培训。

9月8日，县人大常委会主任、各位副主任在永利大酒店与新到任的市委副书记、代市长潘东军等市领导见面。

9月26日，县人大常委会主任刘月林，副主任潘荣华一行赴上饶市参加市三届人大一次会议。

10月12日，安徽省凤阳县人大常委会副主任何开春一行8人到广丰参观考察。

10月19日，市人大常委会副主任郑小平，市人大常委会农工委主任委员叶大青一行8人到广丰县开展农产品质量安全检查。考察组实地视察了蔬菜种植基地、农贸市场、县农产品质量检测站，听取县人民政府的汇报并开展座谈。县人大常委会主任刘月林，副主任郑建平陪同。

10月20—21日，县人大常委会主任刘月林、调研员鲍小红、常委会党组成员、办公室主任周兴旺赴玉山县参加闽浙赣皖四省八县（市、区）人大常委会第24次联席会议。

11月2日，省人大常委会农委办调研员杨新华一行8人到广丰开展《江西省渔业条例（草案）》立法调研。调研组在县人大常委会会议室召开座谈会，听取广丰相关单位对条例（草案）的修改意见，县人大常委会主任刘月林陪同，副主任郑建平出席座谈会。

11月10日，鹰潭市人大常委会城建环资工委副主任吴斌一行6人到广丰考察学习乡村和集镇规划、建设管理及拆迁安置工作，并在洋口镇进行座谈。

11月14日，省人大常委会农工委副主任严卫一行8人到广丰开展林产品质量安全调研。

12月13—14日，市人大常委会主任尧希平，副主任裴建勤、赵小忠及部分省、市人大代表一行14人在副市长陈荣高陪同下到广丰视察，视察组听取了县人民政府关于全县经济与社会发展情况报告。县人大常委会主任刘月林，县委副书记方有水，县人大常委会副主任王忠毅、调研员鲍小红等陪同考察。

12月13日，市人大常委会副主任戴宝荣一行4人到广丰开展调研。调研组听取了县人民政府的汇报，并与发改委、财政局、人民银行等相关部门进行座谈。县人大常委会主任刘月林、副主任王忠毅、调研员郑德龙陪同调研。

2012年

9月7日，市人大常委会副主任王国梁率领执法检查组到广丰开展《中华人民共和国人民调解法》执法检查活动，检查组实地察看大石乡司法所、乌林街居调解委员会、县道路交通事故调解委员会，并在永利大酒店六楼环球厅会议室召开汇报座谈会。会议由县人大常委会主任刘月林主持。副主任郑建平、郑明华、杨绥，副县长、县公安局局长郑铭陪同检查并参加座谈。

9月20日，赣浙闽皖四省八县（市、区）人大常委会第25次联席会议在安徽省黄山市屯溪区举行。县人大常委会主任刘月林等5人参加会议。

10月17日，省人大常委会法制委副主任委员徐必鸿一行到广丰开展《江西省国土资源监察条例（修订草案）》立法调研，调研组召开座谈会。

12月7日，县人大常委会组织部分省、市、县人大代表30人视察政府融资性项目暨城市重点工程建设项目。代表们实地察看了粮食退城进郊项目、月兔广场人防工程项目、西溪河改造项目、北环路建设项目、吴俊发艺术馆建设项目、市民中心建设项目、中医院搬迁项目等，并召开座谈会。县人大常委会副主任王忠毅主持会议，主任刘月林作了总结讲话，县委常委、县人民政府副县长石斌，有关部门负责人陪同视察并参加座谈会。

2013年

3月8日，省人大常委会副主任魏小琴携省人大法工委一行到广丰进行《江西省房屋登记条例（草案）》立法调研，市人大常委会副主任郑少薇，市人大法工委主任付晓飞，县人大常委会主任刘月林、副主任韩祥华，副县长石斌陪同。

4月25日，县人大常委会主任刘月林携各副主任、调研员同其他四套班子领导一道赴德兴参加上饶市召开的关于全力扶持广丰、德兴跻身全国百强县的会议。

5 月 8 日，由市人大常委会副主任戴宝荣，财经委主任委员黄润民，副秘书长、办公厅主任程国强等组成的调研组一行赴广丰开展食品安全调研工作。

10 月 14 日，山东省东明县人大常委会主任庄付阁一行 5 人到广丰考察学习人大工作、红色文化、王氏文化等方面的经验做法。

10 月 23—25 日，赣浙闽皖四省八县（市、区）人大常委会第 26 次联席会议在江山市世外桃源大酒店举行。县人大常委会主任刘月林等参加了会议。

2014 年

1 月 15 日，省人大常委会办公厅副巡视员王光前一行来广丰召开信访协调会。

6 月 9 日。省人大常委会预算工委主任周山印到广丰开展 2013 年全省生态公益林补偿资金管理使用情况专题调研。

9 月 3 日，市人大常委会副主任戴宝荣带领调研组莅临广丰开展扶贫和移民工作专题调研工作。县人大常委会主任刘月林，副主任潘荣华、郑建平，调研员鲍小红，县人民政府副县长王建华等陪同。

10 月 30 日，赣浙闽皖四省八县（市）人大常委会第 27 次联席会议在广丰召开。会议由县人大常委会主任刘月林主持。广丰县委、县政府领导到会祝贺并致欢迎词。

12 月 11 日，省人大常委会预算工委主任周山印到广丰开展城镇保障性安居工程审计发现问题、中心城区住宅维修资金审计查出问题整改情况督办调研。

2015 年

4 月 16 日，瑞金市人大常委会一行 6 人到广丰考察。

5 月 20 日，市人大常委会副主任郑少薇一行赴广丰开展防震减灾法和防震减灾条例执法检查。

10 月 19 日，省人大常委会预算工委主任周山印到广丰开展农村公路建设和养护资金筹集管理使用情况专题调研。

10 月 22 日，市人大常委会副主任陈建辉一行赴广丰开展城区旅游工作调研。

11 月 2 日，市人大常委会副主任郑少薇一行赴广丰开展基础教育工作专题调研。

2016 年

6 月 13 日，市人大常委会副主任陈建辉一行赴广丰开展台资企业发展调研。

11月10—11日，浙闽赣皖四省七县（市、区）人大常委会第29次联席会议在浙江省常山县东方大酒店召开。区人大常委会共5人参加了会议。

12月8日，省人大常委会预算工委主任周山印到广丰开展预算编制和执行情况调研。

2017年

5月，市人大常委会主任汪东进调研三都现代农业示范产业园。

5月25日，市人大常委会副主任郑晓春、市人大常委会农工委主任龚剑雄、市林业局局长余接成一行到广丰开展创建国家森林城市工作调研。区人大常委会主任皮晓瑶、副主任郑建平等陪同。

7月12日，市人大常委会副主任祝美清一行到广丰调研中医药药材种植情况。

8月4日，市人大外侨民宗工委副主任潘菊一行到广丰调研依法管理宗教事务情况。

9月25日，福建省浦城县人大常委会副主任凌建军一行7人到广丰考察学习食品安全工作方面的做法和经验。

9月28日，南昌市人大常委会副主任魏国华一行到广丰考察乡村旅游工作。

11月29日，市人大常委会副主任管群良率市人大财经委到广丰调研，就2017年经济运行情况与2018年主要经济指标计划安排情况进行了座谈。区人大常委会主任皮晓瑶，区委常委、常务副区长龚振宙，区人大常委会副主任王华安出席在区政府常务会议室召开的座谈会。

2018年

3月14日，市人大常委会副主任祝美清率市人大调研组到广丰就创新驱动“2211”工程实施情况进行调研。区人大常委会副主任颜显高、区人民政府副区长肖剑峰等陪同。

3月27日，湖北省黄石市人大常委会副秘书长李文华一行5人到广丰学习考察人大常委会机关目标管理考核工作，办公室信息自动化、会议筹备、公文处理、档案管理及公务车辆使用与管理方面的做法和经验。

4月12日，浙江省江山市人大常委会一行6人到广丰学习扶持木业（门业）发展工作经验。

4月17日，市人大法工委主任周建新率队到广丰开展物业管理立法调研。区人大常委会副主任郑日贵及区有关部门负责人等陪同调研。

4月19日，省人大常委会副主任郑为文率执法检查组到广丰就《中华人民共和国预算法》实施情况开展执法检查。市人大常委会主任汪东进、副主任管群良，市人大财经委主任委员廖应才，区委副书记、区长郑华森，区委副书记齐忠有，区人大常委会主任皮晓瑶，区委常委、统战部部长刘旭涛，区人大常委会副主任王华安，区人民政府副区长、公安局局长郑金车，区人民政府副区长陈金良等陪同。

4月26—27日，上海市金山区山阳镇人大主席团主席黎连忠一行9人，到广丰考察秀美乡村建设工作。区人大常委会主任皮晓瑶，副主任郑建平、郑明华等陪同。

4月26—27日，区人大常委会主任皮晓瑶一行4人赴安徽省休宁县参加赣浙闽皖四省交界县（市、区）人大常委会第35次联席会议。

5月8日，省人大常委会选任联工委副主任李元生一行4人，到广丰调研乡镇人大工作和建设情况。市人大常委会副主任周遐光、市人大常委会选任联工委主任谢辉灵，区人大常委会主任皮晓瑶、副主任郑明华等陪同调研。

5月22日，黑龙江省大庆市人大常委会副主任栾莹（女）一行9人由市人大常委会副主任郑晓春陪同到壶峤镇东阳村华家源和丰溪河黄家淤河段考察。下午，大庆市人大常委会副主任栾莹一行考察河长制工作情况。市人大常委会农工委副主任曾使平，区人大常委会主任皮晓瑶、副主任郑明华等陪同考察。

6月8日，浙江省绍兴市人大常委会党组副书记、副主任杨文孝一行12人到广丰就丰富代表履职活动，加强代表履职管理，规范乡镇人大工作方面的做法和经验进行考察学习。

6月29日，市人大机关老干部一行到广丰参观考察新农村建设工作。区人大常委会主任皮晓瑶、副主任郑建平等陪同。

7月3—4日，四川省绵阳市人大常委会副主任黄晓彬一行9人到广丰学习人大人事代表工作和开展代表建议办理情况委托第三方评估情况。7月4日下午，绵阳市人大常委会副主任董晓彬一行9人到广丰学习考察。市人大常委会副主任周遐光、选任联工委主任谢辉灵，区人大常委会主任皮晓瑶、副主任郑明华等陪同。

8月16日，市人大常委会主任汪东进到广丰驻上海市流动人大代表联络工作站，调研指导并参加首次选民接待日活动。区人大常委会主任皮晓瑶、副主任郑明华随同调研。

9月12日，市人大常委会主任汪东进来广丰就饮用水源地保护工作及人大代表联络站工作进行调研。区人大常委会主任皮晓瑶，区委常委、上饶卫校党委书记许信云，区人大常委会副主任郑明华，铜钹山国家森林公园党工委书记郑明海、主任徐利火等先后陪同调研。

9月27日，根据市人大常委会办公厅《关于组织省、市人大代表开展年中专题调研的通知》精神，玉山县、广丰区、万年县组成的省市人大代表年中专题调研组（调研三组）一行莅临广丰开展“加强秀美乡村建设后续管理，建立健全长效管理机制”专题调研活动，区人大常委会主任皮晓瑶，玉山县人大常委会主任张常青，万年县人大常委会主任侯如文，区人大常委会副主任郑明华等参加了调研。副区长张军华等陪同调研。

11 月 21 日，市人大常委会副主任周遐光、市人大常委会选任联工委主任谢辉灵一行来广丰开展脱贫攻坚人大代表在行动“五个一”活动督查工作，区人大常委会副主任郑明华陪同。

11 月 22 日，全市人大常委会主任座谈会在广丰永利大酒店举办。

12 月 6 日，市人大常委会副主任郑卫平率检查组一行来广丰就《上饶市城市管理条例》实施情况开展重点检查，并召开汇报座谈会。区人大常委会主任皮晓瑶、副主任颜显高，区人民政府副区长张军华出席座谈会。座谈会由颜显高主持。

12 月 10 日，市人大常委会副主任管群良，市人大常委会财经委主任委员廖应才、财经咨询专家罗时平一行来广丰调研 2018 年经济运行情况。区委常委、常务副区长龚振宙，区人大常委会副主任王华安，信州区人大常委会副主任章淑英，上饶县人大常委会副主任周启凤等出席在区政府常务会议室召开的片区座谈会。

2019 年

3 月 18—20 日，上海市闵行区七宝镇人大主席团一行到广丰考察人大代表联络工作站和秀美乡村建设工作。区人大常委会主任皮晓瑶、副主任郑明华等陪同。

4 月 10 日，省人大常委会执法检查组到广丰开展《江西省个体私营经济条例》执法检查。

6 月 5 日。市人大常委会到广丰召开《治安管理处罚法》执法检查座谈会。

7 月 12—13 日，由上饶市人大常委会机关工会主办，区人大常委会机关工会、上饶卫校协办，全市人大系统干部职工第三届乒乓球比赛在上饶卫校体艺楼举行。来自上饶市人大常委会机关和 10 个县（市、区）人大常委会干部职工组成的 11 支代表队 80 余名运动员参加了比赛。市人大常委会副主任周遐光、祝美清，区人大常委会主任皮晓瑶出席开幕式。市人大常委会原副主任赵小忠参加比赛。

7 月 17 日，市人大常委会副主任郑晓春率队督导广丰“创国卫”工作并召开座谈会。区人大常委会副主任郑建平等陪同。

8 月 6 日，市人大常委会副主任周遐光一行到广丰就《上饶市殡葬管理条例（草案）》召开立法调研座谈会。区人大常委会主任皮晓瑶、副主任郑建平，副区长陈金良出席座谈会。

8 月 14 日，省人大常委会副主任马志武带领调研组到广丰就妇女儿童健康权益保障工作贯彻实施情况进行调研，市人大常委会主任汪东进、副主任祝美清，区委副书记齐忠有，区人大常委会主任皮晓瑶、副主任俞柳君，区人民政府副区长王斐等陪同调研。

8 月 15 日，省人大社会建设委到广丰进行关于保护妇女儿童合法权益工作专题调研。

9 月 19 日，市委第二巡回指导组组长史海辉到区人大常委会调研指导主题教育工作，充分肯定了区人大常委会组织全体机关党员干部集中学习、实现全覆盖的做法。

10月13日，福建省松溪县人大常委会副主任徐义明一行4人到广丰考察学习助推乡村振兴方面的做法和经验。

10月15日，市人大常委会副主任祝美清率队到广丰开展《上饶市住宅区物业管理条例（二审稿草案）》立法调研，并召开座谈会。区人大常委会副主任郑日贵，区人大法制委负责人及区相关职能部门负责人陪同。

10月24—25日，赣浙闽皖四省交界县（市、区）人大常委会第38次联席会议在福建松溪县华隆金锁匙大酒店召开。区人大常委会领导一行5人参加了会议。

2020年

4月16日，市人大常委会副主任郑卫平一行到广丰就《上饶市市容和环境卫生管理条例（草案）》召开立法调研座谈会。区人大常委会副主任颜显高、区人民政府副区长张军华出席座谈会。

6月3日，上饶市人大常委会党组书记朱寅健到广丰调研指导城区重点项目建设工作。市人大常委会秘书长夏秀川、市人大立法中心副主任姚裘品随同。区委副书记、区长郑华森，区人大常委会主任皮晓瑶，区委副书记齐忠有，区委常委、统战部长刘旭涛，副区长程剑虹，上饶卫校党委书记许信云，广丰卷烟厂厂长毛小东等陪同调研或在调研点作情况介绍。

7月23日，市人大监察和司法委员会主任委员杨孜率调研组对广丰法院两个“一站式”建设工作开展专题调研。区人大常委会副主任郑日贵、区人民法院院长凌目新等陪同调研。

7月27日，市人大常委会副主任祝美清带队到东阳乡后阳光伏电站、管村垃圾分类处理点、区气象大楼进行《江西省气候资源保护和利用条例》执法检查实地察看，区委常委陈金良、区人大常委会副主任颜显高及相关单位负责人陪同。

7月30日，市人大常委会到广丰开展《上饶市市容环境卫生条例（草案）》立法调研。

9月1日，市人大常委会副主任余接成率调研组，通过实地察看、听取汇报、座谈交流等方式，就区2020年财政经济运行情况开展调研。区委常委、常务副区长龚振宙、区人大常委会副主任王华安、上饶高新区管委会主任郑敏强先后陪同。

9月2日，市人大常委会副主任余接成率调研组到广丰调研2020年财政经济运行情况。

9月14日，市人大常委会副主任、市委秘书长杨建林率检查组到广丰检查《上饶市农村居民住房建设管理条例》实施情况，并召开座谈会。区委书记胡心田，区人大常委会主任皮晓瑶、副主任颜显高，副区长张军华等先后陪同或参加座谈。

10月6日，配合省人大社会建设委开展《江西省人力资源市场管理条例（修正草案）》立法调研。

10月12日，市人大常委会到广丰开展全市创业就业工作视察。

11月6日，省人大常委会委员、社会委主任委员龚绍林一行到广丰开展《江西省人力资源市场管理条例（修订草案）》立法调研，并召开征求意见座谈会。

11月12日，全市人大财经工作交流暨业务培训座谈会在广丰召开，市人大常委会主任朱寅健出席会议。

11月17日，市人大常委会城建环资工委主任朱克华率检查组，通过现场采访、实地察看、查阅有关资料等方式，就水资源保护工作开展检查采访活动。

11月27日，区人大常委会领导一行5人到浙江省常山县参加赣浙闽皖四省交界县（市、区）人大常委会第39次联席会议。

2021年

3月9—10日，省人大常委会委员、预算工委主任、财经委副主任委员周山印率调研组到广丰调研人大预算审查监督工作，并召开座谈会。市人大常委会一级巡视员管群良，市人大财经委主任委员廖应才，区人大常委会主任皮晓瑶、副主任王华安等陪同调研。

4月13日，市人大常委会到广丰开展《上饶市道路交通安全条例（草案）》立法调研。

4月26日，市人大常委会主任朱寅健到广丰调研指导基层人大工作。市人大常委会秘书长夏秀川随同调研，区委书记胡心田，区人大常委会主任皮晓瑶、副主任郑明华陪同调研。

5月17日，市人大常委会副主任余接成到横山镇调研指导乡镇人大预决算审查监督工作。市人大财经委主任委员廖应才随同调研，区人大常委会主任皮晓瑶、副主任王华安陪同。

6月29日，市人大常委会副主任余接成率调研组，到广丰少阳乡双塘村调研党建和乡村振兴工作，并走访慰问老党员。区人大常委会副主任王华安陪同调研。

7月14日，市人大常委会副主任祝美清以普通人大代表身份到广丰毛村片区人大代表联络站，与基层代表一起集中开展“我为群众办实事”进站活动，面对面接待选民，听取基层群众的意见建议。区人大常委会主任皮晓瑶、副主任郑建平参加。

9月8日，市人大常委会到广丰区开展《2022—2026年立法规划》调研。

10月30日，市人大常委会副主任吴曙带队莅临挂点重点帮扶村大石街道水阁村进行十九届六中全会精神宣讲，市人大常委会农工委主任林青等随同。区人大常委会副主任李强陪同并主持宣讲会。

12月1日，市人大常委会党组书记、主任杨文英到广丰调研新时代人大工作。

12月7日，市人大常委会党组副书记、副主任杨建林带领市人大常委会督办组一行到广丰，开展财政预算执行和其他财政收支审计查出问题整改督办。市人大财经委主任委员廖应才主持会议。区委常委、常务副区长吴松，区人大常委会党组成员、副主任李积林参加。

12月22日，市人大常委会副主任吴磊率部分省、市人大代表，到区人民法院开展立案工作情况视察。区委书记胡心田，区人大常委会主任皮晓瑶随同视察，区人大常委会副主任颜显高、刘荣伟等陪同视察或参加座谈会。

第一章
代表工作

第一节　代表选举

一、代表选举工作概况

1. 县第十四届人民代表大会代表选举概况

2006 年 12 月，中共广丰县委转发了《中共广丰县人大常委会党组关于做好全县县、乡两级人民代表大会换届选举有关工作的意见》，县、乡人大代表换届选举工作从 2006 年 11 月开始至 2007 年 2 月底结束，历时 4 个月。县第十四届人民代表大会代表名额为 262 名，确定 2007 年 2 月 8 日为全县选举日。2006 年 12 月 26 日召开的县第十三届人民代表大会常务委员会第二十九次会议，作出了关于县第十四届人民代表大会代表名额分配的决定，除留有 5 名代表名额作为机动外，将 257 名代表名额分配给各选区选举。经过全县 163 个选区组织选民以无记名投票方式进行差额选举，选出了县第十四届人大代表 257 名，其中男性代表 196 名，占 76%，女性代表 61 名，占 24%；中共党员代表 175 名，占 68%，非党代表 82 名，占 32%；工人代表 109 名，占 42%，知识分子代表 17 名，占 7%；35 岁以下的代表 33 名，占 13%，36 至 55 岁的代表 215 名，占 84%，56 岁以上的代表 9 名，占 3%；具有大学以上文化程度的 86 名，占 33%，大专毕业文化程度的 44 名，占 17%，中专及高中文化程度的 77 名，占 30%，初中以下文化程度的 50 名，占 20%。

县第十四届人民代表大会代表分布一览表

表 1–1–1　　　　单位：人

乡镇	代表数（女性）	乡镇	代表数（女性）	乡镇	代表数（女性）
永丰街道	29（6）	芦林街道	9（2）	丰溪街道	13（3）
大南镇	8（2）	洋口镇	21（5）	壶峤镇	9（2）
五都镇	20（6）	桐畈镇	13（4）	排山镇	12（3）
毛村镇	7（1）	吴村镇	9（2）	东阳乡	9（2）
霞峰镇	9（2）	泉波镇	9（2）	少阳乡	7（2）
大石乡	9（1）	沙田镇	10（1）	嵩峰乡	10（3）

续表 1-1-1

乡镇	代表数（女性）	乡镇	代表数（女性）	乡镇	代表数（女性）
铜钹山镇	8（3）	湖丰镇	7（2）	横山镇	12（3）
枧底镇	6（1）	下溪镇	11（3）	机动	5
				合计	262

2. 县第十五届人民代表大会代表选举概况

根据《江西省人民代表大会常务委员会关于县、不设区的市、市辖区人民代表大会名额的决定》，县人民代表大会代表名额为262名，经县第十四届人民代表大会常务委员会第三十次会议研究，将代表名额分配到各乡镇。2010年全县总人口902035人，18周岁以上人口620939人，共登记选民620142人，占全县总人口数的69%，未列入选民名单人数989人。选举县人大代表为262名，实际选举为256名，预留名额6名。全县共划分县级选区168个，代表候选人424名，为应选名额的1.66倍。全县参加县级选区选举投票的选民596951人，参选率为96.3%。县、乡两级人民代表大会选举时间从2011年2月开始，6月10日和7月25日至26日分两批依法选出县第十五届人大代表256名，其中政党和人民团体推荐当选的代表255名，占99.6%，非候选人当选的代表1名，占0.4%。当选的代表中女性66名，占25.78%；民主党派和群众80名，占31.25%；35岁以下30名，占11.72%，36岁至55岁217名，占84.77%，56岁以上9名，占3.51%；研究生及以上13名，占5.08%，大学本科88名，占34.38%，大专及高职58名，占22.66%，中专、职高及高中75名，占29.30%，初中及以下22名，占8.59%。并于2011年9月3日至5日召开了县第十五届人民代表大会第一次会议。

县第十五届人民代表大会代表分布一览表

表 1-1-2　　单位：人

乡镇	代表数（女性）	乡镇	代表数（女性）	乡镇	代表数（女性）
永丰街道	26（5）	芦林街道	10（2）	丰溪街道	12（3）
洋口镇	18（4）	五都镇	19（4）	排山镇	11（9）
湖丰镇	9（2）	大南镇	8（2）	桐畈镇	13（9）
横山镇	12（3）	毛村镇	9（2）	下溪镇	10（2）
大石乡	10（2）	铜钹山镇	7（2）	枧底镇	8（2）
壶峤镇	9（2）	霞峰镇	11（3）	东阳乡	8（2）
泉波镇	10（2）	嵩峰乡	9（2）	沙田镇	11（3）
吴村镇	10（3）	少阳乡	8（2）	机动	4
				合计	262

3. 区第十六届人民代表大会代表选举概况

根据《江西省人民代表大会常务委员会关于县、不设区的市、市辖区人民代表大会名额的决定》，上饶市广丰区人民代表大会代表名额为 262 名，经区第十五次人民代表大会常务委员会第三十九次会议研究，决定将代表名额分配到各乡镇。按照宪法、选举法和地方组织法的有关规定和江西省人大常委会关于全省区乡两级人民代表大会代表选举时间的决定，区乡换届选举工作从 2016 年 4 月开始。9 月 12 日至 13 日为正式代表与选民见面活动，见面活动的主要议程有三项：一是介绍选区提名推荐酝酿确定的正式代表候选人基本情况；二是选民提问；三是正式代表候选人回答选民提问。全区 2015 年底总人口 961261 人，其中 18 周岁以上人口 699489 人，登记选民 698858 人，占全区总人口数的 73%，未列入选民名单人数 974 人。全区共分区级选区 175 个，代表名额为 262 名，实际选举 247 名，预留及空缺名额 15 名。全区参加区级选区选举投票的选民 691592 人，参选率为 98.9%。选举产生区人大代表 247 名，其中：政党和人民团体推荐当选的代表 247 名，占 100%。在当选的代表中，民主党派和群众 84 名，占 34%，女性 72 名，占 29.15%；35 岁以下 32 名，占 12.96%，36 岁至 55 岁 211 名，占 85.43%，56 岁以上 4 名，占 1.62%；研究生及以上 16 名，占 6.48%，大学本科 125 名，占 50.61%，大专及高职 44 名，占 17.81%，中专、职高及高中 43 名，占 17.41%，初中及以下 19 名，占 7.69%。并于 2016 年 10 月 9 日至 11 日召开了区第十六届人民代表大会第一次会议。

区第十六届人民代表大会代表分布一览表

表 1-1-3　　单位：人

乡镇	代表数（女性）	乡镇	代表数（女性）	乡镇	代表数（女性）
永丰街道	23（6）	芦林街道	10（2）	丰溪街道	12（3）
洋口镇	18（4）	五都镇	19（5）	排山镇	11（2）
湖丰镇	10（2）	大南镇	8（2）	桐畈镇	13（4）
横山镇	12（3）	毛村镇	9（2）	下溪镇	10（3）
大石乡	10（3）	铜钹山镇	8（2）	枧底镇	8（2）
壶峤镇	9（3）	霞峰镇	11（3）	东阳乡	8（2）
泉波镇	10（2）	嵩峰乡	9（2）	沙田镇	11（2）
吴村镇	11（2）	少阳乡	8（2）	机动	4
				合计	262

4. 区第十七届人民代表大会代表选举概况

根据《江西省人民代表大会常务委员会关于县、不设区的市、市辖区人民代表大会代表名额的决定》，区人民代表大会代表名额为 337 名，经区第十六届人民代表大会常务委员会第三十九次会议研究，按 4824 人选代表 1 名的标准将名额分配给各乡镇。按照宪法和地方组织法的规定和江西省人大常委会办公厅《关于县、乡两级人民代表大会代表选举时间的通知》，区换届选举工作从 2021 年 4 月开始，到 8 月完成区、乡两级的换届选举工作，2021 年 8 月 31 日为全区区、乡两级人民代表大会换届选举日。全区 2020 年底总人口 983014 人，18 周岁以上人口 734537 人，共登记选民 724164 人，占总人口数的 73.67%，未列入选民名单人数 11716 人。区人大代表名额为 337 名，其中向街道倾斜代表名额 5 名，预留及空缺名额 27 名。有区级选区 176 个，代表候选人 486 名，为应选名额的 1.57 倍，其中政党、人民团体推荐的代表候选人 310 名，选民 10 人以上联名推荐的代表候选人 176 名。全区参加区级选区选举投票的选民 655358 人，参选率为 90.50%。选举产生区人大代表 310 名，其中政党和人民团体推荐当选的代表 309 名，占 99.68%，选民 10 人以上联名推荐当选的代表 1 名，占 0.32%。当选的代表中社区工作者 11 名，占 3.55%；民主党派和群众 111 名，占 35.81%，女性 97 名，占 31.29%；35 岁以下 50 名，占 16.12%，36 岁至 55 岁 248 名，占 80%，56 岁以上 12 名，占 3.87%；研究生及以上 26 名，占 8.38%，大学本科 149 名，占 48.06%，大专及高职 60 名，占 19.35%，中专、职高及高中 60 名，占 19.35%，初中及以下 15 名，占 4.83%。并于 2021 年 9 月 24 日至 26 日召开区第十七届人民代表大会第一次会议。

区第十七届人民代表大会代表分布一览表

表 1–1–4　　单位：人

乡镇	代表数（女性）	乡镇	代表数（女性）	乡镇	代表数（女性）
永丰街道	25（8）	芦林街道	15（4）	丰溪街道	19（5）
大石街道	13（4）	下溪街道	14（4）	铜钹山镇	12（3）
洋口镇	22（6）	五都镇	24（6）	霞峰镇	14（4）
枧底镇	11（3）	湖丰镇	11（3）	壶峤镇	11（3）
大南镇	11（3）	排山镇	14（4）	吴村镇	14（4）
东阳乡	11（3）	泉波镇	12（3）	毛村镇	11（3）
嵩峰乡	11（3）	桐畈镇	16（4）	横山镇	16（4）
沙田镇	13（4）	少阳乡	11（3）	机动	6
				合计	337

二、县（区）选举委员会人员名单

《江西省各级人民代表大会代表选举实施细则》规定，选举委员会主持本级人民代表大会代表的选举，具体职责是：（一）负责选举法和本实施细则的宣传和执行，答复有关选举工作的咨询；（二）制订本级人民代表大会代表选举工作计划，培训选举工作人员，部署和检查指导选举工作；（三）划分选举本级人民代表大会代表的选区，分配各选区应选代表的名额；（四）进行选民登记，审查选民资格，公布选民名单，印发选民证，受理对于选民名单不同意见的申诉，并作出决定；（五）了解核实并组织介绍代表候选人的情况，公布各政党、各人民团体和选民依法联名提出的代表候选人名单，根据较多数选民的意见，确定和公布正式代表候选人名单；（六）确定并公布选举日期和地点；（七）制定投票办法，主持投票选举；（八）确定选举结果是否有效，公布当选代表名单；（九）对公民检举、控告选举违法的案件进行调查处理；（十）做好选举过程中文书资料的整理和归档工作；（十一）法律规定的其他职责。选举委员会应当及时公布选举信息。

1. 县第十四届人民代表大会

2006 年 12 月 26 日，县第十三届人民代表大会常务委员会第二十九次会议决定，设立县选举委员会和各乡镇（街道）选举委员会（指导组）。

县选举委员会：

主任委员：戴水春

副主任委员：郑德龙　张瑞耀　吴克海
鲍小红　吴祥国　余锡恭

委　员：韩祥华　徐利华　夏晓东　邱在庆　刘祥富　徐少华　郑宜石　林　峰
蒋昌福　王建红

县选举委员会下设办公室，由县人大常委会副主任吴克海兼办公室主任。

各乡镇（街道）选举委员会（指导组）人员名单（略）。

2. 县第十五届人民代表大会

2011 年 3 月 24 日，县第十四届人民代表大会常务委员会第三十次会议决定，设立县选举委会和各乡镇（街道）选举委员会（指导组）。2011 年 5 月 12 日，江西省人大常委会选任联工委下发了《关于选举委员会组成人员为代表候选人的应当辞去选举委员会的职务的通知》规定：县级和乡级选举委员会的组成人员在被确定为正式代表候选人后，应当辞去选举委员会的职务。县人大常委会第 167 次主任会议于 2011 年 7 月 27 日研究，对县选举委员会人员进行了调整：

主任委员：朱炳亮

副主任委员：石　斌

委　员：俞英发　陈天敏　夏晓东　刘祥富　纪树生　毛仁寿　王志晓　徐少华　刘明华
王建红　项长富　阮承臣　杨华峰

各乡镇（街道）选举委员会（指导组）人员名单（略）。

3. 区第十六届人民代表大会

2016 年 6 月 24 日，区第十五届人民代表大会常务委员会第三十九次会议决定，设立区选举委员会和各乡镇（街道）选举委员会（指导组）：

主任委员：刘月林

副主任委员：郑明华　鲍小红

委　员：李树峰　杨华峰　徐高伟　夏晓东　刘祥富　纪树生　张晓峰　徐少华

刘明华　王建红　翁剑华　王　菲　吴小梅

区选举委员会下设办公室，由区人大常委会选任联工委主任王建红兼任办公室主任。

各乡镇（街道）选举委员会（指导组）人员名单（略）。

4. 区第十七届人民代表大会

2021 年 7 月 23 日，区第十六届人民代表大会常务委员会第三十九次会议决定，设立区选举委员会和各乡镇选举委员会及各街道选举指导组：

主任委员：皮晓瑶

副主任委员：程剑虹　郑建平

委　员：周华武　杨华峰　徐高伟　俞　辉　邱在庆　洪强明　包晓辉　汪小青　黄式熙

俞顺东　吴必礼　朱建敏　占慧敏　王　艳

区选举委员会下设办公室，由区人大常委会副主任郑建平兼任办公室主任，由区委组织部常务副部长杨华峰、区人大常委会选任联工委主任邱在庆兼任办公室副主任。

各乡镇选举委员会、各街道选举指导组人员名单（略）。

第二节　省、市人大代表的产生

《江西省各级人民代表大会代表选举实施细则》第一章第三条规定：省、设区的市的人民代表大会的代表，由下一级人民代表大会选举。

一、江西省人民代表大会代表

1. 省第十一届人民代表大会代表

（2008 年 1 月—2013 年 1 月）

戴水春　广丰县人大常委会主任

周遐光　广丰县人民政府县长

俞　彤（女）广丰县人民医院内科副主任

倪风华　广丰卷烟厂职工

张素珍（女）广丰县怡丰园大酒店总经理

2. 省第十二届人民代表大会代表

（2013 年 1 月—2018 年 1 月）

邵小亭　广丰县人民政府县长

刘月林　广丰县人大常委会主任

毛晓红（女）广丰卷烟厂职工

张素珍（女）江西省中投新能源锂电池有限公司董事长

张文木　江西交建工程集团有限公司董事长

余水生　江西省斯尔摩红木家具有限公司董事长

3. 省第十三届人民代表大会代表

（2018 年 1 月—　）

郑华森　上饶市广丰区人民政府区长

皮晓瑶（女）上饶市广丰区人大常委会主任

毛晓红（女）江西中烟广丰卷烟厂职工

张文木　江西交建工程集团董事会主席

周建东　上饶市广丰区人民医院

徐　梦（女）上饶市广丰区泉波镇边山村村民

刘孝森　福丰化工厂综合管理部部长

二、上饶市人民代表大会代表

1. 市第二届人民代表大会代表

（2006 年 12 月—2011 年 9 月）

根据上饶市人民代表大会常务委员会《关于分配上饶市第二届人民代表大会代表名额的通知》，分配给广丰县上饶市第二届人民代表大会代表名额 54 名，其中市直推荐代表名额 9 名。2006 年 12 月 7 日至 9 日召开的广丰县第十三届人民代表大会第五次会议选举产生了上饶市第二届人民代表大会代表 54 名，其中市直推荐代表名额 9 名。

上饶市第二届人民代表大会代表名单

陈　平　王际贤　廖其志　盛平珍

王德荣　叶礼茂　何　丰　周重华

张　俊　刘远康　周遐光　戴水春

邱　鹏　郑德龙　张瑞耀　苏如明

江健生　韩祥华　俞志新　夏旭辉

王建华　余锡华　余从华　蒋丽涛（女）

毛小东　廖文华　龚中共　陈国健

汪小青　徐祖国　徐辉广　王　斐（女）

张素珍（女）徐殿英（女）吕宇超（女）俞素华（女）

叶晓妍（女）俞　溪　刘丽华（女）张建国

陈高银　李旭才　许声培　夏秋仙（女）

徐　莉（女）余华忠　柯世开　王堂录

徐炳星　俞明龙　汤银香（女）韩慧玲（女）

余玲英（女）黄令龙

2008 年 4 月 29 日召开的广丰县第十四届人民代表大会常务委员会第九次会议，补选祝伯渝为上饶市第二届人民代表大会代表。

2009 年 1 月 12 日至 14 日召开的广丰县第十四届人民代表大会第三次会议，补选倪美堂、潘行星为上饶市第二届人民代表大会代表。

2. 市第三届人民代表大会代表

（2011 年 9 月—2016 年 10 月）

根据《中华人民共和国全国人民代表大会和地方各级人民代表大会选举法》的规定，2011 年 9 月 3 日至 5 日召开的广丰县第十五届人民代表大会第一次会议选举产生了广丰县出席上饶市第三届人民代表大会代表 53 名，其中中共上饶市委推荐的代表 9 名。

上饶市第三届人民代表大会代表名单

1. 市直寄选代表（9 名）

廖其志　郑卫平　赵小忠　管群良

何　丰　刘春英（女）祝美清（女）刘庆华

吴福海

2. 中共广丰县委提名推荐（44 名）

倪美堂　邵小亭　刘月林　潘荣华

曹海燕（女）姚　文　吴伯翔　毛小东

陈金良　龚爱平　周亚鹰　余俊德

余锡华　周永海　余从华　程剑虹

曾生华　李剑波　严如彬　刘金林

张素珍（女）吕宇超（女）张文木　余敏建

王卫敏（女）潘明华　余水生　程海燕（女）

黄令龙　郑翡艳（女）夏贞五　付志花（女）

吴亨常　翁光敏　管立水　陈成炉

黄美芳（女）王堂录　汤银香（女）韩慧玲（女）

郑兰凤（女）叶　艳（女）张慧敏（女）杨建溪

2014 年 12 月 31 日召开广丰县第十五届人民代表大会常务委员会第二十六次会议，基于刘庆华代表调离上饶市，代表出缺名额补选龙江为市第三届人民代表大会代表。

2015 年 12 月 31 日召开上饶市广丰区第十五届人民代表大会常务委员会第三十四次会议，基于倪美堂代表调出本行政区，代表出缺名额补选谭赣明为市第三届人民代表大会代表。

2016 年 1 月 13 日召开上饶市广丰区第十五届人民代表大会常务委员会第三十五次会议，基于吴福海代表调出本行政区，代表出缺名额补选谢辉灵为市第三届人民代表大会代表。

2016 年 6 月 24 日召开上饶市广丰区第十五届人民代表大会常务委员会第三十九次会议，基于郑光泉代表调出本行政区，代表出缺名额补选颜赣辉为市第三届人民代表大会代表。

3. 市第四届人民代表大会代表

（2016 年 10 月—2021 年 10 月）

依照上饶市人民代表大会常务委员会《关于上饶市第四届人民代表大会代表名额分配和选举问题的决定》和上饶市人大常委会《关于分配上饶市第四届人民代表大会代表名额的通知》，2016 年 10 月 9 日至 11 日召开的上饶市广丰区第十六届人民代表大会第一次会议选举产生了上饶市广丰区出席上饶市第四届人民代表大会代表 53 名，其中市直寄选代表 9 名。

上饶市第四届人民代表大会代表名单

1. 市直寄选代表（9 名）

龙　江　叶震春　江　怡（女）邱　鹏

周金虎　俞　健　祝美清（女）管群良

颜赣辉

2. 上饶市广丰区委提名推荐（44 名）

王华安　毛俊飞　方卫国　叶　艳（女）

叶镕师　皮晓瑶（女）刘　红（女）刘小琳（女）

杨　翔（女）杨建溪　肖连华　吴　芳（女）

吴建平　余光海　余良光　余祖华

张文木　张慧敏（女）陈天敏　林　辉

罗剑锋　周志刚　郑兰凤（女）郑华森

郑明华　郑柳玉（女）项荣鲁　胡志刚

俞小燕（女）俞剑波　俞雪芳（女）姚文炜

夏贞茂　夏桂英（女）徐小优（女）凌目新

郭　燕（女）黄　敏　黄和峰　曹海燕（女）

龚中共　蒋昌荣　程海燕（女）谭赣明

2018 年 1 月 3 日召开上饶市广丰区第十六届人民代表大会常务委员会第十一次会议，基于颜赣辉、龙江两位代表已调离上饶市；余祖华辞去市人大代表职务，代表出缺名额依法补选谢来发、徐海高、张景忠为市四届人民代表大会代表。

2019 年 12 月 30 日召开上饶市广丰区第十六届人民代表大会常务委员会第二十六次会议，基于徐海高代表调离上饶市，代表出缺名额依法补选张辉霞为市四届人民代表大会代表。

2020 年 1 月 2 日召开上饶市广丰区第十六届人民代表大会常务委员会第二十七次会议，基于谢来发代表调离上饶市，代表出缺名额依法补选陈云为市四届人民代表大会代表。

4. 市第五届人民代表大会代表

（2021 年 10 月— ）

上饶市广丰区第十七届人民代表大会第一次会议于 2021 年 9 月 23 日至 26 日召开，根据《中华人民共和国全国人民代表大会和地方各级人民代表大会选举法》《江西省各级人民代表大会代表选举实施细则》，依照上饶市人大常委会《关于分配上饶市第五届人民代表大会代表名额的通知》，依法选举产生了上饶市广丰区出席上饶市第五届人民代表大会代表 51 名。

上饶市第五届人民代表大会代表名单

1. 市直寄选代表（7 名）

陈　云　郑艳斐（女）郑卫平　毛祖宾

周建新　张　平　吴东红

2. 中共上饶市广丰区委提名推荐代表（44 名）

胡心田　龚振宙　皮晓瑶（女）吴献金

刘旭涛　严卫华　雷瑞甫　严　毅

洪常艳（女）芮可文　黄宗敏　吴国红

占王剑　李剑波　刘积旺　余朝辉

宁晓华　吴贞河　郑柳玉（女）项庆林

吴　芳（女）余光海　程海燕（女）俞雪芳（女）

陈　彬　锁　进（回族）李建华　毛小兵

张慧敏（女）刘　红（女）郭　燕（女）夏贞茂

徐云清　王永三　赵婷婷（女）王灵燕（女）

周　灵（女）姚文炜　夏桂英（女）叶　艳（女）

余章波　罗剑红（女）周孝田　朱建芳（女）

第三节　县（区）人大代表组织活动

一、代表培训

2005 年 5 月，中共中央转发了《中共全国人大常委会党组关于进一步发挥全国人大代表作用，加强全国人大常委会制度建设的若干意见》，明确提出要建立对全国人大代表的系统培训制度，学习的主要内容分为初任学习、履职学习、专题学习等。

2007 年县乡两级人大换届选举期间，广丰县先后多次采取“走出去，请进来”的方法，对新当选的县人大代表进行全面系统的培训，邀请到全国人大研究室原主任陈寒枫为全体代表讲授《中华人民共和国各级人民代表大会常务委员会监督法》《中华人民共和国全国人民代表大会代表法》，结合代表参与常委会的执法检查、视察调研、预算监督、信访工作等内容开展多种多样有针对性的知识培训。组织村支书、主任中新当选的县人大代表到华西村学习新农村建设，交流各自新农村建设经验和如何更好地履职心得。为提高广大代表的履职意识和水平，2009 年 3 月 30 日，邀请省人大常委会选任联工委主任吴会清为在广丰的部分省、市人大代表和全体县人大代表，以及不是县人大代表的乡镇人大主席、副主席和街道人大工委主任、副主任共 300 余人进行了以“充分认识人大代表的地位和作用，切实加强人大代表工作”为主题的讲座。

2011 年 9 月 5 日，广丰县第十五届人民代表大会第一次会议闭会后，为提高新一届县人大代表的法律知识和履职水平，邀请省人大常委会选任联工委副主任刘润余到会为新当选的县第十五届人大代表讲授《中华人民共和国全国人民代表大会代表法》。2014 年 7 月，邀请上饶市委党校经管教研室主任黄飚为全体县人大代表作题为《关于经济转型升级的内涵及其走向》的讲座，提高全体代表的理论水平。

2016 年 11 月，湖丰镇人大主席团组织区、镇两级的人大代表培训，培训的内容主要有人民代表大会制度、人大代表的产生及权利和义务、人大代表如何提出议案和建议、人大代表如何参加代表活动、如何当好人大代表以及党的十八届六中全会精神，为此，上饶市广丰区人大常委会办公室下发了《关于进一步加强代表培训的通知》，要求全区各乡镇人大、各街道人大工委高度重视代表培训工作，着力提高代表素质，提升代表履职水平，未开展代表培训的乡镇（街道）都要组织好本行政区域区、乡两级人大代表培训工作。

2017 年 3 月 16 日，区第十六届人民代表大会第二次会议闭幕后，区人大常委会邀请上饶市人大常委会选任联工委副主任汤志华为全体区人大代表就《如何做好人大代表履职工作》进行履职培训。同年 5 月，组织部分区人大代表参加全国人大深圳培训基地举办的人大代表履职培训班，通过学习培训，全面增强了人大代表的依法履职能力，进一步提高依法履职的综合素质和能力水平。

为了规范区人大代表学习培训工作，提高代表思想政治素质和依法履职能力，2018 年 8 月，制定了《上饶市广丰区人民代表大会常务委员会关于加强区人大代表学习培训工作的暂行办法》，学习培训的主要内容主要有：（1）习近平新时代中国特色社会主义思想，党的基本理论、基本路线、基本方略；（2）宪法、法律和人民代表大会制度基本理论；（3）代表履职的程序、形式和方法；（4）代表履职所需的其他知识。学习培训的形式主要有初任培训、履职培训、专题培训和其他学习形式。学习培训坚持“形式多样，务求实效”的原则，综合运用专题讲座、以会代训、经验交流、学习考察和“学堂、讲堂、课堂、会堂”等形式进行。2018 年，先后组织部分区人大代表、各乡镇人大主席、各街道人大工委主任、区人大常委会全体机关干部收看了学习贯彻十三届全国人大一次会议精神电视电话会议，邀请省政协原党组副书记、副主席姚亚平进行《中华人民共和国宪法》辅导。组织部分省、市、区人大代表参加了昆明培训基地举办的新时代人大代表和干部履职能力提升培训班。

2020 年，广丰区人大常委会下发了《关于区人大干部人大代表 2020 年培训计划的通知》，安排区十六届人大常委会组成人员、人大各专门委员会负责人及人大常委会各工作委员会负责人、乡镇（街道）人大主席（工委主任）分期分批参加省人大培训中心组织的人大干部、人大代表依法履职和能力培训。2021 年，下发了《上饶市广丰区人大代表联络工作站考核评比方案》，要求各人大代表联络工作站每年至少组织开展联络工作站代表学习培训一次。

二、代表活动

《江西省实施〈中华人民共和国全国人民代表大会和地方各级人民代表大会代表法〉办法》规定：代表在闭会期间的活动以集体活动为主，以代表小组活动为基本形式。代表三人以上组成一个代表小组，代表小组应当建立活动制度，制订活动计划，选择活动主题和形式，每年至少开展两次活动。代表小组可以开展下列活动：（一）学习宣传宪法、法律、法规以及国家有关方针、政策，学习宣传贯彻本级和上级人民代表大会及其常务委员会的决议、决定；（二）了解法律、法规的贯彻实施情况；（三）进行视察和调研；（四）听取和反映人民群众的建议、意见和要求；

（五）交流开展代表活动和联系人民群众的经验；（六）参加当地人民代表大会常务委员会或者乡镇人民代表大会主席、副主席统一安排的活动。

2006 年 6 月，县人大常委会下发了《关于组织开展县人大代表小组活动的通知》，要求各乡镇人大主席团、各街道人大工委组织本乡镇（街道）的县人大代表小组按照每半年至少要活动一次的要求开展视察、调研等活动。洋口镇、横山镇、壶峤镇、五都镇、丰溪街道、霞峰镇、芦林街道人大主席团（人大工委）先后组织人大代表到代表创业基地开展活动。

2009 年 7 月 6 日，县第十四届人大常委会第 80 次主任会议通过了《广丰县人民代表大会代表小组活动办法》，指出：代表小组是代表在闭会期间开展活动的法定组织形式。代表小组由县人大常委会确定，按照便于组织和开展活动的原则组成代表小组。原则上以一个乡镇（街道）为一个代表小组，人数较多的分若干个代表小组。每个代表小组设组长一名，副组长一名至二名，联络员一名，负责代表小组活动的组织和联络。组长、副组长由代表担任，联络员由乡镇（街道）人大机关工作人员担任。代表小组的活动内容：（一）学习宣传党和国家的方针政策、法律法规以及县人大及其常委会的决议、决定。（二）围绕下列情况开展视察调研活动：1. 宪法和法律、法规的贯彻实施情况；2. 县人民政府、县人民法院、县人民检察院及有关部门贯彻落实重大工作部署情况；3. 承办单位办理落实代表的议案和建议、批评、意见的情况；4. 人民群众普遍关注的热点难点问题；5. 县人大常委会会议的审议议题；6. 县人民政府为民办实事和影响较大的重点工程建设情况。（三）根据县人大常委会统一安排的会前视察、执法检查，开展调查研究活动。（四）组织代表开展走访群众活动，采取多种方式经常听取和广泛收集人民群众的意见和要求，为代表参加县人民代表大会会议提出议案和建议、批评、意见做好准备工作。（五）组织代表开展“六个一”活动，代表“六个一”活动具体内容为：学好一部《中华人民共和国全国人民代表大会代表法》；为当地经济和社会发展提一条好的建议；开展一项惠民、利民的有益活动；帮扶一户困难户；扶助一名贫困学生；为当地群众办一件实事、好事。代表小组的活动方式主要有：学习的方式，可采取代表小组或联组学习交流等形式以提高代表法治意识和依法履职能力和水平。视察的方式，可采取会前视察、专题视察和联组视察等形式进行。调查研究和联系群众的方式，通过走访、座谈、调查等形式广泛了解人民群众的意见和要求。考察学习的方式。代表小组应当制订年度活动计划，每年活动不少于两次，可以单独开展活动，也可以与其他代表小组联合开展活动。

2016 年全区人大代表联络站成立以后，各乡镇（街道）人大积极组织人大代表开展视察、学习、调研等活动，各具特色。洋口镇人大成立了“爱心基金会”，接受人大代表及爱心人士捐赠资金 100 多万元，并通过理事会开展形式多样的送爱心活动，如访贫问苦，对贫困户、特困户进行节日走访慰问；对患大病选民走访救助；对学校教育、小孩失学、敬老院老人等进行帮扶救助。霞峰镇人大组织人大代表开展“进村居、访选民”主题活动，通过集中活动了解民情，帮助解决选民反映热点难点问题，进一步转作风、扬正气、打造和谐平安霞峰。少阳乡区人大代表提出的“要求尽快恢复设立少阳乡农村信用社的建议”得到广丰农村商业银行股份有限公司高度重视，并立即得到解决。大南镇人大组织马家柚种植大户代表为贫困户免费提供马家柚树苗，并传授种植管理技术，助推了全区的马家柚特色产业扶贫。

2018 年，区人大常委会邀请代表 34 人次列席常委会会议，200 多人次参加各种视察、执法检查、工作评议等活动。组织 12 名代表参与环境卫生督查，推荐 2 名代表担任区“五型”政府建设“啄木鸟”专员，增强代表对全区中心工作的参与、理解和支持。

2019 年，全区各级人大代表 1200 多人次参加了形式多样的活动，接待选民 3000 多人次，推动解决问题 500 多个。结对帮扶 3000 多户，帮助解决各种困难和问题 4000 多个，用实际行动赢得了选民的点赞。

2020 年，全区各级人大代表联系贫困村 27 个，结对帮扶贫困户 2948 户，捐款捐物 800 多万元，提供公益性岗位 2400 个，为改善群众生产生活条件、促进经济发展和农民增收发挥了积极作用。

三、代表创先争优

2005 年以来，县（区）人大常委会继续开展评选优秀县（区）人大代表工作，评选的对象主要是在农村、企事业单位、个体私营企业、学校、医疗卫生的县（区）人大代表。评选的条件：能够认真执行《广丰区人大代表履职考核暂行办法》中的有关规定，其中参评代表必须按时参加人代会会议期间的各种活动，必须在人代会上提出 1 条以上代表建议，必须积极主动参加区人大常委会、乡镇（街道）人大组织的有关活动。经常委会代表履职考核领导小组进行考核后，考核得分 85 分以上的方能参加评选，坚持好中选优。评选方法主要是各乡镇（街道）人大推荐，根据代表履职考核得分情况，按分配名额向县（区）人大常委会推荐，代表考核领导小组对各乡镇（街道）推荐的名单进行初步审查后，报县（区）人大常委会主任会议进行审定。

2017 年 4 月，区人大常委会党组下发了《关于开展“我是代表我带头”活动实施方案》，要求各位代表以邓小平理论、“三个代表”重要思想、科学发展观和区委工作思路为指导，深入贯彻落实党的十八大和十八届六中全会精神，进一步加强人大代表教育管理，提高人大代表综合素质，充分发挥广大代表在各项工作中的先锋模范作用。在脱贫攻坚工作中，各级人大代表采取多种方式进行精准帮扶。举办了各类爱心捐赠活动，共捐款捐物 110 多万元；通过产业帮扶，吸纳全区 2948 户贫困户入股，为他们每年提供 350 多万元的分红；对有自己发展产业愿望但缺少生产资料的贫困户，提供产业支持；对有劳动力但缺少就业技能的贫困家庭，通过开展就业技能培训提高就业能力；积极投入“电商＋三农”“电商＋扶贫”建设，充分挖掘当地资源优势，紧贴当地群众需求，通过自己的电商平台和网商经验，帮助贫困户将“过剩”的土特产变成致富的“金钥匙”。带动了一批农户投入原汁原味的农家土特产制作，为地方经济发展注入活力。

2005年以来，县（区）人大常委会充分利用电视和报纸等宣传媒体开辟了《代表风采》和《人大代表》专栏，大力宣传人大代表在各行各业履职的精神风貌和绚丽风采。

2005—2021年人大代表一览表

表1-3-1

年度	姓名	单位
2005	俞吉火	江西京盛工艺品公司经理
	张建国	沙田镇十六都村支书
	吴凤英	排山福利编织厂厂长
	周小兵	横山镇上孚村支书
2006	林传松	排山镇黄狮村支书
	徐安福	泉波镇泉波村支书
	张如水	岭底乡岭底村支书
	吴凤英	排山塑料编织福利厂厂长
	张建国	沙田镇十六都村支书主任
	潘丽娜	永丰镇白鹤畈社区居委会支书
	徐寿高	塘墀乡朱坞村支书
2007	黄永发	广丰海韵电子玩具公司总经理
	郑书礼	大南镇大南村支书
	李　英	广丰县花炮厂副厂长
2008	倪凤华	江西中烟工业公司广丰卷烟厂职工
	李云生	铜钹山镇军潭村支书
	程雪美	丰达矿业有限公司总经理
	罗海清	洋口镇古城村支书
	蒋昌炉	桐畈镇蒋坞村主任
	俞小燕	永丰中学教师
	毛小东	国家森林公园铜钹山管委会主任、铜钹山镇镇长
	俞明龙	广丰县文化馆副馆长
	张建国	沙田镇十六都村支书
	颜福吾	大石乡大石头村支书、主任
	杨祥发	横山镇廿三都村主任

续表 1–3–1

年度	姓名	单位
2008	周建国	丰溪街道三都村支书
2009	周国英	枧底镇副镇长
	颜禧高	桐畈镇王家村主任
	李云生	广丰县竹业有限公司总经理
	王永发	广丰县海韵电子玩具公司总经理
	吴小华	广丰骨科医院院长
	韩简溪	广丰顺溪花炮厂厂长
	周清华	燎源客运公司董事长
2010	张荣权	江西龙马钢结构有限公司总经理
	何金水	上海何业土方工程公司总经理
	吴亨常	横山镇廿四都居委会支书
	周道喜	嵩峰乡银丰村支书
	吴邦福	五都镇花棚村支书
	吴忠溪	少阳乡交溪村支书
	周开满	东阳乡管村村支书
	李云生	广丰县竹业有限公司总经理
2011	（缺）	
2012	张素珍	广丰县怡丰园大酒店总经理
	余水生	江西斯尔摩红木家具有限公司董事长
	张文木	江西交建工程集团有限公司董事长
	徐存国	广丰国铝实业有限公司总经理
	周清华	燎源客运公司董事长
	余敏建	江西敏建汽车贸易有限公司董事长
	韩　平	广丰县芦林纸业有限公司总经理
	周顶荣	芦林街道湖头社区支书
	徐智红	靖安水电站总经理
	刘汉春	广丰县合信康宁生物医药科技有限公司董事长
2013	祝家礼	广丰县日升织染有限公司董事长
	厉康宁	康鑫铜业公司总经理
	王小华	上饶华骏机电设备公司董事长
	张处平	江西齐力酒业有限公司总经理
	刘玉品	龙凤轩家具红木家具厂总经理

续表 1-3-1

年度	姓名	单位
2013	徐林峰	江西硕丰有限总公司董事长
	周小兵	横山镇上孚村支书
	毛小东	江西中烟工业公司广丰卷烟厂厂长
	徐存国	广丰国铅实业有限公司总经理
	毛祥文	南昌广丰商会常务副会长
	李金堂	江西金丰建设有限公司董事长
	徐智红	靖安水电站总经理
	刘汉春	广丰县合信康宁生物医药科技有限公司董事长
	吴华辉	丰溪街道塘墀社区主任
2014	阮祥华	红海集团董事长
	韩简溪	井头砖厂管理员
	管春晖	广丰县网络行业协会会长
	刘顺全	大石乡十字垄村支书主任
	汪继东	永丰中学副校长
2015	罗清海	洋口镇古城村支书
	吕素芳	毛村镇敬老院院长
2016	陈光辉	上海莘国实业有限公司董事长
	刘小雨	江西省龙翔房地产开发有限公司董事长
	王贞飞	温州华飞模具厂董事长
	徐腮美	湖丰镇政府干部
2017	林　华	排山镇牌门村支书
	王为银	江西银鹰建设工程有限公司
	夏林艳	丰溪街道三都村村民
2018	王睦福	江西虹一生态农业开发有限公司董事长
	罗剑红	永丰小学校长
	吕燕苘	大南镇菱塘村邮乐购服务站站长
	汪利伍	湖丰镇中心卫生院院长
	官章青	江西凯强实业有限公司总经理
2019	夏凌峰	上海憨牛建设工程有限公司董事长
	吴连强	上海强丰集团董事长
	黄正文	铜钹山镇岭底村支书
	王永三	江西山旺鹿业董事长

续表 1-3-1

年度	姓名	单位
2020	罗剑峰	洋口镇党委书记
	汪志真	大南镇党委书记
	俞海燕	上饶市广丰区妇幼保健院副院长
	王　银	枧底镇畈上村支书
	叶　宁	铜钹山镇人大主席
2021	黄兴明	江西千山农林公司总经理
	范秀芳	横山镇中心卫生院副院长
	祝建正	湖丰镇党委书记
	杨兰英	霞峰镇赤塘村支书
	芮可文	毛村镇党委书记

第四节　代表建议、批评和意见

《江西省县级以上地方各级人民代表大会代表建议、批评和意见办理规定》规定：人大代表在人民代表大会会议期间和闭会期间分别向本级人民代表大会及其常务委员会提出对本行政区域内各方面工作的建议、批评和意见，是法律赋予代表的权利，是代表执行代表职务，参加管理国家事务、管理经济和文化事业、管理社会事务的一项重要工作。它包括：县级以上地方各级人民代表大会代表在人民代表大会会议期间，书面向本级人民代表大会提出的建议、批评和意见；代表在人民代表大会会议期间提出的议案，人民代表大会主席团决定改作建议、批评和意见的；人大代表在闭会期间向本级人民代表大会常务委员会书面提出的建议、批评和意见。认真研究办理代表建议、批评和意见并负责答复，是有关机关、组织的法定职责，是加强同人大代表、人民群众的联系，为人民服务、受人民监督的重要体现。

为激励人民代表依法提出建议、批评和意见，提高代表建议质量，2009 年 3 月，县人大常委会制定了《广丰县人民代表大会优秀代表建议、批评和意见评选及表彰办法（试行）》，提出优秀代表建议应当符合下列条件：一是建议应当围绕广丰县改革发展稳定的大局，有助于促进县经济、政治、社会协调发展，有助于解决人民群众普遍关心的热点、难点问题。二是建议应当在深入调查研究、认真准备的基础上提出，做到反映问题准确清晰，分析问题有理有据，提出解决问题的措施切实可行。三是建议必须实事求是，内容具体，一事一案。四是通过承办单位的办理，取得明显的经济、政治和社会效益，或者对承办单位的工作有推动和促进作用。2011 年 12 月，又制定了《广丰县人大代表履职考核暂行办法》，将代表在人民代表大会会议期间提出的议案、建议、批评和意见作为重要的考核内容，规定每个代表每年书面向县人大常委会提出各方面工作的建议、批评和意见不得少于 2 条。2017 年 4 月制定的《上饶市广丰区人大代表履职考核暂行办法》又规定，人大代表在人民代表大会会议期间向大会提出 1 条以上的议案、建议、批评和意见，每年闭会期间书面向区人大常委会提出 2 条各方面工作的建议、批评和意见。

2017 年 10 月，为进一步提高人大代表建议、批评和意见办理工作质量和效果，切实发挥好人大代表作用，区人民代表大会常务委员会制定了《关于提高区人大代表建议、批评和意见办理质量实施办法》，规定：向代表大会提出的建议应当于大会召开前7天提交原选举单位代表工作机构初审，通过后由初审单位于大会召开前5天转区人大常委会代表工作机构再审，经审查符合要求的，于代表大会期间提交大会议案组终审，决定是否受理。代表大会期间受理的建议由区人大常委会代表工作机构在大会结束后15日内交区政府办公室交办、“两院”承办。闭会期间提交的建议自收到之日起15日内转区政府办公室交办、“两院”承办。代表大会期间提出的建议，承办单位应当在收到之日起3个月内办理完毕，并将办理结果书面答复代表。情况复杂的，经区人大常委会代表工作机构同意，可延长至6个月内办理完毕，并书面答复代表。闭会期间提出的建议，承办单位应当在接到之日起2个月内办理完毕，并将办理结果书面答复代表。情况复杂的，经区人大常委会代表工作机构同意，可延长至3个月内办理完毕，并书面答复代表。对于社会关注度高、办理难度大、二次办理仍不满意等建议，要求承办单位主要负责人向主任会议专题汇报，作解释说明，谈解决思路。实行常委会领导牵头重点督办，每年把若干具有代表性、典型性的代表建议列为重点建议，由常委会主任、副主任选领1件至2件开展重点督办。人大代表收到正式建议答复后，应当在30日内填写好《代表建议办理情况评价表》，并回复区人大常委会选任联工委。

2019年4月，区人大常委会制定了《关于进一步完善督查区人大代表建议办理工作的意见》，提出：一是完善常委会领导领衔督办机制，特别是重点建议必须在规定期间内办结。二是完善人大各专委、常委会各工委日常督办机制。三是完善常委会选任联工委的综合督办机制。四是完善代表建议办理的满意度测评机制。

第十三届三次会议至第十七届一次会议，共收到10名以上代表联名提出的议案26件，其中第十五届五次会议收到的县人民政府提出的《广丰县人民政府关于加快推进新型城镇化发展的议案》经大会主席团第一次会议研究通过，列入大会议程。其他25件议案根据《中华人民共和国地方各级人民代表大会和地方各级人民政府组织法》的规定，经大会议案审查委员会审议，将25件议案转为建议办理。共收到代表提出的建议2325件，其中129件具有代表性、典型性的代表建议作为重点督办的建议，由常委会主任、副主任选领开展重点督办。

一、县第十三届人民代表大会

1. 县第十三届人民代表大会第三次会议

县第十三届人民代表大会第三次会议期间，共收到代表提出的议案、建议、批评和意见176件，其中10名以上代表联名提出的议案1件，涉及民政内容。根据《中华人民共和国地方各级人民代表大会和地方各级人民政府组织法》的规定，经大会议案审查委员会审议，将该议案转为建议办理。在175件建议、批评和意见中，涉及城建环保方面40件，工业交通方面30件，农林水方面34件，财政金融方面8件，教科文卫方面16件，公安司法方面5件，劳动人事方面1件，民政方面2件，物价方面1件，土管方面4件，商业方面1件，招商方面1件，供电方面2件，通信方面2件，其他方面28件。县人大常委会在大会闭幕后将176件建议、批评、意见转给了县人民政府、法院研究办理。2005年4月6日，县人民政府召开了各承办单位主要负责人参加的人大建议、政协提案交办会议，县人民政府共收到代表提出建议173件。到4月30日，各承办单位全部办理完毕并答复了各位代表。其中代表所提建议已经解决或基本解决的61件，占建议总数的35.3%；代表所提建议正在解决或列入规划逐步解决的有74件，占建议总数的42.8%；代表所提建议因条件、政策所限，一时难以解决，留作今后工作参考的38件，占建议总数的21.9%。

2. 县第十三届人民代表大会第四次会议

县第十三届人民代表大会第四次会议期间，共收到代表提出的议案、建议、批评和意见143件，其中10名以上代表联名提出的议案5件，内容涉及工业交通和教科文卫方面，根据《中华人民共和国地方人民代表大会和地方各级人民政府组织法》的规定，经大会议案审查委员会审议，转为建议办理。在138件建议、批评和意见中，涉及城建土管环保方面31件，工业交通方面26件，农林水方面30件，财政金融方面9件，教科文卫方面17件，公安司法方面8件，劳动人事方面3件，物价方面2件，供电方面4件，通信方面3件，其他方面5件。2006年5月11日，县人民政府召开了由各承办单位主要负责人参加的人大建议、政协提案交办会议，将人大代表提出的139件建议交给有关部门和有关乡镇承办。截至2006年6月30日，各承办单位全部办理完毕，并答复了各位代表。其中代表所提建议已经解决或基本解决的有52件，占建议总数的37.5%；代表所提建议正在解决或列入规划逐步解决的有58件，占建议总数的41.7%；代表所提建议因条件、政策所限，目前难以解决，留作今后逐步解决的有29件，占建议总数的20.8%。

二、县第十四届人民代表大会

1. 县第十四届人民代表大会第一次会议

县第十四届人民代表大会第一次会议期间，共收到代表提出议案、建议、批评和意见162件，其中10名以上代表联名提出的议案7件，主要涉及城建环保、工业交通和教科文卫方面。根据《中华人民共和国地方各级人民代表大会和地方各级人民政府组织法》有关规定，经大会议案审查委员会审议，全部作为建议、批评和意见办理。在155件建议、批评和意见中，涉及城建土管环保方面44件，工业交通方面17件，农林水方面47件，财政金融方面9件，教科文卫方面16件，公安司法方面11件，民政方面6件，其他方面5件。2007年4月18日，县人民政府召开了各承办单位主要负责人参加的人大建议、政协提案交办会议，截至6月30日，各单位完成了163件人大代表提出的建议并全部进行了答复。其中代表所提建议已经解决或基本解决的有63件，占建议总数的38.6%；代表所提建议正在解决或列入规划逐步解决的有69件，占建议总数的42.4%；代表所提建议因政策、客观条件所限，目前难以解决，留做今后逐步解决的有31件，占建议总数的19%。

2. 县第十四届人民代表大会第二次会议

县第十四届人民代表大会第二次会议期间，共收到代表10人以上联名提出的议案5件，主要涉及农林水、城建土管环保、人口与计生以及教科文卫方面，根据《中华人民共和国地方各级人民代表大会和地方各级人民政府组织法》规定，经大会议案审查委员会审议，改为代表建议办理。收到代表提出的建议、批评和意见110件，涉及城建土管环保26件，工业交通17件，农林水29件，财政金融6件，教科文卫17件，公安司法1件，民政1件，人口与计生6件，劳动人事2件，其他方面5件。2008年3月28日，县人民政府召开了各承办单位主要负责人参加的人大建议、政协提案交办会议，将收到的115件建议交给有关部门和乡镇承办，到6月30日止，已全部办理完毕并答复了各位代表。其中代表所提建议已经解决或基本解决的有82件，占建议总数的71.3%；代表所提建议正在解决或列入规划逐步解决的有17件，占建议总数的14.8%；代表所提建议因政策、客观条件所限，目前难以解决，留做今后逐步解决的有16件，占建议总数的13.9%。

3. 县第十四届人民代表大会第三次会议

县第十四届人民代表大会第三次会议期间，共收到代表提出的建议、批评和意见116件，涉及城建土管环保25件，工业交通14件，农林水28件，财政金融11件，教科文卫16件，公安司法5件，民政10件，计生3件，劳动人事1件，其他方面3件。2009年3月6日，县人民政府召开了各承办单位主要负责人参加的人大建议、政协提案交办会议，将收到的115件建议交有关部门和乡镇承办。到5月10日止，已全部办理完毕，并答复了各位代表。其中代表所提建议已经解决或基本解决的有89件，占建议总数的77.4%；代表所提建议正在解决或列入规划逐步解决的有14件，占建议总数的12.2%；代表所提建议因政策、客观条件所限，目前难以解决，留做今后逐步解决的有12件，占建议总数的10.4%。

4. 县第十四届人民代表大会第四次会议

县第十四届人民代表大会第四次会议期间，共收到代表10人以上联名提出的议案2件，涉及计划生育和通信。根据《中华人民共和国地方各级人民代表大会和地方各级人民政府组织法》

规定，经大会议案审查委员会审议，改为代表建议办理。收到代表提出的建议、批评和意见135件，涉及城建土管环保31件，工业交通20件，农林水29件，财政金融9件，教科文卫18件，公安司法7件，民政5件，计生8件，人事劳动1件，其他方面7件。2010年4月20日，县人民政府召开了各承办单位主要负责人参加的人大建议、政协提案承办会议，将137件建议分别落实到39个单位办理。到6月20日止，已全部办理完毕，并答复了各位代表。其中代表所提建议已经解决或正在解决的有108件，占建议总数的78.8%；代表所提建议正列入规划逐步解决的20件，占建议总数的14.6%；代表所提建议因条件、政策所限，一时难以解决，留作今后工作参考的有9件，占建议总数的6.6%。

5. 县第十四届人民代表大会第五次会议

县第十四届人民代表大会第五次会议期间，共收到代表10人以上联名提出议案3件，主要涉及工业交通公路和农林水。根据《中华人民共和国地方各级人民代表大会和地方各级人民政府组织法》规定，经大会议案审查委员会审议，改为代表建议办理。收到代表提出建议、批评和意见90件，其中城建土管环保22件，工业交通20件，农林水22件，教科文卫13件，公安司法4件，计生2件，其他方面7件。2011年3月15日，县人民政府召开了各承办单位负责人参加的建议、提案交办会议，将94件人大代表建议落实到23个单位办理。到4月20日止，已全部办理完毕，办结率为100%。其中代表所提建议已经解决或正在解决的有73件，占建议总数的77.7%；代表所提建议正列入规划逐步解决的有17件，占建议总数的18.1%；代表所提建议因条件、政策所限，一时难以解决，留作今后工作参考的有4件，占建议总数的4.2%。

三、县第十五届人民代表大会

1. 县第十五届人民代表大会第一次会议

县第十五届人民代表大会第一次会议期间，共收到代表提出建议、批评和意见118件，其中城建土管环保37件，工业交通26件，农林水28件，教科文卫11件，财政金融6件，公安司法2件，民政1件，人力资源和社会保障4件，其他方面3件。2011年9月30日，县人民政府召开了建议提案交办会议，将118件建议分别落实到31个单位负责办理。到11月20日止，全部建议已经办理完毕，办结率为100%。其中代表所提建议已经解决或正在解决的93件，占建议总数的78.8%；代表所提建议正列入规划逐步解决的有18件，占建议总数的15.3%；代表所提建议因条件、政策所限，一时难以解决，留作今后工作参考的7件，占建议总数的5.9%。

2. 县第十五届人民代表大会第二次会议

县第十五届人民代表大会第二次会议期间，共收到代表提出建议、批评和意见92件，其中涉及城建土管环保 20 件，工业交通 20 件，农林水 12 件，财政金融 8 件，教科文卫 11 件，公安司法 3 件，民政 2 件，计生 4 件，人事劳动 3 件，供电 6 件，其他方面 3 件。2012 年 4 月 1 日，县人民政府召开了建议提案交办会议，将 92 件建议分别落实到 31 个单位办理。到 6 月 20 日止，已全部办理完毕，办结率为 100%。其中代表所提建议已经解决或正在解决的有 66 件，占建议总数的 71.8%；代表所提建议正列入规划逐步解决的 21 件，占建议总数的 22.8%；代表所提建议因条件、政策所限，一时难以解决，留作今后工作参考的 5 件，占建议总数的 5.4%。

根据《广丰县人民代表大会代表建议、批评和意见的提出和处理办法》的有关规定，在对建议综合分析、认真筛选的基础上，县第十五届人大常委会第 13 次主任会议决定，从县第十五届人大二次会议代表提出的 92 件建议中筛选出 10 件，作为 2012 年重点督办的建议。

县第十五届人大第二次会议重点督办的代表建议一览表

表 1–4–1

建议编号	提建议代表	题目	承办单位	督办领导	督办单位
3	占王剑	关于要求尽快改变县城的环境卫生状况，还全县人民一个文明县城的建议	县城管局	韩祥华 吴祥国	城建环资工委
36	颜希高	要求交通部门对农村“三轮车”载客的管理建议	县交警大队	郑日贵	财经工委
45	周永红	关于要求加大投入改造加固水利基础设施的建议	县水利局	郑建平 余锡恭	农业农村工委
84	徐新华	关于提高供电服务质量的建议	县供电公司	王忠毅 郑德龙	财经工委
57	李树锋	关于对网吧、游戏机室等娱乐场所清理整顿并规范管理的建议	县文广局	杨　绥 夏旭辉	教科文卫工委
59	叶　丹	关于新建青少年活动中心的建议	县文广局	杨　绥 夏旭辉	教科文卫工委
62	杨金华	关于加快发展农村幼儿园教育管理的建议	县教体局	杨　绥 夏旭辉	教科文卫工委
71	周兴旺	关于实施机动车年检一站式服务的建议	县交警大队	郑日贵	内务司法工委
83	李金堂	关于解决农民养老保险问题的建议	县人保局	郑日贵	内务司法工委
90	李剑波	关于要求针对电信忽视售后服务的问题进行公德教育的建议	县电信公司	王忠毅 郑德龙	财经工委

3. 县第十五届人民代表大会第三次会议

县第十五届人民代表大会第三次会议期间，共收到代表 10 人以上联名提出的议案 1 件，主要涉及工业交通公路。经大会议案审查委员会审议，认为该议案所提事项不属于县人民代表大会及其常委会的职权范围，因此，建议不列入本次大会议程，拟改为代表建议处理。收到代表建议、批评和意见 96 件，其中城建土管环保 23 件，工业交通公路 30 件，农林水 18 件，教科文卫 11 件，财政金融 1 件，公安司法 1 件，民政 2 件，计生 1 件，人力资源和社会保障 4 件，其他方面 5 件。2013 年 4 月 2 日，县人民政府召开了人大建议、政协提案交办会议，将 97 件建议分别落实到 31 个单位负责办理。到 6 月 20 日止，已全部办理完毕，办结率为 100%。其中代表所提建议已经解决或正在解决的 63 件，占建议总数的 65.0%；代表所提建议正列入规划逐步解决的 27 件，占建议总数的 27.8%；代表所提建议因条件、政策所限，一时难以解决，留作今后工作参考的 7 件，占建议总数的 7.2%。

县第十五届人大常委会第 38 次主任会议决定，从县第十五届人大三次会议代表提出的 97 件建议中筛选出 18 件，建议作为 2013 年重点督办的建议。

县第十五届人大第三次会议重点督办的代表建议一览表

表 1–4–2

建议编号	提建议代表	题目	承办单位	督办领导	督办单位
8	叶　丹	关于对无物业小区开展卫生整治的建议	房管局	韩祥华 吴祥国	城建环资工委
15	严卫华	关于加强对影响县城市容市貌的卫生整治的建议	城管局	韩祥华 吴祥国	城建环资工委
22	傅衰明	关于修复永丰街道商城社区西溪路的建议	城管局	韩祥华 吴祥国	城建环资工委
23	周顶荣	关于要求解决芦林湖头社区挖机停车场噪声太大、卫生差的建议	工业园区	王忠毅 韩祥华 吴祥国	财经工委 城建环资工委
97	何金水	关于要求规划建设五都五四加油站至大石外寺公路的建议	交通局	王忠毅	财经工委
39	周永红	关于要求对大石至五都段公路拓宽项目立项的建议	公路分局	王忠毅	财经工委
83	俞永贵	关于要求设立广丰县农村合作银行少阳办事点的建议	农合行	王忠毅	财轻工委
53	刘德华	关于要求在上广公路洋口水北路口设立交通指示灯的问题	交通局	王忠毅 郑日贵	财轻工委
71	徐寿高	关于要求解决招商引资企业存在问题的建议（农业）	丰溪街道	郑建平 郑明华 鲍小红	内务司法工委
58	蒋书武	关于横山溪改造的建议	水利局	郑建平	农工委 选任联
63	周国英	关于要求加固枧溪河两岸河堤的建议	水利局	郑建平	农业农村工委

续表 1-4-2

建议编号	提建议代表	题目	承办单位	督办领导	督办单位
69	周开满	关于要求加强对农村小二型水库及山塘除险加固工作的建议	水利局	郑建平	农业农村工委
76	宁晓华	关于对新农合政策变动频繁，不利于人民群众的建议	卫生局	杨　绥 夏旭辉	农业农村工委
77	颜希高	关于要求尽快完善农村合作医疗门诊报销的建议	卫生局	杨　绥 夏旭辉	教科文卫工委
80	徐新华	关于要求把“广丰腔”列入非物资文化遗产保护名录的建议	文广局	杨　绥 夏旭辉	教科文卫工委
85	洪强明	关于要求行政区划规划调整的建议	民政局	郑日贵	教科文卫工委
90	俞国堂	关于要求县政府尽快出台为失地农民办理社会保险最简便办法的建议	人保局	郑日贵	内务司法工委
84	徐少玲	关于维护好“天网工程”视频监控的建议	公安局	郑日贵	内务司法工委

4. 县第十五届人民代表大会第四次会议

县第十五届人民代表大会第四次会议期间，共收到代表建议、批评和意见 110 件，其中城建土管环保 27 件，工业交通公路 24 件，农林水 21 件，教科文卫 17 件，财政金融 7 件，公安司法 5 件，民政 1 件，计生 1 件，人力资源和社会保障 2 件，供电 3 件，其他方面 2 件。2014 年 3 月 27 日，县人民政府召开了建议、提案交办会议，到 6 月 20 日，110 件建议全部办理完毕，办结率 100%。其中代表所提建议已经解决或正在解决的 66 件，占建议总数的 60%；代表所提建议列入规划逐步解决的 36 件，占建议总数的 32.7%；代表所提建议因条件、政策所限，一时难以解决的 8 件，占建议总数的 7.3%。

县第十五届人大常委会第 54 次主任会议决定，从县十五届人大四次会议代表提出的 110 件建议中筛选出 11 件建议，作为 2014 年重点督办的建议。

县第十五届人大第四次会议重点督办的代表建议一览表

表 1-4-3

建议编号	提建议代表	题目	承办单位	督办领导	督办单位
14	黄正文 等 2 位	关于要求解决丰溪源头水污染的建议	环保局	韩祥华 吴祥国	城建环资工委
17	周顶荣 等 9 位	关于尽快清理商城沿河路道路堵塞的建议	城管局	韩祥华 吴祥国	城建环资工委
27	叶冬英	关于老城区下水道疏通和路面硬化的建议	城管局	韩祥华 吴祥国	城建环资工委

续表 1-4-3

建议编号	提建议代表	题目	承办单位	督办领导	督办单位
31	汪小青	关于请求开通少阳乡驻地少阳村至横山镇驻地廿四都客运班车的建议	交通局	潘荣华	财经工委
93	严如彬等 3 位	关于要求在大南镇设立江西省农村信用合作银行的建议	农合行	潘荣华	财经工委
58	陈邦洪	关于要求对五都镇的双山、双洲等五个自然村水渠维修的建议	水利局	郑建平 鲍小红	农业农村工委
71	徐腮美	关于加强我县马家柚产业化的后继工程的建议	农业局	郑建平 鲍小红	农业农村工委
83	张莲彩	关于弘扬优秀传统文化，促进社会和谐管理的建议	文明办	杨 绥 夏旭辉	教科文卫工委
89	刘莹	关于请求加强农合资金监管确保农合资金安全的建议	卫生局	杨 绥 夏旭辉	教科文卫工委
102	李金堂等 2 位	希望政府给力鼓励民营企业投资建设老年公寓的建议	民政局	郑日贵	内务司法工委
105	俞永贵	关于请求在县人民政府网站开设新农保专栏的建议	电子政务中心	潘荣华	办公室

5. 县第十五届人民代表大会第五次会议

县第十五届人民代表大会第五次会议期间，共收到代表建议、批评和意见 48 件，其中城建土管环保 13 件，工业交通公路 12 件，农林水 11 件，教科文卫 2 件，财政金融 1 件，公安司法 1 件，民政 3 件，人力资源和社会保障 1 件，其他方面 4 件。大会还收到县人民政府提出的议案 1 件（《县人民政府关于加快推进新型城镇化发展的议案》），经大会主席团第一次会议研究通过，列入大会议程。2014 年 7 月 31 日，县人民政府召开了建议、提案交办会议，到 10 月 20 日，48 件建议全部办理完毕，办结率 100%。其中代表所提建议已经解决或正在解决的 16 件，占建议总数的 33.3%；代表所提建议列入规划逐步解决的 31 件，占建议总数的 64.6%；代表所提建议因条件所限，一时难以解决的 1 件，占建议总数的 2.1%。

县第十五届人大常委会第 62 次主任会议决定，对县十五届人大五次会议代表提出的 48 件建议中筛选出 10 件建议，作为 2014 年下半年重点督办的建议。

县第十五届人大第五次会议重点督办的代表建议一览表

表 1-4-4

建议编号	提建议代表	题目	承办单位	督办领导	督办单位
6	刘少珍	关于要求对农村老村庄整治的建议	县新村办	郑建平 鲍小红	农业农村工委

续表 1–4–4

建议编号	提建议代表	题目	承办单位	督办领导	督办单位
8	余敏建	关于要求取缔沙田碧石塑料粒子的建议	县环保局	韩祥华 吴祥国	城建环资工委
11	占王剑等 2 位	关于要求环卫所接管丰溪街道辖区内县城区卫生的清洁工作的建议	县城管局	韩祥华 吴祥国	城建环资工委
18	毛小乐等 2 位	关于要求出租车“打表”的建议	县交通局	潘荣华	财经工委
21	严如彬等 2 位	关于要求广玉线大南至玉山段路面维修的建议	公路分局	潘荣华	财经工委
31	王永三	关于要求相关部门监督检查三都水厂的水质和收费的建议	卫生局 物价局	杨 绥 夏旭辉	教科文卫工委
35	巩宪进等 2 位	关于严禁山塘、水库使用化肥养殖的建议	农业局 环保局	郑建平 鲍小红	农业农村工委
40	徐腮美	关于公安系统加强盗窃案件打击侦破力度的建议	公安局	郑日贵	内务司法工委
42	李全堂	关于要求加大老年公寓建设支持力度的建议	民政局	郑日贵	内务司法工委
48	王永三等 4 位	关于对广丰县太平洋保险公司提高服务质量改善赔偿服务的建议	太平洋保险公司	潘荣华	财经工委

6. 县第十五届人民代表大会第六次会议

县第十五届人民代表大会第六次会议期间，共收到代表建议、批评和意见 161 件，其中城建土管环保 33 件，工业交通公路 37 件，农林水 25 件，教科文卫 15 件，财政金融 22 件，公安司法 9 件，民政 5 件，人力资源和社会保障 5 件，电力通信设施 5 件，其他方面 5 件。2015 年 3 月 31 日，县人民政府召开了建议、提案交办会议，将 158 件建议分别落实到 37 个单位负责办理。到 6 月 20 日止，已全部办理完毕，办结率为 100%，代表满意和基本满意率达到 100%。其中代表所提建议中已经解决或正在解决的 105 件，占建议总数的 66.5%；代表所提建议中列入规划逐步解决的 39 件，占建议总数的 24.7%；代表所提建议中因条件所限而一时难以解决的 14 件，占建议总数的 8.9%。

县第十五届人大常委会第 79 次主任会议决定，从县第十五届人大第六次会议代表提出的 161 件建议中筛选出 10 件建议，作为 2015 年重点督办的建议。

县第十五届人大第六次会议重点督办的代表建议一览表

表 1-4-5

建议编号	提建议代表	题目	承办单位	督办领导	督办单位
2	黄依欣	关于请求加大农村危旧房改造的建议	建设局	韩祥华 吴祥国	城建环资工委
13	夏新年	关于要求加快县城自来水改造升级的建议	城管局	韩祥华 吴祥国	城建环资工委
38	洪强明	关于要求罗城片区尽快筹建一座加油站的建议	商务局	潘荣华	财经工委
41	俞立峰等 2 位	关于尽快建设大湖线的建议	交通局	潘荣华	财经工委
77	纪云水	关于要求占家坞水库支流下游大门底至社后段河堤倒塌严重需立即维修加固的建议	水利局	郑建平	农业农村工委
91	张飞斌	关于自来坞石拱渡槽改建的建议	饶丰灌区	郑建平	农业农村工委
107	张　华等 2 位	关于对大南镇中心幼儿园建设进行立项的建议	教体局	杨　绥 夏旭辉	教科文卫工委
109	周永红	关于大石乡大塘线、大水线闭路电视线路的整改的建议	文广局	杨　绥 夏旭辉	教科文卫工委
139	周龙树	关于要求加强对农用车、三轮摩托车等车辆的交通安全管理的建议	交警队	郑日贵	内务司法工委
150	徐丽英	关于请求加快小额贷款审核程序，缩短审核时间的建议	人社局	郑日贵	内务司法工委

7. 区第十五届人民代表大会第七次会议

区第十五届人民代表大会第七次会议期间，共收到代表 10 人以上联名提出的议案 1 件，主要涉及城建土管环保，经大会议案审查委员会审议，认为该议案所提事项不属于区人民代表大会及其常委会的职权范围，建议不列为本次大会议程，拟改为代表建议处理。收到代表建议、批评和意见 160 件，其中城建土管环保 32 件，工业交通公路 46 件，农林水 30 件，教科文卫 20 件，财政金融 7 件，公安司法 6 件，民政 5 件，其他方面 5 件。大会还收到区人民政府提出的议案 1 件，经大会主席团第一次会议研究通过后，已列入大会议程。

区第十五届人大常委会第 93 次主任会议决定，从区第十五届人大第七次会议代表提出的 161 件建议中筛选出 11 件建议，作为 2016 年重点督办的建议。

区第十五届人大第七次会议重点督办的代表建议一览表

表 1-4-6

建议编号	提建议代表	题目	承办单位	督办领导	督办单位
22	占王剑等 3 位	关于加强老城区物业管理的建议	房管局	郑建平	城建环资工委
25	陈小兵	关于要求加大环境卫生整治工作投入的建议	城管局	郑建平	城建环资工委
161	邵银堂等 12 位	关于要求尽快启动环城南路周边棚户区综合改造的建议	房管局	郑建平	城建环资工委
62	刘顺银	关于加宽芦林大桥的建议	交通局	潘荣华	财经工委
64	徐启敏等 2 位	关于尽快拓宽改造大石至五都段公路的建议	公路分局	潘荣华	财经工委
17	余诗荷	关于加强竹航山公园管理的建议	林业局	郑建平	农业农村工委
81	徐腮美	关于要求解决山塘水质严重污染的建议	水利局	郑建平	农业农村工委
114	王贞飞	关于请求设立科技创新奖励的建议	科技局	杨　绥 夏旭辉	教科文卫工委
124	蒋丽涛等 2 位	关于定向招录一定比例的男性师资增加我区中小学校教学力量的建议	教体局	杨　绥 夏旭辉	教科文卫工委
142	杨　辉	关于进一步完善养老服务机制的建议	民政局	郑日贵	内务司法工委
150	俞杨钟	关于加大对农村农民技能培训的建议	人社局	郑日贵	内务司法工委

四、区第十六届人民代表大会

1. 区第十六届人民代表大会第一次会议

区第十六届人民代表大会第一次会议期间，适逢市、县、乡三级同步换届，经请示市人大同意，本次代表会议没有组织代表提建议。

2. 区第十六届人民代表大会第二次会议

区第十六届人民代表大会第二次会议期间，共收到代表建议、批评和意见 99 件，其中城建土管环保 24 件，工业交通公路 29 件，农林水 18 件，教科文卫 9 件，财政金融 6 件，公安司法 4 件，民政 1 件，人力资源社会保障 3 件，旅游 3 件，其他方面 2 件。2017 年 5 月 26 日，区人民政府召开了人大代表建议、政协委员提案交办会议，将 101 件代表建议落实到 28 个单位负责办理。到 8 月 20 日已全部办理完毕，办结率达 100%。其中代表所提建议中已经解决或正在解决的有 52 件，占建议总数的 51.5%；代表所提建议中列入规划逐步解决的有 37 件，占建议总数的 36.7%；代表所提建议中因条件所限而一时难以解决的有 12 件，占建议总数的 11.8%。

经区第十六届人大常委会第 10 次主任会议研究，决定在区第十六届人大二次会议期间提出的 100 件建议中选出 10 件，作为区人大常委会 2017 年重点督办人大代表建议件。

区第十六届人大第二次会议重点督办的代表建议一览表

表 1–4–7

序号	提建议代表	题目
1	蒋日云	关于加强城市管理的建议
2	刘顺银	关于要求在核心区王洋居、西溪居、大坪居、官塘居建立垃圾中转站的建议
3	刘晓燕	关于要求修复北门香樟园道路的建议
4	潘维发等 2 位	关于加强对“月兔”知名品牌的保护的建议
5	夏洪欣	关于壶镇郑村至湖丰镇尖山村公路的建议
6	吴香菊	关于塘三公路广丰大桥头（金墀）至大石山村址路段要求路面改造的建议
7	张小东	关于请求枧溪河西段重建改造的建议
8	邓邦辉	关于要求如火如荼开展秀美乡村建设的建议
9	王建红	关于整合职业教育资源，开展订单培训的建议
10	李建忠	关于要求对城区非机动车在机动车道上行驶加强管理的建议

3. 区第十六届人民代表大会第三次会议

区第十六届人民代表大会第三次会议期间，共收到代表建议、批评和意见 112 件，其中有城建土管环保 18 件，工业交通公路 38 件，农林水 32 件，教科文卫 10 件，财政金融 2 件，公安司法 3 件，民政 2 件，人力资源和社会保障 1 件，旅游 2 件，其他方面 4 件。2018 年 4 月 21 日，区人民政府召开了人大代表建议、政协委员提案交办会议，将 101 件代表建议分解到有关单位和乡镇办理，到 7 月 20 日已全部办理完毕，办结率达 100%，其中代表所提建议中已经解决或正在解决的有 65 件，占建议总数的 57.5%；代表所提建议中列入规划逐步解决的有 30 件，占建议总数的 26.5%；代表所提建议中因条件所限而一时难以解决的有 18 件，占建议总数的 16%。

经区第十六届人大常委会第 23 次主任会议研究，确定了 10 件涉及经济社会发展全局和老百姓关注的民生热点、难点问题的建议，作为 2018 年区人大常委会重点督办的代表建议。

区第十六届人大第三次会议重点督办的代表建议一览表

表 1–4–8

序号	提建议代表	题目
1	王智丰	关于要求对洋口—枧底段主干道道路硬化的建议
2	吴慧丰 等 2 位	关于在大湖公路安装路灯（亮化工程）的建议
3	俞剑波	关于苏五公路改造、提升的建议
4	张武达	关于公交车开至 311 挂线与铜钹山大道交界处的建议
5	李建忠 等 2 位	关于加强新农村建设点和秀美乡村点的后续投入和管理的建议
6	黄庆来	关于要求加大对农村中小型山塘修复清淤的建议
7	郑秋芳	关于请求修复信江河湖潭大坝及湖潭水轮泵维修的建议
8	吴香菊	关于严厉打击“六合彩”赌博的建议
9	蒋日云	关于改革泊车位管理的建议
10	周丹丹	关于关注农村留守儿童和贫困儿童，规范办园行为的建议

4. 区第十六届人民代表大会第四次会议

区第十六届人民代表大会第四次会议期间，共收到代表建议、批评和意见 109 件，其中城建土管环保 29 件，工业交通公路 29 件，农林水 18 件，教科文卫 13 件，财政金融 4 件，公安司法 6 件，民政 3 件，人力资源和社会保障 6 件，其他方面 1 件。2019 年 5 月 9 日，区人民政府召开了代表建议交办会议，将 108 件代表建议中的 105 件由政府系统承办的建议分解到有关部门和乡镇办理（有 3 件由区委部门承办），答复率 100%，代表建议满意率 92.7%。其中代表所提建议中已经解决或正在解决的有 74 件，占建议总数的 68.5%；代表所提建议中列入规划逐步解决的有 24 件，占建议总数的 22.2%；代表所提建议中因条件所限而一时难以解决的有 10 件，占建议总数的 9.3%。

区第十六届人大常委会第 38 次主任会议研究，确定了 11 件涉及经济社会发展和人民群众关注的热点、难点问题的建议，作为 2019 年区人大常委会重点督办代表建议。

区第十六届人大第四次会议重点督办的代表建议一览表

表 1–4–9

序号	提建议代表	题目
1	包晓辉 等 2 位	关于改造提升仙六公路吴村段的建议
2	李金堂	关于提升改造广霞线拓宽改造的建议

续表 1-4-9

序号	提建议代表	题目
3	郑道坎 等 3 位	关于大湖公路路灯亮化的建议
4	袁武孔	关于将小河道分段拦截卫生垃圾的建议
5	刘德意	关于鼓励和支持农村开展垃圾分类的建议
6	蒋日云	关于清理城区主干道非机动车道乱停放的建议
7	吴亨常 等 3 位	关于加强新人保工作与信用社协调的建议
8	阮祥华	关于解决规范水南南屏菜市场周边秩序管理问题的建议
9	胡小贞	关于时代广场卫生整顿的建议
10	刘　涛	关于加强中小学心理健康教育工作的建议
11	俞海燕	关于加强全民健康意识和健康生活方式的行为能力的建议

5. 区第十六届人民代表大会第五次会议

区第十六届人民代表大会第五次会议期间，共收到代表建议、批评和意见 89 件，其中城建土管环保 30 件，工业交通公路 20 件，农林水 13 件，教科文卫 13 件，财政经济 5 件，公安司法 5 件，社会建设 3 件。2020 年 8 月 28 日，区人民政府召开了代表建议专题交办会议，9 月，区政府督查室进行了三次“倒计时”提醒，答复率达到 100%，代表建议满意率为 98.2%。其中代表所提建议中已经解决或正在解决的有 63 件，占建议总数的 70.8%；代表所提建议中列入规划逐步解决的有 16 件，占建议总数的 18.0%；代表所提建议中因条件所限而一时难以解决的有 10 件，占建议总数的 11.2%。

区第十六届人大常委会第 62 次主任会议研究，确定了 10 件涉及经济社会发展全局和人民群众关注的热点、难点问题的建议，作为 2020 年区人大常委会重点督办代表建议。

区第十六届人大第五次会议重点督办的代表建议一览表

表 1-4-10

序号	提建议代表	题目
1	王建红	关于进一步加强主城区供水服务热线建设提升整体供水服务质量的建议
2	周秋莲	关于把广丰打造成一流的营商环境的建议
3	蒋日云	关于加强水质检测，保障农村饮水安全的建议
4	韩　平 等 2 位	关于要求对芦林渠进行一次全面清理、维护的建议
5	张青华	关于加强村级公墓区基础设施建设的建议
6	周　怿	关于整治广丰中心城区高排量摩托赛车的建议

续表 1-4-10

序号	提建议代表	题目
7	祝灵文	关于加强我区村庄规划的建议
8	夏宗海	关于加强乡镇城管执法队伍建设的建议
9	毛云明	关于缩小城乡办学条件差距的建议
10	王红辉	关于加强乡镇卫生院医生配备的建议

6. 区第十六届人民代表大会第六次会议

区第十六届人民代表大会第六次会议期间，共收到代表建议、批评和意见 69 件，其中城建土管环保 18 件，工业交通公路 13 件，农林水 15 件，教科文卫 8 件，财政经济 5 件，公安司法 5 件，社会建设 4 件，其他方面 1 件。69 件代表建议全部按时答复，答复率 100%，代表满意率 96.3%。其中代表所提建议中已经解决或正在解决的有 46 件，占建议总数的 66.6%；代表所提建议中列入规划逐步解决的有 17 件，占建议总数的 24.6%；代表所提建议中因条件所限而一时难以解决的有 6 件，占建议总数的 8.8%。

区十六届人大常委会第 73 次主任会议研究，确定了 8 件涉及经济社会发展全局和人民群众关注的热点、难点问题的代表建议，作为 2021 年区人大常委会重点督办的代表建议。

区第十六届人大第六次会议重点督办的代表建议一览表

表 1-4-11

序号	提建议代表	题目
1	陈丽军	关于解决金三角片区长期水压偏低的建议
2	吴亨常	关于湖里路口拓宽的建议
3	包晓辉等 2 位	关于大力发展马家柚产业的建议
4	王　银	关于要求改造畈里排洪渠的建议
5	杨兰英	关于解决敬老院专业护理人员、设备投入和工作人员保障的建议
6	祝灵文	关于加强住宅物业小区管理的建议
7	蒋日云	关于中洲公园、西溪河公园定期播放音乐喷泉的建议
8	毛云明等 2 位	关于乡镇卫生院基础设备投入的建议

五、区第十七届人民代表大会

1. 区第十七届人民代表大会第一次会议

区第十七届人民代表大会第一次会议期间，共收到代表建议、批评和意见 118 件，涉及工业、农业、城建、旅游、安全、民生的方方面面。区人民政府主要领导第一时间就代表建议办理工作作出专门指示，2021 年 11 月 15 日，区人民政府办公室下发了《区第十七届人大一次会议代表建议办理责任分工的通知》，将 118 件代表建议分解到 42 个承办单位。在规定的时间内已全部办结，答复率 100%，代表满意率 100%。其中代表所提建议中已经解决或正在解决的有 71 件，占建议总数的 60.3%；代表所提建议中列入规划逐步解决的有 45 件，占建议总数的 38.1%；代表所提建议中因条件所限而一时难以解决的有 2 件，占建议总数的 1.6%。

区第十七届人大常委会第 1 次主任会议研究，确定了 11 件涉及群众关心关注的重点、难点问题的代表建议，作为 2021 年下半年人大常委会重点督办的代表建议。

区第十七届人大第一次会议重点督办的代表建议一览表

表 1-4-12

序号	提建议代表	题目
1	徐建辉等 2 位	关于北门社区香樟园小区下水道改造事宜的建议
2	阮承臣等 2 位	关于棚改下溪街道城北片区、王洋居等区域的建议
3	徐　璇	关于加强法治副校长“上岗”实效，为青少年群体成长护航的建议
4	郑　慧等 2 位	关于规范和优化教学督导检查，减轻中小学教师非教学负担的建议
5	张献有等 5 位	关于请求加大力度对十都破旧建筑的维修力度的建议
6	齐五洲	关于希望上广公路交通事故收费站片区设置合理的减速带的建议
7	顾光华	关于要求 311 挂线装防护栏的建议
8	余　俊	关于优化园区工作环境的建议
9	梅端敏	关于少阳乡敬老院提升改造的建议
10	张处平	关于出台茶产业发展扶持政策的建议
11	杨兰英	关于霞峰镇赤塘村关西渠被水冲毁需修复的建议

六、代表建议办理先进单位

2012—2021 年代表建议办理先进单位一览表

表 1-4-13

年度	人大代表建议、批评、意见办理先进单位
2012	城管局、交通局、水利局、供电公司
2013	交通局、民政局、人保局、文广局、教体局、建设局、水利局、城管局、饶丰灌区管理局、公路分局

续表 1-4-13

年度	人大代表建议、批评、意见办理先进单位
2014	发改委、交通局、人劳局、民政局、水利局、饶丰灌区管理局、计生委、文广局、规划局、环保局
2015	财政局、交通局、人社局、交警大队、水利局、饶丰灌区管理局、卫计委、文广局、建设局、城管局
2016	缺评
2017	政府办、发改委、交通局、财政局、人社局、交警大队、水利局、教体局、城管局、建设局
2018	政府办、教体局、公安局、民政局、建设局、卫健委、交警大队、环保局、农业局
2019	政府办、财政局、城管局、交通局、交警大队、水利局、农业农村局、卫健委、教体局、人社局
2020	政府办、城管局、行政服务中心、交通局、卫健委、文广新旅局
2021	政府办、自然资源局、组织部、城管局、教体局、上饶高新区、卫健委

七、乡镇（街道）代表建议组织奖

2012—2021 年代表建议组织奖一览表

表 1-4-14

年度	代表建议组织奖
2012	下溪镇人大主席团　霞峰镇人大主席团　桐畈镇人大主席团　横山镇人大主席团
2013	五都镇人大主席团　铜钹山镇人大主席团　洋口镇人大主席团　大南镇人大主席团
2014	少阳乡人大主席团　壶峤镇人大主席团　毛村镇人大主席团　湖丰镇人大主席团
2015	大石乡人大主席团　沙田镇人大主席团　横山镇人大主席团　永丰街道人大工委
2016	（缺）
2017	枧底镇人大主席团　横山镇人大主席团　湖丰镇人大主席团　下溪街道人大工委
2018	五都镇人大主席团　枧底镇人大主席团　横山镇人大主席团　铜钹山镇人大主席团　东阳乡人大主席团　大石街道人大工委　横山镇人大主席团　丰溪街道人大工委　桐畈镇人大主席团
2019	横山镇人大主席团　毛村镇人大主席团　东阳乡人大主席团　丰溪街道人大工委　壶峤镇人大主席团　枧底镇人大主席团　大南镇人大主席团　五都镇人大主席团
2020	壶峤镇人大主席团　霞峰镇人大主席团　毛村镇人大主席团　大南镇人大主席团　东阳乡人大主席团　大石街道人大工委　下溪街道人大工委　丰溪街道人大工委
2021	少阳乡人大主席团　下溪街道人大工委　横山镇人大主席团　洋口镇人大主席团

第二章
县（区）人民代表大会

第一节　县第十三届人民代表大会

县第十三届人民代表大会，届期共举行5次代表会议，上部《广丰县人民代表大会志》编入2次，接续后举行了3次会议。其中，第五次会议由于选举的需求，大会议程即选举广丰县出席上饶市第二届人民代表大会代表54名。按照大会程序，将每次会议分为“大会议程”“组织领导”“工作报告”“决定决议”为题目内容，把区人民政府财政预算执行情况和财政预算草案的审查报告，编入“决定决议”栏目中。

一、第三次会议

县十三届人大三次会议于2005年2月18日至20日在县人民法院会议中心举行。本届应有人大代表255名，上两次代表大会代表变动情况在上部人大志作了记载，出席本次会议实有代表252名。在本县的省、市人大代表，县政协委员，县直机关各单位负责人，县人大机关内设机构有关负责人等154名（不含政协委员人数）列席了会议；特邀出席会议人员37名。

附：县十三届人大三次会议代表名单（按姓氏笔画排列）

永丰镇（39名）

王丽华（女）　毛志洪　毛坤仕　毛忠发　叶　文（女）　刘卫根　刘云清　刘丽华（女）　刘祖镜　刘慧彩（女）纪金松　纪慧英（女）　杨　绥　吴老龙　邱　鹏　余小斌　余文兴　余希昌　张瑞耀　林　伟　罗小林　周开旺　周玉冰（女）　周泽兴　周重明　饶海水　徐兰坤　徐梅芳（女）　徐辉广　黄衣华　蒋丽涛（女）　韩晨辉　傅明禄　舒　丹（女）　廖剑文　潘求凯　潘丽娜（女）　潘杏香（女）　潘雪娇（女）

洋口镇（23名）

毛初益　平京炉　叶珊琴（女）　危用员　江健生　纪秋琴（女）　李金仙（女）　杨一虎　肖东华　余宗国　陈金禄　陈秋兮（女）　陈德林　郑卫平　郑式湖　郑承火　郑效水　郑通满　柯维西　高月富　高银飞（女）　廖文华　潘慧芳（女）

五都镇（21名）

毛礼兴　吕　进　刘国桦　刘斯木　许云堂　邱在庆　余英勇　余玲英（女）

余菊芳（女）张文艺　陈敏华　林日生　林菊芳（女）周　晓（女）项月恭（女）

俞日洪　俞吉火　俞志芳（女）俞志坚　俞宏顺　俞志新

霞峰镇（10名）

尤祖礼　刘秀彩（女）刘春芳（女）刘狗宜　李小林　李积林　杨玉珠（女）张远明

陈修光　徐新华

枧底镇（7名）

毛素芳（女）苏如明　李　敏　余衰发　张棉华　周云水　周立新

大石乡（11名）

石福仁　杨仕兴　吴克海　刘旭涛　刘秋美（女）周菊兰（女）俞菊芳（女）

俞雪琴（女）徐美秀（女）郭金棣　韩间亮

下溪镇（10名）

王树龙　叶恭鹏　江丽红（女）余祖建　张武达　罗时敬　洪珊梅（女）徐运海

翁小玲（女）黄玉兴

塘墀乡（8名）

纪辉国　严卫华　李元涛　吴香菊（女）余德钦　周建国　徐寿高　鲍小红

壶峤镇（8名）

叶青贵　朱秋娇（女）周荣敏　郑荣龙　黄兴仁　雷其和　熊雪莲（女）戴水春

大南镇（5名）

王桂仙（女）朱新荣　汤彩美（女）陈　平　曾修亮

湖丰镇（7名）

许信云　郑茂进　郑金豹　徐腮女（女）程正柯　裴建元　滕　信

吴村镇（9名）

朱玲英（女）刘美凤（女）刘婻宜　纪金静　何江平　余祖华　应道荣　俞英发　饶明荣

排山镇（10名）

苏美英（女）吴凤英（女）陈筱英（女）林传松　周次龙　周孝金　周歧清

周捷娇（女）项荣鲁　颜福光

社后乡（5名）

王德红　詹玉香（女）郑建平　姜仁益　龚中共

管村乡（4名）

纪英富　张素珍（女）　周子花（女）　夏利琳

泉波镇（8名）

王继文　吕光思　陈国健　周启南　俞雪香（女）　袁　飞　徐安福　徐家早

毛村镇（7名）

毛忠潮　江卫农　杨贞树　余彦伟　梅宗池　蒋诗炜　蒋诗清

嵩峰乡（9名）

王衰水　毛美芳（女）　严如彬　余锡恭　张文木　周水福　周道献　俞翠枝（女）　徐康恒

沙田镇（9名）

杨惟达　吴仁水　吴祥国　张建国　郑明华　徐光强　徐良堂　徐溪水　韩银水

桐畈镇（15名）

王建华　毛晔华（女）　刘运英（女）　许信田　吴桂文　张晓军　俞正云　陶少敏（女）

黄义华　黄令龙　黄爱娇（女、壮族）　龚射金　蒋昌炉　詹裕民　颜喜高

横山镇（11名）

王国英（女）　毛克水　毛祖斌　冯美英（女）　刘建强　杨祥发　吴国民　陈少华

周小兵　周伏坤　祝美清（女）

少阳乡（8名）

李树峰　李善本　余春英（女）　周小明　郑德龙　夏雪英（女）　徐祖国　詹远增

岭底乡（8名）

毛小东　刘金林　张如水　张衰华　陈昌柱　林淑娴（女）　徐岩波　鲍小琴（女）

大会议程

一、听取和审议县人民政府县长郑卫平关于政府的工作报告；二、审议县2004年国民经济和社会发展计划执行情况与2005年国民经济和社会发展计划（草案）的报告；审查和批准县2004年国民经济和社会发展计划执行情况与2005年国民经济和社会发展计划；三、审议县2004年财政预算执行情况和2005年财政预算（草案）的报告；审查和批准县2005年财政预算；四、听取和审议县人大常委会主任戴水春关于县人大常委会的工作报告；五、听取和审议县人民法院代院长苏如明关于县人民法院的工作报告；六、听取和审议县人民检察院检察长江健生关于检察院的工作报告；七、补选苏如明为县人民法院院长；八、通过上述工作报告的决议。大会结束时，县委书记陈平作讲话。

组织领导

一、主席团和秘书长名单

主席团（39名，按姓氏笔画排列）

王德红　毛祖斌　毛晔华（女）　叶　文（女）　刘国桦　江丽红（女）　杨一虎　李元涛　李树峰　李积林　严卫华　吴克海　吴祥国　何江平　邱在庆　余玲英（女）　余彦伟　余锡恭　张瑞耀　陈　平　陈筱英（女）　周开旺　周歧清　周荣敏　周重明　郑明华　郑通满　郑德龙　俞英发　俞菊芳（女）　洪慧敏　徐光强　徐运海　徐辉广　徐新华　陶少敏（女）　鲍小红　詹裕民　戴水春

秘书长：郑德龙

二、主席团常务主席名单

陈　平　戴水春　詹裕民　周歧清　周重明　何江平　郑德龙　张瑞耀　吴克海　鲍小红　吴祥国　余锡恭

三、计划预算审查委员会名单

主任委员：张瑞耀

副主任委员：严卫华

委　员：（按姓氏笔画排列）

叶　文（女）　杨　绥　严如彬　徐辉广　龚中共

四、议案审查委员会名单

主任委员：吴克海

副主任委员：徐新华

委　员：（按姓氏笔画排列）

许信云　杨一虎　张晓军　陈筱英（女）

五、副秘书长名单

邱在庆　夏旭辉　郑明华

工作报告

一、政府工作报告（摘要）

（2005年2月20日在县十三届人大三次会议上）

2004年政府工作回顾

经济综合实力得到新提高。全县共实现生产总值55.25亿元，同比增长15%；实现了农业总产值13.4亿元，增长6.6%；实现工业总产值57.62亿元，增长42.27%，完成工业增加值19.07亿元，增长41.4%；财政总收入5.63亿元，同口径增长21.1%，其中一般预算收入2.84亿元，增长23.3%；全社会固定资产投资完成12.33亿元，增长40.28%；社会消费品零售总额11.58亿元，增长13.5%；外贸出口总额3578万元，增长851%；全县金融机构年末存款余额达28.21亿元，增长21.28%，年末贷款余额达19.68亿元，增长13.3%。三大需求同步拉动经济增长的效果开始彰显，经济自主增长能力和微观经济主体活力进一步增强。

开放型经济取得新业绩。全县共引进市外项目60个，合同引资26亿元，增长63.38%，实际进资18.42亿元，增长31.57%。共引进千万元以上项目57个，其中亿元以上项目6个。引进境外项目5个，引进境外资金2602万元，增长30.1%，位居全市第一。工业园区建设不断推进。投入2.2亿元完成了芦林工业园区三期基础设施工程，园区面积扩大到6平方公里。目前，入园企业已达140家，比上年增加39家，就业人数达14705人。2004年，园区企业实现工业总产值41.53亿元，增长31.3%；销售收入40.53亿元，增长34.6%；上缴税金3.2亿元，增长11.4%。湖丰重点工业项目基础设施建设不断完善，总投资2300万元的110千伏变电站已投入使用。目前，台鑫钢铁、民丰橡胶等十多家企业已正式投产。总投资8.15亿元年产20万吨的熔体直纺项目和总投资4.72亿元年产10万吨的氟化工项目已列入全省重大建设项目。民营经济发展实现新突破，全县累计实现民营企业总产值60.2亿元，增长45.69%，实现税收1.04亿元，占财政收入的18.7%，增长39.6%。

城乡面貌呈现新气象。全年累计投入城建资金3.2亿元，新建住房20万平方米，新增绿地面积3万平方米，人均绿地面积达8.53平方米，县城区面积已扩大到15.3平方公里，常住人口近15万人，城市化率达35.5%。重点工程建设有序推进。新乌林街改造、芦洲大道改造、创美丽景小区配套、裕丰和西桥拆迁安置区建设工程及西桥重点工程、法院大楼等重点工程已完成或基本完成；永和塔景区道路硬化工程已经开工；东街区域改造工程拆迁工作已完成91%；投入4亿元的沪瑞高速公路广丰连接线、上广一级公路和上二国防公路三大出县快速通道已全面竣工通车。

农村经济发展取得新成效。全面落实了“两减免、三补贴”的惠农政策，县财政全年预算“三农”资金1596.2万元，比上年增长25%。粮食播种面积达61.5万亩，比上年增长10.9%，粮食产量达2.1亿公斤，比上年增长16.2%，农业产业化程度继续提高。全县规模以上农业龙头企业达35%，年总产值3.28亿元，种养大户1772户。获得国家绿标9个、江西省著名商标3个、江西省名牌产品1个。“三院”建设首批8个乡（镇）已全面展开；农村公路建设完成了路基260公里，村道硬化118公里；完成了32个行政村的改水改质任务，共1.8万户8.2万人受益。县财政共投入“2233”工程配套资金2000多万元。乡镇经济进一步发展，全县乡（镇）共完成财政收入1.08亿元，增长33.2%，财政完成千万元以上的乡镇3个，较去年增加2个。

社会事业取得新发展。科技对经济的促进作用不断加大，荣获了“全国科普示范县”荣誉称号。教育改革不断完善，民办教育取得较快发展，港商兴办的“广丰一中”已开工建设；素质教育迈出新步伐，教育教学质量取得突破提高，2004年高考二本上线人数居全市第一位，为20年来我县高考最好成绩。公共卫生工作不断加强，荣获“全国亿万农民健康促进行动先进示范县”称号。

人民生活水平有了新改善。城镇职工人均年收入13216元，增长18%，农民人均纯收入3643元，创造了农民当年增收额的历史最高水平。确保了“三条保障线”落实到位，共为3700名离退休职工发放了养老金1700万元，14098人发放低保金924.9万元，获得了“全省低保先进县”荣誉称号。出台了就业配套政策措施，到位再就业资金228万元，发放了下岗职工优惠证3239本，4849名城镇失业人员实现了就业，2015名下岗工人实现了再就业。广泛开展了结对帮扶活动，全县共有1275名干部与群众结成帮扶对子，帮扶金额达127.6万元。出台了解决失业地农民生活困难的措施，增加财政支出近400万元，并免费对7608名失地农民进行了技能培训。

我县经济社会生活中存在的困难和问题主要是：公共事业基础薄弱、欠账较多；社会矛盾仍然存在，构建和谐社会的任务还很艰巨；部分群众生活仍然比较困难，社会保障和救济压力较大；政府职能有待进一步转变，公务员队伍作风建设尚需进一步加强；经济发展软环境建设有待进一步优化。

（报告人：县人民政府县长　郑卫平）

二、人大常委会工作报告（摘要）

（2005 年 2 月 20 日在县十三届人大三次会议上）

2004 年的主要工作

（一）监督工作日见成效

1. 执法检查推向新领域。先后开展了“会计法”“环保法”等 6 部法律法规的执法检查。在开展“会计法”检查中，对全县 28 个单位进行了重点检查。通过检查发现共有 158 人未持有会计资格证，218 人未参加电算后续教育，对检查中发现的个别单位会计资料的失真等问题，要求做到彻底整改，不留死角。376 名会计从业人员重新补办会计资格证，进一步提高了单位领导和会计从业人员的法律意识，进一步优化了会计从业环境，提高了会计队伍的整体素质。

2. 工作评议有序开展。先后组织开展了对县环保局、人事劳动和社会保障局、粮食局、中小企业局等单位的工作评议。针对评议中存在的问题，我们创新评议方式方法，以上门评议、现场审议、督促整改的形式对其进行了及时补课，切实达到上门评，干部思想受触动；特别是劳动就业、社会保险、医疗保险等窗口部门都实行了负责人带头的双休日值班制度，公布监督投诉电话，极大地方便服务群众，塑新了部门形象，受到了群众的好评。

3. 述职评议引向深入。开展了对法官、检察官、司法局局长、水利局局长的述职评议。在述职评议过程中敢于碰硬，真评实议，全程跟踪问效，并在县十三届人大常委会十一次会议上，听取了述职对象的整改情况报告，促进了“两院”和政府机关作风的好转，引起社会广泛关注。

4. 司法监督整体推进。按照提高个案监督数量与质量的整改要求，认真受理控告、申诉，并认真而慎重处理。对控告属实的督促整改，严肃处理；对不能受理的控告耐心予以说服，做好息诉工作；对无理控诉的则予教育；对不懂法律的则耐心解释，做到件件有答复，事事有回音。

5. 财金监督不断深化。听取和审议了县财政局关于部门预算执行情况和 2004 年部门预算编制的汇报以及关于 2004 年财政支出预算编制办法的汇报，并批准了我县 2003 年的财政决算，促进了我县宏观经济决策的贯彻落实。同时，注重发挥审计部门依法监督职能，对一些部门的专项资金和预算外资金使用情况进行了审计，促进了政府及各部门经济的良性运行。

6. 检查、视察、调研工作求真务实。针对县城乱搭乱建、乱摆摊点严重的现象，组织开展了专项检查，还居民一个良好的生活休闲环境。针对我县中小学校舍建设负债严重的情况进行了专项调研，引起县委、县政府的高度重视，提出县财政负担 60%，乡（镇）财政负担 40%，用两年时间处理校舍建设债务问题。

（二）人事任免日渐规范

在任免过程中，我们严把任免的“法律监督关”，“任前考法关”和“任后监督关”。在任命国家机关工作人员前，对拟任人员进行与其工作职位相适应的法律知识考试。在提请县人大常委会表决前，拟任人员在会上作供职报告，并接受县人大常委会组成人员的询问，使大家更加客观全面地了解拟任人员，从而投好庄严神圣的一票。任命表决通过后，被任命人员作表态发言并面对国徽庄严宣誓，让每个宣誓人牢记，权力是人民赋予的，必须树立强烈的公仆意识，自觉接受人民监督。

（三）宣传工作日有特色

为加强人大法制宣传工作，我们先后邀请了省人大法工委主任朱开扬主讲了以人民代表大会制度、行政许可法、宪法修正案为主要内容的报告，邀请了省环保局工程师何纪力主讲了环保与循环经济知识讲座，机关干部参加了由全国人大法工委主任盛宝璋主讲的人民代表大会制度、宪法修正案法制讲座，加强了人民代表大会制度和相关法律法规的宣讲。

为加强人大机关干部积极参与报道人大及其常委会的各项重大活动，去年，县人大干部撰写的报道、调研文章在《时代主人》《人民代表报》等县级以上报纸杂志上稿 40 多篇，质量大有提高，在全省人大工作会议上，县人大常委会的《胸中怀爱谱新章》一文被作为全省人大工作会议交流材料刊出。同时，注重同省市人大及周边县市人大的交流，参加了闽、浙、赣三省五县市联谊会，加强了同浙江、福建等沿海发达地区人大常委会的工作联系。

（四）制度建设日益完善

常委会共安排了 38 位公民旁听了常委会会议，扩大了公民有序的政治参与。不断加强和完善了财务管理、车辆管理、考勤、接待、采购、财物登记、环境卫生等一系列规章制度，并严格遵守，人大常委会机关风貌焕然一新。

存在的问题与不足：代表培训工作还没完全到位；重大事项决定权的行使尚有欠缺；部分单位对议案、建议办理不及时，答复不认真、不规范。乡镇人大主席团工作这块，也存在一些问题，主要是：依法监督工作力度还不够，跟踪问效抓得不紧；代表的建议意见办理督办的力度有待加强；代表“六个一”活动开展不平衡等，这些问题和不足，需要我们在今后的工作中努力克服并改正。

（报告人：县人大常委会主任　戴水春）

三、法院工作报告（摘要）

（2005 年 2 月 20 日在县十三届人大三次会议上）

2004 年，工作情况

全年共受理各类诉讼案件 1860 件，审结 1682 件，审结率 90.4%。受理执行案件 896 件，执结 724 件，执结率 80.8%。

（一）服务大局，促进发展，依法履行审判职责

1. 严厉打击各类刑事犯罪，全力维护社会稳定。全年共受理刑事案件 210 件，审结 177 件，判处有罪被告人 161 名。其中受理公诉案件 134 件，审结 133 件，结案率达 99.3%；受理自诉案件 76 件，审结 44 件，其中宣告无罪 4 件 4 人。

继续坚持“严打”方针，严惩严重危害社会治安的刑事犯罪。突出打击重点，强化打击力度，始终将打击锋芒对准杀人、抢劫、强奸、拐卖妇女等暴力犯罪以及盗窃等严重危害群众安全感的侵财型、多发性犯罪。全年共判处此类案件 66 件 119 人，其中判处 10 年以上有期徒刑的 33 人。

从严惩处职务犯罪。全年审结贪污、贿赂、挪用公款等职务犯罪案件 5 件，依法判处罪犯 14 人，有效遏制了犯罪分子的嚣张气焰，促进了公务人员的廉政建设。

加强刑事审判领域的未成年人司法保护。全年共受理未成年人犯罪案件 23 件 42 人。对未成年人犯罪，我院本着教育、感化、挽救的方针，对 16 名情节较轻的，具有悔过自身的偶犯、初犯，依法适用缓刑，以保证其接受正常的社会教育；同时确保未成年人辩护权，全年为 19 名经济困难的未成年被告人指定了辩护人；切实维护未成年人隐私权，保护未成年人权益和未来前途，对未成年人犯罪案件的档案严加保密；认真开展涉及“超期羁押，超审理期限”的刑事案件清理工作，确保我院无“双超”现象的刑事案件。

积极参加社会治安综合治理。开展巡回办案 255 件，根据当事人的工作、生活特点，接受当事人预约开展 29 次，就地开庭 269 次；坚持送法进学校、进社区、进乡村、进厂矿，以案普法，解决了“诉讼难”问题。不断增强群众的法治意识，全年上法制课 31 次，深入乡镇进行法制宣传 53 人次；积极向有关单位提出司法建议 43 条，帮助一些行政部门纠正了多类不适法行为，堵塞漏洞。

2. 充分发挥调节、保护职能，促进经济与社会协调发展。全年共受理各类民商事案件 1615 件，审结 1475 件；受理涉及“民告官”行政审判案件 8 件，审结 6 件。认真审理好企业破产案件，审结 5 件破产案件，成功化解了企业 3000 多万元的债务，配合县委、县政府妥善安置了

400 多名下岗职工，消除了社会不稳定因素，推进了企业改制。

依法审理各类经济纠纷，注重保护弱势群体合法权益。妥善审理婚姻家庭、继承、赡养等案件 431 件；建立涉“三农”诉讼的“绿色通道”，快速审结涉农案件 16 件，审结农民工工资案件 94 件，涉案标的 50 万元，加大了对农民合法权益的保护力度，有利于农村经济的发展。

充分运用调解手段，妥善化解各类矛盾，维护社会生活秩序。审结的一审民事案件中，调解结案 422 件，经做调解工作，当事人和解后撤诉结案的 267 件，两者共占全部民商案件的 46.9%。

积极稳妥地开展行政诉讼和非诉行政执行工作，支持和促进行政执法部门依法行政。共受理行政诉讼案件 8 件，审结 6 件，审结率 75%。受理行政非诉执行案件 229 件（旧存 32 件），执结 189 件，其中受理县计生部门申请执行的征收社会扶养费案件 134 件，执结 131 件，有力地支持了我县的计划生育工作；受理城市房屋拆迁案件 42 件，执结 6 件，为我县城改造工作提供了必要的司法支持。

3. 继续解决“执行难”问题，维护司法权威。全年共受理诉讼执行案件 667 件，执结 535 件，执结案件数第一次超过新收案数，执结率达 80.2%。我院在执行局综合办公室成立了专门执行小组，负责执行常州、杭州等外地保险公司申请执行我县公民的公证债权文书案件，全年共执结此类案件 93 件，执行标的 2807 万元，带动债务人自动归还挖机款 1890 万元，共为这些国有金融、保险企业挽回经济损失 5000 多万元，受到了债权人的普遍赞誉。

以执行工作“三项清理”活动为契机，加强执行工作管理。去年 7 月以来，共清理出未结案件 176 件，现已执结 48 件，实现债权 152.03 万元；发放债权凭证结案的 52 件，标的 331.06 万元，裁定中止执行 76 件，积案执结率达 78.48%。认真清理执行案卷、执行款物，未发现丢失案卷及执行款物交接不清现象。及时制定了《执行款物交接规定》和《执行人员外地办案若干规定》，堵塞了执行漏洞。

4. 进一步加强信访和审判监督工作，规范审判工作秩序，确保裁判的公正性。

一是认真办理人大批转的信访件和人大代表、政协委员的批评、意见、建议，做到件件有回复。二是继续实行院长接待日制度，共接待当事人来访 132 人次，解决群众反映问题 15 件，消除了一些当事人的抵触情绪，促进了社会稳定。三是加强审判监督，对确有错误的生效裁判，依法通过再审程序予以纠正。共受理审诉再审案件 27 件，审结 24 件，依法纠正了一审不正确的裁判 6 件；继续完善案件质量评查，共评查各类案件 2407 件，查出不合格案件 3 件，全年共对 6 名案件承办人作出了院长告诫、调离岗位等不同处理。

（二）司法为民，求真务实，不断加强队伍建设

1. 加强思想政治工作，提高队伍政治素质和职业道德意识。认真组织学习蒋庆、宋鱼水等同志的先进事迹；派员参加全省英模报告团的巡回演讲的经历；组织大家讨论怎样做一名模范法院法官，强化法官职业道德建设。同时，坚持目标管理和“星级创优”活动相结合，积极开展“星级创优”活动。

2. 多措并举，不断提高队伍业务素质。我院在要求法官坚持日常业务学习的同时，派出了14名法官，参加省院组织的培训；鼓励法官参加在职教育，提升知识层次。去年5月，我院对80%的干警进行了工作岗位交流，提拔了一批学有所成的年轻干部，充实中层领导干部队伍。目前，我院中层干部全部具有大专以上学历，其中本科以上学历占85%；设立调研基金，抓调研促素质。去年在市级以上刊物发表调研、信息、宣传文章分别为36篇、153篇、64篇，宣传文章超出中院目标60多篇，1人通过了全国统一司法考试。

3. 完善监督机制，加强廉政建设。通过座谈、邀请视察和旁听开庭、聘请监督员规范人民陪审员制度等形式，加强与人大代表的工作联系。在完善内部监督体制上，认真落实党风廉政责任制，制定党风廉政建设责任制考核办法，层层签订廉政建设责任状，推行“一岗双责”。要求干警恪守廉政“八不准”，加强法官自身防腐能力。

4. 采取利民、为民、便民措施，全面落实司法为民的要求。制定出司法为民措施52条，设立诉讼引导员、预约开庭、巡回办案和执行案件不预收执行费等一系列方便群众诉讼的具体做法，依法减、免、缓交诉讼费30余万元，受到了群众的普遍肯定。去年5月，上饶电视台对我院实行的诉讼引导员制度进行了肯定报道。着重指导债权人进行诉讼保全或诉前保全，以避免因债务人转移财产而使法院出现“空判”现象，减少当事人诉讼风险。去年，共实行诉讼保全36件，实现债权300余万元。

（三）突显公正效率主题，逐步深化审判改革

一是建立审判、鉴定工作分离新机制。出台了《关于司法鉴定工作若干规定》，所有审判案件的对外委托鉴定工作，均由司法技术科负责联络安排，各审判业务庭一律不得自行对外委托，为审判工作设置了一条新的廉政“绿色安全带”。二是按照最高法院有关适用简易程序审理民事案件的司法解释精神，进一步扩大民商事案件简易程序适用范围，共适用简易程序审理民商案件1230件，约占83.7%。三是进一步加强审限监督和流程管理，建立和完善案件催办机制。在“立、审、执、监”四分立的基础上，赋予立案庭对全院案件进行跟踪管理职责，每月月底向审限将至案件的承办法官发出催办通知书，限期结案。去年，共发出催办通知书12期，催办案件

547 件，为保证案件 100% 的在审限内结案打下了基础。

（四）共同努力，开拓创新，不断加强基层基础建设

去年以来，我院充分发挥艰苦奋斗精神，外借、自筹资金近 200 余万元，加快了新审判综合大楼装饰工程建设进度，现楼内所有工程均基本完工。这座全省一流审判大楼的建成，大大改善了法院工作环境，为广丰人民提供了良好的公共法制教育场所，充分彰显了县四套班子和社会各界对审判工作的重视和支持。

去年工作中还存在一些问题和困难：一是个别干警放松了世界观的改造，对个人荣辱得失不能正确对待，个别违纪现象仍有发生；二是个别案件裁判不公、效率不高、形象不好等群众反映强烈的问题仍有存在，当事人的合法权益未得到充分保护；三是“执行难”继续存在，执行工作与人民群众的期望还有一定的差距。这些问题和困难，都需要我们采取有力措施，进一步加强监督和管理，争取多方重视和支持在今后的工作中逐步加以解决。

（报告人：县人民法院代院长　苏如明）

四、检察院工作报告（摘要）

（2005 年 2 月 20 日在县十三届人大三次会议上）

2004 年，县检察院工作主要情况

（一）依法履行查办和预防职务犯罪职能，推动反腐斗争深入开展

1. 加大查办贪污贿赂犯罪案件力度。实行科室之间相互协调、相互支持、资源共享的工作机制，进一步优化整合，人、财、物向办案一线倾斜，突出了办案的地位和作用。共立案查办贪污贿赂犯罪 16 件 19 人，其中大案 8 件 10 人，科级干部 2 件 2 人，国有企业 8 件 8 人。

2. 严肃查办渎职侵权犯罪案件。渎检工作与时俱进，改进方法，加大了力度，对徇私舞弊、玩忽职守、滥用职权，特别是国家工作人员利用职权侵犯人权的犯罪案件，做到不畏难，不畏情，严肃查办，严格执法。如广丰县烟草专卖局五都经营部经理周某某滥用职权，给国家造成损失 170 多万元的案件。我们及时组织了力量进行查处，打击了犯罪，有效地促进了干部勤政廉政、忠于职守。

3. 举报初查工作进一步加强。完善信访接待工作制度，坚持检察长接待日制度，实行首问、首办责任制，进一步规范来信来访的受理、分流、初查、反馈工作，做到件件有回音，事事有交代，受到了上级机关和群众的好评。全年共受理各类来信来访 171 件，其中属检察机关管辖的

160件，依法进行初查160件。建立健全了涉法上访工作机制，维护社会稳定，确保了我院涉法上访零的纪录，得到了市、省院的肯定和推广。我院接待室从1997年以来连续被评为省文明接待室。

4. 预防职务犯罪工作有新进展。在县直机关、乡镇相继建立了预防职务犯罪工作机构，认真开展了个案预防、系统预防和重点工程预防。如深化了与县烟草行业的系统预防工作，开展了“新岭公路改造工程”重点工程预防工作，开展法制宣传8次，警示教育15次，上法制课6次，发出检察建议18份，从源头和体制上有效地遏制了职务犯罪的上升，取得了较好的社会效果。

坚决贯彻依法“从重从快”的方针，认真履行批捕、起诉职能，与公安、法院、司法行政机关密切配合，突出重点，紧紧围绕影响治安大局稳定和人民群众安全感的突出问题，严厉打击严重刑事犯罪，严惩破坏市场经济秩序犯罪。共受理提请批捕的各类刑事案件128件209人，依法作出批准和决定逮捕124件195人，受理移送审查起诉的各类刑事案件152件213人，提起公诉117件181人，报送市院起诉6件9人，批捕、起诉准确率达100%。

（二）严厉打击严重刑事犯罪，切实维护社会稳定

1. 突出重点，从重从快。本着“从重从快”的方针和“两个基本”原则，依法严厉打击严重刑事犯罪，对重特大案件，及时提前介入，引导侦查。如2004年6月6日，横山镇一民居内发生两人被杀并被焚尸的特大恶性刑事案件，凶手逃离，现场破坏严重，案情重大复杂。我院根据这一情况，即时派员提前介入，引导侦查，从而加快了破案速度，及时地打击了犯罪。

2. 强化质量意识。在坚持“从严从快”的同时，严把案件质量关，准确把握批捕、起诉条件，做到事实清楚，证据充分，定性准确，程序合法。

3. 积极参与社会治安综合治理工作。在县综治委的统一领导下，充分发挥检察职能，认真履行综治成员单位职责，派出干警深入农村、企业和社区，根据不同时期的犯罪特点，有针对性地开展法制宣传和青少年犯罪预防工作，排解人民内部纠纷。

（三）强化诉讼监督，维护司法公正

1. 侦查、审判监督得到加强。全年立案监督20件，追捕犯罪嫌疑人15人，不捕4件14人；追诉被告人13人，不诉6件6人，抗诉1件1人；追加罪名3件3人，改变定性被法院认定11件，取得了明显的成效。

2. 民事行政监督有新的发展。按照“两率提高，结构改变，业务规范，整体推进”的工作思路，坚持“敢抗、会抗、抗准”的原则，全面开展民事行政检察工作。建议市院提请抗诉2件；提请市院抗诉1件。民行监督工作得到了县人大及其常委会的高度重视和关注。

3. 刑罚执行监督卓有成效。积极开展“加强监管执法，加强法律监督，保障刑事诉讼顺利进行，保障在押人员合法权益”的双加强、双保障创建活动。加强了驻所检察室规范化建设，建立健全了超期羁押台账制度、留所服刑审批备案制度，减刑、假释、保外就医审查备案制度等，安装了电脑和信息管理软件，实行了驻所检察工作网络化管理。以“动态管理为主，实行三对照，二访一通报”加强执法监督。全年初查监管人员渎职案件 2 件，提出催办羁押期限即将届满的案件 6 次 10 人，审查留所服刑不当、提出纠正意见 2 件，发出检察建议 7 份、纠正违法通知 2 次。2004 年我院驻所检察室被高检院评为“全国二级规范化检察室”。

（四）其他业务工作得到全面发展

1. 加大了科技强检的投入。一年来完成了三级专线网建设，安装了电视电话会议设备。开展了司法会计鉴定、现场勘察、录音、录像工作，提供视听资料 23 盒。在搜集、提取、固定证据上发挥了很大的作用，为查办职务犯罪提供了强有力的技术支持。

2. 调研信息宣传工作有新进展。党组成员带头撰写论文，带动了干警的积极性，全年撰写调研文章 140 多篇，被有关刊物采用 46 篇，其中被国家级刊物采用 10 篇，省级刊物采用 15 篇，市级刊物采用 21 篇，省、市获奖作品各 1 篇；信息被上级检察机关采用 41 条，其中高检院简报采用 1 条，省院采用 6 条，市院采用 34 条；宣传文章被有关新闻媒体采用 151 篇，其中被中央级媒体采用 79 篇，省级媒体采用 62 篇。

（五）加强队伍建设，提高队伍素质

加强学习，提高干警综合素质。坚持党组中心组和干警学习日制度，加强党风廉政建设，签订党风廉政建设责任状。先后派出 14 人参加高检、省、市院培训，2 人正在读研究生，4 人正在本科学习。全院干警本科以上学历 65%，计算机一级水平达 35%。队伍建设的做法被高检院、《人民日报》和《求是》特别介绍推广。院党建工作也得到了县委的充分肯定，被授予“先进党支部”光荣称号。

（六）坚持党的领导，主动接受人大及社会各界的监督

坚持重大问题和重要工作部署以及重大改革措施及时向党委请示报告制度，在党委的领导下开展各项检察工作。认真办理人大代表的议案，加强与人大代表、政协委员的联系，邀请代表检查工作，虚心听取批评意见，对人大代表、政协委员的意见和建议，做到件件有回音，事事有着落。

在肯定成绩的同时，我们认识到存在的问题和困难：查办职务犯罪工作力度还有待加强；侦

查意识、办案水平与上级机关、人民群众的要求还有差距；诉讼监督还存在薄弱环节，尤其是民行诉讼监督工作成效不大；检察装备、“两房”条件较差，在一定程度制约着检察业务工作的发展；少数干警的素质还不能完全适应新形势下检察工作的需求。这些问题，我们将以认真的态度、改革的精神加以研究解决。

（报告人：县人民检察院检察长　江健生）

二、第四次会议

县十三届人大四次会议于2006年2月18日至20日在县人民法院会议中心举行。本届应有人大代表252名，第三次会议后，有4名代表因工作变动，先后调离本县：毛村镇洪慧敏，永丰镇廖剑文，洋口镇郑卫平，下溪镇江丽红；有1名代表因故终止人大代表职务，枧底镇余衮发；有1名代表病逝。按照法律规定，有关选区先后补选代表9名：永丰镇王华安、刘柒灵，洋口镇周遐光、廖文华，下溪镇巩宪进，塘墀乡吴信江，排山镇余俊德，毛村镇江卫农，霞峰镇顾慧；有1人恢复本届代表职务。出席本次会议的实有代表255名。在本县的省、市人大代表，县政协委员，县直机关各单位负责人、县人大机关内设机构有关负责人等共151名（不含政协委员人数）列席了会议；特邀出席会议人员37名。

大会议程

一、听取和审议县人民政府代县长周遐光关于政府的工作报告；二、审查和批准县国民经济和社会发展第十一个五年规划草案；三、审议县2005年国民经济和社会发展计划执行情况的报告与2006年国民经济和社会发展计划草案的报告（书面）；审查和批准县2005年国民经济和社会发展计划执行情况的报告与2006年国民经济和社会发展计划；四、审议县2005年财政预算执行情况和2006年财政预算草案的报告（书面）；审查和批准县2005财政预算执行情况的报告和2006年财政预算；五、听取和审议县人大常委会主任戴水春关于人大常委会的工作报告；六、听取和审议县人民法院院长苏如明关于法院的工作报告；七、听取和审议县人民检察院检察长江健生关于检察院的工作报告；八、选举周遐光为广丰县人民政府县长；九、通过上述工作报告的决议。大会结束时，县委书记陈平作讲话。

组织领导

一、主席团和秘书长名单

主席团（38名，按姓氏笔画排列）

王德红　毛祖斌　毛晔华（女）　叶　文（女）　刘旭涛　刘国桦　刘建强　江卫农　许信云　纪英富　杨一虎　严卫华　吴克海　吴祥国　何江平　邱在庆　余玲英（女）　余锡恭　张棉华　张瑞耀　陈　平　陈筱英（女）　周开旺　周岐清　周重明　郑明华　郑通满　郑德龙　俞菊芳（女）　袁　飞　徐光强　徐运海　徐辉广　徐新华　陶少敏（女）　鲍小红　詹裕民　戴水春

秘书长：郑德龙

二、主席团常务主席名单

陈　平　戴水春　詹裕民　周岐清　周重明　何江平　郑德龙　张瑞耀　吴克海　鲍小红　吴祥国　余锡恭

三、计划预算审查委员会名单

主任委员：张瑞耀

副主任委员：严卫华

委　员：（按姓氏笔画排列）

叶　文（女）　杨　绥　严如彬　徐辉广　廖文华

四、议案审查委员会名单

主任委员：吴克海

副主任委员：徐新华

委　员：（按姓氏笔画排列）

毛小东　余彦伟　陈筱英（女）　郑建平

五、副秘书长名单

邱在庆　夏旭辉　郑明华

工作报告

一、政府工作报告(摘要)

(2006年2月19日在县十三届人大四次会议上)

“十五”时期全县经济社会发展情况回顾

经济总量迈上新台阶。2005年，全县实现生产总值72.92亿元，是2000年的2.42倍，比“十五”计划的目标45亿元超过27.92亿元。完成财政总收入7.01亿元，比“九五”期末翻了一番，比“十五”计划的目标5亿元超过2.01亿元。一般预算收入实现4.12亿元，是“九五”期末的1.86倍。经济基础更加扎实，经济发展进入了新一轮的快速发展阶段。经济结构不断优化，三次产业结构由“九五”期末的21.5∶42.19∶36.22调整为2005年的13.61∶50.29∶36.10.。三大结构发生了根本变化，产业和产品结构得到优化，已经形成了食品、IT、纸业、服装和非矿金属加工五大支柱产业，根本改变了过去广丰“一支烟经济”的单一格局；所有制结构得到优化，国有经济逐步退出。民营经济占国民经济成分的主导地位，国有企业月兔集团对财政的贡献率已从“九五”期末的51.3%下降为2005年的44.4%；乡镇经济结构得到优化，2005年全县乡镇共完成财政收入1.47亿元，是“九五”期末6561万元的2.27倍，彻底扭转了“九五”期间乡镇经济增长乏力、徘徊不前的局面。

工业经济有了新飞跃。5年内园区基础设施共投入5.13亿元，园区建成面积由最初的2平方公里扩大到6平方公里。目前，园区内企业总数达163家，其中投产企业89家，在建企业74家，职工总数达15842人，园区企业实现工业总产值60.06亿元，实现销售收入58亿元，已跻身全省五强工业园区。大力实施了“1125”工程，成长型骨干龙头企业不断增多，全县规模以上工业企业达81家，销售收入过亿元的企业7家，“月兔”品牌被国家工商总局认定为“中国驰名商标”。2005年，全县实现工业总产值84.42亿元，实现增加值25.45亿元，其中实现规模以上工业增加值13.62亿元。工业企业实现税收5.614亿元。工业对财政的贡献率达到80.3%，工业已成为推动全县经济快速增长的主导力量。

开放型经济取得新突破。2005年，全县实现引进市外资金23.79亿元，引进境外资金3049万美元。“十五”期间共引进市外资金65.3亿元，境外资金9500万美元。通过大力发展开放型经济，一大批新的经济增长点迅速形成。目前，五大支柱产业已会聚企业111家，特色产业链不断延伸，产业集聚效应正在不断形成。

民营经济实现新发展。全县回乡人士创办的企业已达200余家，芦林工业园区163家企业当中有116家是由在外创业回乡人士创办的，占园区企业总数的71.8%，投资总额达28.3亿元，占园区内企业投资总额的72.8%。全县涌现一批“扫帚村”“头饰村”“头发收购村”“锡铂加工村”等以妇女唱主角的专业村，每年增加收入2亿多元。2005年，全县个体民营经济纳税1.34亿元，是2000年的2.58倍；全县规模以上民营企业达71家，年纳税10万元以上的民营企业93家，年纳税50万元以上的民营企业12家，年纳税百万元以上的民营企业达16家。

城镇化建设进入新阶段。“十五”期间，城镇建设资金投入近20亿元，县城面积扩大到16.5平方公里，人口近16万人，城镇化率达到38%，高于全省平均水平。完成了县城总体规划及园林绿化、重点区域、道路交通等专项规划，对一批重点集镇与中心村作了中长期规划，已初步形成等级规模协调、功能划分明确、空间布局合理的开放型城镇体系。有序推进了永丰大道改造等一批基础设施和公共环境建设项目。投入近4亿元建成了上广一级公路、沪瑞高速公路广丰连接线、上二国防公路3条出县快速通道，进一步提升了广丰的经济区位优势。深入开展文明卫生城市创建活动，城镇居民素质有较大提高，城市基础设施进一步改善，辐射和带动了以住宅、轿车、信息通信、餐饮、娱乐等消费的持续增长。

农村经济取得新成效。粮食综合生产能力得到加强，粮食总产量稳定在21万吨左右，经济作物占种植业的比重和养殖业占农业的比重进一步上升。农业产业化程度不断提高。完成了县农业科技示范园总规设计，全县建成天桂梨基地4万亩，白耳黄鸡、白银鹅饲养量近千万羽，全县有一定规模的农业龙头企业35家，其中省级龙头企业3家，市级6家，县级11家，带动农户10万多户，年产值3.8亿元。大力推进劳务输出，促进农民增收。2005年全县外出劳务人员近20多万人，劳务收入达18亿多元。实施“2233”工程以来，全县共完成农村公路面硬化753公里，农村公路建设创造了建设标准、建设速度、政府补助三个“全省第一”。除少数边远行政村外，基本实现了行政村通水泥路的目标。全县乡乡建起了敬老院，农村改水受益人口达30多万人，改厕7万多户。水利基础设施建设得到加强，“十五”期间全县共有65座小（2）型水库得到除险加固，投资3.39亿元的饶丰大型灌区建设项目挤入国家“十一五”规划。乡镇经济得到进一步发展，2005年财政收入千万元以上乡镇达4个，300万元以上千万元以下乡镇7个，永丰镇、洋口镇、湖丰镇、下溪镇4个乡镇被评为“全省百强乡（镇）”。

各项改革有了新进展。农村税收改革得到了历史性的突破，我们率先在全省免税征收农业特产税，全面取消了农业税，大大地减轻了农民负担，2005年农民从税收改革中得到实惠达200余万元。“十五”期间，基本完成了国有工业企业、流通企业的改制任务。对乡镇进行了“乡财县管乡用”试点改革，进一步完善了乡镇财政体制。进行了新型农村合作医疗试点工作，已被列入省新型农村合作医疗试点县。

社会事业迈出了新步伐。加强了公共卫生设施建设，县医院成功收购广德医院并投入4000万元进行改造，新型农村合作医疗试点工作全面开展。全面深化办学体制改革，鼓励引导民办教育健康发展，全面涌现出了广丰一中等22所民办学校。加强人口和计划生育工作，稳定了低生育水平，摘掉了“省重点管理县”帽子。加大了社会治安综合治理力度，严厉开展了“严打”整治斗争活动。进一步加强了综治组织建设，社会治安防控体系初步建立，促进了社会治安良性循环，实现了社会安全稳定。

人民生活水平有了新变化。城镇就业岗位持续增加，劳务输出继续扩大。共培训农民工1.5万人，累计转移劳动力100多万人次。社会保障力度进一步加大。“十五”期间共发放基本养老金8000余万元，比“九五”期间翻了一番，共发放最低生活保障金2500万元，是“九五”期间的十多倍。逐步清偿了2002年前的总额3600多万元农村校建欠款、乡村教师补贴欠款、“以工带农”个人集资款等历史欠款。城镇在岗职工平均工资由“九五”期末的6919元增加到14353元，农民人均纯收入从“九五”期末的2701元提高到4034元，比“十五”计划的目标3500元超出534元。

在肯定成绩的同时，当前经济社会生活中存在的困难和问题：一是经济增长方式比较粗放，产业层次不高，高科技项目不多；二是统筹城乡发展步伐不快，农村基础设施及社会事业发展有不少薄弱环节，与人民群众日益增长的精神文化需求不相适应；三是下岗职工增多，就业和社会保障压力大，部分群众生活困难；四是政府职能转变步伐不快，地方、部门利益倾向仍有不同程度存在，经济发展软环境建设有待进一步加强等。

（报告人：县人民政府代县长　周遐光）

二、人大常委会工作报告（摘要）

（2006年2月19日在县十三届人大四次会议上）

2005年的工作回顾

（一）紧扣发展“第一要务”，着力提高监督实效

不断深化财经监督。一年来，先后听取和审议了我县关于调整2004年预算收支计划的报告以及关于2005年度预算编制工作情况工作的汇报，听取和审议了我县2005年上半年国民经济和社会发展计划执行的报告、关于2004年财政决算的报告和2005年上半年预算执行情况的汇报、关于我县2004年度财政预算执行和其他财政收支的审计工作报告，听取和审议了我县国民经济和社会发展第十一个五年规划编制情况的报告，并对“十一五”规划部分内容提出修改意见。开展了对上半年预算执行情况的调查，督促政府完成财政收入过半计划。有侧重地进行了预算外收入、财政贴息情况调查，及时指出问题，提出财政预算计划的有效执行。

精心组织代表视察。组织部分省、市、县人大代表开展了铜钹山国家森林公园和丰溪河水环

境保护情况的视察，在梳理问题，集中建议的基础上，形成了书面的视察情况报告，报送县委、县政府领导和相关部门，引起了县委的重视、政府的互动。2005 年 12 月，县人大常委会又组织了部分市、县人大代表对我县重点工程和招商引资企业开展视察，对重点工程的安全施工和土石方运输污染城市道路问题，引资企业的用地、环保问题以及工业区功能分区问题，向县政府及相关部门提出了整改意见。

认真开展各项评议。去年，我们开展了对县公路分局工作评议和对县农业局局长、县人口与计生委主任、县交通局局长和部分法官、检察官的述职评议。在对县公路分局的工作评议中，提出要切实加大对《公路法》和相关法律法规的宣传、切实加强路政管理、切实加强公路设施建设、加大与县直单位和乡镇的工作沟通联系等意见建议，并形成书面意见交县人民政府和相关部门落实。

依法进行人事任免。坚持党管干部与依法任免相统一的原则，严格依照法定程序，坚持任前法律知识考试，任后帮助支持，确保县人大常委会依法任免干部的顺利进行。去年，依法任命了副县长 1 名，县人民政府组成部门负责人 3 名，人民陪审员 38 名。接受辞呈 1 名。

（二）牢记事业“第一追求”，全力促进依法行政

为总结“四五”普法工作经验，促进“五五”普法效果，强化依法行政，提高群众法律意识，在全县开展了“四五”普法、依法治理工作调查，并召开人大常委会进行认真审议，针对“四五”普法存在的问题，提出要认真总结经验，做好“五五”普法的规划和实施工作。

执法检查认真到位。一年来，开展执法检查 9 次。在《消费者权益保护法》执法检查中，常委会将执法检查的主要内容及方法、执法检查办公室电话号码在报纸、电视台等新闻媒体公布，吸引社会各界及广大消费者共同参与，接受广大消费者的投诉、咨询等。同时根据执法检查的主要内容分别编印了消费者和经营单位两种不同的问卷调查表，分发到广大消费者和相关单位进行广泛的问卷调查。在《水污染防治法》执法检查中，针对钓鱼潭采砂、运沙船直接污染县城自来水取水点水质的情况，建议县政府对该区建立一级保护区，保护区的上游 1000 米、下游 1000 米之内严禁有采砂、运沙活动，还县城居民一个清洁的用水环境，让居民喝上放心水，干净水。去年底开展《行政许可法》的执法检查，对县人民政府及 31 个行政许可执法部门实施行政许可法的情况进行了检查，发现问题，及时指正，使执法检查工作落到实处。

（三）夯实基层“第一重地”，大力推动代表和乡镇人大工作坚持组成人员联系制度

为有效推动全县乡镇人大工作整体发展，促使乡镇人大工作上新水平、新台阶，我们坚持每季度召开一次乡镇人大主席、副主席联席会议，总结经验，指导工作。开展了争当优秀县人大代

表活动，有31名代表被评为县优秀人大代表。对新补选的县人大代表进行了培训，增强他们的代表观念、履职意识。

（四）把握民意“第一信号”，尽力为民排忧解难

一年来，共受理群众来信217件，接待群众来访766人次。信访工作做到热情接待、认真听取、耐心解答、协调各方、积极督办，次次有登记，事事有回音。常委会主任、副主任和机关各委办都有信访登记本，要求各委办和常委会主任、副主任每月都要办理1件以上信访件。县十三届人大三次会议期间，收到代表意见建议176件。6月，人大办和政府办一道，召开了代表建议意见分口督办会，县人民政府和建议意见办理部门与代表零距离接触，面对面督办，达到上下联动、部门互动的效果，促进了代表建议的进一步落实，解决了许多代表和人民群众普遍关心的热点、难点问题。在交办、督办后，我们还注意征集代表意见反馈，跟踪问效办理结果，对代表不满意的5件建议意见，交对口办公室进行再督办，直至代表表示满意或理解为止。

（五）发挥自身“第一作用”，努力提高整体素质

抓好学习强素质。根据“一日一读、一周一学、一月一法、一季一考、一年一评”的要求，完善学习制度。每次人大常委会会议，机关干部职工会，一般都要安排学习内容，形成了人人爱学习的氛围。

取长补短勤交流。成功举办了赣、浙、闽、皖四省八县（市）人大常委会第十八次联席会议，同周边县（市）人大常委会一起交流了人大工作的成功经验的做法。同时，加强了宣传报道工作，一年来，在县级以上新闻媒体发表文章40多篇，及时交流各乡镇人大工作的新思想、新举措，推广典型经验、成功做法，报道人大代表创先争优、扶贫帮困、带领群众致富奔小康先进事迹，有力地推动了人大工作的开拓与创新。

一年来，县人大常委会为推进民主法制进程，促进三个文明建设做了一定工作，但与法律赋予的职责和人民群众的要求相比还有一定的差距。主要是：监督工作的面还需进一步拓宽；对被任命干部的监督帮助还要加强；发挥代表履职作用方面有待进一步改进。对此，县人大常委会将在工作实践中逐步加以完善和改进。

（报告人：县人大常委会主任　戴水春）

三、法院工作报告（摘要）

（2006年2月19日在县十三届人大四次会议上）

2005年，主要工作情况

（一）围绕“和谐平安广丰”建设大局，充分发挥审判机关的职能作用

一年来，共受理各类案件2858件（含旧存354件），审（执）结2625件，同比上升8.9个百分点，结案率为91.8%。依法公开开庭率和审限内结案率达100%。

1. 坚持依法“严打”方针，维护国家安全和社会稳定。共受理刑事案件211件（旧存19件），审结191件，结案率为90.5%，其中公诉案件158件，结案率为96.2%。依法从重从快审结杀人、抢劫等严重暴力犯罪以及抢夺、盗窃等多发性犯罪案件82件，依法判处罪犯116人，其中5年以上有期徒刑25人。依法审理了月兔集团罗志勇等贪污贿赂案件，推动反腐斗争深入开展。坚持惩办和宽大相结合，对犯罪情节轻微、社会危害不大的犯罪和过失犯罪41件55人，依法适用缓刑，缓刑适用率与2004年相比下降了8个百分点。

2. 依法调节民商事法律和行政关系，努力化解人民内部矛盾，促进经济社会协调发展。加大农村土地承包等涉农案件审理力度，审结涉农案件273件，维护了农村稳定，促进了农业发展。妥善审理婚姻家庭、人身损害赔偿、企业改制案件305件，防止了矛盾激化，确保了社会秩序。认真审理金融贷款案件115件，标的1000余万元，较好地保护了金融债权。进一步强化了当事人意思自治和处分权，保护了合同自由，依法平等保护各方当事人的合法权益，为全民创业提供了一个诚信、法治的市场环境。共受理民商事案件1615件（旧存142件），审结1488件，结案率92.1%，诉讼标的总金额7500万元。

3. 全力攻克“执行难”，依法及时帮助当事人实现权利。在立案或审理时提醒当事人申请财产保全，为执行生效裁判创造有利条件，共采取财产保全40件，经费450万元；建立执行110，公开执行局值班电话和执行人员的电话，执行法官24小时轮流值班。规范执行查封、扣押等强制措施，增加执行工作的透明度。共受理执行案件833件（旧存186件），执结634件，标的额达8000万元，新收案件执结率达83.1%。去年7月全市法院执行工作现场会上，我院执行局作了经验介绍。今年元月3日，我院执行工作由《人民法院报》头版向全国推介，得到最高法院的表扬。

4. 加强审判监督工作，进一步提升案件质量。建立案件评查、申请信访、审判监督“一条龙”式的防错纠错机制，认真解决当事人“申诉难”和“申请再审难”问题。共受理再审案件17件（旧存3件），其中，当事人申诉的8件，我院依职权再审的6件，审结16件，坚持依法

改错原则，依法纠正了一审错误裁判1件；继续完善案件质量评查，共评查各类案件2618件（含去年12月的案件），查出不合格案件3件。2005年，我院在全国率先建立推行了案件质量终身负责制，人人建立了案件质量档案，这种做法也得到了最高人民法院的充分肯定。

（二）创新为民举措，促进社会和谐

1. 落实便民措施，保障公民诉权得到及时、正确行使。一是为方便群众诉讼，实行立案“双轨”制，立案庭坚持“一站式”立案，在立案窗口上一次性办理所有立案手续。法庭在受理案件后，报法院立案登记案号，统一纳入审判流程管理，并接受电话、邮寄立案。建立诉讼接待员制度，提供诉讼服务，保证了无文化、无法律常识的人也能打得了官司。二是完善巡回法庭，共进行巡回办案430件。其中2起失火刑事案件，还下村开庭审理，并当庭宣判，起到了很好的法律宣传效果。去年，民商事案件调解、撤诉819件，调解撤诉率为55%；其他审判部门还定出8项具体工作措施，努力服务大局和全面创业。

2. 注重保护弱势群体，维护人民群众切身利益。扩大司法援助范围，特别是涉及农民工的劳动纠纷案件、孤寡老人、孤儿和城乡低保、农村特困人员，提供司法救助，共缓交、减免诉讼费50多万元，确保了有理无钱的人打得起官司。在审理婚姻家庭纠纷、财产纠纷和邻里纠纷案件中，切实保护妇女、儿童、老人以及无过错方的合法权益，注重在交通事故、医疗损害纠纷等案件中维护受害者权益。

3. 依靠县委县政府支持，多方举措，全力攻克“执行难”。2005年县委专门下发《关于加强人民法院执行工作的意见》，并由县财政贴息建立执行案件救济基金，加大对生产、生活特别困难申请执行人的执行救助，同时，建立重大执行案件领导挂牌督办制，由“协调领导小组”正副组长对重大执行案件挂牌督办，及时协调执行工作中的难题。

4. 认真处理涉诉信访，切实帮助群众解决实际问题。我院坚持院长接待日制度，院领导定案定时接访，减少接访中间环节；实行包案责任制，对疑难、重点上访案件，分管副院长和庭长定案定责，限期做好服判息诉工作；建立院长督办制度，对信访接待中发现的问题，责成有关部门办理后，由纪检监察室跟踪督办，确保在限定的时间内解决，防止领导批转的信访件在某个环节搁置滞留。全年共接待来信来访76人次件，全部答复，还协调县政府办结吕江山等人进京上访事件1件。

（三）严格规范司法行为，促进司法公正

一是加强了对执行、民商案件及改判、发回重审以及领导批转的重大信访案件的检查力度，共检查案件1543件，对查找的11项问题，逐项分析原因，追究责任。其中，对负有责任的人给予党组集体诫勉谈话、暂停办案资格等，对发回重审、改判案件的直接责任人和庭长，制定并落实了每件发改案件的行政、经济处罚细则。

二是实行办案质量责任终身制，即建立办案质量档案和工作实绩档案，把法官办案数、案件质量情况以及审委会的综合评估意见记入档案，作为法官个人业绩考核和职务变动的重要依据。同时，形成庭长、评查室、审委会、分管领导、院长等多主体组成的案件质量监督体系，确定了案件质量的第一责任人为各业务庭庭长，并辅之以办案质量差错追究责任制，明确承办法官、合议庭、庭长、审判委员会、院长的责任范围。对我院这种做法，《人民法院报》在头版报眼位置作了专题报道，最高法院也以工作信息形式予以转发。

三是建立审委会委员旁听庭审观摩制度，建立院领导、中层领导干部办案比例制度，规定中层以上领导办案要达 60% 以上，促进了案件质量和庭审效果。去年以来，我院约 70% 的案件由副庭长以上领导办理。

四是制定《关于司法技术对外委托工作的若干规定》，实现审、执、鉴三分离，今年共对外委托鉴定 69 件次；出台《执行工作管理规则（试行）》等一系列执行工作管理制度，实行执行工作裁执分离、人款分离，确保了执行工作每个环节的“阳光”操作。

（四）围绕司法公正与效率，进一步深化审判方式改革

一是建立诉讼接待制度。在立案大厅配备诉讼接待员，向当事人指导撰写诉讼文书，解释诉讼知识，帮助其正确行使诉讼权利，避免因起诉不当、诉请不当等造成的诉累。全年共进行诉讼指导 135 例。同时每案发放诉讼风险提示书和举证通知书，明确举证责任、申请调查取证。鉴定权及相关诉讼风险；开庭时，依法行使释明权，积极指导证据交换；宣判时实行判后释疑，对当事人尤其是败诉方当事人深入解释裁判结果、理由以及程序适用、证据认定等问题，做好息诉服判工作。

二是进一步推广适用简易程序，建立健全案件审理的繁简分流机制和速裁机制，设置快速诉讼通道，提高案件的审理效率。全院法院适用简易程序审理民商事案件 1326 件，占全院一审民商事案件审结数的 91.8%。速裁结案 45 件，其中调解结案 40 件，平均结案期限 7 天。

三是完善审判流程管理机制，丰富和充实审判流程管理的内容，从单一的审限跟踪管理，逐步转变为对审判活动全过程的流程跟踪管理，确保审判工作各阶段、各环节有计划、有制约、有秩序地进行。共发出催办通知书 12 期，催办案件 900 多件，有力地预防了案件超审（执）期限。

（五）夯实基础建设，保障司法公正

去年，我院的基础建设上了一个台阶，宽敞明亮的审判大楼投入了使用。排山、八都法庭重

建工作有序推进，排山法庭已基本建成。此外，我院还争取到法庭建设国债资金近百万元。法院大审判庭的装饰工程仅用三个月就完成了，并投入使用。去年，我院还建立了立案庭电子屏幕、法院食堂、干警健身房和法警训练室，添置了警车4辆、电脑14台、空调25台、复印机1台，改善了干警办公条件。去年3月全省司法行政工作会暨“两庭”建设经验现场会在广丰召开，我院作为唯一一个基层法院作了经验介绍。

（六）以先进性教育为抓手，切实加强队伍建设

1. 积极开展保持共产党员先进性教育活动，强化思想政治教育。组织党员先后到茅家岭、七峰岩、雨花台等地接受革命传统教育，结合本职实际，撰写学习笔记和心得体会200多篇。我院推荐的老党员苏家肖在全县先进性教育先进典型大会上作了事迹报告，其先进事迹由《今日广丰》头版头条报道。我院先教活动的措施与成效，得到了上饶市委督导组的充分肯定。

2. 加强法院法文化建设，着力建设学习型法院：一是邀请省院从事法院文化研究的领导作专题报告，开拓法院文化建设视野；二是邀请中国书协、美协等知名艺术家来院进行书法美术创作，增加高雅文化的氛围；三是组织以“学习宋鱼水先进事迹、争当优秀法官”为主题的演讲比赛、“周五”研讨会等，营造争先创优和理论研讨氛围。四是鼓励参加培训和自学教育。去年，我院参加各种培训13人次，2人远程教育本科毕业，1人通过全国司法统一考试。全院共发表各类调研信息宣传文章210多篇，其中2项调研成果在全省法院评比中获奖，2条工作信息受到了省高级法院领导的关注。

3. 主动接受人大和社会的监督。坚持办理代表提议、议案到位。邀请人大代表参加庭审观摩、座谈等方式，加强联系和沟通，扩大监督的层面和效果。全年共邀请包括人大常委会主任、副主任等领导在内的人大代表、政协委员庭审观摩22件79人次，办理人大议案2件，办理省人大督办案件1件。2名法官向人大常委会进行述职评议。

在肯定成绩的同时，我院工作仍然存在一些不足：一些涉诉上访处理难、执法难等问题仍然存在；个别法官审判作风不好，案件庭审不够规范，适用法律不够准确，致使裁判不公，执法不公等现象还有发生；法院建设欠费较大等。对此，我们将在抓好自身建设的同时，继续深入开展“规范司法行为，促进司法公正”专项整改活动，努力解决影响司法公正的各种问题，推动人民法院工作不断取得新进展。

（报告人：县人民法院院长　苏如明）

四、检察院工作报告（摘要）

（2006 年 2 月 19 日在县十三届人大四次会议上）

2005 年县检察院主要工作情况

（一）依法查办和预防职务犯罪，推动反腐败斗争的深入发展

1. 查办职务犯罪工作力度进一步加大。全年共立案侦查职务犯罪案件 8 件 11 人，其中，贪污案件 1 件 1 人，受贿案件 4 件 6 人，滥用职权案件 1 件 2 人，玩忽职守案件 2 件 2 人，所立案件中，受贿大案 1 件 1 人。通过办案，为国家挽回直接经济损失 100 多万元。

2. 举报工作得到了进一步加强。开通了举报电话自动受理系统，利用电视、报刊媒体开展专项宣传，充分激发调动群众的举报热情；认真受理、分流、初查、反馈每一件线索，对署名举报，做到件件有回音，事事有交代；建立健全涉法上访工作机制，开展涉法上访成因调研工作，建立长效机制，保持了涉法上访零纪录并得到上级的充分肯定。共受理各类来信来访 44 件，其中属检察机关管辖的 42 件，依法初查举报线索 42 件，结案 42 件。继续坚持了检察长接待日制度，全年检察长接待 51 天。

3. 预防职务犯罪工作有新进展。健全和完善了预防网络和联席会议制度，全县所属单位建立预防机构和机制超过 85%，初步建立了我县社会化大预防、对策预防、警示预防和专项预防的工作重点，向有关单位发出检察建议 21 件，开展警示教育 15 次，公益宣传 5 次，上法制课 9 次，增强了预防工作的实效。

（二）严厉打击严重刑事犯罪，切实维护社会和谐稳定

1. 坚持“稳、准、狠”和“两个基本”的原则，突出打击重点，准确理解和把握批捕条件，强化证据意识，坚持实体法与程序并重，确保了案件在批捕环节不出现梗阻，保证了刑事诉讼活动的顺利进行。全年提请批准逮捕的各类刑事案件 156 件 301 人，依法批准和决定逮捕 137 件 292 人。案件批捕质量和准确率有了明显提高。

2. 进一步加强公诉工作规范化建设，认真执行江西省人民检察院制定的《江西省检察机关公诉业务规范化管理规则》，做到在办案过程中认真制作阅卷笔录、审讯提纲、举证提纲、答辩提纲、公诉意见书等法律文书，保证办案的各个环节不出问题，确保案件公诉质量。全年共受理移送审查起诉的各类刑事案件 172 件 244 人，提起公诉 144 件 212 人。起诉准确率和有罪判决率均高于全市的平均水平。其中保护诉讼人的合法权益工作，得到了最高人民法院的充分肯定，并在全国推广。

3. 加强对未成年违法犯罪人员的教育、感化和挽救工作。对未成年人特殊群体犯罪实行特殊对待，运用宽严相济原则，既有力打击和震慑犯罪，该严则严，又坚持区别对待，当宽则宽。尽可能减少社会不稳定因素，化消极因素为积极因素，对未成年人犯罪，初犯、偶犯和轻微犯罪案件，坚持教育、感化、挽救的方针，坚持原则性与灵活性相结合，做到可捕可不捕的不捕，可诉可不诉的不诉。

（三）不断加强诉讼监督，努力维护司法公正

1. 侦查、审判监督得到加强。认真履行了刑事诉讼监督职责，对有案不立、有罪不究、以罚代刑、量刑不当等司法不公现象进行了有力的监督。全年追捕犯罪嫌疑人 11 人，作出不捕决定 13 件 26 人，立案监督 1 件，书面纠正违法 1 件；追诉被告人 8 人，不诉 2 件 2 人，抗诉 2 件 2 人。

2. 民事行政检察工作有新突破。针对历年来民行抗诉案件没有改判的情况，加强了与法院的协调沟通，并及时向县人大汇报，赢得人大的大力支持，取得了突破性的进展。2005 年 4 月，我院提请抗诉的申诉人不服〔2004〕广民一初字第 698 号民事判决一案，县法院依法进行再审，并作出了改判。全年接待民事行政诉讼当事人 8 人次，说服当事人息诉服判 7 件，抗诉 1 件。

3. 监所检察工作稳步开展。积极开展监所检察工作，促进看守所依法监管，有力地保障了被监管人员的合法权益。共依法初查监管人员虐待被监管人员以及被监管人员破坏监管秩序等案 6 件，对不符合留所服刑条件的提出纠正意见并被采纳的 3 人，对不符合减刑条件的提出纠正意见并被采纳的 2 人，发出书面检察建议 2 份。加大了对刑事判决、裁定执行情况的监督力度，继续清理和纠正超期羁押，建立和完善了防止超期羁押的长效机制。2005 年监所驻所检察室被最高人民检察院评为全国“二级规范化检察室”。

（四）加强队伍建设，提高队伍素质

1. 认真开展党员先进性教育活动和“规范执法行为、促进执法公正”专项整改活动。群众对我院先进性教育活动测评满意率 98.6%。专项整改活动也得到了省检察院的肯定和好评。通过两个活动的开展，提高了党员的政治思想素质和党组织的凝聚力、战斗力，保持了队伍建设 27 年以来无干警违法违纪的文明执法纪录，并多次受到上级检察机关的肯定和表彰。2005 年我院被市委、市政府授予“市级文明单位”的光荣称号。

2. 加强业务教育培训，提高队伍的专业化水平。全年有 14 名干警完成了法律专升本的学业，39 名干警通过了计算机一级考试，全院干警外出参加各种专业培训达 25 人次，在读研究生 1 名。通过学习和培训，干警的综合素质得到较大的提高，为进一步做好各项检察工作奠定了较好

的基础。

在肯定成绩的同时，我们也认识到检察工作仍然存在一些困难和问题：检察队伍的专业、文化结构与检察官法的要求还存在一些差距；查办职务犯罪工作与人民群众的要求还有差距，办案力度有待进一步加大；诉讼监督还存在薄弱环节；检察人员编制比较紧，人员少与任务重的矛盾比较突出。对于上述问题我们要加强调查研究，努力加以解决。

（报告人：县人民检察院检察长　江健生）

决定决议

一、关于广丰县国民经济和社会发展第十一个五年规划的决议

（2006年2月20日县十三届人大四次会议通过）

广丰县第十三届人民代表大会第四次会议经过审议，决定批准县人民政府提出的《广丰县国民经济和社会发展第十一个五年规划》。

会议认为，“十一五”规划站在新的历史发展起点上，描绘了我县在下一个五年经济发展的宏伟蓝图，是指导全县人民建设和谐平安广丰，共创富民强县大业的行动纲领。会议要求，全县人民紧密团结在以胡锦涛同志为总书记的党中央周围，高举邓小平理论和“三个代表”重要思想伟大旗帜，以科学发展观统领经济社会发展全局，齐心协力，开拓进取，扎实工作，为顺利完成国民经济和社会发展第十一个五年规划而努力奋斗。

二、关于广丰县2005年财政预算执行情况和2006年财政预算的决议

（2006年2月20日县十三届人大四次会议通过）

县十三届人大四次会议审查了县财政局局长王建华受县人民政府委托向大会提交的《关于县2005年财政预算执行情况和2006年财政预算草案的报告》。会议同意县十三届人大四次会议计划预算审查委员会的审查报告，同意《关于县2005年财政预算执行情况和2006年财政预算草案的报告》，决定批准县人民政府提出的县2006年财政预算。

附：关于广丰县 2005 年财政预算执行情况和 2006 年财政预算的审查报告（摘要）

（一）2005 年财政预算执行情况

县人民政府提出的 2005 年财政预算执行数：全县完成财政收入 71311 万元，占预算调整计划数的 100.1%，比上年同口径财政收入决算数增长 21.1%。2005 年县本级地方财政收入完成 42451.8 万元，加中央返还 10464 万元（含所得税返还 4877 万元），减上解支出 1282.6 万元，实际当年县级可用财力 51633.2 万元。再加上级追加补助 19958.7 万元，上年滚存结余 3484.6 万元。全县可用总财力达 75076.5 万元。2005 年全县财政支出 71872.2 万元，占调整计划的 95.7%，比上年同口径财政决算数增长 34.5%。

（二）2006 年财政预算安排

县人民政府提出的 2006 年财政预算（草案），安排财政总收入 83500 万元，剔除基金收入计算，全县财政收入确保 83000 万元，比上年增长 18.4%，比上年决算数增长 17.1%。

县人民政府提出的 2006 年财政预算（草案），贯彻了中央及全市经济工作会议精神，做到了统筹兼顾、重点突出、积极稳妥、收支平衡，在支出安排上，注重加大农业、教育、科技、卫生、文化、社会保障等方面的投入，体现经济社会协调发展的要求，符合广丰实际，经过努力是可以实现的。

三、第五次会议

县十三届人大五次会议，于 2006 年 12 月 8 日在县人民法院会议中心举行，本届应有人大代表 245 名，出席本次会议实有代表 229 名。会议议程：选举县出席市第二届人民代表大会代表（54 人，名单略）。

组织领导

一、主席团和秘书长名单

主席团（32名，按姓氏笔画排列）

毛祖斌　毛晔华（女）　叶　文（女）　江卫农

纪英富　杨　绥　李元涛　李积林

李树峰　吴克海　吴祥国　邱在庆

余玲英（女）　余彦伟　余锡恭　张瑞耀

陈　平　陈筱英（女）　周重明　郑通满

郑德龙　项荣鲁　俞菊芳（女）　袁　飞

徐光强　徐运海　徐辉广　徐新华

陶少敏（女）　鲍小红　廖文华　戴水春

秘书长：郑德龙

二、主席团常务主席名单

陈　平　戴水春　郑德龙　张瑞耀

吴克海　鲍小红　吴祥国　余锡恭

三、副秘书长名单

邱在庆　夏旭辉　韩祥华

第二节　县第十四届人民代表大会

县第十四届人民代表大会，届期共举行人民代表大会 5 次。按照会议程序，每次会议资料编为“大会议程”“组织领导”“工作报告”“决定决议”为题目内容，把区人民政府财政预算执行情况和财政预算草案的审查报告，编入“决定决议”栏目中。

一、第一次会议

县十四届人大一次会议于 2007 年 3 月 14 日至 16 日在县人民法院会议中心举行。本届应有人大代表 257 名，出席本次会议的实有代表 257 名。在本县的省、市人大代表、县政协委员、县直机关各单位负责人、县人大机关内设机构有关负责人等 186 名（不含县政协委员人数）列席了会议；特邀出席会议人员 48 名。

附：县十四届人大代表名单（按姓氏笔画排列）

永丰街道（29 名）

王建华　毛志洪　毛坤仕　刘志国　刘金林　刘金荣　刘旅炉　刘柒灵　纪东一　杨　绥
邱　鹏　邱模海　余世兴　余冬彩（女）余振河　陈筱英（女）邵银堂　周顶荣　周重明
周清华　周壁霞（女）郑伟峰　郑兴来　郑通满　俞小燕（女）俞荔枝（女）饶春华
顾晓萍（女）徐常华

洋口镇（21 名）

王　河　王小华　毛祖斌　平京炉　吕国华　吕爱金（女）刘日阶　刘为建　李　英（女）
张荣权　陈修良　陈乾红　邵子成　林瑞才　罗清海　周巧燕（女）周永红　周遐光
郑云仙（女）俞英发　徐衰英（女）

五都镇（20 名）

刘志福　刘艳红（女）苏如明　李树峰　肖全喜　吴处银　吴邦福　何金水　何聪英（女）
余菊芳（女）张文艺　罗存国　周良成　郑月仙（女）项冬贵　俞少玲（女）俞日洪
俞爱香（女）夏有仁　徐优越

霞峰镇（9名）

占王剑　李积林　吴贞全　邱在庆　张　黔　周玉霞（女）黄晨光　黄慧敏（女）韩间溪

枧底镇（6名）

王忠毅　吴龙树　张棉华　周元隆　周国英（女）周积海

芦林街道（9名）

毛忠发　刘月林　邵信水　林瑞荣　郑建平　俞秋香（女）俞菊芳（女）饶海水　徐常发

丰溪街道（13名）

刘凤花（女）刘青松　刘晓芳（女）杨维水　吴小华　吴克海　吴香菊（女）周泽兴

周建国　俞国堂　徐小平　徐寿高　潘求凯

大石乡（9名）

刘旭涛　刘晓勇　郑明海　郑德龙　俞惠堂　徐美秀（女）黄永发　韩祥华　颜福吾

下溪镇（11名）

叶恭鹏　刘顺银　余诗荷（女）张武达　罗贤云　罗剑红（女）周竞梅（女）项荣鲁

徐运海　徐新华　曾生华

壶峤镇（9名）

毛晔华（女）杨　晖　陈金良　郑志荣　郑菊仙（女）郑敏强　胡奀才　廖文华　戴水春

湖丰镇（7名）

严卫华　吴珍凤（女）郑小军　郑崇国　徐亨长　徐辉广　程雪美（女）

大南镇（8名）

朱新荣　李剑波　陈　平　林文仙（女）周水香（女）郑书礼　颜显高　潘发广

吴村镇（9名）

王青山　江　怡（女）纪金寿　应道智　林丽红（女）祝显树　徐老却　徐金顺　龚中共

排山镇（12名）

巩宪进　吴凤英（女）汪小青　张文茂　林传松　周元钦　周丽芳（女）洪强明　夏洪欣

徐小娟（女）韩礼华　颜福光

东阳乡（9名）

王　荣　王慧明　纪云水　纪英富　杨振旺　张素珍（女）周开满　姜仁益　祝周英（女）

泉波镇（9名）

叶素仙（女）吕雄平　刘旅丰　苏利福　陈国健　俞淑云（女）夏晓东　徐安福　徐利华

毛村镇（7名）

毛忠潮　吕树芳　邱小红（女）余彦伟　余锡华　周永海　傅衰明

嵩峰乡（10 名）

王菊媛（女） 苏承兴 严如彬 张文木 陈秀英（女） 周道喜 郑金土 徐秀芳（女）
徐康恒 程剑虹

桐畈镇（13 名）

毛小英（女） 吕爱仙（女） 江卫农 杨金华 吴桂文 汪德成 周龙树 俞利国
徐智红（女） 陶少敏（女） 蒋昌炉 潘松青 颜希高

沙田镇（10 名）

王明乐 卢小云 吕信彪 吴祥国 余锡恭 张处平 张建国 陈兰英（女）
夏利琳 徐光强

横山镇（12 名）

刘小雨 刘建强 杨 琦 杨祥发 吴伯翔 吴亨常 吴国喜 余秀丽（女） 周小兵
侯银富 洪常艳（女） 夏旭辉

少阳乡（7 名）

王香美（女） 刘荣清 吴忠溪 夏鲜花（女） 徐永龙 徐祖国 鲍小红

铜钹山镇（8 名）

毛小东 刘翠仙（女） 李元涛 李云生 沈水凤（女） 张衰华 徐利火 潘军芳（女）

大会议程

一、听取和审议县人民政府县长周遐光关于政府的工作报告；二、审议县 2006 年国民经济和社会发展计划执行情况与 2007 年国民经济和社会发展计划草案的报告；审查和批准县 2006 年国民经济和社会发展计划执行情况的报告与 2007 年国民经济和社会发展计划；三、审议县 2006 年财政预算执行情况和 2007 年财政预算草案的报告；审查和批准县 2006 年财政预算执行情况的报告和 2007 年财政预算；四、听取和审议县人大常委会主任戴水春关于人大常委会的工作报告；五、听取和审议县人民法院院长苏如明关于法院的工作报告；六、听取和审议县人民检察院代检察长吴伯翔关于县人民检察院的工作报告；七、选举和产生新一届县人大常委会组成人员，主任、副主任、委员；县政府县长、副县长；县人民法院院长、县人民检察院检察长。新一届县人大常委会主任戴水春，副主任郑德龙、王忠毅、鲍小红、吴祥国、余锡恭、韩祥华，委员（17 人，名单略）；县人民政府县长周遐光，副县长邱鹏、周开旺、祝美清（女）、林伟、石斌、张晓军；县人民法院院长苏如明、县人民检察院检察长吴伯翔（需报市人民检察院检察长提请市人大常委会批准任命）；八、通过上述工作报告的决议。大会结束时，县委书记陈平作讲话。

组织领导

一、主席团成员和秘书长名单

主席团（44名，按姓氏笔画排列）

王　河　王　荣　王忠毅　刘月林　刘旭涛　刘建强　刘晓芳（女）　江　怡（女）　江卫农　纪英富　李元涛　李树锋　李积林　杨　绥　吴克海　吴祥国　邱　鹏　邱在庆　余彦伟　余锡恭　汪小青　张建国　张棉华　陈　平　陈国健　罗存国　周重明　周竞梅（女）　周遐光　郑建平　郑德龙　项荣鲁　俞利国　俞菊芳（女）　徐光强　徐亨长　徐祖国　龚中共　韩祥华　程剑虹　鲍小红　廖文华　颜显高　戴水春

秘书长：郑德龙

二、主席团常务主席名单

陈　平　周遐光　刘月林　戴水春　江　怡（女）　郑德龙　王忠毅　吴克海　鲍小红　吴祥国　余锡恭　韩祥华

三、计划预算审查委员会名单

主任委员：郑德龙

副主任委员：胡奀才

委　员：（按姓氏笔画排列）

刘金林　吴龙树　严如彬　李剑波　洪常艳（女）

四、议案审查委员会名单

主任委员：鲍小红

副主任委员：徐新华

委　员：（按姓氏笔画排列）

王　河　刘晓芳（女）　余彦伟　李积林　龚中共

五、副秘书长名单

邱在庆　夏旭辉　陈金良

工作报告

一、政府工作报告（摘要）

（2007 年 3 月 14 日在县十四届人大一次会议上）

四年的工作回顾

（一）紧扣科学发展主题，综合经济实力快速提升

经济总量迈上新台阶。全县生产总值由 2002 年的 43.18 亿元增加到 2006 年的 88.99 亿元，年均递增 19.8%，比 2002 年增长 2.06 倍；人均生产总值由 770 美元增加到 1540 美元。经济效益不断提升，财政总收入由 4.15 亿元增加到 8.52 亿元，年均增长 19.7%，比 2002 年增长 2.05 倍。财政收入占 GDP 的比重达 9.57%。投资、消费和出口拉动力明显增强，全社会固定资产投资总量由 2002 年的 5.8 亿元增加到 2006 年的 27.98 亿元，年均递增 48.2%；全县社会消费品零售总额由 2002 年的 9.5 亿元增加到 2006 年的 14.12 亿元，年均增长 10.4%；出口总额由 2002 年的 320 万美元增加到 2006 年 1020 万美元，年均增速达 33.65%。

经济结构出现新变化。三次产业比例由 2002 年的 17.36:42.38:40.26 调整为 11.9:52.0:36.1。产业和产品结构得到优化，已经形成了食品、IT、纸业、服务和非矿金属加工 5 大支柱产业，汇聚企业达 156 家，成为引领全县工业快速运行的主导力量，根本改变了过去广丰“一支烟经济”的单一格局。所有制结构得到优化，国有经济逐步退出，民营经济占国民经济成分的主导地位得到确立，国有企业广丰卷烟厂对财政的贡献率已从 2002 年的 54.5% 下降为 2006 年的 38.7%。

工业经济实现新跨越。2006 年，实现工业总产值 111 亿元，年均递增 34.4%；工业增加值 34 亿元，年均递增 33.3%；工业对财政的贡献率达到 82.4%，提高 6 个百分点；成长型骨干企业迅速增多，规模以上工业企业达 97 家，年销售收入过亿元的工业企业 13 家，分别比 2002 年增加 70 家和 9 家。创中国驰名商标 1 个、江西省著名商标 5 个和 130 多个省部级名特优产品。县工业园区是全省十大园区之一、省级轻工特色工业园区，连续 4 年被评为全省先进工业园区，2006 年入园企业达到 235 个，安置就业 2.3 万人，年销售收入 83.5 亿元。

农业经济取得新突破。具有一定规模的农业企业达到 57 家，其中省级龙头企业 3 家，市级龙头企业 9 家，被评为“全省非农产业发展先进县”“全省出路在工工作先进县”。47 项农产品获得绿标，白耳黄鸡获得国家地理标志产品。

第三产业呈现新亮点。2006 年完成第三产业增加值 32.13 亿元，是 2002 年的 1.85 倍；第三产业从业人员达 12.65 万人，年均递增 7.9%。商贸物流进一步繁荣，市场建设加速推进，全县已

建成农产品交易和专业市场33个，年交易额达5亿多元。旅游业开始起步，2006年全县接待游客17.5万人次，旅游总收入达9000万元。2006年底金融机构存款余额达42.06亿元，贷款余额达22.43亿元，年均递增分别是21.2%和10.4%。

（二）深入推进改革开放，经济发展内生动力不断增强

4年来，全县共引进市外资金93.9亿元，境外资金1.08亿美元。连续3年被评为“全省发展开放型经济先进县”。通过大力发展开放型经济，一大批新的经济增长点迅速形成。

深入推进全民创业，2006年，全县个体民营经济纳税1.71亿元，是2002年的2.8倍；全县规模以上民营企业达79家，年纳税百万元以上的民营企业由2002年1家增加到2006年的23家。

（三）着力增强发展后劲，基础设施建设快速推进

在交通上，农村公路建设创造了建设标准、建设速度、政府补助三个“全省第一”。在工业园区上，4年园区基础设施共投入6.7亿元，园区建成面积由2平方公里扩大到9.8平方公里。在电力上，在建22万伏输变电站1座，新建11万伏输变电站4座和3.5万伏输变电站3座，农村电网改造顺利完成。2006年社会总用电量达4.49亿千瓦时，是2002年的3.14倍。其中工业用电量达3.23亿千瓦时，是2002年的4.25倍。在信息化建设上，开通县政府门户网站、“中国广丰”、“县长热线电话”，全县固定电话用户达13.5万户、移动电话达14.6万户、宽带互联网用户达1万多户。

（四）全面统筹城乡发展，城乡经济良性互动

4年来，城镇建设资金投入达30多亿元，县城面积扩大17.2平方公里，人口达17.6万人，城镇化率达40.86%，县城绿化覆盖率达38%，均高于全省平均水平。4年来土地收益达8.04亿元。城镇规划体系和城市基础设施进一步完善，辐射和带动能力进一步增强。

2006年，全县乡镇共完成财税收入2.19亿元，是2002年的2.87倍。财税收入过千万元的乡镇达6个，其中原永丰镇进入全省十强乡镇行列。彻底扭转了过去乡镇经济长期增长乏力、徘徊不前的局面，开始步入快速发展、良性循环的轨道。

农村面貌明显改善。全县每个乡镇都建好了敬老院，农村改水受益人口30多万人，改厕7.5万多户。2006年，县财政投入新农村建设配套资金达1.2亿元，其中对“三农”资金支出2909万元，比2002年增长85%。完成了100个村庄整治试点建设任务，村庄内道路硬化率达100%，农户改水改厕在90%以上，修建公共休闲场所在全县各自然村中悄然兴起，极大改善了农村的

人居环境。

（五）更加注重以人为本，社会事业全面进步

全县在岗职工平均工资和农民人均纯收入分别达到16734元和4457元，分别比2002年净增7496元和1494元。认真落实促进再就业各项政策措施，2006年有4951名城镇失业人员实现了就业，1446名下岗工人实现再就业。发放基本养老金2412万元，发放城镇居民最低生活保障金1013万元，农村低保从去年7月份启动共发放277万元，为失地农民发放生活补助558.5万元。城乡困难群众、失地农民基本生活得到保障。

科教文卫体事业加快发展。4年来，全县累计获得专利授权37件（项），荣获省科技进步奖3个。高新技术产业实现产值25亿元，科技进步对经济的贡献率达到51%。教育事业全面发展。义务教育进一步巩固，学生巩固率、入学率一直在全市保持最高水平；素质教育全面推进，我县是全国50个校本教研基地之一，学生创新作品在全国获奖50多次；高中入学率达63.9%，提前4年率先实现全省目标；新型农村合作医疗试点工作成效显著，两次在全省会议上作典型发言。全面完成了广播电视“村村通”工程，组建了广丰人民广播电台，有线电视用户达到7.24万户。成功举办了两届全民健身运动会，群众性体育活动蓬勃发展。

近年来累计环保投入达1.9亿元，坚持工业项目立项环保前置审批，环评率达100%。4年来关停28家、限期治理了14家污染严重、生产工艺落后的企业。全县生态公益林达45万亩，森林覆盖率达到56.52%，县城人均公共绿地面积达8.53平方米，丰溪河全段水质都保持在II类以上，大气环境质量保持在二级以上，噪声控制区达标率在85%以上。

从2004年开始，共偿还乡镇校建等历史欠款共3800万元。建立了社会矛盾排查调处机制、突发性公共事件应急处理机制和社会治安防控体系，严厉打击了各类违法犯罪活动，社会治安群众满意率在94.5%以上。生产安全、交通安全、消防安全和食品药品安全进一步加强，建立、完善安全生产责任制和安全生产风险抵押金制度，强化安全生产检查，安全生产形势总体趋于平稳。

（六）切实做到执政为民，政府效能全面提高

一是严格实施《行政许可法》，对666项行政许可项目进行清理，取消404项，减少60.7%。二是加强电子政务建设，建立政府网上办公系统，提高行政效率。三是由行政服务中心对办证审批实行一站式服务。四是认真办理人大代表建议、议案和政协委员提案，办结率每年均达到100%，满意率都在98%以上。

经过4年的奋斗，我县先后被授予“全国科普示范县”“全国双拥模范县”“全国社会治安

综合先进县”“全国亿万农民健康促进行动示范县”“全国食品工业强县”“全国残疾人工作先进县”“全国最具投资潜力中小城市综合实力百强县”“全省文明县城”“全省园林城市”“全省经济发展综合先进县”“全省低保工作先进县”“全省人防工作先进县”等多项殊荣，2006年“国家卫生县城”“全省园林城市”顺利通过复检，一批省市文明单位、文明村镇不断涌现。

在看到成绩的同时，我们也清醒地认识到，广丰经济社会发展中还存在一些矛盾和问题，主要是：经济增长方式还比较粗放，支柱型、成长型企业不多；城市建设力度还有待加强，资源和能源的压力加大，环境建设和保护的任务还很重；农业发展、农村建设和农民增收的任务还比较艰巨；就业压力较大，少部分群众生活还比较困难；政府效能建设和机关工作作风有待进一步加强和改善，等等。对这些问题，我们一定要保持清醒的认识，在又好又快的发展中解决一系列的问题和矛盾。

（报告人：县人民政府县长　周遐光）

二、人大常委会工作报告（摘要）

（2007年3月15日在县十四届人大一次会议上）

上届常委会主要工作

（一）紧扣中心，全面提高监督效能

1. 围绕发展大局，认真听取和审议各项汇报。4年来，先后听取和审议了关于农业、林业、水利、体育、气象、县城总体规划、民办教育、烟草专卖、财产保险、村级换届选举、新农合、公安、四五普法等工作汇报30多个，并将审议意见及时反馈给县人民政府及相关部门，促进了“一府两院”工作的进一步落实和完善。

2. 加强经济运行情况的监督。在新农村建设上，加大了对“三农”工作的监督。每年都要听取县农业局、林业局、水利局的工作汇报，有力地促进我县的农业、林业、水利工作。组织委员和省、市、县、乡镇人大代表30多次深入相关部门和乡镇开展调研、视察和执法检查等活动，听取了8个涉及推进城乡一体化、建设新农村工作方面的专题情况汇报。

3. 加强司法监督工作。出台了《县人大常委会关于加强和规范人大对司法机关监督的若干规定》，依法加强和规范我县人大常委会对本行政区域内的国家审判机关、检察机关、公安机关、司法行政机关的法律监督和工作监督，使我县人大对司法机关的监督更富有成效。常委会实施司法监督的经验和做法，受到了省、市人大的肯定。

4. 法律监督富有成效。4年来，先后听取了县人民政府对《行政许可法》《农业法》《教育法》《土地管理法》《科技进步法》等30多部法律法规贯彻实施的情况汇报，进行32次执法检查，肯定了成绩，查找了问题，提出了建议、督促了整改，纠正了一些有法不依、执法不严、违法不究的现象，提高了相关部门依法行政的水平，大大促进了公平正义司法。

5. 常抓不懈地开展“环保广丰行”活动。4年来，共关闭水源上游污染企业5家，取缔河道内非法采砂点4处，沿河居民向河道乱倒垃圾的现象也大为改善。2006年，对丰溪水系上游的福建浦城两个选矿厂污水直接排放，进行跟踪调查，在同浦城县人大常委会、环保局沟通基础上，又以我县人大常委会的名义向浦城人大常委会发去了协助监管的函。几年来，为让城市居民喝上干净水、放心水作出了积极努力。

（二）服务大局，依法行使重大事项决定权

2003年以来，常委会依法作出了县城总体规划、乡镇行政区域调整、关于利用国家开发银行开发性金融贷款建设北环路等8个公共设施项目贷款偿还有关事项、市民中心建设用地规划调整、加强法制宣传教育、关于利用农业发展银行低风险财政垫付性金融贷款实施国储粮库、省储粮库、县储粮库“退城进郊”建设项目贷款偿还等重大决议决定19项。通过，这些决议、决定的作出，较好地贯彻了县委的主张，反映了人民的意愿，体现了时代发展的要求。

（三）适应要求，认真搞好干部任免与监督

常委会按照县委的提名，认真坚持对拟任干部的任前法律知识考试，任中工作考评，离任绩效审计制度，先后任免干部175人（次）；公开选拔任命了38名人民陪审员。

（四）搞好代表工作，充分发挥代表作用

1. 不断加强代表工作。建立代表列席人大常委会会议和公民旁听人大常委会会议制度，出台了《公民旁听县人大常委会会议办法》。为规范代表活动，出台了《广丰县人大代表活动办法》《广丰县人大代表视察办法》《广丰县人大代表履行职务暂行办法》等，使代表活动步入规范化、制度化、经常化。

2. 加强了代表建议意见督办工作。4年来，共收到代表建议意见472件，在交办时严格要求，加大了督办力度，引起了各级领导的重视，促进了代表建议的进一步落实，解决了许多代表和人民群众普遍关心的热点、难点问题。

3. 开展了代表“六个一”“代表向选民述职”“评比优秀县人大代表”和“百名代表帮扶百名贫困生”等活动，搭起了人大代表在闭会期间履职的舞台。4年来，在开展这些活动中，代表们就群众反映的热点、难点问题及时提出了很多很好的建议和意见，这些具有针对性和创新性的做法，有效地增强了人大工作实效，受到了省、市人大的充分肯定。

（五）加强自身建设，不断提高履职能力

1. 在理论学习上，常委会坚持经常性的集中学习制度，组织委员和机关干部进行了 21 次有针对性的法律法规学习培训，使常委会组成人员较好地掌握了人大工作的基本原则和规律，依法履职的业务能力和水平得到了不断提高，政治意识、大局意识和责任意识得到了不断增强。

2. 在作风建设上，常委会坚持深入基层，深入群众，做到知实情、说实话、办实事、求实效，广泛了解人民群众的意愿和要求，维护人民的利益，尽力减轻基层和部门负担，做到“三减少一从简”，即减少会议、减少文件、减少活动陪同人员，会议和检查、视察、调研活动安排一律从简。

3. 在制度建设上，常委会制定和完善了《常委会会议议事规则》《主任会议议事规则》《常委会组成人员守则》等规则，使常委会机关工作进一步规范。

4. 在宣传工作上，4 年来，县人大干部撰写的报道、调研文章在《中国人大》《时代主人》《人民代表报》等报纸杂志上稿 150 多篇，质量大有提高。

5. 在对外交流上，县人大常委会注重同省市人大及周边县市人大的交流。4 年来，组织协办了在我县召开的全省代表工作座谈会，全市人大城乡建设环境与资源保护工作座谈会、教科文卫工作座谈会，同全省各县市、区交流了工作经验。2005 年，主办了闽、浙、赣、皖四省八县市联谊会，加强了同浙江、福建、安徽等周边人大常委会的工作联系，互通信息、交流工作、增进友谊。

（六）加强工作指导，圆满完成换届选举

在县委的领导下，按照《宪法》《选举法》《地方组织法》等法律法规要求，依法选举产生了新一届 257 名县人大代表和 1141 名乡镇人大代表，为我县政治制度建设和基层民主政治建设，为县、乡镇两级领导班子的顺利选举打下了坚实的基础。

回顾上届常委会所做的工作，也还存在一些差距和不足。如常委会执法检查和听取“一府两院”专题工作汇报的实效仍需进一步增强；重大事项决定权的行使尚有欠缺；闭会期间发挥代表作用的途径和方式尚需进一步探索；常委会及机关的自身建设还有待进一步加强。这些问题和不足，需要在今后的工作中不断加以解决和完善。

（报告人：县人大常委会主任　戴水春）

三、法院工作报告（摘要）

（2007年3月15日在县十四届人大一次会议上）

四年来工作的回顾

（一）围绕大局，进一步发挥了审判职能作用

4年来，共受理各类案件10016件，审结9772件，结案率为97.6%。其中，2006年受理诉讼类案件1768件，审结1719件，审结率为97.2%；受理各类执行案件662件，执结474件，执结率为71.6%。

一是坚持打击与保护并重，充分发挥刑事审判的教育、威慑功能，维护社会稳定。4年来，共受理各类刑事案件726件，审结720件。坚持“严打”方针，审结杀人、抢劫、强奸、绑架等严重暴力犯罪以及抢夺、盗窃等多发性犯罪案件329件，依法判处5年以上有期徒刑罪犯128人。严格贯彻宽严相济的刑事政策，对犯罪情节轻微、社会危害不大的犯罪142人，依法适用缓刑或给予从轻、减轻、免除处罚，努力瓦解犯罪分子，缩小社会对立面。

二是坚持“当调则调，当判则判，调判结合，案结事了”原则，调处民商事纠纷，实现社会和谐。4年来，共受理各类民商事案件6146件，审结6111件，审结率达99.7%，其中调解、撤诉结案3139件，调解撤诉率为51.4%。妥善审理婚姻家庭纠纷、邻里纠纷、“三农”纠纷等案件5432件，维护了婚姻家庭和邻里关系的和睦，促进了公平交易。有序竞争和社会诚信体系建设。坚持将县委、县政府的重大决策部署与有关法律法规有机结合，妥善办理好企业破产案件6件，推进了国企改革进程。

三是依法履行好司法审查职责，积极探索行政诉讼协调和行政非诉执行和解机制，最大限度保障行政相对人的合法权益，努力平衡协调“官”“民”关系，促进“官”“民”互信，支持依法行政非诉执行案件765件，执结759件，其中和解结案655件，和解率达86.3%。

四是坚持打造执行工作品牌，充分保障胜诉当事人的合法权利，维护法律权威。4年来，共受理执行案件2057件，执结1870件，执结率达90.9%。其中，执结杭州、常州等外地国有保险公司、银行申请的挖机按揭贷款案件289件，回笼资金近2亿元，受到了债权人的好评，维护了广丰诚信创业形象，赢得了最高法院、省高院检查组的一致称赞和《人民法院报》等媒体的多次宣传推广。2004年以来，我院连续3年被评为省、市执行工作先进单位。

五是实行治理与疏导并举，建立健全信访工作机制和处置赴京进省非正常上访工作预案，强化首问责任制，完善判后释疑制度，依法处理当事人合理诉求，积极解决涉诉信访问题，努力维护正常的社会秩序和审判工作秩序。共办理群众来信来访225人（件）次，比2002年以前下降

了21%。同时，增强再审审查工作透明度，主动回应当事人的正当申诉愿望，生效裁判确有错误的，依法再审改判。共受理各类再审案件71件，审结68件，改判15件。

（二）以增强司法能力为重点，进一步加强了队伍建设

一是建成了一套管理制度，加强对全院人、案、财、物的系统化、规范化管理；同时，将组织先进代表外出学习考察、干警定期体检等关怀、激励措施制度化，建立廉政保证金，加强院机关、法庭食堂建设和法庭“廉政”菜地建设，将源头治腐和法院从优待警紧密结合起来，力求制度治院和以人为本的和谐统一。

二是以建立“学习型法院”为目标，加强法文化建设。4年来，共发表各类调研信息宣传文章1153篇，获得了最高法院授予的“全国法院系统调研工作先进集体”荣誉称号。目前，我院干警具有本科以上学历的占84%，比2002年上升了20多个百分点。

（三）突显公正效率主题，进一步深化了法院改革

一是深化内设机构改革。首先，认真落实中央、江西省委关于加强法院、检察院工作的《决定》和县委《关于进一步加强和改革法院工作的实施意见》，加强了法院领导班子建设，提升人民法庭为副科级单位；其次，将民事庭、经济庭和执行庭分别改革为民一庭、民二庭和执行局，并调整相应职能，建起了大民事审判格局和大执行局，完善了刑事、民事、行政、执行等法院四大职能体系。最后，实行书记员单独序列管理，在全市率先做好人民陪审员选任、培训工作，促进了司法民主。

二是进行案件质量管理体制改革。设立专司案件质量评查职能的评查室，对全院案件进行一月一评查一通报一整改，并实行案件质量保证金和终身负责制，坚持监督、激励和惩处并举，增强了法官的质量意识和司法能力，提高了办案质量。4年来，全院案件质量合格率为99.2%，上诉案件二审全部改判、发回重审仅占全院一审案件的9%，比2002年以前下降了5%。

三是全面落实立案、审判、执行、鉴定、监督相分立的管理机制，完善案件流程管理办法，科学规范了案件的立案、送达、开庭、结案、执行、归档等各工作环节。扩大简易程序适用范围，实行案件繁简分流和速裁审理，提高办案效率。2003年以来，全院适用简易程序审理民商事案件5073件，占全院一审民商事案件的83%，速裁结案1166件，平均结案期限仅为7天。

（四）以“两庭”建设为重点，进一步夯实了司法基础

一是完成了审判办公大楼建设，去年10月，作为全省工业流动现场会主会场，得到了吴新雄省长等省市领导的好评。这座全省一流审判大楼的建成，大大改善了法院工作环境，也为广丰

人民提供了良好的公共法制教育场所，充分显示了县委、县政府对审判工作的重视和支持，彰显出我县依法治县的坚强决心。

二是人民法庭审判办公楼的重建、改建工作有了新的发展。去年 10 月，排山法庭新建的审判办公楼竣工并投入使用，八都法庭新建审判办公楼也同月动工；洋口法庭审判办公楼新建工程也列入了计划。

三是推进了法官培训中心建设。按照县委、县政府的意见，由县政府将法院原培训中心用地的空间进行了市场化运作，既还清了法院原近千万元的建设欠款，又可建起培训中心，还争取了开发商对法院回购和干警购房的较大优惠。

（五）以“一心为民”为指针，进一步优化了司法服务

一是建立无障碍诉讼通道，最大限度满足人民群众诉求。坚持法庭直接立案和立案庭立案“双轨”制，推行收案、审查、收费、分流等各项工作“一站式”服务，并接受电话立案、邮寄立案和委托立案。立案大厅设立诉讼接待员，提供提示诉讼风险，指导收集提供证据，无偿帮助撰写诉状等诉讼服务，确保无文化无法律知识的人也打得起官司。

二是推进巡回办案向纵深方向发展。我院在未设法庭的乡镇设立了巡回办案点，还根据百姓诉讼需求，在县交警大队、月兔集团、国家森林公园铜钹山旅游区以及外出务工、创业人口集中的上海松江区等地，设了 4 个专门巡回法庭，建立“定点排期巡回办案、驻庭排期集中审判”的工作模式，定点定期巡回办案。4 年来，共巡回办案 3972 件，占民商事案件的 65%，有力地促进了社会主义新农村建设。

三是加强司法援助力度。4 年来，共减、缓、免交诉讼费近 80 多万元，确保了有理无钱的人打得起官司；2006 年还为 6 名执行案件申请人申领了城市低保，3 名执行申请人申领了特困救助金，帮助一批生产困难的企业当事人进行了新的融资，使其渡过难关，重新获得发展。

（六）自觉接受人大、政协和社会各界监督

4 年来，共办结县人大常委会转交的人民群众来访 40 余件，办结人大代表、政协委员建议、意见 10 多件，邀请人大代表、政协委员视察法院、旁听审判 200 余人（次）。

在肯定成绩的同时，我们也看到工作中还存在一些问题和不足：队伍建设有待进一步加强，个别法官的大局意识和司法能力还不强，办案质量和效率有待进一步提高；对新类型案件的审判经验总结不够，调研工作有待进一步加强；“执行难”问题尚未根本性解决。针对上述问题，我们将采取积极措施，努力加以改进。

（报告人：县人民法院院长　苏如明）

四、检察院工作报告（摘要）

（2007 年 3 月 15 日在县十四届人大一次会议上）

四年来的主要工作

（一）以维护公平正义、创建和谐广丰为目标，认真履行法律监督职责

1. 依法惩治刑事犯罪，全力维护社会稳定。4 年来，共受理侦查机关提请批准逮捕的各类刑事案件 589 件 1117 人，决定批准逮捕 534 件 982 人。受理侦查机关移送审查起诉的刑事案件 657 件 971 人，依法提起公诉 592 件 902 人，移送市检察院审查起诉 23 件 32 人。其中对危害群众安全感的暴力犯罪、多发性侵财犯罪，做到从重从快，重点打击。共批准逮捕故意杀人、故意伤害、强奸、抢劫、绑架、抢夺、盗窃等案件 335 件 581 人，分别占批捕的 62.7% 和 59.2%，起诉 329 件 502 人，分别占起诉的 50% 和 51.7%，切实增强了广大人民群众的安全感。认真贯彻宽严相济的刑事政策，对严重刑事犯罪坚决依法严厉打击，依法快捕快诉，对主观性较小、犯罪情节轻微的未成年人、初犯、偶犯和过失犯，贯彻“教育、感化、挽救”政策，慎重逮捕和起诉。依照法律规定，对涉嫌犯罪但无逮捕必要的，可以采取取保候审等其他措施的嫌疑人，依法决定不予批准逮捕，对情节轻微、社会危害较小的嫌疑人依法决定不起诉。对无逮捕必要和决定不起诉的案件均提出检察建议并移送有关单位处理，努力追求法律效果和社会效果的统一。

2. 严肃查办职务犯罪，推动反腐败斗争深入开展。4 年来，共立案侦查贪污贿赂、渎职侵权等职务犯罪案件 68 件 98 人，移送审查起诉 24 件 41 人，已提起公诉 18 件 32 人，法院已审结并作出有罪判决 17 件 31 人；通过办案，为国家和集体挽回经济损失 690 余万元。把领导精力、人员力量、经费保障向办案一线倾斜，共立案侦查贪污、贿赂、挪用公款犯罪案件 52 件 77 人，其中大案 29 件 49 人。先后查处了：广丰卷烟厂周某挪用公款 20.2 万元，广丰县公路段原段长黄某等私分国有资产 82.7 万元，原壶峤镇朱狮村支书朱某受贿 33.8 万元，月兔集团投资管理部吕某贪污公款 7.8 万余元，横山财政所林某挪用公款 19 万元，原洋口镇青桥党支部书记周某挪用公款 25 万余元等案件。这些案件的查处得民心、顺民意，维护了国家公职人员的廉洁性。在办理渎职案件方面，加大了对徇私枉法、玩忽职守、滥用职权，特别是国家工作人员利用职权侵犯人权案件的查处，做到不偏不倚，严格执法。4 年来，共排查线索 36 条，立案侦查渎职侵权犯罪案件 17 件 21 人。

3. 强化诉讼法律监督，切实维护司法公正。4 年来，要求侦查机关说明不立案理由 70 件，建议立案 23 件。对侦查活动中的违法情况提出纠正意见 17 件（次），发出检察建议 12 件（次），对侦查机关提请批准逮捕、移送审查起诉的案件，经审查认为不构成犯罪或缺乏充足证据的，依

法决定不批准逮捕 48 件 124 人，建议侦查机关撤回 39 件 47 人，不起诉 24 人。对构成犯罪而没有提请批准逮捕或移送审查起诉的，追捕 54 人，追诉 22 人。对认为确有错误的刑事判决、裁定提出抗诉 6 件 8 人，法院均已改判。对认为确有错误的民事行政案件的判决、裁定，提请抗诉 4 件，提出再审检察建议 10 件，法院采纳检察建议 6 件，同时对不服裁判的申诉，说服息诉 17 件。加强监所检察工作，查办虐待被监管人员案件 1 件。失职致使在押人员脱逃案件 1 件，维护了监管改造场所的秩序，保护了被监管人的合法权益。2005 年我院驻所检察室被最高人民检察院评为“全国二级规范化驻所检察室”。

（二）以服务全县工作大局和经济社会发展为动力，充分发挥检察机关服务保障职能

1. 积极参与整顿和规范市场经济秩序工作，依法惩处制假售假、非法经营、侵犯知识产权等犯罪，批捕此类犯罪嫌疑人 8 人，起诉 2 人，推动了市场经济在法治轨道上健康运行。积极为建设社会主义新农村提供坚强有力的法律后盾和司法保障，4 年来，共查办涉农职务犯罪案件 13 件 23 人，切实维护农民群众的利益，促进了社会主义新农村建设。

2. 努力从源头上预防和减少职务犯罪，促进廉政建设。4 年来，有针对性地提出书面检察建议 107 份，均被采纳和落实，帮助发案单位建章立制 10 余个，狠抓宣传预防，深入城区和乡镇，开展法制教育 39 次警示教育 15 次，取得了“办理一案，警示一线，教育一片”的预防效果。

3. 坚持严格依法办案与努力化解社会矛盾相统一。4 年来，共接待群众来信来访 566 件（次），其中检察长接待 147 人（次）。我院控告申诉举报接待连续 4 年获得全省检察机关“文明接待室”称号。

（三）以队伍建设和检察改革为抓手，大力提升检察队伍的整体素质和规范化水平

1. 狠抓教育活动，加强了队伍的政治思想纪律作风建设。严格依法办案，严肃办案纪律，实行“一案三卡”制度、办案全过程动态监督及错案责任追究制度。坚持层层签订目标责任书，实行领导干部“一岗双责”，确保党风廉政建设和工作目标责任制的落实，杜绝干警违法违纪事件的发生。

2. 积极搭建岗位练兵平台，创建学习型检察院。4 年来，组织干警参加在岗培训 150 多人（次），举办计算机培训班 7 期。44 人通过国家计算机等级考试，1 人参加研究生课程学习并取得学历，42 人达到本科学历，本科学历比例由 2002 年的 18% 提升到 83%。同时，鼓励干警边学习，边实践，边思考，共撰写调研、宣传、信息文章 550 余篇，其中省级以上刊用 280 余篇。

3. 建立系统管理机制，规范化建设迈上新台阶。一是制定了队伍建设、机关管理等方面的各类制度 37 项，使各项管理工作有章可循；二是 4 年来，适用被告人认罪案件普通程序简化审案

件50多件，降低了诉讼成本，提高了诉讼效率；三是完成了局域网系统、三级专线网、专线电话、数据传输网络系统、审讯监控系统、视频会议系统建设，近期即将竣工并投入使用的，是目前全省一流的检察技术用房之一。

在肯定成绩的同时，我院工作中还存在一些不足：对诉讼活动中极个别有法不依、执法不公的问题监督不够；查办和预防职务犯罪工作存在薄弱环节；检察官队伍年龄结构偏大，一些干警的业务素质和执法水平还不能完全适应新形势的要求。这些问题，我们要采取切实有效的措施，逐步加以解决。

（报告人：县人民检察院代检察长　吴伯翔）

决定决议

关于广丰县2006年财政预算执行情况和2007年财政预算的决议

（2007年3月26日县十四届人大一次会议通过）

县十四届人大一次会议审查了县人民政府向大会提交的《关于县2006年财政预算执行情况和2007年财政预算草案的报告》。会议同意县十四届人大一次会议计划预算审查委员会的审查报告，同意《关于县2006年财政预算执行情况和2007年财政预算草案的报告》，决定批准县人民政府提出的县2007年财政预算。

附：关于县2006年财政预算执行情况和2007年财政预算草案的审请报告（摘要）

（一）关于2006年财政预算执行情况

2006年预算执行情况：财政总收入85178.1万元，完成调整计划数100%，比上年决算数增长21.5%；地方财政收入完成46872.5万元，占调整计划100%，同比增长10.4%。全县财政支出完成87368万元，占调整计划的100.6%，比上年决算数增长21.6%。其中：科技支出498万元，支农支出2196万元，教育支出19096万元，分别同口径增长18.6%、17.9%、19.6%，均高于县级财政经常性收入的增幅，符合法律要求；社会保障补助支出1887万元，同口径完成预算的100%。

（二）关于 2007 年财政预算草案

2007 年财政预算草案，全县财政计划总收入 102200 万元，比上年决算数增长 20%。其中地方财政收入 55398 万元，增长 18.1%。地方财政预算收入加上中央税收返还补助和上级结算补助，以及上年滚存结余，剔除上解支出。2007 年全县预算支出安排 86700.3 万元，预算收支平衡。按同口径测算，科技、支农、教育三项支出分别增长 36.8%、28%、33.5%，均高于财政经常性收入增长的增幅，符合法律要求。

二、第二次会议

县十四届人大二次会议于 2008 年 2 月 23 日至 25 日在区人民法院会议中心举行，本届应有人大代表 262 名。第一次会议后，有 2 名代表因工作变动先后调离本县：永丰街道邱鹏、横山镇夏旭辉；有 2 名代表暂停代表职务。根据工作需要，按照法律规定，有关选区先后补选和选举代表 3 名：永丰街道周金明、五都镇姚文、横山镇徐国华。出席本次会议的实有代表 256 名。在本县的省、市人大代表、县政协委员、县直机关各单位负责人、县人大机关内设机构有关负责人等 150 名（不含政协委员人数）列席了会议；特邀出席会议人员 46 名。

大会议程

一、听取和审议县人民政府县长周遐光关于政府的工作报告；二、审查和批准县 2007 年国民经济和社会发展计划执行情况与 2008 年国民经济和社会发展计划草案的报告，批准县 2008 年国民经济和社会发展计划；三、审查和批准县 2007 年财政预算执行情况与 2008 年财政预算草案的报告，批准县 2008 年财政预算；四、听取和审议县人大常委会主任戴水春关于县人大常委会的工作报告；五、听取和审议县人民法院代院长姚文关于县人民法院的工作报告；六、听取和审议县人民检察院检察长吴伯翔关于人民检察院的工作报告；七、补选姚文为县人民法院院长；八、通过上述工作报告的决议。会议结束时，县委书记陈平作讲话。

组织领导

一、主席团成员和秘书长名单

主席团（43 名，按姓氏笔画排列）

王　河　王　荣　王忠毅　毛志洪　毛晔华（女）巩宪进　刘月林　刘旭涛　刘建强
刘晓芳（女）江　怡（女）江卫农　纪英富　李元涛　李树锋　李积林　杨　绥　吴祥国
邱在庆　余彦伟　余锡恭　汪小青　张棉华　陈　平　陈国健　周重明　郑建平　郑德龙
项荣鲁　胡奚才　俞利国　徐光强　徐亨长　徐祖国　徐新华　陶少敏（女）龚中共
韩祥华　程剑虹　鲍小红　廖文华　颜显高　戴水春

秘书长：郑德龙

二、主席团常务主席名单

陈　平　刘月林　戴水春　江　怡（女）郑德龙　王忠毅　鲍小红　吴祥国
余锡恭　韩祥华

三、计划预算审查委员会名单

主任委员：郑德龙

副主任委员：胡奚才

委　员：（按姓氏笔画排列）

王青山　刘金林　严卫华　吴龙树　洪常艳（女）

四、议案审查委员会名单

主任委员：鲍小红

副主任委员：徐新华

委　员：（按姓氏笔画排列）

王　河　刘晓芳（女）郑建平　程剑虹　颜显高

五、副秘书长名单

邱在庆　毛祖斌　陈金良

工作报告

一、政府工作报告（摘要）

（2008 年 2 月 24 日在县十四届人大二次会议上）

2007 年的工作回顾

（一）发展速度明显加快

经济总量迅速提升。2007 年共实现生产总值 102.1 亿元，同比增长 17.36%，财政总收入完成 10.26 亿元，同比增长 20.5%；一般预算收入完成 5.28 亿元，同比增长 14.3%。历史上首次实现了生产总值过百亿元，财政总收入超 10 亿元，一般预算收入超 5 亿元的三项跨越发展。

工业主导地位显著增强。快速推进了新型工业化进程，实现工业总产值 142 亿元，比上年增长 27.93%，规模以上工业增加值达 28.4 亿元，比增 37.2%；工业用电累计完成 4.32 亿千瓦时，比增 35.77%。工业对财政的贡献达到 82.7%，提高了 0.3 个百分点，工业主导地位进一步增强。成长型骨干企业明显增多，福丰化工等一大批新的经济增长点迅速形成。全县新增规模以上工业企业 39 家，总数达 115 家，销售收入过亿元企业 24 个。创江西省著名商标 5 个和 130 个省部级名特优产品。拥有自主知识产权的月硅科技项目被列入科技部国际科技合作重点项目及江西省政府新技术产业重大扶持项目，获得国家企业创新基金支持。

农业经济稳步提高。全年完成农业总产值 16.76 亿元，比上年增长 6%。全县粮食播种面积稳定在 61.5 万亩，粮食总产量达 22 万吨。通过大力调优产业结构，形成了以草席、葛根等初具区域特色的 50 多个特色专业村，产业优势初步显现。全县有各类农业民间流通组织 73 个、专业行业协会 217 个，农民经纪人 3000 余人，带动全县 10 万农户增收。已有 23 项农产品获得“绿标”，其中白耳黄鸡原种场晋升为国家级畜禽遗传资源保种场，填补了江西省无国家级禽类原种场的空白。农民人均纯收入达 4947 元，净增 490 元。

第三产业步伐加快。全年完成第三产业增加值 35.55 亿元，比增 18%，第三产业从业人员达 13 万人，净增 3500 人。全县已建成农产品交易市场和专业市场 33 个，年交易额达 5 亿元。旅游业步伐加快，2007 年我县各旅游景点全年共接待游客量达 24.6 万人次，比增 22.63%，旅游综合收入达 1.25 亿元。金融机构年末存款余额 41.11 亿元，贷款余额 20.35 亿元，居民储蓄存款余额 32.62 亿元，比增 7.9%。

（二）发展质量明显提高

经济结构不断优化。产业结构进一步优化，三次产业比由上年的 12.14：53.23：34.63 调整为

10.86：54.32：34.82. 食品、IT、纸业、服装和非矿金属加工 5 大支柱产业不断壮大，已汇聚企业 167 家。广丰卷烟厂实现税收收入 3.79 亿元，比上年增加 5006 万元，占财政总收入比重由上年的 38.7% 下降为 37%，降低了 1.7 个百分点，根本上改变了过去广丰“一支烟经济”的单一格局。

经济效益不断提升。2007 年财政总收入占 CDP 比重为 10.05%，比上年增加 0.26 个百分点，税收收入占财政总收入比重为 78.6%，比上年提高了 5.5 个百分点。县直收入（含其他收入）占财政总收入的比重由上年的 35.5% 下降为 29.7%，下降了 5.8 个百分点。

投资、出口和消费拉动力明显加大。完成全社会固定资产总量 30.17 亿元，比增 40%；出口总额达 1695 万美元，比增 66.18%；实现社会消费品零售总额 16.66 亿元，比增 18.83%。居民消费水平明显提高，每百户拥有固定电话 48.75 部、移动电话 210 部，有宽带用户 10850 户，全县私家轿车保有量达 5800 余辆，去年新增私家轿车 1600 余辆。

（三）发展活力明显增强

各项改革稳妥推进。财政管理体制进一步理顺，扎实推进了政府收支分类改革、国库集中支付改革和“乡财县管”改革等，财政理财和增收能力不断增强。全面落实中央支农惠农政策，对财政补贴农民的资金实行“一卡式”发放，受到中央省市媒体高度关注。林业产权制度主体改革全面完成，受到省验收组的高度评价。公务员进行了重新登记，公务员津贴改革稳妥推进。投融资体制改革成效明显，通过政府积极引导，市场灵活运作，丰德担保、广发投资、工业园区“银园保”模式等三大融资平台有效发挥功能，共融得资金 4 亿多元，有效缓解了项目建设融资难问题。

全面开放和全民创业成果喜人。全县共引进市外项目 117 个，其中 5000 万元以上亿元以下项目 31 个，亿元以上项目 8 个。全年引进内资 39 亿元，比增 13.47%，引进境外资金 3600 万美元，比增 18.23%。全民创业发展加快，全县现有非公企业总数 1.2 万家，累计从业人员 10.5 万人，其中工业园区企业当中有 160 多家是由在外创业回乡人士创办的。民营企业纳税达 2.3 亿元，比增 34.5%。规模以上民营企业达 157 家，比上年增加 35 家，年纳税过百万元以上的民营企业达 41 家，比上年新增 18 家。

城市经济和乡镇经济蓬勃发展。全年乡（镇、街道）共完成财税收入 3.42 亿元，乡镇收入占全县收入的比重由上年的 25.8% 增长为 33.3%，其中千万元以上乡镇达 10 个，较上年增加 4 个，永丰街道财政收入首次突破 1 亿元。乡镇经济步入快速发展、良性循环轨道，有效扭转了“强县弱乡”的局面。

（四）发展后劲明显加足

项目建设顺利推进。全年投入城市建设资金达 13.3 亿元，已基本完工的项目有粮食储备库退城进郊、检察院办公大楼、商会大厦、芦洲大道、大塘路、经济适用房和廉租房建设等工程，日供水达5万吨的自来水厂扩建项目预计在今年5月就可以投入运营；已立项并开工建设项目有市民中心、铜钹山大道、三官殿大桥、广中400米塑胶跑道、龙华学校和西溪河改造工程等；已经立项项目有东门客运站、裕丰南大道、永丰北大道、河滨南大道、污水处理厂、中洲公园、下溪22万伏输变电站和工业园区及湖丰项目区2个11万伏输变电站。截至2007年底，县城建成区面积达19平方公里，县城人口达19.6万人，全县城镇化率达42.6%，比上年提高1.74个百分点。

工业园区建设加快推进。共投入建设资金7.48亿元，园区建成面积达10.5平方公里（含乡镇项目区）。新增入园企业30家，园区内企业总数达252家；新增就业4711人，职工总数达28491人；园区企业实现工业总产值113亿元，实现工业增加值34.68亿元，实现销售收入111亿元，分别比增40.26%、40.13%和41.73%；上缴税金6.4亿元，比增23.81%。在2007年全省工业表彰会上获得了全省“工业崛起年度贡献奖”“园区发展专项奖”，广丰工业园区已成功成为江西省“十百千亿工程”的重要一员。

新农村建设有序推进。全年县财政投入新农村建设资金达8265万元，群众投工投劳折合资金2016万元，编制完成了全县195个行政村（居）、1568个自然村的村庄建设规划。176个新农村建设试点顺利完成，拆除空心房14.41万平方米，完成改水10373户，改厕9889户，改栏3200个，改路580公里，自然村内道路硬化率达100%，普及有线电视10180户，普及电话8011户，普及沼气池1042户，普及太阳能981户。全县农村公路完成路面硬化210公里，通村率达98.58%；完成了99座病险水库除险加固任务。

（五）发展环境明显改善

生态环境不断改善。以创建国家园林县城和江西省第二届文明县城为契机，大力推进县城园林绿化工作，道路绿化普及率、达标率分别达到100%和85%，城市绿地率达36.3%；投资1200万元进行了27项市政基础设施建设，完善了城市功能；加强了清扫保洁、生活垃圾的清运处置、清除违章占道摊点等工作，市容市貌明显改善。全县新增造林面积3.4万亩，生态公益林面积达45万亩，拥有一个国家级森林公园和省级自然保护区（铜钹山），两个省级森林公园（大南、六石岩）。

环境保护得到加强。投入1.7亿元进行了环境治理设施建设，丰溪河全段水质都保持II类以上，大气环境质量保持在二级标准以上，噪声控制区达标率在85%以上。坚持项目环保前置审批制度，环评率达98%，因环评不合格而拒签项目16个，因工艺技术落后、环境污染严重依法淘汰了15家企业、限期治理了9家企业。全县工业万元增加值能耗全省最低，仅为1.28吨。

行政环境逐步提升。建立了政府网上办公系统，提高了行政效率。继续由行政服务中心对办证审批实行一站式服务，各乡（镇、街道）建立健全了便民服务中心，经济发展环境进一步优化。认真执行县人大及其常委会的决议，自觉接受人大监督；认真办理人大代表议案和政协委员提案 323 件，办结率 100%，满意率在 98% 以上。

（六）和谐发展成效明显

民生工程获得突破。我县扎实推进民生工程，2007 年共有 4.41 万城镇职工参加了基本养老保险，4900 名农民工参加了养老保险；1.85 万农村困难群众享受了农村低保救助，1.33 万城镇困难群众享受了城镇低保救助；共发放基本养老金 3198 万元，城镇最低生活保障金 1260 万元，农村最低生活保障金 654.7 万元，失地农民生活补助 700 多万元；有 5427 名农村困难群众、3735 名城镇困难群众得到了大病医疗救助，发放救助金达 712 万元。有 13.97 万义务教育阶段的学生免除了学杂费，2.47 万贫困家庭学生得到免费提供的教科书；1753 名普通高中学生、1273 名中等职业教育学生、235 名考入大学的贫困家庭学生得到资助；实现新增城镇就业人数 1.07 万人，新增转移农村劳动力 3.16 万人；共有 6829 名城镇失业人员实现了就业，1589 名下岗工人实现了再就业；城镇就业率达 98.2%，45 户"零就业家庭"全部安置就业；60 户低保家庭住进廉租住房、44 户低保家庭得到租赁住房补贴，我县成为全省唯一提前一年完成廉租房应保尽保目标的县（市）。

社会事业稳步前进。全县新改建校舍 2 万平方米，改水改厕 180 所，新购课桌椅 6 万套。新建乡镇文化站 17 个。完成了 20 个乡镇卫生院新建改造，完成 121 个村卫生所建设。新农合参合率达到 93.44%，有 11 万人次享受了报销补偿，补偿总金额 3181 万元。完成计划生育"四术" 21532 例，是上年度的 1.51 倍；征收社会抚养费 3089 万元，是上年度的 2.93 倍，稳定了低生育水平，实现了人口控制的目标。

总结一年来的工作，我们也清醒地认识到，广丰经济社会发展中还面临许多亟待解决的困难和问题。主要是：经济质量还有待提高，经济结构和几大比例还需进一步优化；人口、涉及人民群众切身利益的问题还比较突出，改善民生工作任务相当繁重；社会管理和公共服务领域还存在不少问题，政府自身能力建设还有待进一步加强 。对这些问题我们一定高度重视，不断在发展中切实加以解决。

（报告人：县人民政府县长　周遐光）

二、人大常委会工作报告（摘要）

（2008 年 2 月 24 日在县十四届人大二次会议上）

2007 年工作回顾

（一）服务大局，关注热点，讨论决定重大事项

常委会坚持从全县工作大局出发，深入调查研究，对一些关系发展要务、关注民生的重大问题，适时作出决议决定。如常委会听取和审议县人民政府关于 2007 年上半年国民经济和社会发展计划执行情况、2006 年全县财政决算及 2007 年上半年财政预算执行情况的报告；听取和审议县人民政府关于调整 2007 年我县国民经济和社会发展部分计划指标的报告，审议后作出了《关于批准广丰县 2006 年财政决算的决议》《关于批准县人民政府关于调整 2007 年我县国民经济和社会发展部分计划指标的决议》。

县人大常委会还就十三届人大常委会作出的关于利用国家开发银行开发性金融贷款建设北环路等八个公共设施项目贷款偿还有关事项、关于利用农业发展银行低风险财政垫付性金融借贷实施国储粮库、省储粮库、县储粮库“退城进郊”建设项目贷款偿还有关事项等决议执行情况进行跟踪问效。

（二）围绕中心，把握重点，积极开展监督工作

1. 认真开展执法检查。组织开展了对环境保护法、科技进步法、城市规划法、水法、工会法等法律法规在我县贯彻实施情况的执法检查。对环境保护法的执法检查，与“6・5”世界环境日宣传活动结合起来，成立执法检查组深入湖丰、五都、洋口、桐畈等地实地检查，使执法检查工作落到实处。

2. 继续开展以“环保广丰行”为主题的环保监督。对县城钓鱼潭取水点的供水水质等问题进行了实地检查，及时提出了针对性的整改意见，并就福建浦城县龙和矿业有限公司等企业的污水排放问题与浦城县人大常委会进行了沟通。对桐畈镇的纯绿野食品有限公司整改不力提出了限期关停整改的建议。

在环保监督过程中，我们注意改进监督方式，扩大了监督影响，提高了监督效果。在环保监督活动中，我们邀请广丰报社、广丰电视台记者参与，及时报道环境资源保护的典型事例，同时组织材料向上级人大刊物报送我县环保监督工作取得的成效。如《中国人大》杂志刊登了题为《一滴水折射出的监督“光芒”》经验介绍。通过强化舆论监督，提高广大干部群众尤其是领导干部的环境与资源保护国策意识。

3. 听取和审议县人民政府有关的专项报告。一年来，县人大常委会听取和审议了县人民政府《关于我县旅游资源开发与保护工作情况的报告》《关于我县文物保护工作情况的报告》等 15 个报告，并以审议意见书面的形式把常委会组成人员的意见反馈给县人民政府，促进了部分存在问题的尽快解决。组织开展了对听取县质量技术监督局工作情况报告的动员、调查、评议和督促整改工作，县质量技术监督局的行风大大改善，工作职能进一步得到加强。

4. 积极开展调研视察。去年，常委会在重点项目视察过程中，对房地产开发项目公共设施建设滞后，部分工程的进展、质量、施工等方面提出了意见和建议。对客运票价、油气计量问题，县人大常委会督促县人民政府有关职能部门进行专项检查，集中整治恶意抬价、短斤少两等侵害群众利益的现象，打击危害公共安全行为，取得了较好的效果。

5. 加强了信访工作。县人大常委会根据分级负责、归口办理原则，对受理的信访件进行登记、分类和转办、交办、督办，耐心地向上访群众宣传党的方针政策和国家的法律法规，做到件件有着落，事事有回音。一年来，县人大常委会共接待上访 368 人次，受理 252 起信访案件。

（三）坚持原则，规范程序，依法任免国家机关工作人员

一年来，县人大常委会共任免国家机关工作人员 35 人次，在任免过程中，常委会坚持对拟任干部的任前法律知识考试，离任审计制度。任命前，严格审查提请任命人员的任职资格，认真酝酿，反复讨论；任命中，拟任人员向人大常委会作供职报告；任命后，召开颁发任命书大会，督促被任命人员增强民主法治观念，坚持依法办事、依法行政；增强群众观念，坚持以民为本，诚心实意为人民谋利益。

（四）完善机制，激发活力，充分发挥人大代表作用

1. 认真交办、督办代表建议、意见和批评。县十四届人大一次会议结束后，县人大常委会及时对 164 件建议意见进行梳理、分类、编号和登记，依法转交给“一府两院”办理，并对办理人大代表建议、意见和批评提出了具体要求。常委会工作机构及时与县人民政府办公室和有关的承办单位联系，掌握、分析办理工作情况，指导和督促办理工作。

2. 乡镇人大工作循序渐进。一是召开了表彰 2006 年度乡镇（街道）人大工作先进单位会议。树立了典型，表彰了先进，进一步增进了乡镇人大主席团做好乡镇人大工作的信心。二是召开了全县乡镇（街道）人大工作现场会，各乡镇（街道）人大相互交流了工作经验。三是举办了乡镇（街道）人大工作人员培训班。邀请了全国人大常委会研究室原主任陈寒枫来讲课。四是坚持组成人员联系制度。下发了《关于县人大常委会组成人员挂钩乡镇联系代表、选民安排的通知》，县人大常委会组成人员按照分工分片加强与乡镇人大主席团的联系。

3. 创新代表工作，充分发挥代表作用。一是以学习代表法、监督法等法律法规为载体，勤抓代表培训工作。二是狠抓代表宣传工作，重点办好“代表风采”栏目。三是举办了代表知识竞赛。四是继续倡议开展代表“六个一”活动和代表走访选民活动，为代表在闭会期间履职搭建了平台。

（五）强化学习，转变作风，不断加强常委会自身建设

1. 认真开展“加强作风建设，实现新的跨越”集中教育活动。

一是完善学习制度。去年共组织了14次干部职工集体学习，学习了12部法律法规，组织学习了十七大报告及新党章等。常委会领导和机关同志参加省、市组织的学习培训13人次。二是加强人大工作宣传。去年在中央级刊物《中国人大》上稿3篇，省级刊物上稿19篇，市级刊物6篇。三是健全和完善图书阅览室，为机关学习创造了条件。

2. 加强横向联系。承办了全市农业农村工作座谈会、上饶市人大常委会举办的赣浙闽皖四省九市联谊会等，走访了周边县市人大，加强对外交往。召开了各口工作座谈会，与县直单位通报工作，增进了解。组织常委会组成人员赴瑞金、赣州、兴国学习考察，增长见识，加深与外县市人大常委会的联系。

3. 狠抓作风建设。常委会组成人员以高度的使命和强烈的责任意识，认真改进工作作风，围绕审议的议题和监督中的重大问题，深入实际，深入基层，积极开展调查研究，加深对改革和发展中实际情况了解，努力使常委会的工作符合客观实际，符合监督法的要求，更好地代表最广大人民群众的根本利益。县人大常委会组成人员还围绕经济工作这个中心，深入联系点指导经济发展。

4. 加强制度建设。根据监督法的要求，制定并通过了《广丰县人大常委会组成人员守则》《常委会主任会议议事规则》等建章立制，完善职能和工作程序，使常委会的各项工作走上规范化、程序化、制度化的轨道。

新一届人大常委会的工作虽然有了一个良好的开端，但是与宪法和法律的要求，与全县人民的期望相比，还有一定差距；监督工作的实效有待进一步提高；代表活动尚需规范；对乡镇人大工作的指导还不完全到位；自身建设还需进一步加强。这些问题需要我们在今后的工作中，认真研究，切实加以改进。

（报告人：县人大常委会主任　戴水春）

三、法院工作报告（摘要）

（2008 年 2 月 24 日在县十四届人大二次会议上）

2007 年工作回顾

（一）基本工作情况

一年来，受理各类案件 2449 件，审、执结 2271 件，结案率 92.7%，结案率超出上年同期 1.4 个百分点，其中，执行类案件结案率比去年同期上升了 5 个百分点。

在刑事审判工作上，受理案件 199 件，审结 193 件 307 人，结案率为 97%。坚持依法从重从快的“严打”方针，审结故意杀人、强奸、绑架等严重暴力犯罪以及“两抢一盗”等多发性犯罪 103 件 164 人，其中判处 10 年以上有期徒刑 15 件 19 人，如对多次抢劫出租车司机的被告人方某、毛某某、黄某，分别判处有期徒刑 12 年、11 年、10 年，并处罚金 5000 元、4000 元、4000 元，剥夺政治权利 3 年、2 年、1 年。依法审理贪污、贿赂、挪用公款、玩忽职守等职务犯罪 7 件 15 人，审结了顾某、陈某、王某等科级干部职务犯罪大要案件，促进了反腐败斗争的深入开展。坚持宽严相济政策，对具有从轻、减轻情节的被告人依法从宽处理，对罪行较轻、确实不致再危害社会的 45 人依法适用了缓刑，特别是未成年犯罪分子，坚持了教育、感化、挽救原则，注重寓教于审，惩教结合，使未成年犯罪得到及时矫治。

在民事审判工作上，受理案件 1537 件，审结 1489 件，审结率达 96.9%。审理金融贷款民间借贷等各类合同纠纷 699 件，促进了社会诚信体系建设；审理民营企业案件 16 件，涉案标的 500 多万元，推动了民营企业经济发展。审理婚姻、家庭、财产、继承案件和社会邻里纠纷、“三农”案件 566 件，促进了家庭、社区邻里关系和睦，推进了社会主义新农村建设。加大了民事案件调解力度，开展了调解练兵活动，建立了庭前、庭中、判前调解机制。共调解、撤诉结案 771 件，调解撤诉率为 51.8%，成功调处了广丰县工业园区投资开发公司与江西金典食品置业有限公司 180 万元的租赁合同纠纷等重大复杂疑难案件，促进了和谐广丰建设。

在行政审判工作上，受理土地管理、房屋拆迁等行政诉讼案件 5 件，审结 4 件，审结率为 80%；受理非诉讼审查案件 126 件，审查结案 126 件，裁定准予立案执行 96 件，执结 95 件，执结率为 98.9%，其中，执结征收社会抚养费“钉子户”案件 82 件，促进了全县人口与计划生育工作的开展。

在执行工作上，建立财产保全提示制，在立案时就向当事人发放诉讼提示卡，提示当事人及时行使财产保全权利，从源头上防范出现“执行难”问题；积极开展执行月活动，适时开展集中、交叉执行和夜间执行活动，努力破解“执行难”问题，受理诉讼执行案件 474 件，执结 355

件，实现标的2000余万元，执结率达74.9%，其中新收案件执结率达82.1%。

在处理涉诉信访工作上，严格落实院长接待日和“四定一包”等信访工作制度，实行三联动三排查三值班，即加强与公安、检察的工作联动，大力排查监外执行罪犯的脱管、漏管现象。加强与人民调解组织的工作联动，大力排查在审案件的不稳定因素。加强与县乡信访工作部门联动，大力排查涉诉信访案件的不稳定因素；建立信访工作白天正常班、晚上干部班和节假日加强班，全天候接待、处置信访案件，维护了节假日敏感时期和重要会议期间的社会稳定。共有越级上访17件，办结14件，信访结案率为82.4%，促进了社会安定。同时，建立申诉信访、案件评查和审判监督联动，认真解决“申诉难”和“申请再审难”的问题。共评查案件2271件，促进了办案质量的提高，受理再审案件12件，审结9件，其中对确有错误或出现新证据的5件案件，依法予以改判，维护了司法的尊严，取得了良好的社会效果。

在司法为民上，一是建立“三个一、四个心”立案服务机制，打造“一站式”文明诉讼窗口，构筑“绿色”立案通道，指导、帮助当事人进行理性诉讼，共发放诉讼风险告知书200余份，提供诉讼指导30余人次，基本实现了当天立案、当天送达；二是坚持便于当事人诉讼，便于人民法院依法独立、公正和高效行使审判权的新“两便”原则，积极开展巡回办案活动，定期到未设法庭的乡镇村居受理案件，预约开庭。共巡回办案308件，巡回办案率达35%，其中交通事故巡回法庭受理案件99件，审结96件，审结率达96.7%，案件自动履行率达70%以上，依法保护了交通事故受害人的合法权益。三是严格执行《诉讼费交纳办法》，禁止乱收费，加强司法援助力度，为42名当事人缓、减、免交诉讼费约15万元，为19件案件24名刑事被告人指定了辩护人，加强了对经济上确有困难的人的司法救助力度。

（二）9月以来着重抓好的三件事

第一，抓教育，进一步推进队伍建设。

一是加强纪律作风整顿；二是加强教育培训工作；三是加强思想政治教育。9月以来，受理各类案件697件，审执结994件，结案数占全年的43.7%，结案率较全年结案率增长了50多个百分点。其中，在11月突击月活动中，受理案件305件，结案402件，结案率与前10个月相比，增长了近40个百分点。

第二，抓管理，进一步规范司法秩序。

去年9月份以来，我院针对以前在管理上存在的各种问题，先后修订完善了审判工作、队伍建设和行政管理等方面14项管理制度，初步实现了各项工作规范有序运行。

在审判执行工作上，进一步规范了法官的自由裁量权；完善了审委会会议规则，确保审委会按议事断案规范进行；建立以立案庭为主体的“倒逼式”案件管理机制，对全院案件进行节点跟踪，逾期催办，违规处罚，促进办案流程规范运作；实行执行案件全国专网管理。强化执行工作监督，建立执行标的款专用账户，落实执行工作“人”“款”分离机制；规范委托拍卖、评估、鉴定工作；对中介机构实行统一入选标准、统一入围名册、统一公开摇号和统一归口管理“四项统一”制度。

在司法政务管理上，完善了党组会、院长办公会、院务会、全院干警会等会议制度，实现议事、决策民主化和办事的规范化。建立健全财务、接待、值班、车辆等行政管理制度，严格执行“收支两条线”，加强对考勤、值班以及车辆、财务的规范化管理。及时调整了院基建领导小组，专门成立了八都法庭建设工作小组，实行了基建工作重大事项集体决策制，并注重加强监督管理，确保了“两庭”建设规范运作。

第三，抓监督，进一步优化司法环境。

新的领导班子成立后，我院坚持了重大事项报告制度，积极向县委、县人大汇报重大工作和重大案件情况。同时，加强与人大、县政协的工作联系，邀请县人大代表、县政协委员视察工作、观摩庭审。去年9月，向县人大常委会专项作了《刑事审判工作情况报告》，并根据县人大常委会的意见和建议及时进行整改，纠正了以前对取保候审被告人一律收监或不收监等不规范做法，规范了从轻、减轻处理或适用缓刑条件，提高了刑事审判法律效果和社会效果的统一程度，还将整改情况作了如实报告。

在肯定成绩的同时，我院工作仍然存在一些不足，主要表现为：少数干部素质不高、办事不公现象依然存在；少数干部工作作风简单粗糙现象时有出现；受各种因素影响，“执行难”问题仍然困扰法院工作；涉诉信访工作压力大，并逐渐成为法院工作的新难点。对此，我们必须采取更加有力的措施，切实加以改进。

（报告人：县人民法院代院长　姚文）

四、检察院工作报告（摘要）

（2008年2月24日在县十四届人大二次会议上）

2007年工作回顾

（一）检察职能充分发挥，工作成绩明显突出

1. 依法履行批捕起诉职责，全力维护社会和谐稳定。始终把维护和谐稳定作为首要任务，与政法各部门密切配合，依法严厉打击黑恶势力犯罪、严重侵财犯罪等影响人民群众生命财产安全的多发性刑事犯罪，加大对破坏市场经济秩序犯罪的打击力度。共受理提请批捕案件186件367人，经审查批准逮捕172件324人；受理移送审查起诉案件227件387人，经审查提起公诉192

件325人，移送市院起诉10件33人。对特大疑难案件及时介入侦查，引导取证，依法快捕快诉，确保检察环节不贻误时机，有效地维护了我县经济发展和社会进步的良好法治环境。

2. 积极查办和预防职务犯罪，有力促进党风廉政建设。共立案侦查职务犯罪案件10件12人，其中，贪污贿赂犯罪案件8件8人，渎职侵权案件2件4人。5月份，根据县委的统一领导和部署，原广丰工业园区管理人员贪污、受贿、挪用公款串案成功侦破。其中原管委会办公室主任顾慧贪污42.6万元、受贿39.9万元、挪用公款1705万元一案，一审被判处有期徒刑15年，是我院历年来查办涉案数额最大的职务犯罪案件。此案的查办引起了省检察院和最高人民检察院的重视，也得到了县委和上级机关的肯定，赢得了广大群众的赞誉。同时，我们立足检察职能，坚持标本兼治，惩防并举的方针，积极开展个案预防、系统预防、专项预防和重点预防。针对近年来职务犯罪的特点和规律，督促、帮助有关行业和单位建章立制、堵塞漏洞。共提出检察建议42件，开展预防职务犯罪讲座16次，法制宣传教育活动3次，受理申请和提供行贿犯罪档案查询140次。通过查办和预防职务犯罪，有力地推进了我县的党风廉政建设，维护了高效说法的政务环境。

3. 切实加强诉讼监督，努力维护司法公正。从维护公平正义，促进社会和谐的要求出发，坚持打击犯罪和保障人权相统一，积极探索法律监督的有效途径，做到有罪追究、无罪保护、严格执法、客观公正。突出抓好刑事诉讼监督，依法追捕23人，追诉8人；提出抗诉2件，市中级人民法院依法改判1件，裁定发回重审1件，依法纠正侦查活动中的违法行为17件，不断探索和完善民事行政检察工作的途径和方法，对认为确有错误的民事行政生效判决、裁定依法进行监督。共审查处理民事行政申诉或申诉咨询案件8件，提请、建议提请抗诉各1件，对不服正确裁判的申诉，说服当事人息诉6件。加强监所检察1件，进一步规范驻所检察室建设，集中开展减刑、假释、保外就医、暂予监外执行罪犯脱管漏管专项检查活动，对4名不符条件的留所服刑犯、2名不符条件的减刑犯依法予以纠正，驻所检察室被最高人民检察院评为“全国一级规范化检察室”。

（二）关注民生促进和谐，服务大局举措有力

1. 以构建和谐社会为出发点，正确贯彻宽严相济刑事司法政策。对轻微、过失、未成年人犯罪、社会危害性较小、主观恶性不大等犯罪，适当从宽从轻处理。共对23名涉嫌犯罪而无逮捕必要的嫌疑人依法不捕，对7名主观恶性小、犯罪情节轻微的未成年犯、初犯、偶犯依法不诉。由于宽严相济刑事政策的贯彻落实，法律手段成为调节社会关系的重要支点，进一步增强了检察执法活动的针对性和有效性。

2. 以推进和谐建设为目标，积极化解矛盾纠纷。共受理群众举报、控告和申诉案件88件，

均做到了妥善处理，杜绝了涉检上访事件的发生。认真落实检察环节的社会治安综合措施，围绕“五五”普法目标，开展各类法制宣传教育，努力增强公民守法意识，从源头上治理违法犯罪的发生。累计选派干警158人，参与综合治理检查、治安巡逻、调处林业产权纠纷和处理突发事件等。组织法律宣传与服务进社区、学校、企业活动21次，发放法律宣传资料5000册，有效地提高了公民的法律保护意识。

3. 以维护人民利益为先，认真开展专项检察活动。以开展“打击坑农害农”“为企业保驾护航”“绿剑二号行动”等专项检察活动为载体，深入基层，关注民众疾苦，通过执法，进一步维护了公民、法人的合法权益。共办理坑农害农、侵害公司企业利益的刑事案件5件，办理破坏生态资源案件15件25人，初查发生在农业补贴款发放、土地征用拆迁等环节的职务犯罪案件3件3人。与7家公司企业建立了互帮共建关系，提供法律咨询42件。在新农村建设，招商引资，保护环境等方面，都发挥了检察机关的推动和促进作用。

（三）队伍建设全面加强，执法保障显著改善

1. 注重素质建设，提高队伍整体合力和防腐拒变能力。充分发挥班子的“领头羊”作用，完善党总支、支部、党小组等组织建设，坚持党组中心组学习、干警政治学习、领导干部“一岗双责”、廉政建设一票否决等制度，加大干警宗旨教育和职业道德教育力度，在队伍中形成了团结和谐、清廉务实、创新进取的正气和氛围，全面提高了队伍的整体合力和防腐拒变能力。

2. 推进规范化建设，全面提高法律监督能力。树立科学发展理念，坚持走“人才兴检”“规范强检”之路，加强队伍专业素质的培养和规范化建设。通过激励机制的实施，投入教育培训经费9万余元，派出干警参加培训50多人次，鼓励8名干警参加司法考试，开展岗位练兵、业务竞赛87人次，大大优化了队伍的年龄和知识结构。

3. 加大投入，不断提升检务保障能力。坚持高效、节约原则，合理安排、谨密筹措，加大基础建设和信息化建设的投入。至6月份，我院“两房”主体工程及内部智能化建设提前半年竣工，随着审讯同步录音录像、三级专线网、局域网、互联网、视频电话、多媒体示证、远程指挥系统及多种办公软件的投入使用，把我院的基础建设和信息化建设推上了全市乃至全省检察机关的领先水平。

（四）坚持党委正确领导，自觉接受人大监督

一年来，我们坚持检察工作重大活动、重大案件向县委请示、汇报制度。依靠县委的支持，搞好对外协调，理顺内部关系，解决经费保障，平稳办理案件，牢牢把握了工作主动权，赢得了社会的尊重，得到了群众的认可。

自觉接受人大及其常委会和社会各界的监督。共向县人大常委会做专题汇报2次，及时办理了人大转办、批办、交办的信访件16件，全部办结并作了回复，邀请各级人大代表、政协委员视察检查工作6次，专项检查3次，走访各级人大代表26人次，邀请代表座谈4次。同时积极开展人民监督员制度试点工作，进一步拓展了人民群众参与、监督办理职务犯罪案件的渠道。

在肯定成绩的同时，我们也认识到工作中还存在一些差距。主要是：干警综合素质和专业化水平还不能适应新形势的要求，有待于进一步提高；按照《检察官法》的要求，队伍结构不尽合理；法律监督仍存在薄弱环节，监督实效与广大人民群众对公平正义的渴求还有一定差距；工作发展不平衡，有的业务工作开展成绩不大。对于这些问题，我们将在今后工作中高度重视，努力加以改进和解决。

（报告人：县人民检察院检察长　吴伯翔）

决定决议

关于广丰县2007年财政预算执行情况和2008年财政预算的决议

（2008年2月25日县十四届人大二次会议通过）

县十四届人大二次会议审查了县人民政府提出的《关于广丰县2007年财政预算执行情况与2008年财政预算草案的报告》。会议同意县十四届人大二次会议计划预算审查委员会的审查报告，同意县人民政府《关于广丰县2007年财政预算执行情况与2008年财政预算草案的报告》，决定批准广丰县2008年财政预算。

附：关于广丰县2007年财政预算执行情况和2008年财政预算（草案）的审查报告（摘要）

（一）关于2007年财政预算执行情况

县人民政府提出的2007年预算执行情况：财政总收入102626.6万元，完成调整计划数的100.0%，比上年决算数增长20.5%；一般预算收入完成52823万元，占调整计划100.0%，同比增长14.3%。全县财政支出完成118171万元，占调整计划的97.9%，比上年决算数增长35.3%。其中：科技支出1195万元，支农支出8296万元，教育支出26183万元，分别同口径增长76%、38.5%、29.4%，均高于县级财政经常性收入的增幅，符合法律要求；社会保障补助支出1887万元，同口径完成预算的100%。

（二）关于 2008 年财政预算草案

县人民政府提出的 2008 年财政预算草案，全县财政总收入计划为 123200 万元，比上年执行数增长 20.0%。其中：地方财政收入 98030.3 万元，比上年执行数增长 47.4%。地方财政预算收入加上中央税收返还补助和上级结算补助，以及上年滚存结余，剔除上解支出，2008 年预算可安排的财力为 136316 万元，预算收支平衡。按同口径测算，科技、支农、教育三项支出分别达到法定增长，并均高于财政经常性收入增长的增幅，符合法律要求。

三、第三次会议

县十四届人大三次会议于 2009 年 1 月 12 日至 14 日在区人民法院会议中心举行。本届应有人大代表 262 名，第二次会议后，有 2 名代表因工作变动先后调离本县：大南镇陈平、东阳乡王荣。按照法律规定，有关选区先后补选代表 2 名：大南镇倪美堂、东阳乡郑日贵。出席本次会议实有代表 254 名。在本县的省、市人大代表、县政协委员、县直机关各单位负责人、县人大机关内设机构有关负责人 229 名（不含政协委员人数）列席了会议；特邀出席会议人员 46 名。

大会议程

一、听取和审议县人民政府县长周遐光关于政府的工作报告；二、审议和批准县 2008 年国民经济和社会发展计划执行情况与 2009 年国民经济和社会发展计划草案的报告，批准县 2009 年国民经济和社会发展计划；三、审查和批准县 2008 年财政预算执行情况与 2009 年财政预算草案的报告，批准县 2009 年财政预算；四、听取和审议县人大常委会主任戴水春关于县人大常委会的工作报告；五、听取和审议县人民法院院长姚文关于人民法院的工作报告；六、听取和审议县人民检察院检察长吴伯翔关于人民检察院的工作报告；七、补选倪美堂为上饶市第二届人民代表大会代表；八、通过上述工作报告的决议。

组织领导

一、主席团成员和秘书长名单

主席团（43 名，按姓氏笔画排列）

王　河　王忠毅　巩宪进　刘月林　刘旭涛　刘建强　刘晓芳（女）　江　怡（女）　江卫农　纪英富　李元涛　李树锋　李积林　杨　绥　吴祥国　邱在庆　余世兴　余彦伟　余锡恭　汪小青　张棉华　陈国健　陈筱英（女）　周重明　郑日贵　郑建平　郑德龙　项荣鲁　胡奕才　俞利国　俞英发　倪美堂　徐光强　徐亨长　徐祖国　徐新华　龚中共　韩祥华　程剑虹　鲍小红　廖文华　颜显高　戴水春

秘书长：郑德龙

二、主席团常务主席名单

倪美堂　刘月林　戴水春　江　怡（女）　郑德龙　王忠毅　鲍小红　吴祥国　余锡恭　韩祥华

三、计划预算审查委员会名单

主任委员：郑德龙

副主任委员：胡奕才

委　员：（按姓氏笔画排列）

刘旅丰　吴处银　周永红　郑敏强　俞秋香（女）

四、议案审查委员会名单

主任委员：鲍小红

副主任委员：徐新华

委　员：（按姓氏笔画排列）

刘晓芳（女）　纪英富　杨　绥　项荣鲁　徐祖国

五、副秘书长名单

邱在庆　毛祖斌　陈金良

工作报告

一、政府工作报告（摘要）

（2009 年 1 月 13 日在县十四届人大三次会议上）

2008 年工作回顾

一年来，全县实现生产总值 112.2 亿元，增长 11.21%；完成财政总收入 11.3 亿元，比增 10.1%；全社会固定资产投资完成 54.82 亿元，比增 40%；外贸出口总额 3000 万美元，比增 77%；实现全社会消费品零售总额 20.34 亿元，比增 22.09%；全县万元生产总值综合能耗下降 5%，化学需氧量、二氧化硫排放量分别下降 2.11% 和 3.28‰ 连续三年荣获“全国最具投资潜力中小城市百强县”和“全国中小城市综合实力百强县”，2008 年首次荣获“全国最具区域带动力中小城市百强县”称号，成为全省荣获“三百强”的两个县（南昌县、广丰县）之一。

（一）三次产业协调发展。一是新型工业化较快增长。全县完成工业总产值 162 亿元，比增 24.04%。工业对财政贡献率进一步提高，达到 83%，主导地位进一步加强。工业平台建设更加有力，工业园区完成基础设施投入 2.54 亿元，新增企业 17 家，园区企业总数达到 255 家，实现工业总产值 150.5 亿元、销售收入 150 亿元，税收 7.1 亿元，分别增长 33.1%、11%，有 3 万人在工业园区实现就业。龙头企业强劲发展，工业产值超亿元的企业已达到 28 家，实现工业产值 73.01 亿元，亿元以上重点企业实现工业总产值占全部规模工业产值比重为 49.03%，新增了康鑫铜业、九洲铜业、宇博实业等 3 家纳税上 2000 万元的重点企业。全县新增规模以上工业企业 37 家，总数达 110 家。二是农业产业化步伐加快。全县粮食播种面积稳定在 64 万亩，粮食总产量达 2.28 亿公斤。全县规模以上的农业企业 72 家，其中省级农业龙头企业 12 家、市级 6 家，实现销售收入 15.2 亿元，出口创汇 2200 万美元。以白耳黄鸡、天桂梨两大主导产业，山羊、葡萄、花卉、生猪、油茶、果蔬等 10 个优质农产品基地的“2+10”农业产业结构体系进一步完善；由农业企业直接建立的基地达 78 个，面积 17.4 万亩，带动农户 5.6 万户。三是现代服务业加速发展。旅游业发展步伐加快，全县各旅游景点共接待游客量 25.63 万人次，比增 21.6%，旅游综合收入 1.48 亿元，比增 25%。铜钹山国家森林公园成功申报“省级自然保护区”，九仙湖景区评为国家 AAA 级旅游风景区，六石岩旅游资源开发全面启动，古建筑“十都王家大院”做了修复的前期工作，成功举办了第一届旅游文化博览会。着力打造“商贸经济圈”“消费聚集地”，有三星级以上酒店、宾馆 4 家，大型商场、超市 6 家，商业特色街 8 条，专业市场 33 处。全县个体经营户总数达到 1.5 万户，第三产业从业人员超过 13 万人。建筑业稳健发展，商贸流通繁荣活跃，交通运输、金融保险、餐饮娱乐等发展态势良好。全县财政收入占 GDP 比重达 10.07%，其中税收收入完成9.83亿元，占财政总收入比重达87%，较上年提高了8.4个百分点。三次产业比调整为11.05：54.63：34.32，产业结构进一步优化。

（二）改革开放不断推进。一是各项改革顺利推进。率先推行行政审批“超时默许责任追究制”，推进了行政审批制度改革；率先实行“四保一脱钩”的财政收支预算改革，打造“阳光财政”；率先建立失地农民纳入城镇企业职工养老保险的“大社保”模式，5177名失地农民参加了养老保险。二是招商引资形势良好。共引进省外5000万元以上工业项目17个，完成年计划的170%；实际进资13.5亿元，完成年计划的123%；其中亿元以上工业项目4个，占年度计划的133%；亿元项目进资6.3亿元，占年度计划的105%，共新批外资项目11个，实际利用外资为4200万美元，比增17.2%。其中现汇2188万美元，现汇率52.1%，比增17%。三是跑项目争资金初显成效。11月份县里成立了8个专业工作组，梳理了8大类79个争资项目。目前共争取项目资金3002.65万元。四是全民创业发展加快。全县有非公企业总数1.2万户，累计从业人员10.5万人。民营企业纳税达3.5亿元，比增52.2%；年纳税过百万元以上的民营企业65家，比上年新增22家。

（三）城乡面貌持续改善。一是深化县城总体规划编制工作，完成了下溪、南山等三片区控制性详细规划编制和住房建设修编。全年城市建设资金投入达16.2亿元，市民中心完成1#、2#写字楼两层主体施工、芦洲大道一期已建成通车、第二水厂扩建土建已完工、三官殿大桥完成水下工程、西溪河改造完成一期工程正进行二期建设、芦林22万伏输变电站、经济适用房、廉租房、铜钹山大道等项目都在全面实施当中。县城建成区面积达19平方公里，县城人口达19.6万人，绿地率达37.2%，全县城镇化率达44.2%。二是全县149个新农村示范点建设稳步推进，共投入建设资金8941万元，完成拆除危房及“空心房”7.3万平方米，新增道路硬化308公里，改水改厕1.51万户。形成了132个产业发展专业村，年产值达2亿多元；有43个省级一村一品示范点，涉及农户2.1万户；建立各类农业民间流通组织73个，实现销售收入1.4亿元。完成了34座山塘、水库、河坝的除险加固，解决农村饮用水安全1.9万人，12处农村改渡建桥加快推进。三是完成房地产投资3.53亿元，比增16.32%；商品房销售均价稳定在2433元/平方米，较上年上涨8%，提供财政税收6000万元。乡（镇、街道）共完成财税收入5.1亿元，较上年净增1.6亿元，增长45.7%，有14个乡镇财税超千万元以上，较上年增加4个，其中亿元以上乡镇1个。乡镇收入占全县收入的比重由上年的33.3%提高到45.1%，进一步增强了基层为民服务的财力和能力。

（四）环境建设成效明显。一是去年12月开工建设县城污水处理厂一期工程，建成运行后将实现县城的污水集中处理后排放；大力推进“一大四小”造林绿化工程，新增造林面积5.69万亩，拥有生态公益林45万亩，林木绿化率56.53%。坚持项目环保前置审批制度，环评率达

90%，因环评不合格而拒签千万元以上项目6个。对京新药业、福丰化工等企业进行24小时不间断在线监控，污染全部实现达标排放。加大了丰溪河水源地的保护监管，丰溪河水质继续保持国家地表水II类以上标准，断面水质优质率100%，大气环境质量保持在二级标准以上，噪声控制区达标率在85%以上。二是严肃查处各类事故，全年安全生产形势总体平稳，与上年同期相比，事故起数、死亡人数分别下降23%和42%。三是健全完善了政府工作规则，增强行政行为透明度，权力运行更加规范，行使效率逐步提高。认真办理了人大代表建议和意见115件，政协委员提案120件，办结率达100%。

（五）民生工程有序实施。民生工程七方面42件实事全面完成，财政拨付民生工程配套资金6545.8万元。积极实施就业扶持政策，城镇新增就业人数10348人，城镇就业率达98.5%。继续加强农村劳动力培训，新增农村劳动力转移2.74万人，零就业家庭就业安置率达100%。社会保障体系进一步完善，全县基本养老、医疗、失业三大保险参保人数分别达到4.7万人、13.65万人和2.98万人。全县享受最低生活保障的农村低保、城镇低保人数分别达到26352人和12293人，基本做到了应保尽保；农村五保集中供养率达到80%以上。完成义务教育阶段免学杂费、免费提供教科书学生12.8万人，义务教育阶段补助寄宿生活费贫困家庭学生1102人，资助中等职业教育、普通高中家庭经济困难学生2299人。居民消费水平明显提高，农民人均纯收入达5409元，净增450元，比增9.07%；在岗职工平均工资收入达21940元，净增2084元，比增10.5%。全县拥有固定电话9.8万户、移动电话22万部、宽带用户1.2万户，私家轿车保有量达6000余辆。年末金融机构人民币存款余额48.53亿元，增长18.06%；贷款余额24.86亿元，增长22.18%。

（六）社会事业稳步前进。全力支援四川抗震救灾和灾后重建，为灾区募集款物550余万元；高考成绩喜人，上二本线以上人数绝对值连续4年居全市第一；全省县级人防基础建设现场会、全省农村客运工作会议在广丰成功召开；60多万农民参加新型农村合作医疗，参合率达92.77%。

在总结成绩的同时，我们也清醒地认识到经济社会发展中存在的主要矛盾和问题：经济运行的质量还需要提高，具有支撑能力和拉动作用的大项目还不多；重大项目储备不足，投资后劲乏力，保持投资适度增长和优化投资结构的压力较大；产业结构还不够合理，第三产业的比重还有待进一步提升；财政收支矛盾仍然比较突出，保障能力有待进一步增强。这些问题我们将在以后的工作中高度重视，认真加以解决。

（报告人：县人民政府县长　周遐光）

二、人大常委会工作报告(摘要)

(2009年1月13日在县十四届人大三次会议上)

2008年主要工作

(一)依法监督,监督工作得到加强

1. 认真开展执法检查。一年来,组织开展了对工会法、水法、消防法、农产品质量安全法等七个法律法规在我县贯彻实施情况的执法检查。配合省、市人大常委会开展对价格法、统计法、城市房地产管理法、义务教育法、台湾同胞投资保护法等法律的执法检查。为使执法工作落到实处,在检查的时间和内容安排上注重监督与支持的切合点。在农产品质量安全执法检查过程中,适时启动和开展了我县赣鄱农产品质量安全行活动,保证执法检查的实效。

2. 继续推进“环保广丰行”活动。一年来,督促企业进行了治污达标建设,关停了14家塑料粒子厂和其他一批污染严重的企业;督促县人民政府加大了环保投入,节能减排成效明显,现污水处理厂已投入建设,二氧化硫、化学需氧量排放分别下降3.28%和2.11%;有效督促制止了九仙湖景区的捞砂和网箱养鱼行为。配合省环保赣江行检查组来我县丰溪新型材料、江维纸业、芦林纸业、福丰化工等企业的检查采访活动。

3. 听取和审议县人民政府有关的工作报告。一年来,县人大常委会听取和审议了县人民政府关于我县残疾人保障、春耕备耕、扶贫开发、环境保护等报告18个,并以审议意见书的形式把常委会组成人员的意见反馈县人民政府,有效推动了相关工作。

4. 积极开展调研视察工作。坚持调研与视察相结合,就我县城市低保、扩大就业和再就业、物业管理工商管理、强农惠农、农村村村通电、道路交通安全等工作采取多种形式开展调查研究。组织视察工商局等部门为民服务、为经济建设服务的情况,下发了视察意见书。同时,还配合省人大常委会开展了“扩大就业再就业”工作调研、《江西省中小企业促进条例》的立法调研和城市低保调研等工作。

5. 继续深化司法监督。组织开展了对公安“三基”建设和检察院工作视察,听取和审议了“两院”关于完善审判和检察监督机制、促进司法公正的专题报告,召开了县人大常委会法律顾问组工作座谈会,制定了法律顾问组工作制度,司法监督工作进一步得到深化。

6. 加强了信访工作。根据分级负责、归口办理的原则,对受理的信访件进行登记、分类和转办、交办、督办,耐心地向上访群众宣传党的方针政策和国家的法律法规。做到件件有着落,事事有回音。一年来,县人大常委会共接待上访360多人次,受理186起信访案件。

（二）科学决策，依法决定重大事项

一年来，听取和审议了国民经济和社会发展计划、财政预算等专项报告，审议并下发了《关于同意将西溪河改造建设贷款本息列入相应年度财政资金予以补贴的决议》《关于将广丰县工业园区（河北片区）基础设施工程项目建设向国家开发银行贷款还款缺口资金纳入同期年度财政预算的决定》《关于将“江信国际·金象45号广丰县民生工程集合资金信托计划”还款缺口资金纳入同期年度财政预算的决定》。按照监督法的规定和上级人大的要求，启动规范性文件备案审查工作。常委会出台了《广丰县人大常委会规范性文件备案审查工作程序规定》，对县人民政府及各有关部门作出的行政规章、乡镇人民代表大会的决议决定，进行备案审查，保证法律的统一和政令的上下畅通。

（三）夯实基础，代表工作扎实推进

1. 认真交办、督办代表建议、意见和批评。县十四届人大二次会议结束后，对115件建议意见进行梳理、分类、编号和登记，依法转交给“一府两院”办理，并对办理工作提出了具体要求。县人民政府及时将这些建议意见分解落实到分管领导和相关部门办理。通过努力，115件建议已全部在法定时间内办理完毕，答复率、回执率100%，满意率100%。

2. 乡镇（街道）人大工作循序渐进。一是积极推动乡镇（街道）人大工作。坚持每季度召开一次乡镇（街道）人大主席（主任）联席会议，总结成绩，指导工作；二是召开了表彰2007年度乡镇（街道）人大工作先进单位、优秀县人大代表会议。三是分别在芦林街道、五都镇、大南镇召开了全县乡镇（街道）人大工作现场会，各乡镇（街道）人大相互交流了工作经验。四是坚持组成人员联系乡镇（街道）人大和人大代表制度。

3. 创新代表工作，充分发挥代表作用。一是狠抓代表宣传工作，重点办好《代表风采》《人大代表》专题栏目。2007年起，县人大常委会在宣传人大代表工作上作了新的尝试和探索，分别在广丰报社和电视台上开办了《人大代表》专题栏目。二是倡议人大代表向四川地震灾区捐款。据统计，全县人大代表共为灾区捐款50多万元。三是继续开展代表“六个一”活动和代表走访选民活动。

（四）坚持原则，人事任免依法有序

坚持“党管干部”原则，做好县人大常委会任免干部工作。抓好“任前把关、依法任命、任后监督”三个环节，坚持对拟任人员任前法律知识考试、任前供职，任后表态等制度。为进一步加强对事和对人的监督，改进对“人”的监督形式，县人大常委会通过开展“年度述职报告会”

加强对常委会任命人员的任后监督。

（五）勇于创新，自身建设不断进步

1. 以业务学习为重点，不断提升履职素质。全年共组织人大常委会组成人员和机关工作人员进行了15次集中学习。督促各位组成人员和人大干部理论联系实际，深入调研，在实践中加深理解，积极宣传人民代表大会制度和人大工作，全年人大常委会机关和下溪、丰溪等人大在省、市级以上新闻媒体上稿30多篇，其中中央级刊物上稿18篇，市级刊物12篇。

深化对外联系。一年来，承办了省中小企业促进法立法调研、省人大常委会关于进一步加强人大工作调研、全市县（市、区）人大常委会主任座谈会等；根据工作要求，有针对性地走访了周边县、市人大，加强对外交往；配合省、市人大开展视察、调研和执法检查；组织常委会组成人员、部分人大代表和机关工作人员赴外县市学习考察，增进见识，加深与外县市人大常委会联系。

2. 不断加强以制度建设为核心的作风建设。完善了人大常委会议事规则、常委会组成人员守则、主任会议议事规则、县人大机关签到、请销假和值班制度等46个规章制度，规范行为，着力塑造常委会和人大常委会机关民主务实、和谐有为的良好形象。常委会领导以身作则，经常性地深入基层，深入工作一线，始终保持昂扬向上。

通过一年来的工作，我们也清醒地认识到工作还存在一些不足：思想观念比较保守，创新意识还不强；监督的力度和效果还不够明显；部分人大代表履职水平尚待加强；乡镇（街道）人大工作发展还不平衡等。这些不足之处，我们将在今后的工作中不断加以改进。

（报告人：县人大常委会主任　戴水春）

三、法院工作报告（摘要）

（2009年1月13日在县十四届人大三次会议上）

2008年工作回顾

（一）全力服务大局，审判执行工作有了新的发展

一年来，全院受理各类案件3112件，审、执结2882件，分别同比上升25.2%、26.8%，结案率92.6%，审限内结案率为100%。其中受理刑事案件273件，审结263件392人，结案率为96.3%；受理民事案件1760件，审结1704件，审结率达96.8%；受理行政诉讼及非诉执行审查案件342件，审结342件，审结率为100%；受理执行案件739件，执结573件，执结率为77.5%（其中行政非诉执行案件执结率为100%），实现标的3200万元。

刑事审判坚持“严打”方针，严厉打击故意杀人、抢劫、强奸、绑架以及盗窃、抢夺等严重危害社会治安、严重影响群众安全感的犯罪104件153人，其中判处5年以上有期徒刑36件46人，如在审理被告人祝某某、柴某某、陈某某盗窃案时，根据几名被告人共同成伙或伙同他人疯狂盗窃26台变压器价值10.38万元的铜芯的案件事实和造成财产损失25.48万元的严重后果，依法判处被告人柴某某有期徒刑11年，并处罚金1万元，判处被告人祝某某、陈某某有期徒刑各10年6个月，并处罚金各1万元，有力地震慑了犯罪分子；依法审理了贪污、挪用公款等职务犯罪案件10件10人，促进了反腐倡廉工作。同时，严格贯彻“宽严相济”的刑事政策，对初犯、偶犯的未成年犯，具有自首、立功等从轻、减轻情节的犯罪以及具有悔罪并赔付损失的过失犯，依法从宽处理，共对罪行较轻、有悔罪表现，且适用缓刑不致再危害社会的64名被告人宣告了缓刑，缓刑率为16.3%。

行政审判和行政非诉执行工作坚持支持与监督并重的原则，一方面，依法支持行政机关合法行政行为，判决支持行政裁决行政诉讼案件1件，对符合要求的247件行政强制执行申请依法裁定准予执行，并全部执结，其中执结征收社会抚养费案件213件，处理了一批计生工作“钉子户”案子，有力地推进了全县人口与计划生育工作的顺利开展；另一方面，依法加强了对行政诉讼、行政非诉执行案件的司法审查、监督力度，有8件行政诉讼案件判决支持了原告的合法诉求，对84件不符合要求的行政强制执行申请裁定不予执行，保护了行政相对人的合法权益。

在执行工作上，我院积极加强财产保全工作，坚持法警参与执行，建立执行工作联动协调机制和执行110机制，认真贯彻全国清理执行积案精神，全力破解执行难问题。共有财产保全案件53件，标的1050万元，促进有效执行案件25件；法警参与执行案件63件，实现标的200余万元；通过执行协调机制、执行110机制、悬赏执行等途径方法执结积案33件，其中奥运会期间执结、部分执结了下溪镇溪滩村村民申请执行广丰山地开发有限公司等执行疑难案件10件；对8件案件的执行人财产采取了强制拍卖措施；对131名拒不履行生效裁判的被执行人和暴力抗拒执行的人员予以司法拘留，依法保护了申请人的合法权益，维护了司法权威，收到了很好的社会效果。

我院在审判工作中，积极推动全院调解、和解和协调工作，努力实现案结事了。2007年，院长、分管副院长巡回示范调解疑难案件12件。民商事案件调解、撤诉859件，调解撤诉率为50.6%，其中，桐畈法庭调解撤诉率达82%；附带民事案件、执行案件、行政诉讼案件调解、撤诉50件，以依法强制和和谐协调相结合的方式，顺利执结了由县房管局申请执行刘衰兴历经三年未结的房屋拆迁案，既长了法威，又赢得了群众的好评。依法审理涉农犯罪特别是村官犯罪4件4人，其中在审理洋口镇和尚渡村原支书李性光、原村主任刘为建贪污、受贿案时，根据其自首、退赃情节，对两被告人实际分得所贪污公款各24780、受贿各70000元的行为进行数罪并罚，决定分别执行有期徒刑各6年，并没收财产各4万元；审理土地流转、农民工工资等涉农民事件66件，为“三农”建设创造了和谐稳定的环境。

信访工作严格落实“四定一包”、院长接待日等工作机制，建立防范处置突发事件预案和信访工作白天正常班、晚上干部班和节假日加强班，全天候办理信访案件，认真做好节假日敏感时期、重要会议期间和奥运会期间的社会维稳工作。共办结了以吴月红缠访10年为代表的疑难信访案件13件。去年，我院信访维稳工作，特别是奥运期间的涉诉信访维稳工作，得到了县委、人大、政府、政协的充分关心与大力支持，得到了全县有关部门、各乡镇街道党委政府、各村居社区的无私帮助。

（二）增强司法能力，队伍素质有了新的提升

一是去年共举行党组中心组学习10次，组织部门负责人以上干部封闭学习1次，由院班子领导进行专题辅导12次，其中邀请市委讲师团副团长张江生专题辅导1次，每个人都撰写了5000字以上读书笔记和心得体会。组织到弋阳县方志敏纪念馆等地接受革命传统教育35人次。

二是坚持开展“大学习、大讨论”活动与日常业务训练相结合，依托调研信息宣传工作会、庭审观摩活动、文体活动和“庭审、执行、书记员和法警”技能比武活动，不断加强法官的“后天”培养。共举行庭审观摩36件次，专门业务培训、集训80余人次，专题文体活动3次。

三是举行法官宣誓活动，层层签订党风廉政责任状，召开每月一次的廉政情况分析会、纪检监察情况通报会和专题廉政教育会。共发出纪检监察情况通报12期。同时落实立案、审判、执行和对外委托鉴定评估拍工作的相互分离机制，确保案件各环节相互制约，加强对审判权的监督工作，切实防范办理人情案、关系案和金钱案。

去年，共发表各类调研文章36篇，有5篇调研文章被市中院推荐参加全省法院学术研讨会；有2篇裁判文书在全市法院评比中获得三等奖；在全市法院“四项”技能比武中每项均获得第二名以上的优异成绩，其中法警为团体第一和个人第一、第二名，是全市唯一一家在“四项”技能比武中均取胜获优的法院；信息工作为全省十佳直报点，桐畈法庭被评为“全省指导人民调解工作”先进集体，黄万年等5名法官荣获“全省优秀法官”等荣誉，没有出现违法违纪现象及情况。

（三）坚持科学发展观，司法改革有了新的突破

一是建立审委会专业指导小组制度，审委会下设刑事、民事、行政等3个专业指导小组，抽调专业能力强的法官和部分审委会委员任成员。去年，各专业组共指导案件52件，收到了很好的效果。

二是积极构建司法协助网络。在各乡镇街道、村居社区聘请330名司法协助员，建立起县、乡两级管理的司法协助网络，并取得初步成效。各司法协助员共协助审判执行工作834人次，促进当事人达成和解协议78件次，协助做好息诉息访10件次。

（四）落实宗旨意识，司法为民水平有了新的提高

一是加强法制教育宣传工作。举办未成年缓刑犯法制培训1期，加大对未成年犯的法制教育力度。创办法院网站，为老百姓学法知法搭建新的平台，共协助录制法治广丰节目3期，在各类媒体发表宣传信息文章530篇，其中《广丰县法院送法进校受好评》一文，获得中国法网“广饶”杯“托起明天的太阳”征文三等奖；《七分田的故事》在中央电视台12套道德观察和江西电视台传奇故事播出后，引起了社会强烈反响。

二是努力落实便民诉讼措施。加强诉讼指导，并联合县新华书店在立案大厅建立普法书架，添置普法书籍300多册，发放诉讼风险提示卡、诉讼指南400余份，有600多人通过导诉、诉前学法避免了不合理诉讼。在无法庭的乡镇设立了16个固定的巡回办案点，并实行“车载式”巡回办案，方便群众参与诉讼。同时，依法扩大简易程序适用范围，降低当事人诉讼成本。去年，法庭巡回办案率30.4%，民事案件简易程序适用率达85.8%。

三是加大诉讼救助力度。降低司法救助“门槛”，建立执行救助资金，充分关注城市“低保人员”、农村“五保户”“特困户”等弱势群体的司法需求。去年以来，我院依法缓、减、免收诉讼费10万余元，对生活确实困难的申请执行人提供救助资金9万余元，为生活困难的被告人指定辩护人36人次。同时，倡导司法义举，为汶川“5·12”地震灾区和年初冰雪灾害捐款捐物近5万元，暂停涉地震灾区执行案件标的160万元。

（五）加强基础建设，办公现代化有了新的进展

2007年，在县委、县政府的关心支持下，我院八都法庭审判楼建设如期竣工投入使用，大南、五都、桐畈等3个法庭得到了全面维修，所有法庭均配套了电脑、打印机、警车等设施，院机关重要部位建立了监控网络等安全装置，审判安全保障和办公现代化建设有了新的进展。

（六）自觉接受人大监督，司法环境有了新的改善

2007年，共邀请县人大代表、政协委员视察工作、观摩庭审50余人次，办理县人大常委会交办的信访件18件，办理县政协委员提案1件，人民陪审员陪审率达98.8%，法院工作得到了社会各界更多的理解、认同和支持。

我们也清醒地认识到，少数干部还存在工作作风简单粗糙现象，案件调解率低，上诉率偏

高，少数案件质量有待进一步提高；受各种因素影响，“执行难”问题仍然存在且压力继续增大；涉诉信访工作的压力大，并逐渐成为法院工作的新难点。对此，我们必须采取更加有力的措施，切实加以改进。

（报告人：县人民法院院长　姚文）

四、检察院工作报告（摘要）

（2009 年 1 月 13 日在县十四届人大三次会议上）

2008 年工作回顾

（一）围绕全县工作大局，强化对刑事犯罪的检察监督，维护社会和谐稳定

1. 依法履行批捕、起诉职责。继续把打击严重暴力犯罪、多发性犯罪作为工作重点，集中办案力量，认真审查证据，在严格依法办案，确保办案质量的同时，加快办案节奏，做到快捕、快诉。全年共受理各类报捕案件 226 件 411 人，同比上升 21.5% 和 12%，经审查批准逮捕各类犯罪嫌疑人 346 人，同比上升 6.8%；受理审查起诉案件 303 件 480 人，同比上升 28.4% 和 20.9%，经审查提起公诉 265 件 387 人，同比上升 48% 和 27.7%。规范审查批捕、起诉工作，不断提高工作水平。建立审查批捕、审查起诉和捕诉相衔接的办案流程，实现责任明确、运转有序、信息畅通、诉讼环节紧密的机制管理。对重特大疑难案件，积极提前介入、引导取证，确保了案件的快速办理。立足检察职责，认真落实社会治安综合治理措施，依法妥善处理突发性和群体性事件，排查化解矛盾纠纷 20 多起，有效维护了社会安全稳定。

2. 依法查办职务犯罪。坚持立足大局抓办案的工作思路，准确把握形势，转变执法理念、侦查策略和工作方式，对重点行业、重点领域以及党委关注、群众反映强烈的职务犯罪案件，坚决查处，敢于“亮剑”。立案侦查贪污贿赂犯罪案件 8 件 8 人（其中大案 4 件 4 人），提起公诉 8 件 8 人，法院判决 8 件 8 人；立案侦查渎职侵权犯罪案件 2 件 2 人，移送起诉 2 件 2 人，法院判决 2 件 2 人，起诉率、有罪判决率均为 100%。通过办案，挽回直接经济损失 110 余万元。工作中，突出办案重点，深挖窝案串案，扩大办案成果。共查处窝案串案 4 件，占立案数的 50%，在社会上产生一定的震慑效果和辐射效应，有力打击了腐败犯罪的滋生。针对新农村建设过程中涉农职务犯罪案件增多，群众反映强烈的情况，积极开展了查办涉农职务犯罪专项活动，对群众举报的 20 多起涉及农村基层组织人员职务犯罪线索进行排查，立案查处 7 件村干部贪污受贿、挪用公款案件，维护了农民的切身利益。

3. 创新职务犯罪预防机制。积极开展个案预防、专项预防和系统预防，增强预防工作的有效性。2008 年，我院与国税部门建立国税案件审阅制度，通过阅卷、走访和座谈，共同防范徇私

舞弊、失职渎职、重大偷漏税案件处理不到位情况的发生，使税务工作更加公开、透明，取得了良好的预防效果。一年来，共发出检察建议 23 件，举办职务犯罪预防法制讲座 8 次，开展法律咨询 32 次，受理申请和提供行贿犯罪档案查询 45 次。

（二）围绕公平正义，强化对诉讼活动的检察监督，维护司法公正和权威

1. 加强立案监督、侦查监督和审判监督。一年来，监督侦查机关立案 3 件；对应当逮捕前未提请批准逮捕的，决定追捕 16 人；对应当起诉而未移送起诉的，决定追诉 17 人；对刑事侦查活动中的违法情况书面提出纠正意见 10 件（次）；向侦查机关发出检察建议 14 份，均被采纳。依法提请刑事抗诉案件 1 件。通过有效监督，较好地履行检察机关的职责，确保了诉讼活动的顺利进行，维护了法律的严肃性和权威性。

2. 加强民事行政检察监督。共受理民事行政申诉案件 16 件，经审查，立案 6 件，建议市检察院提请抗诉 2 件。改进民事行政监督的方式方法，对一般裁决不妥，法院可以通过自身程序解决的案件，原则上只提出检察建议，充分尊重人民法院依法独立行使审判权。对裁判正确而当事人不能理解的，帮助做好说理释法工作，正确引导当事人赢得心平，输得气顺，服判息诉。

3. 加强刑罚执行和监管活动监督。坚持驻所检察，对监管活动中的违法情况和不安全因素及时提出纠正意见，消除安全隐患。抓好留所服刑和减刑假释人员的审查监督，严格审批案件，把住关口。6 月份对关押在广丰看守所内 8 名留所服刑拟减刑人员进行公开测评，通过向所有留所服刑人员发放制作详细、具体的“拟留所服刑人员减刑情况测评表”，征求拟减刑人员表现情况，增强了减刑工作的透明度，得到了服刑人员的赞同。开展监外执行人员的检察，与当地公安派出所及基层组织密切联系，随时掌握监外执行人员的动态，加强思想引导及社会的监督改造，防止重新犯罪。

（三）围绕和谐建设和民生改善，切实履行检察职能，维护人民群众合法权益

1. 依法妥善处理群众诉求，关注民生。认真开展排查化解涉法涉诉重信重访工作，去年，共办理来信来访 33 件，检察长接待来访群众 45 人次，对属于检察机关管辖的，坚持做到“百分之百接待、百分之百受理、百分之百答复”，对不属检察机关管辖的，均予以解释疏导，畅通诉求渠道。

2. 始终从检察职能出发，保障民利。先后查办两起国家机关工作人员玩忽职守、失职渎职造成群众生命财产重大损失的案件。3 月，根据群众举报，依法查办了洋口镇和尚渡村部分干部贪污受贿、私分公款 33 万元的集体腐败案，给了当地村民一个“说法”。事后，该村群众敲锣打鼓地来到检察院赠送“秉公执法、扶正祛邪”的锦旗，对办案检察官表示感谢。

3. 准确把握法律和政策，维护民权。一年来，建议对3件刑事案件作撤案处理，依法不批准逮捕29人，不起诉18人；通过职务犯罪初查，为举报失实的20名国家工作人员澄清了问题，保护了嫌疑人合法权益不受侵犯。认真落实宽严相济刑事司法政策，对因邻里纠纷引发的轻伤害案件、交通肇事等过失犯罪案件，对初犯、偶犯、从犯、未成年人犯罪等轻微刑事案件，加强刑事和解，给予改过自新的机会。

（四）围绕构建检察人员精神家园，坚持素质兴检，树立良好检察形象

1. 加强执法规范化建设，不断完善工作机制。2008年，我院办案准确率达100%，起诉到法院的案件全部作有罪判决，是业务建设取得大进展的一年。有三名干警通过了全国司法资格考试，通过率位居全市检察机关前列；一次庭审活动被评为“全市优秀公诉庭”；一名干警被评为全市检察机关业务“办案能手”：一件查办的职务犯罪案件被评为全省检察机关“十大精品案件”。

2. 开展文化育检，推动和谐建院。去年初，举办了首届迎新春检察文化联谊书画艺术展，邀请全国知名书画家创作了以社会主义法治理念、反腐倡廉、检察干警职业道德修养为内容的书画艺术作品50多幅。6月全市检察机关“迎奥运、促和谐”篮球比赛，我院取得了第一名的好成绩。

（五）围绕依法充分行使检察权，坚持党委领导，自觉接受人大和社会监督

1. 坚持检察工作重大活动、重大事项、重大案件向县委请示、汇报，求得县委的重视支持和关心，积极参与创建“平安和谐广丰”和处置辖区内群体性、突发性事件等专项整治活动。依靠县委支持，我们搞好对外协调，理顺内部关系，解决经费保障，平稳办理案件，牢牢把握了工作主动权，赢得了社会的尊重，得到了群众的认可。

2. 自觉接受人大和社会监督。2008年，向县人大常委会作专题报告2次，邀请人大代表、政协委员视察检察工作5次，召开人大代表座谈会2次，接受并配合人大常委会开展专题检查2次，积极组织旁听人民群众关注的在本地有影响的案件出庭公诉。对12件人大代表和政协委员的议案、建议、转交的案件、事项，落实专人，限时办结并回复。

检察工作虽然取得了一些成绩，但仍然存在一些问题和困难：对做好新形势下检察工作的认识理解有待加强；查办职务犯罪的力度和效果与人民群众的期望还有一定差距；高层次、复合型人才少，整体素质和执法水平有待进一步提高；“两房”虽已完成，但资金缺口较大。对上述存在的问题，我们将在今后工作中采取有力措施，认真加以解决。

（报告人：县人民检察院检察长　吴伯翔）

决定决议

关于广丰县2008年财政预算执行情况与2009年财政预算的决议

（2009年1月14日县十四届人大三次会议通过）

县十四届人大三次会议审查了县人民政府提出的《关于广丰县2008年财政预算执行情况与2009年财政预算草案的报告》。会议同意县十四届人大三次会议计划预算审查委员会的审查报告，同意县人民政府《关于广丰县2008年财政预算执行情况与2009年财政预算草案的报告》，决定批准广丰县2009年财政预算。

附：关于广丰县2008年财政预算执行情况和2009年财政预算草案的审查报告（摘要）

（一）关于2008年财政预算执行情况

2008年全县财政总收入113000万元，完成调整计划数的100%，比上年决算数增长10.1%；一般预算收入完成51640.6万元，占调整计划100%，同比下降2.2%。全县财政支出完成144556万元，占调整计划的104.3%，比上年决算数增长22.3%。2008年一般预算加上级转移支付、各种专项补助及上年结余，减本年一般预算支出及各项上解支出，结转下年支出共2496.8万元，收支相抵净结余166万元，实现了当年财政收支平衡，略有结余。

（二）关于2009年财政预算草案

县人民政府提出的2009年财政预算草案中，全县财政总收入预算为130000万元，比上年执行数增长15%，一般预算收入54700万元，比上年执行数增长6%。2009年全县预算总财力114315.4万元，剔除上解支出及结转下年支出，2009年安排财政支出105547.8万元预算收入平衡。

四、第四次会议

县十四届人大四次会议于2010年3月22日至24日在县人民法院会议中心举行。本届应有人大代表258名，第三次会议后，有2名代表调离本县：洋口镇王河；永丰街道刘柒灵。有3名代表被罢免代表职务：洋口镇刘为建；吴村镇纪金寿；五都镇苏如明。有1名代表病逝。按照法律规定，2009年4月、9月，有关选区分别补选代表2名：洋口镇厉康宁、五都镇张龙飞。出席本次会议的实有代表254名。在本县的省、市人大代表、区政协委员、县直机关各单位负责人、县人大机关内设机构有关负责人等151名（不含政协委员人数）列席了会议；特邀出席会议人员45名。

大会议程

一、听取和审议县人民政府县长周遐光关于政府的工作报告；二、审议和批准县2009年国民经济和社会发展计划执行情况与2010年国民经济和社会发展计划草案的报告，批准县2010年国民经济和社会发展计划；三、审查和批准县2009年财政预算执行情况与2010年财政预算草案的报告，批准县2010年财政预算；四、听取和审议县人大常委会主任戴水春关于县人大常委会的工作报告；五、听取和审议县人民法院院长姚文关于县人民法院的工作报告；六、听取和审议县人民检察院检察长吴伯翔关于县人民检察院的工作报告；七、通过上述工作报告的决议。

组织领导

一、主席团成员和秘书长名单

主席团（38名，按姓氏笔画排列）

王忠毅　毛志洪　毛晔华（女）　巩宪进　刘月林　刘旭涛　刘建强　江　怡（女）　江卫农
李树锋　杨　绥　吴祥国　余世兴　余锡恭　汪小青　张建国　张棉华　陈筱英（女）
罗存国　周永红　周竞梅（女）　周重明　郑日贵　郑通满　郑德龙　胡奕才　俞利国
俞英发　俞菊芳（女）　倪美堂　徐新华　陶少敏（女）　韩祥华　程剑虹　鲍小红　潘发广
颜显高　戴水春

秘书长：郑德龙

二、主席团常务主席名单

倪美堂　刘月林　戴水春　江　怡（女）　郑德龙　王忠毅　鲍小红　吴祥国
余锡恭　韩祥华

三、计划预算审查委员会名单

主任委员：郑德龙

副主任委员：胡奚才

委　员：（按姓氏笔画排列）

王慧明　杨维水　郑明海　俞秋香（女）　曾生华

四、议案审查委员会名单

主任委员：鲍小红

副主任委员：徐新华

委　员：（按姓氏笔画排列）

刘旭涛　刘建强　汪小青　余世兴　俞英发

五、副秘书长名单

毛祖斌　陈金良　周兴旺

工作报告

一、政府工作报告（摘要）

（2010 年 3 月 23 日在县十四届人大四次会议上）

2009 年工作回顾

2009 年，我县实现生产总值 128.01 亿元，增长 13.3%；实现财政总收入 13.76 亿元，增长 21.75%，其中一般预算收入 6.05 亿元，增长 17.2%。

（一）抓调整促转型，效益质量显著提高

工业经济逆势而上。实现工业总产值 196.31 亿元，增长 21.13%，工业经济效益综合指数达 274.12，提高了 11.62%。对地方财政贡献率达 82.7%。全县新增规模以上工业企业 27 家，总数达到 137 家，其中亿元以上企业达 36 家；规模以上工业实现增加值 43.08 亿元，增长 24.12%，大力扶持东海食品、明华铜业等重点企业进行扩建和技改。精心培育三大“百亿产业”。新能源产业集聚了中投、宇博、华能等 10 多家重点企业，我县荣获“2009 年中国新能源产业百强县”

称号；循环经济再生资源成功引进了浙江乐迪电子、江苏盛洲铜业等 10 多家回收企业，实现税收 3.3 亿元；黑滑石产业基地建设已拉开架势，与多家大型企业、知名企业展开合作洽谈。

农业经济平稳发展。跻身国家农业开发县行列，改造中低产田 4000 亩；大力实施“万亩粮食高产示范”项目，全年粮食播种面积稳定在 64.5 万亩，粮食总产量 22.3 万吨。农业产业化进程加快，形成了马家柚、白耳黄鸡、天桂梨三大主导产业。马家柚产业发展势头强劲，我县被列为省现代柑橘项目（马家柚）实施县，新建马家柚生态示范园 5000 亩。白耳黄鸡被列入首批国家级畜禽遗传资源保护名录，天桂梨标准化示范区被列入国家林业局项目库。

服务行业全面推进。旅游业发展迅速。铜钹山旅游公路累计投资 8000 万元，已完成 60 公里路基建设。发展农家乐 720 家，解决就业人数 2981 人。各旅游景点接待旅客总量达 69 万人次，旅游综合收入 6.2 亿元。成功引进肯德基、嘉百乐等知名品牌，“家电下乡”“汽车下乡”，家电以旧换新活动扎实开展，实现销售总额 7230 万元。全年实现社会消费品零售总额 24.77 亿元，增长 20.6%。金融机构年末各项存款余额 62.97 亿元，增长 29.76%；贷款余额 40 亿元，增长 59.88%。

发展质量明显提高。产业结构进一步优化，三次产业结构比调整为 11.96∶53.29∶34.75. 财政总收入占 GDP 比重为 10.75%，比上年提升了 0.68 个百分点；税收收入完成 12.33 亿元，增长 25.4%，占财政总收入比重达到 89.6%，较上年提升了 2.6 个百分点。基层财政实力大幅提高，23 个乡（镇、街道）共完成财税收入 7.1 亿元，增长 39.2%；有 21 个乡（镇、街道）财税超千万元以上，较上年增加 7 个，继永丰街道财税过亿元后，洋口镇在 2009 年也实现财税过亿元的跨越。

（二）抓项目促投入，发展后劲持续增强

项目建设扎实推进。全县项目投资累计达 250 个，其中投资 3000 万元以上的项目就有 71 个，已完工 31 个。全力以赴向上争取项目资金，共争取到中医院整体搬迁、廉租房国债扶持项目 22 个，获得资金支持 5455.76 万元；国家分四批累计安排我县中央投资项目 62 个，获得中央补助资金 7678.51 万元，完成全社会固定资产投资总额 77.3 亿元，增长 41.02%，投资规模、项目数量均创历史之最。

招商引资取得实效。全县新引进、开工（扩建）项目 162 个，实际引进市外资金 45.6 亿元，增长 54.6%；新批外资项目 9 个，实际利用外资 4659 万美元，增长 11.41%；新引进 5000 万以上工业项目 38 个，投资 3 亿元的隆森金属材料生产项目和投资 1200 万美元的东海食品新上鱼糜生产线在技术上处于国内领先地位，填补了国内同类产品的技术空白。

工业平台不断完善。进一步完善工业园区规划设计，对“一园四区”的控制性详细规划进行了修编，逐步实现园区“自谋发展、自求平衡”。工业园区固定资产投资额 10.81 亿元，增长

70.24%；新增投产项目16个，实际开发面积达708平方公里，入园投产企业达168家。大力实施“科技创新工程”，高新技术企业占工业园区企业总数的65%以上，拥有1个中国驰名商标、5个江西省著名商标和130多个省部级名特优产品。工业园区共实现主营业务收入176.2亿元，利润总额7.07亿元，税金总额9.69亿元，分别比上年增长了27.09%、55%、71.83%，被评为全省一类园区、省级民营科技园和全省先进工业园区。

（三）抓统筹促协调，城乡面貌继续改善

城市品位稳步提升。扎实开展“三非”清理整治，依法成功拆除违法建筑329户，建筑面积1.75万平方米。县城总体规划面积扩大至80平方公里，建成区面积19.5平方公里，人口20万人，城市绿地率39%。城建17项重点工程累计投入建设资金12亿元，西溪河改造工程、铜钹山大道一期、中大街和园丁路改造、污水处理厂、民心小区第三标段、二水厂扩建工程基本完成，三官殿大桥、大塘路等项目扎实推进。开展了交通秩序、摆摊设点、环卫保洁、城区河道等集中专项清理，环境面貌不断改善。

新农村建设扎实推进。143个新农村建设示范点建设共完成新增道路硬化269公里，自然村内道路硬化率达100%；完成拆除危房及“空心房”5.9万平方米，改水改厕1.5万户。全县注册登记农民专业合作社130家，形成了106个产业发展专业村，其中省级一村一品示范点86个，年产值达2亿元。完成了16处病险水库除险加固，完成了饶丰灌区一期1000万元续建配套与节水改造工程。完成了28处饮水安全工程项目，解决了7.98万人口饮水困难问题。开工建设了14座农村改渡建桥项目，下拨县级配套补助资金621万元。一年来，全县财政共投入新农村建设资金8407万元。

生态建设步伐加快。积极融入鄱阳湖生态经济区建设，造林绿化“一大四小”工程完成绿化面积7.54万亩，占省下达任务数的176.2%，荣获全省先进县称号；污水处理厂建设基本完成，并在全省建设调度会上作典型发言；大力实施农村新型沼气能源工程，新建沼气池643户，普及太阳能2196户；农村垃圾无害化处理工程在40个村开展试点取得成功，投入资金1630万元。加大环境监督力度，把好建设项目环保审批关，新进项目环评率达100%。加强重点能耗企业监控管理，依法关停三条水泥立窑生产线，取缔关闭14家塑料粒子加工企业。全县万元产值综合能耗、化工需氧量、二氧化硫排放量分别下降5%、1.87%和2.8%，全面完成年度工作目标。

（四）抓改革促创新，区域活力不断提升

体制机制不断创新。深化新一轮政府机构改革，积极推动事业单位绩效工资改革。加快农村土地承包经营权流转，流转耕地7.03万亩。对国有资产产权进行统一划转，初步构建起“大国资”框架。稳步推进村级公益事业建设一事一议财政奖补试点工作，完善了“一窗受理、联合办证”和“绿色通道”等办事机制。

要素制约有效缓解。城建项目融资 2.05 亿元；与江西国际信托开展战略合作，融资 5000 万元；在全省第一批设立了广丰县仁恒小额贷款公司，直接为中小企业融资 4000 多万元；组建了在全省第二批，全市第一家村镇银行。做好土地报批，共获批项目建设用地 556.7 亩，争取各类用地指标 601.7 亩。工业园区土地进行了全面清理，共依法清理盘活了 17 家企业 778.52 亩工业用地。加快城乡电网改造步伐，建成了铜钹山、虎形 2 座 35 千伏变电站，完成农网改造工程投资 1513 万元。

全民创业氛围浓厚。“广丰铁甲军团”走向全国，有建筑企业 80 家，其中一级总承包资质企业 3 家，实现总产值 48.4 亿元，增长 36.3%。变农民工返乡潮为创业潮，组成了 288 名专职代办县、乡、村三级“代办员”服务网络队伍。积极放贷创业资金，发放金穗惠农卡 6413 户，发放联户担保小额贷款 1.92 亿元；小额担保贷款存放贷比例提高到全省最高的 1∶8，发放贷款 5658 万元，是省市下达计划数的 3 倍。整合县内 12 家培训机构，组建“农民学院”培训农民工 7367 人。全县新增创业人员 8960 人，新注册企业 258 家；全县民营企业纳税 5.8 亿元，增长 65.7%；年纳税过百万元以上的民营企业达 72 家，比上年增加 7 家。

（五）抓民生促和谐，社会事业协调发展

民生工程扎实推进。全年累计拨付县财政配套资金 6500 万元。积极实施就业扶持政策，城镇新增就业人数 9306 人，城镇就业率达 98%。新增农村劳动力转移 2.08 万人，零就业家庭就业安置率达 100%。社会保障体系更加完善，4.9 万名城镇职工参加了基本养老保险、5828 名被征地农民参加了保险，5.88 万名城镇职工参加了基本医疗保险、2.3 万名城镇职工参加了工伤保险。全县享受最低生活保障的农村低保、城镇低保人数分别达到 26527 人和 12470 人，基本做到了应保尽保。积极开展“光明、微笑”工程，实施了白内障手术 1840 例，唇腭裂手术 88 例。城乡居民收入继续较快增长，农民人均纯收入达 5865 元，净增 454 元；在岗职工平均工资收入达 22378 元，净增 438 元。

社会事业不断进步。广丰一中列为全省重点建设学校，全县高考二本上线人数继续保持全市第一。中医院整体搬迁工程获得国家立项批准。不断完善城乡公共卫生服务体系，获全省农村卫生先进县称号。新型农村合作医疗不断巩固完善，共有 62.73 万人参合，参合率达 96.01%，共筹集资金 6272.95 万元，补偿金额 6107.55 万元。残疾人事业不断加强，顺利进行了第二代残疾人证的换核工作。加强了区域经济合作，成功举办第二届浙闽赣皖边际县域经济协作区会议。

（六）抓服务促优化，行政效能稳步提高

政府行为严格规范。自觉接受县人大、县政协和社会各界的监督，办理人大议案、建议、意见和政协提案 253 件，办复率达 100%，满意率达 100%。进一步完善公共资源市场化配置制度，健全政府投资项目监管体系。加强审计监督，全年审计项目 160 个。

行政效能切实提高。深入开展“机关效能年”建设，加大行政效能监察力度。对县本级行政许可事项进行了全面清理，保留县级行政许可项目 240 项，精简 103 项进驻行政中心大厅行政许可审批项目 167 项，进驻率超过 85%，行政审批事项办理时限平均缩减了 67.6%。大力推进政府信息公开、政务公开率达到 100%。完善“县长热线”办理制度，共受理群众来信来访 663 件（次），办结率 100%。

在总结成绩的同时，我们也清醒地认识到，前进中还存在不少突出的矛盾和问题。主要是经济持续增长的困难仍然很大，要素制约问题还比较突出；城乡协调发展的任务仍然繁重，农民持续增收难度加大；群众利益诉求仍然难以满足，部分群众在上学、就医、住房、养老等方面还存在一些实际困难；政府工作与人民的期望还有一定差距。对上述问题，我们将在改革和发展中采取更加有效的措施，努力加以解决。

（报告人：县人民政府县长　周遐光）

二、人大常委会工作报告（摘要）

（2010 年 3 月 23 日在县十四届人大四次会议上）

2009 年的主要工作

（一）审议与调研结合，着力促进科学发展

1. 围绕加快发展，听取和审议各项工作报告。一年来，常委会分别听取和审议了县人民政府关于造林绿化“一大四小”工程建设、加强金融调控服务县域经济、农村卫生、电信、移动通信、工业企业经营状况、重大项目运行、甲型 HINI 流感疫情防控等 30 多个专项工作报告，针对存在的薄弱环节和问题，提出了建议和意见，督促县人民政府和有关部门探索建立健全解决带有普遍性、倾向性问题的长效机制。

2. 科学决策，依法决定重大事项。一年来，听取和审议了县政府《关于利用国家开发银行江西省分行低风险金融借贷实施县中医院搬迁改造工程项目贷款偿还有关事项的议案》等 5 个政府融资议案，并依法作出了相关决定，有力地支持了我县经济社会发展，推进了民生工程建设。

3. 深入调查研究，主动建言献策。县人大常委会紧紧围绕事关全县改革发展大局群众关心的热点、难点问题，开展视察调研。重点选择了对全县返乡农民工创业就业、农村使用水安全、残疾人保障、电力公司保增长扩内需保民生情况、重点工程建设等情况等进行了集中视察调研，形成了相应的调研报告，并与县人民政府相关工作报告一起在常委会上进行了审议，提出了积极的建议、意见，为县委、县政府决策提供参与。

（二）监督与支持并重，努力提高监督实效

1. 认真开展执法检查，促进法律法规的正确实施。常委会突出执法检查的重点，安排了防空法、动物防疫法、体育法、村民委员会组织法等法律的执法检查，推动了政府及所属部门更好地依法行政，为民办事。与此同时，常委会还配合省、市人大常委会开展了水污染防治法、人口与计划生育法、道路交通安全等法律法规的执法检查。

2. 积极探索工作评价机制，促进依法行政。2008 年县人大常委会召开了对政府工作部门、直属机构共 65 个单位的 2008 年度工作报告会，会上 60 多名代表对报告单位进行了工作满意度测评，现场公布测评结果，及时进行反馈，对测评满意度较低的单位，经主任会议研究，及时调整全年监督计划适时安排听取和审议相关专项工作报告和工作评议。

3. 继续深化司法监督，规范司法行为。听取和审议县人民法院执行工作情况、县人民检察院监所检察工作情况、县公安交警工作情况等专项报告；组织部分县人大代表旁听了法院就当事人从事“六合彩”赌博不服县公安机关处罚，起诉公安机关—“民告官”案件的庭审等疑难庭审案两件次，较好地维护了司法公正。任命吴小梅等 9 名同志为人民陪审员，加强了司法审判力量。组织常委会组成人员和部分省、市、县人大代表，分别听取了县法院 18 名法官和县检察院 17 名检察官的履职报告并现场测评、现场反馈，司法监督工作进一步得到深化。

（三）民意与民忧并重，全力维护群众利益

1. 认真落实代表建议，始终坚持把代表建议办理工作作为一件大事来抓。县十四届人大三次会议结束后，县人大常委会对 116 件建议意见进行梳理、分类、编号和登记，依法转交给“一府两院”办理。通过努力，116 件建议已全部在决定时间内办理完毕，答复回执 100%。

2. 重视群众来信来访。2009 年，县人大常委会共接待群众来信来访 112 起 230 余人次。对这些来信来访，常委会统一登记，分口办理，认真答复，并对在信访中反映的带有普遍性的问题列为常委会监督的选题。县人大常委会主任、副主任参与信访包案，积极处理信访问题，常委会各工作机构积极配合，较好地化解了矛盾，维护了社会稳定。

3. 继续推进“两行”活动。继续开展以种植业、农产品、水产品养殖、兽药及兽药残留安全为选题的“赣鄱农产品质量安全行”活动。继续开展“环保广丰行”活动，保证 2008 年人大常

委会通过的《关于加强水环境保护，确保饮用水安全的决议》贯彻实施。有效地解决了在军潭水库内采砂和关胜等水库中化学养殖污染用水水源问题，促进了人与自然的和谐发展。

（四）原则与程序统一，致力规范人事任免

坚持对提请任命人员的任前法律知识考试、任前供职、任中审议和任后监督等制度，共任命县人民政府副县长 2 名、审判机关工作人员 2 名、检察机关工作人员 4 名、人民陪审员 9 名，免去审判机关工作人员职务 2 名，免去县人大常委会机关工作人员职务 1 名。

（五）基础与基层齐抓，极力提升履职水平

1. 夯实代表工作基础，充分发挥代表作用。一是狠抓代表宣传工作，重点办好“代表风采”“人大代表”专题栏目，去年，采访刊播了 12 位代表的先进事迹。二是继续开展代表“六个一”活动和代表走访选民活动。三是出台了县人大代表小组活动办法，“一年一主题，一季一活动”，促进代表活动的制度化。四是不断强化代表培训。邀请了省人大常委会选任联工委主任为驻县的省、市、县三级人大代表专题讲授“代表法”。举办了人大代表庆祝中华人民共和国 60 周年茶话会。

2. 以业务学习为重点，不断提升履职素质。全年共组织人大常委会组成人员和机关工作人员进行了 19 次集中学习，邀请有关专家解读了“代表法”“食品安全法”。积极宣传人民代表大会制度和人大工作，全年在市级以上新闻媒体刊物上稿 50 多篇，其中在《中国人大》杂志上稿 4 篇，《中国人大新闻网》上稿 6 篇，同时获得第十八届江西省宣传人大制度好新闻奖三等奖 1 个，获江西省 2008 年环保赣江行优秀新闻作品三等奖 1 个，取得了我县人大宣传工作的好成绩。

3. 深化对外联系。一年来，参加了全市（县、市、区）人大常委会主任座谈会 2 次及四省八县市人大工作联席会，有针对性地走访了周边县市人大常委会，加强了对外交往；积极参加了省、市人大常委会组织的对口联系工作会议；召开了县人大常委会对口联系工作座谈会；组织常委会组成人员、部分人大代表和机关工作人员赴外地学习考察，增长见识，加深与省内外县市人大常委会的联系。

4. 对乡（镇、街道）人大工作指导有力。一是积极推动乡（镇、街道）人大工作。建立了县人大常委会内设机构联系乡（镇、街道）人大工作制度，加强指导基层人大工作。二是召开了表彰 2008 年度乡（镇、街道）人大工作先进单位、优秀县人大代表会议，增进了乡（镇、街道）人大和人大代表做好人大工作的信心。三是分别在嵩峰乡、桐畈镇、大石乡召开了全县乡（镇、街道）人大工作现场会，各乡（镇、街道）人大相互交流了工作经验。

通过一年来的工作，我们也清醒地看到工作还存在一些不足：审议的质量还有待进一步提升，监督的力度还有待进一步加大，部分人大代表履职水平尚待加强，代表的作用还有待进一步发挥，乡（镇、街道）人大工作还不平衡等。这些不足之处，我们将在今后的工作中不断加以督促和改进。

（报告人：县人大常委会主任　戴水春）

三、法院工作报告（摘要）

（2010 年 3 月 23 日在县十四届人大四次会议上）

2009 年的主要工作

（一）坚持能动司法，全力服务大局，着力加强审判执行工作

一年来，受理各类诉讼、执行案件 4603 件，审、执结 4345 件，结案率为 94.4%，其中诉讼类案件结案率达 98.6%。

受理刑事案件 236 件，审结 232 件，判处罪犯 358 人。坚持“严打”方针，依法审理了抢劫、抢夺、盗窃等严重影响人民群众安全感的犯罪案件 89 件 143 人，判处 5 年以上有期徒刑 50 人，如对伙同他人两月内连续 7 次抢劫出租车司机的被告人刘慧武，和伙同他人两月内跨三省行窃 20 多次的被告人杨跃伍、艾世明，各判处有期徒刑 14 年，并处罚金 1 万元，剥夺政治权利 3 年；继续加大对贪污贿赂渎职等职务犯罪的打击力度，审理此类案件 9 件 14 人，其中对犯玩忽职守、受贿、挪用公款罪的原县经贸委主任许升平，依法判处有期徒刑 13 年，并处没收财产 3 万元。坚持宽严相济的刑事政策，对情节轻微的初犯、偶犯、过失犯和少年犯，依法从轻、减轻或免除处罚。宣告适用缓刑 80 人，缓刑率为 22.3%；免于刑事处罚 3 人，宣告无罪 1 人。受理民商事案件 3280 件，审结 3234 件，审结率达 98.6%。依法审理金融、房地产、合同纠纷案件 1021 件，积极为经济发展提供司法保障；妥善审理婚姻家庭、财产继承、社区邻里纠纷案件 626 件，促进了家庭和睦、邻里和谐；依法审理农村土地、农民工工资案件 261 件，努力服务“三农”建设。坚持“调解优先，调判结合”，建立院长巡回调解示范机制，由院长、分管副院长以参与调解的实际行动，推动主审人、合议庭层层抓调解。还设立调解办公室，将化解纠纷的“阵地”前移到立案窗口。对农村土地承包权纠纷、相邻纠纷等矛盾尖锐、难处理的案件，则联合或委托当地司法协理员、基层组织干部调解。一年来，民商事案件调解、撤诉结案 2359 件，调解、撤诉率达 72.9%。

支持依法行政，依法保护行政相对人的合法权益，加强行政审判及行政非诉执行工作，促进“官”“民”和谐。受理不服治安处罚、山权确权等行政诉讼案件 11 件，审结 10 件，判决支持行政裁决 3 件，通过协调由原告撤回起诉 5 件，判决撤销行政裁决 2 件；受理行政强制执行申请

140件，审查140件；受理行政非诉执行99件，其中征收社会抚养费案件56件，较好地支持了行政机关的依法行政工作。

在执行工作中，努力攻克“执行难”顽疾。县委将“集中清理执行积案工作”列为全县“专项整治百日行动”的重要内容，并确定县级领导对12件“老大难”案件包案协办，还下发专文敦促各乡镇街道、各部门切实抓好履行法院生效裁判文书工作。一年来，对98名拒不履行生效裁判的被执行人予以司法拘留或罚款，对组织家人、邻居20多人围攻、殴打执行人员，抢夺、撕毁执行案卷的徐全信等3人依法判处有期徒刑，对5家长期不履行法院生效裁判文书的企业，纳入银行征信系统“黑名单”，有2件陈年老案在此威慑下得以和解执行。全年受理执行案件837件，执结630件，执结率为75.3%，其中清理执行积案137件，县级领导包案督促协助执行9件，有财产积案、特殊主体积案和省、市挂牌督办积案三类重点积案都100%结案。我县四套班子及相关部门、基层组织支持、配合法院力抓“清积”工作的做法，得到了省委常委、政法委书记舒晓琴和高院院长张忠厚在全省“清积”工作调度会上的肯定。

积极开展“涉诉信访化解年”活动，严格落实“四定一包”、院长接待日、信访值班等信访工作机制，坚持法官“下访”，进一步加强信访工作，并充分运用教育、协调、救济等手段，解决涉诉信访难题。经全院共同努力，并在四套班子、有关部门、乡镇街道村居的鼎力支持下，办结了陶菊嫡、石凤菊、揭衰香等数年未决的疑难信访案件9件，保证了全国“两会”、国庆期间零进京上访。

（二）加强队伍建设，严格审判管理，推动法院科学发展

一是狠抓队伍建设。一年来，参加上级法院组织的各类业务培训20多人次，进行庭审观摩16件次；有3篇调研论文在全省法院系统学术研讨会上获奖，1篇学术论文作为全市法院唯一代表参加省高院“司法的人民性”专题研讨并获奖，1篇综治工作调查报告呈报县委主要领导作决策参考；办案质量也有了较大改善，上诉维持率达98.2%，同比上升了2个百分点。

二是严格审判管理。进一步明确立案、审监部门的催办、督办和评查职责。出台对外委托评估、鉴定、拍卖工作的流程管理规定和“九不准”要求，明确立案、审理、执行和对外委托工作相互分离，全面加强司法权限监管；本院网站及时公告开庭信息，人民群众凭身份证就可以参加旁听，确保庭审、举证、宣判依法公开进行；还认真落实人民陪审员制度，实行执行案件信息网上查询机制，进一步推进阳光司法。

三是积极开展“机关效能年”活动，提高审判绩效。坚持以绩效考评作为衡量各项工作一把尺子，将日常工作和重点工作量化成两张表格进行综合调度，审判工作、政务工作和内务工作情况，由绩效管理办公室和督查组负责跟踪管理并逐月实名通报，使之责任到庭、责任到人。一年

来，我院法官人均办案 99.4 件，居全市法院第一位。

（三）坚持为民司法，增强群众观念，着力提升司法服务水平

一是加强立案服务，强化司法人文关怀。全年发放诉讼风险提示卡。诉讼指南 900 余份，有 100 多人通过导诉、诉前学法避免了不合理诉讼；适用简易程序审理民商事案件 2983 件，简易程序适用率达 92.2%；为 26 名未成年被告人指定了辩护人，缓、减、免交诉讼费用 20 万余元，给予执行救助 10 万余元。

二是弘扬“马锡五审判方式”，进一步落实为民举措。一年来，走访群众 1026 人次，发放征求意见函 100 余份，征求意见建议 21 条，为群众解决疑难问题 27 件次，其中通过民意沟通信箱解决矛盾尖锐案件 3 件；司法协理员协助参与送达、调解、执行、息诉息访工作 2163 件；各法庭巡回办案 952 件，巡回率达 56.8%。

三是积极延伸审判职能，参与社会治安综合治理。一年来，举行未成年缓刑犯法律培训 22 人次，联合县妇联及未成年犯的家长，对在南昌未成年犯管教所服刑的少年犯面对面帮教 18 人次。对此，省、市、县三级电视台还作了专题典型报道。在《人民法庭报》《江西日报》各类媒体发表宣传文章 357 篇，协助省、市、县电视台录制法治节目 8 期，发表“人民法官为人民”主题专栏文章 51 篇，开展专题法制宣传活动 100 余人次。

（四）主动接受监督，创新联络机制，着力优化司法环境

一是认真贯彻实施监督法，自觉接受人大监督。一年来，除向县人大报告年度工作外，还向县人大常委会专项报告了执行工作，有 3 名副院长和 15 名业务庭负责人向县人大常委会进行了工作述职，并及时报告整改情况，认真落实会议审议意见；还认真办理县人大批示转办件，做到件件有结果，事事有反馈。

二是认真接受人大代表、政协委员的监督。完善人大代表、政协委员的联络机制，通过邀请视察工作，定期通报工作等，加强与人大代表、政协委员的经常性沟通。一年来，邀请人大代表、政协委员、民主党派人士视察法院工作、观摩庭审 79 人次。还从人大代表、政协委员中聘请了 12 名司法监督员，增强接受监督的针对性和专业性。

在看到成绩的同时，我们也认识到工作的困难和不足：法院的工作与各级领导和广大人民群众的要求还有一定的差距；少数法官素质不高，能动司法能力不强；少数案件审判质量不够高，审理、执行周期过长；受各种因素影响，执行难的问题仍然存在，涉诉信访工作压力依然很大。对此，我们必须采取更加有力的措施，切实加以改进。

（报告人：县人民法院院长　姚文）

四、检察院工作报告（摘要）

（2010 年 3 月 23 日在县十四届人大四次会议上）

2009 年，县检察院的主要工作

（一）全面履行检察职能，维护社会公平正义

1. 严厉打击刑事犯罪，全力维护社会和谐稳定。一是突出打击重点，对杀人、抢劫、故意伤害等严重暴力犯罪案件，坚持依法快捕快诉，对重特大案件实行挂牌督办，确保对严重刑事犯罪分子的高压态势。一年来，共受理移送审查逮捕案件 159 件 273 人，经审查批准逮捕 147 件 256 人；受理移送审查起诉案件 251 件 392 人。经审查提起公诉 216 件 323 人。二是准确把握宽严相济刑事司法政策。对因证据不足、不构成犯罪或无逮捕必要的 22 人依法作出不批准逮捕决定，对未成年人犯罪、轻伤害案件和交通肇事案件等三类轻微刑事案件，退回或建议公安机关撤案 8 件，不诉 14 人。三是对涉检信访案件，定领导、定专人、定时限，逐件落实责任，有的还采取上门答复等便民措施，把信访工作向社会延伸，提高了信访工作的主动性和有效性。

2. 严肃查办和预防职务犯罪，深入开展反腐败斗争。一是加大办案力度，确保办案质量。共立案查办职务犯罪案件 7 件 12 人，其中贪污受贿案件 5 件 10 人，渎职案件 2 件 2 人，挽回直接经济损失 100 余万元。所办案件全部在法定时限内侦结、起诉和判决，办案质量得到了保证。二是突出重点，查办大案要案，特别是集中开展了涉农职务犯罪专项工作，共初查涉农职务犯罪嫌疑人 15 人，立案 9 人。三是加强预防工作，探索预防机制。深入单位和企业以案说法，开展法律咨询 60 多次，各单位普遍表示欢迎。

3. 切实强化诉讼监督，维护司法公平公正。一是依法纠正应当逮捕、起诉而不提请逮捕、不移送起诉等问题，向侦查机关发出《应当逮捕犯罪嫌疑人意见书》17 份，追加起诉 23 人。对侦查活动中的违法行为提出纠正意见 5 件。二是加强刑事审判和民事行政审判活动监督。重点监督有罪判无罪、量刑畸轻畸重，以及因徇私枉法和违反法定程序影响公正审判的案件，既尊重了法院自由裁量权的合法行使，又防止刑事审判活动的失当。2009 年，我们把量刑建议作为拓展审判活动监督的有效平台，共提出量刑建议 40 多次，法院 90% 以上予以采纳。一年来，共接待民事行政申诉、咨询 23 人次，立案 8 件，其中建议市院提请抗诉 2 件；向法院提出再审建议并被采纳 3 件，法院以再审改判 1 件；发出执行监督建议 3 件。对不服法院正确裁判的 9 起案件做好服判息诉工作，有效地维护了司法权威。三是针对一些地区相继发生的牢头狱霸殴打在押人员致死事件，监所检察部门经常深入被监管人劳动、学习、生活“三大现场”，掌握狱情动态，共进行安全检查 25 次，发现并协助监管机关消除事故隐患 3 起，向看守所提出检察建议 6 件，抓好

留所服刑和减刑假释人员的审查监督，严格审批案件，把住关口。审查呈报减刑假释案件 15 人，依法纠正不当减刑 4 件，纠正违法留所服刑 2 人。

（二）服务科学发展大局，促进社会经济发展

1. 牢固树立服务科学发展大局的理念。在执法理念上，牢固树立大局意识和中心意识，密切关注经济社会发展动态、趋势，研究新情况，解决新问题，绝不游离于大局和中心工作之外；在价值取向上，实现好、维护好、发展好最广大人民群众的根本利益，关注民生，关心群众诉求，促进了社会主义和谐社会建设。

2. 切实转变执法作风改进工作方法。建立党员干部“见事管事”制度，问政于民、问需于民、问计于民，听取群众意见和建议。注重改进办案方式方法，按照依法坚决查办、坚持惩防并举、把握政策界限、掌握分寸节奏、注意方式方法的办案原则，妥善处理涉企案件，维护企业的合法权益，慎重采取强制措施，维护发案单位的正常工作秩序，努力实现法律效果与政治效果、社会效果的有机统一。

（三）努力提升自身形象，打造广丰检察品牌

1. 强化检察队伍建设。走“以人为本、内强素质、外树形象”的精兵强检之路，努力建设一支政治坚定、业务精通、作风优良、执法公正的高素质、专业化检察队伍。一是我院以党建带动队伍建设。2009 年党建工作被市委组织部确定为“全市基层党建工作示范点”，老干部党支部被推荐到市委表彰。二是进一步完善党组中心组学习制度、目标管理讲评制度以及外出培训考察制度，利用各种有效途径加强干警政治理论和业务知识的学习，提高检察人员的素质。三是我院工作创新亮点频出，多项经验被高检、省、市院转发和推广，整体工作跨入了全市检察机关先进行列。

2. 抓好内部科学管理。坚持从细微处入手，强化内部监督。成立了检务督察委员会，采取专项督查与平时督查相结合，明察暗访与随机督查相结合的等方式，全方位开展检务督察。去年我院继省第十一届文明单位后，再度荣获省第十二届文明单位称号。

3. 大力加强基础建设和信息化建设。进一步完善了办公办案局域网、三级专线网、办公办案安全监控网三大网络建设；实现了视频电视电话会议系统、楼宇广播系统、大屏显示系统、同步录音录像系统四大系统；构建了内外网信息发布平台、办公办案公文审批流转平台、电子档案管理平台的三大信息化工作平台。

（四）自觉坚持党委领导，依法接受各界监督

1. 坚持党委领导。正确处理坚持党的领导与依法独立行使检察权的关系，正确把握检察工作的政治方向，全面贯彻党的路线、方针、政策，努力把党的主张落实到具体的执法实践中去。对检察工作重大活动、重大事项、重大案件，及时向县委请示、汇报；依靠县委支持，牢牢把握了工作主动权，赢得了社会的认可。

2. 自觉接受监督。坚决贯彻人大及其常委会的决定、决议，依法办理人大批转、交办的案件及其他事项。对9件人大代表和政协委员的建议、转交的案件、事项，落实专人，限时办结并回复。继续深化人民监督员制度试点工作，“三类案件”无一例外地进入人民监督员的监督程序。

过去的一年，检察工作虽然取得了成绩，但仍然存在一些困难和不足：一是专门人才较少，队伍专业建设有很长的路要走；二是业务发展不平衡，特别在诉讼监督方面，思路不广，方法不多，效果一般；三是工作总结提高不够，宣传工作没有跟上。所有这些，都要在今后的工作中逐步克服和改进。

（报告人：县人民检察院检察长　吴伯翔）

决定决议

关于广丰县2009年财政预算执行情况与2010年财政预算的决议

（2010年3月24日县十四届人大四次会议通过）

广丰县十四届人大四次会议审查了县人民政府提出的《关于广丰县2009年财政预算执行情况与2010年财政预算草案的报告》。会议同意县十四届人大四次会议计划预算审查委员会的审查报告，同意县人民政府《关于广丰县2009年财政预算执行情况与2010年财政预算草案的报告》，决定批准广丰县2010年财政预算。

附：关于广丰县2009年财政预算执行情况和2010年财政预算草案的审查报告（摘要）

（一）关于2009年财政预算执行情况

收入预算执行情况：2009年全县财政总收入137600万元，完成调整计划的100%，比上年决算数增长21.75%；一般预算收入60549万元，完成调整计划的100%，比上年增长17.2%。基

金收入 13361 万元，完成调整计划 100%，比上年下降 44.8%。一般预算收入加上基金收入、上级返还、上级补助以及上年结余，减去上解支出，2009 年全县总财力为 167321 万元。

支出预算执行情况：全县财政支出执行数为 153167 万元，完成调整计划的 100%，比上年增长 3.6%。一般预算支出 139764 万元，占调整计划的 100%，比上年增长 15.5%。其中科技支出 1206 万元，完成调整计划 100%；教育支出 34846 万元，完成调整计划 100%；农、林、水事务支出 17793 万元，完成调整计划 100% 社会保障和就业支出 13966 万元，完成调整计划 100%。2009 年全县财政预算收支扎抵，滚存结余 14154 万元，减结转下年支出，净结余 106 万元。

（二）关于 2010 年财政预算草案

县人民政府提出的 2010 年财政预算草案中，全县财政总收入预算为 186000 万元，比上年执行数增长 15%，一般预算收入 67055 万元，比上年执行数增长 9.7%。一般预算收入加上基金收入、上级税收返还、上级转移支付及结算补助，全县总财力 131176.6 万元，比上年计划数增长 21.1%。2010 年全县总财力 131176.6 万元，剔除上解支出，全年安排财政支出 126676.6 万元，比上年计划数增长 20.2%，实现预算收支平衡，并略有结余。

五、第五次会议

县十四届人大五次会议于 2011 年 2 月 20 日至 22 日在县人民法院会议中心举行。本届人大代表 254 名，第四次会议后，有 1 名代表调离本县：霞峰镇张黔。有 1 名代表辞去代表职务：桐畈镇吴桂文。按照法律规定，2010 年 8 月、11 月，有关选区分别补选、选举代表 4 名：永丰街道程振宇、吴村镇谢蓉华、湖丰镇刘旭洲、霞峰镇周兴旺。出席本次会议实有代表 256 名。在本县的省、市人大代表、县政协委员、县直机关各单位负责人、县人大机关内设机构有关负责人等 112 名（不含政协委员人数）列席了会议；特邀出席会议人员 45 名。

大会议程

一、听取和审议县人民政府县长周遐光关于政府的工作报告；二、审查和批准县国民经济和社会发展第十二个五年规划纲要；三、审议和批准县 2010 年国民经济和社会发展计划执行情况与 2011 年国民经济和社会发展计划草案的报告，批准县 2011 年国民经济和社会发展计划；四、审查和批准县 2010 年财政预算执行情况与 2011 年财政预算草案的报告，批准县 2011 年财政预算；五、听取和审议县人大常委会主任戴水春关于县人大常委会的工作报告；六、听取和审议县人民法院院长姚文关于县人民法院的工作报告；七、听取和审议县人民检察院检察长吴伯翔关于县人民检察院的工作报告；八、补选县十四届人大常委会委员2名（名单略）；九、通过上述工作报告的决议。

组织领导

一、主席团成员和秘书长名单

主席团（38名，按姓氏笔画排列）

王忠毅　毛志洪　毛晔华（女）　巩宪进　刘月林　刘晓芳（女）　江　怡（女）　江卫农　李元涛　杨　绥　吴祥国　余世兴　余彦伟　余锡恭　张建国　陈筱英（女）　罗存国　周竞梅（女）　周重明　郑日贵　郑建平　郑通满　郑德龙　胡奀才　俞利国　俞英发　俞菊芳（女）　倪美堂　徐新华　徐亨长　项荣鲁　陶少敏（女）　曾生华　韩祥华　鲍小红　潘发广　颜显高　戴水春

秘书长：郑德龙

二、主席团常务主席名单

倪美堂　刘月林　戴水春　江　怡（女）　郑德龙　王忠毅　鲍小红　吴祥国　余锡恭　韩祥华

三、计划预算审查委员会名单

主任委员：郑德龙

副主任委员：胡奀才

委　员：（按姓氏笔画排列）

王青山　刘金林　吴处银　周永红　洪常艳（女）

四、议案审查委员会名单

主任委员：鲍小红

副主任委员：徐新华

委　员：（按姓氏笔画排列）

刘晓芳（女）　李元涛　陈筱英（女）　俞利国　潘发广

五、副秘书长名单

毛祖斌　陈金良　周兴旺

工作报告

一、政府工作报告（摘要）

（2011 年 2 月 21 日在县十四届人大五次会议上）

“十一五”时期经济社会发展情况回顾

（一）发展速度明显加快，综合实力快速提升

一是经济总量不断壮大。全县生产总值从 2005 年的 72.9 亿元增长到 2010 年 151.02 亿元，年均增长 15.7%，人均生产总值达到 17161 元。财政收入从 2005 年的 7.01 亿元增长到 2010 年的 18.5 亿元，年均增长 21.4%，超出“十一五”规划目标 3.5 亿元，其中一般预算收入完成 9.27 亿元，年均增长 17.1%。经济总量、财政实力继续保持全市领先地位，财政收入从 2005 年的全省第 8 位上升到 2010 年的第 5 位。

二是经济效益明显提高。财政收入占 GDP 比重从 2005 年的 9.6% 提高到 12.25%，提高了 2.65 个百分点；税收收入占财政收入比重从 2005 年的 71.3% 提高到 86.7%，提高了 15.4 百分点，高出全省平均水平 2.4 个百分点。2010 年广丰卷烟厂实现税收收入 5.35 亿元，比 2005 年增收了 2.2 亿元，占财政收入比重由原来的 44.9% 下降为 28.9%，降低了 16 个百分点，根本上改变了“一支烟经济”的单一格局。

三是乡镇经济蓬勃发展。2010 年全县乡（镇、街道）共完成财税收入 9.45 亿元，是 2005 年 1.49 亿元的 6.36 倍，年均增长 44.8%，实现了乡乡镇镇财税过千万元，5000 万元以上的乡镇有 7 个，其中洋口镇、湖丰镇过亿元，永丰街道突破 2 亿元。乡镇收入占全县收入的比重由 2005 年的 21.2% 提高到 51.1%，彻底扭转了“强县弱乡”的状况，进一步增强了基层为民服务的财力和能力。

（二）结构调整力度加大，产业体系更加合理

一是工业经济突飞猛进。2010 年，实现工业增加值 59 亿元，年均增长 18.31%；工业用电量从 2005 年的 1.77 亿千瓦时增长到 4.75 亿千瓦时，年均增长 21.9%。工业经济效益综合指数达 305%，5 年提高了 122 个百分点。成长型骨干企业明显增多，工业产值亿元以上企业达 38 家，

过5亿元的有精元电脑、芦林纸厂等10家企业。全县规模以上工业企业较2005年增加了56家，总数达到135家。黑滑石、再生资源和新能源三大战略性新兴产业企业40多家，投资规模超过25亿元，其中2.5平方公里的黑滑石产业基地批准为省级产业基地，成为引进了总投资30亿元的中利再生资源产业基地项目，新能源产业汇聚了中投、久顺、宁博、梅乐等龙头型企业。

二是现代农业步伐加快。粮食总产量连续5年稳定增长，被列入国家农业综合开发县和国家产油大县。以20万亩马家柚产业规划为龙头，形成了马家柚、白耳黄鸡、天桂梨三大农业主导产业。马家柚、白耳黄鸡被评为“国家地理标志产品”，马家柚还被列为省现代柑橘实施项目，建成了无病毒良种苗木繁育基地，种植面积扩展到1.3万亩。农业产业化水平提高，有规模以上的农业企业102家，其中省级龙头企业9家，东海食品、镇世堂列入省“双百”农业龙头企业。加大了农业科技示范基地建设，天桂梨、白耳黄鸡、绿竹笋三个示范区被列入国家级农业标准化示范区，全县建有各类农产品生产基地15.5万亩，带动农户8.6万户。

三是第三产业更加繁荣。2010年，第三产业增加值达到54.78亿元，年均增长15.8%。旅游业快速发展，铜钹山国家森林公园被评为AAA级旅游景区和省级自然保护区，品牌效应进一步凸显。发展农家乐2185家，解决就业9306人。2010年全县各旅游景点共接待游客153.3万人次，旅游综合收入达12.5亿元。大力发展物流业，全县有物流运输企业70余家，年创利税5213万元。

（三）基础设施更加完善，发展后劲显著增强

一是项目投入强劲有力。农业水利基础设施不断完善，累计投资3.46亿元，实施了饶丰灌区节水改造、河北防洪堤、关里水库除险加固等重大水利项目，完成了施村水库等9座小（一）水库除险加固。交通网络更加完善，累计投入5亿余元，建成了铜钹山旅游公路等县乡级公路，完成了三官殿大桥等13座农村撤渡建桥项目，供电设施进一步加强，累计投资6300万元，供电最大负荷从2005年的80兆瓦提高到2010年148.4兆瓦，供电量达到7亿千瓦时。城市配套设施逐步完善，先后实施了二水厂扩建、污水处理厂建设、县医院搬迁、粮食退城进郊等工程，改造了西溪河、中大街、园丁路以及商城市场、裕丰市场，城市主要道路进行了亮化、绿化，城市功能、环境面貌得到改善。

二是工业平台巩固提升。大力实施工业园区“12345”工程，推进机制体制创新，提高土地集约利用水平，有效防止土地闲置和浪费。工业园区形成“一园四区”，实际开发面积从2005年的4.3平方公里增长到10.5平方公里，入园企业从158家增加到265家，主营业务收入从53.8亿元提高到225亿元，税收收入从3.48亿元增长到10.5亿元，有3.5万人在工业园区实现就业，连续5年被评为全省先进工业园区，是全省一类管理园区、省级民营科技园、省级生态工业园区

试点单位，全省唯一县级“台商创业园”。

三是发展环境更加优化。扎实推进部门服务承诺、行政服务中心“一条龙”服务体系建设，对重点项目实行“一个项目、一个目标、一个挂钩领导、一个服务责任人”的5个一制度，实行全程代理、限时办结、超时默许，确保项目有序推进，加大行政效能监察力度，对县本级行政许可事项进行了全面清理，精简县级行政许可项103项。

（四）城乡建设统筹推进，人居环境持续改善

一是城市建设加快推进。编制完成了城市建设规划及控规，明确了80平方公里城市规划区和30平方公里城市核心区。5年来，投入城市建设资金达40多亿元，是广丰基础设施建设投资规模最大、项目最多的时期。城市建成区面积达21平方公里，人口超过21.5万人，人均公共绿地面积达15平方米，绿地率达42.6%，城镇化率达49%。开展了声势浩大的“三非”清理整治专项活动，依法严厉打击了违法违章建设行为，清理违规建房444起，强制拆除违规建筑4万多平方米。

二是新农村建设深入实施。5年共投入新农村建设资金达4.3亿元，完成了711个新农村试点建设，编制完成了195个行政村（居）、1568个自然村的村庄建设规划，在全省率先实现了村庄规划全覆盖。发挥好“一事一议”财政奖补政策引导作用，大力实施“2233”工程。全县每个乡镇都建起了敬老院、卫生院、文化活动中心，村村通水泥路、通客车，每个村都建起了卫生室、农家书屋，解决了8.25万人安全饮水问题，农村水泥路的通村率达100%。

三是生态建设成效显著。切实加强了“一大四小”造林绿化工程、城市污水处理厂工程、农村垃圾无害化处理工程建设，累计投入资金3.5亿元。积极开展环境优美乡镇乡村创建活动，铜钹山镇评为省级生态乡镇。嵩峰六石岩、桐畈抱坞、大南石桥评为省级生态村。丰溪河水质保持在国家地表水Ⅱ类以上标准，断面水质优质率100%，大气环境质量保持在二级标准以上。

（五）改革开放深入推进，发展动力更加强劲

一是各项改革不断深化。深入开展投融资体制改革，广发、城投、银园保等投融资平台相逢组建，成功采用BT模式运作项目，成立了村镇银行、小额担保公司等新型金融机构。财政体制不断完善，全面实行国库集中支付和乡镇县管，实行“四保一脱钩”的财政收支预算改革，国有资产产权进行统一划转，实现惠农资金“一卡通”发放，成功剥离财政债务，完善了政府性债务管理体制。完成了商资流通口国有企业5000多人的改制工作，稳妥推进7个系统国有企业改制，解决了一大批遗留问题。深入实施城乡建设用地增减挂钩试点，保障了新增建设用地占补平衡。积极深化农村改革，大胆探索土地流转新模式，5年内累计流转土地15.7万亩。

二是招商引资取得实效。5 年来，共引进了 5000 万元以上工业项目 105 个，其中亿元以上项目就有康鑫铜业、明华铜业等 36 个，落户一批国内外知名品牌和知名企业。年纳税过百万元以上的企业有 114 家，其中纳税过千万元的企业达 21 家。5 年来，全县累计实际利用市外资金 200 多亿元，利用外资 2.2 亿美元。

三是全民创业氛围浓厚。建立健全创业服务体系，创立了三级创业服务代办员制度；创新培训方式，整合县内 12 家培训机构，组建了“农民学院”；积极放贷创业资金，累计发放小额担保贷款 3 亿元；扶持、引导和服务挖掘机保有量 6 万台，从业人数逾 10 万人，年产值达 100 亿元。2010 年全县民营企业纳税 9.2 亿元，是 2005 年 1.3 亿元的 7.1 倍；年纳税过百万元以上的民营企业达 97 家，比 2005 年增加 83 家。

（六）社会事业持续进步，人民生活和谐稳定

一是民生工程深入实施。全县城镇新增就业人员累计达 4.5 万人，城镇登记失业率控制 3% 以下，农村劳动力转移 6.2 万人。城乡社会救助体系更加健全，城乡特困人群基本实现了“应保尽保”。加快推进棚户区（城中村）改造和保障性住房建设，累计完成保障性住房 2526 套，困难群众住房条件得到极大改善。5 年来，累计投入民生工程的资金达 20 亿元。

二是平安建设扎实推进。建立健全应急管理体系，科学、冷静地应对处置好冰冻雨雪灾害，强对流风灾、洪涝、火灾等重大自然灾害，最大限度地减轻了人员伤亡和经济损失；理顺了烟花爆竹监管体制，抓好了道路交通安全、煤矿和非煤矿山安全治理工作。妥善处理“农业五站”人员、“计生分流”人员的历史遗留问题，稳妥处置博今矿业等企业引起的群众性事件，依法解决了电动三轮车非法营运、盘活三维纸业资产等群众反映强烈的问题。

三是社会事业加快发展。实施教育振兴“四大工程”，对广中、二中、实验学校进行了重组分立，高考二本以上录取人数保持全市领先，教育教学水平不断提高。扎实推进人口和计划生育工作，基层服务能力进一步提升，人口自然增长率连续 5 年保持较低水平。残疾人事业不断加强，初步形成了县、乡、村三级残疾人组织体系。积极落实各项惠农政策，凡是国家规定的种粮直补、良种补贴、家电下乡、两免一补等政策全部据实兑现，城乡人民生活质量继续提高。2010 年，在岗职工平均工资达到 23520 元，农民人均纯收入达到 6571 元，年均增长 10.4% 和 10.2%。居民消费水平明显提高，全县拥有固定电话 10 万户、移动电话 30 万部、宽带用户 4 万户，私家轿车保有量达 2 万余辆。

当前经济社会生活中存在的困难和问题：一是经济总量不大，人均财力少，新型产业集群效应尚不明显，传统产业配套协作链条还未形成；二是与周边地区推行低门槛、优地价、减税费等优惠政策比较，我县竞争优势明显弱化、压力加大；三是企业工艺水平低，创新能力弱，产业链

条短，品牌意识差，国字号名牌、名标产品不多。同时，还面临着缩小城乡差别、解决“三农”问题、维护社会稳定等严峻挑战。对于这些问题，我们必须高度重视，认真加以解决。

（报告人：县人民政府县长　周遐光）

二、人大常委会工作报告（摘要）

（2011 年 2 月 21 日在县十四届人大五次会议上）

2010 年的主要工作

（一）紧扣第一要务，推动经济社会又好又快发展

一年来，我们听取和审议了县政府关于 2010 年上半年财政预算执行情况的报告、关于 2009 年财政决算的报告、2009 年度财政预算执行情况和其他财政收支情况的审计工作报告，作出了《关于批准广丰县 2009 年财政预算的决议》。针对我县的财政资金使用情况，专题听取县政府关于政府性债务情况的报告，提出了“要从债务产生的原因上寻找化解政府性债务的措施，要正确处理政府举债与推动发展的关系，要积极防范、化解政府性债务风险”等 6 条审议意见，县政府认真落实。同时，人大常委会还承办了市人大常委会在广丰开展经济运行情况调研。

加强支持工业发展力度。常委会组织视察了工业园区内 11 家 2009 年以来新开工企业的发展情况；出台了《关于政府融资议案办理及监督的意见》；听取和审议了县政府《关于利用农业发展银行开发性金融借款建设工业园区雨水渠改造工程贷款偿还有关事项的议案》；听取和审议了县政府《关于县老城区（南山片区）改造拆迁安置项目建设资金有关问题的议案报告》等事关城市建设的议案，并作出相关决议；听取和审议了旅游工作、城市管理执法工作调研报告等，配合市人大常委会开展污水处理厂运行专题调研。

加强提高新农村建设水平。一年来，听取和审议了农田水利基本建设、农业产业化、惠农贷款、“一大四小”工程、关胜灌区除险加固、农民专业合作社发展情况等专项工作报告。组织省、市、县人大代表视察部分农业产业化龙头企业。承办了省人大农委在广丰开展气象探测环境调研，承办了市人大常委会在广丰开展农田水利基本设施建设调研。

（二）开展两项重点工作，依法履行监督职能

2009 年 6 月，县人大常委会组成人员和部分人大代表共 46 人，对 22 个政府组成部门、19 个政府工作部门和 28 个条管单位 2009 年度工作进行了满意度测评。现场测评，现场反馈，形成书面材料，报送县委、县政府，并抄送纪检、组织等部门。根据测评结果，经主任会议研究，及时调整监督计划，适时安排听取和审议专项工作报告、工作评议、执法检查、视察调研等，取得

较好的监督效果和社会效果。

去年对县科技局、县统计局进行工作评议，开展评议调查，听取有关单位和群众的意见，委托县审计局对被评议对象的财务收支情况进行了审计，形成评议调查报告，提请常委会听取和审议。在审议中，对被评议对象进行了满意度工作评议测评，抓好评议建议整改落实，极大地推动了被评议单位相关工作的开展。

（三）关注三大热点，促进和谐社会构建

关注热点，开展民生监督。去年，常委会紧紧围绕与人民生活息息相关的热点、难点问题开展监督。听取和审议了城乡低保、义务教育均衡化、“三非”用地清理、网吧管理、村卫生所、个体诊所和民营医院发展等专项工作报告，对农村饮用水安全、城市管理执法等工作情况开展调研视察，形成了相应的调研报告，为县委、县政府决策提供参考。继续开展了以种植业、农产品、水产品养殖、兽药残留安全为选题的“赣鄱农产品质量安全行”活动。继续开展了以关注农村面污染，促进和谐新农村建设为主题的“环保广丰行”活动，保证2008年人大常委会通过的《关于加强水环境保护，确保饮用水安全的决议》贯彻实施。专题调研网吧监督管理工作，形成了视察网吧管理工作“六条”审议意见。县人民政府和有关部门高度重视，目前，全县整治“黑网吧”工作已初见成效。

围绕执法检查重点，监督法律贯彻实施。常委会对行政诉讼、土地管理法、森林法、公路法等法律法规在我县的实施情况进行重点检查。同时，积极配合省、市人大开展对监督法、法官法、邮政法、江西省旅游条例等法律法规的执法检查。按照监督法的规定和上级人大的要求，对县政府及各有关部门作出的规范文件、乡镇人民代表大会的决议决定，进行备案审查，保证法律的统一和政令的上下畅通。

保障公平正义，开展司法监督。听取和审议了县法院上半年工作、人民陪审员工作、查办和预防职务犯罪、渎职犯罪工作、禁毒工作、公证工作等专项工作报告，组织视察了县天网工程建设情况，组织代表参加了法院“公开日”活动，召开了法律顾问组座谈会和人民陪审员座谈会。组织代表40余人次旁听庭审活动。任命洪晓芳等27名人民陪审员，加强了司法监督队伍。

同时，认真做好人民群众来信来访工作，共受理涉法涉诉等方面的来信98件200余人次，做到登记、接访、责任落实、回复四个100%，支持和引导群众以合法合理的方式表达自己的利益诉求，督促解决了一批事关民生问题，切实维护了社会稳定。

（四）构建四项平台，拓展代表履职空间

构建互动平台，提高代表建议办理质量。认真把好“责任关、质量关、实效关”，落实“上门督导到位，现场考察到位、回访了解到位、监督落实到位”把代表满意不满意作为重要的衡量标准。县人大常委会听取和审议了县十四届人大四次会议代表建议办理工作情况的报告。通过努力，137 件建议已全部在法定时间内办理完毕，答复率、回执率 100%，满意率 100%。

构建联系平台，打造沟通选民渠道。一年来，共邀请了 34 名人大代表列席了县人大常委会会议，130 多名（人次）代表参加了调研视察和执法检查活动。出台了《关于县人大代表联系原选区选民和人民群众的工作意见》。以乡镇为单位，创造性地开展代表联系选民“五访五问”，鼓励和引导代表在不同岗位上做“六员”，搭建了代表联系选民的平台。

搭建展示平台，激发履职热情。开展评先创优活动，召开优秀县人大代表表彰会，对 26 名代表进行表彰。为充分展示代表履职形象，除每年电视台安排“代表风采”栏目外，每月还办好一期“人大代表”宣传专题。为纪念县人大常委会设立三十周年，编制了介绍履职情况的《广丰县十四届人大代表纪念册》。

（五）突出一个抓手，加强常委会自身建设

突出作风建设，进一步加强机关管理。积极开展党员干部“进千村访万户，解民忧促发展”活动，认真落实领导干部见事管事制度，调动了干部职工的工作积极性。

突出理论学习，提高依法履职素质。全年共组织常委会组成人员和机关干部进行了 19 次集中学习。重点学习了《选举法》修正案、《党政领导干部廉洁从政若干准则》等法律法规和文件精神。积极参加全国人大、省、市人大的学习培训 13 次。

突出工作宣传，增强民主法制意识。加强了对人民代表大会、常委会会议、常委会工作情况、代表依法行使职权等重大活动的宣传报道。全年人大常委会机关和桐畈、丰溪人大等在中央、省、市级以上新闻媒体刊物上稿 70 多篇。创办内部刊物《广丰人大》，共编印了 3 期，县人大常委会网站正在建设。

突出对外联系，加大人大工作交流力度。2009 年参加了四省八县市人大工作联席会，省、市人大常委会组织的对口联系工作会议，召开了各工委对口联系座谈会。接待了江苏省涟水县、宿城区，丰城市等多个县市区人大的考察调研、交流了工作经验。组织赴福建平和、浦城、抚州等地考察，增长了见识，对改进县人大工作起到了积极的作用。

过去的一年，常委会的各项工作虽然取得了一些成绩，但我们深感按照科学发展观的要求、人民的期望以及宪法法律赋予的职责，还有一定的差距，主要是：监督方式和监督实效有待创新和提高；代表作用发挥有待加强；执法检查力度有待加大；常委会及机关自身建设仍需与时俱进，乡（镇、街道）人大工作发展还不平衡等，这些问题我们将在今后的工作中认真加以改进。

（报告人：县人大常委会主任　戴水春）

三、法院工作报告（摘要）

（2011年2月21日在县十四届人大五次会议上）

2010年的主要工作

（一）围绕大局抓服务，审判执行工作有了新发展

一年来，我院受理各类案件3718件，审、执结3500件，结案率为95.8%，审限内结案率为100%。

一是坚持“宽严相济”做好刑事审判工作。一年来，受理刑事案件184件286人，审结181件283人，结案率为98.4%。坚持“严打”方针，依法审理抢劫、故意伤害、强奸、盗窃、抢夺等案件102件161人，其中判处5年以上有期徒刑33件48人，始终保持对暴力犯罪、多发性犯罪严厉打击的高压态势；审理贪污、贿赂、渎职犯罪案件9件9人，依法惩处了职务犯罪；对情节较轻的初犯、偶犯、过失犯，依法给予从轻、减轻或免除处罚，宣告缓刑60人，缓刑率为21.2%，免予刑事处罚7人。坚持惩处教育相结合，审理未成年犯罪29件42人，其中宣告缓刑7人。

二是坚持“案结事了”办好民商事和行政案件2774件，审结2671件，审结率为96.3%。受理行政诉讼案件20件，审结20件，审结率为100%。受理行政非诉执行申请60件，裁定准予执行36件，执结36件，其中执结征收社会抚养费案件34件。依法妥善审理民间借贷、损害赔偿、农村土地承包经营以及教育、医疗、住房等与群众生产生活密切相关的案件1413件，切实保障人民权益。依法妥善审理婚姻家庭、财产继承、社区邻里纠纷案件748件，促进了家庭和睦、邻里和谐。坚持“调解优先、调判结合”原则，创新工作机制，推进人民调解、行政调解、司法调解“三调联动”，化解社会矛盾。一年来，民商事案件调解、撤诉1774件，调撤率达66.4%，行政诉讼案件撤诉11件，占55%，行政非诉执行案件协调结案率为84%。

三是坚持“有效维权”做好执行和涉诉信访工作。坚持依法维护当事人权益，破解“执行难”，切实解决涉诉信访问题。在解决韩兰彩信访难案时，县委、人大、政府领导以及有关部门给予高度重视，促使一起老大难案件得到妥善了结。一年来，受理执行案件644件，执结592件，实现标的7221万元，标的额同比上升19.38%。妥善处理了信访老案5件，无非正常访和集体上访。

四是坚持“能动司法”开展专项审判工作。一年来，我院审结涉创业者民商事案件200余件，为创业者及时挽回经济损失2000余万元；审理交通事故案件226件，实现赔偿款700余万元；为配合县委、县政府打造“挖掘机之都”品牌，我院主要领导带队远赴四川都江堰市，协助

建立挖掘机协会与当地法院沟通机制，改善创业条件。

（二）围绕素质抓教育，队伍建设有了新成就

一是鼓励在职学历教育和审判研讨，积极开展专项培训、岗位练兵、庭审观摩、法官讲坛等活动，充分发挥业务骨干传帮带作用，切实增强司法能力，推进法官职业化建设。一年来，专项培训26人次，开展庭审观摩、法官讲座、法警训练等51次，1名干部通过了司法考试，1名干部取得了法律硕士学位。

二是层层签订廉政责任状，落实“一岗双责”，严格执行“五个严禁”规定等廉政纪律；推进领导和干警、干警与家属相诫勉，共把“廉政关”。一年来，我院有5篇专题调研文章在全国法院系统年度学术讨论会和省高院组织的“司法的人民性”等专题研讨会上获奖，涌现出全省、全市优秀法庭以及全省法院调解能手、全省法院先进工作者、全市法院办案标兵等一批先进集体和先进个人。连续三年，我院没有发现新的违法违纪案件。

（三）坚持司法为民，公众满意度有了新提升

一是为群众提供“一站式”司法服务。同时，引入诉讼风险评估机制，加强对立案、审理、宣判、执行等各个阶段的风险控制。坚持院长接待日制度，院领导轮流信访值班，带头下访，带案回访，保持与群众零距离接触；加强对经济困难当事人的司法援助，确保其打得起官司。一年来，诉讼引导1500余人次，诉前保全18件，院领导接待群众来访110人次，缓、减、免交诉讼费近50万元。

二是围绕“把问题解决在基层、把矛盾化解在萌芽状态”，更新理念，依托司法协理网络，推进基层法庭工作“三个转型”，即办案主体由“单一性”向“多元联动解纷”转型，办案方式由“坐堂式”向“主动参与综治”转型，办案时空由“作息制”向“全时空制服务”转型。一年来，各法庭巡回办案775件，巡回办案率达61%；全院新收案件与上年同比下降了17.4%。

三是坚持“送法上门”，组织法官进企业、进农村、进学校、进社区、开展法制讲座、法律咨询等活动。一年来，开展学校法制讲座等宣传活动50多场次，我院网站编发文章200多篇，网站点击率达49万；在法院在线专栏及市级以上媒体发表信息宣传文章500篇。我院司法为民的实际行动，赢得了人民群众的理解与支持，在去年全省公众满意度测评中，我院一直在全市法院比较前列的排名位置。

（四）坚持司法监督，公正廉洁执法有了新进步

一是加强立案、庭审、宣判、执行公开和刑事审判量刑规范化改革，实行“阳光”司法，规

范法官自由裁量权。逐步网上公开裁判文书，设立“天平热线”电话和民意沟通信箱，进一步增强司法透明度；积极开展“司法公开宣传月”“法院开放日”活动，让群众走进法院，走近司法。一年来，案件依法公开开庭率100%，公开宣判率100%；接待人大代表、社区群众100多人。

二是完善审判管理，加强内部监督。一年来，催办案件1375件，评查案件3495件，预审核裁判文书748份。在“百万案件评查”活动中，自查案件41件，并顺利通过市专家组的工作复查。

三是认真落实人民陪审员制度，促进司法民主；认真落实检察长列席审委会制度，促进审、检工作相互协调；加强与媒体的工作沟通，主动接受舆论监督。随案送达监督卡，随时接受当事人监督。一年来，我院向县人大常委会报告工作3次，办理政协委员提案2件，邀请县人大代表、县政协委员和民主党派人士视察工作75人次。如期完成了人民陪审员换届工作，全年人民陪审员陪审案件439件，陪审率达97.1%。

在成绩面前，我们也清醒地认识到我院工作存在的困难和不足：少数干部还存在工作作风不够严谨、对待当事人不够耐心细致的情况；少数案件质量还有待进一步提高；案件调撤率还不够高；受各种因素影响，“执行难”问题仍然没有新的突破；涉诉信访工作的压力仍然较大。对此，我们必须采取更加有力的措施，切实加以改进。

（报告人：县人民法院院长　姚文）

四、检察院工作报告（摘要）

（2011年2月21日在县十四届人大五次会议上）

2010年主要工作

（一）强化法律监督，全面履行检察职能

依法严厉打击刑事犯罪，维护社会和谐稳定。认真履行批准逮捕、提起公诉等职责，共受理审查逮捕案件148件263人，经审查批准逮捕131件217人；受理移送审查起诉案件227件350人，经审查，提起公诉176件246人。一是突出重点，严厉打击严重刑事犯罪。共办理盗窃、抢劫、故意杀人、故意伤害、强奸、绑架等严重侵害公民财产和人身权利犯罪案件134件200人，有效打击了犯罪分子的嚣张气焰，促使社会治安明显好转，增强了群众安全感。二是创新刑事和解方式方法。认真贯彻宽严相济的刑事司法政策，对轻微刑事案件积极推行快速办理和刑事和解机制，使犯罪情节较轻、有悔罪表现的犯罪嫌疑人得到改过自新、重归社会的机会。共对12名犯罪嫌疑人作出不起诉决定，对18名犯罪嫌疑人作出无逮捕必要不捕，通过刑事和解化解社会矛盾9件。三是坚持把化解社会矛盾贯穿于执法办案始终。进一步落实首办责任制，完善检察长接待日制度和干警轮流接访制度，加强对社会矛盾、执法办案风险的分析和评估，建立涉检信访处理和化解工作机制，对执法中可能引发的不稳定因素加以分析，及时把问题解决在萌芽状态。

深入查办职务犯罪，努力为经济社会发展创造良好环境。我院以办案为中心，统筹兼顾办案数量、质量、效率和效果，积极开展案件查办工作。共立案侦查职务犯罪案件 9 件 10 人，其中贪污贿赂案件 7 件 8 人，渎职案件 2 件 2 人；查办副科级干部 1 件 1 人；侦查侦结移送审查起诉案件 8 件 9 人；有罪判决 6 件 7 人。一是突出办案重点，切实加大查办力度。坚持以打击危害民生和群众反映强烈的职务犯罪案件为重点，加强协作配合，提高发现犯罪、侦破案件的能力。共查办民政领域职务犯罪案件 3 人，群众反映强烈的涉农案件 2 件，取得了良好的法律效果和社会效果，有力地保障了中央“三农”政策及民生政策的实施。二是强化内外配合机制，提高办案效率。建立完善“分兵初查，集体评估、集中突破”的办案机制，强化责任，运用谋略，提高了办案效率，解决了办案人员不足的矛盾。建立了反贪、反渎与侦监、公诉部门的协作配合机制，加强与法院的沟通联系，确保自侦案件能在最短的时间内得到判决。三是提高办案质量，优化办案效果。通过加强办案流程管理、严格执行备案审查、撤案审批、强化办案安全的防范、建立完善执法办案风险评估预警机制等多项举措，确保了所有立案侦查的职务犯罪案件侦查终结率、移送起诉率达 100%，提起公诉的案件法院都能作出有罪判决。

全面强化诉讼监督，提高执法公信力。一是加强刑事立案和和侦查活动监督。共办理立案监督案件 7 件 7 人，向侦查机关书面提出纠正违法 8 件次，已纠正 8 件次。加大了对两类人员的监督力度，共追捕 9 人，已判决 4 人；追诉 25 人。二是加强刑事审判监督。创新监督机制、前移监督重心，积极探索运用量刑建议、检察长列席审委会方式规范法院自由裁量权的行使，把庭前监督与庭中、庭后监督有机结合起来。共向法院发出量刑建议 89 份，全部得到法院采纳。对法院判决确有错误的许某以危险方法危害公共安全案依法提起抗诉，法院重审予以改判。三是加强民事行政审判监督。共受理各类民行案件 17 件，经审查，向法院提出检察建议 10 件；开展督促起诉 2 件、支持起诉 3 件。对法院判决合法、当事人不服的，积极开展说服息诉工作，维护法律的权威，确保法律的正确实施。

（二）围绕全县工作大局，促进社会管理创新

去年，我院开展了“延伸检察触角、倾听群众诉求”“大走访”“送法下乡”，组织了 3 次大规模、大范围的大走访活动，发放检察业务知识宣传资料 8 万多份，接受群众法律咨询 800 多人次，开展图片展 60 多次。通过活动，提升了检察机关的知晓度，密切了检群关系，改进了工作作风、促进了工作发展。在两次全省政法机关公众满意度测评中，我院在全省排名有了大幅度跃升。

积极配合做好监管场所和特殊人群的管理工作。认真开展对看守所收押、释放、交付执行案件的检察，发现问题及时提出纠正意见7件；对监管场所管理不规范的情况，向执行单位发出检察建议书9件，促进了监管场所依法、文明、科学管理。突出青少年和社区矫正对象这两个重点社会群体，依托职能实施重点帮教和管理。在办理未成年人犯罪案件时，贯彻“教育、感化、挽救”的方针，采取适合未成年人身心特点的办案方式，依法保障未成年人合法权益。去年共办理未成年人犯罪案件51人，不批准逮捕10人，不起诉2人。探索社区矫正工作的方式方法，完善对社区矫正进行法律监督的措施，会同公安、司法等部门开展特殊人群的帮教工作。

（三）加强自身建设，树立良好形象

充分调整了院党组和检察委员会两套领导班子，配齐配强了反贪局长、政工科长，增强了2名党组成员，设置了2名副检察长级专职检察委会委员，新增了2名检委会委员，一次性解决班子成员正科级待遇5人，调整充实中层干部9人，增强了班子的生机与活力。班子成员各司其职，思想上交流沟通，工作上分工合作，确保了全院各项工作的顺利开展。

检察形象有新变化。积极开展检务督察工作，抓好苗头性问题，确保机关正常运转，管理有序，防止影响检察形象的问题发生。强化检察宣传，深化检务公开，拓宽与基层群众的联系渠道，使社会各界了解检察工作职能和工作流程。去年，我院再次荣获省级文明单位称号，有2个集体、5个个人被上级部门记功嘉奖，并继续保持检察机关重建以来无干警违法违纪、无办案安全事故的记录。

（四）始终坚持党委领导，依法接受各界监督

始终坚持党的领导。一年来，我们对检察工作中的重大事项主动向县委请示汇报。无论是查办案件，还是开展队伍建设、基础保障工作，始终依靠县委的正确领导和支持。

依法接受人大监督。主动将检察工作置于人大及其常委会监督之下，检察工作的重大部署及时向人大常委会专题报告，落实人大监督。对人大代表的议案、建议、转交的案件、事项，落实专人，限时办结并回复。

自觉接受社会监督。加强与社会各界人士的联络，虚心听取政协委员、人民群众对检察工作的意见。继续推进人民监督员工作，强化人民监督员对查办职务犯罪的监督。大力推行“阳光检务”，增强检察工作透明度，保障人民群众的知情权、参与权、表达权、监督权。重视接受社会舆论监督，把互联网等媒体作为听民声、察民意的重要渠道，主动回应社会关切。

过去的一年，尽管我们取得了一定成绩，但不足是明显的。比如工作摆布上，重视了公众满意度测评、干部职级待遇及基建等工作，对其他工作关注度不够；专门人才较少、业务发展不平

衡等问题也一直困扰着检察工作的发展。这些都要在今后的工作中逐步克服和改进。

（报告人：县人民检察院检察长　吴伯翔）

决定决议

一、关于广丰县国民经济和社会发展第十二个五年规划纲要的决议

（2011 年 2 月 22 日县十四届人大五次会议通过）

广丰县第十四届人民代表大会第五次会议，审议了《广丰县国民经济和社会发展第十二个五年规划纲要（草案）》。决定批准《广丰县国民经济和社会发展第十二个五年规划纲要（草案）》。

会议认为：纲要提出的“十二五”时期我县国民经济和社会发展的指导思想、奋斗目标、主要任务以及具体措施，纲目清晰，体系完备，措施得力，承前启后，催人奋进，全方位体现了科学发展、和谐发展和绿色发展的要求，符合我县改革开放和现代化建设的实际。

会议要求，全县人民要坚持以邓小平理论和“三个代表”重要思想为指导，认真贯彻党的十七大和十七届五中全会精神，全面落实科学发展观，在中共广丰县委的领导下，振奋精神，奋发努力，与时俱进，开拓创新，为实现我县国民经济和社会发展“十二五”规划目标而努力奋斗！

二、关于广丰县 2010 年财政预算执行情况与 2011 年财政预算的决议

（2011 年 2 月 22 日县十四届人大五次会议通过）

县十四届人大五次会议审查了县人民政府提出的《关于广丰县 2010 年财政预算执行情况与 2011 年财政预算草案的报告》。会议同意县十四届人大五次会议计划预算审查委员会的审查报告，同意县人民政府《关于广丰县 2010 年财政预算执行情况与 2011 年财政预算草案的报告》，决定批准县 2011 年财政预算。

附：关于县 2010 年财政预算执行情况和 2011 年财政预算草案的审查报告（摘要）

（一）关于 2010 年财政预算执行情况

收入预算执行情况：2010 年全县财政收入 185000 万元，完成调整计划的 100%，比上年决

算数增长 34.5%；一般预算收入 92655 万元，完成调整计划的 100%，比上年增长 42.1%。基金收入 38893 万元，完成调整计划 100%，比上年增长 191.19%。

支出预算执行情况：全县财政支出执行数为 199597 万元（不含上解支出），完成调整计划的 100%，比上年增长 30.3%。一般预算支出 163362 万元，占调整计划的 100%，比上年增长 16.9%。其中科技支出 1606 万元，增长 33.2%；教育支出 39245 万元，增长 12.6%；农、林、水事务支出 21832 万元，增长 22.7%；社会保障和就业支出 17544 万元，增长 25.6%。

（二）关于 2011 年财政预算草案

县人民政府提出的 2011 年财政预算草案中，全县财政总收入预算为 226000 万元，比上年执行数增长 22.2%。一般预算收入 100200 万元，比上年执行数增长 9.1%。一般预算收入加上转移性收入、减去转移性支出，2011 年全县可安排的财力为 170660 万元。2011 年全县预算支出安排 170660，比上年计划数增长 34.7%，收支平衡。

第三节 县（区）第十五届人民代表大会

县第十五届人民代表大会，届期共举行代表会议7次，其中，第四次会议和第五次会议相隔5个月，因有重要人选及其他工作事项，须届期增开代表大会是符合法律规定的。届中的区年度财政预算执行情况和财政预算草案的审查报告，编入“决定决议”栏目中。

一、第一次会议

县十五届人大一次会议于2011年9月3日至5日在县人民法院会议中心举行。本届应有人大代表256名，出席本次会议实有代表256名。在本县的省人大代表、县政协委员、县直机关各单位负责人、县人大机关内设机构有关负责人等152名（不含政协委员人数）列席了会议；特邀出席会议人员44名。

附：县十五届人大代表名单（按姓氏笔画排列）

永丰街道（23名）

毛志洪 卢文喜 叶冬英（女） 江祥立 刘卫根 刘旭涛 刘丽琴（女） 汪继东 余锡恭 邵银堂 周开旺 周重明 周清华 周雪美（女） 郑云水 郑通满 罗剑红（女） 诸荣艳 傅奕明 傅真方 潘明华 潘丽娜（女） 潘是穆

洋口镇（18名）

王水月（女） 厉康宁 吕国华 刘少珍（女） 刘德华 吴黎民 邵子成 邵小亭 陈小兵 张荣权 郑茂贵 郑德龙 林起伟 罗清海 徐广红（女） 黄依欣 程武华 廖文华

五都镇（19名）

王建华 刘志福 刘荣清 张文艺 张龙飞 余彦伟 余建敏（女） 余敏建 吴邦福 吴宗福 陈邦洪 何金水 周守勤 俞娇媇（女） 俞莉敏（女） 俞青仙（女） 倪美堂 高日炎 夏有仁

霞峰镇（11名）

毛小东 方笑珍（女） 刘玉品（女） 刘玉芳（女） 李全堂 李积林 陈光辉 周兴旺

罗剑锋　黄晨光　韩简溪

枧底镇（8名）

卫乐平　王忠毅　王智丰　张小东　郑敏强　周国英（女）夏冬美（女）徐文河

芦林街道（10名）

王　蒙（女）方有水　刘金林　邵信水　杨维水　周顶荣　俞菊芳（女）徐常发　韩　平
曾劭燕（女）

丰溪街道（12名）

毛祥文　占王剑　刘凤花（女）阮祥华　余文土　吴祥国　吴华辉　严剑飚　俞国堂
徐寿高　蒋丽涛（女）潘松青

大石乡（10名）

刘顺全　张飞斌　杨美芳（女）周永红　胡衰才　徐存国　徐启敏　韩奀娥（女）
韩诗富　潘荣华

下溪镇（10名）

叶恭鹏　刘顺银　张武达　余诗荷（女）周志刚　林　辉　徐少玲　徐新华　夏旭辉
程　霞（女）

壶峤镇（9名）

杨　晖　杨小林　严卫华　吴贞河　周小林　周厚贵　周竞梅（女）祝家礼　鲍小红

湖丰镇（10名）

刘月林　刘旭洲　吴珍凤（女）俞杨钟　洪常艳（女）徐督生　徐腮美　翁贤标　龚中共
程雪美（女）

大南镇（8名）

叶　丹（女）宁晓华　皮晓瑶（女）张　华　严如彬　陈太贤　郑书礼　徐林峰

吴村镇（11名）

毛建明　占金媛（女）巩宪进　陈　芳（女）陈国龙　应道智　林艳芳（女）
范丽红（女）姚　文　祝显树　曾生华

排山镇（11名）

刘汉春　李剑波　张文茂　余丽娜（女）余锡华　陈肖屹　陈青梅（女）林传松
徐小娟（女）徐利火　鲍志华

东阳乡（8名）

王青海　王慧明　纪云水　杨秋英（女）杨振旺　张素珍（女）周开满　曾中华

泉波镇（10名）

王小华　刘晓芳（女）　吕东水　朱丽娜（女）　苏利福　周　鹏　祝青梅（女）

俞秋香（女）　徐安平　韩祥华

毛村镇（8名）

毛忠华　毛晔华（女）　刘康凛　吕素芳（女）　张青华　洪强明　俞剑波　徐少云（女）

嵩峰乡（8名）

毛美芳（女）　张文木　汪耀光　郑建平　郑明海　徐成华　徐秀菊（女）　潘小丽（女）

桐畈镇（13名）

王　杨　王青山　毛小英（女）　许晓红（女）　汪德成　杨金华　周龙树　徐云华

徐智红（女）　黄宗敏　董永平　陶少敏（女）　颜希高

沙田镇（11名）

卢小云　阮承有　汤金菊（女）　杨　绥　苏卫红（女）　张处平　张建国　张福兴　郑秉权

祝建正　廖园丝（女）

横山镇（12名）

刘小雨　刘建红（女）　李树峰　吴伯翔　张棉华　周小兵　俞立峰　钟方和　夏剑波

黄芬芳（女）　蒋小芳（女）　蒋书武

少阳乡（8名）

王贞飞　毛丽霞（女）　刘　莹（女）　汪小青　郑明华　俞永贵　徐丽英（女）　夏新年

铜钹山镇（8名）

李元涛　连春宝　陈金良　夏莲彩（女）　施方全　黄卫红（女）　黄正文　颜显高

大会议程

一、听取和审议县人民政府代县长邵小亭关于政府的工作报告；二、听取和审议县人大常委会副主任郑德龙关于县人大常委会的工作报告；三、听取和审议县人民法院院长姚文关于县人民法院的工作报告；四、听取和审议县人民检察院检察长吴伯翔关于县人民检察院的工作报告；五、选举和产生新一届县人大常委会组成人员，主任、副主任、委员：县人民政府县长、副县长；县人民法院院长、县人民检察院检察长。新一届县人大常委会主任刘月林，副主任潘荣华、王忠毅、韩祥华、郑建平、郑明华、杨绥，委员（17人、名单略）；县人民政府县长邵小亭，副县长周开旺、石斌、郑铭、王华安、王建华、曹海燕（女）；县人民法院院长姚文、县人民检察院检察长吴伯翔（需报市检察院检察长提请市人大常委会批准任命）；六、选举县出席市第三届人民代表大会代表（53 人、名单略）；七、通过上述工作报告的决议。大会结束时，县委书记倪美堂作讲话。

组织领导

一、主席团成员和秘书长名单

主席团（43 名，按姓氏笔画排列）

方有水　王忠毅　毛晔华（女）　叶　丹（女）　占王剑　皮晓瑶（女）　吕国华　巩宪进　刘月林　刘旭洲　刘旭涛　李元涛　李剑波　李树锋　李积林　杨　绥　邵小亭　陈金良　余彦伟　严剑飚　张建国　周开旺　周兴旺　周守勤　周重明　郑明华　郑建平　郑通满　林传松　胡奕才　祝建正　洪强明　俞菊芳（女）　倪美堂　徐新华　陶少敏（女）　龚中共　曾生华　董永平　韩祥华　廖文华　潘明华　潘荣华

秘书长：潘荣华

二、主席团常务主席名单

倪美堂　邵小亭　方有水　刘月林　周重明　皮晓瑶（女）　潘荣华　王忠毅　韩祥华　郑建平　郑明华　杨　绥

三、议案审查委员会名单

主任委员：　郑明华

副主任委员：　徐新华

委　员：（按姓氏笔画排列）

毛晔华（女）　刘旭涛　余彦伟　郑通满　陶少敏（女）

四、副秘书长名单

周兴旺　包晓辉　俞英发

工作报告

一、政府工作报告（摘要）

（2011 年 9 月 4 日在县十五届人大一次会议上）

五年来的工作回顾

（一）综合实力明显增强。2010 年，全县生产总值达到 151.02 亿元，是 2006 年的 1.74 倍，年均增长 14.79%；财政收入达到 18.5 亿元，保持全市第一、位居全省第五，是 2006 年的 2.17 倍，年均增长 21.4%。财政收入占 GDP 比重从 2006 年的 9.8% 提高到 12.3%，上升了 2.5 个百分点；税收收入占财政收入比重从 2006 年的 76.5% 提高到 86.7%，上升了 10.2 个百分点，高出全省平均水平 2.4 个百分点。乡镇经济快速发展，所有乡镇（街道）实现了财税过千万元，其中 5000 万元以上有 7 个，洋口镇、湖丰镇过亿元，永丰街道突破 2 亿元。综合竞争力稳步提高，在全国县域经济基本竞争力评比中，居中部百强县第 53 位，全国第 285 位。

（二）产业结构明显优化。工业主导地位进一步凸现，工业对地方财政增长的贡献率达 80.2%。2010 年，规模以上工业总产值达 204.94 亿元，年均增长 31.16%；工业用电量达 4.75 亿度，年均增长 10.55%；广丰卷烟厂实现税收收入 5.35 亿元，较 2006 年增长了 2.2 亿元。三大百亿产业强力推进，2.5 平方公里的黑滑石产业基地批准为省级产业基地；成功引进总投资 30 亿元的中利再生资源基地项目；新能源产业汇聚了中投、久顺、宇博等龙头型企业，被评为“中国新能源产业百强县”。大力发展特色农业，形成了马家柚、天桂梨、白耳黄鸡三大农业主导产业，其中马家柚种植面积逾 5 万亩，被评为“国家地理标志产品”，成为全市首次写入省委、省政府文件的单个农业项目。现代服务业更加繁荣。铜钹山国家森林公园被评为国家 AAA 级旅游景区和省级自然保护区，品牌效应显现。2010 年，社会消费品零售总额达 28.46 亿元，较 2006 年翻了一番，年均增长 19.37%。三次产业比例不断优化，结构比从 2006 年的 12.14∶53.23∶34.63 调整为 10.66∶53.07∶36.27。

（三）发展基础明显夯实。城乡面貌不断改善，完成了铜钹山大道（一期）、芦洲大道、大塘路等一批重点路网工程，完成了西溪河、中大街、园丁路等一批老城区改造项目，完成了二水厂扩建、城市污水处理厂、县医院搬迁等一批配套功能设施。县城建成区面积达 21 平方公里，人口达 21.5 万。全县城镇化率达 49%，高出全省平均水平 4.2 个百分点。加大了基础设施投入力度，农田水利、交通网络、供电设施等不断完善，2010 年全社会固定资产投资总额达到 102.82 亿元，是 2006 年的 3.67 倍，年均增长 38.46%。

（四）改革开放明显加快。全面推进了国有、集体企业改制工作，改制面达 90% 以上，解决了一大批历史遗留问题。开放型经济发展取得重大突破，累计引进5000万以上工业项目95个，县域经济活力明显增强。全县民营企业纳税达9.2亿元，是2006年的5.38倍。工业园区被评为全省先进工业园区，是全省一类管理园区、省级民营科技园、省级生态工业园区试点单位及全省唯一的县级“台商创业园”。全县年纳税过百万元以上的企业共有114家，其中纳税过千万元的企业达21家。

（五）民生福祉明显改善。2010年，民生方面财政支出达10.39亿元，是2006年的2.71倍，年均增长28.3%。社会保障体系日趋完善，社会救助体系更加健全，城乡低保实现应保尽保，农村“五保户”集中供养率达到80%。加快推进棚户区（城中村）改造和保障性住房建设，在全市率先建设公租房，累计建成保障性住房2526套，困难群众住房条件得到了极大改善。

（六）社会事业明显进步。新建校舍4.5万平方米，改造学校59所，基本消灭了D类危房。积极落实基本药物、均等化服务制度，巩固了新型农村合作医疗、城镇居民基本医疗制度，提高了参合率，扩大了受益面。生态环境保护不断加强。“一大四小”造林绿化、城市污水处理、农村垃圾无害化处理等生态保护工程建设，累计投入资金3.5亿元；切实加强社会治安综合治理，严厉打击各类刑事犯罪活动，治安形势持续稳定。

（七）政府建设明显加强。换届以来，共办理人大代表建议625件，政协委员提案698件，办结率达100%。加快转变政府职能，简化办事程序，实行政务公开，行政效能明显提升。对行政许可事项进行了全面清理，保留238项、精简105项，精简幅度达30%；深入推进行政许可审批“两集中、两到位”，进驻行政中心大厅的事项达167项；大力推进政府信息公开，政务公开率达到100%；不断完善“省长信箱”“市长热线”“县长热线”办理制度，办结率达100%。进一步完善公共资源市场化交易制度，健全政府投资项目监管体系。

在肯定成绩的同时，必须正视发展中遇到的困难和问题：一是产业核心竞争力不强的问题突出，缺乏大项目、大企业、大集团的支撑和带动，产业扩大规模和改造升级的任务，迫在眉睫。二是城乡基础建设、基本功能、运行管理的问题突出，提高规划设计水平、严格规划建设审批、加大基础设施建设的任务，十分艰巨。三是瓶颈制约、要素制约的一些问题依然胶着，破解用地、用电、融资等难题的任务，特别繁重。四是民生事业的薄弱环节依然很多，增加财力、加大投入、提高水平的任务，压力倍增。面对这些困难和问题，我们深感责任重大，在今后工作中必须采取更加扎实有效的措施认真加以解决。

（报告人：县人民政府代县长　邵小亭）

二、人大常委会工作报告（摘要）

（2011年9月4日在县十五届人大一次会议上）

五年来的主要工作

（一）突出发展主题，履行监督职能有了新成效

认真听取和审议专项工作报告。5年来，常委会围绕财政经济、农业农村、城建环资、内务司法、教科文卫等方面工作加强监督，听取和审议了200多个专项工作报告，提出审议意见和建议393条。在计划财政预算监督上，坚持每年听取和审议计划执行、经济运行和全年预算执行及调整情况的报告；审查批准财政预决算执行和其他财政收支情况的审计报告。在支持工业发展上，审议通过了《关于政府融资议案办理及监督的意见》，多次承办省、市人大对工业园区的工作调研，有力推动了县域经济又好又快发展。在推动城市建设上，先后听取了城市污水处理、“三非”清理整治工作、城市基础设施重点工程建设等方面的工作汇报，作出了《关于同意县人民政府〈关于利用农业发展银行开发性金融借款建设西溪河改造项目贷款偿还有关事项的议案〉的决定》等6个决定、决议，促进了城市化建设进程。

创新监督方式。常委会不断探索监督方法，注重改进监督方式，对政府工作部门的年度工作进行评价测评。一届以来共进行了5次年度工作测评。在整个测评工作中，坚持现场测评，当场反馈，会后形成书面材料报送县委、县政府，并抄送县纪检、组织等部门。根据测评情况，及时调整监督计划，适时安排听取和审议专项工作报告、工作评议、执法检查、视察调研等，取得了较好的监督效果。2010年对县科技局、县统计局进行了工作评议，开展评议调查，形成评议调查报告，在人大常委会上进行审议，对被评议对象进行满意度测评，抓好评议建议整改落实，推动了被评议单位相关工作的开展。

开展民生监督。先后开展了以“安全生产、放心消费”为主题的“赣鄱农产品质量安全行”活动；以“关注健康餐桌”为主题的“广丰县食品药品安全赣鄱行”活动；以“关注农村面源污染，促进和谐新农村建设”为主题的“环保广丰行”活动。充分利用听取和审议专项工作报告、视察报告、审议意见、活动简报等多种形式，及时把农产品质量安全、食品药品安全、环境与资源保护等方面问题反映给县人民政府，推动了一批广大人民群众关注的热点、难点问题的解决，取得了良好的社会效果。

（二）围绕依法治县，加强民主法制建设有了新作为

大力开展执法检查。5年来，常委会对环保法、科技进步法、建筑法等20多部法律法规在我县的实施情况进行了检查，配合省、市人大开展了10余次执法检查。继续深化司法监督，加

强了对县人民法院、人民检察院年度工作报告实施情况监督，听取和审议了人民陪审员工作、公证、监所检察等专项工作报告，对存在问题提出了针对性审议意见。组织视察了县天网工程建设、看守所、交警工作等，组织代表参加了法院“公开日”和代表旁听庭审活动，召开了法律顾问组座谈会和人民陪审员座谈会，充分履行了县人大常委会司法监督职能。

加强人大信访监督。常委会十分重视人民群众的来信来访，把群众反映强烈的突出问题作为监督工作的重要内容，成立了信访工作领导小组，认真做好人民群众来信来访工作，充分发挥人大信访的监督功能。5 年来，共受理涉法涉诉等方面的来信 700 多件，来访 1200 余人次，信访登记、接访群众、责任落实、办理回复率均达 100%，支持和引导群众以合法合理的方式表达自己的利益诉求，督促解决了一大批疑难问题，有力维护了社会稳定。

（三）依法规范程序，人事任免工作有了新风貌

常委会坚持对提请任命人员的任前法律知识考试、任前供职、任中审议和任后监督等制度。5 年来，依法任命县人民政府副县长 5 名、审判机关工作人员 13 名、检察机关工作人员 9 名、县人大常委会机关工作人员 8 名、政府组成部门负责人 35 名、人民陪审员 36 名，免去县人大常委会机关工作人员 7 名、政府组成部门负责人 5 名、审判机关工作人员 6 名、检察机关工作人员 1 名，为全县经济社会事业发展提供了有力的组织保证。

（四）加强代表工作，发挥代表作用有了新举措

强化培训，提高代表素质。先后邀请了全国人大外侨委陈寒枫、全国人大法工委巡视员何山、省人大选任联工委主任吴会清等专家，分别就人民代表大会制度和监督法、物权法、代表法等相关法律法规及人大工作业务知识进行了解读；举办了纪念代表法颁布 15 周年法律知识竞赛。

规范工作，激发履职活力。坚持评先创优，5 年来共表彰了 104 名优秀县人大代表、10 件优秀人大代表建议。加大代表履职情况宣传，每月办好一期“人大代表”宣传专题，每年在人民代表大会期间刊播“代表风采”，对 80 多位代表的先进事迹进行了宣传。举办了广丰县历届人大代表庆祝中华人民共和国成立 60 周年茶话会。编制了县人大常委会设立 30 周年的人大代表纪念册。通过建章立制、评先创优、宣传代表等工作，实现了代表工作经常化、制度化，进一步激发了履职活力。

搭建平台，发挥代表作用。坚持通过搭建代表在闭会期间的履职平台，开展代表活动，发挥代表在监督工作中的主体作用。开展了“代表向选民述职”和代表“六个一”活动，搭起了人大代表在闭会期间履职的舞台。创建“人大代表之家”。从 2010 年开始在各乡（镇、街道）创建“人大代表之家”，为驻县的省、市人大代表和县、乡人大代表开展形式多样的代表活动提供平台，进一步激发乡（镇、街道）组织代表开展闭会期间活动的自觉性和主动性。

（五）注重自身建设，履职能力有了新加强

认真学习，提高依法履职素质。坚持把学习作为每次人大常委会的一项议程，坚持机关学习日制度，集中学习法律法规、党的政策及上级人大会议精神。5年来，共组织了90多次集中学习。积极参加全国人大和省、市人大的学习培训13次。为满足机关干部学习需要，不断加强了机关图书阅览室建设。

强化宣传，增强人大工作透明度。5年来，有300多篇稿件被各级媒体刊物刊用，有6篇新闻稿件获奖。常委会机关多次被省人大评为“宣传工作先进单位”。开展了常委会成立30周年纪念活动，举办了以“走进人大”为主题的依法履职成果展。创办了内部刊物《广丰人大》，建设了县人大常委会网站，较好地宣传了全县各级人大工作。

加强指导，夯实人大基层基础。坚持实行常委会工作机构联系乡（镇）、街道人大工作制度；坚持每年对年度乡（镇）、街道人大工作先进单位进行表彰，树立了典型，增强了乡（镇）、街道人大做好人大工作的信心；先后在大南、丰溪街道等12个乡（镇）或街道召开了全县乡（镇）、街道人大工作现场会，达到了各乡（镇）、街道人大相互学习、共同提高的目的；依法指导乡（镇）召开人民代表大会，加强了基层政权建设。

扩大交流，深化对外工作联系。常委会注重同省、市人大和周边县、市人大的交流与沟通。坚持每年参加四省八县（市）人大工作联席会和省、市人大常委会组织的对口联系工作会议，召开了各工委对口联系座谈会。多次接待了省、市及外县（市、区）人大的考察调研，交流了工作经验。组织外出学习考察，增长了见识，对改进我县人大工作起到了积极的作用。

（六）科学指导，圆满完成县乡人大代表换届选举

县乡人大代表换届选举工作，自2011年2月开始，于7月底结束，依法选举产生了新一届256名县人大代表和1266名乡（镇）人大代表。在宣传动员、骨干培训、材料准备、工作机构设置、选区划分、选民登记、提名酝酿、确定候选人、投票选举等各个阶段和环节，科学部署，精心组织，规范操作。常委会领导还实行了分片包干、分工负责的工作责任制，及时深入选区了解情况，指导工作，对带有普遍性和倾向性的问题及时研究解决，确保换届选举依法进行，为我县政治制度建设和基层政权建设，打下了坚实的基础。

在取得成绩的同时，我们也要高度重视工作中存在的不足和差距。人大工作如何更好地促进经济发展有待进一步探索，监督实效需要进一步增强，决策水平需要进一步提高，代表工作和自身建设有待进一步加强。

（报告人：县人大常委会副主任　郑德龙）

三、法院工作报告（摘要）

（2011 年 9 月 4 日在县十五届人大一次会议上）

五年来的工作回顾

（一）坚持围绕大局开展审判执行工作，在促进社会和谐稳定上取得了新成绩

坚持能动司法，坚持为大局服务，积极开展审判执行工作。5 年来（截至 2011 年 7 月，下同），受理各类诉讼、执行案件 15699 件，审、执结 14607 件，结案率为 95%，与前 5 年受理 10016 件和结案 9772 件相比，分别增长了 53.6% 和 49.5%。依法惩罚刑事犯罪，维护社会和谐稳定。5 年来受理刑事案件 1013 件，审结 973 件 1511 人。坚持“严打”方针，依法审理了抢劫、抢夺、绑架、盗窃等严重影响人民群众安全感的暴力犯罪、多发性犯罪案件 398 件 679 人，判处 5 年以上有期徒刑 148 人；继续加大对贪污贿赂渎职等职务犯罪的打击力度，审理此类案件 34 件 49 人，对其中的 27 件 38 人判处了有期徒刑。坚持宽严相济的刑事政策，对情节轻微的初犯、偶犯、过失犯和少年犯，依法从轻、减轻或免除处罚，其中，宣告适用缓刑 275 人，缓刑率为 18.2%；免予刑事处罚 20 人。

依法平等保护自然人、法人和其他组织的民事权利，促进经济发展与社会和谐。5 年来，受理民商事案件 10479 件，审结 10056 件，依法审理金融、房地产、贷款等合同纠纷案件 4453 件，积极为经济发展提供司法保障；妥善审理婚姻家庭、财产继承、社区邻里纠纷案件 2782 件，促进了家庭和睦、邻里和谐；依法审理农村土地流转、农民工工资案件 485 件，努力服务“三农”建设。

坚持“调解优先、调判结合”，建立院长巡回调解示范机制，由院长、分管副院长参与调解实际行动，推动主审人、合议庭、庭长层层抓调解；设立调解办公室，将化解纠纷的“阵地”前移到立案窗口；积极开展人民调解协议司法确认工作，推进诉讼调解与行政调解、人民调解“三调联动”，全面促进社会和谐。5 年来，民商事案件调解、撤诉结案 6221 件，调解、撤诉率达 61.9%，与前 5 年的 51.4% 相比，增长了 10.5 个百分点。2011 年 1—7 月，依法确认人民调解协议 23 件。

监督和支持行政机关依法行政，保护公民、法人和其他组织合法权益。5 年来，受理不服治安处罚、山林确权等行政诉讼案件 58 件，审结 53 件，与前 5 年受理 27 件和审结 25 件相比，分别增长了 115% 和 112%。其中，判决支持行政裁决 10 件，通过协调由原告撤回起诉 21 件，判决撤销行政裁决 22 件；审查行政强制执行申请 692 件，准予执行 539 件，执结 537 件，其中征收社会抚养费案件 476 件，积极稳妥地推进了全县依法行政工作。

加强和改进执行工作，最大限度实现生效裁判所确认的权益，维护司法权威。紧紧依靠县委的正确领导，县人大的监督，县政府、县政协以及社会各界的支持，建立健全执行联动机制、执行110机制等执行长效机制，探索财产调查、财产保全、悬赏执行等执行新方法，依法运用好拘留、罚款等强制手段，依法制裁规避执行行为，努力促进收结案良性循环。5年来，受理执行案件2602件，执结2296件，与前5年受理2057件和执结1870件相比，增长了26.5%和22.8%，执行到位2.15亿元。

建立申诉信访与审判监督联动，认真解决申诉难和信访难问题。严格落实“四定一包”、院长接待日、信访值班等信访工作机制，坚持法官“下访”，并充分运用教育、协调、救济等手段，进行情、理、法沟通，努力解决涉诉信访难题。同时，对可能存在裁判错误的16件案件依法再审，审结13件，与前5年受理71件和审结68件相比，分别下降了77.5%和80.9%；其中，对确有错误或提供新证据的7件案件，坚决依法改判，取得了较好的司法效果。

（二）坚持以人为本开展司法服务工作，在维护社会公平正义上取得了新成效

落实公开审判。5年来，我院依法公开审判率100%，提高审判质量。积极开展审监工作转型，建立裁判文书预审核机制，使之与案件质量评查相结合，全面把握审判质量关，促进法律效果和社会效果的统一。5年来，一审案件服判息诉率达98.5%。提高司法效率。落实案件繁简分流，努力推进刑事审判简易审，不断扩大民商事案件简易程序适用范围。共对191件刑事案件进行了简易审，适用简易程序速裁民商事案件8844件，全部案件100%审限内结案。

加强司法服务。5年来，通过各种形式走访群众1500余人次，诉讼引导3000余人次，诉前保全200余件，缓、减、免交诉讼费128万元，发放执行救助金、信访救助金近百万元。法庭巡回办案2657件，巡回办案率41.2%。

积极参与社会治安综合治理。5年来，举行未成年缓刑犯法律培训、少年犯帮教100余人次；在人民法院报、江西日报各类媒体发表宣传文章1833篇，开展专题法制宣传活动100余人次，在中央电视台12套道德观察、江西电视台第5频道“法院直通车”、上饶电视台“说事”等电视栏目播出多起案例，引起了社会强烈反响。

（三）坚持德才兼备、廉洁规范抓队伍建设，在增强司法能力、促进科学发展上有了新成就

狠抓思想政治教育。深入开展学习实践科学发展观、创先争优、“人民法官为人民”等主题实践活动，狠抓思想政治教育，加强学习型党组织建设，坚持以党建带队建，牢固树立科学发展理念和社会主义法治理念，确保正确的政治方向。

突出司法业务教育。5年来，专项培训200余人次，开展庭审观摩、法官讲座、法警训练等120余次，6名干部通过了司法考试，2名干部取得了法律硕士学位，在各类刊物上发表调研文章165篇，其中在全国、全省法院学术研讨会上获奖13篇。

严格审判管理。落实立案、审判、执行以及审鉴、执鉴工作相互分离机制，明确立案、审监部门的审判管理职责，加大对司法权限的监管力度；建立健全“目标管理一把尺子、计划运行两张表格、工作推进三项通报、督促检查两支队伍”为主要内容的管理模式，坚持以绩效考评统领各项工作，用两张表格综合调度日常工作和重点工作，由绩效管理办公室和督查组负责跟踪管理审判工作、政务工作和内务工作，并逐月实名通报，使之责任到庭、到人，确保了工作效率。5年来，我院一线法官年人均办案65件，居全市法院第一位。

（四）围绕接受监督优化司法环境，在增进司法民主、促进公正执法上取得了新进步

认真贯彻落实《监督法》，自觉接受县人大及其常委会的监督。5年来，在向县人大认真报告年度工作的同时，先后向县人大常委会报告了刑事、执行、民事、监督、人民陪审员等5大专项工作，有18名业务庭负责人以上法官向县人大常委会述职报告了工作，并按照县人大常委会的审议意见，认真整改；认真办理县人大批示转办件和人大代表建议、政协委员提案，做到件件有结果，事事有反馈。5年来，邀请人大代表、政协委员、民主党派人士视察、座谈工作和观摩庭审280余人次。还从人大代表、政协委员中聘请了12名司法监督员，增强接受监督的针对性和有效性。

认真落实人民陪审员制度。5年来，组织人民陪审员专项培训200余人次，邀请人民陪审员参与审理一审普通程序案件1823件，陪审率达95.9%，并根据人民陪审员实际陪审件次，逐年核发了陪审员的误工补贴。加强与检察机关工作联系。建立法检两长联席会议制度和邀请检察长列席审委会制度，认真听取检察机关提出的检察建议，及时检查和纠正案件审判过程中存在的问题，确保办案程序合法，裁判实体公正。

5年来，我院各项工作取得了新的成绩，先后获得了全国维护妇女儿童合法权益先进集体、全省维护妇女合法权益工作十佳先进单位、全省法院文化建设示范单位、全省法院调研先进集体、档案工作规范化管理省一级单位、连续三届全市优秀法院等荣誉，涌现出了全省优秀法庭、全市优秀法庭等一批先进集体，全省法院优秀法官、调解能手等一批先进个人；我院公众满意度始终排名全市法院前列，并一度获得全市法院第1名的好成绩。

5年来，我院审判办公条件有了新改善，2个法庭新建了办公楼，1个法庭的新办公楼正在筹建中，其他法庭的办公楼得到了及时修缮，全院新添空调、电脑、打印机等100余部，更新警车20辆，与上级法院联系的三级专网、视频会议初步建成，在全市法院中率先建成了一个集同

步录音录像、证据展示等多种功能的数字法庭；全院绿化工作全面展开，法院及各法庭均建成了花园式庭园。

在看到成绩的同时，法院工作与各级领导和广大人民群众的要求还有一定的差距。少数法官素质不高，能动司法意识不强；少数案件审判质量不够高，审理、执行周期过长；受各种因素影响，执行难的问题仍然存在，涉诉信访工作的压力依然很大；新录优秀法律人才流失较严重，法官断层、审判人员不足现象较为突出。对此，我们必须紧紧依靠县委的正确领导、县人大及其常委会的有效监督、县政府、政协和社会各界的大力支持，采取更加有力的措施，切实加以改进。

（报告人：县人民法院院长　姚文）

四、检察院工作报告（摘要）

（2011 年 9 月 4 日在县十五届人大一次会议上）

五年来的工作回顾

（一）以服务全县经济社会发展为中心，全面依法履行各项法律监督职能

依法打击严重刑事犯罪，努力维护社会和谐稳定。5 年来，共受理审查逮捕案件 789 件 1420 人，经审查批准逮捕 704 件 1217 人；受理审查起诉案件 1066 件 1685 人，经审查提起公诉 861 件 1323 人。一方面突出打击重点，重点打击危害公共安全犯罪、严重暴力犯罪、多发性侵财犯罪和涉众型经济犯罪等严重影响社会稳定的犯罪。共办理盗窃、抢劫、故意杀人、故意伤害、强奸、绑架等案件 564 件 877 人，有效打击了犯罪分子的嚣张气焰，促使社会治安明显好转。另一方面认真贯彻宽严相济刑事司法政策，最大限度地化消极因素为积极因素，对轻微犯罪落实依法从宽政策。共对 49 名依法不需要判处刑罚或者免除刑罚的犯罪嫌疑人作出不起诉决定，对 67 名犯罪嫌疑人作出无逮捕必要不捕决定。

深入查办职务犯罪案件，努力推进反腐倡廉建设。5 年来，共立案查办各类职务犯罪案件 35 件 45 人，其中贪污贿赂案件 27 件 35 人，渎职侵权案件 8 件 10 人。一是集中力量查办大要案。坚持把查办数额大、影响大、震动大的案件作为办案重点，共立查大案 16 件 20 人，科级干部 10 人。相继查办了县工业园区办公室主任顾慧等贪污、受贿、挪用公款的窝案、串案，县经贸委主任许升平受贿、滥用职权等重大案件。二是突出查办涉及民生问题的案件。立案查处了城镇建设、征地拆迁、医疗卫生、环境保护、新农村建设等民生领域的职务犯罪嫌疑人 24 人，依法迅速介入重大责任事故调查 3 件。三是狠抓办案质量和安全。5 年来，我院查办的职务犯罪案件起诉率和法院有罪判决率均为 100%，得到了上级检察机关的肯定，有的案件还被评为“全省检察机关十大精品案件”，继续确保了办案安全 30 多年来无事故的记录。

强化对诉讼活动的监督，努力维护司法公正。一是刑事立案和侦查活动监督进一步加强。共监督侦查机关立案 6 人，纠正漏捕 53 人、纠正漏诉 84 人，对侦查机关在侦查活动中的违法情况提出纠正意见 24 件次。不断推行行政执法与刑事司法相衔接，与有关行政执法部门建立联席会议和案件移交制度，共建议向侦查机关移送案件 2 件，及时有效地防止以罚代刑情况出现。二是刑事审判监督创新发展。5 年来，依法对法院判决确有错误案件 3 件提起抗诉，法院改判 2 件，纠正审判活动违法 17 件。三是民事审判和行政诉讼监督稳步推进。共受理民事行政咨询、申诉案件 45 件，立案审查 24 件，向法院发再审检察建议 15 件。对法院正确的裁判，注意做好申诉人的服判息诉工作，共息诉 19 件，取得了良好的社会效果。

（二）以延伸检察触角为手段，努力化解社会矛盾，促进社会管理创新

努力化解社会矛盾。加强不批捕、不起诉、不抗诉等环节说理工作，做到案结事了人和。如我院受理审查郑某与其同胞兄弟因宅基地纠纷故意伤害一案时，鉴于当事人系亲属关系，且犯罪情节轻微，开展对当事人释理说法，促使双方达成了和解协议，取得了良好效果。坚持检察长接待日制度和首办责任制，努力把问题解决在首次办理环节，解决在基层，做到案结事了、息诉罢访。

积极参与社会管理创新。积极参与扫黑除恶、治安整治“百日行动”等专项活动，推动社会治安防控体系的完善。积极开展“延伸检察触角、倾听群众诉求”“大走访”等多项亲民爱民活动，组织干警深入企业、乡镇、社区和农户，设立法律咨询台，听民声，察民情，解民忧。共组织大规模、大范围的大走访活动 8 次，发放宣传资料 10 多万份，开展图片展 300 多次，接受群众法律咨询上千人次，解决群众实际问题百余件。通过活动，既预防和减少了犯罪，推进了平安广丰建设，又提升了检察机关的知晓度，密切了检群关系。

积极配合做好监管场所和特殊人群的管理工作。注重保护在押人员合法权益，对监管人员的不规范行为，提出纠正意见 11 件次，初查监管人员违法案件 3 件，促进了监管场所依法、文明、科学管理。加强对社区矫正的法律监督，协助基层组织做好对特殊人群的矫正帮教。完善适合未成年人身心特点的办案方式及制度，加强教育、感化、挽救，尽量帮助涉案未成年人改过自新、回归社会。5 年来，对 54 名未成年犯罪嫌疑人作出不捕不诉决定，其中有 6 名在校生考取了大学，得到了社会和嫌疑人家属的认同。

扎实开展预防职务犯罪工作。充分利用检察建议、开展法制宣传教育等方式，扎实推进职务犯罪预防工作。深入有关单位举办法制讲座 19 次，开展警示教育 12 次，召开预防职务犯罪工作联席会议 4 次，向有关单位提供预防职务犯罪建议 63 份，较好地帮助这些单位堵漏建制。注重县域重大建设项目的法律监督，推进城镇化建设健康发展。参与监督重大工程招投标活动 10 余

次，开展行贿犯罪档案查询工作202件，保证了工程建设与廉政建设同步实施。

（三）以提高政治素质、执法能力和执法形象为重点，加强检察队伍和检务保障建设

全面提升队伍整体素质。始终保持好队伍的凝聚力和战斗力。干警的执法思想、执法观念、执法作风都有了明显改善和提高，继续保持了检察机关重建以来干警无违法违纪问题的发生。积极参加各种检察业务培训，认真开展岗位练兵与执法技能竞赛、优秀调研成果评选等活动，提高整体业务素质，培养业务尖子。5年来，先后派出185人次参加国家、省、市级各类培训班进行脱产培训，有2人获得法律专业硕士研究生学历，9人顺利通过国家司法考试，3名干警获市级以上办案能手、业务尖子称号。同时充实办案力量，面向社会招录优秀检察人才10人。

全力营造良好检察形象。坚持党建带队建，队建促工作，充分发挥党员干部的模范带头、团结战斗作用，树立勤俭爱民、艰苦奋斗、秉公执法、清正廉洁的良好形象。党建工作得到了市委的肯定，被确定为“基层党建示范点”。坚持文化育检，加强窗口建设，推广文明用语，规范检风检貌，开展丰富多彩的文体娱乐活动，优化办公办案环境，多角度展现检察机关文明形象。多次被评为县、市文明窗口、文明单位，连续两届被授予“全省文明单位”荣誉称号。坚持检务公开，积极开展大走访活动，听取民声，提高检察机关在群众中的知晓度，不断提升群众满意度。在全省政法机关公众满意度测评中，我院取得了较好成绩，今年被授予“全省检察机关人民满意单位”称号。

在肯定成绩的同时，我们也认识到工作中的差距。如执法理念、执法能力和执法作风还不能适应新时期检察工作的需要；法律监督职能作用的发挥还不够充分、有效，亮点不够；人员素质不高、办案力量不足、经费紧张等问题依然存在，有待我们在今后工作中认真加以解决。

（报告人：县人民检察院检察长　吴伯翔）

二、第二次会议

县十五届人大二次会议于2012年2月27日至29日在县人民法院会议中心举行。本届应有人大代表256名，第一次会议后，根据工作需要，按照有关法律，在毛村镇选区补选郑日贵为十五届人大代表。出席本次会议的实有代表257名。在本县的省、市人大代表、县政协委员、县直机关各单位负责人、县人大机关内设机构有关负责人175名（不含政协委员人数）列席了会议；特邀出席会议人员45名。

大会议程

一、听取和审议县人民政府县长邵小亭关于政府的工作报告；二、审查和批准县2011年国民经济和社会发展计划草案的报告，批准县2012年国民经济和社会发展计划；三、审查和批准县2011年财政预算执行情况与2012年财政预算草案的报告，批准县2012年财政预算；四、听取和审议县人大常委会主任刘月林关于县人大常委会的工作报告；五、听取和审议县人民法院院长姚文关于县人民法院的工作报告；六、听取和审议县人民检察院检察长吴伯翔关于县人民检察院的工作报告；七、补选郑日贵为县十五届人大常委会副主任；八、通过上述工作报告的决议。大会结束时，县委书记倪美堂作讲话。

组织领导

一、主席团成员和秘书长名单

主席团（42名，按姓氏笔画排列）

方有水　王青山　王忠毅　王慧明　毛晔华（女）　叶　丹（女）　皮晓瑶（女）　吕国华
巩宪进　刘月林　刘旭洲　刘旭涛　李元涛　李树锋　杨　绥　汪小青　余彦伟　严卫华
严剑飚　张建国　周永红　周兴旺　周守勤　周重明　郑日贵　郑明华　郑明海　郑建平
郑通满　郑敏强　林传松　胡奕才　俞菊芳（女）　倪美堂　徐新华　陶少敏（女）　曾生华
董永平　韩祥华　廖文华　潘明华　潘荣华

秘书长：潘荣华

二、主席团常务主席名单

倪美堂　方有水　刘月林　周重明　皮晓瑶（女）　潘荣华　王忠毅　韩祥华　郑建平
郑明华　杨　绥　郑日贵

三、计划预算审查委员会名单

主任委员：王忠毅

副主任委员：胡奕才

委　员：

王智丰　吴贞河　杨惟水　林起伟　傅衰明

四、议案审查委员会名单

主任委员：郑明华

副主任委员：徐新华

委　员：（按姓氏笔画排列）

叶　丹（女）　占王剑　周志刚　周守勤　陶少敏（女）

五、副秘书长名单：

周兴旺　包晓辉　俞英发

工作报告

一、政府工作报告（摘要）

（2012 年 2 月 28 日在县十五届人大二次会议上）

2011 年，全县实现地区生产总值 176.6 亿元，增长 16.9%；三次产业分别实现增加值 17 亿元、95.3 亿元、64.3 亿元，结构比调优为 9.62∶53.96∶36.42。财政总收入完成 23.2 亿元，增长 25.4%，其中一般预算收入完成 12.4 亿元，增长 34%，分别较 2008 年翻了一番，实现了三年翻番目标，获得省、市嘉奖。在岗职工平均工资达到 25800 元，农民人均纯收入达到 7162 元，分别增长 9.7% 和 9%。我县荣膺了“绿动·2011 中国经济十大领军城市（县级）”称号，成为江西省唯一获此殊荣的城市。

（一）坚持优化结构，产业体系更加合理

工业经济提档升级。规模以上工业企业达 89 家，其中产值过亿元的有 43 家，有 8 家企业产值超 10 亿元。完成规模以上工业总产值 270 亿元，增长 35.2%；工业用电量达 5.98 亿千瓦时，增长 25.3%。工业效益明显提升。纳税过百万的工业企业达 48 家，其中过千万的 12 家，尤其是广丰卷烟厂完成税收 6.45 亿元，明华铜业完成税收 1.8 亿元。工业对财政的贡献率达到 78.2%，工业主导地位进一步增强。新兴产业加快发展。黑滑石、新能源和循环经济三大百亿产业，规模总量不断扩大，产业基地稳步推进，集聚企业 50 余家，工业经济的支撑能力和抗风险能力不断增强。

农业经济平稳发展。大力实施农业综合开发项目，改造中低产田 5000 亩，粮食播种面积、产量稳中有升。提高农业产业化水平。大力发展马家柚，新增种植面积5万亩，总面积达6.3万亩，初步形成了五条百里果业带。着力培育农业龙头企业，有省级龙头企业9家，市级龙头企业10家，“齐力春”获得“江西省著名商标”，“镇世堂”获得“江西省名牌农产品”认证。加快发展高效生态农业。加快鹤山农业科技示范园区建设，新建农产品生产基地7.8万亩，建立了11个省级无公害农产品基地，新增注册农民专业合作社114家。

商贸经济繁荣活跃。全县各旅游景点共接待游客197.9万人（次），旅游综合收入达17.1亿元。传统服务业更加活跃。广丰新商城、黄浦名流、好嘉缘等大型综合性市场建成投入使用，“万村千乡”市场工程深入推进，农家店已覆盖所有乡镇（街道）和行政村；大力实施“家电下乡”工程，累计销售产品5.9万台（部），发放补贴1783万元。全年完成社会消费品零售总额32.7亿元，增长14.9%。金融业健康发展。年末金融机构存款余额达91.7亿元，增长12.6%；贷款余额达61.9亿元，增长20.1%；存贷比达67.5%，名列全市前茅。

（二）坚持加大投入，发展后劲日益增强

项目建设取得新进展。深入实施重大项目“十百千”工程，建立完善了项目推进工作体系。全力做好杭南长客运专线、西气东输等国家重点工程的配合工作，竹航山22万伏输变电站、博山11万伏输变电站等重点基础设施项目建成投入使用，迎宾大道、快速通道、市民中心、教育园区等重大项目前期工作加快推进。特别是广管线改造项目，从项目的报批、设计到施工、竣工，仅仅用了6个月时间，创造了全县公路建设的新速度，成为项目快速推进的典范。全年共实施500万元以上新建、续建投资项目195个，其中投资5000万元以上项目达69个，完成全社会固定资产投资123.4亿元，增长20%。

招商引资取得新成效。全年共引进（签约、开工）工业项目78个，机械设备租赁项目72个，贸易项目41个，物流项目28个。加大重点项目跟踪服务力度。全年新批外资项目9个，实际利用外资4958万美元；全年落户5000万元以上工业项目27个，实际进资22.5亿元。其中引进了天地隆铜业、瑞丰型材（二期）等13个投资亿元以上重大项目，成为推动经济发展的新生力量。

工业平台取得新突破。全年投入建设资金7500多万元，实施20项园区基础设施建设工程，提升了园区承载能力。园区运行机制不断健全。创新项目管理模式，积极探索企业参与园区电力专线等基础设施建设；加强工业用地清理，依法清理盘活工业用地500多亩。全年共有天地隆铜业、闽丰光学、久顺科技等项目建成投产，投产企业总数达145个。一年来，工业园区完成主营业务收入281.6亿元，增长24.4%，荣获“全省先进工业园区”称号。

（三）坚持统筹推进，城乡面貌持续改善

城建基础日益夯实。全年共安排重点建设项目43个，累计投入资金达40亿元。铜钹山大道（一期）、白鹤大道、桑园路等建成通车，裕丰南大道、月兔大道等加快推进，进一步完善了城市路网。县中医院、广场地下人防工程等完成主体工程，王贞白公园、残疾人服务中心等工程加快实施。以月兔广场为核心，在周边区域进行了景观亮化试点；采取市场化运作方式，规范了道路停车泊位收费管理；进一步改善了城市环境。

乡村面貌较大改观。加大水利基础设施建设，完成了27座小型病险水库除险加固，完成了大南溪防洪工程、十六都乡镇防洪工程，解决饮水困难人口4.95万人。扎实推进新农村建设，实施"一事一议"财政奖补政策，完成了157个新村点建设任务，受益农户8625户。加强农村交通设施建设，新建改造农村公路60余公里，完成了14座改渡建桥项目扫尾工程，荣获"全省农村改渡建桥工作先进单位"称号。实施乡镇经济扶持战略，全县乡镇（街道）财政收入总量突破10亿元大关，达到13.4亿元，增长41.7%；新增2个过亿元乡镇（街道），总数达到5个，其中永丰街道过3亿元。全县城镇化率达到50.4%，高出全省、全市平均水平，荣获"全省统筹城乡发展先进县"称号。

生态环境日益优化。积极融入鄱阳湖生态经济区建设，投入建设资金1.5亿元，完成"一大四小"造林绿化面积3.8万亩，连续三年荣获"全省先进县"称号。推进水土保持综合治理，完成了3条小流域治理，综合治理水土流失面积17.4平方公里。筑牢企业环评"绿色门槛"，新进项目环评率达100%；推进重点行业、重点区域环境污染整治，关停淘汰落后产能和超标排放企业12家，完成上级下达的节能减排任务。深入实施农村垃圾无害化处理，控制农业面源污染，建立畜牧生态小区30个。加强饮用水水源地保护，丰溪河全段水质继续保持国家地表水Ⅱ类以上标准，断面水质优质率100%。积极开展生态创建活动，新增1个省级森林公园、1个省级生态乡（镇）、2个省级生态村。

（四）坚持保障民生，和谐指数显著提高

民生实事扎实推进。全年民生事业投入达13.8亿元，增长33.3%，占一般预算支出的61.4%。加大就业援助力度，发放创业小额贷款1.42亿元，城镇新增就业人员1.39万人，零就业家庭就业安置率达100%。扎实推进保障性住房建设，建成经适房、廉租房、公租房1000套。城乡低保、城乡困难群众大病救助等社会救助体系逐渐完善，建立了低收入群众临时价格补贴与价格上涨联动机制，发放价格临时补贴154.7万元。认真解决困难群众子女上学难、上学贵问题，落实"两免一补"，累计发放助学资金630余万元。积极开展"光明·微笑"和"儿童两病"

免费救治工作，完成白内障复明手术159例，免费救治白血病患儿8例、先天性心脏病患儿76例。出台了公交惠民政策，财政新增投入100余万元，为老、幼、残、军等特殊群体办理公交爱心卡。

社会事业全面发展。坚持教育优先发展，顺利通过了省政府教育督导评估，实验小学（特殊教育学校）建成投入使用。加大校舍安全工程实施力度，拆除D类危房83栋5.8万平方米，完成校舍维修改造1万平方米。不断完善城乡公共卫生服务体系，为38.7万名农村居民建立了健康档案，99%以上的儿童实现了国家免疫建卡建证。顺利推进乡镇卫生院第二轮改扩建，159所村卫生室全部按标准建设改造。高度重视人口与计划生育工作，创新流动人口管理机制，人口自然增长率控制在7.9‰以内；加大“两非”整治力度，人口性别比呈现逐年下降趋势。

社会管理平稳有序。进一步理顺了烟花爆竹监管体制，深入开展道路交通、建筑施工、公共娱乐场所、校车安全等隐患排查治理。深入开展“清网专项行动”，撤网率达90%，保持了“严打”高压态势，公众安全感指数达到96.68%。完善社会矛盾调处机制，坚持领导接访日、信访包案制度，解决了一批历史遗留问题；积极预防和妥善处置群体性事件，及时解决了一批群众反映强烈的问题。建立健全应急管理体系，成功应对各种突发事件。

（五）坚持改革创新，自身建设不断强化

各项改革不断深化。江西中烟广丰卷烟厂进行了企业内部改革，发展活力进一步增强。医药卫生体制改革扎实推进，实行国家基本药物和均等化服务制度。加快财税体制改革步伐，推进事业单位绩效工资改革，启动乡镇财政国库集中支付改革。深化投融资体制改革，国有资产实现了“全产权”划转，提高了资本运作能力，全年融资1.8亿元。创建“政银保”信贷新模式，较好地解决了马家柚产业规模扩张融资担保难题。推进农业规模化经营，完成农村土地流转面积3万余亩。

依法行政全面推进。全面启动“六五”普法教育活动，大力推进依法行政，不断强化法治政府建设。出台重大行政决策程序规定、听证等制度，努力规范政府工作。认真落实政府采购制度，加强审计监督。强化政府网站建设，扩大对外宣传，推进政务公开，主动接受社会监督。积极开展行政复议工作，审结行政复议案件6件，处理争议纠纷39起。加大行政投诉处理力度，全年受理投诉92件，办结92件。加大弱势群体法律援助力度，无偿提供法律服务237件（次）。

行政效能明显提升。推行网上审批、电子监察，实行重大行政许可和社会服务事项“一站式”联审联办；完善超时默许制、限时办结制和服务承诺制，不断提高行政效能。全年共办理审批服务事项2.1万件，接受群众咨询1.8万余人（次），窗口办结率100%，即时办结率100%。认真办理人大代表建议和政协委员提案，倾听建议，接受监督，认真落实，解决问题。共承办人大代表建议118件、政协委员提案116件，办结率达100%。

在总结成绩的同时，我们也清醒地认识到，在前进的道路上还面临不少困难和问题，主要是：区域竞争日益激烈，赶超发展压力巨大；财政支柱型企业还不多，收支矛盾问题有待进一步缓解；资源环境压力不断加大，要素制约问题比较突出；城市管理水平滞后，城区功能配套相对落后；信访稳定、安全生产压力依然较大等。对于这些问题，我们深感责任重大，在今后的工作中必将以勇于担责的态度剖析原因，以勤于补短的行动实施整改，采取有力措施认真加以解决。

（报告人：县人民政府县长　邵小亭）

二、人大常委会工作报告（摘要）

（2012年2月28日在县十五届人大会二次会议上）

换届以来的主要工作

自去年9月份换届以来，新一届人大常委会召开了常委会会议2次，听取和审议了10多项工作报告，组织了1次代表专题视察，依法任免了国家机关工作人员3名，保证了工作连续性，推动了工作新进展。

（一）坚持以服务发展大局为重点，加强监督力度

1. 紧紧围绕县域经济运行质量实施监督。主任会议听取和审议了县财政局关于2011年财政预算调整事项的汇报；常委会听取和审议了县人民政府关于调整2011年财政预算的专项工作报告。组织县财政、发改委、国税等部门召开经济运行分析座谈会，认真分析经济运行情况，承办了市人大组织视察我县经济与社会发展情况工作。

2. 紧紧围绕经济社会发展重点进行监督。常委会听取和审议了农业综合开发工作报告，就提高群众参与积极性、培育精品项目、重视项目后期管理等提出了意见和建议；推进城市建设管理。组织了部分常委会委员和省、市、县人大代表视察城市管理工作，针对城市管理工作中存在的道路维修、下水道改造、绿化亮化、环境卫生等问题进行了座谈，强调要进一步改进工作作风、理顺管理体制、加大财政投入、突破制约瓶颈，不断提高城市管理水平。

3. 紧紧围绕民计民生热点问题开展监督。听取和审议了县学前教育专项工作报告，提出要进一步发展公办幼儿园、加强农村民办学前教育机构规范管理等建设性意见和建议，促进学前教育的健康发展。积极开展了以“安全生产、放心消费”为主题的“赣鄱农产品质量安全行”活动；以“关注农村面源污染，促进和谐新农村建设”为主题的“环保广丰行”活动。关注民生住房建设。听取和审议了保障房建设情况专项工作报告。督促县人民政府就项目建设进度、项目动态管

理、棚户区改造工作等方面加大工作力度，促进了保障性住房建设管理水平的提高。

（二）坚持以规范依法行政为重点，强化职责履行

1. 大力开展法律法规执法检查。常委会先后对《食品安全法》《老年人权益保障法》《农产品质量安全法》等法律法规在我县的贯彻实施情况进行了检查，并形成执法检查报告。针对法律法规贯彻实施中存在的问题，提出了审议意见，作出了相应决议，要求县人民政府及相关部门积极整改落实，促进了法律法规顺利实施。

2. 继续深化司法监督。常委会组织了两次人大代表旁听庭审活动，增进对审判工作的理解和支持；听取和审议了县人民政府关于“五五”普法工作完成情况和“六五”普法规划专项工作报告，作出了《关于进一步加强法制宣传教育的决议》，提出了“六五”普法工作重点要进一步加强普法工作队伍建设、创新法制宣传形式、培育社会主义法制文化，进一步增强全社会的法制观念，营造广大公民学法守法用法的良好氛围。

3. 认真做好群众信访工作。半年来，共受理人民群众来信 85 件，对所有来信来访做到件件有登记，事事有答复，尤其是对一些重要的信访案件，由常委会主要领导审阅，强化督办力度。通过监督与协调，化解了一批群众矛盾，促进了社会和谐稳定。

（三）坚持以发挥代表作用为重点，推进代表工作

1. 增强代表素质，提高代表履职水平。常委会专门邀请了省人大常委会选任联工委刘润余副主任为全体代表进行《代表法》专题辅导；同时通过乡镇人大主席团，加大对《选举法》的宣讲力度，增强了代表的法律意识；拓宽代表学习渠道。督促各代表小组订阅《中国人大》《时代主人》等刊物，为代表增长知识、开阔视野提供了支持；注重代表履职宣传。在县人民代表大会召开期间通过报刊、电视刊播《代表风采》节目，先后对 12 位代表的履职情况进行宣传，交流履职经验。

2. 密切联系代表，拓宽知情知政渠道。坚持常委会领导挂钩负责制，分片联系县人大代表。今年 1 月份，常委会领导采取了集中与个别走访相结合的方法，走访联系代表 240 余人次，召开座谈会 23 次，广泛征求了代表意见建议。组织代表参加调研、视察和执法检查，加强代表对常委会工作的参与和支持，充分发挥了代表履职的积极性。

3. 改进办理工作，激励代表依法履职。实行常委会、承办单位、提建议代表“三见面”等办法，倡导办理单位与代表先见面、先沟通、先协商，后办理的“三先一后”办理模式，落实上门督导、现场考察、回访了解、监督落实“四个到位”，办理工作取得了显著成效。县十五届人大一次会议期间共收到人大代表建议、批评和意见 118 件。截至 2011 年 11 月底，代表建议、批评

和意见办结率100%，代表满意率100%。

（四）坚持以建设学习型机关为重点，提升自身水平

1. 着力抓好建章立制，认真规范工作程序。制定、修订了《广丰县人大常委会议事规则》、《广丰县人大常委会组成人员守则》《常委会组成人员联系代表制度》等规范性文件，为有效开展常委会工作提供了制度保证。完善了《广丰县人大常委会机关办公规则》《广丰县人大常委会机关考勤制度》等机关规章制度，确保机关管理规范有序。

2. 狠抓机关作风建设，努力创建五型机关。常委会坚持集中学习和自学相结合，加强常委会组成人员的理论学习。认真开展县委提出的“千名干部下基层，排忧解难促发展”活动。积极开展“创先争优”活动，加强党风廉政建设，加强机关效能建设，提高服务常委会、服务代表、服务基层工作水平，努力创建“学习型、创新型、效能型、和谐型、服务型”机关。

3. 注重人大宣传工作，增强民主法制意识。围绕宣传人民代表大会制度这个主题，常委会利用各种会议、执法检查、代表视察、议题调研等形式宣传人大工作，通过各种媒体及时报道县人代会、常委会和代表工作等重要活动。半年来，在市级以上媒体刊载文章20余篇，其中《创新之曲——在嬗变中奏响》文章获省第二十届“宣传人民代表大会制度好新闻”三等奖，深化了群众对人民代表大会制度的认识，进一步增强了民主法制意识。

4. 深入开展对外交流，积极树立良好形象。常委会先后参加了闽浙赣皖四省八县（市）联席会议和全市人大常委会主任座谈会，并与其他县（市、区）人大就加强人大监督、做好新形势下人大工作等课题进行了广泛的交流和探讨。组织部分常委会委员赴外地考察学习城市建设、代表考核等工作；组织机关部分离退休老同志赴九华山等地学习考察旅游产业情况。

5. 强化基层工作指导，提升人大工作水平。实行常委会各工作机构分片联系乡（镇、街道）人大工作，加强对乡（镇、街道）人大工作的指导；分批邀请乡镇人大主席或副主席列席常委会，促进县乡人大的沟通和联系。按照县委的安排部署，常委会领导积极参与全县重点项目、民营经济、社会稳定等中心工作，通过在参与中监督，在监督中参与，有力推动了工作的顺利开展。

新一届人大常委会工作深感做得还不够，还有许多问题和不足。主要是：监督工作的实效还有待进一步提升；与代表的联系还不够紧密；审议意见和代表建议的落实督办还需要进一步加强；规范性文件的备案审查还需进一步重视；人大的组织建设和队伍结构还不能完全适应新形势的要求等，这些都有待在今后的工作中努力加以改进和完善。

（报告人：县人大常委会主任　刘月林）

三、法院工作报告（摘要）

（2012年2月28日在县十五届人大二次会议上）

一年来法院主要工作

（一）坚持服务大局，在维护社会和谐稳定上有了新成绩

一年来，我院共受理各类案件3231件，审、执结3068件，结案率为95.5%，审限内结案率为100%。

依法惩治犯罪，切实维护社会稳定。依法受理刑事案件261件，审结243件351人，结案率为93.1%。其中，依法从重从快审理抢劫、盗窃等暴力犯罪和多发性犯罪案件120件174人，如对犯抢劫、盗窃、敲诈勒索罪的被告人蒋昌军，数罪并罚决定执行有期徒刑14年，剥夺政治权利3年，并处罚金10000元；审理贪污、贿赂、渎职等职务犯罪案件5件7人，推进了反腐倡廉工作；对情节较轻的初犯、偶犯、过失犯、未成年犯，依法从轻、减轻或免除处罚，免予刑罚2件4人，宣告适用缓刑97人，缓刑率为27.6%。

妥善办理民事、行政案件，促进和谐社会建设。受理民商事案件2101件，审结1963件，审结率为93.4%。其中，依法审理房地产、民间借贷案件746件，保障了经济健康发展。妥善审理婚姻、继承、相邻、土地、农民工工资案件895件，推进了家庭和睦、邻里和谐，促进了“三农”建设；受理行政诉讼案件17件，审结16件，审结率为94.1%；受理行政非诉执行申请88件，裁定准予执行并执结88件，其中执结社会抚养费案件86件。

努力化解“执行难”，尽量实现胜诉权利。积极开展“无执行积案先进法院”活动和“反规避执行”专项活动，继续完善与工商、税务、银行、房管等部门的协调沟通机制，通过公安机关对被执行人实行网上追逃，与金融部门建立拒不履行生效裁判人员信贷黑名单，借助广丰报、广丰电视台等媒体对“老赖”进行曝光，最大范围地营造生效裁判文书必须得以执行的社会共识。一年来，受理执行案件667件，执结664件，其中终结本次执行程序70件，实际执行594件，实现标的9800余万元，执行到位标的与上年同比上升了35.5%。我院被评为全市法院执行工作先进集体。

认真应对涉诉信访，积极推进社会管理。一年来，民事案件调解、撤诉结案853件，调撤率达43.3%，司法确认人民调解协议51件；在有关部门、乡镇街道及村居的支持配合下，成功办结、稳控涉诉信访案件30多件。

（二）落实司法为民，在提升人民满意上有了新成效

加强诉讼指导，着力改善群众诉讼条件。坚持做好立案服务工作，充分发挥立案大厅的导诉咨询、立案查询、庭前调解、司法救助、信访接待、判后答疑的功能作用，努力为人民群众提供“一站式”的诉讼服务；加强对经济困难当事人的司法援助，切实保障没钱的人打得起官司。一年来，缓、减、免交诉讼费用156件32万元，对生活困难的当事人实施执行救济15万元。

推进法庭转型，全力服务平安乡村建设。坚持将法庭工作作为提升人民满意度的重点，积极开展就地开庭、巡回办案、送法下乡、民情家访等便民活动，深化法庭工作方式转型，实行办案与办事、审判与服务、作息制与节假日工作相结合，全面对接农村社会的司法需求。一年来，各法庭巡回办案370件，巡回办案率达43.3%，并在诉讼外协助乡镇村居化解了一批疑难纠纷，有效防止了部分民间矛盾演化为民事、刑事案件。去年，我院新收案件3073件，与上年同期3617件相比，下降了15%。我院桐畈法庭在全市法庭考核中名列前茅。

加强法治宣传，大力推进法治广丰建设。坚持将法制宣传作为提升法院形象的重要途径，继续加强本院网站建设，鼓励宣传报道审判执行活动和法院工作，并组织法官进企业、进农村、进学校、进社区，以案说法，提供法律咨询，帮助答疑解惑，促进人民群众学法知法、用法守法。一年来，开展学校法制讲座等法制宣传活动50余人次，本院网站编发各类文章130多篇，网站年点击达55万点；在市级以上各类媒体发表信息宣传文章200余篇。

（三）加强教育管理，在增强司法能力上有了新进步

坚持教育培训制度化，努力提升业务水平。积极开展专项培训、研讨交流、岗位练兵、庭审观摩、法官讲坛等活动，鼓励在职学历教育，努力增强法官办案综合能力。一年来，专项培训20余人次，1人在职法律硕士毕业，发表调研文章42篇，有3篇学术论文在全国、全省法院学术研讨中获奖，出版发行法律书籍2本，有1幅书法作品在全国法院情景书画摄影展上获奖，还在全市法院篮球比赛、全县庆祝建党90周年大合唱会演等文体活动中多次获奖，并被评为全省法院文化建设示范单位。

坚持质效保障程式化，着力加强审判监督管理。建立对外委托评估、拍卖工作预监督机制，由监察室对该项工作的重点环节实地监督；还在审监庭建立天平热线，接受人民群众对审判执行工作的投诉和咨询，并负责电话回访，拓展畅通监督渠道。一年来，评查案件2385件，预审核裁判文书1162件，发布评查通报12期，提出改进建议109条，有效提升了案件质量，如全院上诉发改率仅为1.04%，与上年同比下降了1.1个百分点。去年，我院被评为全市法院审判监督工作先进单位。

（四）主动接受监督，在优化司法环境上有了新进展

坚持重大事项报告制度，积极向县委、县人大汇报重大工作和重大案件情况。加强与县人大、县政协的工作联系，定期邀请视察指导、观摩庭审、工作座谈，不断扩大受监督的层面和效果。一年来，我院先后向县人大及其常委会报告了年度工作和民事审判专项工作，办理政协提案1件，邀请县人大代表、县政协委员和民主党派人士视察工作60余人次；邀请人民陪审员陪审案件540件，陪审率达96.9%。

在成绩面前，我们也清醒地认识到，我院各项工作与各级领导、广大人民群众的要求还有一定的差距，办案质量、办案效果、执行效率以及队伍的工作作风、司法能力还有待进一步提高。对此，我们将高度重视，抓住重点，采取有力措施，认真改进。

（报告人：县人民法院院长　姚文）

四、检察院工作报告（摘要）

（2012年2月28日在县十五届人大二次会议上）

（一）基本业务工作

1. 依法打击各类刑事犯罪，全力维护社会稳定和市场经济秩序。2011年，共受理审查逮捕案件240件334人，经审查批准逮捕犯罪嫌疑人269人；受理移送审查起诉案件300件412人，经审查提起公诉376人。坚决打击多发性、涉众性和侵财性严重刑事犯罪，依法批捕聚众斗殴、寻衅滋事、涉毒犯罪等严重妨害社会管理秩序犯罪嫌疑人44人，起诉76人，批捕故意杀人、绑架等严重暴力犯罪嫌疑人51人，起诉68人；批捕抢劫、抢夺、盗窃等侵财犯罪嫌疑人130人，起诉147人，有力地保护了人民财产安全，提升了群众安全感。着力整顿和规范市场经济秩序，以开展“打击侵犯知识产权和制售假冒伪劣产品专项行动”为突破口，严惩破坏市场经济秩序犯罪，批捕6人，起诉5人。所办案件无无罪判决，无绝对不诉，无撤销案件，都在法定时限内办结。

2. 坚持以民生为导向，深入查办职务犯罪。认真贯彻落实中央关于深入开展反腐败斗争的部署，落实办案力度、质量、效率、效果相统一的要求，坚持把查办职务犯罪作为检察工作服务民生发展的重要抓手，突出查办有影响、有震动的案件和工程建设、涉农、拆迁、国土等重点领域的职务犯罪案件。共初查各类职务犯罪案件线索10件，立案侦查职务犯罪案件6件8人，其中涉嫌贪污贿赂案件4件6人，涉嫌玩忽职守案件2件2人。所办案件无撤销案件和无罪判决，总体质量较好。其中一起案件被评为全省“十大精品案件”，并正在代表江西省申报全国职务犯罪

精品案件评比。

3. 全面贯彻落实省人大《决议》，强化对诉讼活动的法律监督。自省人大常委会出台《关于加强对诉讼活动法律监督工作的决议》后，我院积极采取多种形式深入学习贯彻落实《决议》精神，加强对各类诉讼活动的法律监督。依法开展立案监督和侦查活动监督，监督纠正侦查机关不应当立案而立案4人，监督行政执法机关移送涉嫌犯罪案件7件，纠正漏捕4人，纠正漏诉15人。依法开展刑事审判监督，提出抗诉2件，发回重审1件。依法开展民事行政审判监督，接待民事行政案件当事人的申诉咨询21人次，说服当事人息诉服判8件。通过民事行政检察，切实维护国家利益、社会公共利益或社会弱势群体利益。认真针对监管改造单位和监外执行罪犯管理中的违法行为及时提出纠正意见并督促其改正。对不规范监管行为发出检察建议2件，监督纠正减刑、假释、监外执行不当4人，查处监管场所干警帮助犯罪分子逃避处罚1人，有力地促进了严格执法，科学文明管理，有效保障了监管场所秩序，维护了在押人员的合法权益。

（二）主要工作亮点

1. 主动服务全县工作大局。牢固树立政治意识、大局意识和服务意识，坚持从党和国家工作大局、检察工作实际来分析形势、思考和处理检察工作中带有根本性重大问题，使检察工作更好地融入大局、服务大局。立足检察职能，依法妥善处理因经济发展中引发的各类案件，从有利于促进企业发展、维护经济秩序的高度，把握办案时机，讲求办案策略，慎用办案措施，实现法律效果与社会效果、政治效果的有机统一。

2. 集中力量查办大要案和深挖窝串案。深入县国土资源领域，找准犯罪易发、多发部位和环节，全面搜集涉案信息，深挖案中案。在立案查处下溪镇国土资源所副所长徐某伙同两名副科级干部骗取政府退还建房审批规费退款一案后，并没有就此案而侦查终结，而是顺藤摸瓜，调取线索，又查办了所长毛某在担任桐畈镇国土资源中心所所长期间利用职务之便，收受建房户审批款用于个人使用的犯罪事实，有力地打击和震慑了犯罪。

3. 结合办案认真化解社会矛盾。一年来，共对主观恶性较小、犯罪情节轻微的初犯、偶犯、过失犯和未成年人、老年人犯罪案件从轻处理，依法不予批捕53人；对轻微刑事案件，特别是因邻里、亲友纠纷而引发的案件，通过对当事人释理说法，使其在有关部门的主持下依法进行和解12件。坚持检察长接待日制度，推行带案下访、定期巡防，进一步畅通信访渠道，依法理性处理涉检信访，妥善化解矛盾纠纷。

4. 创新职务犯罪预防工作机制。加强县域重大建设项目的法律监督，建立了“四证”准入与行贿档案查询相结合的制度，即要求参加重大项目招投标的企业必须具有营业执照、资质证书、组织机构代码证、投标人本人身份证等证件和检察机关出具的投标人无行贿犯罪记录的证明。通过现场出席招标会，对工程预算、施工单位资质、评标等内容进行实质性的审核监督，提出检察建议，促使招标程序合法、过程公平公正。同时结合办案加强犯罪预防，主动走访国土、建设等有关部门，调研了解城镇建设的基本情况，推动建立完善预防城镇建设领域职务犯罪长效机制。

5. 以量刑建议推动诉讼监督工作。为加强对法院审判活动的监督，我院结合人民检察院开展量刑建议工作指导意见，积极开展量刑建议工作。由公诉人根据具体案情，在尊重法官自由裁量权的前提下，全面考虑案件的性质、情节、后果及被告人认罪态度以及被判处的刑种、刑期等方面，提出相对确定的量刑建议，再由部门负责人审核，检察长或者检察委员会决定，确保了量刑建议的合法性和准确性。一年来，共向法院提出量刑建议 365 份，绝大多数被法院采纳，从而促进了审判监督工作，增强了审判机关定罪量刑的透明度，有效减少了案件上诉率，节约了诉讼成本。

6. 强化捕后监督提升逮捕案件质量。一是强化案件说理。对每一案件，都要阐明批捕或不捕的理由和依据，对发现的公安机关违规使用侦查手段和措施的行为，明确指出并予以纠正。二是通过与公安机关联合发文，建立捕后变更强制措施审查机制，进一步明确批捕案件变更强制措施的条件和程序。三是注重捕诉联动机制监督。对于重大、疑难、复杂案件，加强与公诉部门的沟通协调，充分听取公诉部门意见，定期分析汇总捕后判处缓刑、拘役以及捕后撤案、不起诉等案件情况。四是加强跟踪督促。对有条件逮捕案件以及存疑不捕案件，在作出处理决定的同时详细列明后续侦查提纲，由案件承办人定期联系公安机关侦查人员，督促其按期完成侦查取证。

7. 有效提升公众满意度。一年来，共组织大规模、大范围的大走访活动 2 次，发放宣传资料 3 万多份，开展图片展 5 次，接受群众法律咨询上千人次，解决群众实际问题 20 余件。通过活动，推进了平安广丰建设，提升了检察机关的知晓度。在省综治办开展的满意度调查测评中，我院名次大幅跃升，受到了市政法委、市检察院领导的肯定，被省检察院授予“全省人民满意检察院”称号。

8. 拓宽服务层面延伸法律监督触角。在全县村级党组织换届选举中，我院还针对候选人是否存在职务犯罪及重大违法违纪现象，对全县所有村（居）的候选人资格逐一展开审查，确保选出清正廉洁的基层党组织领导干部。在 12 月份村民委员会选举中，还派出干警帮助和指导挂点乡镇的村委会依法做好换届选举工作，选出了群众信得过的领头人。

9. 努力提升队伍整体素质。一是以开展“发扬传统、坚定信念、执法为民”主题教育实践活动、引导检察干警坚定理想信念，自觉做到忠于党、忠于人民、忠于国家法律、忠于人民检察事业。二是以学习《检察机关执法工作基本规范》为内容，强化干警规范执法，加强检务督察，督促干警在执法办案过程中自觉做到理性、平和、文明、规范执法。三是以强化业务培训为抓手，提高队伍的专业化水平。先后选派 20 余名干警参加省院、市院组织的各类专业培训学习，招录检察干警6人。一年来共有5个集体和10名个人受到省、市、县的表彰。

一年来，成绩是主要方面，但也存在一些不足。如检察专门人才较少，执法能力和水平还需加强，检察宣传与检察工作的发展不相适应，宣传力度不够等问题依然存在，这些都要在今后的工作中逐步克服和改进。

（报告人：县人民检察院检察长　吴伯翔）

决定决议

关于广丰县2011年财政预算执行情况和2012年财政预算的决议

（2012年2月29日县十五届人大二次会议通过）

县十五届人大二次会议审查了县人民政府向大会提交的《关于广丰县2011年财政预算执行情况与2012年财政预算草案的报告》。会议同意县十五届人大二次会议计划预算审查委员会的审查结果报告，同意《关于广丰县2011年财政预算执行情况和2012年财政预算草案的报告》，决定批准县人民政府提出的2012年县级预算。

附：关于县2011年财政预算执行情况和2012年财政预算草案的审查报告（摘要）

（一）关于2011年财政预算执行情况

收入预算执行情况：2011年全县完成财政收入232000万元，占人大调整计划（以下简称计划）的100%，比上年决算数增长25.4%。含基金收入总额259000万元，比上年增长15.7%。其中：中央收入完成107885万元，占计划的100%，比上年增长16.7%；地方收入完成151167万元（一般预算收入124115万元，比上年增长34%；基金收入27052万元，比上年下降30.4%）占计划的100%，比上年增长14.9%。，

支出预算执行情况：2011年全县财政支出255257万元（不含上解支出），占调整计划的100%，比上年增长27.9%。其中：（1）一般预算支出225692万元，占计划的100%，比上年增长38.2%；（2）基金支出增长29565万元占计划的100%，比上年下降18.4%。

（二）关于2012年财政预算草案

县人民政府提出的2012年财政预算草案，全县财政总收入计划安排283000万元，比上年执

行数增长 22%；一般预算收入计划安排 147000 万元，比上年执行数增长 18.6%。含基金收入总额为 314000 万元，其中：中央收入 135750 万元，比上年执行数增长 25.8%，地方收入 178628 万元（一般预算收入 147250 万元，基金收入 31378 万元），比上年执行数增长 18.2%。根据这个盘子，县本级地方财政收入，加转移性收入，减去转移性支出，全县可用财力约 189982 万元。2012 年全县预算支出安排 189982 万元，比上年计划数增长 11.3%，收支平衡。

三、第三次会议

县十五届人大三次会议于 2013 年 2 月 25 日至 28 日在县人民法院会议中心举行。本届应有人大代表 257 名，第二次会后，有 1 名代表因工作调离本县：东阳乡曾中华；有 3 名代表辞去代表职务：永丰街道傅真方、排山镇徐小娟（女）、横山镇刘建红（女）；有 1 名暂停代表职务。根据工作需要，按照法律规定，先后有关选区分别补选代表 4 名：洋口镇程剑虹，永丰街道邱志强，横山镇俞柳君（女）、蒋日云。现出席本次会议的实有代表 255 名。在本县的省、市人大代表、县政协委员、县直机关各单位负责人、县人大机关内设机构有关负责人等 191 名（不含政协委员人数）列席了会议；特邀出席会议人员 46 名。

大会议程

一、听取和审议县人民政府县长邵小亭关于政府的工作报告；二、审查和批准县 2012 年国民经济和社会发展计划执行情况与 2013 年国民经济和社会发展计划草案的报告，批准县 2013 年国民经济和社会发展计划；三、审查和批准县 2012 年财政预算执行情况与 2012 年财政预算草案的报告，批准县 2013 年财政预算；四、听取和审议县人大常委会主任刘月林关于县人大常委会的工作报告；五、听取和审议县人民法院院长姚文关于县人民法院的工作报告；六、听取和审议县人民检察院检察长吴伯翔关于县人民检察院的工作报告；七、补选县人大常委会委员 3 名（名单略）；八、通过上述工作报告的决议。会议结束时，县委书记倪美堂作讲话。

组织领导

一、主席团成员和秘书长名单

主席团（40名，按姓氏笔画排列）

方有水　王忠毅　毛晔华（女）　叶　丹（女）　皮晓瑶（女）　吕国华　巩宪进
刘月林　刘旭洲　刘旭涛　刘金林　李元涛　李树锋　杨　绥　余彦伟　严如彬
严剑飚　张建国　张棉华　周兴旺　周守勤　周志刚　周重明　郑日贵　郑明华
郑建平　郑通满　林传松　胡奕才　俞秋香（女）　俞菊芳（女）　祝建正　倪美堂
陶少敏（女）　董永平　曾生华　韩祥华　廖文华　潘明华　潘荣华

秘书长：潘荣华

二、主席团常务主席名单

倪美堂　方有水　刘月林　周重明　皮晓瑶（女）　潘荣华　王忠毅　韩祥华　郑建平
郑明华　杨　绥　郑日贵

三、计划预算审查委员会名单

主任委员：王忠毅

副主任委员：胡奕才

委　员：

王青海　刘荣清　林　辉　罗剑锋　潘松青

四、议案审查委员会名单

主任委员：郑明华

副主任委员：严剑飚

委　员：（按姓氏笔画排列）

李剑波　李树锋　周守勤　郑通满　洪强明

五、副秘书长名单：

周兴旺　包晓辉　杨华峰（女）

工作报告

一、政府工作报告（摘要）

（2013年2月27日在县十五届人大三次会议上）

一年来的工作回顾

2012年，我县较好地完成了县十五届人大二次会议确定的年度目标任务。实现地区生产总值206亿元，增长14.3%（可比价）。完成财政总收入29亿元，增长25%；其中公共财政预算收入达到17.7亿元，增长42.7%。完成固定资产投资131.1亿元，增长25%。实现社会消费品零售总额31.9亿元，增长14.7%。在岗职工平均工资达28900元，增长12%；农民人均纯收入达8558元，增长11.8%。

（一）迎难而上，加快产业结构调整，综合经济实力显著提升。

工业经济逆势上扬。完成规模以上工业总产值359亿元，增长30.7%；实现规模以上工业增加值60.2亿元，增长15.5%。企业规模不断扩大，规模以上工业企业达99家，其中产值过亿元的有41家，产值超10亿元的有11家。生产效益稳步提升，纳税过百万的工业企业达64家，其中过千万的13家，尤其是广丰卷烟厂完成税收7.5亿元，铜福天地集团完成税收1.7亿元。主导产业加速集聚，形成了卷烟制造、有色金属、纸业包装三大主导产业和新能源、黑滑石、红木家具三大新兴产业，“斯尔摩”商标荣获“中国驰名商标”称号，成为我县继“月兔”品牌之后荣获的第二个“中国驰名商标”。

农业发展提档升级。粮食生产稳中有升，总产量达23.5万吨。大力发展“广丰马家柚”，新增种植面积6万亩，总面积达12.8万亩，形成了百亩以上基地300个，千亩以上基地8个，万亩以上基地1个。产业化经营水平不断提升，新增县级以上农业龙头企业27家，总数达177家，实现农产品销售收入16.2亿元。农业科技推广力度不断加大，建立了10个农业科技示范基地，新增农产品生产基地3.5万亩，新增农民专业合作社63家，我县被列为“省级农业示范区”。

第三产业欣欣向荣。全年接待游客达281万人次，旅游综合收入达30.6亿元。红木文化创意产业迅猛壮大。规划实施了“一街一城一基地”的红木产业园，红木文化街落户商家135户，生产基地进驻生产企业11家，占地183亩的木雕城（一期）主体工程封顶。机械租赁业稳步推进。与国内最大的工程机械制造企业徐工集团成功合作，设立了广丰徐工挖掘机械销售有限公司，并引进了上饶首家工程机械“6S”服务店。商贸流通业繁荣活跃。月兔购物公园、华西汽贸城等大型综合性市场建成投入使用，“万村千乡”市场工程、“家电下乡”工程深入实施。金融服务业有序发展。年末金融机构存款余额达100.3亿元，贷款余额达71.1亿元，存贷比达70.8%，位于全市前列。

（二）迎难而上，坚持狠抓项目建设，经济发展活力日益增强。

招大扶强成效明显。全年共引进5000万元以上项目26个，实际进资24.8亿元，增长21%。中汽零部件、新型脚手架扣件、电工电器陶瓷、中法利群、中诺铜业等一批亿元以上项目成功落户，成为推动经济发展的新生力量。积极引导和扶持现有企业扩大规模，明华铜业6万吨阳极铜及15万吨电解铜、瑞丰型材70万吨型钢、芦林纸业70万吨再生纸、裕丰二期20万吨纸制品等一批重大项目实施技改扩建，企业效益和市场竞争力不断提升，成为拉动经济增长的重要支撑。

项目建设强势推进。红木文化产业园项目从规划编制，到开工建设，只用了3个月时间；总投资3亿元、年产7200万副紧扣件的新型脚手架项目，实现年内开工建设，年内建成投产，建设时间前后不到四个月。全年共实施3000万以上项目243个，较上年度翻了一番多。积极向上跑项目争资金，成功挤入原中央苏区振兴规划，有效扩大饶丰灌区续建配套与节水改造项目投资总额。全年新增上级各类扶持项目32个，新增资金总额达3.3亿元。

园区平台日臻完善。围绕打造“千亿园区”目标，制定出台了管理体制、用地清理等一系列规章制度，修编工业用地1520亩，盘活闲置土地849亩，新建电力专线六条，推进了寸金创业产业园、有色金属产业园等“园中园”建设，进一步增强了承载能力。全年共有升华镍业、科鼎金属等20个项目投（试）产，共有广甬金属、凯达汽配、诚誉纺织等20个项目在建。工业园区实现主营业务收入380亿元，增长35.2%，列入重点省级工业园区。

（三）迎难而上，不断完善基础设施，城乡环境面貌焕然一新

城市形象大幅提升。围绕“城市建设推进年”，快速推进42项城建重点工程，迎宾大道、快速通道、市民中心全面开工建设，铜钹山大道、月兔大道全线贯通，县中医院完成整体搬迁，裕丰南大道、王贞白广场、吴俊发艺术馆等项目顺利推进。加快老城区改造步伐，对8个片区景观美化亮化，为城市增添了一道道靓丽的风景线。加大市政基础设施建设力度，投入约1.5亿元对涉及人民群众生产生活的公共设施进行了改造提升。

乡村建设大力推进。深入开展“农田水利建设年”活动，实施了七星中型水库除险加固等30多个水利重点工程。大力实施农业综合开发，改造中低产田6400亩、建成高标准农田1万亩。扎实推进新农村建设，完成150个新村点建设。不断改善农村交通设施，新建改造农村公路75公里。大力实施乡镇扶持战略，实现了所有乡镇（街道）财政收入过3000万元，有6个乡镇（街道）过亿元，其中永丰街道过4亿元。

生态环境大为改善。筑牢企业环评“绿色门槛”，新进项目环评率达100%。实施农村清洁工

程，开展了上广公路沿线环境卫生综合整治等活动，垃圾无害化处理率达到90%以上。大力推进节能减排，集中整治重点行业、重点区域环境，完成了上级下达的节能减排任务。加强饮用水水源地保护，启动了丰溪河保洁行动，丰溪河全段水质继续保持国家地表水Ⅱ类以上标准，断面水质优质率100%。

（四）迎难而上，统筹兼顾协调推进，社会和谐程度明显提高

民生工程深入实施。新增城镇就业人员和转移农村劳动力2.39万人，“零就业家庭”安置率达100%，发放小额贷款1.65亿元。养老、失业、工伤、生育和医疗等社会保险覆盖面不断扩大，实现城乡居民养老保险制度全覆盖，6.99万名60周岁以上城乡居民享受到了每月55元的基础养老金。加快推进保障性安居工程，开工建设保障性住房3750套，发放廉租住房补贴1860户，改造农村危旧房1233户。加大扶贫移民开发力度，完成扶贫移民搬迁安置1123人。

社会事业全面发展。加大教育基础设施投入，实施了农村中小学校舍维修改造工程，青少年学生校外活动中心建成投入使用。高度重视人口与计划生育工作，建立健全了部门配合长效机制，人口自然增长率控制在7.9‰以内。成功举办了第四届全民健身运动会，开展了80多项全民健身活动。深入开展文化下乡活动，送戏下乡246场（次），放映电影3000余场（次）

社会秩序和谐稳定。坚持用群众工作统揽信访工作，定期召开信访专题调度会，办结了一批信访疑难案件。突出抓好烟花爆竹、煤矿、非煤矿山等重点行业的安全监管，扎实推进道路交通、建筑施工、公共娱乐场所、校车安全等行业领域的专项整治，健全政府应急管理和应对突发事件快速反应机制，处理突发事件能力显著提高。

行政效能明显提升。深入开展“集中整治干部作风”活动，继续深化行政审批制度改革，精简审批事项、优化审批流程、提高审批效率，政务环境进一步改善。全年精简非行政许可审批项目36项，录入网上审批系统的各类审批项目达342项，审批事项3.2万件。切实加强行政效能监察和行政效能问责，严格执行工作任务目标考核和重大政务督查督办，政务服务水平明显提高。

依法行政全面推进。依法开展行政复议和行政诉讼，全年审结行政复议案件8件，处理争议纠纷56起。完善法律援助体系建设，提供法律援助186起，法律咨询服务1560人（次）。设立上饶仲裁委员会广丰办事处，拓宽了民商事纠纷协调解决渠道。积极实施政务公开，全年主动公开政务信息2万余条。主动接受各界监督。自觉接受县人大的法律监督、工作监督和县政协的民主监督，认真办理人大代表建议和政协委员提案。全年共办理人大代表建议92件，政协委员提案102件，回复率达100%。广泛听取民主党派、工商联、无党派人士的意见和建议，加强与县工会、共青团、妇联等群众团体的工作联系。同时，积极拓宽民意诉求渠道，接受新闻舆论和社

会公众监督。

在肯定成绩的同时，我们也清醒地认识到，当前我县经济社会发展还存在不少困难和问题。产业层次不高，核心竞争力不强，推动科学发展的能力和水平与应对复杂多变环境的新挑战还有一定差距；体制机制创新不够，发展环境亟待优化，作风建设与深入落实科学发展观的要求还有一定差距；社会和谐稳定任务比较繁重，解决民生问题的效果与人民群众的新期望还有一定差距。对此，我们要直面群众关切，正视存在问题，切实采取措施，着力加以改进和解决。

（报告人：县人民政府县长　邵小亭）

二、人大常委会工作报告（摘要）

（2013 年 2 月 27 日在县十五届人大三次会议上）

一年来的主要工作

一年来，县人大常委会共召开常委会会议 7 次，听取和审议“一府两院”专项工作报告 20 多项，开展执法检查 5 次，依法任免国家机关工作人员 44 人次。

（一）突出主旋律，助推科学发展

1. 慎定重大事项。常委会立足经济建设这个中心，全方位把握经济发展计划、财政预算的总方向，认真行使重大事项决定权，依法听取了计划、预算执行和其他财政收支情况的报告以及预算调整的专项工作报告，审查批准了 2011 年县级财政决算和 2012 年财政收支计划。加大了对财政资金使用的监督力度，支持审计部门依法开展审计工作。作出了关于同意将工商银行信托贷款还款缺口资金列入同期年度财政预算的决议，助力迎宾大道等重点工程建设。根据市人大要求，对我县经济运行质量进行了调研，召开经济运行分析座谈会，积极建言献策，促进了全县经济健康运行。

2. 高度关注民生。常委会听取和审议了关于我县新型农村合作医疗、县城管理、烟草专卖、扶贫移民、新农村建设和农业产业化相结合等工作情况的报告，认真提出意见建议，推进民生改善和社会事业发展。组织开展了以“为了百姓菜篮子更安全”为主题的“赣鄱农产品质量安全行”活动；以“关注群众健康，保障药品安全”为主题的“食品药品安全赣鄱行”活动；以“落实责任，保护丰溪碧水”为主题的“环保广丰行”活动；以“推进全国旅游强市建设”为主题的“秀美江西行”活动，切实维护人民群众的合法权益，取得了良好的社会效果。

3. 注重跟踪问效。常委会对“一府两院”工作报告中所确定的目标任务，开展“年中问进度”活动，进行跟踪问效。在深入调研、掌握实情的基础上，组织近百名人大代表，就我县经济社会发展、民生事业、司法公正等问题进行了询问，得到了“一府两院”的密切配合，受到了人民群众的广泛关注，在社会产生积极影响，取得了良好效果。

4. 开展工作评议。常委会坚持把工作评议作为依法监督的重要举措，按照县委批转的人大工作要点安排，选择群众关注度高的水利局、卫生局、教体局开展了工作评议，细化评议办法，深化评议内容，扩展评议功能，提出评议意见建议，审议了整改情况报告，督促被评单位进一步提高了依法行政能力和服务水平。

（二）精心固人本，促进依法治县

1. 认真开展执法检查。常委会认真组织开展了企业所得税法、农产品质量安全法、水土保持法等法律法规的执法检查，并形成执法检查报告。配合市人大组织开展了对人民调解法、环境保护法等法律法规实施情况的检查。针对法律法规贯彻实施中存在的问题，提出了审议意见，作出了相应决议。县人民政府及相关部门积极整改落实，相关部门改进了执法方式，依法行政能力和社会管理的法治化水平得到进一步提高。

2. 维护司法公平公正。常委会听取审议了县法院立案信访工作、县检察院开展诉讼活动法律监督工作情况等报告，组织了 9 次人大代表旁听观摩庭审活动。创新法制宣传形式，积极开展法制宣传教育活动，不断提高全民法律素质，为全县法制宣传教育起到引导示范作用，营造了广大公民学法守法用法的良好氛围。

3. 规范文件备案审查。按照监督法的规定，研究制定了《广丰县人大常委会规范性文件备案审查工作暂行办法》，对县人民政府及有关部门制定的规范性文件、乡镇人民代表大会的决议决定进行备案审查，有力维护了法制的统一和政令的上下畅通。配合省人大组织有关部门对《江西省国土资源监察条例（修订草案）》的修订进行立法调研，提出了合理的修订意见和建议。

4. 畅通民意诉求渠道。坚持把做好信访工作作为倾听群众诉求、维护社会稳定、强化监督工作的重要渠道，完善了领导阅批制度和对重要来信来访的督办、移交、反馈制度，并运用法律、引导、教育、调解等有效形式，及时依法合理地处理来信来访群众切身利益的问题，为人民群众排忧解难。一年来共接待群众来信 22 件，来访 216 人（次），办复率为 100%，促进了社会和谐稳定。

5. 依法规范人事任免。常委会始终坚持党管干部和人大依法任免相统一的原则，充分发扬民主，严格依法任免。一年来县人大常委会共任命“一府两院”工作人员 28 名、人大常委会机关工作人员 10 名，免去“一府两院”工作人员 1 名、人大常委会机关工作人员 5 名，确保了国家机关工作的正常开展，为全县的改革发展提供了有力的组织保证。进一步规范和完善了人事任免程序，对拟任人员，严格按照任前调查了解、法律知识考试、任职前表态、常委会组成人员审议、投票表决、颁发任命书的程序操作，促进了人事任免工作的民主化、制度化和规范化，有效地提高了任职人员的法律意识和公仆意识。

（三）依托大平台，发挥代表作用

1. 增强代表履职能力。建立健全常委会、乡镇人大主席团、代表小组三级代表学习培训制度，努力构建代表学习培训常态化工作机制。坚持常委会组成人员联系代表、代表联系选民、向代表通报工作情况、代表列席常委会会议等制度，先后组织100余名人大代表听取“一府两院”有关工作报告，邀请代表参与常委会组织的各种调研、视察和执法检查，保障了代表的知情权、参与权、表达权和监督权，代表依法履职的能力和水平不断得到提高。

2. 激发代表履职活力。继续建好“人大代表之家”，加大指导检查力度，真正使“人大代表之家”成为代表学习培训的园地、议政建言的舞台、为民解困的场所和推进基层民主法制建设的阵地。做好代表大会期间和闭会期间的服务工作，为代表执行好代表职务提供方便。认真组织做好县十五届人大代表的出缺补选和选举工作，补选出缺代表1名，选举产生代表3名。

3. 提高代表履职公信力。县十五届人大二次会议收集整理代表提出的92件（其中重点督办件10件）意见建议都得到较好答复与办理，回复率、满意率、面商率均达100%，实现了代表提出的建议、批评意见件件有着落、事事有回音，使一批人民群众最关心、最直接、最现实的问题得到了解决。

4. 扩大代表履职影响力。认真实施《广丰县人民代表大会优秀代表建议、批评和意见评选表彰办法（试行）》和《广丰县人大代表履职考核暂行办法》，强化履职考核，完善代表履职档案，评选代表建议承办先进单位、优秀人大代表，进一步增强了代表履行职务的责任感、使命感。同时，积极宣传代表典型，与县报社、电视台合作办好“人大代表”“代表风采”等节目，组织编制《县十五届人大代表创业风采专辑》，大力宣传代表工作成效和代表事迹，进一步扩大了代表的社会影响，尊重和支持代表执行职务的社会氛围更为浓厚。

（四）激发新活力，加强自身建设

1. 加强能力建设。始终坚持把学习放在首位，采取集中学习与自学、培训与辅导、调查与研讨、理论与实践相结合等形式，不断提高干部队伍的整体素质和工作能力。着力加强机关软硬环境建设，积极推进机关办公信息化、自动化，确保了人大常委会机关工作的正常有序运转，工作质量和工作效率显著提高。

2. 转变工作作风。继续坚持和完善常委会议事规则、主任会议制度、财务管理制度、考勤制度等各项规章制度。努力加强机关作风建设，深入开展“创先争优”“改进干部作风、优化发展环境、狠抓工作落实”等活动，积极培养机关工作人员深入实际、扎实肯干的优良作风和解放思想、创新观念、奋发有为的精神状态，展现了地方国家权力机关的良好形象。

3. 提升工作效能。实行常委会领导和各工作机构分片联系乡（镇、街道）人大工作制度，组织召开了全县乡镇人大工作会议，进一步加强了对乡（镇）人大工作的联系和指导，有效发挥了乡（镇）人大的作用，整体推进县、乡（镇）人大工作再上一个新台阶。

4. 服务中心工作。按照县委的安排部署，积极参与重点工程建设、新农村建设、经济建设和社会稳定等中心工作，主动深入联系乡（镇、街道）和部门指导开展有关工作，协调帮助解决有关困难和问题。坚持把人大业务工作与其他各项工作有机结合起来，统筹兼顾，重视和抓好了党建、党风廉政建设，社会综合治理，老干部等各项工作，为我县经济社会又好又快发展作出了努力。

在看到成绩的同时，也清醒地认识到，我们的工作还存在不足和差距，主要表现在：监督工作的针对性与实效性有待进一步增强；代表的主体作用有待进一步发挥；常委会会议审议质量有待进一步提高，审议意见督办落实力度有待进一步增强；常委会自身建设还需要不断提升等。这些问题和差距，我们都将在今后的工作中高度重视，采取有效措施，认真加以解决。

（报告人：县人大常委会主任　刘月林）

三、法院工作报告（摘要）

（2013 年 2 月 27 日在县十五届人大三次会议上）

一年来主要工作回顾

（一）充分发挥审判职能作用，服务大局更坚定

2012 年，全院受理各类案件 3547 件，审、执结 3373 件，同比分别上升了 9.8% 和 9.9%，结案率为 95.1%。

充分发挥刑事审判职能作用，惩罚犯罪，维护稳定。审结刑事案件 313 件 425 人，同比分别上升了 28.8% 和 21%。审结故意杀人、抢劫、盗窃、诈骗犯罪案件 149 件 203 人，积极维护公共安全和人民群众生命财产安全；审结贪污、贿赂等职务犯罪案件 5 件 8 人，努力推进反腐倡廉建设。坚持教育与惩治相结合，审理未成年人犯罪 32 人，依法从轻减轻处罚 18 人。加强刑事附带民事诉讼调解工作，严格缓刑适用程序，完善审判工作与社区矫正衔接机制，促进社会和谐稳定。调解刑事附带民事赔偿案件 65 件，判决适用缓刑 91 人。

充分发挥民商事审判职能作用，化解矛盾，保障民生。审结民商事案件 2191 件，同比上升 11.6%。其中，审结合同纠纷、民间借贷案件等商业纠纷案件 746 件，保护了诚实守信，制裁了

违约欺诈；审结婚姻家庭、损害赔偿、土地承包等民事纠纷案件1445件，平等保护了当事人的合法权益。坚持“调解优先、调判结合”，加强诉讼调解和对人民调解协议的司法确认工作，促进司法调解、行政调解和人民调解“三调”联动，合力化解社会矛盾。民商事案件调解、撤诉结案1051件，调撤率47.9%。

充分发挥行政审判职能作用，化解行政争议，改善社会管理。审结行政诉讼案件5件，审查行政强制执行申请350件，对符合要求案件全部裁定准予执行，执结征收社会抚养费案件179件，涉案标的额近300万元，有力推进了全县人口与计划生育工作。

充分发挥执行工作职能作用，实现胜诉权益，维护法律尊严。积极开展集中清理公权力机关不执行人民法院生效裁判的专项活动，完善执行联动机制，通过网上追逃、媒体曝光、划拨存款等方式，严惩规避执行行为。执结案件335件，执行到位标的额5000余万元，其中通过划拨存款、网上追逃执行110余万元，查封、拍卖房屋6栋，司法拘留、罚款37人，限制出境1人。

（二）认真开展司法为民工作，司法服务更有效

加强立案窗口建设。全面推行诉讼引导、立案审查、咨询解答、诉前调解等“一站式”便民服务，引导当事人理性诉讼。一年来，我院99%的案件当天受理当天立案。同时，加大司法救助力度，为确有困难的当事人缓、减、免交诉讼费用20余万元，发放执行救助资金30余万元。

推进法庭工作方式转型。坚持就地开庭、巡回办案、送法下乡，转变法庭工作方式，回应群众司法关切。基层法庭诉前解决纠纷98起，巡回办案119件，巡回办案率为39.4%。

开展专项审判工作。针对县域情况，重点开展好交通事故巡回审判工作，快速保护受害人权益，去年共审理交通事故赔偿案件329件，依法及时保护了交通事故受害者的合法权益；年底全省妇女维权维稳暨平安家庭创建工作现场会在上饶召开，我院作为一个重点流动会场，向大会现场推介了妇女儿童维权审判工作，得到了全体参会人员的充分肯定。

化解涉诉信访难题。认真落实信访工作机制，坚持值班接访，对重要案件，实行领导约访和带案下访，并与有关部门加强合作，切实解决当事人的合理诉求，合力化解信访难案。共接待来信来访34人次，息诉息访26件。

推进平安法治建设。认真开展讼情家访活动，送法进学校、进社区、进农村，宣传法律知识，提供法律服务，征求意见建议；就工作中发现的普遍问题，及时向有关部门发出司法建议，帮助改进管理。共开展讼情家访、法制宣传近千人次，发表法制文章300余篇，联合江西五套《直通法院》等栏目，制作了《烫手的遗产》等近10个法制节目，取得了较好的社会效果。

（三）切实加强审判管理，司法行为更规范

以立案庭为主体，加强审判流程管理。即由立案庭主要负责案件繁简分流和案件信息化管理，对立案、送达、开庭、宣判、执行等各办案环节，实现倒逼催告，限期办理，促进均衡结案和高效办案。

以审监庭为主体，加强案件质量管理。即由审监庭负责判前预审核和结案后的质量评查，挑选骨干法官负责庭审、裁判文书“两评查”和“百万案件评查”工作，严把案件质量关。同时引进裁判文书纠错软件，助力法官对裁判工作自我评估纠错。共评查案件 2840 件，预审核裁判文书 1324 件，发布评查通报 12 期，提出改进建议 65 条。

以审判管理办公室为主体，加强司法绩效管理，即由审判管理办公室依托数字化审判管理平台，根据审判绩效考评方案，对各部门、各岗位进行交叉管理，对每个部门和每个法官的工作绩效每月一通报，年终一考核，确保责任到庭到人。

（四）抓紧抓好队伍建设，司法素质更全面

坚持不懈抓政治思想建设。认真组织学习贯彻十八大精神，大力开展社会主义核心价值体系和“忠诚、为民、公正、廉洁”政法干警核心价值观教育，深入推进“创先争优”和“人民法官为人民”主题教育实践活动，加强党的基层组织建设，坚持以党建带队建，以队建促审判，确保审判工作坚持正确的政治方向。

坚持不懈抓法律业务建设。采取专家授课、远程培训、研讨交流、庭审观摩等方式，推进岗位练兵和技能竞赛，增强队伍法律知识运用能力和群众工作能力。共开展各类培训 260 余人次，组织庭审观摩 18 次，发表调研文章 10 余篇，有 2 篇学术论文在全省法院研讨会上获奖，法官出版自己编著法律书籍 1 本；1 名干部通过了司法考试，1 名干部取得了法律硕士学位。

坚持不懈抓党风廉政建设。坚持每年一次的廉政教育月活动，强化廉洁自律；组织召开专题讲座、收看警示教育片、参观警示教育基地、举办廉政书画作品展，坚持反腐倡廉警钟长鸣；认真开展作风整治活动，查问题、抓整改，切实改进工作作风。

（五）积极推进司法公开，司法过程更透明

主动接受工作监督，定期向县人大报告年度工作和向人大常委会报告立案信访专项工作；积极开展“百名代表听百案”活动，邀请人大代表、政协委员视察指导工作 60 余人次，观摩庭审案件 100 余人次，扩大了受监督的层面和效果。认真落实检察长列席审委会制度和公诉机关量刑建议制度，依法接受职能机关的法律监督。

坚持审判执行公开。对依法公开开庭的案件，任何公民都可持有效身份证明参加旁听，实现依法公开开庭率100%；对重要执行案件，及时举行执行听证会，认真听取各方意见；所有案件的拍卖工作，一律委托中介机构公开进行。一年来，举行执行听证会5件次，委托公开拍卖财产15宗价值827万元。

推进司法民主建设。认真落实人民陪审制度，对所有一审普通程序案件，推行一案一陪审，还定期组织人民陪审员培训，帮助提升陪审水平。共邀请人民陪审员陪审案件540件，陪审率达96.9%。

在成绩面前，我们也清醒地认识到，我院各项工作与各级领导、广大人民群众的要求还有一定的差距，办案质量、办案效果、执行效率，以及队伍的工作作风、司法水平还有待进一步提高。对此，我们将高度重视，抓住重点，采取有力措施，认真改进。

（报告人：县人民法院院长　姚文）

四、检察院工作报告（摘要）

（2013年2月27日在县十五届人大三次会议上）

一年来主要工作回顾

（一）突出工作主题，全面强化法律监督

依法履行刑事检察职能。全年共受理审查逮捕各类刑事案件267件403人，经审查批准逮捕219件328人，不捕41件59人；受理各类移送起诉案件491件687人，经审查提起公诉322件442人，不诉9件10人，退回公安机关114件133人。工作中，一方面注重打击犯罪的针对性。坚决打击严重暴力、严重破坏市场经济秩序犯罪，严重损害群众权益的多发性犯罪，以及严重威胁道路交通安全的危险驾驶犯罪。共起诉严重暴力犯罪32件44人，毒品犯罪19件22人，破坏市场经济秩序犯罪案件25件26人，多发性侵财犯罪128件188人，危险驾驶犯罪9件9人。另一方面注重提升办案质量。严格执行案件部门集体讨论、重特大案件检委会讨论决定制度；全面收集证据，确保案件依法、快速、顺利办理。全年无撤回起诉案件，有罪判决率100%。

依法查办职务犯罪。全年共立案查办各类职务犯罪案件7件10人，其中贪污贿赂案件5件8人，渎职侵权案件2件2人。工作中，注重线索管理评估。加强与林业、水利、民政、社保等部门联系协作，认真研究惠民资金管理相关环节和操作规律，全面跟踪了解惠农资金分配使用情况。针对领域内可能涉嫌的职务犯罪，采取有力措施主动排查，确保惠民政策的落实。坚持规范安全办案。全面推行讯问职务犯罪嫌疑人全程同步录音录像制度，强化和规范初查、立案、讯问，严把事实关、证据关、程序关和法律运用关；与医疗机构建立查办职务犯罪案件医疗保障协作制度；坚持办理每一起案件都制定严密的安全防范预案，确保每个案件都经得起历史和法律的检验。全年所立职务犯罪案件移送法院全部作出有罪判决，继续保持了办案安全事故“零记录”。

依法履行监督职能。坚持监督与配合并重，提升诉讼工作成效，维护社会公平正义。全年共监督公安机关立案1件，监督撤案35件，纠正漏捕16人，纠正漏诉19人，对侦查违法行为提出检察建议13件；认真开展“另案处理”“在逃”专项检查活动，共登记另案处理、在逃人员149人，成功追逃犯罪嫌疑人19人；充分利用量刑建议推动刑事审判监督工作；接待民事行政案件当事人申诉咨询38人次，立案16件，向法院发出再审检察建议2件并被采纳，建议提请市检察院抗诉2件；对刑罚执行中减刑不当提出纠正建议2人次；认真执行行政执法与刑事司法相衔接工作机制，积极走访工商、税务、药监、烟草等行政执法机关，督促规范执法，督促移送刑事案件15件17人。一年来检察长列席法院审委会3次，与公安、法院等部门召开案件协调会10多次。

（二）立足检察职能，促进社会管理创新

探索维护稳定工作新机制。全面开展执法办案说理工作，将释法说理拓展到检察工作各个环节中，共开展释法说理58件。对22件不符合民事行政提请抗诉的案件，坚持释法析理，让群众了解不提抗的理由，避免群众因不知情而产生误解。与县司法局联合出台了《关于在全县建立刑事和解与人民调解衔接联动机制的实施意见》，对当事人双方有意和解的轻微刑事案件，先由人民调解处理。一年来共促成了轻微刑事和解案件64件，有力地化解了当事人之间的矛盾，维护了稳定。

构筑预防职务犯罪防线。全年共开展预防调查26件，完成综合报告1篇，撰写案例分析报告20份，其中一篇案例分析被省院、高检院评为优秀案例分析；深入乡镇、国土、工商等部门开展职务犯罪预防知识讲座5次；对办案中发现的问题向有关单位提出检察建议46份，督促建章立制，堵塞漏洞，避免职务犯罪的发生；推动诚信体系建设，受理行贿犯罪档案查询1625次；主动对广丰县市民中心、木雕城和丰溪路综合改造等15个重大项目工程招标进行现场监督；参与县国有土地拍卖现场监督28次，确保了城乡建设的顺利进行。

深化特殊人群的管护教育。加强对未成年人的教育、管护和挽救。对未成年人刑事案件采取专人审理、从快审结、分案处理。对认罪和悔悟态度好的、情节轻微的，予以不捕、不诉，已经起诉的，建议法院从轻判决。共审查未成年犯罪嫌疑人64人，不捕14人，不诉1人。同时深入看守所、学校与未成年人面对面交谈，宣传法律知识，帮助其健康成长。认真贯彻落实《社区矫正实施办法》，与有关部门共同探索研究社区矫正工作制度、措施，对发现的问题及时向社区矫正部门提出纠正意见。

健全服务群众长效机制。认真落实首办责任制，积极开展举报宣传、下访巡访和检察长接待日工作，及时处理好涉诉涉检问题，解决好群众合理诉求。全年共发放检察业务知识宣传资料 4 万多份，接受群众法律咨询 300 多人次。关注重点群体、弱势群体，切实为群众办好事，办实事。由干警捐助和办公经费中挤出资金成立扶贫助学基金，切实帮助贫困学生、群众解决实际困难。

（三）狠抓自身建设，提升队伍整体水平

加强思想政治建设。运用检察论坛、党支部讨论会议等平台，采取先进评选、征文活动等形式，深入学习贯彻党的十八大精神，扎实开展“忠诚、为民、公正、廉洁”的政法干警核心价值观教育实践活动和集中整治影响发展环境的干部作风突出问题活动，提高干警政治意识、大局意识和责任意识，增强检察人员的职业认同感、归属感和荣誉感。在连续荣获两届省级文明单位的基础上，再次被列为第十三届省级文明单位候选单位。

强化队伍素能建设。高度重视新刑诉法、新民诉法的学习培训，通过观看专家讲座、集中培训等形式在全院掀起学习热潮；鼓励干警攻读硕士学位；以创先争优为动力，大力开展“培优工程”建设，不断培育先进典型和工作亮点。一年来有一个党支部被省委组织部评为“五好支部”，2 项特色工作和 2 名优秀干警被市院、省院确定为培优对象；有 4 名干警在全市检察机关业务竞赛中获得优异成绩；有 5 个集体、8 名干警被县委、上级院予以表彰。

加强内外监督制约。在全市率先设立了案件管理办公室，推行案件全程管理、动态监督、案后评查的案件管理机制，有效预防、发现和纠正执法过程中出现的问题，提高办案质量、效率和规范执法水平。围绕严格、规范、精细、长效的要求，健全内部管理制度，认真开展检务督查，提升工作执行力。自觉接受外部监督。认真执行人大及其常委会的决议、决定，主动向人大及其常委会报告检察工作，接受人大代表的询问。

总结一年来的工作，检察工作仍然存在一些问题和不足，如检察职能作用的发挥与人民群众对反腐败、司法公正的要求还存在一定距离；新修改的刑诉法、民诉法实施后，案多人少矛盾将进一步突出；工作特色不明显，先进典型的培养、推荐、宣传力度不大。对此，我们将积极争取县委、人大、政府、政协的工作支持，采取措施，认真加以解决。

（报告人：县人民检察院检察长　吴伯翔）

决定决议

关于广丰县2012年财政预算执行情况与2013年财政预算的决议

（2013年2月28日县十五届人大三次会议通过）

县十五届人大三次会议审查了县人民政府提出的《关于广丰县2012年财政预算执行情况与2013年财政预算草案的报告》。会议同意县十五届人大三次会议计划预算审查委员会的审查报告，同意县人民政府《关于广丰县2012年财政预算执行情况与2013年财政预算草案的报告》，决定批准县2013年财政预算。

附：关于广丰县2012年财政预算执行情况和2013年财政预算草案的审查报告（摘要）

（一）关于2012年财政预算执行情况

收入预算执行情况：2012年财政总收入完成290007万元，占人大调整计划（以下简称计划）的100%，比上年决算数增长25%。含基金收入总额318452万元，比上年增长22.9%。其中：中央收入完成112918万元，占计划的100%，比上年增长4.7%；地方收入完成205534万元（其中公共财政收入完成177089万元，比上年增长42.7%；基金收入28445万元，占计划的100%，比上年增长5.1%），占计划的100%，比上年增长36%。

支出预算执行情况：2012年全县财政支出343325万元（不含上解支出），占调整计划的100%，比上年增长34.5%。其中：（1）公共财政支出315796万元，占计划的100%，比上年增长39.9%；（2）基金支出27529万元，占计划的100%，比上年下降6.9%。

（二）关于2013年财政预算草案

县人民政府提出的2013年财政预算草案，全县财政总收入计划安排348000万元，比上年执行数增长20%；公共财政收入计划安排185000万元，比上年执行数增长18.6%。含基金收入总额为379000万元，其中：中央收入162575万元，比上年执行数增长44%，地方收入216930万元（公共财政收入185425万元，基金收入31505万元），比上年执行数增长10.8%。根据这个收入盘子，县本级地方财政收入，加转移性收入，减去转移性支出，全县预算可用财力为254996万元。2013年全县预算支出安排254996万元，比上年计划数增长30.1%，预算收支平衡。

四、第四次会议

县十五届人大四次会议于2014年2月16日至18日在县人民法院会议中心举行。本届应有人大代表262名，第三次会议后，人大代表倪美堂、王忠毅两人调离广丰；代表颜禧高辞去代表职务。根据工作需要，按照法律规定，2014年2月，在有关选区分别补选代表2名：五都镇郑光泉、枧底镇薛明君。出席本次会议的实有代表257名（其中暂停代表职务2名）。在本县的省、市人大代表、县政协委员、县直机关各单位负责人、县人大机关内设机构负责人（不含政协委员人数）193名列席了会议；特邀出席会议人员47名。

大会议程

一、听取和审议县人民政府县长邵小亭关于政府的工作报告；二、审查和批准县2013年国民经济和社会发展计划执行情况与2014年国民经济和社会发展计划草案的报告，批准县2014年国民经济和社会发展计划；三、审查和批准县2013年财政预算执行情况与2012年财政预算草案的报告，批准县2014年财政预算；四、听取和审议县人大常委会主任刘月林关于县人大常委会的工作报告；五、听取和审议县人民法院院长姚文关于县人民法院的工作报告；六、听取和审议县人民检察院检察长吴伯翔关于县人民检察院的工作报告。七、通过上述工作报告的决议。大会结束时，县委书记郑光泉作讲话。

组织领导

一、主席团成员和秘书长名单

主席团（43名，按姓氏笔画排列）

方有水　王青山　王慧明　毛晔华（女）　叶　丹（女）　皮晓瑶（女）　吕国华　巩宪进
刘月林　刘旭洲　刘旭涛　李元涛　李树锋　杨　绥　汪小青　余彦伟　严卫华　严剑飚
邱志强　张建国　周永红　周兴旺　周守勤　周重明　郑日贵　郑光泉　郑明华　郑明海
郑建平　郑通满　郑敏强　林传松　胡奕才　俞菊芳（女）　俞柳君（女）　陶少敏（女）
董永平　韩祥华　蒋日云　廖文华　潘明华　潘荣华　薛明君

秘书长：潘荣华

二、主席团常务主席名单

郑光泉　方有水　刘月林　周重明　皮晓瑶（女）　潘荣华　韩祥华　郑建平　郑明华
杨　绥　郑日贵

三、计划预算审查委员会名单

主任委员：潘荣华

副主任委员：胡奕才

委　员：（按姓氏笔画排列）

宁晓华　阮承有　刘　莹（女）　周　鹏　徐启敏

四、议案审查委员会名单

主任委员：郑明华

副主任委员：严剑飚

委　员：（按姓氏笔画排列）

刘金林　李树锋　周守勤　郑通满　曾生华

五、副秘书长名单：

周兴旺　包晓辉　杨华峰（女）

工作报告

一、政府工作报告（摘要）

（2014 年 2 月 17 日在县十五届人大四次会议上）

2013 年的工作回顾

2013 年，全县实现生产总值 240 亿元，同比增长 16.5%（现价，下同）。完成财政总收入 33 亿元，增长 13.9%；完成公共预算收入 20.95 亿元，增长 18.3%。完成固定资产投资 151.9 亿元，增长 19.3%。实现社会消费品零售总额 36 亿元，增长 13.2%。城镇化率达 51.15%，提高了 1.4 个百分点。在转型与改革的关键时期，综合实力继续保持在全省第一方阵、全市“领头羊”位置，荣获了“2013 年度中国最具区域带动力中小城市百强县（市）”“全国科技进步先进县”“全国食品工业强县”等一系列殊荣。

（一）致力于提升产业层次，实体经济在应对挑战中再上台阶

新型工业实现新突破。新增规模以上工业企业 40 家，增量全省第一，总数达 144 家。实现规模以上工业总产值 455 亿元，增长 22.7%；规模以上工业增加值突破百亿元大关，达到 101.4 亿元。主导产业加速聚集，七大主导产业主营业务收入突破 400 亿元。循环经济产业园落户企业 10 家，红木家具生产基地落户企业 9 家，纺织产业园落户生产线 100 条。工业效益明显提升，纳税过百万的工业企业达 57 家，其中过千万的 12 家，尤其是广丰卷烟厂完成税收 8.4 亿元，对财政增收作出了重大贡献。

现代农业取得新成效。突出发展“广丰马家柚”产业，安排产业扶持资金 8600 万元，新增种植面积 6 万亩，总面积达 18 万亩。加快现代农业示范区建设，推进东阳蓝莓、沙田杨梅、枧底吊瓜等特色农业示范点建设，建成农产品生产基地 7.8 万亩，其中无公害农产品基地 6000 亩。不断提升产业化经营水平，新增农业龙头企业 33 家、农民专业合作社 135 家，“好鱼道”“瑞光”“天桂”商标荣获“江西省著名商标”称号。粮食生产保持稳定，总产量达 23.5 万吨。

第三产业呈现新亮点。招商银行、南昌银行先后在我县设立分支机构，年末金融机构存款余额达 124.4 亿元，贷款余额达 86.1 亿元。新兴业态扩容提质，红木文化创意产业园获评“省级文化创意旅游休闲街区”，广丰木雕城成功列入“省级现代服务业集聚区”。休闲旅游提速发展，突出铜钹山旅游龙头带动作用，加快旅游基础设施建设，铜钹山景区游客量超过 150 万人（次）。积极策应“营改增”试点，实现机械租赁税收 4900 万元、物流税收 1.35 亿元。

过去的一年，我们致力于加快要素集聚，发展基础在功能完善中不断夯实。

平台功能持续提升。完成工业园区调园扩区工作，对 1400 亩建设预留地进行重新布局调整，园区面积扩展至 18 平方公里。加大基础设施投入，硬化、修复路面 2 万平方米，两座专用变电站及 7 条电力专线竣工投入运营。项目落户速度加快，梅乐光伏、正田铜业、茂华纺织等 22 个项目建成投（试）产，70 万吨再生纸、大鸿居红木、凯强电子等 20 个项目全面开工建设。深入开展企业帮扶活动，积极对接“助保贷”“财园信贷通”等金融信贷政策，支持 105 家企业融资 6 亿元。

开放合作持续扩大。大力推进招商选资，全年新引进 5000 万元以上工业项目 31 个，其中引进了 5 万吨阳极铜、20 万吨黄铜棒、20 万辆电动自行车、20 万吨纺纱等亿元以上项目 16 个。实际利用省外资金 29.7 亿元，增长 20.9%；实际利用境外资金 7808 万美元，增长 11.1%；进出口总额 1.4 亿美元，增长 17.5%。鼓励企业增资扩产，欧凯实业、芦林纸业等 8 家企业新增投资 10 亿元。非公经济快速发展，新增私营企业 585 户、个体工商户 2017 户。

项目后劲持续增强。扎实推进“双百工程”，190 个重点项目累计完成投资 73.8 亿元，其中

新开工建设项目100个，竣工投入使用项目46个，完成前期准备项目32个，全面完成年度建设任务。积极跑项目争资金，成功列入原中央苏区振兴规划，新增上级各类扶持项目27个，资金总额达1.76亿元。全力破解土地瓶颈，拓宽建设用地保障渠道，争取建设用地指标2000余亩，盘活工业闲置用地400亩。

（二）致力于统筹城乡发展，宜居环境在协调联动中日趋优化

城市加速向现代化迈进。突出规划引领，完成第四轮城市总体规划修编，县城规划控制区扩展到188平方公里；上广快速通道全面开工建设，加速融入上饶中心城区发展。突出功能提升，铜钹山大道、月兔大道竣工通车，迎宾大道完成主体工程，行政中心、教育园区、幼教中心等项目加快推进；实施了一河两岸综合改造、五大公园等项目，城市基础功能设施全面提升。突出精细管理，大力强化市容管控和市政维护，完成了3个老旧小区改造，共实施市政基础设施、园林绿化、路灯亮化等惠民实事179件，城市面貌更加靓丽，居民生活更加舒心。

乡村加速向宜居化迈进。加快小城镇发展，洋口镇、五都镇获评“全省百强中心镇”，铜钹山镇入选“国家级生态乡镇”，新增了下溪、五都两个财政收入上亿元乡镇，过亿元乡镇（街道）总数达8个。狠抓新农村投入，整合各类建设资金9900万元，完成132个新村点建设任务，打造了大石十字垄、大南溪东等一批精品示范点。突出农田水利建设，改造中低产田8600亩，完成了七星水库和24座小型病险水库除险加固，对77座山塘进行了清淤整治，解决了9.5万农村人口安全饮水问题。

环境加速向生态化迈进。深入实施“森林城乡、绿色通道”工程，投入资金1.38亿元，完成造林面积3.4万亩。扎实推进小流域综合治理工程，治理水土流失面积8平方公里。大力实施农村清洁工程，集镇及公路、河道沿线环境卫生明显改观。强化企业监管监测，新进项目环评率达100%，关闭取缔重大污染隐患企业3家。积极开展生态环境综合治理，丰溪河全段水质保持在Ⅱ类以上，大气环境质量保持在一级标准，城镇生活垃圾无害化处理率达100%。

（三）致力于保障民生民计，群众生活在持续改善中更加幸福

保障水平稳步提升。积极扩大就业，培训城乡劳动力5163人次，新增城镇就业人员7092人，转移农村劳动力1.64万人，发放小额贷款7405万元。巩固保障水平，完善城乡养老、工伤、生育、医疗、失业五大保险体系和城乡困难群众救助体系，发放低保金6830万元，“五保”供养金629万元，优抚补助金2563万元，高龄补贴946万元。实施安居工程，有830套保障性住房交付使用，建成农民公寓900套，改造农村危旧房1100户，发放住房租赁补贴330万元。城镇居民人均可支配收入达20050元，农民人均纯收入达9600元。

社会事业协调发展。加快教育事业发展，新建、改造校舍2万平方米，新增课桌椅6万套；深化医药卫生体制改革，建立基本药物制度，群众用药负担进一步减轻；完成县妇幼保健院整体搬迁，启动乡镇卫生院新建、改造工程。人口计生工作健康发展，稳定保持低生育水平。扎实推进文化、体育事业发展，组织文化下乡3600余场次，乡镇综合文化站功能不断完善，老年活动中心、综合体育馆完成前期准备工作。

（四）致力于加强自身建设，政府职能在勤政廉政中充分发挥

始终坚持从严治政。全县“三公”经费大幅下降。扎实开展“千名干部下基层、排忧解难促发展”民情家访活动，为基层群众解决了一批最关心、最直接、最现实的问题。健全完善绩效考评和政风行风评议体系，加强行政监察、效能问责、审计监督，政风行风建设取得新成效。突出财政资金使用、工程建设、土地出让等重点领域监管，规范招投标、政府采购等公共资源交易活动。

始终坚持依法行政。严格按照法定权限、法定程序行使权力、履行职责。主动向人大报告、向政协通报重大事项，自觉接受人大的法律监督、工作监督和政协的民主监督，认真办理代表建议、委员提案210件，办复率100%。积极推行行政权力网上公开透明运行，加大政府信息公开和电子政务建设力度，群众知情权、参与权、表达权和监督权得到有效保障。

始终坚持创新施政。加快简政放权，精简行政审批项目55项，精简率达15%，项目审批时间平均缩短30%。设立乡镇（街道）行政审批领办员制度，示范窗口建设、全程服务等工作深入开展，政务服务水平不断提升。坚持让利基层，鼓励乡镇加快发展，实施了新一轮县乡财政管理体制调整。积极探索农业转移人口享受市民待遇、保留农民权利“双保障”机制，引导农村人口有序向城镇转移。

回顾过去的一年，取得的成果令人鼓舞，但也存在不少困难和问题，主要是：资金、土地、用工等要素日趋紧张，资源和环境约束增大，转型发展压力剧增；影响社会和谐稳定的因素较多，在城市管理、征地拆迁、信访稳定等领域矛盾纠纷增多、处理难度加大；一些干部服务发展意识不强，执行力不到位，行政效能不高。对此，我们将采取有力措施，认真加以解决。

（报告人：县人民政府县长　邵小亭）

二、人大常委会工作报告（摘要）

（2014 年 2 月 17 日在县十五届人大四次会议上）

2013 年的主要工作回顾

（一）紧扣中心，奋力推动科学发展

科学决定重大事项。高度重视全县经济运行情况，依法审查批准了 2012 年度县级财政决算、2013 年财政收支调整方案和政府融资贷款议案；要求县政府及财税、审计等部门加强财政预算的编制与管理，培植壮大财源，优化收入结构，统筹安排支出，加强对专项资金和部门预算执行情况的审计，保障经济平稳增长。密切关注经济社会中长期发展情况，听取审议“十二五”规划中期评估报告，掌握规划实施效果和各项政策措施落实情况，提出中肯建议意见，推动了“十二五”规划确定的各项目标任务全面完成。

推动发展转型升级。围绕县委“主攻工业、决战园区”的决策部署，组织视察县工业园区工业企业生产建设情况，提出了加大调园扩区工作力度、提升服务水平、盘活闲置土地、提高土地集约利用水平等建议。围绕“城市建设提升年”活动，听取审议了县政府关于我县重点工程建设和 2013 年度政府十大实事部分项目调整等报告，组织视察新型城镇化建设工作，促进了重点项目建设健康有序进行。

促进城乡协调发展。坚持把“三农”工作作为促进发展的重中之重，听取审议了全县绿色农产品和马家柚产业发展情况的报告，视察调研了现代农业示范区建设、马家柚市场开发情况，推进了农业经营体制创新和马家柚产业发展。听取审议了全县新农村建设和农村清洁工程开展情况的专项报告，跟踪监督全县城乡发展一体化建设情况，支持推进秀美乡村建设，努力推动城乡基础设施和环境卫生持续改善，实现城乡经济社会协调发展。

（二）履职为民，努力促进普惠共享

推进民生事业发展。坚持把改善民生福祉、提升民生幸福指数作为履职重点，着重围绕教育、医疗、社会保障和养老服务等事项开展监督。听取审议了计划生育、新农合运行、农村社会养老保险、高龄老人长寿补贴、供销服务、移动通信等专项工作报告；组织视察了县社会福利院和部分乡镇敬老院，着力推动民生改善和社会事业发展。针对去年我县居民用电停电频发问题，组织了专题视察调研，帮助有关部门分析问题、研究对策，提高供电安全水平。

回应人民群众关切。组织开展了“环保广丰行”活动，听取审议全县环境保护工作情况报告，视察调研水源保护、污染防治、工业园区污水处理设施建设及运行情况等；开展了以食品药

品为主题的“安全赣鄱行”活动，组织县食品药品监督局、工商局、质监局等相关部门开展市场专项检查；开展了“秀美江西广丰行”活动，视察调研了乡村旅游发展情况，提出了相关建议；听取审议道路交通安全执法工作情况报告，提出进一步加快道路交通基础设施建设、加强交通安全管理、提高道路通行能力等建议意见，促进了城区道路通行能力的提升。

维护社会和谐稳定。进一步完善常委会信访工作机制。通过受理群众来信来访，督促政府有关部门及时办理，妥善化解各种矛盾，切实维护人民群众的合法权益。一年来，共受理群众来信、来电346件次，接待群众来访210余人次，处理上级转办、交办信访件19件，为构建和谐广丰、维护社会稳定发挥了积极作用。

（三）维护法纪，全力强化法律监督

认真开展执法检查。组织开展电力法、城乡规划法、教师法、森林法等四部法律法规实施情况的检查，促进了法律法规的有效实施。注重把群众关注的热点和法律法规实施的难点作为重点，完善检查机制；注重吸收相关人大代表特别是基层一线代表参加，拓展执法检查的广度深度；注重法律监督和舆论监督双轮齐驱，形成联动效应；注重针对发现的问题，提出处理意见，要求相关部门及时整改，巩固和扩大了工作效果。

努力推进司法公正。把加强司法监督作为一项重要工作来抓，听取审议县法院、县检察院工作情况报告，组织了10余次人大代表旁听观摩庭审活动，听取审议我县律师执业情况工作报告，视察调研县公安局网络安全监管、看守所监管执法和社区矫正及安置帮教工作情况，倡导全社会树立信仰法律、敬畏法律、尊重法律的观念，形成崇尚法治的良好氛围。加强了规范性文件备案审查，促进政府文件的规范化。

做好人事任免工作。严格按照党委推荐、“一府两院”提名、人大依法任免的法定程序进行任免。坚持干部任前法律知识考试、民主票决、供职发言和当场颁发任命书等制度，不断增强获任干部的法律意识和公仆意识，为我县经济社会持续健康发展提供了组织保障。一年来，共任命“一府两院”工作人员40名，免去“一府两院”工作人员26名，接受县人大代表辞职3名，依法补选县人大代表4名，保证了“一府两院”高效运转。

（四）务实创新，着力增强监督实效

完善运行机制。制定出台了《关于提高县人大常委会会议质量的办法》，对常委会会议的各个环节进行规范，保障了常委会职能作用的充分发挥，提升了监督工作的规范化、制度化水平。认真总结专项工作报告的审议实践，制定出台了《关于专项工作报告满意度测评工作暂行办法》，对“一府两院”专项工作报告、办理落实人大常委会审议意见等进行满意度测评。一年来，开展满意度测评 8 次，细化了审议意见，提升了监督效果。

开展专题询问。组织多个调研组深入全县各乡镇（街道）及相关职能部门，实地察看食品生产企业、中小学校、餐饮服务单位的食品安全情况和工作责任落实情况；常委会组成人员和人大代表就市场监管、食品检测、学生餐饮等群众关心的热点问题展开询问；县政府相关部门负责人到会认真听取意见，实事求是回答问题，并提出了解决问题的举措和时限，强化了食品安全工作责任的落实。

深化工作评议。坚持把工作评议作为依法行使监督职权的重要形式和举措，对县国土局、农业局、文广局组织开展了工作评议。常委会依法规范了评议工作流程，把听取汇报与现场视察、综合考评与代表测评、评议整改与跟踪督办结合起来，深化扩展评议内容；听取审议被评单位近三年的工作情况报告、评议调查报告和整改情况报告，提出评议意见，促进了被评单位依法行政能力和服务水平的进一步提高。

（五）夯实基础，大力发挥代表作用

提高代表履职能力。建立健全常委会、乡镇人大主席团、代表小组三级代表学习培训制度。坚持常委会组成人员联系代表、向代表通报工作情况、代表列席常委会会议等制度，先后组织了百余名人大代表参加常委会组织的各种调研视察、执法检查活动、听取“一府两院”有关工作报告等，切实保障了代表的知情权、表达权和监督权，激发代表履职热情，提高代表依法履职的能力和水平。

增强代表履职动力。坚持把代表意见建议督办作为关注民生、解决民困、激发代表动力的重点工作来抓，实行常委会、承办单位、提建议代表“三见面”等办法，并开展了代表建议办理进展情况的“回头看”活动，不断提高办理实效。县十五届人大三次会议共收到代表建议意见 97 件，都在规定的时限内答复了代表，一批人民群众最关心、最直接、最现实的问题得到了解决。

（六）提升效能，致力加强自身建设

强化学习培训。以创建学习型党组织、学习型机关为重点，不断完善常委会学习制度和干部教育培训制度，充分利用常委会会议、机关学习日、视察调研等方式，认真学习法律法规、人大业务知识，提高干部队伍的整体素质和履职能力。

改进工作作风。深入贯彻落实中央关于改进工作作风、密切联系群众的八项规定和省市县相关实施意见，坚持和完善财务管理、公务接待、公车使用等各项规章制度；常委会领导以身作则，身先士卒，言传身教，发挥示范引领和“潜移默化”作用，强化制度执行。切实改进文风、会风和工作作风，深入基层、深入群众调查研究，了解真实情况，提高工作成效。

服务工作大局。加强与省市人大联系和周边县市人大工作交流，继续实行常委会领导和各工作机构分片联系乡镇（街道）人大工作制度，加强对乡（镇）人大工作的考核指导，有效发挥乡（镇）人大的作用。自觉服务全县发展大局，积极参与县重点工程项目、新农村建设、民营经济、社会稳定等中心工作，圆满完成了各项任务，为我县经济社会持续健康发展作出了积极的努力。

在看到成绩的同时，我们也清醒地认识到，常委会工作还存在不足和差距，主要表现在：监督工作机制尚需进一步完善，监督实效仍需进一步提高；代表议案和建议意见的督办机制还需进一步改进，代表作用有待进一步发挥；自身建设还需进一步加强等。这些问题和不足，我们将在今后的工作中采取有效措施，认真加以解决。

（报告人：县人大常委会主任　刘月林）

三、法院工作报告（摘要）

（2014 年 2 月 17 日在县十五届人大四次会议上）

2013 年主要工作回顾

（一）认真履行审判职责，进一步维护了公平正义

2013 年，全院受理各类案件 4544 件，审、执结 4167 件，与前年同比分别上升了 28.2% 和 21%，结案率为 91.7%。

受理刑事案件 271 件，审结 250 件 315 人，审结率为 92.6%，判处 10 年以上有期徒刑 7 件 11 人。其中，依法审理故意伤害、抢劫、盗窃、诈骗等多发性案件 126 件 202 人，维护了社会稳定；审理贪污、贿赂等职务犯罪案件 5 件 11 人，促进了廉政建设；坚持宽严相济的刑事司法政策，对情节较轻、社会危害性较小的犯罪，依法从宽处罚，最大限度地减少社会对抗因素，最大限度地增加社会和谐因素；加大对刑事附带民事案件的调解力度，通过调解促进刑事被告人赔偿损失 485 万元，尽力保护受害人的合法权益，促进了矛盾化解。

受理民商事案件 3284 件，审结 2595 件，审结率为 79%，调解、撤诉结案 1068 件，调撤率达 41.2%。其中，依法审理融资租赁、民间借贷等合同纠纷案件 1163 件，保护了诚实守信，制裁了违约欺诈；妥善审理婚姻家庭、财产继承、社区邻里纠纷案件 671 件，促进了家庭、邻里和睦；依法审理农村土地承包、土地流转、农民工工资案件 75 件，维护了农村社会稳定和农民合法权益。

受理行政诉讼案件 12 件，审结 12 件，其中判决支持行政行为 2 件，通过协调由行政相对人撤回起诉 10 件，推进了依法行政工作；受理行政非诉执行申请 470 件，裁定准予执行 249 件，执结 249 件，其中执结征收社会抚养费案件 248 件，较好地推进了全县人口与计划生育工作的开展。

全面完成清理公权力机关执行积案工作，积极开展“清晨行动”等集中执行活动，并加强与公安、工商、银行、房管、土管、车管等职能部门的工作联动，依法运用各项强制执行措施，打击各类规避执行行为，维护法律权威。受理执行案件882件，执结853件（含实际执结536件，终结本次执行程序317件），实现执行标的9900余万元。其中，扣划被执行人存款200余万元，拍卖财产1900余万元，司法拘留52人，移送刑事侦查4件，其中被执行人刘修永等4人，因聚众暴力抗拒执行、冲击法院、殴打法官，分别被以妨碍公务罪定罪入刑。

（二）深入推进审判管理，进一步保障了公正司法

一是坚持以公开保障公正。保障公民依法旁听庭审权利，认真落实司法公开制度，依法公开开庭率达100%，执行信息网上公开率达100%；积极开展法院“公众开放日”活动，通过本院网站、微博公布审判执行信息105条，进一步推进立案公开、审判公开、执行公开，努力打造“阳光”司法。

二是坚持以监管提升质量。狠抓立案、送达、开庭、宣判、执行等各环节的流程监管，加强案件质量监督，判前预审核裁判文书1371份，结案后评查案件3967件，发布《评查通报》《审判管理专刊》15期，逐月实名通报评查情况，将错案责任逐一落实到庭到人。

三是坚持以考评促进绩效。制定《审判绩效目标管理考评办法》，细化审判执行工作考评指标，按规定进行月统计、季通报、半年讲评和年度考核，并把考核结果作为表彰评先、提拔任用的重要依据，提升了全院工作效率。一年来，审限内结案率100%，案件均衡结案率83%，排全市法院第3名；案件上诉率10.4%，上诉发改率1.1%，息诉服判率和上诉维持率连续三年持续上升。

（三）切实践行司法为民，进一步提升了服务水平

一是服务群众诉讼更便捷。将立案窗口提供的法律咨询、诉讼引导、立案审查、判后答疑等“一站式”诉讼服务，延伸向基层法庭，并深入推进法庭工作方式转型，巡回办案、就地开庭，方便了群众诉讼。一年来，当天立案率达97.2%，基层法庭诉前解决纠纷139件，巡回办案252件，巡回办案率为28.4%。

二是维护群众权益更实效。加强司法援助工作，缓、减、免交诉讼费用50余万元，确保困难群众打得起官司；建立民三庭，专司交通事故赔偿案件审理工作，审理案件288件，实现赔偿款2000余万元，快速保护了受害人的合法权益；认真落实信访工作制度，并建立立案二庭，突出化解信访的专业性和有效性。受理信访案件96件，化解88件，化解率达91.7%，有效地将案件信访比降至全市法院第11位，得到了市中级人民法院的高度肯定。

三是联系群众渠道更通畅。积极开展送法进学校、进社区、进农村活动，加强法制宣传工

作，面对面为人民群众提供法律服务；统一法庭标识，公布立案庭和各法庭的咨询电话，并在立案窗口、基层法庭和各乡镇街道悬挂公告牌，公开院长接待日、院长信箱、“天平热线”电话、举报电话和法院开放日，全方位畅通群众诉求表达渠道。开展法治宣传 50 余人次，发表法制文章 200 余篇，协助江西五套《目击者》等栏目，制作了《疯狂的老赖》等法制节目 3 期，取得了较好的社会效果。

（四）认真抓好队伍建设，进一步增强了司法能力

一是深入推进政治理念教育。认真组织学习党的十八大、十八届三中全会精神和习近平总书记关于法治建设的重要论述精神，积极开展社会主义法治理念教育和政法干警核心价值观教育，确保法院队伍始终忠于党、忠于国家、忠于人民、忠于宪法法律。

二是扎实推进业务教育培训。积极开展业务学习、岗位练兵、技能竞赛等活动，定期组织优秀法官庭审观摩，坚持以老带新、以优促新、以赛促学，不断提升司法水平。有 3 篇论文在全国、全省法院系统学术研讨会上获奖，并在全省、全市法院法警技能达标测试，全省法院书画比赛，全市法院计算机输入比武等技能竞赛中，取得优异成绩，获奖数居全市法院前列。

三是继续加强党风廉政建设。连续四年在三月份开展廉政教育月活动，引导广大干警自重、自省、自警、自励。严格执行廉政监督员、审务督查等制度规定，随案送达监督卡，公布举报电话、举报信箱，严肃查处违法违纪现象，严格贯彻最高法院“五个严禁”等廉政纪律要求，进一步增强防腐拒变能力。

（五）始终坚持党的领导，进一步接受县人大及各方监督

积极向县委报告重点工作和重大案件情况，认真负责地向县人大及其常委会报告工作，坚持在县委的正确领导和县人大及其常委会的监督下，依法开展审判执行工作。

自觉接受政协的民主监督，加强人大代表、政协委员联络工作，邀请人大代表、政协委员视察工作、观摩庭审 90 余人次，认真听取意见和建议，积极改进工作。

自觉接受社会各界监督，邀请人民陪审员陪审案件 984 件，陪审率达 100%；邀请检察长列席审判委员会 2 次，公诉机关量刑建议采纳率达 90%。

在成绩面前，我们也清醒地认识到，我院各项工作与广大人民群众的要求还有一定的差距，少数干警宗旨意识不够强、工作作风不够实、业务素质有待进一步提高；少数案件存在质量瑕疵、效率不高等问题；执行难问题仍然存在，信访问题压力大。对此，我们将高度重视，抓住重点，采取有力措施，认真改进。

（报告人：县人民法院院长　姚文）

四、检察院工作报告（摘要）

（2014年2月17日在县十五届人大四次会议上）

2013年主要工作回顾

（一）切实履行职责，促进检察工作科学发展

依法履行刑事检察职能。2013年，是新《刑事诉讼法》《民事诉讼法》实施的第一年，我们认真学习，按照“两法”的要求，严厉打击严重暴力、严重损害群众权益、影响人民群众安全感的多发性刑事犯罪。全年共受理审查逮捕案件246件346人，经审查批准逮捕217人，不批准逮捕129人；共受理移送审查起诉各类刑事案件302件436人，经审查，提起公诉290件421人，不起诉37件49人。所有起诉到法院的案件全部提出了量刑建议，法院采纳率达99%以上。同时，认真贯彻宽严相济刑事政策，坚持该严则严、该宽则宽、宽严适度，以无逮捕必要不批准逮捕59人，以犯罪情节轻微相对不起诉30人，尽可能减少社会对抗，促进和谐稳定。

加大职务犯罪查办力度。结合中央全面加强反腐败斗争的工作形势，坚持将反腐倡廉、查处职务犯罪作为检察工作的重中之重，展示了查办案件工作“影响大、数量多、质量好”的特点。共立案查办职务犯罪案件7件23人，其中立案查处贪污贿赂案件5件18人，人数同比上升125%；立案查处渎职侵权类案件3件5人，人数同比上升150%。立案侦查的职务犯罪案件大案和有影响的案件占一定比例，取得较好的社会和法律效果。如查办的县农机局纪某玩忽职守、受贿案，一审法院判处被告人有期徒刑10年零6个月。又如查办的芦林街道石谢居委会村干部伪造征田、骗取失地农民养老保险金涉嫌贪污窝案和县地税局翁某等人徇私舞弊不征少征税款、贪污案，在全县均引起了极大反响。

全面加强诉讼监督工作。全年共监督立案3件，监督撤案38件，纠正漏捕33人，纠正漏诉47人。在刑事审判监督活动中，提出刑事抗诉并得到法院改判1件。积极开展民事行政审判活动监督，经审查提请市检察院抗诉2件，得到市法院改判1件，向县法院发出再审检察建议3件，发出执行监督检察建议25件；加大对在押人员监管监督力度，协同看守所、武警共组织安全大检查24次，坚持每日巡查制度，约谈在押人员120余人，开展羁押必要性审查28人次，向办案单位发出预防羁押期限即将届满提示书80人次，杜绝超期羁押现象的发生。

（二）创新工作机制，不断打造工作发展新平台

创新未成年人刑事检察工作机制。针对未成年人心理特征，注重温情办案，实行涉罪未成年人法律援助，亲情会见，跟踪回访，心理矫治，促使涉罪未成年人早日改过自新。认真开展未成

年人附条件不起诉、犯罪记录封存以及法制教育，到看守所与涉罪未成年人谈心，为他们重新回归社会创造条件。全年共不批捕未成年犯罪嫌疑人37人，不起诉3件7人，附条件不起诉3件7人。深入学校、看守所开展法制讲座4次，千余名未成年人接受了检察干警的法制教育。

创新社区矫正管理监督工作机制。强化在矫人员脱管、漏管和再犯罪的监督力度。率先在全省设立了驻社区矫正监管中心工作站，以驻矫工作为依托，通过对全县23个乡镇社区矫正点的在矫人员采取报到点名、查看在矫人员的档案、检查法律知识的学习及公益性义务劳动记录等方式，加强社区矫正监管工作的法律监督。针对日常社区矫正工作中发现的问题，及时发出书面检查建议书，其中建议撤销缓刑1件1人。同时，为了帮助在矫人员顺利融入社会，积极联系有关企业，介绍在矫人员就业。

创新职务犯罪预防工作机制。深入银行、国土等部门开展法律讲座5次，派出干警到县进修学校为“农民大学生”上职务犯罪预防法制课。结合办案向有关单位发出预防检察建议27份，督促有关单位完善内部管理制度20余项。扩展行贿犯罪档案查询服务，接受各类查询5180人次。同时，围绕职务犯罪易发多发领域，抓住典型个案、类案，开展调查分析，提出预防对策，形成综合预防报告16份，为反腐败法律制度建设提供参考。在全省预防工作会议上，我院一份综合预防报告得到了省检察院的肯定。

创新联系服务群众工作机制。以洋口检察室揭牌办公为契机，积极开展举报宣传，下访巡访和检察长接待日工作，及时处理好涉诉涉检问题。通过院领导带队实地走访，电话访问群众和强化检察宣传等多次措施，扎实开展“大走访”“五进”等活动，听民声，察民情，帮助群众解决最直接，最现实的问题。全年共实地走访群众1000多户，组织干警电话访问群众近2万次，发放检察业务知识宣传资料2万多份，收集并落实处理群众建议100多条。通过各级媒体宣传检察工作和先进典型200多篇，形成有利于检察工作的舆论环境，不断提升群众满意度。

（三）加强队伍建设，不断提高队伍素质

加强领导班子和干部队伍建设。全面深入查找“四风”方面存在的突出问题，促进了检察干警执法作风的转变。落实好民主集中制度，对政策性、全局性的问题，由党组会议讨论决定，涉及业务工作的重要事项和重大案件，坚持由检委会讨论决定，依靠领导班子集体的智慧和力量推动检察工作深入全面开展。积极配合党委做好领导班子和中层干部提拔任职工作。通过落实干部职级待遇，整合人才资源，充分调动干部的工作积极性，让优秀青年干警有施展才华的空间和平台，队伍呈现出气顺劲足、争创一流的喜人局面。

加强队伍综合素质建设。牢固树立“立检为公、执法为民”的宗旨意识，切实提升队伍执法理念、执法能力、执法水平。全年共有3个集体、9名干警被县委、上级院予以表彰，2名干

警在全市、全省业务竞赛中获得优异成绩。先后派出40余名干警参加了省检察院组织的业务培训，组织开展《刑诉法》学习6次，鼓励5名干警攻读硕士学位，2名年轻干警顺利通过国家司法考试。

加强检察队伍科学管理。采取月讲评、季分析、年总结的形式，对工作进行动态管理，促使干警自我加压，形成了全院干警争工作、看实绩、比创新的良好局面。通过科学的管理，各项工作亮点频现，我院再次被授予“省级文明单位”称号，被授予“省级园林化单位”称号，档案工作被评定为省“一级规范化档案室”。2013年度，我院主要业务工作全部进入全市检察机关第一方阵。

加强自身监督制约管理。密切与人大代表、政协委员、人民监督员的联系，通过汇报专题工作、通报案件信息、邀请视察检察工作、上门走访等形式，增强检察工作的透明度，主动接受监督。同时，强化内部监督制约机制。全面开展案件流程管理，严格执行安全办案规程、办案制度、办案纪律等规章制度，实现了对执法办案的统一归口、全程动态管理，从实体上、程序上推动了公正执法，确保了案件办理质量，提高了工作时效。

在肯定成绩的同时，我们也清醒地认识到，与县委和上级检察机关的要求相比，与人民群众的期盼相比，我们的工作仍有差距和不足，主要表现在：服务大局、保障民生的思路和举措还需进一步拓宽；群众满意度有待提高；在一些热点领域和方面，法律监督还需进一步强化；队伍专业化建设还需进一步加强。对这些问题，我们将高度重视，进一步采取措施，切实加以解决。

（报告人：县人民检察院检察长　吴伯翔）

决定决议

关于广丰县2013年财政预算执行情况与2014年财政预算的决议

（2014年2月18日县十五届人大四次会议通过）

县十五届人大四次会议审查了县人民政府提出的《关于广丰县2013年财政预算执行情况与2014年财政预算草案的报告》。会议同意县人大四次会议计划预算审查委员会的审查报告，同意县人民政府《关于广丰县2013年财政预算执行情况与2014年财政预算草案的报告》，决定批准县2014年财政预算。

附：关于广丰县 2013 年财政预算执行情况和 2014 年财政预算草案的审查报告（摘要）

（一）关于 2013 年财政预算执行情况

收入预算执行情况：（1）财政收入。2013 年财政总收入完成 330366 万元，占人大批准调整计划（以下简称计划）的 100%，比上年决算数增长 13.9%。其中：中央收入完成 120818 万元，占计划的 100%，比上年增长 7%；公共财政预算收入完成 209548 万元，占计划的 100%，比上年增长 18.3%；（2）基金收入。2013 年全县政府性基金收入完成 70077 万元，占计划的 100%，比上年增长 146.4%。

支出预算执行情况：财政支出。2013 年全县公共财政支出 378309 万元，占计划的 100%，比上年增长 16.7%。其中：公共财政预算支出 369612 万元，占计划的 100%，比上年增长 17%；上解支出 8697 万元，占计划 100%，同比增长 20.9%。基金支出。2013 年全县政府性基金支出 69515 万元，占计划的 100%，比上年增长 152.5%。

（二）关于 2014 年财政预算草案

县人民政府提出的 2014 年财政预算草案，全县财政总收入计划安排 363500 万元，比上年执行数增长 10%；公共财政收入计划安排 210900 万元，比上年执行数增长 0.7%。基金收入为 91700 万元，比上年执行数增长 30.9%。根据这个收入盘子，县本级地方财政收入，加转移性收入，减去转移性支出，全县预算可用财力为 340916 万元。2014 年全县预算支出安排 340916 万元，比上年计划数增长 33.7%，预算收支平衡。

五、第五次会议

县十五届人大五次会议于 2014 年 7 月 28 日至 30 日在县人民法院会议中心举行。本届应有人大代表 257 名，第四次会议后，有 1 名代表调离广丰：洋口镇邵小亭；有 2 名暂停代表职务：（湖丰镇、大南镇各 1 名）。根据工作需要，按照法律规定，在有关选区分别补选代表 2 名：洋口镇谭赣明、丰溪街道王永三；恢复代表职务 1 名。出席本次实有代表 257 名。在本县的省、市人大代表，县直机关各单位负责人、县人大机关内设机构有关负责人等 189 名列席了会议。

大会议程

一、听取和审议县人民政府代县长谭赣明关于政府的工作报告，并作出相应的决议；二、听取关于加快推进新型城镇化发展的议案说明；三、选举谭赣明为广丰县人民政府县长；四、表决通过关于加快推进新型城镇化发展的决议。大会结束时，县委书记郑光泉作讲话。

组织领导

一、主席团成员和秘书长名单

主席团（42名，按姓氏笔画排列）

方有水　毛晔华（女）　叶　丹（女）　皮晓瑶（女）　吕国华　巩宪进　刘月林　刘金林
刘旭洲　刘旭涛　李元涛　李树锋　杨　绥　余彦伟　严如彬　严剑飚　邱志强　张建国
张棉华　周兴旺　周守勤　周志刚　周重明　郑日贵　郑光泉　郑明华　郑建平　郑通满
林传松　胡奕才　祝建正　俞秋香（女）　俞菊芳（女）　俞柳君（女）　陶少敏（女）
董永平　韩祥华　蒋日云　曾生华　廖文华　潘荣华　薛明君

秘书长：潘荣华

二、主席团常务主席名单

郑光泉　方有水　刘月林　周重明　皮晓瑶（女）　潘荣华　韩祥华　郑建平　郑明华
杨　绥　郑日贵

三、议案审查委员会名单

主任委员：郑明华

副主任委员：严剑飚

委　员：（按姓氏笔画排列）

王青山　李树锋　周守勤　郑通满　郑敏强

四、副秘书长名单：

周兴旺　包晓辉　杨华峰（女）

工作报告

一、政府工作报告（摘要）

（2014 年 7 月 29 日在县十五届人大五次会议上）

上半年工作回顾

（一）经济运行稳中有进

认真贯彻落实中央、省市出台的一系列稳增长政策措施。上半年完成生产总值 112.1 亿元，增长 9.7%。其中第一产业 7.8 亿元，增长 4.7%；第二产业 65.7 亿元，增长 12%；第三产业 38.6 亿元，增长 7.7%。完成财政总收入 18.24 亿元，增长 4.5%，其中公共财政预算收入达 12.19 亿元，增长 5.8%。坚持抓投资促增长，着力推进一批重点基础设施、产业项目和社会事业项目建设，完成固定资产投资 76.2 亿元，增长 18.1%。坚持拓市场促消费，聚旺人气、引旺商气，实现社会消费品零售总额 18.7 亿元，增长 13.7%。金融机构存款余额达 149.02 亿元，增长 19.82%，增速跃居全市第一位；贷款余额达 94.8 亿元，增长 10.1%。城镇居民人均可支配收入达 10373 元，增长 12.1%；农民人均纯收入达 7209 元，增长 12%。

（二）发展后劲持续增进

以政策促发展。积极对接原中央苏区县一系列政策措施，争取“五河”源头保护区取得实质性进展，获得了“中国建筑之乡”“全省产粮大县”“全省红木家具生产基地”等称号，为争取政策性扶持资金项目奠定了扎实的基础。以改革促发展。大力实施简政放权，降低市场主体准入门槛，激发市场活力，新增个体工商户 920 户、私营企业 459 户。深化金融体制改革，积极推广“财园信贷通”融资试点，为 41 家中小企业发放贷款 1.92 亿元。以开放促发展。大力开展招大引强，新引进 5000 万元以上工业项目 12 个，其中引进了新能源汽车、年产 15 万吨再生纸、新型建材、上铜电力等亿元以上项目 9 个。上半年实际引进 5000 万元以上工业项目资金 18 亿元，实际利用外资 4566 万美元。

（三）产业升级循序渐进

工业加速提质。实现规模以上工业增加值 52.4 亿元，增长 12.1%。完成工业用电量 3.3 亿度，增长 10.9%。卷烟、金属新材料、黑滑石三大主导产业实现主营业务收入 105.8 亿元；纺织服装、纸业包装、烟花制造三大传统产业实现主营业务收入 20.5 亿元；家具制造、绿色食品、机械制造三大特色产业实现主营业务收入 38.1 亿元；新能源、电子信息、新材料等战略新兴产业实现主营业务收入 33.1 亿元。有 27 个项目列入全市重点调度，其中耀腾铜业等 10 个续建项目陆续投产，茂华纺织等 13 个新建项目加快推进。农业持续提效。突出发展马家柚、天桂梨、白耳黄鸡三大地方特色产业，产业化经营水平稳步提高。引进了高山茶、铁皮石斛、中药材、有机蔬菜等高效生态农业项目，实际进资达 8000 万元。新增农民专业合作社 31 家，注册家庭农场 14 家。三产发力提速。九仙湖获评“国家级水利风景区”。旅游市场持续升温，各景区接待游客总数、旅游收入分别增长 16.5%、16.3%。房地产市场运行平稳，实现税收 1.88 亿元。建筑劳务、机械租赁、物流等行业加快发展，其中新增建筑企业 13 家、机械租赁企业 20 家、物流企业 54 家，共实现税收 2.07 亿元。

（四）城乡建设齐头并进。

城乡规划日趋完善。积极融入上饶中心城区，启动了 13.4 平方公里城区重要地段控规编制，启动了七个乡镇的总规修编，城乡规划体系进一步优化。城乡建设扎实推进。铜钹山大道、月兔大道、水南大桥改造建成通车，市民中心、吴俊发艺术馆、幼教中心、工人文化宫、残疾人综合服务中心等项目已完成主体工程，上广快速通道、迎宾大道、裕丰南大道等项目加速推进。开展了五都、洋口、毛村三个镇村联动示范点建设，推进了 145 个和谐秀美乡村点建设，加快病险水库除险加固等农田水利建设。城乡环境持续改善。大力实施老城区里弄小巷综合改造，城区环境明显改善。加大生态环境综合治理力度，丰溪河全段水质保持在Ⅱ类以上，大气环境质量保持在一级标准。

（五）民生事业和谐共进。

倾力抓好民生工程。全县民生事业投入达 9.59 亿元，增长 23.2%。加大就业创业扶持力度，新增城镇就业人员 3369 人，城镇就业率达 98% 以上。新增农村劳动力转移就业 10148 人，发放小额贷款 2995 万元。加快完善社会保障体系，城镇职工养老保险参保缴费人数 4.35 万人，城镇基本医疗保险参保人数 16.4 万人，养老、失业、工伤、生育和医疗等社会保险覆盖面不断扩大。着力提升城乡低保水平，发放城乡低保金 3303 万元。倾力回应群众期盼。统筹推进教育、科技、卫生、文化等各项社会事业发展，广丰中学新校区启动征地拆迁，县医院外科大楼开工建设。获评“全国计划生育优质服务先进单位”，认真落实“单独生育二孩”政策，提升人口计生服务水平。倾力维护社会稳定。制定出台了“1+X”系列文件，从制度和源头上激发社会活力。集中开展重点领域、重点行业专项整治，食品药品安全监管进一步加强，安全生产形势总体平稳，社会保持和谐稳定。

（六）社会治理有效改进。

坚持以问题为导向，全面打响“10+1”专项整治活动。全方位整治城乡环境卫生脏、乱、堵三大“顽症”，全民参与城乡管理的氛围日益浓厚，城乡卫生、交通秩序、校园周边环境明显好转，尤其是农村清洁工程成效显著，共清理陈年垃圾 2.78 万吨，农村环境卫生面貌焕然一新。坚决打赢控违拆违攻坚战，从 5 月 8 日起查处各类违法建设 928 起，拆除违法建筑面积 6.1 万平方米。狠抓作风建设，全力开展群众办事难、部门单位“庸懒散拖”、乡村干部“走读”问题专项整治及农村“三资”清理，查处了一批影响经济发展环境的典型案件。加大信访积案化解，依法打击信访“三堵五闹”和聚众赌博的违法行为，社会管控能力不断提升。随着“10+1”专项整治活动的深入开展，社会秩序明显好转，公众安全感、满意度稳步提升。

按中央要求和省、市、县委部署，县政府及部门扎实开展了党的群众路线教育实践活动，政府法治建设、效能建设、作风建设取得新进步。大力推进依法行政，主动接受人大法律监督、政协民主监督和群众社会监督，办结人大代表建议 110 件、政协委员提案 158 件。大力营造风清气正的政务环境，认真落实中央“八项规定”，严格加强公车管理，不断规范公务接待，“三公”经费支出同比下降。

回顾上半年工作，我县经济社会发展还存在不少困难和问题，主要是：经济运行存在较大的下行压力，投资、出口增幅持续回落，土地、资金等要素制约突出，实体经济运行困难，生产经营成本上升，少数企业出现债务问题，加强社会治理的任务十分繁重。我们将采取有力措施，认真加以解决，不辜负全县人民的期望。

（报告人：县人民政府代县长　谭赣明）

决定决议

一、关于加快推进新型城镇化发展的议案的决议

（2014 年 7 月 30 日县十五届人大五次会议通过）

广丰县第十五届人民代表大会第五次会议，审议了县政府提交的《关于加快推进新型城镇化发展的议案》。

会议认为，我县在推进城镇化建设工作中取得了一定成绩，但面临着规划建设管理水平不高、产业支撑力不强、城镇化建设资金投入不足、城镇化管理体制滞后等诸多问题。破解加快推

进新型城镇化发展障碍，迫在眉睫。

会议指出，县人民政府提交的《关于加快推进新型城镇化发展议案》，案由合理，案据充分，对我县新型城镇化发展的目标定位准确，主要举措符合国家法律法规和政策，切合广丰实际。会议决定通过这个议案。

会议号召，全县上下要紧紧围绕加快建设三省交界宜居宜业宜游山水园林城市、上饶中心城区副城和全省重要工业基地目标，坚定不移走以人为本、四化同步、优化布局、生态文明、文化传承的新型城镇化道路，坚持以规划为引领，以项目为抓手，以产业为支撑，以民生为根本，着力做大做强中心城区，大力推进小城镇建设，加快构建布局合理、梯度辐射、城乡互动。协调发展、功能完善集约高效的新型城镇格局。

六、第六次会议

县十五届人大六次会议于 2015 年 1 月 14 日至 16 日在县人民法院会议中心举行。本届应有人大代表 257 名，第五次会议后，有 2 名代表调离广丰：桐畈镇董永平、永丰街道潘明华；有 1 名代表辞去代表职务：沙田镇张建国。根据工作需要，按照法律规定，在有关选区分别补选代表 4 名：桐畈镇齐忠有，泉波镇郑华森，吴村镇何党生，湖丰镇祝建正。出席本次会议的实有代表 257 名。在本县的省、市人大代表、县直机关单位负责人、县人大机关内设机构有关负责人等 194 名列席了会议；特邀出席会议人员 44 名。

大会议程

一、听取和审议县人民政府县长谭赣明关于政府的工作的报告；二、审查和批准县 2012 年国民经济和社会发展计划执行情况与 2013 年国民经济和社会发展计划草案的报告，批准县 2013 年国民经济和社会发展计划；三、审查和批准县 2012 年财政预算执行情况与 2013 年财政预算草案的报告，批准县 2013 年财政预算；四、听取和审议县人大常委会主任刘月林关于县人大常委会的工作报告；五、听取和审议县人民法院院长姚文关于县人民法院的工作报告；六、听取和审议县人民检察院检察长吴伯翔关于县人民检察院的工作报告；七、通过上述工作报告的决议。

组织领导

一、主席团成员和秘书长名单

主席团（44名，按姓氏笔画排列）

方有水　王青山　王建华　毛晔华（女）　叶　丹（女）　占王剑　皮晓瑶（女）　吕国华
巩宪进　刘月林　刘旭洲　李元涛　李剑波　李积林　李树锋　齐忠有　杨　绥　余彦伟
严卫华　严剑飚　邱志强　陈金良　何党生　周开旺　周兴旺　周守勤　周重明　郑日贵
郑光泉　郑明华　郑建平　郑通满　林传松　胡奕才　祝建正　俞菊芳（女）　俞柳君（女）
洪强明　陶少敏（女）　韩祥华　蒋日云　傅衰明　潘荣华　薛明君

秘书长：潘荣华

一、主席团常务主席名单

郑光泉　何党生　周开旺　刘月林　方有水　周重明　皮晓瑶（女）　潘荣华　韩祥华
郑建平　郑明华　杨　绥　郑日贵

二、计划预算审查委员会名单

主任委员：潘荣华

副主任委员：胡奕才

委　员：（按姓氏笔画排列）

王智丰　刘荣清　罗剑锋　洪常艳（女）　徐利火

三、议案审查委员会名单

主任委员：郑明华

副主任委员：严剑飚

委　员：（按姓氏笔画排列）

刘金林　李树锋　周守勤　郑通满　曾生华

四、副秘书长名单：

周兴旺　包晓辉　杨华峰（女）

工作报告

一、政府工作报告（摘要）

（2015 年 1 月 15 日在县十五届人大六次会议上）

2014 年工作回顾

（一）产业发展迈出了转型升级的新步伐

三次产业结构调整为 7.4：58.2：34.4，打好了产业转型升级攻坚战，深化拓展了产业发展空间。

新型工业化提质加速。实现规模以上工业增加值 125 亿元，增长 12.8%；工业用电量 7.4 亿度，增长 15.6%；新增规模以上企业 20 家，总数达 150 家。设立了黑滑石基地院士工作站，企业申报科技创新项目 68 项，申报知识产权和专利 100 项，研发高新技术产品 5 个，有 3 家企业通过“新三板”挂牌前核准或完成股权挂牌托管。中兴电子信息制造产业园、再生棉纺纱生产基地、太阳能地面光伏电站等 28 个亿元以上项目落户，引进省外 5000 万元以上项目资金 29.2 亿元，增长 16.7%。

农业现代化增效加速。大力引进培育“果茶蔬”产业，成功举办了中国地方特色柑橘（马家柚）研讨会，与福建“金骏眉”品牌正山堂茶业达成了战略合作协议，无公害蔬菜种植面积达 7000 亩。大力推进产业化，流转土地面积 2.8 万亩，新增县级以上农业龙头企业 31 家，农民专业合作社 70 家，家庭农场 22 家。大力引导市场化，推进了农产品电子商务新型流通业态，农业搭上“旅游大巴”，建成休闲农业园区 40 个，休闲农庄 92 个，农家乐 116 个。

现代服务业发展加速。电子商务迅猛发展，电商产业园快速建成并投入运营，入驻电商企业 78 家，短短两个月实现税收 300 万元，荣膺了国家电子商务进农村综合项目示范试点县。新兴业态加快提速，启动钻石广场综合体、城南建材大市场建设，新鸟林街被认定为“江西省特色商业街”，洋口入选全省首批商贸重镇。休闲旅游稳步发展，突出铜钹山旅游龙头带动作用，铜钹山旅游生态休闲区获省级现代服务业集聚区、九仙湖获评国家级水利风景区。金融市场保持活跃，年末金融机构存贷款余额分别为 150 亿元、105 亿元，分别增长 20%、23.5%，存贷款增速均居全市首位。

（二）城乡面貌谱写了统筹发展的新篇章

城乡规划统筹衔接。启动城区5个片区重要地段的控制性详规编制，完成了城西、大石乌尖畈两个片区的编制及地下管线、消防两个专项规划编制。积极推动城乡一体，启动了芦洋、下湖等城乡一体化发展示范带工程，开展了“万名农村建筑工匠培训”。强力推进“控违拆违”工作，拆除违法建设4697户，面积27.61万平方米，拆除空心房5.24万平方米。

城市发展扩容提质。强力推进重点项目建设，铜钹山大道、月兔大道、迎宾大道建成通车，完成了水南大桥改造，城市发展空间进一步拓展；吴俊发艺术馆、幼教中心等功能性项目建成投入使用，城市功能进一步提升。成立了城市管理委员会，深入开展“全城动手、整洁市容”创建活动，推动了城市管理朝着“网格化、智能化、标准化”方向发展，城市环境面貌在短短的三个月时间内有了显著变化。

美丽乡村亮点纷呈。农村清洁工程投入专项资金1660万元，建成了垃圾收储和清运网络，被定为全省全面推进垃圾处理重点县。145个新农村点建设累计投入资金超过1.12亿元，新增道路硬化141.3公里，完成改水改厕1.4万户。深入开展丰溪河保洁行动，取缔石灰窑8家，关停塑料粒子厂、铸造厂等污染企业6家，完成了造林绿化面积2.2万亩。铜钹山、横山等地330多平方公里范围纳入五河源头保护区，在铜钹山建成全市首个负氧离子自动监测站，获得了国家珍贵树种培育示范县称号。

（三）基础设施彰显了日益完善的新格局

交通设施进一步完善。对接高铁的上广快速通道广丰段全面完成路基工程。对接三清山机场的上广一级公路完成了改造设计和收费站片区的改造提升试点。对接出省通道的二上线拓宽改造工程（五都至桐畈段）竣工通车，320国道改线工程完成了实施范围内的清表工作。县乡通道实现便捷化，屏风山环山公路建成通车，提升通乡公路92公里、改造危旧桥梁10座。

工业平台进一步巩固。完成经开区调园扩区工作，规划面积达25平方公里。80万伏特高压输电线工程（广丰段）、11万伏马家山变电站验收投运，日处理污水5千吨的工业污水处理厂项目加快推进。总投资16.4亿元的芦林纸业完成主厂房主体工程，总投资10亿元的陶瓷基础材料深加工项目建成试产，工业固投突破百亿大关，新增了九华实业、上铜电力、梅乐光伏等投产项目22个。

农田水利基础进一步夯实。完成了小农水重点县建设项目及农业综合开发土地治理，新增有效灌溉面积2000亩。按期完成了俞宅水闸、七星水库、军潭水库除险加固工程，桐畈、洋口乡镇防洪工程基本建成，28座省级一般小Ⅱ型水库除险加固工程加紧实施。投资4785万元新建了农村安全饮水工程 11 处，解决了 9.57 万人饮水不安全问题。

（四）改革创新激发了源源不断的新活力

深化行政审批制度改革。县级行政审批项目由 408 项精简至 83 项，精简率达 80%，审批事项办结时限由 28.8 天缩减为 6.5 天，平均提速 77%。既提升了发展效率，又减少了权力寻租。推进了“一窗式受理、一网式办理、一站式办结”，成功入选“全省首届最佳优化民营经济发展县”。新增个体工商户 2261 户，新增个私民营企业 1093 户。

加快财税金他体制改革。完善了部门预算改革。扎实开展了“营改增”试点，“营改增”纳税人 383 户，入库税收 2.15 亿元。加强政银企合作，通过“财园信贷通”为 56 家企业办理 2.2 亿元的贷款，放贷企业数和贷款额均居全市首位。大力推进“财政惠农信贷通”工作，对符合条件的 41 家农企授信 4860 万元。

统筹推进其他各项改革。完成了铜钹山、黄尖山两个国有林场改革工作，顺利推进农村土地承包经营权确权颁证工作。进一步完善了乡镇公共资源交易平台，规范了农村“三资”管理。完成了政府机构改革，从严控制编制，清理各类“吃空饷”人员 269 人。

（五）民生福祉展示了稳步提升的新境界

民生民计持续改善。新增城镇就业 7860 人，新增转移农村劳动力 37800 人。城乡困难群众最低生活保障实现应保尽保，并提高了补助标准。为 1.3 万名 80 周岁以上高龄老人，发放高龄补贴 1071.7 万元。城镇居民基本医疗保险参保人数达 16.5 万人，新型农村合作医疗保险参合人数达 66.9 万人。开工建设了 1000 套公租房，完成了 1050 户农村危旧房改造，拥有 1068 户的“梦想家园”保障性项目扎实推进。

社会事业全面进步。完成了 104 个教学点校园标准化建设，投资 1.6 亿元的县幼教中心如期竣工。县人民医院外科大楼开工建设，下溪、大南等乡镇卫生院改造搬迁工程顺利推进。落实了“单独两孩”政策，获得全国计划生育优质服务先进单位。建成了省内规模最大的县级艺术馆吴俊发艺术馆，电影下乡常态化、公益放映 3056 场次，广丰本土电视剧《油菜花香》获得中国农村电视金牛奖三个奖项。基本完成了第九届村居两委换届选举，为农村发展注入了新鲜血液。

社会环境稳定和谐。探索实践“网格化管理”模式，制定出台了创新社会治理“1+X”系列文件，“三堵五闹”明显减少，一批信访积案得到有效化解。完成了 49 家烟花爆竹生产企业三级标准化创建，煤矿“六大系统”建设稳步推进，安全生产形势持续稳定。开展严打整治“利剑”等专项行动，社会治安状况明显好转，公众安全感、满意度得到提升。

（六）政府自身建设树立了规范高效的新形象

行政效率不断提升。自觉接受人大法律监督、政协民主监督，办理人大代表建议 158 件，办理政协委员提案 159 件，回复率、满意率均为 100%。邀请人大代表、政协委员、企业代表等对政府单位进行了机关效能测评。大力推进政府信息公开，开通了 100 多个官方微信平台，畅通了与人民群众的信息交流渠道。

为民意识不断增进。坚持从政府自身做起，对民生投入确保供给，不该省的钱一分不省。全年民生支出累计投入 30.46 亿元，增长 23.2%，占公共预算支出的比重达 76.8%。大力压缩一般性支出，从紧控制“三公”经费，对非生产性支出严格控制，不该花的钱一分不花，节约行政运行等各项资金 5600 万元。以广大干部的汗水和真情，换取老百姓的舒适度、满意度。

成绩固然可喜，问题更需重视。主要有：带动作用强的大企业、大项目还不多，城市经济新业态才刚刚起步，土地、房地产市场相对低迷，城市管理还比较粗放，环境和政策约束不断加大，社会治理任务十分繁重，政府职能转变有待加强，等等。我们必须勇于正视问题，敢于直面矛盾，善于突破自我，不断开创工作新局面。

（报告人：县人民政府县长　谭赣明）

二、人大常委会工作报告（摘要）

（2015 年 1 月 15 日在县十五届人大六次会议上）

2014 年的主要工作

2014 年，县人大常委会共组织召开主任会议 25 次，常委会会议 10 次，听取和审议“一府两院”工作报告 13 项，作出决议决定 4 项，开展执法检查 4 次，开展专题调研 7 次，圆满完成了各项工作任务。

（一）围绕中心，着力在增速发展升级上有新作为

着眼于促进经济平稳较快增长，加强对计划和财政预算执行情况监督。常委会专题听取和审议了县计委、县财政的工作报告。针对问题，建议政府进一步深化改革、增强发展活力；进一步强化税收征管、加强财源建设；进一步优化支出结构，保障重点支出，保证民生投入，促进全县经济继续保持平稳较快发展。

着眼于增强经济可持续发展能力，加强对重点项目建设巡查。常委会密切关注我县重点项目建设，多次组织视察工业项目、城市重点工程、农业龙头企业和旅游产业等重点项目建设，听取和审议全县招商引资和重点项目建设情况报告，提出了加强领导、强化服务、确保质量、按期完

工、发挥效益和优化环境等审议意见，有力促进和推动城市重点项目建设，为我县全力打好城市“大会战”，实现城乡大变样加油助力。

着眼于推动经济社会转型发展，加大对城乡人居环境综合整治视察。常委会紧紧围绕我县“十大专项整治”活动和“全城动手、整洁市容”城市创建活动，聚焦城市环境“脏、乱、差”等热点难题，组织人大代表开展专题视察询问，提出了进一步规范执法行为、完善城乡环卫设施等建议，有效增强了干群环保意识和卫生观念，提高城乡环境卫生建设水平，提升城市文明程度，对内增强凝聚力、向心力，对外增强吸引力、辐射力，为经济社会发展升级奠定了扎实基础。

（二）聚焦热点，努力在增添民生福祉上有新举措

凝聚大合力，“四行”活动扶正“清风”。积极开展“环保广丰行”“赣鄱农产品质量安全行”“食品药品安全赣鄱行”“秀美江西行”等活动。“环保广丰行”活动多次组织开展环境安全隐患排查，让广丰的天更蓝、山更青、水更绿、家园更美好。“赣鄱农产品质量安全行”活动以“确保百姓舌尖上的安全”为主题，切实推进农产品质量安全系列活动，进一步提高我县农产品质量安全水平。“食品药品安全赣鄱行”活动以“关注放心肉”为主题，以整治“黑猪肉”为重点，继续关注校园餐饮安全。

弘扬主旋律，执法检查端正“世风”。常委会以建设法治广丰为抓手，努力推进依法行政、司法公正。开展《渔业法》执法检查，回应广大群众关于要求保护森林和野生动植物资源的呼声，增进了人类对破坏森林资源、猎杀野生动物严重后果的了解，增强了维护人与自然和谐的重要性和紧迫性认识。开展《科技进步法》执法检查，高度关注科技进步等问题，有力推动政府加大对科技的投入。开展《消费者权益保护法》执法检查，针对欺诈消费、虚假消费等侵权现象，督促工商等执法部门坚决查处、严厉打击各种侵权行为，让广大群众安全消费、公平消费、明白消费、平等消费，切实维护社会公平正义。开展《人民防空法》执法检查，深化了“平战结合”理念，充分发挥人防工程服务建设、服务防灾减灾、改进城市规划等功能。

传递正能量，调研信访匡正“民风”。常委会高度关注民生、积极回应社会关切，配合市人大开展“赣鄱行农产品质量安全行活动回头看”和扶贫移民工作调研活动。组织代表调研县电信和金融工作，为电信服务和金融研判出谋划策。组织调研县现代龙头企业和沙田愚公洞中西渠系除险加固工程建设，为解决河渠沿线企业和农户用水提供切实可行的方案。常委会把信访工作作为联系代表、联系群众、体察民情、排忧解难的重要“窗口”，真诚为群众信访营造办事依法、遇事找法、处事用法的良好氛围。全年共受理群众来信 36 件，接待来访 482 人次，承接上级人大转办来信 13 件，办复率 100%，尤其对 5 件涉法涉诉信访件进行重点督办，积极引导群众依法

信访，切实保障群众合法权益，及时化解社会矛盾，有力维护社会稳定。

（三）夯实基础，全力在增进代表履职上有新拓展

提高代表履职能力，服务代表亮实招。努力构建代表学习培训常态化工作机制。搭建交流平台，邀请专家开展金融投资、代表建议等专题辅导，开通“乡镇人大”微信网站，订阅人大报纸杂志，编制信息汇编，有力促进代表了解政务、开阔眼界、增长知识。2014 年县人大在地市级以上刊物和网站刊发稿件 30 多篇，较好地宣传了人大工作，扩大了广丰影响。搭建活动平台，组织百名代表听取“一府两院”工作报告，积极邀请省、市、县代表参与常委会组织的各种调研、视察和执法检查工作，切实保障了代表的知情权、表达权和监督权，提高代表依法履职能力和水平。

提升代表履职活力，联系代表鼓实劲。办好“人大代表之家”，丰富代表履职内容，确保代表小组活动有序开展。强化履职考核，督促落实《关于代表履职考核办法》，完善代表履职档案，进一步增强了代表履职的责任感和使命感。年终集中走访县人大代表，听取代表意见和建议，充分体现了县人大常委会对代表的关爱之情，增进了人大与代表的感情联络。激励代表创先争优，2014 年评选出 28 名优秀县人大代表，进一步增强了代表建言献策的积极性。通过县电视台、报社《人大代表》《代表风采》栏目对 8 位代表进行典型宣传，展示了代表履职形象，激发了代表履职热情，扩大了代表社会影响。

增强代表履职动力，支持代表办实事。出台了《关于进一步加强和改进人大代表建议、批评和意见办理工作的意见》，县十五届人大四次、五次会议共收到代表建议 158 件（其中重点督办建议 26 件）。改进代表满意度评价机制，对办理不满意的建议，组织承办单位与代表面对面答复，直到代表满意为止，办结率、满意率达到 100%。

（四）改进方式，致力在增加监督实效上有新突破

加强法制宣传，紧扣监督契合度。常委会一直把促进司法公正作为监督工作的重要内容。积极开展“百名代表听百案”活动，组织人大代表旁听观摩庭审 78 人次，努力维护社会公平正义。选任 36 名人民陪审员，顺利完成“人民陪审员倍增”计划。创新法治宣传形式，开展“首个宪法日”普法宣传，组织领导干部网上法律知识考试，强化干群法治意识，提高全民法律素质，在全社会营造学法守法用法的良好氛围。

规范人事任免，打造监督坚韧度。常委会始终坚持党管干部和人大依法任免相统一的原则，认真贯彻干部任前法律知识考试、民主票决、供职发言和颁发任命书等制度，把好拟任人员的任职条件关、提请审议的文件初审关，依法做好选举任免工作，为经济社会持续健康发展提供强大

的组织保障。一年来，依法任免国家机关工作人员67人次，接受县人大常委会组成人员辞职2名，接受代表辞职5人次，补选县人大代表5名。

强化司法监督，维护监督刚性度。常委会始终紧紧围绕维护公平正义这根主线，强化人大司法监督，组织开展对县公安看守所、基层司法所视察工作，有力推动法治建设进程。听取和审议了《县人民政府关于“禁赌”工作情况报告》《县人民政府关于基层司法所工作情况报告》《县人民政府关于我县公安案件查办工作情况报告》，并从加强责任意识、规范司法行为、提高审判质量、增强执法公信力等方面提出审议意见，反馈给“一府两院”，督促审议意见的落实。

（五）转变作风，大力在增强自身建设上有新改进

围绕中央“八项规定”，“四风”整治动真格。常委会把开展群众路线教育实践活动作为2014年县人大工作的首要政治任务，紧扣“为民务实清廉”主题，坚持高标准、严要求，全面做好各项“规定动作”，结合实际，精心开展具有人大特色的“自选动作”，深入开展创先争优、改进作风、优化发展环境等活动，对照党章党纪、深挖根源、深入查摆，以“踏石留印、抓铁有痕”的韧劲抓好整改，重点开展代表建议督办、文风会风、公务接待和公车使用等专项整治，进一步增强了党员干部为民服务的宗旨意识和抵制“四风”问题的自觉性，切实净化了人大工作氛围和政治生态。

关注乡镇人大工作，指导交流显特色。继续实行常委会领导和各工委分片联系乡（镇、街道）人大工作制度，加强对乡（镇、街道）人大工作的业务指导，开展对乡镇人大工作年终综合考评，组织召开了全县乡镇人大工作会议，整体推进县乡人大工作再上新台阶。大力倡导人大代表向选民述职，切实推动基层民主法治建设，提高代表履职透明度。以举办全市人大常委会主任座谈会和闽浙赣皖四省七县人大联席会为契机，加强同周边县市人大工作联系与交流，增进了友谊，展示了风采。

塑造人大常委会机关形象，素质提升下苦功。2014年组织人大干部学习30多次，不只看“热闹”，更重看“门道”，干部队伍的整体素质和履职能力得到有效提高。积极推进机关办公信息化、自动化，人大常委会机关办公条件、工作质量和工作效率明显提升。关注老干部身心健康，丰富老干部文化生活，老干部真正做到“老有所学、老有所为、老有所乐”。

在看到成绩的同时，常委会工作还存在不少亟待改进的地方：监督工作的针对性和实效性有待进一步增强；代表主体作用有待进一步发挥；代表建议督办机制还需进一步改进；党的群众路线教育实践活动成果仍需进一步巩固等。对这些问题和不足，常委会将在今后的工作中认真研究，切实整改。

（报告人：县人大常委会主任　刘月林）

三、法院工作报告（摘要）

（2015 年 1 月 15 日在县十五届人大六次会议上）

2014 年主要工作

（一）依法履行审判职责，促进了社会公平与正义

2014 年，全院受理各类案件 5242 件，审、执结 4136 件。

认真开展刑事审判工作。受理刑事案件 301 件，审结 269 件 355 人。严格裁判标准，依法审理绑架、强奸、抢劫、抢夺、盗窃、诈骗等暴力犯罪和多发性犯罪案件 111 件 136 人，其中判处五年以上有期徒刑的 16 件 19 人，维护了社会安全稳定。如对骗取民间借贷资金 550 多万元的被告人徐峰、王芳芳，依法以诈骗罪分别判处其有期徒刑 15 年，并处罚金 3 万元；审理贪污、贿赂等职务犯罪案件 6 件 17 人，促进了廉政建设；坚持宽严相济，对一些过失犯罪、未成年犯罪及其他情节较轻、社会危害性较小的犯罪，严格按照法定条件，依法从宽处罚，最大限度地减少社会对抗因素。依法适用缓刑 94 件 128 人，免予处罚 2 件 2 人。

深入推进民商事审判工作。受理民商事案件 3630 件，审结 2786 件；依法妥善审理民间借贷、融资租赁合同纠纷案件 963 件，涉及金额数亿元，维护了诚信守约，打击了高利贷和违约欺诈。还在县里统一调度下，认真发挥审判职能作用，积极推进斯尔摩关联四公司破产重整工作；妥善审理婚姻家庭、财产继承、社区邻里纠纷案件 757 件，促进了家庭和睦、邻里和谐；依法审理农民工工资、工伤事故赔偿、交通肇事赔偿等案件 402 件，判决支持赔偿近千万元，保障了民生权益。同时，推进司法调解、行政调解和人民调解“三调联动”，努力化解社会矛盾。一年来，民商事案件调解、撤诉结案 1209 件，调撤率 43.4%。

全力破解执行难题。受理执行案件 1050 件，执结（含终结本次执行程序）820 件，执行到位标的款 9300 余万元。建立失信被执行人曝光制度，在报纸、电视台、广场大屏幕曝光“老赖”118 人，向征信系统报送失信人员名单 474 人，促进执行案件 17 件；建立“点对点”远程查询系统，查询冻结被执行人存款 3417 人次 100 多万元；适时开展春节、清明等节假日集中执行活动，每月开展 1 次凌晨执行专项行动，集中力量，攻坚克难。集中执行案件 130 多件，其中强制搬迁房屋 51 栋（套）15000 多平方米，拍卖、变卖房屋 18 栋（套）；对涉嫌拒不执行法院判决、裁定等犯罪的 8 人，移送公安机关立案侦查、网上追逃，已抓捕祝根海等 4 人，促进执行案件 7 件。我院执行工作得到了上级法院的高度肯定。去年 12 月 25 日，省高院召开全省法院打击拒不执行犯罪工作会议，我院应邀到会作典型经验发言。

积极开展行政审判和行政非诉执行工作。受理行政诉讼案件 14 件，审结 14 件；受理行政非

诉执行案件 151 件，审查 151 件，裁定准予执行 96 件，执结 96 件。在执行征收社会抚养费案件中，我院突出重点，以点带面，力促主动缴费，有效缓解了去年全县大范围征收的工作压力。

稳妥做好涉诉信访工作。认真落实信访工作制度，建立视频远程接访，并在敏感时段坚持日排查、日反馈、日报告，及时做好涉诉信访工作。共办理来信来访 98 件次，化解 98 件次。我院信访工作得到了省、市两级法院的高度肯定。去年 2 月份，市中级人民法院召开全市法院信访工作专题视频会议，我院应邀作经验介绍。省高级法院也以信息等多种形式向全省法院推介我院信访工作经验。

（二）深入推进审判管理，保障了司法公正与效率

抓严质量管理。落实庭长办案机制，明确审判责任制；加强对裁判文书判前预审核和案件评查工作，严把裁判质量关。2014 年，庭长办案 1274 件，占总案件数的 30.8%。预检各类裁判文书 1605 件，发出预检建议 303 件；评查案件 4077 件，对存在错误的 4 件生效判决依法再审纠错。一审案件上诉率为 11.9%，上诉维持率为 98%，列全市法院第 2 名。

抓细流程管理。我院加大投资，积极推进审判管理信息化建设，实现对案件立案、送达、分流、审判、执行各环节的系统化、信息化管理。案件立案登记后，即可由审判管理软件逐案跟踪监管，限时督办，促进均衡结案，保障司法效率。2014 年，我院案件均衡结案率为 86.5%，列全市法院第 1 名。

（三）认真开展司法服务，提升了司法为民水平

强化便民工作，方便群众诉讼。一年来，财产保全 87 件 3200 多万元，为经济困难的当事人缓、减、免交诉讼费 40 余万元，为未成年被告人指定辩护 21 人次；基层法庭巡回办案 365 件，巡回办案率 36.9%。我院诉讼服务中心建设得到了上级法院的肯定。去年 6 月份，上饶中院在我院召开全市法院诉讼服务中心建设座谈会，全面推介我院的工作经验。

完善沟通机制，畅通联系渠道。我院统一法庭标识，诉讼服务中心和各法庭醒目处均挂上“六公开”告示牌，公开院长接待日、院长信箱、“天平热线”电话、举报电话和法院开放日；同时，用《致全县群众公开信》的方式，公布立案咨询电话、法庭联系电话和举报电话，还指定专人定期收集全国法院法官举报中心网的信息，全方位畅通群众诉求表达渠道。

加大宣传力度，增强社会法治意识。加强与广丰报、广丰电视台的工作联系，积极参与法制直通车栏目建设，并通过本院网站和官方微博，及时宣传审判工作动态。积极参与全县“法律进校园”活动，指派优秀法官先后到永丰中学、进修学校等 7 所学校举办法律讲座，取得了很好的普法效果。认真开展法院“公众开放日”活动，积极引导群众走近法院、了解司法。

（四）切实抓好队伍建设，改善了司法工作形象

深入推进党的群众路线教育实践活动。按照县委的统一部署，制定了本院活动方案，按时有序地展开学习、教育、整改等各项活动，收集各类意见建议 126 条，建立健全工作制度 19 项，出台整改措施 7 个方面 34 项，全力解决“四风”问题，并组织了为患病当事人义捐活动，赢得了群众好评。

扎实抓好业务教育培训。加强专项培训、岗位练兵，定期组织优秀法官庭审观摩，以老带新、以优促新，不断提升司法水平。建立法院荣誉室，编印法院工作年报，组织举行宪法宣誓、“司法为民公正司法”主题演讲，大力培育公正为民、务实清廉的法院文化。去年，有 29 人次参加了上级法院组织的各类培训，19 人次受到了省、市法院的工作表彰，2 人在全市法院法治中国演讲中获奖。

（五）坚持县委的正确领导，自觉接受县人大及其常委会监督，优化了司法工作环境

认真负责地向县人大及其常委会报告工作，自觉接受县人大及其常委会的监督，自觉接受政协的民主监督；加强与人大代表、政协委员的联络工作，办理代表建议 1 件，邀请人大代表、政协委员视察工作、观摩庭审 60 余人次，认真听取意见和建议，积极改进工作。

深入推进人民陪审工作。增选人民陪审员 39 名，并及时组织岗前培训，认真完成人民陪审员“倍增计划”；坚持一审普通程序案件“一案一陪审”，足额发放交通、误工等补助费用，全面落实人民陪审员制度。2014 年，人民陪审员参审案件 1261 件，陪审率达 100%。

成绩面前，也清醒地认识到，我院各项工作与广大人民群众的要求还有一定的差距：少数干警宗旨意识不够强、工作作风不够实、业务素质有待进一步提高；少数案件存在质量瑕疵、效率不高等问题；执行难问题仍然存在，信访问题压力大。对此，我们将立足自身，抓住重点，争取多方支持，努力推动解决。

（报告人：县人民法院院长　姚文）

四、检察院工作报告（摘要）

（2015 年 1 月 15 日在县十五届人大六次会议上）

2014 年主要工作

（一）围绕广丰经济社会发展，有效发挥检察职能

一是贯彻宽严相济刑事司法政策，扎实推进平安广丰建设。全年共受理审查逮捕案件 245

件354人，经审查批准逮捕167件232人；受理移送审查起诉案件299件427人，经审查提起公诉248件332人。其中起诉绑架、重伤害、强奸等严重暴力犯罪61件88人，毒品犯罪19件23人，抢劫、盗窃、抢夺等多发性侵财犯罪83件108人。完善贯彻宽严相济刑事司法政策工作机制，在执法办案各个环节更加注重化解社会矛盾，减少社会对抗，共不批准逮捕78件122人，不起诉35件45人。深化未成年人刑事检察工作改革，落实对刑诉法特别规定条款，对犯罪情节轻微、可能判处一年以下有期徒刑，具备帮教及矫正条件的未成年人，作出附条件不起诉3人。

二是深入查办和预防职务犯罪，扎实推进廉洁广丰建设。全年共立案查处职务犯罪案件10件18人，其中贪污贿赂案件6件14人，渎职侵权案件4件4人。如通过系统深挖查办了基层干部以虚构马家柚种植面积和株数，骗取政府发放的马家柚树苗补助款4人，查办了发生在林业公安人员渎职犯罪案件2人。深入开展职务犯罪预防。全年共开展预防调查100件，结合办案向有关单位发出检察建议13份，深入机关、企业、乡镇讲授廉政警示教育课3次，利用检察机关行贿犯罪档案查询系统为国有土地拍卖、工程建设招投标提供行贿档案查询2436次。针对涉农犯罪问题，深入剖析根源，撰写《广丰县农村职务犯罪特点、成因及预防对策》，为县委领导决策提供了依据。

三是切实强化诉讼监督，扎实推进法治广丰建设。全年共督促公安机关立案1人，督促公安机关撤案3人。充分利用行政执法与刑事司法衔接工作信息共享平台，密切检察机关与行政执法机关信息互动，借助该平台完成建议行政执法机关向公安机关移送涉嫌犯罪案件5件。建立健全“另案处理”案件监督机制，加大对漏罪漏犯的追捕追诉力度，追捕8人，追诉30人。对侦查机关侦查活动中的违法行为发出《纠正违法通知书》3份。充分利用检察建议、量刑建议、列席审委会等方式，加强对审判机关的监督。全面加强民事诉讼监督、行政诉讼监督，构建诉讼结果、诉讼过程和执行程序三位一体的监督体系，对法院生效判决错误提请市检察院抗诉3件，向法院发出执行监督检察建议5件，办理民事行政审判活动违法监督案件2件。按照高检院的部署，扎实开展了减刑、假释、暂予监外执行专项检察活动，对监管场所违法行为发出检察建议6件。积极稳妥地开展羁押必要性审查43人次，规范了执法行为，维护了监管场所的安全稳定。

（二）围绕服务全面深化改革，深入推进公正廉洁执法

一是以案件质量为根本，确保检察权依法正确行使。进一步加强和规范案件管理，出台《广丰县人民检察院案件流程管理规程（试行）》，细化措施，着力打造案件管理“精”字招牌，进一步强化内部监督制约，规范执法行为，提高办案质量和执法水平。深入推进案件集中管理信息化建设，加强流程监控预警，建立案件监督管理情况通报机制。全面应用检察机关统一业务软件系统，扎实做好网络办案流程管理，细化信息采集、网上流转、网上监管、安全保密、运维监管等

标准规范，确保了办案质效的提升。

二是以服务群众为重点，不断提升执法公信力。积极开展举报宣传、下访巡访和检察长接待日工作，及时处理好涉诉涉检问题，解决好群众合理诉求，化解社会矛盾。在全县200余个村居内设置了检务宣传栏，印制检察官名片，公布驻村居检察官电话，宣传检察机关的性质、职能，消除人民群众对检察工作的神秘感。全年开展走访群众近万户，收集群众意见千余条，解决群众的涉法困难百余个，得到了当地干部群众的好评。深化检务公开，利用检察院案件信息公开网，做好案件信息公开、法律文书公开等工作。

三是以创新创优为动力，积极顺应检察改革。积极探索实施公诉案件简易程序快速办理机制，对适用简易程序的案件，实行“分别审查、集中起诉、集中开庭和专职公诉人出庭”的“四位一体”起诉模式，提高诉讼效率，节约司法资源。积极创新社区矫正法律监督工作机制，严防监外执行的罪犯出现脱管、漏管和重新再犯罪。同时认真落实在矫人员帮扶措施，使之回归社会。

（三）围绕群众路线教育实践活动，着力提升队伍素质

一是扎实开展党的群众路线教育实践活动，确保活动实效。紧扣“为民务实清廉”主题，推动教育实践活动深入开展，结合“三带三解、三树三促、三访三问”和“驻村居检察官”活动，院领导和全体中层干部与20多户困难群众结成对子，走访群众，了解疾苦，帮助群众解决生活困难。深入查摆和剖析“四风”问题，针对问题认真撰写自查材料，进一步深化治理“庸懒散拖”系列活动。通过教育活动，让检察干警真正补了精神之“钙”，寻了群众之“根”，提高了政治“免疫力”。

二是加大干警的培养力度，适应专业化发展需要。鼓励青年干警参与重大案件办理、参与业务竞赛，让青年干警在办案实践中成长，在各类业务竞赛中历练，使之成为骨干力量。全年共选派20余名干警参加省院、市院组织的各类专业培训学习，招录检察干警2人，鼓励3人攻读硕士学位，2名同志顺利通过国家司法考试，1名同志被评为全市检察业务专家，2名同志在全省检察系统业务竞赛中荣获“业务标兵”等称号。大胆提拔优秀的年轻干警。去年底，提拔了8名年轻干警任中层职务，提请人大常委会任命检察员7名，极大地激发了年轻干警的工作积极性。

三是不断强化自身监督，坚持从严治检。认真落实党风廉政“一岗双责制”，层层签订党风廉政建设责任状，用“八项规定”“检察人员八小时外行为禁令”等规定严格约束干警行为，加强办案一线及八小时外的监督管理；坚持办案跟踪监督制度和执法检查制度，对自侦案件、不批捕、不起诉案件实行一案一卡制，做到经常性检查与定期检查相结合，及时发现和纠正违法违纪苗头。

在看到成绩的同时，检察工作中还存在不少问题与不足：如作风建设、自查自纠活动有待长期坚持；少数干警就案办案，不注重矛盾化解，群众工作能力有待提升；案件总量持续高位运行，案多人少矛盾依旧突出。对此，我们将以更加务实的态度，采取有效措施认真加以解决。

（报告人：县人民检察院检察长　吴伯翔）

决定决议

关于广丰县 2014 年财政预算执行情况与 2015 年财政预算的决议

（2015 年 1 月 16 日县十五届人大六次会议通过）

县十五届人大六次会议审查了县人民政府提出的《关于广丰县 2014 年财政预算执行情况与 2015 年财政预算草案的报告》。会议同意县十五届人大六次会议计划预算审查委员会的审查报告，同意县人民政府《关于广丰县 2014 年财政预算执行情况与 2015 年财政预算草案的报告》，决定批准县 2015 年财政预算。

附：关于县 2014 年财政预算执行情况和 2015 年财政预算草案的审查报告（摘要）

（一）关于 2014 年财政预算执行情况

收入预算执行情况：（1）财政收入。2014 年财政总收入完成 373320 万元，占人大批准调整计划（以下简称计划）的 100%，比上年决算数增长 13%。其中：中央收入完成 130646 万元，占计划的 100%，比上年增长 8.1%；公共财政预算收入完成 242674 万元，占计划的 100%，比上年增长 15.8%；（2）基金收入。2014 年全县政府性基金收入完成 75635 万元，占计划的 100%，比上年增长 7.9%。

支出预算执行情况：（1）财政支出。2014 年全县公共财政支出 408745 万元，占计划的 100%，比上年增长 8.2%。其中：公共财政预算支出 398921 万元，比上年增长 7.9%；上解支出 9824 万元，同比增长 20.4%。基金支出。2014 年全县政府性基金支出 87835 万元，占计划的 100%，比上年增长 26.4%。

（二）关于 2015 年财政预算草案

县人民政府提出的 2015 年财政预算草案，全县财政总收入计划安排 418100 万元，比上年执行数增长 12%；公共财政收入计划安排 265400 万元，比上年执行数增长 9.4%。基金收入安排 80500 万元，基金支出安排 80500 万元。根据这个收入盘子，地方财政收入、加转移性收入、加返还性收入、加专项指标，全县预算可用财力为 323703. 万元。2015 年全县预算支出安排 323703 万元，预算收支平衡。

七、第七次会议

区十五届人大七次会议于 2016 年 2 月 24 日至 26 日在区人民法院会议中心举行。本届应有人大代表 257 名，出席本次会议实有代表 257 名。在本区的省、市人大代表、区直机关各单位负责人、区人大常委会机关内设机构和乡镇人大有关负责人等共 214 名列席了会议；特邀出席会议人员 41 名。

大会议程

一、听取和审议区人民政府区长谭赣明关于政府的工作报告；二、听取和审议区政府关于环境状况和环境保护目标完成情况的报告；三、审查和批准区国民经济和社会发展第十三个五年规划纲要；四、审查和批准区 2015 年国民经济和社会发展计划执行情况与 2016 年国民经济和社会发展计划草案的报告，批准区 2016 年国民经济和社会发展计划；五、审查和批准区 2015 年财政预算执行情况与 2016 年财政预算草案的报告，批准区 2016 年财政预算；六、听取和审议区人大常委会主任刘月林关于区人大常委员会的工作报告；七、听取和审议区人民法院院长姚文关于区人民法院的工作的报告；八、听取和审议区人民检察院检察长吴伯翔关于区人民检察院的工作报告；九、通过上述工作报告的决议。

组织领导

一、主席团和秘书长名单

主席团（40 名，按姓氏笔画排列）

方有水　王建华　王慧明　毛晔华（女）　叶　丹（女）　皮晓瑶（女）　吕国华

巩宪进　刘月林　刘旭洲　李元涛　李树锋　齐忠有　杨　绥　余彦伟　吴贞河

严卫华　严剑飚　邱志强　何党生　汪耀光　周开旺　周兴旺　周守勤　郑日贵

郑光泉　郑明华　郑建平　郑通满　林传松　林起伟　俞菊芳（女）俞柳君（女）
洪常艳（女）徐利火　陶少敏（女）蒋日云　傅衰明　潘荣华　薛明君

秘书长：潘荣华

二、主席团常务主席名单

郑光泉　何党生　周开旺　刘月林　方有水　皮晓瑶（女）潘荣华　郑建平　郑明华
杨　绥　郑日贵

三、计划预算审查委员会名单

主任委员：潘荣华

副主任委员：吕国华

委　员：（按姓氏笔画排列）

王青海　宁晓华　阮承有　周　鹏　徐启敏

四、议案审查委员会名单

主任委员：郑明华

副主任委员：严剑飚

委　员：（按姓氏笔画排列）

占王剑　李树锋　周守勤　郑通满　祝建正

五、副秘书长名单

周兴旺　包晓辉　杨华峰（女）

工作报告

一、政府工作报告（摘要）

（2016 年 2 月 25 日在区十五届人大七次会议上）

2015 年工作回顾和“十二五”时期主要成效

过去的一年，全区完成生产总值 290.1 亿元，增长 10.9%；财政总收入 41.8 亿元，增长 12.0%；固定资产投资 208.5 亿元，增长 18.7%；社会消费品零售总额 56.5 亿元，增长 13.5%。

“十个精彩亮点”：1. 总投资达 20 亿元的江西中烟广丰卷烟厂易地技改项目获准立项，投产后年产卷烟 30 万大箱，税收超过 20 亿元，进一步奠定广丰工业强区地位。2. 广丰撤县设区于去年 2 月 16 日获得批复，6 月 6 日挂牌授印，正式结束了千年古邑的历史，开启了广丰区域城市化、现代化的新纪元。3. 以最快的速度实现征地 3000 余亩，报批 2166 亩；芦洲大道、辉腾路、金圣路以及城南片区路网实现当年开工，当年建成通车。4. 全省服务业发展提速推进大会和城乡生活垃圾处理专项治理工作现场推进会上，广丰均作为现场观摩点并得到省委、省政府有关领导的高度肯定。铜钹山景区和红木文化创意产业园成功创建国家 AAAA 级旅游景区。5. 在宏观经济偏紧的情况下，土地收益超 10 亿元，资金储备达 44 亿元，为全区绿色崛起提供了强劲资金保障。全区新引进项目 458 个，合同签约资金 139 亿元。6. 推进了城南新区总投资达 29 亿元的 33 个重点项目，一座现代、高端、全新的城南新区已初具雏形。7. 在全省率先推出“电商信贷通”融资平台，并作为县级唯一代表在全省电子商务大会上作典型发言。在淘宝年中大促销活动中，洋口镇莲古村淘宝服务站交易额排名全国第 11。8. 国有林场改革经验和万名建筑工匠培训模式在全国推广；规范农民建房管理和生活垃圾处理等经验在全省推广。9. 广丰在全市 12 个县（市、区）经济社会发展巡查中摘得桂冠，部门工作也取得“八个第一”“一个第二”“三个第三”的好成绩。10. 获得了“全国综合实力百强区”（第 83 位）、“全国投资潜力百强区”（第 19 位）、“中国最佳生态宜居旅游名县”、“全国十佳生态休闲旅游城市”、“中国书画之乡”等多项国字号荣誉。

（一）坚定不移调结构，转型升级明显加快

新型工业扩量升级。实现规模以上工业增加值 148 亿元，增长 10.9%；新增规模以上工业企业 32 家，新增数全市第一。三大支柱产业、三大传统产业、三大特色产业、战略性新兴产业分别实现产值 287.5 亿元、64.0 亿元、108.7 亿元、99.8 亿元。加快推进卷烟厂易地技改项目，集聚了家具制造企业 300 多家，黑滑石基地镁质瓷、凯强电子、佳家纺织等项目竣工投产，木雕城会展中心竣工并投入使用，同欣机械在“新三板”成功上市。

现代农业提质升级。农业产业化有新进展，新增流转土地面积 7.1 万亩，新增县级以上农业龙头企业 21 家，农民专业合作社 76 家，家庭农场 40 家。精致农业有新突破，马家柚、天桂梨、有机茶园、有机蔬菜种植面积分别达 13.5 万亩、3 万亩、1.56 万亩、7 万亩。休闲农业有新变化，做热做强了一批乡村旅游，东阳龙溪乡愁文化园、吴村天桂梨文化节、铜钹山小丰村杀猪宴等特色旅游方兴未艾，新增休闲农庄 60 个，农家乐 80 家。

现代服务业增效升级。电商发展进入快车道，注册电商企业 460 家，新增网店 2620 家，村级电商服务站 112 家，实现电子商务交易额 42.3 亿元，增长 135.6%，互联网产业实现税收 6200

万元。大力发展现代旅游业，接待游客 570 万人次，旅游综合收入 51 亿元，分别增长 42.5%、15.9%。加快发展金融保险业，机构总数达 39 家，年税收超亿元，年末金融机构存款余额 181.1 亿元，贷款余额 126.65 亿元，分别增长 22.4%、18.2%。建筑业产值突破 300 亿元，企业总数达到 180 家。全年房地产业销售面积达 23 万平方米，增长 46%；销售金额 15.2 亿元，增长 62%。

（二）全力以赴增后劲，发展基石明显夯实

项目工作成果丰硕。强力推进项目建设，谋划推进总投资 284 亿元、年度计划投资 153 亿元的 197 个重点项目。大力实施产业招商，赴温州、香港、台州等地开展了一系列招商引资活动，引进了固定资产投资亿元以上的项目 26 个。创新方式争资金，共争取到上级项目无偿资金 6.23 亿元，财政债券置换资金 13.57 亿元，银行低息项目贷款 14.62 亿元，产城融合资金 21 亿元，为项目建设提供了强劲动力。

基础设施日臻完善。电网布局进一步优化，乌尖畈 11 万伏变电站基本建成，大南 50 万伏和五都 11 万伏变电站加快推进，投入资金 9000 万元实施农村电网改造，有效缓解南部乡镇低电压问题。城区路网进一步畅通，对接中心城区的上广快速通道广丰段竣工通车；对接沙湖新区的新 320 国道正加速推进；对接三清山机场的上广公路进一步提升改造。迎宾大道、裕丰南大道、芦洲大道建成通车，完成农村公路硬化 175.1 公里。水利基础设施进一步夯实，完成了 28 座一般小（2）型以上水库除险加固主体工程，推进了枧底、三都防洪工程等重点水利项目建设，加快推进九仙湖引水工程、第三水厂和生活污水处理厂（三期）项目建设。

产业平台持续巩固。坚持"土地集约、产业集群、要素集中"，推进了烟草制品基地、电子信息制造产业基地、芦洋产业园 A 区平台、壶峤黑滑石基地等四大基地建设，完成工业征地面积 1320 亩。通过"腾笼换鸟""凤凰涅槃"，盘活了 12 家 308 亩闲置工业用地。建成运营互联网 + 创业孵化园，成立全国首个农民大学生创业联盟，积极打造红木文化创意产业园、电子商务生态产业园等创业平台。

（三）齐心协力促统筹，城乡面貌明显改善

城市建设更趋完善。实施了城西新区控规编制工作，完成了户外广告、工程管线、公共交通等专项规划编制。重点加快了医院、水厂市场等 27 个城市配套重点项目建设，市民中心主体大楼基本竣工。率全省之先开通城市公共自行车租赁服务，实施了智慧城市之城区无线 Wi-Fi 全覆盖工程，加快了智慧小区建设。加快推进了"城市之门""城市之窗""城市之脉""城市之心"建设，城市面貌焕然一新。

城市管理力度加大。深入开展了"全城动手、整治市容"城市创建活动，制定了 12 项专项创建方案、落实了29个责任片区，实施了158个城市创建项目，投入资金达4320万元。全区共拆除违法建设2033处，面积21.2万平方米，实施了裕丰大道、芦林大道、月兔广场等绿地改造，完成了生活污水处理厂二期项目、西溪河污水管网等改造项目。开展了“十大整治”活动，集中整治了时代广场和新天地等小区环境卫生问题，破解了“广丰夜市”摊点管理难题，改造提升了7个城区农贸市场，科学设置了环岛红绿灯，城市更亮、更美、更加有序。

城乡一体扎实推进。推进“五带三镇”，打造了芦洋、下湖、大桐、广玉、广管等五个城乡一体化示范带，突出了一批重点镇、建制镇、小集镇建设，嵩峰乡入选第四届全国文明村镇，排山镇入选“江西省文明乡镇”，铜钹山镇被评为“江西十大休闲小镇”。新农村建设持续推进，165个新农村建设村点共投入资金1.2亿元，拆除危房及“空心房”2.78万平方米，完成改水改厕2.2万户。深入开展“美丽广丰·清洁乡村”，探索了一条农村生活垃圾治理有效途径，农村环境卫生状况明显改善。

（四）凝心聚力促改革，发展活力明显增强

行政改革注重“透明高效”。推进了“三单一网”建设，及时公布权力清单和责任清单，行政权力运行更趋制度化、规范化、阳光化。完善了“两集中、两到位”，把涉及房地产税费收费8个单位10项收费项目，全部由税费一体化窗口征收。推进了新一轮政府机构改革，政府工作机构由28个精简到24个。清理整治行政事业单位“吃空饷”人员221人。稳步推进职务职级并行制度，着力解决公务员职级待遇；有序推进边远乡镇机关事业单位人员岗位津贴工作。

市场改革注重“挖潜激活”。启动了“广丰投融资控股集团”组建工作，大力推行了政府与社会资本合作（PPP）模式。推进了“三证合一”登记制度改革，设立“一照一码”综合服务窗口，在全市发出首张“一照一码”营业执照。新登记注册各类非公经济市场主体3463户，增长19.32%；注册资本35.50亿元，增长21.37%。农村土地承包确权登记颁证基本完成，总体进度位居全市前列。

社会改革注重“管理创新”。高度重视教育工作，出台了4个教育改革文件，完成了中小学代课教师补偿工作，补偿费用达3600万元。机关事业单位养老保险制度改革有序推进，不动产登记工作平稳实施，县级公立医院综合改革全面启动。户籍制度改革扎实推进，积极推动农业人口举家进城落户。建立健全重大决策社会稳定风险评估、矛盾纠纷调处化解、突发事件应急等机制。

（五）不遗余力惠民生，幸福指数明显提升

生态建设力度加大。良好的生态环境是最普惠的民生福祉。科学划定我区生态红线、水资源

红线、耕地红线“三条红线”。推进铜钹山国家自然保护区“五河源头”保护，实现造林绿化2.1万亩。启动了光伏能源、城市绿化、污水处理厂等总投资94.5亿元、年度计划投资46.3亿元的69个生态项目建设。全区环境质量总体保持良好，空气质量达到优良以上，断面水质优质率98%。

保障水平不断提高。坚持民生导向，民生支出完成35.24亿元，占全区公共财政支出比重达75.1%。养老、工伤、生育和医疗等社会保险覆盖面不断扩大。新增城镇就业9102人，新增转移农村劳动力27620人。积极开展创业培训，培训电子商务和建筑工匠5230人。全面启动精准扶贫工程，共向上争取到各类扶贫和移民资金3522万元，年度脱贫4708人。“财园信贷通”“惠农信贷通”和“电商信贷通”共办理贷款3.8亿元，新增发放小额担保贷款1.15亿元。开工建设了保障性住房1700套，完成了农村危旧房改造1500户。

社会事业全面进步。优先发展教育事业，总投资2312万元中小学“全面改薄”工程全面完成，开工建设了新广丰中学，启动了区第十一小学、第十二小学和城南幼儿园建设。大力发展科技事业，全区专利申请量171件，增长29.5%；专利授权量达183件，增长325.6%。改善医疗卫生条件，人民医院外科大楼主体工程已完工，区急救中心业务用房已启动。加强文化广电事业，基本实现城区内住宅小区光纤全覆盖，12个乡镇数字电视实现整体平移，“三馆”免费开放共接纳22.6万人次参观。

社会保持和谐稳定。深入开展非法生产、“三堵五闹”、防溺水等专项整治活动，全面推进应急管理体系建设和防灾减灾工作。积极开展矛盾纠纷“百日大化解”活动，扎实化解疑难积案，全年赴京非访人次和批次分别下降85.7%、76.9%。在全国“两会”、“九三”阅兵和党的十八届五中全会等时期，实现了进京“零非访”目标。扎实推进平安建设，开展了“利剑”“春蕾行动”“禁毒会战”等一系列专项行动，有效提升公众安全感和人民满意度。

我们在抓好经济社会发展的同时，持续加大了政府自身建设力度。一年来，区政府严格按照法定权限和程序行使权力，履行职责，自觉接受人大工作监督、政协民主监督，办理人大代表建议158件，办理政协委员提案118件，回复率100%，满意率96.8%。建立了区长办公会资金分配制度，全面清理了工程建设领域有关规范性文件，对政府性投资项目实行了“两严管一监管”，严管项目设计和变更，监管项目招投标。深入开展“三严三实”专题教育，大力整治“中梗阻”问题。政府采购节约资金1.14亿元，“三公”经费较上年压缩435万元。

刚刚过去的一年，是“十二五”收官之年。经过全区上下的共同努力，“十二五”期间广丰经济社会发展取得巨大成就，为全面建成小康社会打下了坚实基础。

——五年来，最显著的变化是综合实力日益增强。与“十一五”期末相比，全区生产总值由151亿元增加到290亿元，年均增长11.5%；财政总收入由18.5亿元增加到41.8亿元，年均增长17.7%；规模以上工业增加值由50.1亿元增加到148亿元，年均增长24.2%；社会消费品零售总额由 24.7 亿元增加到 56.5 亿元，年均增长 17.9%；固定资产投资由 95.5 亿元增加到 208.5 亿元，年均增长 16.9%。综合实力连续 18 年稳居全市第一、全省第一方阵。

——五年来，最关键的变化是产业结构提档升级。“十二五”期间，全区三次产业结构由“十一五”时期 10.7∶53∶36.3 调整为 5.6∶57.2∶37.2。落实了广丰卷烟厂技改搬迁这件全区人民关注的大事；工业园区升级为经济开发区；黑滑石产业基地被批准为省级产业基地，红木产业集群列为省重点工业产业集群。经开区主营业务收入达 560 亿元，开发面积扩展到 10.5 平方公里。品牌农业发展迅猛，“果茶蔬”种植面积突破 23 万亩。新增农业龙头企业 72 家，农业专业合作社 423 家，新增无公害农产品、绿色食品、有机食品认证 90 个。第三产业异军突起，全区涌现建筑、红木、电商、铁甲四大军团，服务业完成增加值 106.1 亿元，较“十一五”期末实现翻番。

——五年来，最突出的变化是设施基础全面夯实。以道路为骨架、以大桥为连接的基础设施建设全面拉开。完成了铜钹山大道、裕丰南大道、月兔大道、迎宾大道等城市道路建设。完成了农村公路建设和改造 471 公里，全面完成一批县乡通道、撤渡建桥和危旧桥梁改造工程。80 万伏特高压输电线工程（广丰段）、11 万伏马家山变电站验收投运。完成了小农水重点县建设项目及农业综合开发土地治理、饶丰灌区节水改造，实施了河北防洪堤、俞宅水闸、关里水库、七星水库、军潭水库等除险加固工程。

——五年来，最直观的变化是城乡面貌焕然一新。城区规划面积达 188 平方公里，建成区面积由 2010 年的 21 平方公里扩展至 26.7 平方公里，城区人口由 21.5 万人增加到 26 万人，城镇化率由 49% 提高到 53.5%。吴俊发艺术馆、幼教中心、妇幼保健院、中医院等一批城市功能项目建成投入使用，华西汽贸城、二手车交易市场、王洋大市场等一批专业市场投入使用，“一河两岸”综合改造项目、屏风山公园、竹航山公园等一批城市休闲场地相继建设。洋口、五都入围全国小城镇建设重点镇和全省首批百强中心镇，五年内建设新农村 749 个，镇村面貌明显改善。

——五年来，最可喜的变化是改革开放取得突破。切实推进政府职能转变，大力推进行政审批制度改革，行政审批项目精简率 80%，办理平均时限缩减 77% 以上。积极推进七大系统非公企业改制，完成了鹤山垦殖场、五峰山垦殖场的改制。深入实施医药卫生体制改革，全面实行基本药物制度。招商引资成效明显，“十二五”期间实际利用内资 153.3 亿元、外资 3.8 亿美元，分别是“十一五”的 2.3 倍和 1.74 倍。对外贸易取得长足进步，累计完成出口总额 7.89 亿美元，比“十一五”净增 6.28 亿美元。

——五年来，最欣慰的变化是生态优势持续巩固。铜钹山获批国家级自然保护区。铜钹山、横山等地 294.9 多平方公里纳入五河源头保护区。“十二五”期间完成造林绿化面积 13.5 万亩。国家级、省级生态乡镇（街道）3 个，省级、市级生态村 29 个；森林覆盖率达 61% 以上。加强环境保护，共对372个项目进行了环评审批，对126个项目进行了“三同时”验收核准，否决了46个污染隐患项目。扎实推进城市污水管网、百强中心镇污水处理、农村垃圾无害化处理等工作，城乡生活垃圾无害化处理率达96%，“十二五”期间完成城市污水管网建设共计40.7公里，城区空气优良率达95.6%。

——五年来，最根本的变化是群众生活水平逐步提高。五年间，城镇居民人均可支配收入和农民人均纯收入年均增长超过10%。城乡居民储蓄存款余额由55.6亿元增加到129.1亿元。城乡居民养老保险实现全覆盖，居民平均期望寿命由70岁提高到75岁。精准扶贫工作深入开展，投入扶贫和移民资金1.07亿元，2.31万贫困人口实现了脱贫。

当前，我区经济社会发展中还存在不少问题：实体经济困难，企业盈利能力下降；产业层次不高，创新能力不强；产业集群发展偏弱，转型升级的任务艰巨；资源要素约束趋紧，环境容量面临压力；招商引资的大项目不多；社会治理能力亟待提升；安全生产形势非常严峻。全区上下必须高度重视这些问题，采取切实有效措施加以解决。

（报告人：区人民政府区长　谭赣明）

二、人大常委会工作报告（摘要）

（2016年2月25日在区十五届人大七次会议上）

2015年的主要工作

2015年，我区共召开人大常委会会议8次，主任会议14次，听取和审议专项工作报告18个，开展执法检查4次，开展调研视察10次，圆满完成了各项工作任务，为加快广丰经济社会发展作出了积极的努力。

（一）尽履职之责，全力服务发展大局

力助城市创建。常委会围绕5次会议确定的目标任务，紧贴全区“全城动手、整洁市容”城市创建活动，开展城市创建专项监督，全力助推城市创建工作。城市创建是不断发现问题、及时解决问题的过程，常委会组织人大代表深入城区查找问题，并将发现的问题在常委会上通过视频录像形式与有关责任单位领导一起分析研判，查找问题原因，倒逼工作责任，增强整改效果，对整改落实不到位的，继续跟踪问效，助推城市创建工作。

力促绿色崛起。区委十二届十次全会专题研究部署推进绿色崛起主题，常委会紧贴这一中心，综合运用视察、调研、审议等履职载体，全力促进广丰绿色崛起。听取和审议我区商务工作的情况汇报，助力“做强经开区”；开展马家柚产业发展、农业特色养殖专题调研，助力“做实

现代农业示范区”；开展城市创建专项监督、片区城市创建工作，助力“做优城区”；开展助推旅游强区建设系列活动，助力“做美景区”。

力顶精准扶贫。推进精准扶贫，是全区实现“发展升级、小康率先”目标的一场攻坚战。常委会积极响应区委关于精准扶贫的安排部署，专门召开会议研究，全力支持全区精准扶贫工作。常委会机关帮扶困难群众44户，落实帮扶资金2.48万元。此外，常委会还注重组织引导人大代表积极参与精准扶贫工作，如嵩峰乡人大代表结穷亲帮穷亲、湖丰镇人大代表当好精准扶贫监督员等，在当地都起到了很好的积极作用。

力推重点项目。项目蕴蓄后劲，项目孕育希望。常委会高度关注重点项目建设，组织代表开展视察重点项目暨“年中问进度”活动，寓支持于监督之中，在监督中体现支持。组织代表对全区十多个重点项目建设情况进行集中视察，听取区政府关于重点项目建设情况的汇报，同时就涉及国计民生的14项工作进展情况进行专题询问，并开展满意度测评，有力推动了重点项目建设。

（二）怀为民之心，竭力增进百姓福祉

关注民生议大事。公路建设、劳动就业、保障性住房、妇幼保健系民生大事。常委会听取和审议了区政府关于公路建设、劳动就业、保障性住房建设管理、妇幼保健等专项工作报告，分别提出了“注重规划引领作用、健全养护长效机制、破解资金瓶颈问题”，“推进服务平台建设、加强小额担保贷款、强化劳动就业培训”，“强化资金供给、探索退出机制、完善后续管理”，“加强宣传教育、加大投入力度、加快人才队伍建设”等审议意见，帮助政府改进工作，有效推动了民生问题的解决。

心系民安督要事。民安则天下安。常委会把药品、农产品、饮用水等事关群众生命安全的事项纳入重要监督内容。开展以“关注群众健康，保障药品安全”为主题的食品药品安全赣鄱行活动，督促加强基本药物和临床用药管理；开展以“加强农产品质量安全监管”为主题的赣鄱农产品质量安全行活动，督促解决影响经济社会发展和关系人民群众切实利益的农产品质量安全问题；开展以“保护水资源、防止水污染”为主题的环保广丰行活动，督促加强水污染防治和水资源保护，得到了社会各界广泛支持肯定。

维护民权办实事。常委会经常深入社会各阶层，问计于民，问需于民，真心实意听取意见建议，注重把各阶层反映的热点、难点问题融入对“一府两院”专项工作报告的审议意见中，反映到对评议部门的改进意见中。针对群众反映强烈的基层换届选举、国土资源、林改、民政等工作，常委会听取和审议了区政府关于我区第九届村（居）委会换届工作情况、国土工作情况、国有林场改革工作情况的报告，开展了对区民政局的工作评议，并就有关工作存在的问题提出审议意见，切实维护群众的合法权益，取得了良好的社会效果。

（三）遵法律之规，努力建设法治广丰

依法讨论决定重大事项。完善讨论决定重大事项制度，依法行使重大事项决定权。常委会依法审查批准年度财政决算、预算调整方案等法定事项，先后作出了关于批准2014年县本级财政决算、2015年县本级预算和预算调整的决议。此外，根据省、市、区委决策部署，在充分征求各方意见的前提下，作出关于同意广丰撤县设区的决议和决定，依法推动广丰撤县设区的顺利实施。

依法加强司法法律监督。听取和审议区检察院关于诉讼监督专项工作报告，扎实推进我区诉讼监督工作；开展《安全生产法》《气象法》《大气污染法》《防震减灾法》执法检查活动，推动了法律法规的深入实施；建立并完善规范性文件备案审查机制，严格前置审查和备案管理，切实加强了规范性文件备案审查工作；认真做好人大信访工作，全年共受理群众来信来访136件（次），督促解决了一批信访问题。

依法做好人事任免工作。坚持党管干部原则和人大依法任免相结合，严格执行人事任免办法，规范任前公示、表态发言、颁发任命书等程序，增强被任命人员的责任意识和法律意识。全年共依法决定任免政府组成人员15人次，任免常委会工作机构组成人员9人次，任免审判检察人员7人次；任命人民陪审员47名；区十五届人大六次会议以来，接受区人大常委会委员辞职2名，接受区政府副区长辞职1名，补选市人大代表2名，为地方国家机关正常运转提供了组织保障。

（四）集代表之智，着力发挥主体作用

提升履职水平。按照省、市人大常委会要求，分别组织部分人大代表赴北京、北戴河、厦门等地参加履职培训、新预算法专题培训。向代表发放人大业务资料，订阅《中国人大》《时代主人》等刊物，拓宽人大代表的信息渠道，进一步加深了各位代表对人民代表大会制度的认识，更多地掌握了履行代表职务的有关知识，有力地提高了参与管理地方事务的能力和水平。

健全履职机制。完善联系机制，健全人大代表联系群众长效机制，密切代表和选民的关系，畅通民间信息渠道。健全激励机制，评选出28名能够为群众办实事、办好事和议政履职工作做得好的优秀区人大代表进行表彰，充分激发代表履职的积极性。健全考核机制，建立健全代表信息库和履职档案，建立起代表“能进能出”制度，增强代表的危机意识和责任意识。

优化服务保障。落实信息平台。建立微信公众号和工作微信群，经常为代表提供信息，拓宽代表了解政情社情民意渠道，落实并拓展代表的知情权。先后组织了百余名人大代表参加常委会组织的调查、视察、执法检查等活动，有力提高了代表履职水平。通过电视台、报社，《人大代表》《代表风采》等栏目对十多位代表进行事迹宣传，展示代表的履职形象，营造崇尚先进、学习先进、赶超先进的良好氛围。

增强履职实效。常委会坚持把代表建议督办作为关注民生、纾解民困、激发代表履职热情的重点工作来抓，全面推行领导领衔督办、工委对口督办、整体面上督办的三维督办机制，做到年初抓及时交办、梳理确定督办重点，年中抓限期办结、广泛征询代表意见，后期抓督办难点，深入排查督促整改。区十五届人大六次会议期间征集的161件建议答复率达到100%，得到解决或部分解决的108件，占总数的67.1%，列入规划逐步解决的39件，占24.2%，满意率逐年提高。

（五）强自身之本，致力提高工作水平

加强作风建设。常委会扎实开展“三严三实”专题教育，自觉将“三严三实”的要求与人大工作实际相结合，认真查摆和解决“不严不实”问题，切实转变工作作风，做到心中有党不忘恩，心中有民不忘本，心中有责不懈怠，心中有戒不妄为。通过“三严三实”专题教育，机关全体干部树立了严的观念、实的作风，进一步促进了常委会组成人员的自我净化、自我完善、自我革新、自我提高。

加强学习调研。常委会坚持把加强学习和调查研究作为依法履职的重要前提。通过党组理论学习、学法活动等形式，更加坚定道路自信、理论自信和制度自信，推动人民代表大会制度与时俱进。围绕区委中心工作和人大常委会工作重点，积极参与全区经济社会发展重大课题的调研，共形成各类调研材料16篇，切实为区委区政府科学决策提供了参考依据。

加强制度建设。常委会主动适应改革发展需要，结合“三严三实”专题教育和把纪律挺在前面的试点工作，对原有各项制度进行了全面梳理、充实和完善，完善了代表联系群众制度，乡（镇、街道）人大工作考核办法，评选优秀区人大代表实施意见等制度；修订完善了机关学习、公务用车、公务接待等多个具体管理制度，切实扎牢制度篱笆，推进常委会工作制度化、程序化、规范化。

加强联系指导。常委会坚持把服务基层作为重要工作来抓，加强与乡镇人大和人大代表的联系，由常委会领导带队到基层走访慰问人大代表，召开座谈会，交流工作情况，针对性地提出指导意见，协调解决工作中存在的问题。邀请乡镇人大主席列席常委会会议、参加执法检查和视察等活动，促进了区、镇人大工作互动。同时，积极参加市人大常委会召开的工作经验交流会、浙赣闽皖四省七县（市、区）联席会议，加强与兄弟县（市、区）人大的工作交流。

回顾一年的工作，我们也清醒地认识到，常委会工作与法定职责、群众期盼、时代要求还存在一定的差距：监督工作的针对性、有效性还不够强，调研审议形式有待改进；与代表和人民群众联系还不够密切，汇集民意的渠道还不够宽，代表主体作用有待进一步发挥；作风建设还需要进一步加强。这些都需要我们认真研究、切实改进。

（报告人：区人大常委会主任　刘月林）

三、法院工作报告（摘要）

（2016年2月25日在区十五届人大七次会议上）

2015年主要工作回顾

（一）依法履行审判职能，促进社会公平正义

2015年，我院受理各类案件7806件（旧存1106件），同比上升了48.9%，审、执结5659件，同比上升了36.8%。

惩治刑事犯罪，维护社会稳定。受理刑事案件337件449人（旧存31件），审结292件390人。其中，审理故意杀人、故意伤害、绑架、抢劫、强奸等暴力犯罪案件39件50人，审理盗窃、诈骗等多发性侵犯财产犯罪案件84件124人，判处十年以上有期徒刑7件7人，维护了人民群众的人身、财产安全；审理贪污贿赂渎职犯罪3件6人，为反腐败斗争提供了坚定的司法保障；审理非法集资和金融诈骗类犯罪案件5件5人，依法打击了扰乱金融秩序的犯罪行为；坚持罪刑法定原则和宽严相济的刑事政策，对2名被告人依法宣告无罪，对119名未成年犯、过失犯及情节轻微的罪犯依法适用了缓刑。

化解民事纠纷，促进社会和谐。受理民商事案件5091件（旧存844件），审结3790件；依法审理民间借贷案件1331件，并在区统一调度下，顺利推进斯尔摩关联四公司破产重整；妥善审理婚姻家庭、财产继承、社区邻里纠纷案件922件，促进了家庭和睦、邻里和谐；依法审理交通肇事赔偿案件345件，及时维护了被害人权益。同时，坚持司法调解、行政调解和人民调解“三调联动”，努力化解社会矛盾。一年来，民商事案件调解、撤诉结案1357件，调撤率为35.9%。

监督支持并重，推进依法行政。受理行政诉讼案件19件，审结19件；受理国家赔偿案件1件，审结1件；受理行政非诉执行申请220件，审查结案220件。受理行政非诉执行案件25件，执结25件。在工作中，我院加大了对行政纠纷的调解协调力度，促使12件行政诉讼案件的原告撤回了起诉，撤诉率达63.2%，促使108件非诉执行申请案件的被申请人自动履行行政决定，案件自动履行率达49.1%。

改进执行工作，破解执行难题。继续加强与公安、土管、房管、银行等职能部门的联动，组织承办赣浙闽三省毗邻法院执行工作协作联席会，加强与区域法院的执行协作，在用足用好传统执行措施的同时，全面应用“点对点”远程查询系统、公布失信被执行人名单等新的执行办法，并积极开展涉民生案件专项执行，适时开展节假日及凌晨集中执行活动，严厉打击规避执行、阻碍执行行为。一年来，受理执行案件2113件（旧存231件），执结1312件（含终结本次执行程

序1033件），实现执行标的近亿元。其中，查封房屋42栋（套）、车辆55辆，拍卖、变卖房屋11栋（套）、车辆8辆，司法拘留55人次，查询冻结划拨被执行人存款52458次1200余万元，在各类媒体曝光“老赖”1000余人，在全国征信系统公布失信被执行人2170人，开展集中执行行动14次。

（二）严格审判管理，保障司法公正效率

优化审判流程管理。依托法院工作内网，实现立案、送达、分流、审判、执行、归档等信息网上登记，网上流转，并依托科技法庭逐步实现庭审同步录音录像，以审判管理信息化推进审判工作规范化。

加强审判质量监管。建立裁判文书质量管理机制，全面开展裁判文书判前预审核、判后再评查，共预检各类裁判文书2404件，发出预检建议333条，评查案件3940件，保障了办案质量。一年来，我院案件虽然大幅上升，但上诉率仅为10.4%，同比下降了1.5个百分点，上诉维持率达98.6%，同比上升了0.6个百分点。

切实构筑“阳光”司法。全面落实审判公开制度，依法公开开庭率达100%；坚持鉴定、评估、拍卖工作与审判执行工作相分离，委托中介机构鉴定、评估、拍卖184件次；全面对接江西法院审判服务综合平台、上饶法院公众服务网，并在广丰法院网设置“三大公开”平台网址链接，依法推进审判流程公开、裁判文书公开和执行信息公开，坚持以公开促公正。一年来，网上公布裁判文书367份。

（三）坚持司法为民，提高司法服务水平

不断完善诉讼服务。坚持“有案必立、有诉必理”，全面推行立案登记制，着力破解“立案难”；深化诉讼服务中心窗口“一站式”服务建设，继续推进巡回审判工作，方便群众诉讼。一年来，为困难群众缓、减、免交诉讼费46万元，为未成年被告人指定辩护32人次，基层法庭巡回办案423件。2015年5月1日实行立案登记制度以来，新受理诉讼案件3291件，同比上升了52.6%。

依法推进信访工作。认真落实信访工作制度，强化信访工作责任，开通远程视频接访，积极畅通信访渠道，提高信访工作效率；联合司法行政部门设立法律援助工作站，探索做好信访案件的诉讼导入工作。一年来，办理来信来访案件131件，化解128件，信访化解率为97.7%，发放信访救助款33万元。我院信访工作得到了省、市两级法院的高度肯定。

不断加强法治宣传。我院主动延伸审判职能，坚持送法进校园、进社区，指派优秀法官举办校园法律讲座、开展“六长接待日”等法制宣传活动14次；同时，成立网络舆情应对与引导工作小组，通过本院网站和官方微博，及时宣传法院工作动态和审判信息。在“国家宪法日”等重要法治纪念日，还举办法院“公众开放日”活动，积极引导群众走进法院、了解司法。

（四）加强队伍建设，改进司法工作形象

认真开展理想信念教育。认真组织学习党的十八届五中全会精神和习近平总书记关于法治建设的重要论述，积极开展社会主义法治理念、社会主义核心价值观教育，确保法院队伍始终坚持正确的政治方向。认真落实“三严三实”要求，深入开展“建设法治广丰、打造过硬队伍”等主题教育实践活动，不断增强全院干警的政治意识和大局意识。

深入推进司法作风建设。严格落实党风廉政建设“两个责任”，建立“院长＋分管领导＋纪检组长”廉政风险联合警示机制，针对重点岗位和关键环节，加强易发高发风险警示，高度警惕苗头性、倾向性问题；严格执行廉政监督员制度和审务督查制度，随案送达监督卡，公布举报电话、举报信箱，开通四级法院联网的“法院工作人员违纪违法举报中心网站”，自觉接受社会各界监督；落实公务卡结算机制和出差报告制度，规范出差办案报告和差旅费报销程序，严禁法官出差办案与当事人同吃、同住、同行，切实防范发生违反中央“八项规定”等党风廉政纪律的现象。

抓紧抓好审判业务建设。严格落实院庭长办案制度，积极探索建立综合部门法官办案机制，优化审判力量配置；认真组织法律知识、信息化技能等业务培训，全面开展庭审大练兵、裁判文书评比和法警技能集训活动，以优促新、以赛促学，不断提升队伍司法水平。举办廉政专题讲座、“三严三实”主题党课，举行演讲比赛、篮球比赛和法官集体宣誓，不断加强文化建设，增强法官素质的文化养成。一年来，院庭长办案 1158 件，一线法官人均办案 111 件，组织各类培训 21 次，开展庭审观摩 6 次，6 名干警攻读在职研究生。

（五）主动接受监督，不断优化司法环境

积极向区委报告重点工作、重大案件和突发事件，认真负责地向区人大及其常委会报告工作，坚持在区委的正确领导和区人大及其常委会的监督下，依法开展审判执行工作。主动邀请人大代表、政协委员视察工作、观摩庭审，认真听取意见和建议，积极改进工作。

全面落实人民陪审员制度，依法扩大人民陪审员陪审范围，换届改选人民陪审员 47 人，组织人民陪审员集中业务培训 2 次，其中 4 名优秀代表还参加了省市法院组织的集中培训。2015 年，人民陪审员陪审案件 1377 件 2618 人次，陪审率达 97.9%。

在成绩面前，我们也清醒地认识到，我院各项工作与广大人民群众的要求还有一定的差距：少数干警宗旨意识不够强、工作作风不够实、业务素质有待进一步提高；少数案件存在质量瑕

疵、效率不高等问题；执行工作效果不明显，信访工作压力仍然很大；因干警平均年龄较大，审判办公信息化建设推进难度大。对上述问题和困难，我们将采取有效措施，切实予以解决。

（报告人：区人民法院院长　姚文）

四、检察院工作报告（摘要）

（2016年2月25日在区十五届人大七次会议上）

2015年主要工作回顾

1. 全力维护社会稳定。严厉打击危害群众生命财产安全的抢劫、强奸、故意伤害等严重刑事犯罪，全力维护广丰和谐稳定。全年共受理审查逮捕案件236件300人，批准逮捕178人，不捕122人；共受理审查起诉案件352件460人，向法院提起公诉286件377人，不起诉44件55人，移送市检察院审查起诉6件8人。所办案件全部在法律时效内审结。

2. 深入查办和预防职务犯罪。突出办案重点，加大办案力度，始终把社会关注的行业和领域发生的案件、损害人民群众切身利益事关民生的案件作为查办职务犯罪案件的重点。全年共立案查办贪污贿赂犯罪案件3件10人，侦查终结移送审查起诉4件13人，已全部提起公诉。查办渎职侵权案件1件2人，侦查终结移送审查起诉2件5人，法院已判决2件4人。坚持标本兼治，积极开展好预防服务工作，深入区重点工程开展专项预防1次，开展警示教育8次，开展预防调查4件，向发案单位的相关部门提出检察建议7份，提供行贿犯罪档案查询5727人次。

3. 进一步强化诉讼监督。深挖立案监督线索，拓宽立案监督案源渠道，监督公安机关撤案4人，追捕1人，追诉13人，监督行政执法机关移送涉嫌犯罪案件5件5人。加强对审判和执行活动的监督，办理民事执行监督案件12件，其中2件得到市院支持提请抗诉，1件法院已再审改判。认真开展刑罚执行和监管活动监督，坚持常年驻所检察，加强羁押监督和羁押必要性审查工作。开展羁押必要性审查10人次，今年对符合特赦条件的19人进行全程监督，确保特赦人员“一个不漏、一个不错”；在区社区矫正监管中心派驻检察室，帮助社区矫正人员改造，得到省政法委主要领导肯定。

4. 努力规范司法行为。依托统一业务应用系统，实行对执法办案实时、动态管理和监控，杜绝超期办案、违法办案现象的发生。在开展规范司法行为专项整治活动中，引导检察人员牢固树立人权保障、程序公正等司法理念，筑牢规范司法和公正司法的思想基础。对自侦、刑检等业务部门的219件案件进行质量评查和规范化检查，发现存在不规范问题35处，并对“症结”问题梳理归类、立查立改。深化检务公开，加大法律文书等信息的公开力度，提高法律文书的释法说理性，以公开促公正、以透明树公信。

5. 抓好案件质量。一是严把案件事实关和证据关，提前介入并引导侦查取证，坚决依法排除非法证据，杜绝冤假错案的发生。二是审查逮捕、起诉案件实现每案均提讯犯罪嫌疑人，听取律师提出的无罪、轻罪、变更强制措施等意见 29 份，切实维护当事人的人权。三是开展案件质量评查 4 次，实现案件质量评查全覆盖，督促各办案部门进行问题整改，规范办案程序。

6. 狠抓队伍建设。坚持政治建检、业务强检、形象塑检。认真开展“建设法治广丰、打造过硬队伍”活动，强化班子建设和队伍的思想政治工作。组织干警集体学习 4 次，有针对性开展岗位练兵 12 次，有效提升干警诉讼监督能力；组织 5 人次参加公诉、民行业务竞赛，组织 25 人次参加上级部门组织的培训，多方面提高检察人员业务素质和水平。

7. 提升群众满意度。简化群众来院来访接待登记手续，抓好日常接访工作，全年接受举报案件 18 件，立案侦查 5 件，办理刑事申诉案件 13 件，当事人均服判息诉。继续推进“检察官驻村居”活动，深入村居一线接受群众举报、控告申诉和解答法律咨询。对接视底镇溪西、东井村 47 户贫困户开展精准扶贫工作。今年全省检察机关群众满意度测评中，我院列全省检察机关第 35 位，列全市第 5 位，较去年又有新的提升。

8. 强化自身监督和廉政建设。坚持把纪律挺在前面，抓好主体责任和监督责任的落实。开展“三严三实”专题教育活动，解决为谁执法，如何执法的问题，注重用身边的违纪违法案例警示教育干警。纪检监察工作全面前移，实行与办案、管理同步。认真落实党风廉政“一岗双责制”，层层签订党风廉政建设责任状，用“八项规定”“检察人员行为准则”等规定严格约束干警。

9. 打造后勤保障平台。提升检察工作信息化水平，建设了远程视频接待室，改造了办案工作区。修缮和改造全院内卫环境，为干警生活工作提供便利。出台《广丰区人民检察院差旅费管理办法》《广丰区人民检察院来客接待管理办法》等制度，规范干警出差报销及来客接待标准。做好检察信息宣传公开工作，开通“广丰检察”微博、微信平台，适时全面反映广丰检察工作动态。

10. 全面营造外部工作环境。坚持市检察院和区委的正确领导，牢固树立“法律监督机关更要接受监督”的观念；坚持和完善向人大报告工作制度，认真接受人大监督和政协民主监督；加强与各有关部门的沟通联系，吸取社会正能量为我所用。加强检察机关与人民群众的互动联系，扎实做好各项检察工作，全力维护社会公平正义，努力营造良好的法治环境，整体检察工作得到社会的认知、理解和肯定。

在看到成绩的同时，检察工作中还存在不少问题与不足：如作风建设、自查自纠活动有待长期坚持；少数干警就案办案，不注重矛盾化解，群众工作能力有待提升；案件总量持续高位运行，案多人少矛盾依旧突出。对此，我们将以更加务实的态度，采取有效措施认真加以解决。

（报告人：区人民检察院检察长　吴伯翔）

决定决议

关于上饶市广丰区国民经济和社会发展第十三个五年规划纲要的决议

（2016年2月26日区十五届人大七次会议通过）

上饶市广丰区第十五届人民代表大会第七次会议，审议了区人民政府提出的《上饶市广丰区国民经济和社会发展第十三个五年规划纲要（草案）》（以下简称纲要）。会议决定批准这个纲要。

会议认为，纲要提出的“十三五”时期我区国民经济和社会发展的指导思想、基本原则、发展目标和具体措施，纲目清晰，体系完备，措施得力，承前启后，催人奋进，体现了创新发展、协调发展、绿色发展、开放发展和共享发展的要求，符合十八届五中全会精神，符合我区经济社会发展实际。

会议要求，在中共上饶市广丰区委的正确领导下，全区人民要高举中国特色社会主义思想伟大旗帜，坚持以马克思列宁主义、毛泽东思想、邓小平理论、“三个代表”重要思想和科学发展观为指导，认真贯彻党的十八大和十八届三中、四中、五中全会精神，深入实施“四个全面”战略，坚定信心、稳中求进、深化改革、开拓创新，为圆满完成“十三五”规划纲要确定的各项任务，为广丰加快实现“发展升级、小康率先”而不懈奋斗！

关于进一步加强控违拆违工作的议案的决议

（2016年2月26日区十五届人大七次会议通过）

上饶市广丰区第十五届人民代表大会第七次会议，审议了区人民政府提交的《关于进一步加强控违拆违工作的议案》，会议决定通过这个议案。

会议强调，区人民政府要进一步巩固全区控违拆违工作成果，健全完善工作体制机制，依法查处违法建设行为，坚决遏制违法建筑，保障重点建设项目顺利实施，切实维护好人民群众的合法权益，营造全社会依法用地和依法建设的良好氛围。区人大常委会要通过听取专项工作报告、执法检查、询问和质询等多种形式，督促区人民政府依法加强违法建设整治工作，对整治工作中的突出问题，加强分析研究，进行跟踪监督。区人民政府应根据该决议出台相关工作意见，并将执行决议的相关情况，及时报告区人大常委会。

关于上饶市广丰区 2015 年财政预算执行情况与 2016 年财政预算的决议

（2016 年 2 月 26 日区十五届人大七次会议通过）

上饶市广丰区第十五届人民代表大会第七次会议审查了区人民政府提出的《关于上饶市广丰区 2015 年财政预算执行情况与 2016 年财政预算草案的报告》。会议同意上饶市广丰区第十五届人民代表大会第七次会议计划预算审查委员会的审查报告，同意区人民政府《关于上饶市广丰区 2015 年财政预算执行情况与 2016 年财政预算草案的报告》，决定批准上饶市广丰区 2016 年财政预算。

附：关于 2015 年财政预算执行情况和 2016 年财政预算草案的审查报告（摘要）

（一）关于 2015 年财政预算执行情况

收入预算执行情况：（1）财政收入。2015 年财政总收入完成 418101 万元，占人大批准调整计划（以下简称计划）的 100%，比上年决算数增长 12.0%。其中：中央收入完成 130731 万元，占计划的 100%，比上年增长 0.1%；公共财政预算收入完成 283280 万元，占计划的 100%，比上年增长 16.7%。（2）基金收入。2015 年全区政府性基金收入完成 190016 万元，占计划的 100%，比上年增长 151.2%。

支出预算执行情况：（1）财政支出。2015 年全区公共财政支出 613242 万元，占计划的 100%，比上年增长 49.9%。其中：公共财政预算支出 473892 万元。（2）基金支出。2015 年全区政府性基金支出 183002 万元，占计划的 100%，比上年增长 108.3%。

（二）关于 2016 年财政预算草案

1. 公共财政预算安排

2016 年全区财政收入计划安排 455800 万元，同比增长 9%。其中公共财政收入 300025 万元，比上年执行数增长 5.9%。2016 年，地方财政收入 300025 万元，加返还性收入 13113 万元，转移性收入 30447 万元和提前下达专项指标 66302 万元，全区当年预算可用财力 409887 万元。2016 年全区公共财政预算支出 409887 万元，收支保持平衡。

2. 政府性基金预算安排

2016 年全区政府性基金收入 80515 万元，加上转移性收入、上年结余收入和调入资金 15970 万元，基金收入总计 96485 万元；2016 年全区政府性基金支出 80515 万元，加上转移性支出和调出资金 325 万元，基金支出总计 80840 万元；2016 年全区政府性基金预算年末滚存结余 15645

万元。

3. 社会保险基金预算安排

2016 年社会保险基金收入 150951 万元；2016 年社会保险基金支出 171171 万元；2016 年全区社会保险基金预算收支结余 -20220 万元，上年结余 88969 万元，年末滚存结余 68749 万元。

4. 国有资本经营预算安排

2016 年国有资本经营收入 2250 万元；2016 年国有资本经营支出 2250 万元。

第四节　区第十六届人民代表大会

区第十六届人民代表大会，届期共举行了6次会议，第一次会议在2016年10月举行，大会议程上没有区国民经济和社会发展计划执行情况与国民经济和社会发展计划的报告，以及财政预算执行情况与财政预算草案的报告。按照会议程序，每次的年度区财政预算执行情况和财政预算草案的审查报告，编入“决定决议”栏目中。

一、第一次会议

区十六届人大一次会议于2016年10月9日至11日在区人民法院会议中心举行。本届应有人大代表262名，缺额15名，出席本次会议的实有代表247名。在本区的省人大代表、区直机关各单位负责人、区人大常委会机关内设机构和乡（镇、街道）人大有关负责人等162名列席了会议；特邀出席会议人员51名。

附：区十六届人大代表名单（按姓氏笔画排列）：

永丰街道（22名）

王　艳（女）　卢　超（女）　叶晨轩　刘　勇　刘晓燕（女）　刘　涛（女）　杨华峰（女）
张景忠　陈玉英（女）　罗剑红（女）　周建东　周雪美（女）　郑　波　胡小贞（女）
俞海燕（女）　祝文信　诸荣艳　傅师东　傅奕明　谢育捷　鲍金华　潘丽娜（女）

洋口镇（16名）

王水月（女）　王为银　厉岩伟　朱继安　吴黎明　余孝福　陈小兵　陈国华　罗剑锋
郑建平　黄庆来　蒋小晖　蒋景敏（女）　程正高　蓝梦柳（女）　谭赣明

霞峰镇（11名）

王青山　毛云明　刘勇英（女）　李金堂　杨兰英（女）　杨康远（女）　杨　斌　肖连华
陈光辉　郑明华　祝让忠

芦林街道（10名）

毛小东　邵信水　林起伟　周顶荣　周　蓉（女）　郑华森　俞忠华　徐梓良　韩　平

程剑英（女）

枧底镇（6名）

王　银　王智丰　张小东　林贤清　郑日贵　倪　艳（女）

五都镇（18名）

毛十五（女）　刘　芬（女）　肖光富　吴连强　吴宗福　余金河　俞　咪（女）

张素仙（女）　陈帮洪　周云芳（女）　周建华　俞剑波　俞莉敏（女）　祝金荣

徐小友　黄海林　管宜生　颜福军

丰溪街道（12名）

王永三　毛祥文　占王剑　刘金华　刘金芳（女）　齐忠有　阮祥华　杨衰对　吴香菊（女）

余丹丹（女）　俞江良　夏林艳（女）

下溪街道（10名）

邓邦辉　刘月林　刘顺银　芮可文　张武达　林　辉　罗莉萍（女）　周有华　周　华（女）

周华瑛（女）

大石街道（8名）

王慧明　刘细梅（女）　阳莲华（女）　杨开余　吴惠丰（女）　郑金香（女）

徐启敏　凌目新

湖丰镇（10名）

皮晓瑶（女）　刘乐华　刘汉水　汤　清　汪利伍　周家炉　郑秋芳（女）　祝建正　徐道金

程雪美（女）

大南镇（8名）

吕　勇　吕燕芮（女）　汪志真（女）　张　华　张　潇　郑书礼　俞柳君（女）　潘维发

壶峤镇（9名）

刘孝森　吴贞河　周　怿　周秋莲（女）　周倩茹（女）　祝家礼　袁武孔　夏洪欣　程剑虹

吴村镇（11名）

万丽红（女）　王红辉（女）　朱利锋　汤美香（女）　纪仁福　李剑波　肖坚雄　罗礼兵

洪　峰　祝显树　鲍小红

东阳乡（8名）

王青海　刘德意　杨启标　杨振旺　周丹丹（女）　周则新　周兴旺　洪仁全

排山镇（11名）

毛建明　叶厥渭　宁晓华　李建忠　杨　绥　余利华　张文茂　陈肖屹　林　华

周丽云（女）　廖水英（女）

毛村镇（9名）

包晓晖 肖 丽（女） 吴 利（女） 张青华 洪强明 夏宗海 徐敏驹 蒋诗文 颜显高

泉波镇（9名）

王小华 卢文旭 郑雪峰 俞日波 祝青梅（女） 徐 梦（女） 黄宗敏 曾瑞兰（女） 潘荣华

嵩峰乡（9名）

卜 玲（女） 王睦福 毛美芳（女） 吴建新 余雪华 汪耀光 沈玮景 祝云武 廖小芳（女）

桐畈镇（12名）

王华安 王建红（女） 朱康贵 许声旺 许雪琼（女） 严如彬 陈卫华 陈水莲（女） 林元发 官章青 徐智红（女） 颜禧标

沙田镇（10名）

吕信彪 刘成业 阮承有 余 磊 张处平 陈达良 郑 慧（女） 陶艳青（女） 蔡德亮 熊海淳

铜钹山镇（8名）

王 瑛（女） 叶 宁 陈金良 林少鸿 郑明海 徐利火 黄正文 韩淑珍（女）

横山镇（12名）

王 菲（女） 方有水 尹玉高 刘小雨 吴亨常 邵艳芳（女） 范秀芳（女） 周 鹏 郑金国 郑道坎 俞立峰 蒋日云

少阳乡（8名）

王贞飞 尹红芳（女） 陈国标 俞书炎 洪常艳（女） 夏新年 黄兴明 龚振宙

大会议程

一、听取和审议区人民政府代区长郑华森关于政府的工作报告；二、听取和审议区人大常委会副主任郑建平关于人大常委会的工作报告；三、听取和审议区人民法院代院长凌目新关于区人民法院的工作报告；四、听取和审议区人民检察院代检察长肖连华关于区人民检察院的工作报告；五、表决通过关于设立区人大财经委、法制委的决定；六、选举和产生新一届区人大常委会组成人员，主任、副主任、委员：区人民政府区长、副区长；区人民法院院长、区人民检察院检察长。新一届区人大常委会主任皮晓瑶（女），副主任王华安、郑建平、郑明华、郑日贵、颜显高、俞柳君，委员（20 人、名单略）；区人民政府区长郑华森，副区长龚振宙、郑金车、曹海燕（女）、陈金良、程剑虹、张军华；区人民法院院长凌目新，区人民检察院检察长肖连华（需报市人民检察院检察长提请市人大常委会批准任命）；八、选举区出席市第四届人民代表大会代表（53 人、名单略）；九、通过区人大财经委、法制委组成人员人选（名单略）；十、通过上述工作报告的决议。大会结束时，区委书记谭赣明作讲话。

组织领导

一、主席团成员和秘书长名单

主席团：（45 名，按姓氏笔画排列）

卜　玲（女）　王华安　王青山　王建红（女）　王　艳（女）　王　菲（女）　毛小东　方有水　占王剑　卢文旭　皮晓瑶（女）　刘月林　刘汉水　刘成业　刘　芬（女）　齐忠有　阳莲华（女）　严如彬　李建忠　李剑波　杨华峰（女）　张景忠　罗剑红（女）　罗剑锋　周兴旺　周建东　郑日贵　郑华森　郑明华　郑明海　郑建平　俞忠华　俞柳君（女）　俞剑波　洪　峰　洪强明　祝建正　徐小友　龚振宙　蒋日云　傅奕明　管宜生　谭赣明　颜显高　颜福军

秘书长：王华安

二、主席团常务主席名单

谭赣明　郑华森　齐忠有　刘月林　方有水　皮晓瑶（女）　管宜生　王华安　郑建平　郑明华　郑日贵　颜显高　俞柳君（女）

三、副秘书长名单

周兴旺　包晓辉　邱志强

工作报告

一、政府工作报告（摘要）

（2016年10月10日在区十六届人大一次会议上）

五年来的工作回顾

（一）书写了“成效、质量、荣誉”

5年来，全区经济总量进一步做大，发展质量进一步提升，综合实力持续保持全省第一方阵、全市领头羊位置。从成效看，发展速度更快。5年来，全区生产总值由151亿元增加到290亿元，年均增长11.5%；财政总收入由18.5亿元增加到41.8亿元，年均增长17.7%；规模以上工业增加值由50.1亿元增加到148亿元，年均增长24.2%；社会消费品零售总额由24.7亿元增加到56.5亿元，年均增长17.9%；固定资产投资由95.5亿元增加到208.5亿元，年均增长16.9%。从质量看，发展后劲更足。总投资20亿元的江西中烟广丰卷烟厂易地技改项目已开工建设。2015年6月成功撤县设区，铜钹山景区和红木文化创意产业园成功创建国家4A级旅游景区，广丰工业园区成功升级广丰经济开发区，铜钹山景区、红木文化创意产业园和电子商务生态产业园成功获评全省现代服务业集聚区。从荣誉看，城市名片更靓。5年来，我们先后获得了全国综合实力百强区（第83位）、全国投资潜力百强区（第19位）、中国最佳生态宜居旅游名县、全国十佳生态休闲旅游城市、国家电子商务进农村综合项目示范县（市、区）、中国建筑之乡、中国书画之乡等多项国字号荣誉；获得了全省最佳优化民营经济发展环境县（市、区）、全省科学发展先进县（市、区）、全省社会抚养费征收先进单位等一系列省级荣誉称号。2014年获得全市12+2经济社会发展巡查第二名的好成绩，2015年在全市12个县（市、区）经济社会发展巡查中摘得桂冠。

（二）体现了“扩量、提质、增效”

5年来，我们坚持以新型工业化为核心，协同推进现代农业和现代服务业加快发展。三次产业结构由2010年的10.7：53：36.3调整为现在的7.2：56.2：36.6。新型工业实现扩量升级。广丰经开区成功纳入上饶高铁经济试验区范围，2015年实现主营业务收入560亿元，开发面积10.5平方公里。广丰红木产业集群升级为省重点工业产业集群，黑滑石产业基地获评省级产业基地，同欣机械、澳兰特橱柜在新三板成功上市。加快建设了烟草制品基地、电子信息产业基地、芦洋产业园A区平台、壶峤黑滑石基地四大孵化平台。凯强电子、寸金实业、茂华纺纱等一批工业项目实现竣工投产。现代农业实现提质升级。目前，“果茶蔬”种植面积突破23万亩，新增农业龙头企业72家，农业专业合作社423家，无公害产品、绿色食品、有机食品认证90个，被列为省现代柑橘项目实施县（区）。服务业实现增效升级。2015 年旅游总收入达 51 亿元，接待游客 570 万人次，是 2010 年的 4.08 倍和 3.72 倍。电商交易额连续两年增长 100% 以上，2015 年全区电商交易额达 40.12 亿元，同比增长 221.5%，电子商务及互联网产业实现税收 6200 万元。金融保险业快速发展，2015 年全区金融保险业机构总数达 33 家，年税收超亿元，年末金融机构存款余额 181.1 亿元，贷款余额 126.65 亿元，比 2010 年增长 1.22 倍和 1.45 倍。2015 年广丰成为全省服务业发展提速推进大会观摩点，并作为全省唯一的县（市、区）代表在全省电子商务推进大会上作了典型发言。同时，成功获评“江西县域电商十大领军县（市、区）”，“电商信贷通”被商务部定为全国电商 30 个典型案例之一。

（三）描绘了“统筹、精细、秀美”

5 年来，我们致力于打造“光阴名城、幸福广丰”。城镇化率由 49% 提高到 54.4%，建成区面积由 21 平方公里扩展至 26.7 平方公里。中医院、吴俊发艺术馆等一批城市功能项目建成并投入使用。铜钹山大道、迎宾大道、芦洲大道等一批城市路网建成通车。此外，新建了裕丰大桥，改造加固了广丰大桥、丰溪大桥、水南大桥等。城乡环境更加秀美。被省生态红线划定六个试点县之一，铜钹山等地共 294.9 平方公里范围成功纳入五河（信江）源头保护区。城区污水处理厂二期工程进入试运行，2 个百强中心镇生活污水处理设施顺利建成投运，工业污水处理厂完成建设。全区环境质量总体保持良好，空气质量达到优良以上，森林覆盖率达到 63% 以上，断面水质优质率达 98%，城乡环境更为宜居。

（四）迸发了“活力、动力、创造力”

改革攻坚迈出新步伐。加大简政放权力度，行政审批项目精简率达 80%，办理平均时限缩减 77% 以上。全力推进“三单一网”建设，权力清单和责任清单均上网公布。扎实推进“三证合一”登记制度改革，发放了全市首张“一照一码”营业执照。出台了推进大众创业万众创新若干政策措施及“降成本、优环境”110 条措施，组建了全市首个资产超百亿的县级融资平台——广投集团。“万名农村建筑工匠培训”活动被住建部作为典型推广，“电商信贷通”、城乡生活垃圾治理、规范农民建房管理、“互联网 +”智慧社区服务等相关经验在全省推广。开放合作取得新成效。5 年来累计利用内资 153.3 亿元、外资 3.8 亿美元，分别是“十一五”时期的 2.3 倍和 1.74 倍，获得了全省发展非公有制经济先进县（市、区）、投资江西十大首选地等称号。创新创业实现新引领。实施“科技创新驱动”战略和“互联网 +”行动计划，积极构建产学研用合作平台，与上饶博士联谊会达成了战略合作协议。个体工商户和私营企业数实现大幅增长。2015 年全区专利授权量达 183 件，比 2010 年增长 3.25 倍，被授予“全省专利工作进步十强县”称号。

（五）凝聚了“温度、情怀、质感”

在加大民生投入中释放发展温度。5年来民生支出累计达128.8亿元，占公共财政支出比重72.2%，其中九仙湖引水工程投资1.25亿元，建成后可确保50万城乡居民喝上“放心水”。不断加大扶贫攻坚力度，成功纳入原中央苏区振兴发展规划，5年共投入扶贫和移民财政专项资金1.07亿元，2.31万贫困人口实现了脱贫。5年累计发放城乡低保金3.7亿元。特困群体供养标准逐年增长，城镇和农村居民人均可支配收入分别达28607元和12541元，年均增长超过10%。城乡居民储蓄存款余额实现翻番，由55.7亿元增加到129.1亿元。在维护安全稳定中凝聚幸福质感。全面落实“一岗双责、党政同责、齐抓共管、属地监管”责任体系，着力加强烟花鞭炮、煤矿、非煤矿山、危化企业等重点行业、重点领域的安全监管，加大人防、物防、技防投入力度，不断夯实安全生产基础。出台了创新社会治理“1+X”系列文件，开展各类“利剑”专项行动，严厉打击各类违法犯罪行为，积极构建立体化治安防控体系，公众安全感和群众满意度测评实现双提升。2015年，广丰获得了全省信访工作“三无县（市、区）”称号。

（六）彰显了“法治、廉洁、高效”

依法行政扎实推进。主动向区人大及其常委会报告工作，向区政协常委会通报情况。5年来，办理人大代表建议679件、政协委员提案724件，办结率达100%，满意率达96%。依法开展行政复议和行政诉讼，审结行政复议案件40件，处理争议纠纷114起。完善法律援助体系建设，提供法律援助1263起，法律咨询服务11365人次。财政资金审计监督制度不断完善，建立了区长办公会资金分配制度，全面清理了工程建设领域有关规范性文件，资金管理和使用更加规范。“六五”普法全面完成，政府依法执政能力和水平显著提升。廉政建设深入推进。深入开展党的群众路线教育和“三严三实”专题教育活动，全区政府系统作风建设向纵深迈进。大力开展办公用房专项清理行动，清理率达100%。“三公”经费大幅压缩，因公出国、公务接待、公车使用得到严格控制，占财政支出比重逐年下降。深入开展机关事业单位“吃空饷”问题治理行动，共清理各类“吃空饷”人员221人。坚决“把纪律挺在前面”，出台了《关于违反发展软环境规定行政处分暂行办法》，并率全省之先建立了网上公车信息查询系统。行政效能不断提升。5年来共录入网上审批系统的各类审批项目达241项，审批事项8.14万件，行政审批更加高效。严格落实政府信息公开制度，政务公开率达100%，政务更加公开透明。不断健全完善“省长信箱”“市长热线”“区长热线”办理制度，办结率达100%，民意通道更加畅通。

在肯定成绩的同时，我们也应清醒地认识到发展中遇到的困难和问题，主要是：招商引资的大项目不多，创新能力不强；产业集群发展偏弱，转型升级任务艰巨；资源要素约束趋紧，环境容量面临压力；城市管理水平不高；社会治理能力亟待提升；安全生产形势严峻。我们必须高度重视这些问题，采取切实有效措施加以解决。

（报告人：区人民政府代区长　郑华森）

二、人大常委会工作报告（摘要）

（2016 年 10 月 10 日在区十六届人大一次会议上）

过去五年工作回顾

2011 年换届以来，区人大常委会共召开常委会会议 42 次，主任会议 98 次，听取审议专项工作报告 93 项，开展执法检查 17 次，开展集中视察 22 次，开展专题询问 3 次，圆满完成了各项工作任务。

（一）维护核心，服从党的领导

1. 常委会始终正确认识和把握人大决定权和区委决策权的关系，抓住事关全区经济社会发展的全局性、长远性、根本性问题，加强调查研究，适时作出决议决定，并跟踪推进落实。先后对法制宣传教育、城市总体规划、政府融资、撤县设区、环境保护、行政区划调整等重大事项作出决议决定，确立实施这些重大事项的法定权威；开展“十二五”规划实施中期评估并提出建议，督促政府按照要求认真落实；对年度决算、预算调整方案作出决议，促进政府宏观调控职能的有效发挥。5 年来，常委会共作出决议决定 37 项，有力地推动了我区经济社会各项事业协调发展。

2. 常委会认真贯彻党委意图，严格依法办事，对所有拟任人员，按照任前法律知识考试、常委会组成人员审议、投票表决、任职表态发言等程序进行，确保了党委意图和人民意志的高度统一。在 40 次人大常委会上首次实施常委会任命的国家机关工作人员向宪法宣誓制度，进一步完善了人事任免程序。届内常委会共依法任免国家机关工作人员 278 人，任命人民陪审员 83 人，接受区人大常委会委员辞职 7 人，接受“一府两院”领导人员辞职 10 人，补选市三届人大代表 5 人，为地方国家机关正常运转提供了强有力的组织保障。

3. 常委会在区委统一领导下，依法选举产生新一届区人大代表 247 名、乡（镇）人大代表 1155 名。全区 18 个乡（镇）均成功召开了新一届人民代表大会第一次会议，选举产生新一届乡（镇）人大领导班子和政府领导班子，圆满完成了我区乡（镇）人大换届选举工作。

（二）围绕中心，服务全区大局

1. 围绕农村集体产权制度、农业产业化和基层民主等问题，听取审议区政府关于农村集体土地管理、国有林场改革、农业综合开发、村（居）民委员会换届等专项工作报告，开展创新农村新社区管理模式调研，推进农村改革。大力支持和促进“两院”加快实施人民陪审员“倍增计划”和人民监督员制度改革，推行代表旁听庭审活动，促进司法公开公正。

2. 多次组织代表视察工业项目、民生工程、水利工程等重点项目建设情况，并就涉及国计民生的重点项目进展情况对相关部门进行专题询问，推动重点项目顺利实施。对新农村建设、现代农业、乡村清洁工程等工作进行专题调研和视察，提出相关意见建议，推动城乡一体化进程。连续多年开展助推旅游强区建设系列活动，提出推进乡村旅游发展、优化旅游发展环境、提升旅游服务质量的建议。密切关注经济形势。每年座谈分析经济形势，听取审议计划、预算执行和审计工作等报告，依法监督和全力推动国民经济和社会发展计划按序时超额完成。

3. 组织视察区公安看守所、基层司法所，调研网络安全监管工作情况；听取审议区政府关于禁赌、案件查办、社会治安管理等工作报告；开展《食品安全法》《电力法》《人民防空法》等17部法律的执法检查活动；听取审议“一府两院”关于立案信访、诉讼监督、律师执业等专项工作报告；畅通信访诉求渠道，把信访工作作为疏通民意、化解矛盾的有效渠道和途径，进一步健全信访工作制度，完善信访工作流程，及时受理并转交信访案件，督促有关部门认真办理。5年来，共接待群众来信来访近千件（次），督促解决了一批信访问题。

（三）不忘初心，服务群众期盼

1. 常委会牢固树立总体国家安全观，切实把事关人民群众生命财产安全的问题纳入监督议题。连续5年组织开展“食品药品安全赣鄱行”和“赣鄱农产品质量安全行”活动，督促有关执法部门完善工作机制，形成监管合力，加大执法力度，确保群众的食品安全和身体健康。听取审议区政府关于道路交通安全执法情况的报告，就基础设施建设、执法水平、宣传教育等方面提出意见。听取审议区政府关于公众聚集场所消防安全管理的报告，督促和支持政府严把行政审批关、加大排查整治力度、加强消防宣传教育。开展《安全生产法》执法检查，查找问题，提出建议，督促整改。

2. 围绕发展教育迫切需要，听取审议区政府关于学前教育、整治大班额等专项工作报告，开展教师法、职业教育法执法检查；围绕全面放开二孩政策，听取审议区政府关于计划生育、妇幼保健等专项工作报告；围绕交通拥堵、停电频发等日常生活问题，听取审议区政府关于公路建设、电信服务、自来水供应等专项工作报告；多次组织视察大湖路、芦洲大道、电力设施建设情况，致力解决群众所急所需所盼。

3. 常委会一直十分重视社会保障工作，支持和督促政府加快社会保障体系建设，不断扩大养老、医疗、失业、工伤保险覆盖范围。听取审议区政府关于劳动就业、扶贫移民、保障性住房等专项工作报告。听取审议区政府关于农村社会养老保险、高龄老人长寿补贴和2013年度养老保险资金专项审计情况整改报告，开展老年人权益保障法执法检查，推动养老体系建设。关注医疗保险，听取审议区政府关于新农合、城镇居民医疗保险和2013年度新农合资金专项审计情况整改报告，提升医疗保障水平。

（四）沉下身心，服务代表履职

1. 常委会从创造条件、增强代表履职活力入手，多次组织代表赴北京、厦门、南昌等地参加省市人大常委会安排的履职培训；采取“请进来、走出去”的方法，先后邀请省人大选任联工委刘润余、市人大选任联工委王蒸泉、市委党校黄彪等专家，分别就代表法、代表建议质量、金融形势等问题进行专题解读；坚持每年向代表发放人大业务资料，订阅《中国人大》《时代主人》等刊物，拓展人大代表的信息渠道，进一步加深了代表对人民代表大会制度的认识，更多地掌握了履行代表职务的有关知识，有力地提高了参与管理地方事务的能力和水平。

2. 常委会从加强议案建议督办和激发代表履职热情出发，不断总结完善督办机制。全面推行领导领衔督办、工委对口督办、整体面上督办“三维”督办机制，做到年初抓及时交办、梳理确定督办重点，年中抓限期督办、广泛征询代表意见，后期抓督办难点、深入排查督促整改。本届以来，代表提出的679件建议、批评、意见（其中重点建议督办76件），通过常委会跟踪督办，代表建议办理的解决率和满意率均有明显提高，保证了代表行使管理国家和社会事务的权利。

3. 常委会坚持每年年底由常委会领导分别带队集中走访慰问基层代表，座谈交流工作情况，认真听取意见建议，协调解决工作中存在的问题；加强闭会期间代表活动指导和服务，督促支持乡镇（街道）建立完善代表工作联络站和“代表之家”，为代表提供履职阵地；组织人大代表列席常委会会议、参加执法检查和视察调研等活动，认真听取他们的意见，切实保障代表的知情权、表达权和监督权。

5年来，常委会坚持问题导向，主动适应新形势新要求，注重加强自身建设，切实改进工作作风，以开展精准扶贫工作为抓手，深入挂点村居，帮助贫困村厘清发展思路，帮助扶贫对象脱贫致富；加强与人大代表的联系，促进与基层人大工作互动；加强与兄弟县（市、区）人大的工作交流。

回顾5年的工作，我们也清醒地认识到，常委会工作与法定职责、群众期盼、时代要求还存在一定的差距：监督工作的针对性、有效性还不够强，调研审议形式有待改进；与代表和人民群众联系还不够密切，汇集民意的渠道还不够宽，代表主体作用有待进一步发挥；作风建设还需要进一步加强。

（报告人：区人大常委会副主任　郑建平）

三、法院工作报告（摘要）

（2016 年 10 月 10 日在区十六届人大一次会议上）

过去五年工作回顾

（一）全面发挥审判职能作用，在维护社会安全稳定上取得了新成绩

5 年来，我院共受理各类案件 27568 件（含旧存 158 件），审、执结 24464 件，审、执结率为 88.7%。

——刑事审判工作。受理刑事案件 1616 件（含旧存 3 件），审结 1550 件 1836 人。严格贯彻落实宽严相济的刑事政策，审理故意杀人、故意伤害、绑架、抢劫、强奸、盗窃、诈骗等暴力性、多发性犯罪案件 710 件 995 人，打击了犯罪，保护了人民群众的人身、财产安全；依法审理贪污、贿赂、渎职等职务犯罪案件 31 件 69 人，推动了反腐败斗争深入开展；依法审理非法集资和金融诈骗类犯罪案件 24 件 26 人，严厉打击了危害市场经济的犯罪，维护了社会经济秩序；对过失犯罪、未成年人犯罪等轻罪案件，则依法从宽处理，其中判处缓刑 613 人，免于刑事处罚 22 人，宣告无罪 2 人。

——民商事审判工作。受理民事案件 17692 件（含旧存 103 件），审结 15800 件。妥善审理婚姻、家庭、继承案件 4403 件，维护了家庭和睦；依法审理农村土地流转、宅基地、农民工工资案件 172 件，保护了农民权益，促进了农村稳定。认真审理房地产、金融借款和民间借贷案件 6449 件，努力为经济发展营造良好的法治环境。5 年来，民商事案件调解结案 3879 件，撤诉 2622 件，调撤率为 41.1%。

——行政审判和行政非诉执行工作。我院坚持监督与支持并重，依法裁判和积极协调并用，依法维护当事人的合法利益，支持促进依法行政。受理行政诉讼案件 88 件，审结 80 件，其中，判决行政机关胜诉 21 件，判决行政机关败诉 12 件，原告撤诉 47 件；受理行政非诉执行申请 1280 件，审查结案 1280 件；受理行政非诉执行案件 632 件，执结 632 件，其中，被执行人自动履行 305 件。

——执行工作。5 年来，受理执行案件 6260 件（含旧存 52 件），执结 5122 件，执行到位标的额近 5 亿元。其中，查询冻结划拨存款 3340 次 1700 余万元，发布失信“老赖”名单 3761 人次，查封房屋 185 栋（套），拍卖、变卖房屋 80 栋（套），司法拘留 195 人次，8 名被执行人及其亲属，因拒不执行判决裁定罪、妨碍公务罪被判刑。

（二）不断优化审判管理，在保障司法公正与效率上取得了新成效

5 年来，我院案件上诉率为 12.2%，上诉维持率达 98.4%，案件息诉服判率逐年持续上升。

——坚持以司法公开促进司法公正。认真落实司法公开制度，依法保障公民旁听庭审权利，依法公开开庭率达100%；委托中介机构鉴定、评估、拍卖491件次，推进了案件评估鉴定拍卖工作的社会化、透明化建设；全面对接江西法院审判综合服务平台和上饶法院公众服务网，依法推进审判流程、裁判文书和执行信息司法公开“三大平台”建设，努力打造“阳光”司法。2014年以来，在中国裁判文书网上公布裁判文书2709份。

——坚持以工作考评提升审判绩效。制定《审判绩效目标管理考评办法》，细化审判执行工作考评指标，按规定进行月统计、季通报、半年讲评和年度考核，并把考核结果作为表彰评先、提拔任用的重要依据。5年来，我院年均办案数和人均办案数都居全市法院首位，仅今年1—8月份，一线法官人均结案98件，远远超过了全市法院平均水平。

（三）切实践行司法为民，司法服务工作有了新发展

——升级“窗口”诉讼服务。升级改造立案窗口为诉讼服务中心，设置立案区、信访接待区等功能区域，集立案咨询、诉讼引导、立案审查、材料收转、费用收取、司法救助、法律援助和办理上诉等“八大”功能于一体，打造“一站式”窗口服务，努力让当事人走进一个厅，事情全办清。为未成年被告人和生活困难的当事人指定辩护人、申请法律援助律师156人，确保有理没钱的人打得起官司。

——深化巡回审判工作。在交警部门设立交通事故巡回法庭，推行立案、调解审判、保险理赔、司法确认、法律援助“五位一体”的工作模式，减少中间环节，“一站式”办结交通事故赔偿案件2036件，及时保护了受害人合法权益。大力推行基层法庭巡回审判工作，就地开庭、巡回办案5260件，较好地方便了群众诉讼。

——妥善办理涉诉信访。认真贯彻落实各项信访制度，并设立立案二庭，专司涉诉信访工作，坚持诉讼、信访分离，线上、线下接访，约访、回访齐抓，化解、稳控共用，始终与有关部门加强合作，切实解决当事人的合理合法诉求。5年来，处理信访案件484件，化解472件。我院信访工作得到了省、市两级法院的高度肯定和广泛推介。

——积极延伸审判职能。加强与江西五套、广丰报、广丰电视台等媒体的协作，积极参与法制宣传工作，促进法治文化建设；认真开展讼情家访活动，建立由优秀法官组成的法律志愿者队伍，进校园开法律讲座，进社区摆“法律摊”，以案说法，当面普法；在“国家宪法日”等重要法治纪念日，举办法院“公众开放日”活动，积极引导群众走进法院、了解司法。5年来，开展法制宣传活动24次，发表法制宣传文章1106篇，协助制作法制节目19期，举办法院“公众开放日”活动6次。

（四）抓紧抓好队伍建设，司法工作能力有了新提升

——坚持不懈地加强党风廉政建设。每年定期开展“廉政作风教育月”活动，严格落实党风廉政建设“两个责任”，认真遵守中央“八项规定”，建立“院长＋分管领导＋纪检组长”廉政风险联合警示机制，针对重点岗位和关键环节，加强高发易发风险警示；成立督查小组，全面开展廉政监督和审务督查，抓早抓小，高度警惕苗头性、倾向性问题，认真解决“门难进、脸难看、事难办”“立案难、诉讼难、执行难”“关系案、人情案、金钱案”等“六难三案”，坚决查纠不正之风。

——坚持不懈地加强审判业务建设。建立激励机制，鼓励在职教育、司法考试和调研工作；采取专家授课、远程培训、研讨交流、庭审观摩等方式，推进业务培训、岗位练兵和技能竞赛；5年来，组织各类培训46次，开展庭审观摩56次，有6篇学术论文在全国、全省法院研讨会上获奖，出版发行法律书籍2本，16人通过了司法考试，10人攻读、取得在职研究生学位，23人受到省、市法院表彰。

（五）自觉接受监督，公正司法形象有了新改善

——依法接受人大、政协监督。5年来，我院认真办理区人大批示转办件，认真办理人大代表建议案和政协委员提案，做到件件有结果，事事有反馈。进一步加强联络人大代表、政协委员，联合区人大开展“百名代表听百案”活动，主动邀请人大代表、政协委员视察工作、旁听重大案件庭审，听取意见和建议。5年来，邀请人大代表、政协委员视察工作、观摩庭审180多人次。

——认真落实人民陪审制度。在区人大的监督、支持下，全面完成了人民陪审员换届选举和“倍增计划”，并定期组织业务培训，实行一审普通程序案件“一案一陪审”，落实陪审补助，保障人民陪审员依法履行职务。5年来，我院先后选举人民陪审员117人，邀请陪审案件5806件，陪审率达99.2%。

在成绩面前，我院工作还存在一些困难与不足，如案多人少矛盾突出，未结案件数量大，少数案件存在质量瑕疵；少数干警宗旨意识不强、工作作风不实；审判办公信息化建设落后，司法服务“互联网＋”建设水平低；长期困扰法院工作的涉诉信访、“执行难”等问题仍未得到根本解决，等等。对这些问题和困难，我们将采取更加有力的措施，在今后工作中努力加以改进和解决。

（报告人：区人民法院代院长　凌目新）

四、检察院工作报告（摘要）

（2016年10月10日在区十六届人大一次会议上）

过去五年工作回顾

一、服务全区工作大局，积极保障经济社会发展

1. 主动服务中心工作。围绕全区重点工作的实施，先后查办支农惠农资金管理使用、破坏生态环境等领域犯罪案件196件251人。着力推动行政执法机关与检察机关信息共享、案情通报、案件移送等制度落实，督促行政执法机关向公安机关移送涉嫌犯罪案件23件，促进了行政执法和刑事司法的有效衔接。

2. 维护社会安全稳定。5年来，共批准逮捕各类刑事犯罪894件1221人、提起公诉1335件1815人，有力地震慑了犯罪。认真落实宽严相济刑事政策，共对309名犯罪情节轻微、危害不大的嫌疑人作出不捕、不诉决定。积极参与社会治理创新，会同有关部门完善立体化社会治安防控体系，加强对治安重点地区和突出问题的治理整顿。

3. 切实保护民生民利。高度重视涉检信访，切实解决群众诉求。5年来，共受理群众来信来访248件（次），其中检察长接访122件（次）。全面推行向群众问计、问需、问检工作机制，开展“检察官驻村居”活动，在全区200多个村居设置检务宣传栏，公布检察官接待电话，为群众提供法律服务，化解矛盾纠纷，促进了社会和谐稳定。

二、惩治和预防职务犯罪，全面推进反腐倡廉工作

1. 严肃查办贪污贿赂犯罪。始终保持惩治腐败高压态势，着力推进廉政广丰建设。坚决查办发生在重点领域、关键环节和群众身边的职务犯罪。5年来，共依法查办各类贪污贿赂案件23件56人，所办案件法院均作出了有罪判决。通过办案，为国家和集体挽回直接经济损失400余万元，有力地打击了贪污贿赂犯罪，净化了经济发展环境。

2. 依法惩治渎职侵权犯罪。认真贯彻中央《关于加大惩治和预防渎职侵权违法犯罪工作力度的若干意见》，积极回应人民群众反映强烈的“为官不为”“为官乱为”问题，共查办国家机关工作人员渎职侵权犯罪案件8件14人。

积极开展职务犯罪预防工作。以预防调查为抓手，深入机关、企业、社区、乡村、学校开展宣讲活动。对重大建设项目开展职务犯罪同步预防，共提供法律咨询和行贿犯罪档案查询11653次。针对工作中存在的共性问题，深入剖析根源，认真撰写调研报告，向党委、人大、政府及有关部门报送职务犯罪预防年度报告和案例分析报告12件，其中被高检院评为优秀案例分析报告1件。

三、坚持强化诉讼活动监督，着力维护司法公平公正

1. 强化刑事诉讼监督。5 年来，对应当立案而不立案的，督促侦查机关立案 40 人，监督公安机关撤案 76 人，追捕 32 人，追诉 108 人。建立落实审查逮捕阶段讯问犯罪嫌疑人制度，严格排除非法证据，保障律师依法执业，依法保障犯罪嫌疑人诉讼权利，对滥用强制措施、违法取证、刑讯逼供等侦查活动的违法情形，依法提出纠正意见。对不构成犯罪和证据不足的，决定不批捕 281 人、不起诉 62 人。

2. 强化刑罚执行监督。重点监督纠正违法减刑、假释、暂予监外执行等问题。完善超期羁押预警机制，切实维护在押人员的合法权益，发出预防超期羁押提示书 110 人次，开展羁押必要性审查 105 人次。加强刑罚执行监督工作，监督纠正减刑不当 9 人次。认真贯彻落实《社区矫正实施办法》，设立驻社区矫正管理中心工作站，加强社区矫正检察监督，通过监督，共建议撤销缓刑、假释和暂予监外执行并收监 12 人次。

3. 强化民事行政诉讼监督。5 年来，共受理民事、行政诉讼监督案件 70 件，经审查提请上级院抗诉 12 件；发出再审检察建议 11 件；发出执行监督检察建议 30 件；向法院提出纠正违法检察建议 5 件。加强与劳动、工会、法律援助、公安等部门的协调配合，制定长效互通信息平台机制，充分发挥民行检察服务民生职能作用。

四、贯彻从严从实要求，努力打造过硬检察队伍

切实加强自身监督建设。开通官方微信公众号，及时发布重大工作动态。共公开案件程序性信息 599 条、重要案件信息 11 条、法律文书 173 份，接待辩护人阅卷申请 184 人次，加强了司法公开的主动性、及时性。严格执行最高检颁布的职务犯罪侦查工作八项禁令，全面推行和完善讯问职务犯罪嫌疑人全程同步录音录像制度，严格执行职务犯罪案件审查逮捕上提一级等制度。

2011 年以来，我院先后荣获省文明单位、省人民满意检察院、五好党支部等荣誉称号，有一批检察干警获得了省、市检察院的表彰。

在取得成绩的同时，我们也清醒地看到，检察工作中还存在不少问题和不足：法律监督职能作用发挥得还不够充分，监督的力度和成效有待进一步加强；队伍专业化水平有待进一步提高，高层次专家型人才缺乏，一些检察人员办理新类型案件的能力不足；随着司法改革的深化，部分干警出现思想波动。对这些问题，我们将高度重视，采取有效措施，切实加以解决。

（报告人：区人民检察院代检察长　肖连华）

决定决议

关于设立上饶市广丰区人民代表大会财经委员会、法制委员会的决定

（2016年10月10日区十六届人大一次会议通过）

根据中发〔2015〕18号、赣发〔2014〕25号，赣办发〔2016〕1号、饶发〔2015〕12号文件精神，经市编办批复，同意设立上饶市广丰区人民代表大会财经委员会、法制委员会。按照《中华人民共和国地方各级人民代表大会和地方各级人民政府组织法》的有关规定和工作需要，上饶市广丰区第十六届人民代表大会第一次会议决定，设立上饶市广丰区人民代表大会财经委员会、法制委员会。

二、第二次会议

区十六届人大二次会议，于2017年3月14日至16日在区人民法院会议中心举行。本届应有人大代表262名，缺额15名，2017年10月，铜钹山王瑛辞去代表职务，合计缺额16名。根据工作需要，按照法律规定，2017年1月，在有关选区补选代表3名：芦林街道王治国，东阳乡邱在庆，湖丰镇余玉辉。出席本次会议实有代表249名，尚缺13名。在本区的省、市人大代表、区政协委员、区直机关各单位负责人、区人大机关内设机构和乡（镇、街道）人大有关负责人等177名（不含政协委员人数）列席了会议；特邀出席会议人员53名。

大会议程

一、听取和审议区人民政府区长郑华森关于政府的工作报告；二、审查和批准区2016年国民经济和社会发展计划执行情况与2017年国民经济和社会发展计划草案的报告，批准区2017年国民经济和社会发展计划；三、审查和批准区2016年财政预算执行情况与2017年财政预算草案的报告，批准区2017年财政预算；四、听取和审议区人大常委会主任皮晓瑶关于区人大常委会的工作报告；五、听取和审议区人民法院院长凌目新关于区人民法院的工作报告；六、听取和审议区人民检察院检察长肖连华关于区人民检察院的工作报告；七、听取和审议区生态文明建设和生态环境状况的报告；八、补选区人大常委会委员2名（名单略）；九、通过上述工作报告的决议。大会结束时，区委书记谭赣明作讲话。

组织领导

一、主席团成员和秘书长名单

主席团：（39 名，按姓氏笔画排列）

卜　玲（女）　王华安　王建红（女）　王　艳（女）　王　菲（女）　王智丰　王慧明　毛小东　方有水　卢文旭　宁晓华　皮晓瑶（女）　刘汉水　刘成业　刘　芬（女）　齐忠有　阮承有　阳莲华（女）　李建忠　杨华峰（女）　吴贞河　汪耀光　张景忠　罗剑红（女）　罗剑锋　周建东　郑日贵　郑明华　郑　波　郑建平　俞忠华　俞柳君（女）　俞剑波　洪常艳（女）　蒋日云　管宜生　谭赣明　颜显高　颜福军

秘书长：　王华安

二、主席团常务主席名单

谭赣明　齐忠有　皮晓瑶（女）　方有水　管宜生　王华安　郑建平　郑明华　郑日贵　颜显高　俞柳君（女）

三、议案审查委员会名单

主任委员： 郑明华

副主任委员： 王建红（女）

委　员：（按姓氏笔画排列）

阳莲华（女）　李建忠　林起伟　罗剑红（女）　祝建正

四、副秘书长名单

叶旭辉　邱志强　余玉辉

工作报告

一、政府工作报告（摘要）

（2017 年 3 月 15 日在区十六届人大二次会议上）

2016 年工作回顾

过去的一年，我区全年完成生产总值 321.9 亿元，增长 9.9%；财政总收入 43.55 亿元，同口径增长 9.8%，其中税收收入占财政收入比重达 74.3%；规上工业增加值 154.22 亿元，增长 9.7%；社会消费品零售总额 64.81 亿元，增长 14.5%。荣获了“全国综合实力百强区”（第 82 位）、“全国最具投资潜力百强区”（第 18 位）等 6 项国家级荣誉，江西县域电商十大领军县、全省双拥模范区等 10 项省级荣誉。

在全面完成各项目标任务的基础上，我们着重做好了“十件大事”：一是投资 8 亿元的上丰大道建成通车，加速了广丰融入上饶中心城区的步伐；二是备受社会大众关注的九仙湖引水工程一期竣工通水，40 万城乡居民喝上了优质放心水；三是广丰以全市最高分通过义务教育均衡发展“国检”，全区义务教育面貌焕然一新；四是广丰现代农业示范区、丰溪国家乡村公园顺利建成开园，成为广丰人民休闲娱乐的好去处；五是广丰经开区成功更名为上饶高新技术产业园区，全面启动霞峰电子信息产业园高新平台建设，为工业转型升级强化了平台支撑；六是通过打造创业文化公园，完善城南片区路网以及城市综合体建设，一座面积达 2 平方公里的城南新区逐步形成；七是啃下了丰溪南河滨路、新乌林街以西片区等七大棚改“硬骨头”，创造了棚改“广丰速度”；八是成功推动上饶卫校落户我区，将进一步提升广丰城市品位和竞争力；九是铜钹山景区和红木文化创意产业园成功创建国家 AAAA 级旅游景区，旅游综合实力进一步增强；十是圆满完成 2016 年度全市经济社会发展和党的建设情况巡查迎检工作，获得了全市第二、县（市、区）第一的好成绩。

（一）积极培育新动能，产业发展加速转型

过去一年，三大产业比重调整优化为 6.8∶54.3∶38.9，第三产业比重较上年增加 2.3 个百分点。

——新型工业加快集聚。围绕全市工业发展的总体部署，制定了“五年决战 1200 亿”的发展目标，立足打造电子信息、新材料两大高新技术产业，推动工业转型升级。夯实产业平台基础，加快推进了电子信息双创园和电子信息产业园等工业创新平台建设，全年已建成标准厂房 9.6 万平方米，盘活闲置用地 308 亩。加速产业集聚，已签约引进石墨烯生产与应用、富荣精密

电子配件、宏鹏汽车智能转向器、栢阳 LED、旭敏精密五金制品等 17 个高新技术项目。持续优化发展环境，深入开展降成本优环境专项行动，为企业降低成本 3.2 亿元；设立 50 亿元产业发展基金和 5 亿元转贷过桥资金，扶持高新产业做大做强。上饶高新区完成主营业务收入 613 亿元、工业增加值 148 亿元，两项主要指标在全省省级园区中位列第一。全年实现工业固定资产投资 146 亿元，增长 33.8%；新增规上工业企业 29 家。

——农业现代化加快推进。现代农业示范园区引领效应逐步形成，完成了集现代农业产业园、现代农业观光园、AAAA 级乡村旅游园、设施农业示范园、农业创客中心“五园一体”的广丰现代农业示范区一期建设，热带植物园开创了全省先河，为广丰今后大棚蔬菜等设施农业、农业旅游结合等新业态的发展起到强大的示范带动作用。“果茶蔬”三大主导产业持续发展，种植面积突破 28.5 万亩；农产品“三品一标”建设成果丰硕，全区无公害农产品、绿色食品、有机食品认证达 90 个。农业产业集聚度不断提升，全区新增农业龙头企业 22 家，农民专业合作社 58 家，家庭农场 63 家。

——现代服务业加快兴起。商贸经济快速发展，建筑面积 14 万平方米的兴旺国际建材城投入运营，建筑面积 56 万平方米的龙华世纪商贸综合体全速推进，建筑面积 43 万平方米的广丰国际商贸城顺利引进。总部经济不断壮大，成功引进建筑业、影视文化、互联网 + 教育、物联网、股权基金等总部经济企业 82 家，税收突破 2.95 亿元。全区已注册电商企业 458 家，培育省级电子商务示范企业 2 家，实现电商交易额 60.1 亿元，增长 49.8%。旅游业蓬勃发展，全年接待游客总量、旅游综合收入分别增长 28.48%、29.07%，铜钹山镇小丰村、东阳乡龙溪村获评江西省 AAA 级乡村旅游点。金融业稳步发展，年末存、贷款余额分别为 223.46 亿元、149.35 亿元，增长 20.49%、15.59%。

（二）强化项目支撑，发展后劲加速集聚

过去一年，全年完成固定资产投资 240.75 亿元，增长 15.4%，总量、增速均列全市第一位。

——积极引进项目。大力开展招商引资，深入实施“招大引强”和“广商回归”工程，严格落实“一把手”招商、“小分队”招商、精准招商，全年共引进实体项目 39 个，合同签约资金 115.3 亿元，其中，亿元以上项目 31 个、5 亿元以上项目 2 个、10 亿元以上项目 1 个；“广商回归”项目 19 个，占新引进工业项目的 55.88%，全区“广商”创办企业达 140 多家，占工业企业的 46.7%。全年引进省外资金 48.59 亿元、利用外资 1.08 亿美元，分别增长 13.83%、12.16%。

——科学谋划项目。全年谋划区重点项目 236 个，总投资 318 亿元，其中：产业发展类项目 101 个，基础设施类项目 91 个，社会民生类项目 44 个。烟厂易地技改、九仙湖引水工程等 3 个项目列入省重点调度项目，上丰大道、铜钹山旅游基础设施等 6 个项目纳入市重点调度盘子。目前，3个省重点调度项目实际完成投资7.46亿元，完成年度计划投资100%；6个市重点调度项目实际完成投资15.46亿元，完成年度计划投资的141.8%，序时进度位列全市第一。

——扎实推进项目。健全服务机制，实行“一个项目、一名挂点区领导、一个指挥部、一个责任单位、一个服务单位、一套工作方案”的“六个一”工作机制，制定了“定期调度、专题专项调度、微信调度”三个调度机制，全区在建项目全部建立微信群，保障项目建设快速推进。强化要素保障，全年完成征地2034亩，争取上级各类无偿资金10.22亿元，国家专项债券基金12.8亿元，融资授信110亿元，为项目建设做足土地和资金储备。全区236个重点项目，已竣工83个，完成投资149.4亿元。

（三）统筹城乡一体，城乡面貌加速改善

过去一年，我们围绕“城乡一体化、产城一体化、城景一体化”的思路，坚持政策共享、标准共享、公共服务共享，统筹推进城乡协调发展，城区人口达27.2万，建成区面积达27.8平方公里。

——中心城区更加宜居。不断健全基础设施，上丰大道，大湖旅游公路，官塘大道，城南路网等项目建成通车，进一步提升了城市通达能力；大南50万伏、五都11万伏、乌尖畈11万伏等3个变电站投入使用，进一步提高了城乡电力保障水平；创业文化公园、城东公园、市民公园等3个公园竣工开园，为百姓提供了更多的休闲健身场所；强化城市管理，大力开展“全民共建、美丽广丰”“全区动手、控违拆违”等城市创建活动，全面完成22个市政设施类项目建设，拆除违建1000多处，面积近5万平方米，城市更靓、更美、更加有序。

——镇村面貌持续改善。突出规划引领，完成了11个中心村规划编制工作。规范农民建房，全面推行“三统两限一集中”做法，规范农民建房用地管理经验在全省推广。狠抓新农村建设，投入1.57亿元，建设166个新农村建设点，排山镇获评第五届省级文明村镇、枧底镇溪西村获评上饶市最美村（居）。扎实推进高铁沿线、广管线、大塘角至现代农业示范园段的沿线环境整治，投入1630万元，完成沿线房屋外立面改造8.96万平方米，境内高铁沿线环境整治工作全面完成。荣获了“全省农业和农村工作先进县（市、区）”“全省新农村建设工作先进县（市、区）”称号。

——生态环境不断优化。全面启动省级森林城市创建工作，完成了《广丰区省级森林城市建设总体规划》编制。扎实开展“河长制”工作，全区河流断面水质优质率达98%，饮用水源达标率100%。积极创建省级生态文明示范区，完成各项造林建设任务7.5万亩，成功创建14个市级生态村，铜钹山等455.5平方公里区域被划为生态保护红线范围，城乡生活垃圾治理模式在全省推广。

（四）深化改革创新，发展活力加速迸发

过去一年，全区新登记注册各类非公经济市场主体 4274 户，增长 13.46%，注册资本 89.5 亿元，增长 78.58%。

——持续推进改革攻坚。全面完成党政机关及参公事业单位公务用车改革；大力推进农垦改革，率全省之先组建了广丰区农垦集团；积极推进“五证合一”登记制度改革，累计发放 360 份“五证合一”营业执照；纵深推进供给侧结构性改革，关闭退出煤矿 4 家，压缩产能 16 万吨，加大房地产去库存力度，去化时间由 23 个月压缩至 5.7 个月；深入推进农村产权改革，嵩峰乡杨柳村夏家组被农业部列为农村集体资产股权改革试点单位；强力推进国有林场改革，荣获“全省国有林场改革先进县（市、区）”称号。

——深入实施创新驱动。积极搭建产学研合作平台，建立博士工作站 2 家，省级企业技术中心 2 个，不断夯实科技创新平台基础。突出企业创新主体地位，加大“财园信贷通、科贷通”扶持力度，创新电商信贷通融资新模式，强化金融支撑。全区专利申请量达 301 件，授权量达 125 件，新增高新技术企业 6 家，创新活力不断彰显。

——大力扶持大众创业。积极实施人才驱动战略，打造创业平台，建立互联网 + 创业等 3 个创业孵化基地，打造电子商务生态众创园、犹温众创空间等 6 家众创空间，其中，农民大学生创业联盟为全省首家，电子商务生态众创园、齐力创客天地被认定为市级众创空间。发挥创业担保贷款的“助推器”作用，全区新增贷款额 1.68 亿元，扶持创业 709 人，带动 2812 人实现就业，形成了创业带动就业的良好局面。

（五）坚持以人为本，民生福祉加速释放

过去一年，城镇居民人均可支配收入 30989 元，增长 8.3%；农村居民人均可支配收入 13760 元，增长 9.7%；城镇失业率控制在 3% 以内。

——民生保障不断完善。坚持民生导向，全年完成民生支出 37.68 亿元，占公共财政支出比重达 73.8%。完善医疗保障，全年医保基金支出 4.99 亿元，累计受益 115 万人次，城乡居民医保实现全覆盖。强化住房保障，建设保障性住房 855 套，改造农村危旧房 6800 户，有效缓解住房难问题。着力促进就业，免费培训农村建设工匠、电子商务人才 7400 余人次，新增城镇就业人数 6236 人，农村劳动力转移就业 1.39 万人。

——社会事业不断发展。坚持把扶贫攻坚作为“第一民生工程”来抓，大力推进产业扶贫、教育扶贫等“十大扶贫工程”，11 个贫困村实现脱贫摘帽、1.08 万人告别贫困。坚持把教育作为“最大民生工程”来抓，全面启动总投资 10.6 亿元的广丰贞白中学等“十大教育工程”建设，全

区校园扩容700亩，新增学位8700余个，改水改厕3379个，新配置图书45万册，成为全省21个、全市3个提前实现义务教育发展基本均衡的县（市、区）之一。深化公立医院改革，区公立医院全部取消药品加成。完善医疗基础设施，区人民医院外科大楼已建成使用，区中医院急救中心项目主体工程已完工，区疾控中心建设项目正加紧推进，东阳、丰溪等6个新卫生院竣工验收，永丰、桐畈等7所乡镇卫生院完成中医馆建设。

——社会治理不断强化。扎实推进“平安广丰”建设，投资3000万元实现23个乡镇（街道）天网系统全覆盖，建立“地网”服务平台，对全区各重点部位视频监控点进行了整合。打击各类违法犯罪活动，切实维护社会和谐稳定。加强安监工作，不断加大烟花鞭炮、煤矿、非煤矿山、危化品等重点行业、领域的监管力度，全区安全生产防线不断稳固。加强信访维稳工作，积极推进信访积案化解，坚持区乡两级领导公开接访制度，一大批积案、老案得到妥善化解。建立区乡村三级综治中心，网格化综治服务管理模式全面铺开，进一步完善了社会治理服务体系，全区公众安全感和群众满意度测评实现了双提升。

一年来，我们不断加强政府自身建设，自觉接受区人大的法律监督和区政协的民主监督，主动向区人大及其常委会报告工作，向区政协常委会通报情况，按期办复人大代表建议160件、政协提案157件，办结率达100%，满意率达97%。强化资金拨付会签、土地房屋征收统一归口、工程项目预决算审计等制度管理，政府权力运行更加规范。严格落实热线办理、政务公开等制度，办理群众诉求1129件，办结率达100%，政务公开率达100%。“六五”普法完美收官，荣获“全省法治宣传教育先进县（市、区）”称号。扎实开展“两学一做”学习教育，严格落实党风廉政建设责任制，坚决贯彻中央八项规定精神，严控“三公经费”支出，政治生态更加清明。

在肯定成绩的同时，我们也应清醒地认识到发展中遇到的困难和问题，主要是：产业结构不优，新兴产业尚未形成大集聚效应，传统产业改造升级任务艰巨；城乡发展差距仍然较大，与群众期待存在差距；招商引资成效还有待提升，行业龙头项目、大项目落地还不多；城市管理任务依然艰巨，创新管理水平有待进一步提升，等等。对此，我们一定要保持头脑清醒，正视问题，采取有效措施，切实加以解决。

（报告人：区人民政府区长　郑华森）

二、人大常委会工作报告（摘要）

（2017年3月15日在区十六届人大二次会议上）

2016年主要工作回顾

2016年，区人大常委会共听取审议专项工作报告18项，作出重大事项决定决议12项，对

2部法律法规实施情况开展执法检查，开展集中视察2次，依法任免国家机关工作人员62人次，圆满完成了市县乡人大代表换届选举工作确定的工作任务。

（一）服务发展大局有新贡献

开展2016年财政税收完成情况调研，依法审查批准区政府关于调整2016年预算收支计划的报告，保证预算的高效执行和顺利完成，有力地支持政府沉着应对经济下行压力。组织代表视察大湖路、上丰大道等重点项目建设情况，听取审议区政府关于城市管理、规划执法工作情况报告，推动改善市容市貌，助力“城市空间扮靓”。听取审议区政府关于环境保护、政务服务工作情况报告，响应区委开展“降低企业成本、优化发展环境”专项行动，持续开展“环保广丰行”、助推旅游强区建设系列活动，督促改进和优化发展环境。

（二）促进民生改善有新作为

继续开展以农业面源污染为主题的“赣鄱农产品质量安全行”、以景区食品安全为主题的“食品药品安全赣鄱行”活动，推动政府加强农产品质量和景区旅游食品安全监管，保障了人民群众“舌尖上的安全”。听取审议区政府关于推进素质教育专项工作报告，开展职业教育法执法检查，配合做好义务教育均衡发展迎评工作，回应群众“学在广丰”的美好愿景，助力“建设教育强区”。听取审议区政府关于城乡群众文化基础设施建设情况报告，组织代表视察秀美乡村建设、饮用水源保护工作情况，开展城区道路交通、物业管理工作调研，致力推动公共事业发展。

（三）推动依法治区有新进展

坚持党管干部与人大依法任免相统一的原则，健全任前法律知识考试、供职报告、颁发任命书等工作机制，规范实施向宪法宣誓制度，不断提升人事任免工作的民主化水平。换届以来，依法任命新一届政府工作部门和其他地方国家机关工作人员34名。深化法律监督。开展职业教育法、森林防火条例执法检查，开展律师执业活动管理、传染病防治法执法情况调研，做好规范性文件备案审查工作，促进依法行政；组织代表观摩区人民法院“庭审大比武”，听取审议区检察院关于反贪污贿赂工作情况报告，促进“两院”公正司法。依法做好信访。完善人大信访机制，累计受理群众来信来访142件（次），督促落实了群众的一些合法合理诉求，化解了一些社会矛盾。

（四）保障代表履职有新举措

常委会始终尊重代表主体地位，不断完善代表工作机制，强化服务意识，支持和保障代表依法履职，代表主体作用得到有效发挥。督促乡（镇）人大、街道人大工委对代表进行初任培训，提高了代表履职能力；统一为代表订阅《中国人大》《时代主人》等刊物，拓宽了代表信息渠道；通过《代表风采》栏目对代表进行典型宣传，扩大了代表社会影响。抓好闭会活动。推荐代表参与庭审观摩、

督查考核等重点工作，拓展代表履职平台；轮流邀请代表列席常委会会议，积极组织代表参加视察调研、执法检查等活动，不断扩大代表对区人大常委会工作的参与面。抓好联系走访。加强常委会组成人员与代表的联系，组织常委会领导年底集中走访联系代表活动，当面听取代表的意见和建议，广泛集中代表的智慧和力量，不断加强和改进工作。推进“代表联络站”建设，为代表密切联系群众、依法履职搭建平台。

（五）加强自身建设有新成效

常委会以“两学一做”学习教育为契机，顺应人大制度发展完善的新形势新要求，加强思想引领，优化人员结构，健全工作制度，不断提升履职能力。加强学习调研。经常性开展政治理论、法律法规和人大业务知识学习，更加坚定“四个自信”；大兴调研之风，改进调研方式，确保提出的意见有理有据，作出的决策切实可行。加强思想建设。认真开展“两学一做”学习教育，不断增强组成人员的政治意识、大局意识、核心意识、看齐意识，把党的领导贯穿到人大工作的各个方面、各个环节。加强组织建设。协助区委推动解决区乡人大建设中的问题，设立区人大财政经济、法制两个专门委员会，增设机关信息中心；推动乡镇人大配齐主席、副主席、秘书。加强制度建设。

回顾一年来的工作，我们也清醒地看到，常委会的工作与时代发展的要求、人民群众期待和宪法法律赋予职责还有差距，主要表现在：法定职权行使有待进一步加强，监督工作方式方法有待进一步创新，监督实效有待进一步增强；代表履职平台有待进一步拓展，常委会组成人员履职能力和水平还需进一步提升，等等。这些问题，需要我们在今后的工作中认真研究，不断加强和改进。

（报告人：区人大常委会主任　皮晓瑶）

三、法院工作报告（摘要）

（2017 年月 3 日 15 日在区十六届人大二次会议上）

2016 年的主要工作

（一）依法履行审判职能，促进社会公平正义

2016 年，我院受理各类案件 10523 件（旧存 3054 件），审、执结 8350 件，同比分别上升了 48.9% 和 47.5%，案件总数在全市基层法院中排名第一。

——惩治刑事犯罪，维护社会稳定。受理刑事案件 350 件（旧存 45 件），审结 304 件。贯彻宽严相济刑事政策，审理故意杀人、故意伤害、绑架、抢劫、强奸等暴力性犯罪案件 103 件 152 人，其中判处有期徒刑五年以上 8 件 16 人，维护了人民群众的人身、财产安全。如对持刀多次抢劫的被告人夏某某，依法判处有期徒刑 14 年。依法审理贪污、贿赂、渎职等职务犯罪案件 5 件 14 人，推动反腐败斗争深入开展。依法审理非法集资和金融诈骗类犯罪案件 18 件 22 人，严厉打击危害市场经济的犯罪，维护了社会经济秩序。对社会危害较小、认罪态度较好、积极赔偿被害人损失、取得被害人谅解的轻微刑事案件，严格依法从宽处罚，一年来，依法适用了缓刑 106 人，免刑 6 人。

——化解民事纠纷，促进社会和谐。受理民事案件 6209 件（旧存 1255 件），审结 4706 件。妥善审理婚姻家庭、赡养、继承等家事案件 1106 件，增进了家庭和睦稳定；依法审理金融纠纷、房地产纠纷案件 327 件，推进企业破产重组 1 件，平等保护当事人合法权益，改进了全区经济建设的法治环境；针对持续高发的民间借贷纠纷，正确区分合法借贷与非法集资，审慎应对，维护社会稳定，审结民间借贷案件 1819 件，同比增加 36.7%。坚持“调解为主、调解优先”原则，努力构建诉讼调解、行政调解和人民调解“三调”联动机制，合力化解社会矛盾。民事案件调解结案 790 件，撤诉 569 件，调撤率为 28.5%。

——监督、支持并重，推进依法行政。受理行政诉讼案件 25 件，审结 25 件，同比均上升 31.6%。受理行政非诉审查案件 8 件，执结 8 件；受理行政非诉执行案件 7 件，执结 7 件。在行政诉讼中，认真落实行政机关负责人出庭应诉制度，逐步改变“告官不见官”的现象；着力加强审查行政行为的合法性，监督、促进行政机关依法行政，判决撤销、变更、确认行政行为违法或无效 5 件，判决驳回原告诉讼请求 1 件。

——改进执行工作，破解执行难题。我院始终将解决执行难问题作为重要工作来抓，严厉打击规避执行、阻碍执行行为；建立执行指挥中心，推动建立执行“互联网 +”，全方位、多渠道查询被执行人的人、财、物信息，挤压被执行人逃废债务空间；积极采用“悬赏”执行、媒

体曝光执行、网上追逃、信用惩戒等新的执行方法，全方位、多层次打击“老赖”。受理执行案件3924件（旧存1754件），执结3300件，实际执行到位8500余万元，其中，查询冻结划拨存款69673次1475余万元，查封房屋132栋（套），拍卖、变卖房屋19栋（套），扣押车辆12辆，司法拘留66人次，公布失信被执行人1694人次，获得了全省法院“夏日风暴”集中行动工作先进集体荣誉。

（二）科技推动审判管理，促进司法公开高效

——加强审判质量监管。建立裁判文书质量管理机制，全面开展裁判文书判前预审核、判后再评查，共预检各类裁判文书3652件，发出预检建议653条，评查案件6003件，保障了办案质量。一年来，我院案件虽然大幅上升，但上诉率仅为9.5%，同比下降了0.9个百分点，上诉维持率达98.2%，一审息诉服判率和上诉维持率呈持续上升态势。

——切实构筑“阳光”司法。全面落实审判公开制度，依法公开开庭率达100%；全面对接江西法院审判服务综合平台、上饶法院公众服务网，并在广丰法院网设置“三大公开”平台网址链接，依法推进审判流程公开、裁判文书公开和执行信息公开，坚持以公开促公正。一年来，网上公布裁判文书2284份。

（三）以群众满意为目标，大力践行司法为民

——强化诉讼服务。继续加强诉讼服务中心建设，实行审判辅助事物集约式管理，将诉讼服务工作前移，对依法应该受理的案件，有案必立；对材料不齐的起诉，发送全面补正材料告知书，方便当事人“一站式”办理。一年来，案件当场立案率达到97.1%。开通司法援助“绿色通道”，为困难群众缓、减、免交诉讼费32余万元，为未成年被告人和生活困难的当事人指定辩护人13人，确保有理没钱的人打得起官司。

——深化巡回审判。在交警部门设立交通事故巡回法庭，推行立案、调解审判、保险理赔、司法确认、法律援助“五位一体”的工作模式，减少中间环节，“一站式”办结交通事故赔偿案件576件，实现赔偿款4000余万元，及时保护了受害人合法权益。基层法庭大力推行巡回审判工作，就地开庭、巡回办案362件，较好地方便了群众诉讼。

——化解涉诉信访。认真贯彻落实各项信访制度，坚持诉讼、信访分离，线上、线下接访，约访、回访齐抓，化解、稳控共用，始终与有关部门加强合作，切实解决当事人的合理合法诉求。全年发放司法救助金66万余元，办理信访案件112件，化解110件。2016年，我院信访工作被上饶市中级人民法院评为上饶市涉法涉诉信访改革示范单位。

（四）以提高能力为引领，致力强化队伍建设

——加强司法能力建设。采取庭审大比武、院领导带头开示范庭、案件评查等多种形式，通过规范庭审、裁判和文书制作等环节，着力解决司法行为不规范问题，一年来，组织示范庭审观摩9场，评查庭审9场，评查裁判案件6003份，有效提高法官司法能力，提升案件质量。坚持理论学习与岗位培训、业务技能竞赛相结合，选派法官参加各类培训120人次。

——加强司法廉政建设。认真落实“两个责任”，狠抓“一岗双责”，以日常督查和专项督查为抓手，以廉政教育为切入点，做细做实“四种形态”，把纪律挺在前面具体化、实效化。全年开展教育月活动1次，审务督查16次，诫勉谈话3起，在全体干警大会上检讨2起，通过法院信息平台检讨3起，责令有关庭室限期工作整改4起，报请中院开除公职1人。

（五）以接受监督为保证，推动法院科学发展

——自觉接受人大、政协的监督。认真向区人大及其常委会报告年度工作和执行等专项工作，高度重视区人大及其常委会审议意见，切实整改提高各项工作；认真办理区人大批示转办件，认真办理人大代表建议案和政协委员提案，做到件件有结果，事事有反馈。主动邀请人大代表、政协委员视察工作，旁听重大案件庭审，听取意见和建议。一年来，共邀请人大代表、政协委员9次20人旁听，邀请4名政协委员参与调解2次。

——主动接受社会监督。加强与媒体沟通协作，通过本院网站、微博、微信公众号，及时公布审判执行信息，接受舆论监督；每案随案送达监督卡，公布举报电话、举报信箱，自觉接受当事人和社会各界监督。

——认真落实人民陪审制度。加强人民陪审员制度，强化业务培训，通过座谈、授课、观摩庭审、交流心得体会等多种形式，提高陪审员的业务能力。全年人民陪审员参加陪审案件1920件3712人次，发放陪审员补助148480元，陪审率达100%。

在成绩面前，我们也认识到存在的困难和问题，主要表现在：案件急速上升已突破万件大关，案多人少矛盾加剧；少数法官司法能力不强，宗旨意识不强；少数案件质量不高，审判执行工作效率有待提升；执行难问题还未有效解决，涉诉信访工作压力仍然存在。对此，我们将采取积极有效措施，认真加以解决。

（报告人：区人民法院院长　凌目新）

四、检察院工作报告（摘要）

（2017年3月15日在区十六届人大二次会议上）

2016年的主要工作

（一）以服务大局为中心，促进经济社会健康发展

着力优化经济发展环境。依法办理非法吸收公众存款、集资诈骗等涉众型经济犯罪11件13人，切实维护良好的市场环境。审慎处置经济发展中的新情况新问题，注重平等保护、分轻罪与非罪，准确把握法律政策，改进办案方式方法，主动护航全区经济发展。对新广中校建、城南公园、广丰卷烟厂易地技改等重点建设项目开通检察服务“绿色通道”，提供行贿犯罪档案查询5461次，参与监督招投标、拍卖项目4次，切实保障政府投资安全和重大项目建设的顺利进行。

努力维护社会和谐稳定。积极参与社会治安防控体系建设，主动回应人民群众平安需求，坚决打击两抢一盗、电信网络诈骗等严重影响公众安全的刑事犯罪案件，依法批捕100件131人，起诉114件154人，有效维护社会公共安全；结合办案，对涉众型经济犯罪、毒品犯罪案件等涉及重点人员、重点问题的情况形成分析报告，推动相关问题的集中整治；积极参与全区集中信访接待工作，引导信访群众理性表达诉求，推动涉检信访案件化解。一年来，妥善处理群众来信来访40多件，参与有关部门集中信访接待60多次。

（二）以执法办案为根本，忠诚履行检察监督职责

认真履行批捕起诉职能。一年来，共受理审查逮捕案件288件400人，经审查，依法批准逮捕203件286人，不批准逮捕78件106人；受理移送审查起诉案件369件498人，经审查，提起公诉305件409人，作出不起诉47人，无捕后撤案或无罪判决案件。如依法办理了方正非矿公司、“4·20”电信诈骗等一批社会广泛关注的案件，取得良好的社会效果。认真落实宽严相济的刑事政策，通过对轻微刑事案件开辟快速办理通道，缩短办案期限，预防和减少新的社会矛盾发生。

严肃查办职务犯罪案件。一年来，我院立案侦查各类职务犯罪案件6件11人，其中贪污贿赂类犯罪案件4件7人，渎职侵权犯罪案件2件4人。如深入土地征用、管理领域中查办了经开区干部伙同村干部系列贪腐案件，赢得了群众的好评，取得很好的法律和社会效果。同时，结合办案开展案例剖析和预防调查，发出检察建议7件，并与环保、国土、建设等部门建立联席会议制度，共同开展职务犯罪预防工作。

全面推进诉讼活动监督。深挖立案监督线索，拓宽立案监督案源渠道，监督侦查机关撤案4

件4人；监督侦查机关立案4件4人，其中“环境资源犯罪和食品药品犯罪两项监督”件数1件1人，并提起公诉法院作出了有罪判决；监督行政机关移送2件2人；纠正漏捕19人，纠正漏诉3人。加强审判活动的监督，对审判执行活动违法情况进行监督，依法提出检察建议或书面监督意见4件；对行政执法机关违法行使生态环境保护职责的情形，提出检察建议并督促履行职责2件。认真开展刑罚执行和监管活动监督，坚持常年驻所检察，加强羁押监督和羁押必要性审查工作。及时了解和掌握办案单位的办案时效，并及时提醒办案单位羁押期限即将届满，一年来共向办案单位提出预防羁押期限即将届满提示16人次。办案单位都及时依法处理；开展羁押必要性审查12人次，办案单位都及时变更了强制措施。

（三）以强基固本为目标，坚持不懈推进自身建设

着力强化学习教育。认真开展“两学一做”学习教育活动，切实更新干警思想认识和司法理念。突出专业化、职业化目标，组织参加各类培训30余人次，参加各类竞赛5人次，其中1名干警获得“全省检察机关业务能手”称号。多次组织业务竞赛、公诉观摩庭等活动，着力提高干警实战能力；完善业务骨干与青年干警结对帮教机制，促进青年干警快速成长。

努力规范司法行为。依托统一业务应用系统，实行案件统一受理、审查、分流，建立流程监控、监督工作台账，认真开展对涉案财物进行监管，落实案件程序公开规定，杜绝超期办案、违法办案现象的发生。全年共发出口头预警提示23次、书面流程监控通知书2次，开展案件质量评查工作2次，开展涉案财物检查1次。制作电子卷宗369件603卷。深化检务公开，加大法律文书等信息的公开力度，去年已公开案件程序性信息数量907件，重要案件信息发布22条，法律文书公开418件。

自觉接受社会各界监督。注重加强代表联络工作，积极走访，主动邀请人大代表视察检察工作。积极构建新型检律关系，接待律师申请听取意见2人次，申请及安排阅卷36人次，复制电子卷宗40张，接受律师网上辩护与代理预约4件，有效保障和促进了律师依法执业。注重提升与媒体沟通能力，同全国、省、市多家媒体保持良好合作关系，对重大案件、检察新闻在微信、微博同步推送，扩大社会对检察工作的知晓度，更好地接受媒体舆论监督。

同时我们也认识到，检察工作仍然面临一些问题：服务保障经济社会发展的司法理念仍需更新；部分新增检察职责的履行仍需增强；检察改革过程中出现的业务运行机制仍需磨合。对此，我们将高度重视，采取有力措施切实加以解决。

（报告人：区人民检察院检察长　肖连华）

决定决议

关于上饶市广丰区生态文明建设和生态环境状况报告的决议

（2017年3月16日区十六届人大二次会议通过）

上饶市广丰区第十六届人民代表大会第二次会议听取和审议了区发展和改革委员会主任刘金华受区人民政府委托所作的《上饶市广丰区生态文明建设和生态环境状况的报告》。会议认为，一年来全区生态优势日益巩固，生态环境条件持续改善，资源利用效益不断提高，走出了一条经济发展与生态文明建设相辅相成、相得益彰的发展新路。会议同意报告提出的2017年工作打算，决定批准这个报告。

会议要求，区人民政府要深入贯彻习近平总书记治国理政新理念新思想新战略，特别是对江西工作的重要要求，牢牢把握建设全省生态文明样板区的历史机遇，锐意进取，攻坚克难，善谋实干，全力争当生态文明标兵、绿色崛起先锋，为广丰打造新城区、决战新工业、实现新跨越作出更大贡献。

关于上饶市广丰区2016年财政预算执行情况和2017年财政预算的决议

（2017年3月16日区十六届人大二次会议通过）

上饶市广丰区第十六届人民代表大会第二次会议审查了区财政局局长包晓辉受区人民政府委托向大会提交的《关于上饶市广丰区2016年财政预算执行情况和2017年财政预算草案的报告》及2017年财政预算草案，同意区人大财经委的审查报告。会议决定，批准《关于上饶市广丰区2016年财政预算执行情况和2017年财政预算草案的报告》，批准2017年财政预算。

附：关于区2016年财政预算执行情况和2017年预算草案（摘要）

（一）关于2016年财政预算执行情况

2016年全区财政收入435501万元，比上年决算数（下同）增长4.16%，其中公共财政预算收入297929万元，增长5.2%；全区公共财政支出535207万元，下降12.72%，其中公共财政预算支出510720万元，增长7.8%。全区政府性基金收入55274万元，下降70.9%；全区政府性基金支出69575万元，下降62%。国有资本经营收入1242万元，国有资本经营支出1242万元。社会保险基金收入 116960 万元，社会保险基金支出 126994 万元，本年收支结余 –10034 万元，年末滚存结余 76594 万元。

（二）关于 2017 年财政预算草案

2017 年全区财政收入预算 457300 万元，同比增长 5%。其中公共财政收入 288090 万元。公共财政收入加返还性收入 26607 万元，转移性收入 36658.51 万元和提前下达专项指标 64271.73 万元，全区预算可用财力为 415627.2 万元；2017 年全区公共财政预算支出安排 415627.2 万元，收支保持平衡。全区政府性基金预算收入 60800 万元，加上转移性收入、上年结余收入和调入资金，基金收入总计 126004 万元；全区政府性基金支出安排 60800 万元，加上转移性支出和调出资金，基金支出总计 126004 万元；年末滚存结余 23404 万元。国有资本经营预算收入 1250 万元，国有资本经营支出安排 1250 万元。社会保险基金预算收入 155242 万元，社会保险基金支出安排 156236 万元，本年收支结余 –994 万元，年末滚存结余 75600 万元。

三、第三次会议

区十六届人大三次会议于 2018 年 2 月 3 日至 5 日在区人民法院会议中心举行。本届应有人大代表 262 名，缺额 13 名。第二次会议后，有 1 名代表调离本区：霞峰镇刘勇英（女）；有 2 名代表辞去代表职务：东阳乡杨振旺、毛村镇吴利（女）。根据工作需要，按照法律规定，先后在有关选区补选代表 7 名：永丰街道严卫华，铜钹山镇吴处银，枧底镇饶敏云，少阳乡蒋文伟，大石街道毛志飞、刘方迪，东阳乡夏灵邦，五都镇夏凌峰。出席本次会议的实有代表 252 名，缺额 10 名。在本区的省、市人大代表，区政协委员，区直机关各单位负责人、区人大常委会机关内设机构和乡（镇、街道）人大有关负责人等 203 名（不含政协委员人数）列席了会议；特邀出席会议人员 53 名。

大会议程

一、听取和审议区人民政府区长郑华森关于政府的工作报告；二、审查和批准区 2017 年国民经济和社会发展计划执行情况与 2018 年国民经济和社会发展计划草案的报告，批准区 2018 年国民经济和社会发展计划；三、审查和批准区 2017 年财政预算执行情况与 2018 年财政预算草案的报告，批准区 2018 年财政预算；四、听取和审议区人大常委会主任皮晓瑶关于区人大常委会的工作报告；五、听取和审议区人民法院院长凌目新关于区人民法院的工作报告；六、听取和审议区人民检察院检察长肖连华关于区人民检察院的工作报告；七、听取和审议关于区生态文明建设和生态环境状况的报告，八、选举张景忠为区监察委员会主任，补选区十六届人大常委会委员1人；九、通过上述工作报告的决议。大会结束时，区委书记谭赣明作讲话。

组织领导

一、会议主席团成员和秘书长名单

主席团（39名，按姓氏笔画排列）

卜　玲（女）　王华安　王青海　王建红（女）　王　艳（女）　王　菲（女）　毛小东
方有水　皮晓瑶（女）　刘汉水　刘成业　刘　芬（女）　齐忠有　阳莲华（女）　严卫华
严如彬　李建忠　杨华峰（女）　邱在庆　陈卫华　林起伟　林　辉　罗剑红（女）　罗剑锋
周建东　周　鹏　郑日贵　郑明华　郑建平　俞忠华　俞柳君（女）　俞剑波　祝建正
黄宗敏　蒋日云　管宜生　谭赣明　颜显高　颜福军

秘书长：王华安

二、主席团常务主席名单

谭赣明　齐忠有　皮晓瑶（女）　方有水　管宜生　王华安　郑建平　郑明华　郑日贵
颜显高　俞柳君（女）

三、议案审查委员会名单

主任委员：郑明华

副主任委员：王建红（女）

委　员：（按姓氏笔画排列）

阳莲华（女）　李建忠　林起伟　罗剑红（女）　祝建正

四、副秘书长名单

叶旭辉　邱志强　余玉辉

工作报告

一、政府工作报告（摘要）

（2018年2月4日在区十六届人大三次会议上）

2017年工作回顾

过去的一年，我区实现生产总值376.69亿元，增长9.6%；财政总收入46.64亿元，增长7.1%；税收收入37.11亿元，增长14.7%，占财政收入比重80%；规上工业增加值增长9.4%；社会消费品零售总额完成73.36亿元，增长13.2%；限额以上消费品零售总额完成20.17亿元，增长23.2%；外贸出口完成3.25亿美元，增长19.7%。荣获"全国综合实力百强区"（第81位）、"全国最具投资潜力百强区"（第18位）等10项国家级荣誉，"农村产业融合发展试点示范县"等14项省级荣誉。

（一）项目攻坚实现新突破

全年谋划区重点项目238个，总投资343亿元。目前，已竣工项目86个，在建项目146个，开工率97.5%，完成投资160.31亿元，占年度计划投资比重78.2%。其中，烟厂易地技改、上饶卫校、贞白中学等9个项目列入省大中型建设项目，三都现代农业示范园、富荣电子等5个项目列入市领导挂点项目，均超额完成年初既定目标，序时进度位列全市第一。同时，强化要素保障，大力推进土地综合开发治理，全年完成土地报批1934.7亩，完成征地3420亩，实现国土收入超过25亿元，争取上级各类无偿资金5.1亿元，国家专项债券资金4.1亿元，为项目建设做足土地和资金储备。

全年共引进实体项目34个，合同签约资金119.44亿元。其中，工业项目30个，合同签约资金115.74亿元；电子信息、新材料等主导产业项目22个，占比达73.3%；"广商回归"工业项目14个，占新引进工业项目的46.7%；亿元以上项目20个、5亿元以上项目9个、10亿元以上项目5个。全年引进省外资金55.8亿元，增长14.8%，利用外资1.4亿美元，增长29.9%，两项指标均位列全市第一。

加快推进上饶高新区申报国家级高新区，已初步完成产业发展规划及发展战略规划，申报报告已转科技部等相关部委审批。高标准规划设计了4平方公里的电子信息产业园，目前已推进1.5平方公里。全速推进了园区路网、电网、管网等32个配套设施项目建设，新建标准厂房30万平方米，盘活闲置用地315.56亩，完成征地790亩，报批土地423亩，累计投入资金4.67亿元。进一步夯实现代农业发展平台基础，积极推动广丰现代农业示范区申报"国家农村产业融合发展示范园”，目前已成功录入江西省申报国家级示范园的储备库，全省仅有十家。

（二）产业提升取得新成效

紧盯“5年决战1200亿”的目标，坚持新兴产业培育与传统产业升级两手抓、两不误。华凯丰科技等一批电子信息企业初步建成，凯强实业获评“省级两化深度融合示范企业”。烟厂易地技改项目全速推进，总投资5亿元的台鑫钢铁110万吨特种钢技改项目全面启动。规上工业企业培育成果丰硕，全年新增41家，总数达229家，总量位列全市第一。全区规上工业主营业务收入完成709亿元，增长18.1%。其中，高新区完成主营业务收入660.5亿元，增长15.8%，获评“2017年省级两化深度融合示范园区”。

现代农业示范引领效应逐步显现，广丰现代农业示范区已成功引进12家农业企业落户，解决了1200余人就业，辐射带动周边群众2000余人增收。“果茶蔬”三大主导产业持续发展，种植面积达30.89万亩。马家柚“东柚”品牌影响力不断提升，成功举办了上饶市广丰马家柚招商引资推介活动，总投资5亿元的马家柚特色小镇项目正式签约落户，首批马家柚已远销迪拜，广受赞誉。大力推进高标准农田建设，全年完成高标准农田建设3200亩。新增农产品“三品一标”5个，总数达46个；新增区级以上农业龙头企业22家，农民合作社109家，家庭农场91家；建成各类农业休闲项目223个，带动农民就业6700余人。

商贸业持续发展，总投资20亿元的龙华世纪广场项目已完成主体工程建设，总投资10亿元的广丰国际商贸城项目已完成一期25万平方米主体工程建设，天虹国际、红星美凯龙两个大型商场正式签约落户，洋口镇获批全省首批特色商贸小镇。总部经济加快发展，打造了高新区科技创新总部经济园和城南总部经济基地，已入驻企业78家，实现税收5600万元。文化产业影响力进一步扩大，成功举办了首届上饶市文化创意产业博览会、首届上饶市“振兴杯”木雕行业职业技能竞赛。电商产业蓬勃发展，培育省级电子商务示范企业2家，建成农村电商服务站171家，电商产业园入驻企业达160家，实现电商交易额85亿元，增长19.7%。金融业稳步发展，率全省之先在江西股交中心设立“上饶高新区”新四板，筛选100家企业挂牌展示，年末存、贷款余额分别达250.52亿元、166.99亿元，分别增长12.1%、11.8%。旅游业成效显著，旅游集散中心全面投入运营，总投资10亿元的上呈颐养生态园项目正式落地，六石岩景区获批国家AAA级景区，新增6家江西省AAA级乡村旅游点，实现旅游接待人数、旅游综合收入分别增长52%、43%。房地产持续上扬，全年完成商品房销售72.67万平方米，增长79.3%。

（三）城乡建设呈现新面貌

路网方面。上浦高速获批落地，前期准备工作加紧协调推进中。苏五公路拓宽改造、乌尖山路网三期、云霓路等 16 条路网项目建成通车，总投资达 3.45 亿元。完成县道升级改造 39.6 公里、乡村道路窄路面拓宽 50 公里、自然村通路里程 232.5 公里。公园方面。水尾山公园、中洲公园等 5 个公园竣工开园，城中公园、西溪河湿地公园全速推进。桥梁方面。芦林大桥拓宽改造项目竣工通车，三都彩云桥、黄家淤水生态桥梁项目建成完工。电力方面。大南 50 万伏超高压输变电项目竣工投运，排山、沙田等 150 个农网改造项目全面完成。水利方面。饶丰灌区续建配套与节水改造、农村水电增效扩容改造等九大水利工程项目全面完工，累计完成投资 2.58 亿元。公交枢纽方面。总投资 6000 万元的城南公交客运枢纽站竣工使用，城东公交枢纽站即将启动建设。

持续推进棚户区改造，有序推进了乌林街老车队区域、东关区域等 6 个棚改项目，超额完成年度棚改任务。深入开展“拆三房治四乱”、城区户外广告、工程渣土、门前三包等 7 大整治行动，累计拆除各类违章建筑 17.02 万平方米，清除各类违规广告牌 2.5 万余处，建设规范化冲洗平台 23 个，纠正临街面占道经营 4260 人次，啃下了南山建材市场片区整治“硬骨头”，彻底解决了白鹤畈临时菜市场、北门路马路市场占道经营问题。注重城市管理创新，全面实行“街长制”，累计整改各类问题 2200 余个。投入 800 余万元，增添环卫清扫车等机械化保洁设备，城市保洁效率不断提升。

投入 5.3 亿元，全面完成 320 国道、上广线、广管线等 8 条主要通道整治提升，建设 409 个新村点，重点打造了壶峤华家源等秀美乡村精品示范点。累计完成房屋外立面改造 404 万平方米，硬化维修道路 471 公里，整修、新建排水沟渠、下水道 258 公里，改水改厕 2.5 万户，拆除“三房”面积 32.7 万平方米。持续推进农村生活垃圾专项治理，投入资金 4118.7 万元，已建成垃圾中转站 5 座，在建 17 座，累计清运垃圾 7.7 万吨，聘用农村保洁员 2944 名，农村生活垃圾有效处理率在 95% 以上，以全市综合排名第一的成绩顺利通过省第三方考核验收。严格规范农民建房，大力推行土地择位竞价模式，全年出让土地 2.7 万平方米，实现土地收益 1868.3 万元。启动宅基地管理改革试点，已退出旧宅基地 2438 宗，退出面积 16.7 万平方米。

持续打好“净空、净水、净土”三大战役，深入落实“河长制”，坚决打好消灭劣 V 类水战役，全区 21 家金属加工企业全部安装废气处理设施，累计关停违规养猪场 62 家、非法采砂场 38 家。推动环保执法改革，组建“环保警察”队伍，环保执法效能进一步提升。加强污水管网建设，投资 1.07 亿元建设污水管网 54.46 公里，超额完成了省定目标任务。严守生态保护红线，全面完成 368 平方公里生态保护红线校核工作。全年完成营造林 1.65 万亩、退耕还林 1.1 万亩，均超额完成目标任务。全区河流断面水质达标率达 95.8%、城区环境空气质量优良率达 95.6%、森林覆盖率达 56.4%、林木绿化率达 60.9%，荣获“省级森林城市”称号。

（四）改革创新释放新活力

严格落实上级改革任务，8 项国家和省级改革试点工作全速推进，2 项改革试点全面完成，118 项改革任务精准落地。降成本优环境专项行动成效显著，全年为企业减负 3.9 亿元以上。深化“放管服”改革，立等可取即办项目由过去的“零项目”扩大到 55 项，制定公布了乡镇（街道）权责清单和公共服务事项清单，行政服务更加高效、规范、透明。扎实推进农垦改革，率全省之先成立广丰农垦集团，全省深化农垦改革现场推进会在我区召开。持续推进投融资改革，成为全市首批设立绿色投资公司的县（市、区）之一。深化农业农村改革，有序推进农村土地承包经营权确权登记颁证工作，累计确权农户 14.76 万户，面积达 29.25 万亩。加快推进医疗卫生体制改革，率全市之先完成城乡居民基本医疗保险制度整合。

鼓励引导企业自主创新，加大“财园信贷通、科贷通”扶持力度，全年专利申请量达 463 件，增长 53.8%；授权量达 291 件，增长 132.8%。率全市之先成立科技发展中心，不断提升科技创新服务水平。目前，高新区拥有省级企业技术中心 2 家、专精特新企业 3 家、省级知识产权优势培育企业 3 家。全年新增省级科技孵化器 1 家、市级工程技术研究中心 2 家；新增高新技术企业 12 家，总数达 20 家，增速位列全市第一。荣获“国家知识产权强区工程试点区”称号。

积极优化创业平台，全年新增国家级星创天地 1 家、市级众创空间 1 家。目前，全区现有市级众创空间 3 家、区级众创空间 3 家、创业孵化基地 3 家，累计入驻企业 366 家。全年发放创业担保贷款 1.34 亿元，占年度计划的 121.9%。其中，发放个人创业担保贷款 9588.5 万元，扶持 631 人当上小老板，带动 2407 人就业。加大创业培训力度，全年完成创业培训 1323 人次，超额完成全年目标任务。大力推行“二十四证合一、一照一码”登记制度，累计发放“二十四证合一”营业执照 1259 张、“一照一码”登记证 3143 张，全区新登记注册各类非公经济市场主体 4828 户，增长 17%；注册资本 89.1 亿元，增长 36%。

（五）民生福祉得到新改善

坚持把脱贫攻坚作为最大的政治任务、最大的民生工程、最大的责任担当，严格对照“两不愁三保障”标准，创新推行一餐亲情饭和一次夜访的“1+1”真情联结机制，深入推进产业、教育、健康、安居等“十一大扶贫工程”。投入 1.3 亿元实现建档立卡贫困户产业扶贫全覆盖；落实教育扶贫“五个一批”工程，为 6551 名贫困户子女减免、发放各类资金 5412 万元；落实了 1200 个公益岗位，让贫困群众在家门口实现就业。全区累计投入扶贫资金 4.56 亿元，完成 2 个省级贫困村退出，780 户 3051 人实现稳定脱贫，贫困发生率降至 1.4%。

坚持民生导向，全年完成民生支出 45.52 亿元，占公共预算支出的 75.9%，增长 20.8%。养老、失业、工伤、生育和医疗等社会保险覆盖面不断扩大。加强就业培训，免费培训家政、电商等各类人员2900余人次，全年新增城镇就业人数5139人，转移农村劳动力9680人。持续实施保障性安居工程，建设保障性住房703套，改造农村危旧房1516户。农房保险工作有序推进，农户参保率达100%。提升社会救助水平，区流浪未成年人救助保护中心竣工使用。

坚持教育优先发展，加快推进上饶卫校、贞白中学、城南中学等“十所学校”建设，其中，贞白中学、城南小学（含幼儿园）、特殊教育学校已建成并投入使用，萃始小学重建项目即将竣工，新增学位1.38万个，着力解决“大班额”问题。全年实施基础教育项目86个，已开工83个、已完工78个，竣工率达90.7%。不断提升公共文化服务水平，图书馆、文化馆、博物馆“三馆”建设快速推进，广电网络上划整合稳步推进。

一年来，办理人大代表建议101件、政协提案88件，办结率达100%，满意率达97%。认真落实中央八项规定精神，严控“三公”经费支出，全区财政拨款单位公务消费平台上线率达100%，全年“三公”经费支出同比下降1%。严格落实党风廉政建设主体责任和“一岗双责”，加大行政监察、审计监督和政务公开力度，扎实推进党风廉政建设和反腐败工作。

在肯定成绩的同时，我们也应清醒地认识到发展中遇到的困难和问题，主要是：经济总量仍有待进一步做大，带动性强的大项目不多；民生事业还存在短板和不足，基本公共服务与人民群众期待还有差距；城市管理任务依然艰巨，创新管理水平有待进一步提升，等等。对此，我们将高度重视，采取有效措施，切实加以解决。

（报告人：区人民政府区长　郑华森）

二、人大常委会工作报告（摘要）

（2018年2月4日在区十六届人大三次会议上）

2017年主要工作

一年来，常委会作出重大事项决议决定8项，听取审议专项工作报告17项，对3部法律法规实施情况进行检查，办理代表建议101件，依法任免国家机关工作人员24人次，接受1名市人大代表辞职，补选市人大代表3名，配合省、市人大开展立法调研、执法检查、专题调研10余次，接待群众来信来访132件（次），圆满完成了区十六届人大二次会议确定的目标任务。

（一）突出政治引领，坚持党的领导

提高政治站位，深入学习政治理论。扎实推进“两学一做”学习教育常态化、制度化，加强理论武装和党性锤炼，牢固树立政治意识、大局意识、核心意识、看齐意识，自觉在思想上、政

治上、行动上同以习近平同志为核心的党中央保持高度一致，坚决维护中央权威和党的集中统一领导。

强化政治自觉，认真贯彻区委决策。正确认识和把握人大决定权和区委决策权的关系，就国民经济和社会发展计划、财政预算执行情况等工作，作出决议决定8项；坚持党管干部和人大依法任免相结合，依法任免国家机关工作人员24人次，确保了组织意图的顺利实现和地方国家机关的高效运转。

（二）突出监督实效，助推改革发展

关注经济运行，助推经济健康发展。加强经济工作监督和预算决算审查监督，要求落实好积极的财政政策；调研全区政府性债务管理情况，对换届以来人大决议的政府性债务进行清理，强化地方政府债务管理；制定审计查出问题整改监督办法和审计查出问题整改满意度测评办法，首次启动对审计查出问题单位整改情况满意度测评工作，着力推进审计查出问题的整改落实，逐步解决审计整改宽松软和屡审屡犯问题。

围绕中心工作，助力改革发展大局。开展2017年助推旅游强区建设系列活动（秀美广丰行），听取审议关于推进我区全域旅游建设情况报告，推动旅游体制改革；调研秀美乡村建设情况，让农村成为安居乐业的美丽家园；扎实开展“年末问结果询问大会”，常委会组成人员和区人大代表围绕工业、教育、医疗、农村等事关全区发展大局的13个问题，精准提问，问出水平，有力地推动“一府两院”年度目标任务的完成。

立足职能优势，推进法治广丰建设。检查《劳动法》《水土保持法》《中医药条例》实施情况，推动了相关法律法规在我区深入实施；听取审议区法院推进司法公开工作、区检察院公诉工作情况的报告，督促“两院”公正司法；听取审议区政府“七五”普法开展情况报告，加强普法工作监督，督促落实“谁执法谁普法”责任制；指导开展“12·4”国家宪法日宣传活动，促进国家工作人员和广大群众尊法学法守法用法，树立宪法法律权威；认真做好涉法案件的信访工作和规范性文件备案审查工作；配合确定了洋口镇为市人大立法联系点。

开展工作评议，推动部门依法行政。针对区行政服务中心进驻窗口管理难的现状，在评议大会上对36个进驻窗口及监管大厅进行延伸测评，推动了进驻事项由原来的92项增加到192项，极大地方便了群众办事；根据对区城管局的工作调查，要求城管局对代表、群众反映强烈的扬尘污染、占道经营、流动摊贩、牛皮鲜等问题加强整治力度，全面提升居民生活幸福感、满意度。

（三）突出人民中心，回应百姓关切

敢于担当责任，强力推进脱贫攻坚。根据市人大要求，牵头组织了广丰区、横峰县、德兴市

三地的市人大代表就脱贫攻坚问题开展年中专题调研；实地视察脱贫攻坚工作情况，听取区人民政府及扶贫部门关于全区脱贫攻坚工作专题报告，最终形成调研报告，送区委区政府参考落实。常委会领导和机关干部积极投身扶贫一线，与贫困户结亲，“同吃亲情饭”，了解致贫原因，通过各种途径解决帮扶户产业发展、住房安全、教育保障、医疗救助等民生难题。

坚持突出重点，促进民生持续改善。继续开展“赣鄱农产品质量安全行”活动，保障农产品质量安全；以“加强水源地保护，保障饮用水安全”为主题，继续开展“环保广丰行”检查采访活动，推进饮用水水源地建设，保障饮用水安全；以“食品安全护校行动”为主题，继续开展“食品药品安全赣鄱行”活动，铸牢学校餐饮安全网；开展社会救助工作情况专题调研，督促民政部门和基层单位切实加强工作，确保区社会救助工作发挥好兜底作用，困难群体能得到及时救助。

（四）突出代表主体，发挥代表作用

完善激励机制，增强代表履职动力。通过《代表风采》栏目对 6 名区人大代表进行典型宣传，扩大代表社会影响力；评选出 26 名优秀区人大代表进行表彰，充分激发代表履职的积极性；建立健全代表信息库和履职档案，建立起代表“能进能出”制度，增强代表的危机意识和责任意识。一年来，为确保人大代表的先进性，区人大常委会接受 4 名区人大代表向常委会辞去代表职务，依法补选了 8 名区人大代表。

注重建议督办，努力提高办结水平。对区十六届人大二次会议代表所提的 101 件建议进行分门别类，及时召开建议交办会，人大、政府领导全员参加，高位推动建议办理工作；完善常委会主任、副主任督办重点建议机制，从代表建议中选取了 10 件重点建议，由常委会领导牵头督办，推动了群众关注的难点热点问题的解决；完善代表对建议办理情况满意度测评制度，选出 10 个建议办得好的部门进行表彰，力促办理工作由答复型向落实型转变。

（五）突出自身建设，提升履职能力

加强队伍建设，提升人大工作能力。组织机关干部学习党的十九大精神，参加能力提升培训和对外交流学习，切实提升干部的工作能力和履职水平；加大人大干部交流力度，进一步配齐配强各专工委工作人员，不断激发人大机关干部队伍活力；设立了区人大常委会专家组，聘请了 16 名专家成员，进一步推进了区人大常委会决策、监督的科学化、民主化。

借鉴实践经验，稳步推进信息化建设。开设了广丰人大微信公众号，设立了区人大门户网站和乡镇人大工作网页，及时发布人大工作信息以及一些人大业务知识，认真回应代表、群众留言，进一步加强了人大工作的宣传和与群众的联系互动；率先完成了人大常委会电子表决系统建设并投入使用，切实保障常委会组成人员更加真实地表达政治意愿、行使民主权利，提升会议的规范化、民主化水平。

一年来，常委会切实加强对乡镇人大工作的联系和指导，坚持轮流邀请乡镇人大主席、街道人大工委主任，基层人大代表列席常委会会议。同时，注重向兄弟县市学习，积极参加全市县（市、区）人大常委会主任座谈会，出席赣浙闽皖四省十一县（市、区）人大联席会议。

回顾过去一年的工作，我们清醒地认识到，常委会工作中还存在一些差距和不足：监督工作的针对性和实效性还需进一步提升；讨论决定重大事项重点和范围还需进一步明确；审议质量还需进一步提高；发挥代表作用的机制还需进一步完善。对此，我们将坚持问题导向，认真查找差距，采取有力措施，切实加以改进。

（报告人：区人大常委会主任　皮晓瑶）

三、法院工作报告（摘要）

（2018 年 2 月 4 日在区十六届人大三次会议上）

2017 年主要工作

2017 年，我院共受理各类案件 9129 件（含旧存 2127 件），审、执结 8435 件，案件收、结总数在全市基层法院中均排名第一；法官人均办案数 244 件，案件结收比为 120.13%，均在全市法院系统排名第一；案件审结率为 92.39%，同比 13.04%。

（一）充分发挥审判职能作用，着力保障经济社会健康发展

坚持宽严相济刑事政策，维护社会安全稳定。受理刑事案件 423 件（含旧存 33 件），审结 390 件。从严惩处严重危害社会治安犯罪，审理故意杀人、故意伤害、绑架、抢劫、强奸等暴力性犯罪案件 72 件 99 人，增强人民群众安全感。对伙同他人抢劫并实施非法拘禁的被告人项嘉明，依法判处有期徒刑 13 年零 2 个月。依法审理贪污、贿赂、渎职等职务犯罪案件 8 件 12 人，加大对腐败犯罪的惩处力度。依法对主动认罪、悔罪的刑事被告人从宽判处缓、免刑，为 33 名刑事被告人指定辩护律师，加强人权司法保障。积极参与社会治安防控体系建设，深入开展未成年人犯罪预防、帮教，推进平安广丰建设。

贯彻“五大发展”理念，服务振兴发展大局。受理商事案件 4369 件 ，审结 4128 件。审结买卖合同、股权纠纷等案件 340 件，维护公平竞争的市场秩序。审结银行贷款、民间借贷、保险纠纷等案件 2264 件，维护金融安全。妥善化解涉民营企业纠纷，慎用查封、冻结等保全措施，促进民营企业健康发展。

认真落实行政诉讼法，推进部门依法行政。受理行政诉讼案件 15 件，审结 14 件。受理行政非诉审查案件 4 件，审结 4 件。支持行政机关依法行政，一审裁定驳回起诉、驳回原告诉讼请求、维持行政行为 6 件，维护社会管理秩序。监督行政机关依法行使职权，一审确认行政行为违法、撤销行政行为、判决履行法定职责 2 件，维护行政相对人合法权益。

（二）切实增强司法为民意识，不断满足人民群众多元司法需求

畅通群众维权司法渠道。深化立案登记制改革，现场立案率达 98.3%。以群众需求为导向，在诉讼服务中心设置综合查询系统，当事人可“一键”了解案件的审判执行信息，有效提升诉讼服务中心功能。建立律师代理申诉和参与化解涉诉信访案件制度，设立“律师参与涉诉信访案件化解工作站”。完善诉访分离机制，对于符合再审立案条件的予以及时立案，对其他涉诉信访问题坚持线上、线下接访，约访、回访齐抓，化解、稳控共用，切实解决当事人的合理合法诉求。去年受理申请再审案件 13 件，审结 13 件，办理信访案件 176 件，化解 174 件。

强化民生司法保护。依法打击侵害民生权益犯罪，审结制售伪劣商品、危害食品药品安全、破坏环境资源等案件 3 件。审结土地承包流转、房屋买卖、劳动争议、教育医疗、拖欠农民工工资等案件 228 件。审结婚姻家庭案件 1164 件，调解、撤诉结案 395 件，占 33.93%，维护家庭和谐稳定。完善司法救助机制，对 68 名当事人缓、减、免交诉讼费 32 余万元，对 26 名生活确有困难的当事人予以司法救助 48.2 万元。

全力兑现当事人胜诉权益。去年受理执行案件 2974 件（含旧存 623 件），执结 2662 件，执结率为 89.51%，执行标的到位率为 57.4%，实际到位金额达 5.7189 亿元，限制消费 2650 人次，公开失信被执行人信息 3052 人次，强制清场 28 次，拘留 70 余人次，向相关协执部门推送案件 2000 余件，发布网络司法拍卖 34 次。

增强接受监督的自觉性。去年，共邀请代表委员庭审观摩 20 余人次，参与执行行动 5 人次。完善人民陪审机制，人民陪审员陪审案件共 2582 件。依托信息化深入推进阳光司法，所有的科技法庭均实现庭审全程录音录像，网上直播庭审 82 件，公开裁判文书 2393 份，政务网站、微信、微博发布审判信息 386 条。创办审判专刊《广丰审判》，全年在各类媒体发表宣传文章 277 篇，与省、市主流媒体联拍《和风细雨化干戈》《男子醉酒死亡，在场同学均被判赔》等法治宣传教育栏目 4 期。

（三）狠抓争创一流工作，重点提升公正高效司法水平

稳步推进司法责任制改革。圆满完成员额制法官遴选工作，我院首批遴选了 35 名员额法官，占政法编制的 38%。突出法官主体地位，组建了刑事、民商事、综合、执行四大审判团队。推

行院庭长办案机制，切实发挥带头示范作用，司改后，院庭长办结案件3101件，占结案总数的45.8%。

全力打造智慧法院建设。在全省率先建立集“收、转、发”功能于一体的e中心，5月运行以来，共接收诉讼材料5956件次，接受送达文书5260件次，送达成功3818件次，送达成功率达64.1%。加快科技法庭建设，健全庭审同步录音录像系统设备，共新建13个科技法庭，为实现网上办案、庭审直播提供了更强有力的硬件保障。

不断加强基层基础建设。按照市中院“五化三美”要求，投入360万元建设了设施完善、功能齐全、信息化程度较高的洋口法庭新审判楼。投入400多万元新建诉讼服务中心大楼、执行大楼，改造增建审判庭6个、大羁押室2个、候审厅2个、地下停车场1个，进一步优化诉讼环境和公共区域秩序。改造图书馆、荣誉室、乒乓球室、健身房和机关食堂，努力提升法院物质文化水平。

（四）坚持从严教育管理，全力打造高素质法院队伍

全面提升队伍职业素养。坚持实务需求为导向，组织干警参加各类培训21期28人次，切实提高法官适用法律、驾驭庭审、制作裁判文书能力。举办廉政专题讲座、“两学一做”主题党课，举行员额法官集体宣誓，不断增强干警司法责任感。鼓励干警参加司法考试，提升干警的整体业务水平，缓解“案多人少”和法官断层的突出矛盾。去年两位干警通过国家司法考试。

在看到成绩的同时，我们更要清醒地认识到，我院的工作与人民群众的司法需求尚有一些差距。如审判工作规范化程度有待深化，少数干警素质有待提高，少数干警简单粗糙的工作作风有待改进，“执行难”问题有待继续攻克。对这些问题和困难，我们将紧紧依靠党委领导和人大及其常委会的支持，采取积极措施，认真加以解决。

（报告人：区人民法院院长　凌目新）

四、检察院工作报告（摘要）

（2018年2月4日在区十六届人大三次会议上）

2017年主要工作

（一）服务大局，积极保障经济社会稳定发展

一年来区检察院共受理提请批准逮捕案件301件349人，经审查，批准逮捕232件270人，不批准逮捕80人。共受理审查起诉案件454件588人，经审查，提起公诉397件481人，不起诉34件49人。依法突出打击危害群众人身财产安全的故意杀人、“两抢一盗”、故意伤害等严重

刑事犯罪，保持常态化处理节奏，严格把关，全力维护广丰社会治安和谐稳定。韩某某因感情纠纷在下溪街道涉嫌故意杀害三人、抢劫的重大恶性案件，区检察院适时提前介入，引导公安机关充分调查取证，快捕快诉；依法打击区内发生的重大涉众型经济犯罪，办理非法吸收公众存款、集资诈骗、组织领导传销等涉众型经济犯罪案件共计9件12人，涉案金额累计上亿元；积极探索建立具有教育防治功能和社会效果的未成年人刑事检察工作机制，将未成年人法制教育和犯罪预防工作的关口前移，引导未成年人自觉抵制犯罪行为，树立起良好的精神面貌。

在去年底完成反贪、反渎等三部门机构划转、人员转隶之前，坚持贯彻落实“力度不减、节奏不变，始终保持反腐高压态势”的指示精神。全年共立案侦查职务犯罪10件16人，其中反贪案件8件13人，反渎案件2件3人，立案总人数同比增长45.5%。其中大案2件2人，窝案、串案2件6人，并成功劝返一名在逃犯罪嫌疑人投案自首。通过办案，为国家挽回了经济损失。坚持标本兼治，积极开展职务犯罪预防工作。结合办案撰写职务犯罪年度分析报告1份，开展职务犯罪预防调查7件，向发案单位的相关部门提出检察建议7份，回复7份。开展警示教育4次，组织有丰富职务犯罪办案经验的干警深入有关单位，以案释法，增强了机关干部的法治观念，进一步提升了其对职务犯罪预防的认识；加大行贿犯罪档案查询力度，全年提供查询行贿犯罪档案服务6550次；参与我区国有土地拍卖现场监督13次，重大工程项目专项预防1次。

围绕关于推进“生态检察”工作的部署要求，自觉肩负检察担当，采取有效措施，加大办案力度，严惩破坏生态环境犯罪。对盗伐、滥伐林木，非法占用农用地、非法采矿、毁坏国家重点保护植物等破坏环境资源保护的犯罪，开辟绿色通道，从严从快处理，提高办案效率。全年共批准逮捕和审查起诉环保领域犯罪7件7人。牵头与区公安、环保、林业、安监等六家行政执法单位建立“两法衔接”联席会议信息共享机制，共发出环保领域督促履职检察建议4件。

（二）立足职能，着力提升检察公信力

深挖立案监督线索，拓宽立案监督案源渠道，加强与公安机关和其他行政执法机关的联系协调机制建设，全年共发现立案监督线索6件，监督公安机关立案4件4人，追捕13人，追诉2人；监督行政执法机关移送涉嫌犯罪案件5件5人，作出有罪判决5人。适时提前介入公安机关侦查活动10次，发出补充侦查提纲、提供法庭审判所需证据材料意见书、纠正违法通知书等共72份。

对刑事判决裁定及时认真细致审查，及时与法院联系沟通取得支持，力求审判公平、公正。受理当事人认为法院审判执行违法、行政机关履职不力等申请检察院启动监督程序案件8件。其中，认为法院审判活动违法，依法进行审查1件，向法院发出纠正违法的检察建议得到采纳；认为法院民事执行活动违法，依法进行审查3件，向法院发出纠正违法的检察建议均得

到采纳。

坚持常年驻看守所监督，驻所检察官不断加强羁押监督和羁押必要性审查工作。向办案单位发出预防羁押期限届满提示书30人次，开展羁押必要性审查29人次，办案单位都及时处理，变更了强制措施。加强对非监禁性刑罚执行的法律监督，促进社会管理创新，通过在区社区矫正中心设立派驻检察室，强化对监外服刑人员、社区矫正人员的脱管、漏管和再犯罪的监督力度。

（三）全力改革，推进过硬检察队伍建设

去年5月开始试行员额检察官办案责任制，截至2017年年底，员额检察官共承办了各类案件563件，其中入额院领导已直接办结公诉侦监案件87件，人均办结案件21.8件，平均办案时间缩短2天以上；入额院领导人均承办职务犯罪案件达4件5人。在办案过程中，检察长带头，入额院领导切实履行员额检察官职责，严格执行办案数量和质量要求，为其他入额检察官办案起到良好示范作用。

组织干警认真学习司法责任制改革后的检察官权力清单和责任清单，明确员额检察官对案件定性、作出逮捕决定等具有处理决定权，并承担办理案件终身法律责任，激发其办案积极性和责任意识。突出专业化职业化导向，大力推进教育培训和岗位练兵，多名干警荣获省市“业务竞赛标兵”“理论调研骨干”等荣誉称号。

（四）强化监督，依法规范行使检察权

坚持重大事项向区委请示报告，认真贯彻落实区委工作部署决策决定。坚持和完善向人大报告年度工作和专项工作制度。一年来在区人大常委会会议中分别报告了反贪污贿赂工作和公诉工作，及时对照审议意见，认真组织学习整改落实到位。

我们也清醒地认识到，工作中仍存在一些问题和不足：一是工作主动性开创性不强，缺乏特色和亮点，服务全区工作大局、打造出过硬的广丰检察品牌等方面仍有待加强；二是规范司法行为有待进一步深化，检察干警规范执法理念有待进一步提升，在办案中仍存在某些不规范情况；三是检察队伍专业素养和知识储备不够，不能完全适应以审判为中心的刑事诉讼制度改革下司法实践的需要。对此，区检察院将紧紧围绕检察工作职能，按照上级的部署，突出工作重点，推进检察工作科学发展。

（报告人：区人民检察院检察长　肖连华）

决定决议

一、关于撤销区人大常委会二个决议议案的决议

（2018年2月5日区十六届人大三次会议通过）

上饶市广丰区第十六届人民代表大会第三次会议审议了区人大常委会提出的《关于提请撤销上饶市广丰区人大常委会二个决议的议案》，会议根据《关于进一步规范地方政府举债融资行为的通知》（财预〔2017〕50号）精神，决定从即日起撤销区人大常委会作出的《上饶市广丰区人大常委会关于同意区人民政府〈关于提请审议将广丰区城北新型城镇化二期项目政府购买服务所需资金逐年纳入财政支出预算安排的议案〉的决议》（广常发〔2017〕4号）、《上饶市广丰区人大常委会关于同意区人民政府〈关于提请审议将永丰街道、芦林街道、下溪街道土地综合整理项目政府购买服务所需资金逐年纳入财政支出预算安排的议案〉的决议》（广常发〔2017〕5号）。

二、关于上饶市广丰区2017年财政预算执行情况和2018年预算的决议

（2018年2月5日区十六届人大三次会议通过）

上饶市广丰区第十六届人民代表大会第三次会议审查了区人民政府提出的《关于上饶市广丰区2017年财政预算执行情况及2018年预算草案的报告》。会议同意上饶市广丰区人民代表大会财政经济委员会的审查报告，同意区人民政府《关于上饶市广丰区2017年财政预算执行情况及2018年预算草案的报告》，决定批准2018年预算。

附：关于区2017年财政预算执行情况2018年财政预算草案的审查报告（摘要）

（一）关于2017年财政预算执行情况

1. 公共预算收支执行情况：（1）财政收入。2017年财政总收入完成46.64亿元，占人大批准调整计划（以下简称计划）的100%，比上年决算数增长7.1%。其中：税收收入完成37.11亿元，增长14.7%；非税收入完成9.53亿元，比上年下降14.8%。2017年公共预算总收入61.93亿元。（2）公共预算支出。2017年公共预算支出59.96亿元，比上年决算数增长11.9%。收支扎抵后，年终结余1.97亿元。

2. 政府性基金预算收支情况：2017年政府性基金收入24.8亿元，支出21.62亿元，收支扎

抵后，年终基金滚存结余 3.18 亿元。

3. 社会保险基金预算收支出情况：2017 年社会保险基金收入 16.02 亿元，支出 16.43 亿元，加 2016 年末结余 7.66 亿元，2017 年滚存结余 7.25 亿元。

4. 国有资本经营预算收支情况：2017 年国有资本经营收入 0.02 亿元，支出 0.02 亿元，调入一般公共预算。

（二）关于 2018 年区级预算草案

1. 公共预算收支安排。2018 年财政收入计划安排 50.37 亿元，增长 8%，其中：税收收入完成 41.5 亿元，增长 11.8%；非税收入完成 8.87 亿元，下降 6.9%。全区可用财力计划 47.24 亿元。全区公共预算支出 47.24 亿元，收支保持平衡。

2. 政府性基金预算收支安排。2018 年政府性基金收入 16.85 亿元，加上年结余 3.18 亿元；支出安排 18.85 亿元，年终滚存结余 1.18 亿元。

3. 社会保险基金预算收支安排。2018 年社会保险基金收入 18.74 亿元，支出 17.84 亿元，上年结余 7.25 亿元，滚存结余 8.14 亿元。

4. 国有资本经营预算收入安排。2018 年国有资本经营收入 0.03 亿元，支出 0.03 亿元。

四、第四次会议

区十六届人大四次会议，于 2019 年 3 月 13 日至 15 日在区人民法院会议中心举行。本届应有人大代表 262 名，第三次会议后，有 1 名代表调离本区：芦林街道林起伟；有 15 名代表因工作变动关系，请求辞去代表职务：傅师东、占王剑、杨开余、李剑波、洪峰、毛建明、洪仁全、周兴旺、徐小友、卢文旭、洪强明、严如彬、陈卫华、俞立峰、俞书炎。根据工作需要，按照法律规定，在有关选区补选了 3 名代表：芦林街道庄勇、吴村镇龚哲峰、桐畈镇祝灵文。出席本次会议的实有代表共 239 名（其中桐畈镇 1 名暂停代表职务）。在本区的省、市人大代表，区政协委员，区直机关单位负责人、区人大常委会机关内设机构和乡（镇、街道）人大有关负责人等（不含政协委员人数）168 名列席会议；特邀出席会议人员 50 名。

大会议程

一、听取和审议区人民政府区长郑华森关于政府的工作报告；二、审查和批准区 2018 年国民经济和社会发展计划执行情况与 2019 年国民经济和社会发展计划草案的报告，批准区 2019 年国民经济和社会发展计划；三、审查和批准区2018年财政预算执行情况与2019年财政预算草案的报告，批准区2019年财政预算；四、听取和审议区人大常委会主任皮晓瑶关于区人大常委会的工作报告；五、听取和审议区人民法院院长凌目新关于区人民法院的工作报告；六、听取和审议区人民检察院检察长肖连华关于区人民检察院的工作报告；七、听取和审议国家生态文明试验区（江西广丰）建设情况的报告；八、审议区人大关于设立第十六届人大社会建设委员会的决定；九、补选区十六届人大常委会委员5名（名单略）；十、通过选举区人大法制委员会、社会委员会主任委员、委员人选（名单略）；十一、通过上述工作报告的决议。大会结束时，区委书记谭赣明作讲话。

组织领导

一、主席团成员和秘书长名单

主席团（37名，按姓氏笔画排列）

卜　玲（女）　王华安　王建红（女）　王　艳（女）　毛小东　方有水　宁晓华
皮晓瑶（女）　刘汉水　刘成业　刘　芬（女）　齐忠有　阮承有　阳莲华（女）
芮可文　严卫华　杨华峰（女）　吴处银　邱在庆　罗剑红（女）　周建东　郑日贵
郑明华　郑明海　郑建平　俞江良　俞忠华　俞柳君（女）　俞剑波　祝建正　徐敏驹
蒋小晖　蒋日云　管宜生　谭赣明　颜显高　颜福军

秘书长：王华安

二、主席团常务主席名单

谭赣明　齐忠有　皮晓瑶（女）　方有水　管宜生　王华安　郑建平　郑明华　郑日贵
颜显高　俞柳君（女）

三、议案审查委员会名单

主任委员：郑明华

副主任委员：邱在庆

委　员：（按姓氏笔画排列）

阳莲华（女）　严卫华　杨华峰（女）　罗剑红（女）　祝建正

四、副秘书长名单

余玉辉　叶旭辉　吕振东

工作报告

一、政府工作报告（摘要）

（2019年3月14日在区十六届人大四次会议上）

2018年工作回顾

过去的一年，全区完成生产总值403.1亿元，增长9.6%，是全市唯一一个突破400亿元的县（市、区）；财政总收入51.86亿元，增长11.2%，是全省9个突破50亿元大关的县（市、区）之一；税收收入41.5亿元，增长11.8%，占财政收入比重80%；规上工业增加值增长9.1%；固定资产投资增长11.4%；社会消费品零售总额75.48亿元，增长12.4%；限额以上消费品零售总额25.5亿元，增长20.9%。三大产业比重调整优化为5.7∶50.45∶43.85，三产较去年提高4.06个百分点。再次荣获"全国综合实力百强区"（第81位）、"全国投资潜力百强区"（第18位），连续四年成为江西省唯一的"双百强"市辖区。获评2015—2017年度"全省发展非公有制经济先进县（市、区）"。在2018年度全市经济社会发展和党的建设情况巡查考核中，我区再次荣获全市第二、县（市、区）第一的好成绩，新设置的单项奖中获得了生态环境保护工作全市第一，宅基地改革工作全市第二，村级集体经济发展工作全市第三，综合考评连续四年稳居全市县（市、区）第一的领先地位。

一年来，主要做了以下几方面工作：

（一）加快产业优化升级，产业质效显著提升

新型工业持续壮大。全年新增规上工业企业28家，总数达182家，规上工业主营业务收入增长17.69%。上饶高新区获评2018年"省级园区循环化改造试点"、江西省第二批"大众创业万众创新示范基地"、2017年度"全省'两率一度'先进工业园区"。

现代农业持续发展。"果茶蔬"三大主导产业不断壮大，总面积突破35万亩。其中，马家柚种植面积突破17万亩，已开发出柚皮精油、柚子白兰地和柚纤维环保纸巾等深加工产品。成功举办了大美上饶（广丰）"万人品柚"乡村旅游文化活动，央视《美丽中国乡村行》《食尚大转盘》等栏目对马家柚进行了专题报道，马家柚"东柚"品牌影响力不断提升，品牌价值突破6亿

元。全年新增土地流转面积 1.2 万亩，总数达 10.67 万亩，土地流转率达 36.37%。建成高标准农田 3200 亩。全区“三品一标”农产品总数达 46 个。新增区级以上农业龙头企业 22 家、农民合作社 171 家、家庭农场 100 家。荣获“全国农村一二三产业融合发展先导区”“全国农村创业创新典型县范例”称号。

现代服务业持续繁荣。商贸业持续发展，天虹国际、红星美凯龙两个大型商贸综合体项目快速推进。文化产业影响力不断提升，成功举办第二届上饶文博会，现场交易额达 4000 万元。旅游业加快发展，铜钹山婚姻民俗文化村、小丰驿站小镇等一批独具特色的秀美乡村旅游点精美呈现，新增国家 AAA 级景区 1 个、省 AAAA 级乡村旅游点 2 个、AAA 级乡村旅游点 8 个。全区旅游接待人数、旅游综合收入分别增长 27%、24.5%。获评 2017 年度全省旅游产业发展先进县（市、区）。高新区及城南总部经济基地新增入驻企业 40 家，总数达 118 家；全年电商交易额达 95 亿元，总部经济实现税收 9600 万元。土地经营成效显著，全年完成征地 2601 亩，报批 3015 亩，盘活存量用地 650 亩，处置闲置用地 410 亩，实现土地收益 20 亿元。

（二）统筹城乡一体发展，宜居环境加速打造

基础设施不断完善。建成农村公路 61.5 公里，获评江西省第三批“四好农村路”示范县。全面完成 18 个农村饮水安全巩固提升、103 口重点山塘整治、5000 亩高效节水项目。公交出行方面。投入 1200 万元，购置 10 辆新能源汽车，新开通 2 条环城公交线路。

城区环境不断优化。投入 20.4 亿元，谋划和推进了 68 个城市功能性项目。有序完成了东街区域、湖沿片区、徐家弄以西片区 1450 户 18.39 万平方米棚改征收任务，建成棚改安置房 846 套。深入开展“百日攻坚”净化行动，全面推进“拆三房治四乱”、非法营运黄包车等 16 项专项整治行动，累计拆除各类违建面积 27 万平方米，退出劳动并销毁非法人力三轮车 680 余辆，清除各类违规广告牌 8000 余处。投入 3200 万元，新改建污水管网 10.8 公里，污水处理率达 95.16%。全面完成西关街、丰溪唐韵步行街、排山路、东街背街小巷等区域的综合改造提升。

农村颜值不断提升。投入 3.83 亿元，完成 362 个新农村点建设，改造房屋外立面 52 万平方米、农村危旧房 1428 户，硬化维修道路 213 公里，整修、新建排水沟渠、下水道 75.6 公里，改水改厕 9400 户，建成户外活动场所 55 个，拆除“三房”16.7 万平方米。土地开发整治成效显著，全年立项 611 个，总面积近 3 万亩，已建成验收 1.5 万亩，已报备 4676 亩。持续推进农村生活垃圾专项治理，建成垃圾中转站 8 座、收集转运站点 59 个，全区所有自然村建立健全了长效保洁机制，农村生活垃圾有效处理率在 95% 以上。

生态优势不断巩固。城区 56 个在建项目全部安装除尘设施，拆除各类养猪场 318 家，砂场 39 家，砖瓦窑、滑石窑 92 座。大力实施国土绿化工程，完成造林 1.53 万亩，超额完成省定目标

任务。扎实开展“百日护渔”专项行动，查处非法电鱼违法行为112起。圆满完成消灭劣V类水工作任务，全区河流断面水质达标率100%，城区饮用水达标率100%。PM2.5平均浓度27微克/立方米，城区空气质量优良率94.6%。我区获评江西省第二批“绿色低碳试点县”（市、区），铜钹山国家森林公园荣获2018年“中国天然氧吧”、江西省首批“低碳旅游示范景区”称号。

（三）强力推进改革开放，发展动力高效凝聚

重点改革持续深化。机构改革基本完成。政务服务“一网、一门、一次”改革成效明显，累计梳理“最多跑一次”或“一次不跑”事项634项，“一网通办”事项662项。全年为企业减负4.2亿元以上。工业投资项目审批时限缩减至50个工作日。全面推行宅基地改革，创新农村土地“择位竞价”“地票”制度，出让土地5万余平方米，收益超1亿元。创新存量用地开发利用模式，消化“批而未用”土地1300亩，批而未用率下降9.3个百分点。有序推进农村土地承包经营权确权登记颁证工作，全面完成集体资产的清产核资，累计确权14.72万户29.07万亩。扎实推进商事制度改革，深入实施“三十九证合一”，大力推广应用电子营业执照，全年新增各类非公经济市场主体6974户，增长26.24%。

招商引资成效显著。全年共引进工业项目25个，合同签约资金98.54亿元。其中，亿元以上项目20个、5亿元以上项目4个、10亿元以上项目2个；“广商回归”项目18个，合同签约资金76.9亿元。全区2000万元以上项目进资60.59亿元，增长8.5%。实际利用外资1.31亿美元，总量位居全市县（市、区）第一。

创新创业氛围浓厚。鼓励引导企业自主创新，加大“财园信贷通、科贷通”的扶持力度，全区专利申请量513件、授权量391件，分别增长10.7%、34.3%。新增高新技术企业26家，科技型中小企业完成入库42家，均位居全市县（市、区）第一。新增省级工程技术研究中心1家、省级知识产权（专利）孵化器1家、省级科技孵化器1家、省级众创空间2家、市级工程技术研究中心3家，各类科技平台和创新载体总数达22家。累计发放个人创业担保贷款9637万元，扶持创业708人，带动就业2812人。

（四）尽心办好民生事业，幸福指数持续提升

脱贫攻坚扎实推进。深入开展脱贫攻坚春季攻势、夏季整改、秋冬会战专项行动，切实抓好中央、省脱贫攻坚反馈问题整改。创新开展马家柚特色产业扶贫，为贫困户种植、认购马家柚树苗近10万株，挂果后可为贫困户人均每年增收1000元以上，该做法作为上饶市唯一的产业扶贫典型案例上报国务院扶贫办。严格落实教育扶贫、健康扶贫各项政策，全年教育资助减免金额达935万元，“医疗五道保障线”累计报销金额达8066万元。累计投入扶贫资金3.2亿元，完成2

个省级贫困村、3 个县级贫困村退出任务，1104 户 4595 名贫困人口实现稳定脱贫，贫困发生率降至 1.31%。城镇贫困群众脱贫解困工作全面启动。

社会保障更加有力。全年投入民生资金 54.71 亿元，占一般公共预算支出 86.5%，增长 20.2%，是历年来民生投资占比最大的一年。养老、失业、工伤、生育、医疗等社会保险覆盖面不断扩大，参保总数达 134.59 万人次，超额完成年度计划任务。城、乡最低生活保障标准每人每月分别提高到 580 元、340 元。加强就业培训，免费培训家政服务、马家柚种植等各类人员 3295 人次，新增城镇就业 5224 人，转移农村劳动力 9635 人。城镇居民人均可支配收入达 36903 元、农村居民人均可支配收入达 16541 元，分别增长 8.9%、9.3%。

社会事业加快发展。一年内完成上饶卫校项目建设，实现了广丰中等专科学校的“零突破”。2018 年高考二本以上人数创历史新高，全市成绩排名前十名的学生中广丰占三名，连续两年有学子圆梦清华，教育质量跃升全市第一方阵。医疗设施不断完善，区人民医院内科大楼、区中医院中医药大楼完成主体工程建设，妇幼保健院、华山医院项目加快推进，五都、洋口、吴村 3 所乡镇卫生院完成主体工程建设。区图书馆、文化馆主体工程已完工，档案馆、老年活动中心、青少年活动中心、网络信息中心、应急预警信息中心建成使用，各乡镇（街道）综合文化站整改工作全面完成。

社会大局保持稳定。第十届村（居）委会换届选举工作圆满完成。安全生产“十大专项整治”行动和“企业主体责任强化年”活动扎实开展；投入 2.81 亿元，52 家烟花爆竹企业平稳有序关闭退出；12 家煤矿企业全部关停。扫黑除恶专项斗争纵深推进，摧毁黑社会性质组织 1 个、恶势力犯罪集团 4 个、恶势力团伙 1 个；全区刑事警情、八大类暴力犯罪分别下降 22.8%、20.5%。狠抓信访维稳，化解各类信访积案 47 件，赴京非访人次较上年下降 62.5%，获评 2018 年度全省信访“三无县”。

（五）持续加强自身建设，履职能力不断强化

认真办结人大代表建议 112 件、政协提案 97 件，办结率达 100%，满意率达 96%。妥善化解政府债务存量，提前归还贷款 13 亿元，政府负债率降至 12.9%，为全市最低。全年清理盘活上级结转结余资金 2.83 亿元。

在肯定成绩的同时，我们也应清醒地认识到发展中遇到的困难和问题，主要是：产业结构还需持续优化，带动性强的大项目不多，高新技术产业质效还有待进一步提升；创新驱动支撑不足，新旧动能转换还有待进一步加快；民生事业短板还需进一步补齐，城市管理任务依然艰巨，等等。对此，我们将高度重视，采取有效措施，切实加以解决。

（报告人：区人民政府区长　郑华森）

二、人大常委会工作报告（摘要）

（2019年3月14日在区十六届人大四次会议上）

2018年主要工作回顾

一年来，常委会听取审议专项工作报告11项，对15个报告事项开展满意度测评，检查1部法律法规实施情况，对1个单位开展工作评议，对58个规范性文件进行备案，作出决议决定11项，办理代表建议112件，依法任免国家机关工作人员53人次，任命人民陪审员35名，配合省、市人大来广开展立法调研、执法检查、专题调研11次，接待群众来信来访126件（次），顺利完成了区十六届人大三次会议确定的各项任务。

（一）坚持党的领导、牢记使命

深入推进专题活动。认真开展为期一年的“学习、研究、宣传、贯彻习近平总书记关于坚持和完善人民代表大会制度的重要思想”专题活动，在深入学习的基础上，形成了40余篇心得体会文章。在电视台设置宣传专栏、在月兔广场设立户外广告、在机关走廊创建“人大文化墙”，利用图文并茂的形式宣传人民代表大会制度，切实把习近平总书记关于坚持和完善人民代表大会制度的重要思想内化于心、外化于行。

坚决贯彻区委决策部署，对标区委十三届六次会议提出的各项任务，细化工作重点和任务，在推进全区经济社会发展、民主法治建设中履职尽责，发挥人大作用，贡献人大力量。正确认识和把握区委决策权和人大决定权的关系，就国民经济和社会发展计划、财政预算执行情况等工作，作出决议决定11项；坚持党管干部和人大依法任免相结合，依法任免国家机关工作人员51人次，确保了组织意图的顺利实现和地方国家机关的高效运转。

（二）坚持围绕中心、服务大局

关注经济运行形势。听取审议区政府关于城投集团、广投集团、月兔集团2017年国有资产管理使用情况的报告，支持政府加强国有资产管理。加强对审计整改问题跟踪监督，督促问题整改，增强监督效能。对2018年电力运行情况进行专题调研，提出加大电力基础设施建设投入、提高电力保障服务质量等意见建议。对银行业金融机构支持地方经济发展情况进行专题调研，针对不良贷款化解、抵押物处置及司法协调配合处理“老赖”等方面提出具体建议。

聚焦乡村振兴战略。以“农业质量年”为主题，开展赣鄱农产品质量安全行活动，关注马家柚、天桂梨等本地水果质量，提出加强部门配合、加强宣传培训、加大监督力度等意见建议，助推农村特色产业发展。以“推进乡村旅游发展”为主题，开展助推旅游强区建设系列活动，提出精心编制乡村旅游规划、突破旅游资金瓶颈制约、深挖乡村旅游文化资源、加大旅游宣传工作力度等意见建议，助推乡村旅游健康发展。

推进生态文明建设。以“加强河流保护，保障饮用水安全”为主题，开展环保广丰行检查采访活动，结合“河长制”督导工作，突出问题导向，提出强化宣传引导、强化联合执法、强化设施建设、强化责任担当等意见建议，促进解决水环境污染问题。积极开展水环境保护宣传，加大水库饮用水源保护工作力度，确保人民群众喝上干净、放心、安全的水。

（三）坚持民有所呼、我有所应

持续助推脱贫攻坚。听取审议区政府脱贫攻坚推进情况的报告，提出扎实做好基础工作、找准扶贫工作着力点、狠抓马家柚产业扶贫政策、提高扶贫工作系统化水平，支持和督促政府坚决打赢脱贫攻坚战。持续开展脱贫攻坚人大代表在行动“五个一”活动，全区 1100 名各级人大代表参与脱贫攻坚，联系贫困村 27 个，结对帮扶 2948 户，捐款捐物 110 多万元，提供公益性岗位 2400 个，完成危旧房改造 1552 户，受到人民群众好评。

紧盯卫生医疗事业。组织对区卫计委开展工作评议。评议调查工作组分成两个小组，深入 23 个乡镇（街道）及卫生院、7 个区卫计委直属单位、4 个区直单位、3 家民营医院，广泛征求人大代表及社会各界对区卫计委工作的意见建议。为加强审议质量，工作评议大会首次实行委员、人大代表重点审议发言制度，提出完善医疗卫生体制机制、严格依法行政、加强人才队伍建设、夯实医疗卫生基础、建立长效监管机制等综合评议意见。通过持续跟踪问效，评议整改取得明显成效。

（四）坚持法律至上、维护权威

大力宣传宪法法律。开展第五个“国家宪法日”活动，组织人大、法院、检察院机关干部开展宪法宣誓活动；加强宪法宣传教育，通过户外广告宣传、圩日上街宣传、文化墙宣传等多样化形式，重点对宪法、上饶市城市管理条例、上饶市农村居民住房建设管理条例等法律法规进行宣传；坚持向宪法宣誓制度，全年组织 4 次宪法宣誓仪式，33 人次向宪法庄严宣誓，进一步弘扬宪法精神，彰显宪法权威。制定出台规范性文件备案审查办法，加强规范性文件备案审查工作，维护法制统一。

（五）坚持支持代表、服务代表

强化代表履职保障。扩大代表对常委会工作的参与，全年共邀请代表 34 人次列席常委会会议、200 多人次参加视察调研、执法检查、工作评议等活动。组织百名代表集中视察重点项目，组织12名代表参与环境卫生督查，推荐2名区人大代表担任区“五型”政府建设“啄木鸟”专员，增强代表对全区中心工作的参与、理解和支持。及时向代表提供经济社会发展、人大工作等方面的资料信息，让代表知情知政、更好履职。

健全代表激励机制。坚持把办好建议作为激发代表履职热情的重要抓手，健全代表建议交办、督办、落实、反馈制度，开展考核评比，常委会主任会议成员领衔督办选取的10件重点建议，以点带面提高代表建议办理质量，一批代表关注的问题得到解决，代表建议办理满意率不断提高。评选出26名能够为群众办实事、办好事和议政履职工作做得好的优秀区人大代表进行表彰，充分激发代表履职的积极性。通过广丰电视台、广丰报社《代表风采》栏目对5名优秀区人大代表进行典型宣传，展示代表风采，扩大社会影响。

（六）坚持强本固基、加强自身

抓实纪律作风建设。严格执行党风廉政建设的各项规定，敲警钟，积良习，树新风。落实党风廉政建设“一岗双责”，严肃党内政治生活，严守党的政治纪律和政治规矩。常委会领导带头大兴调查研究之风，坚持深入实际，深入基层，形成了一批针对性强、富有建设性的调研成果，保证常委会各项工作反映群众呼声，符合人民意愿，推进人大工作务实发展。

注重加强交流联系。自觉接受省市人大常委会工作指导，积极配合开展预算法执法检查、代表联络站建设情况、经济运行情况、城管条例执法检查等履职活动11次，认真承办全市人大常委会主任座谈会在广丰召开，主动服务省市人大代表视察我区重点项目建设。组织召开全区乡镇（街道）人大（工委）主席（主任）座谈会，促进区乡人大交流互动、共同提高。积极参加浙赣闽皖四省交界县（市、区）人大常委会联席会议，接待黑龙江省大庆市、湖南省永州市、上海市金山区山阳镇等10多批次兄弟人大来广丰学习考察，交流经验，取长补短，不断提高依法履职的能力和水平。

回顾过去一年的工作，我们也清醒地认识到，常委会各项工作与时代的发展、人民的期望、代表的要求还有一定差距：正确监督和有效监督的机制、举措有待进一步完善，代表履职服务保障和监督管理有待进一步强化，机关工作和建设有待进一步加强，干部队伍素质和能力有待进一步提高等。这些都需要高度重视，认真研究解决。

（报告人：区人大常委会主任　皮晓瑶）

三、法院工作报告（摘要）

（2019 年 3 月 14 日在区十六届人大四次会议上）

2018 年主要工作

2018 年，我院共受理各类案件 9699 件（含旧存 703 件），审、执结 9283 件；案件结收比为 103.19%；结案率为 95.71%；法官人均办案数为 265 件；案件收、结总数及法官人均办案数在全市基层法院中均排名第一。

（一）忠实履行审判职能，增强人民群众对公平正义的获得感

推进平安广丰建设。受理刑事案件 321 件（含旧存 34 件），审结 309 件。从严惩处严重危害社会治安犯罪，增强人民群众安全感，共审理故意杀人、故意伤害、绑架、抢劫、强奸等暴力性犯罪案件 61 件 75 人；严厉打击涉众型经济犯罪，维护人民群众财产安全，共审结集资诈骗、电信诈骗、非法吸收公众存款等案件 11 件 25 人；加大对腐败犯罪的惩处力度，共依法审理贪污、贿赂、渎职等职务犯罪案件 8 件 15 人；有力维护我区挖掘机市场秩序，共依法审理诈骗挖掘机案件 2 件 2 人，其中对以非法占有挖掘机为目的的被告人王某某，依法判处有期徒刑 10 年零 6 个月；收到检察院公诉涉恶案件 1 件 3 人。加强人权司法保障，依法对主动认罪、悔罪的被告人从宽判处缓、免刑，为 21 名被告人指定辩护律师。

妥善审理民商事纠纷。共受理涉家事纠纷案件 1386 件，审结 1344 件，其中审结婚姻家庭案件 1164 件，调解、撤诉结案 395 件，占 33.93%，努力维护家庭和谐稳定。坚持诚实信用、意思自治等原则，平等保护各类商事主体合法权益，共受理商事案件 4369 件，审结 4128 件，其中审结买卖、租赁、股权纠纷等案件 340 件，努力维护公平竞争的市场秩序；审结银行贷款、民间借贷、保险纠纷等案件 2264 件，努力维护金融安全。

（二）践行司法为民宗旨，满足人民群众多元司法需求

积极开展扫黑除恶专项斗争。成立扫黑除恶专项斗争领导小组和涉黑涉恶案件专门合议庭，制定具体的实施方案，明确工作目标，确定工作重点。充分利用横幅、标语、公开信、宣传单等形式，依托法院官网、微信公众号等平台，大力宣传扫黑除恶专项斗争工作，努力营造浓厚的舆论氛围。

拓宽群众维权渠道。全年共受理申请再审案件 40 件，启动再审 5 件，裁定驳回 28 件，撤回再审申请 7 件；办理信访案件 197 件，化解 196 件，化解率为 99.49%。

强化民生司法保护。依法打击侵害民生权益犯罪，审结制售伪劣商品、危害食品药品安全、

破坏环境资源等案件3件。妥善化解涉民生纠纷，审结土地承包流转、房屋买卖、劳动争议、教育医疗、拖欠农民工工资等案件228件。完善司法救助机制，对68名当事人缓、减、免交诉讼费32余万元，对48名生活确有困难的当事人予以司法救助46万元。

增强接受监督的自觉性。认真向区人大及其常委会报告年度工作和基本解决执行难等专项工作，高度重视区人大及其常委会审议意见，落实问题整改；主动走访代表委员，邀请代表委员视察工作、旁听观摩、参与监督执行行动，全年共走访省人大代表7人次，邀请代表委员视察工作30余人次，邀请旁听观摩20余人次，邀请参与监督执行10余人次；完善人民陪审机制，人民陪审员共陪审案件1189件。

（三）深化改革创新，提升审判质效和司法公信力

深入推进刑事诉讼制度改革。全年共召开庭前会议14件次。完善量刑规范化实施细则，扎实开展量刑规范化扩大罪名的试点工作，主动向党委政法委报告，加强与公安、检察、司法行政等单位沟通协调，引导公安机关规范量刑证据的搜集，建议检察机关对试点的罪名提出量刑建议，庭审注重引导控辩双方就量刑情节进行法庭辩论，共同努力把扩大量刑规范化范围试点改革落到实处。

不断完善质效监管机制。建立5项日常通报及运行态势分析制度，强化对节点时限、案件审限动态管理，切实解决隐性超审限问题，法定审限内结案率为100%。建立收结案动态平衡机制，明确各季度结案率，实现均衡结案。建立健全长期未结案件清理机制，18个月以上长期未结案件全部清理完毕。建立健全案件质量评查工作机制，由评查组成员对年度发改案件逐一评析，分析发改原因，并组织召开专题会议，研究确定承办人责任。

深入推进阳光司法机制建设。全年共网上直播庭审3349件，公开裁判文书8029份。适时邀请报社、电视台宣传报道辖区内重大社会影响案件，主动接受舆论和社会公众监督，全年在政务网站、微信、微博发布审判信息257条。积极开展“预防青少年犯罪”“12·4”等法治宣传活动，刊发《广丰审判》2期，组织拍摄了“基本解决执行难”和“最美法庭”——洋口法庭专题宣传片2部。

（四）加强基层基础建设，夯实司法事业发展根基

推进智慧法院建设。推进收转发e中心建设，延伸跨域材料收转、跨域服务功能。全年共接收诉讼材料19388件次，送达成功16713件次，送达成功率达86.2%。全面完成内外网改造、网络机房改造和无线Wi-Fi覆盖系统，新建信息发布LED屏系统，极大提升了审判工作的信息化水平。

升级群众家门口的“法院”。新建洋口法庭第二科技法庭，启动五都法庭、桐畈法庭拆除重建工作，完成大南、排山、八都三个法庭的升级改造，更新6个基层法庭科技设备。人民法庭还积极传承和发扬“枫桥经验”，总结和推广“联村共治、法润乡风”的“寻乌经验”，参与实施“法律明白人”培养工程，助推自治、法治、德治三治融合；延伸诉讼服务，积极深入乡村社区、田间地头开展法律咨询、判后答疑103次。

（五）强化执行攻坚，决战决胜“基本解决执行难”

我院共受理执行案件3120件（含旧存314件），执结2863件，执结率为91.76%，同比上升2个百分点，结收比为102.7%，执行到位金额达4.37亿元。基本解决执行难问题，工作核心指标均达到最高院预设的要求。

优化执行工作格局。继续加强与公安、土管、房管、银行等职能部门的联动，充分发挥赣、浙、闽三省毗邻法院执行工作联席会作用，强化车辆扣押、人员拘留的协作协助。全年共推送案件592件。加快推进各职能部门联动的失信被执行人信用监督、警示和惩戒机制建设，将失信惩戒纳入综治工作系统，嵌入人员提拔、评优评先、两委选举人员名单等的审核程序。

加大执行攻坚力度。强化失信被执行人曝光，公布失信被执行人信息1128人次。推行执行悬赏机制，共发布执行悬赏92人次，充分调动社会力量找人寻物。定制失信彩铃，共推送失信彩铃24人次，形成警示震慑。严厉打击拒执行为，发挥刑罚威慑作用，共拘留73人次、拘传51人次、拒执罪立案1件。

推进信息化深度应用。全年共为4012件案件提供查询冻结服务，冻结资金0.75亿元，查询车辆560余辆，查询网银存款0.018亿元。推行网络司法拍卖，共司法拍卖房产、土地62件，拍卖车辆3辆，成交金额达1.09亿元，标的物成交率达96.92%，溢价率为15.3%。启用“掌上执行局”，通过手机“移动执行”App，实时记录查人找物过程，随时发起“点对点”网络查控。

在总结上述成绩的同时，我们也认识到工作还存在一些问题和困难：司法辅助人员不足，严重影响审判工作的可持续性开展；干警的司法能力与司法责任制的要求仍有一定差距，导致少数案件审判质效还不够高；个别干警违法违纪问题仍然存在，纪律作风建设有待进一步加强。对这些问题和困难，我们将紧紧依靠党委领导和人大的监督支持，采取积极措施切实加以解决。

（报告人：区人民法院院长　凌目新）

四、检察院工作报告（摘要）

（2019 年 3 月 14 日在区十六届人大四次会议上）

2018 年工作主要情况

（一）主动担当，强化政治意识

坚持党的领导，自觉接受人大监督。坚决贯彻重大事项请示报告制度，主动将检察工作置于党委领导和人大监督的正确轨道上，始终坚持重大事项向区委请示报告，认真贯彻落实区委各项工作决策部署；坚持和完善向人大报告工作制度。区人大常委会调研组通过听取汇报、参加座谈会、查看资料等方式进行实地调研，对区检察院落实人大常委会对公诉工作的审议意见给予了充分肯定。

迅速响应，坚决开展扫黑除恶专项斗争。结合工作实际，先后召开专题会议安排部署扫黑除恶工作 11 次，主动加强与公安、法院等单位协调配合，突出问题导向，统一思想认识，凝聚工作合力。在全社会形成参与扫黑除恶专项斗争的浓厚氛围，确保扫黑除恶专项斗争取得良好的政治效果、法律效果和社会效果。

（二）服务大局，积极保障经济社会稳定发展

着力维护社会稳定，规范履行批捕、起诉职能。全年共受理提请批准逮捕案件 298 件 418 人，经审查，批准逮捕 221 件 301 人，不批准逮捕 114 人。共受理移送审查起诉案件 371 件 528 人，经审查，提起公诉 281 件 377 人，不起诉 96 人。持续打击危害群众人身财产安全的故意杀人、“两抢一盗”、故意伤害等影响群众满意度的严重刑事犯罪，共受理审查批捕、审查起诉该类案件 286 件 336 人；受理审查起诉多发、易发的交通肇事及危险驾驶等危害公共安全犯罪 82 件 82 人；快捕快诉官某某、张某某等非法吸收公众存款、邬某某组织领导传销等特大涉众型经济犯罪 11 件 16 人；严厉打击毒品类犯罪，共办理该类犯罪案件 89 件 125 人；严格落实省检察院服务非公经济发展“八条措施”，注重平等保护非公经济主体合法权益，共办理合同诈骗等侵害非公企业产权犯罪案件 21 件 26 人，通过依法办案，为民营企业挽回损失 6000 余万元。

促进社会矛盾化解，认真落实宽严相济刑事政策。坚持贯彻“宽严相济”“惩教并举”的方针，对轻微犯罪特别是因亲友、邻里纠纷引发的刑事案件，未成年人涉嫌犯罪案件以及初犯、偶犯、过失犯和老年犯中具有从轻处罚情节的人员，坚持依法从宽处理，尽量少捕、慎捕，最大限度化解矛盾，促进社会和谐。全年共对 114 人作出不捕决定，对 96 人作出不诉决定，不捕率、不诉率同比分别上升 4.7%、10.2%。严格落实不捕、不诉案件释法说理制度，积极主动贯彻落实

案件办理、舆情引导、社会面管控“三同步”工作机制。认真执行未成年人犯罪案件附条件不起诉、犯罪记录封存、提供法律援助等制度，对未成年人案件附条件不起诉 11 人，提供法律援助 12 次，开展社会调查 1 次。

以深化改革为契机，积极推动公益诉讼工作。全年发出公益诉讼诉前检察建议 16 件，依法提起刑事附带民事公益诉讼 2 件，取得公益诉讼工作的新突破。与邻近的玉山县检察院、福建省浦城县检察院、浙江省江山市检察院，建立了三省四地检察院跨区域生态保护协作机制，通过加强跨省检察合作，形成流域生态资源保护合力，解决跨区域破坏生态环境资源案件发现难、取证难、监管难、移送难、诉讼难等问题。

（三）立足监督，维护社会公平正义

强化刑事立案和侦查活动监督。受理监督侦查机关应当立案而不立案案件 7 件，监督侦查机关立案 2 件；受理监督侦查机关不应当立案而立案案件 4 件，监督撤案 1 件；提前介入侦查案件 3 件；纠正侦查机关漏捕 2 人；对侦查机关发出纠正违法通知书 13 份，已纠正 13 次。注重营造公开公平公正的营商环境，坚持公有制与非公有制经济一视同仁、平等保护，找准检察工作的切入点和结合点，重点关注监督涉及非公经济的刑事案件该立不立、不该立而立，违法动用刑事手段插手经济纠纷，不当使用强制措施、查封扣押冻结财物等问题。

深入开展审判执行和行政执法监督。在审判机关的支持下，共提出量刑建议 200 余次，对刑事判决裁定及时认真细致审查，力求审判公平、公正。按二审程序和审判监督程序对认为确有错误的刑事裁判提起抗诉 2 件。因当事人不服法院一审生效民事判决申请抗诉，区检察院启动生效民事裁判监督程序 4 件，其中 2 件被市检察院采纳并向市中级人民法院提出抗诉；因当事人认为法院民事审判、执行活动违法而申请检察监督 10 件，经审查，向法院发出纠正违法检察建议 10 件。重点监督生态环境和资源保护领域行政执法，因行政机关执法不力怠于履行职责，区检察院发出督促履行职责检察建议 6 件，督促其依法行政，均被采纳并纠正。其中，向区国土资源局发出督促催收国有土地出让金检察建议 3 件，该局接检察建议后积极履职，及时催缴收回拖欠的国有土地出让金，为国家挽回经济损失 5000 余万元。

优化刑罚执行和监管活动监督。坚持常年驻看守所监督，驻所检察官不断加强羁押监督和羁押必要性审查工作。全年开展羁押必要性审查立案并提出建议 28 人次，办案单位采纳建议并及时变更强制措施 26 人次。认真开展监外执行罪犯的专项检查活动，加大对社区矫正的监督力度，未发生在矫人员脱管漏管情况。

（四）深化改革，推进过硬检察队伍建设

切实加强规范司法常态化建设。建立案件办理流程监控体系，依托案件办理系统软件，严格监督办案过程，对办案中出现的问题实现立查立改、严肃追责，促进办案执法规范化。完善案件质量评查制度，全年开展两次全院性的案件质量评查工作，实现所有案件百分百覆盖，并将案件评查结果记入员额检察官年度绩效考核中，切实促进员额检察官不断提升办案质量。同时，不断修订完善相关考勤考核办法，注重奖勤罚懒导向，增强办案人员的责任心，着力压实司法责任。

在肯定成绩的同时，我们也认识到工作仍然存在一些问题和不足：与新时代新要求相比，检察机关服务保障经济社会发展的措施还有待细化实化；法律监督工作还存在薄弱环节，监督的精准度和实效性有待提高；队伍素质不能完全适应当前办案工作需要，仍存在干警违纪违规等问题；司法责任制改革还需进一步深化，综合配套措施有待进一步完善。对于这些问题，我们将高度重视并认真解决。

（报告人：区人民检察院检察长　肖连华）

决定决议

一、关于设立上饶市广丰区第十六届人民代表大会社会建设委员会的决定

（2019 年 3 月 15 日区十六届人大四次会议通过）

按照机构改革要求和《上饶市广丰区机构改革实施方案》，根据《中华人民共和国地方各级人民代表大会和地方各级人民政府组织法》的有关规定，结合我区实际情况，上饶市广丰区第十六届人民代表大会第四次会议决定：上饶市广丰区第十六届人民代表大会设立社会建设委员会。

二、关于上饶市广丰区 2018 年财政预算执行情况和 2019 年财政预算的决议

（2019 年 3 月 15 日区十六届人大四次会议通过）

区十六届人大四次会议审查了区人民政府提出的《关于上饶市广丰区 2018 年财政预算执行情况及 2019 年预算草案的报告》、2019 年预算草案。会议同意区十六届人大四次会议财政经济委员会的审查报告，同意区人民政府《关于上饶市广丰区 2018 年财政预算执行情况及 2019 年预算草案的报告》，决定批准 2019 年预算。

附：关于区 2018 年财政预算执行情况和 2019 年财政预算草案的审查报告（摘要）

（一）关于 2018 年财政预算执行情况

2018 年全区财政总收入 51.86 亿元，增长 11.2%，其中：税收收入完成 41.5 亿元，占财政总收入 80%。2018 年全区一般公共预算收入 31.19 亿元，增长 6.8%；加上级补助收入 27.4 亿元、债券资金转贷收入 4.57 亿元、上年结余 2.14 亿元、调入资金 5.56 亿元、一般公共预算收入总计 70.86 亿元；一般公共预算支出 63.25 亿元，增长 9.4%；政府性基金预算收入 50.45 亿元；政府性基金预算支出 48.83 亿元；国有资本经营预算收入 0.18 亿元，国有资本经营预算支出 0.18 亿元；社会保险基金预算收入 23.55 亿元，同比增长 46.2%，社会保险基金预算支出 18.48 亿元，同比增长 11.5%，本年收支结余 5.07 亿元，2017 年年末结余 7.81 亿元，2018 年年终滚存结余 12.88 亿元。

（二）关于 2019 年财政预算草案

2019 年全区财政总收入预算 55.5 亿元，比 2018 年执行数（以下简称上年）增长 7%。其中：一般公共预算收入 31.25 亿元，考虑减税因素，同口径增长 4%。加上预计上级各项补助收入、调入预算稳定调节基金、上年结余收入、债券资金转贷收入，预算财力为 56.35 亿元；一般公共预算支出安排 56.35 亿元。政府性基金预算收入 19.26 亿元，比上年下降 61.8%，支出安排 19.26 亿元，比上年下降 61.8%；国有资本经营预算收入 0.02 亿元，支出安排 0.02 亿元；社会保险基金预算收入 20.56 亿元，比上年下降 12.7 %；支出安排 20.33 亿元，比上年增长 10%，本年收支结余 0.22 亿元，2018 年滚存结余 12.88 亿元，2019 年末社保基金滚存结余 13.1 亿元。

五、第五次会议

区十六届人大五次会议于 2020 年 7 月 14 日至 16 日，在区人民法院会议中心举行。本届应有人大代表 262 名，第四次会议后，有 2 名代表调离本区：洋口镇谭赣明；永丰街道刘勇；有 1 名代表辞职：排山镇张文茂。根据工作需要，依照法律规定，先后在有关选区补选代表 6 名：排山镇梁红军，永丰街道郑理瑞，横山镇刘联平，洋口镇胡心田、刘五洲 。出席本次会议的实有代表 241 名。在本区的省、市人大代表，区政协委员，区直机关各单位负责人，区人大常委会机关内设机构有关负责人 51 名（不含政协委员人数）列席本次会议；特邀出席会议人员 46 名。

大会议程

一、听取和审议区人民政府区长郑华森关于政府的工作报告；二、审查和批准区 2019 年国民经济和社会发展计划执行情况与 2020 年国民经济和社会发展计划草案的报告，批准区 2020 年国民经济和社会发展计划；三、审查区 2019 年财政预算执行情况与 2020 年财政预算草案的报告，批准区 2020 年财政预算；四、听取和审议区人大常委会主任皮晓瑶关于人大常委会的工作报告；五、听取和审议区人民法院院长凌目新关于区人民法院的工作报告；六、听取和审议区人民检察院检察长肖连华关于区人民检察院的工作报告；七、听取和审议区关于生态文明建设和生态环境状况的报告；八、通过上述工作报告的决议。大会结束时，区委书记胡心田作讲话。

组织领导

一、主席团成员和秘书长名单

主席团（42 名，按姓氏笔画排列）

卜　玲（女）　王华安　王青山　王建红（女）　王　艳（女）　王智丰　王慧明　毛小东
方有水　皮晓瑶（女）　朱康贵　刘汉水　刘成业　刘　芬（女）　齐忠有　阳莲华（女）
严卫华　杨华峰（女）　杨袁对　吴处银　吴贞河　邱在庆　余玉辉　汪耀光　俞柳君（女）
俞剑波　洪常艳（女）　祝灵文　夏灵邦　龚哲峰　蒋日云　管宜生　颜显高　颜福军
罗剑红（女）　罗剑锋　周建东　胡心田　郑日贵　郑明华　郑建平　俞忠华

秘书长：王华安

二、主席团常务主席名单

胡心田　皮晓瑶（女）　齐忠有　方有水　管宜生　王华安　郑建平　郑明华　郑日贵
颜显高　俞柳君（女）

三、议案审查委员会名单

主任委员：郑明华

副主任委员：邱在庆

委　员：（按姓氏笔画排列）

阳莲华（女）　严卫华　杨华峰（女）　罗剑红（女）　祝建正

四、副秘书长名单

余玉辉　叶旭辉　杨华峰

工作报告

一、政府工作报告（摘要）

（2020 年 7 月 15 日在区十六届人大五次会议上）

2019 年工作回顾

过去的一年，全区实现生产总值 438.4 亿元，增长 7.2%；财政总收入 55.5 亿元，增长 7%；税收收入 44.16 亿元，增长 6.4%，税占比 80%；规上工业增加值增长 8.5%；固定资产投资增长 10.4%；社会消费品零售总额 84.1 亿元，增长 11.5%；三大产业比重调整优化为 5.64∶52.19∶42.16，三产较去年提高 2.21 个百分点。荣获全省高质量发展先进县（市、区）、全省工业高质量发展先进县（市、区）、2016—2018 年度全省工业崛起“年度贡献奖”等一系列称号。

（一）聚焦产业升级，干出了“广丰自信”

工业经济实现新突破。深入实施工业“5020”工程，成功引进了总投资 43 亿元的立景创新科技、总投资 20 亿元的盈盛实业、总投资 20 亿元的 TCL 高盛达 3 个“5020”项目，其中立景创新科技一期、盈盛实业实现了当年引进、当年投产，丰用智能、富伟达科技等 11 个项目落地见效，电子信息产业集群获评省级重点工业产业集群。扎实开展工业企业技改三年行动计划，制定出台《上饶市广丰区规上工业企业技改扶持办法》，烟厂易地技改、台鑫钢铁节能改造项目竣工试产，芦林纸业、鸿新盛铜业等一批技改项目全速推进中。区内滑石矿种采矿权审批职能下放已获市政府批准，黑滑石综合开发利用按下了“重启键”。国家级高新区创建工作进展顺利，上饶高新区已被科技部列入考察计划。规上工业企业实现主营业务收入 538.8 亿元，增长 10%。上饶高新区获评 2016—2018 年度全省工业崛起园区发展专项奖“六大指标综合先进单位”。

现代农业取得新成效。“果茶蔬”三大主导产业持续发展，总面积突破 37 万亩，其中马家柚种植面积突破 18 万亩。年产 5000 吨马家柚等水果精深加工项目建成投产。建成高标准农田 7000 亩，流转农村土地 11.03 万亩，流转率达 37.71%。广丰铁蹄牛通过国家农产品地理标志保护认证。新增“三品一标”农产品 4 个、区级以上农业龙头企业 15 家、家庭农场 42 家、各类农业休闲项目 46 个，总数分别达 37 个、330 家、262 家、321 个。

（二）聚焦城乡建设，刷新了“广丰颜值”

城市功能品质持续提升。全区857个创国卫项目全面落地，创国卫工作高分通过国家暗访评估。新建（改建）7个农贸市场、12座城区垃圾中转站；城区公厕标准化改造61座；新建南山社区、洋口街、老牛奶厂等10个停车场，新增车位2.4万个；改造提升557条背街小巷、12个老旧小区；累计拆除各类违建50.4万平方米，清运垃圾2.25万吨，整治旱厕4052个。2300余辆人力三轮车全面退出。全面完成徐家弄以东一期、二期1530户30.26万平方米征收任务，新建棚改安置房606套10.22万平方米。投入1.07亿元，全面推行城乡环卫一体化第三方治理，新增机械化车辆268辆，城区主次干道机扫率达85%。全域生活垃圾无害化处理率达100%。总投资667万元的智慧城管平台上线运营。

农村人居环境持续改善。落实资金1.25亿元，基本完成597个秀美乡村点建设。新建农村公厕64座，改厕1.4万户，无害化卫生厕所普及率达85.8%。农村危房改造1895户。洋口至枧底公路完成改造，改造农村危桥25座，新建（改建）农村公路149.6公里、生命安全防护工程313.5公里，获评全省“四好农村路”示范县（市、区）。25个农村饮水安全巩固提升工程项目落地见效。湖丰槐芳22万伏变电站建成使用。投入3200余万元，建成铜钹山、洋口、五都等一批乡镇垃圾中转站。东阳乡率先开展农村生活垃圾分类试点，垃圾源头分类准确率在90%以上，减量达50%，相关做法得到了中央电视台《新闻调查》栏目深度报道，我区被列为全省农村垃圾分类处理试点县（市、区）。

生态文明建设持续发力。坚决打好“蓝天、碧水、净土”三大保卫战，深入开展长江经济带“共抓大保护”攻坚行动，认真落实河长制、湖长制、林长制，获得2019年度全省河长制湖长制考核上饶市第一名、全省前十名的好成绩，并荣获全省河长制、湖长制考核优秀县（市、区）称号。狠抓中央环保督察及“回头看”、省环保督察问题整改，深入推进“八大标志性”战役和30项专项行动，受理承办的各类环境信访件共220件，已办结218件，关停“散、乱、污”企业19家。新建城乡生活污水管网21.7公里、工业污水管网13.2公里。全区河流断面水质达标率100%，城区空气质量优良率99.3%，城区饮用水达标率100%，PM2.5平均浓度24微克/立方米。全面完成第七次森林资源二类调查工作。造林6.9万亩，森林“四化”建设560亩，均超额完成省定目标任务。

（三）聚焦改革创新，激发了“广丰活力”

改革攻坚持续推进。党政机构改革顺利完成，事业单位改革稳步推进。全年为企业贷款6.45亿元、减税降费4.49亿元。深化政务服务“一网一门一次”改革，区本级1034项依申请类政务服务事项网上可办率达到100%，全年“最多跑一次”办件量达74万件，较往年实现翻番增长，“赣服通”广丰分厅正式上线，37项高频政务事项实现“掌上办理”。持续巩固殡改成果，4个城市公益性墓地建成使用，整治存量“活人墓”4157座，迁移乱埋乱葬坟墓1107座，火化率和入公墓率均保持100%。切实抓好农村宅基地改革，退出宅基地16.44万平方米。农村集体产权制度改革扎实推进，清理核实集体资产6.29亿元，集体土地177.12万亩、农用地158.74万亩。深化商事制度改革，新开办企业注册登记压缩至3个工作日以内。大力推广应用电子营业执照，全年新增各类非公经济市场主体7156户，增长26.89%。

开放合作成效明显。全年共签约引进工业项目31个，合同资金93.6亿元。其中，亿元以上工业项目17个、10亿元以上工业项目4个；“广商回归”工业项目22个，占新引进工业项目的70.96%，合同资金63.2亿元。全区2000万元以上项目实际进资65.96亿元，增长8.87%；实际利用外资1.39亿美元，增长6.13%，总量列全市县（市、区）第一名。获得全市开放型经济绩效评估“引进省外资金、外贸出口、重大项目招商”三项单项第一，并获“5020”项目招引突出贡献奖一等奖、“5020”项目建设突出贡献奖。

创新创业氛围浓厚。新增高新技术企业39家，总数达79家，科技型中小企业完成入库52家，均位居全市县（市、区）第一。全区专利申请量703件、授权量484件，分别增长37%、23.8%。新增市级工程技术研究中心2家，总数达5家。免费开展创业培训7360人，发放创业担保贷款8290万元，扶持创业845人，带动就业2085人。上饶高新区获评江西省第二批大众创业万众创新示范基地。

（四）聚焦民生改善，彰显了“广丰情怀”

脱贫攻坚成效显著。2个省级贫困村、1个县级贫困村全面退出，2357户8024人成功脱贫，贫困发生率降至0.23%，获得全省脱贫攻坚成效考核综合第三名的好成绩，并获省委、省政府首批及时通报奖励。其中，扶贫资金绩效管理考核连续三年位列全省第一方阵，并获评资金绩效、统筹整合两项单项优秀。统筹推进城镇贫困群众脱贫解困工作，全面完成741户1048名帮扶对象识别工作。

社会保障坚实有力。全年投入民生资金68.43亿元，增长25.08%，占一般公共预算支出88%，民生投入占比较去年提高1.5个百分点，创历史新高。养老、失业、工伤、生育、医疗等社会保险参保总数达132.18万人次。城乡居民基本医疗保险补助标准提高30元，达到520元，城、乡最低生活保障标准每人每月分别提高60元、45元，分别达到640元、385元。新增城镇就业人数4796人，转移农村劳动力8410人。城镇居民人均可支配收入达39803元，农村居民人均可支配收入达18112元，分别增长7.9%、9.5%。

社会事业协调发展。新建（改建）教学楼、综合楼等4.4万余平方米。全面完成铜钹山小学整体改造、贞白中学二期、官塘完小、公堂完小项目建设。区人民医院内科大楼、区中医院中医药大楼基本建成，邦尔医院完成搬迁改造。区图书馆、文化馆、融媒体中心建成投用。创办“康养之家”61家，建制村覆盖率36.52%。新开通城区公交线路9条，购置城市公共交通新能源车辆90辆，群众出行更加便利。

社会环境安定有序。扫黑除恶专项斗争纵深推进，侦办黑社会性质组织案件1件，摧毁恶势力集团4个，打掉恶势力犯罪团伙5个，全区刑事、交通、黄赌、盗窃各类警情案件分别下降9.45%、15.07%、49.9%、24.6%，八大类案件发案下降22.5%。社会治理服务效能不断提升，获评全市平安建设（综治工作）先进县（市、区）。扎实推进法治广丰建设，获评全省“七五”普法中期先进县（市、区）。

（五）聚焦自身建设，提升了“政府形象”

自觉接受区人大法律监督、工作监督和区政协民主监督，认真办结人大代表建议108件、政协提案101件，办结率均达100%。大幅精简会议和文件，压减和规范督查考核事项，各类文件、会议、督查分别精简31.8%、33.3%、60%。政务公开工作获得全省第三名的好成绩。严控三公经费支出，强化审计监督，全年政府性投资核减工程造价资金4090万元，三公经费支出较去年下降5个百分点。

在肯定成绩的同时，我们也应清醒地认识到发展中存在的困难和问题，主要是：发展不平衡不充分的问题尚未得到根本解决；产业结构还需持续优化，新兴产业质效还有待进一步提升，传统产业升级的任务依然艰巨，自身资源优势尚未得到有效发挥；民生领域还存在不少短板，城乡区域发展还不够均衡；城市的品位和档次还有待进一步提升，城市框架还需进一步拓展，融入主城区的步伐还不够快，等等。对此，我们将坚持问题导向、效果导向，采取有力措施切实加以解决。

（报告人：区人民政府区长　郑华森）

二、人大常委会工作报告（摘要）

（2020年7月15日在区十六届人大五次会议上）

2019年主要工作回顾

一年来，常委会听取审议专项工作报告11项，对12个报告事项开展满意度测评，检查了2部法律法规实施情况，对112件规范性文件进行备案审查，对1个单位开展工作评议，作出决议决定10项，办理代表建议109件，依法任免国家机关工作人员37人次，任命人民陪审员34名，配合省、市人大来广丰开展立法调研、执法检查、专题调研12次，用心用力用情答好了时代和人民赋予的答卷。

（一）树牢政治意识，确保方向正确

扎实推进主题教育。按照中央“守初心、担使命、找差距、抓落实”的总要求，开展革命传统教育等方式加强学习教育，围绕加强人大代表联络工作站的建管用、农村公路建设、就业扶贫等方面深入基层调研，按照习近平总书记“四个对照”“四个找一找”的要求深刻检视问题，详细列出整改清单，明确整改措施和期限。通过这次主题教育，提高了政治站位，增强了担当精神，强化了为民情怀，树牢了廉洁意识，取得了明显成效。

深入开展专题活动。积极开展纪念地方人大设立40周年和宪法宣传活动，坚持宪法宣誓制度，连续14年坚持包括政府副职领导在内的人大任命干部任前法律知识考试制度，推动各地各部门执行好宪法宣誓制度，用“仪式感”增进各级领导干部、国家工作人员尊崇宪法的自觉性。大力推广使用“学习强国”平台自学，积极引导各级人大代表和机关干部常态化开展学习，进一步牢记初心使命，坚定制度自信，切实增强做好人大工作的使命感、责任感。

（二）树牢监督意识，凝聚发展合力

促进经济高质量发展。密切关注全区经济总体运行情况，代区委起草并经区委研究下发了《关于建立区人民政府向区人大常委会报告国有资产管理情况制度的意见》，开展了全区电子信息产业发展情况调研，听取审议了预防和控制政府性债务风险情况、行政事业性国有资产管理情况报告，依法加强对计划预算执行和审计工作的监督，投资100多万元完成了预算联网监督系统平台建设，对审计查出问题整改情况开展满意度测评，批准2018年财政决算，就2019年预算收支计划调整及地方政府债务限额作出决议，为增强发展后劲集聚人大智慧。

聚焦污染防治攻坚战。以“关爱生命健康，保障农村饮水安全”为主题，开展环保广丰行活动，保障农村居民喝上安全干净放心水；听取审议区人民检察院关于生态检察工作情况的专项报告，督促加大生态环境司法保护力度，积极发挥检察机关在打赢污染防治攻坚战的作用，提升生态环境治理法治化水平；积极参与省、市、区三级人大联动开展《水污染防治法》执法检查，配合省人大常委会开展《自然保护区条例》执法检查，实事求是反映铜钹山国家自然保护区管理情况，积极推进保护区生态建设。

助推乡村振兴战略。听取审议农村公路建设和养护资金筹集管理使用情况的报告，推进农村公路建设提档升级。以“放心水产品”为主题，开展赣鄱农产品质量安全行活动，督促提升鱼类

等水产品质量，推进质量兴农、绿色兴农、品牌强农；以“推进乡村旅游发展”为主题，开展助推旅游强区建设系列活动，促进乡村旅游与新农村建设有机结合，实现“以旅助农”。

聚力“双城”同创工作。积极响应上饶市创建全国卫生城市、全国文明城市“双城”同创工作。机关干部分批次、不间断到包保的平安社区开展督导、宣传工作，落实牵头包保责任。积极动员全区各级人大代表充分发挥表率、监督、宣传作用，派网格员进驻社区，积极营造人人参与、个个共建的良好氛围。

推动依法治区建设。对《上饶市城市管理条例》《上饶市农村居民住房建设管理条例》两部本市新立法规开展执法检查，提高条例知晓度，推动条例贯彻执行。配合上级人大对《水污染防治法》《治安管理处罚法》《自然保护区条例》开展执法检查，对《上饶市住宅物业管理条例（草案）》《上饶市殡葬管理条例（草案）》开展立法调研，切实把法律法规建立起来的制度优势转化为治理效能。依法对“一府两院”报送的规范性文件及乡镇人民代表大会作出的决议决定进行备案审查，维护社会主义法制统一。高度重视群众的来信来访，全年接转办理上级人大交办信访件7件，接待群众来信来访18人（件、次）。

（三）树牢代表意识，强化履职保障

拓宽代表履职渠道。坚持“双联”制度，扎实推进人大代表联络工作站的建设管理和使用，畅通社情民意表达和反映渠道。全年，全区各级人大代表1200多人次进站开展活动，接待选民3000多人次，推动解决问题500多个。持续深入推进脱贫攻坚人大代表在行动“五个一”活动，把参与脱贫攻坚作为履行代表职责、担当社会责任的具体行动，结对帮扶近3000户，帮助解决各种困难和问题4000多个，用实际行动赢得了群众的点赞。

提升代表服务保障。全年共邀请代表38人次列席常委会会议、200多人次参加视察调研、执法检查、工作评议等活动，为提高常委会工作质量和水平发挥了重要作用。组织代表、乡镇（街道）人大主席（主任）分批次参加省、市人大常委会履职培训班，不断提升履职能力。评选出25名能够为群众办实事、办好事和议政履职工作做得好的优秀区人大代表进行表彰，充分激发代表履职的积极性。通过广丰电视台、广丰报社《代表风采》栏目对5名优秀区人大代表进行典型宣传，展示代表风采，扩大社会影响。

强化代表建议督办。区十六届人大四次会议期间代表提出建议109件，满意度测评结果显示满意率93.6%。大力推进“常委会领导领衔督办重点建议”活动，选取11件重点建议，涉及公路建设、城市管理、教育卫生等群众比较关注的问题，分别由区政府副区长领办，区人大常委会副主任督办。截至2020年7月，鼓励和支持农村开展垃圾分类、清理城区主干道非机动车道乱停乱放等11件重点建议都得到了很好的落实，切实推动了一批群众关注的热点难点问题的解决。

（四）树牢自强意识，提升履职能力

强化政治建设统领。加强人大组织建设，扎实推进民主法制领域改革，落实人大机构改革任务，完成有关专门委员会组建、更名等改革工作，调整相关专门委员会职责。持续强化作风建设，严格执行中央八项规定精神，落实中央和省市区委“基层减负年”部署，严控文件、会议数量，持续整治“怕慢假庸散”作风顽疾，支持驻机关纪检监察组履行职责，建设风清气正的政治生态。

加强工作联动交流。自觉接受省市人大常委会工作指导，积极配合开展履职活动，持续加强与兄弟县（市、区）人大交流经验，取长补短，不断提高依法履职的能力和水平，组织召开赣浙闽皖四省交界县（市、区）人大常委会第37次联席会议，接待省、市和其他全国兄弟县（市、区）人大来广丰考察指导36批次。加强对乡镇人大指导，坚持邀请乡镇人大主席和街道人大工委主任分批列席常委会会议，持续巩固乡镇人大一年召开两次代表大会成果，进一步激发全区乡镇人大工作活力。

回顾过去一年的工作，我们也清醒地认识到，常委会各项工作与时代的发展、人民的期望、代表的要求还有一定差距：监督工作的针对性、实效性还不强，代表履职服务保障相关制度机制还需完善，区乡两级人大工作联动还不足，等等。我们将虚心听取意见，自觉接受监督，不断改进工作。

（报告人：区人大常委会主任　皮晓瑶）

三、法院工作报告（摘要）

（2020年7月15日在区十六届人大五次会议上）

2019年主要工作

2019年，我院共受理各类案件10709件（含旧存416件），审、执结10450件。案件结收比为101.53%；结案率为97.58%，同比上升2个百分点；法官人均办案数275件（全市法院法官人均办案数为128件）。2019年，我院被省高院评为全省法院宣传工作成绩突出单位和全省两个“一站式”示范法院第一批创建单位，五都法庭和桐畈法庭被评为“双达标”法庭。

（一）坚持依法服务大局，全力保障高质量跨越式发展

积极护航三大攻坚战。成立金融法庭，通过规模化、专业化审判，统一裁判标准和尺度，妥善化解金融类案件476件；聚焦扶贫工作，积极化解贫困群众产业发展、土地流转等矛盾纠纷，审结土地承包流转、房屋买卖、劳动争议、教育医疗、拖欠农民工工资等案件133件；推进环境

资源案件“二合一”归口审理模式，坚决打击破坏资源、污染环境等违法犯罪行为，审结各类环境资源案件4件。

深入推进扫黑除恶专项斗争。在区扫黑除恶工作领导小组的领导下，全年受理涉黑涉恶案件11件69人，审结10件68人，结案率90.91%，重刑人数17人，判处罚金共计86.4万元，其中德兴市程森明等17名被告人重大涉黑案件，由法检“两长”同堂办理，首犯程森明被判处有期徒刑20年，依法没收全部财产。积极延伸司法职能，强化黑恶势力综合治理，提出司法建议11条。

积极营造法治化营商环境。对涉及重点项目、重点企业的案件开辟“绿色通道”，坚持“快立、快审、快结”原则，将依法办案和灵活处理相结合，力促双方达成和解；定期组织法官开展“送法进企业”活动，加强法治宣传，不断提升企业人员的法律意识；适时邀请企业代表旁听涉企案件，并通过召开座谈会等方式交流经验，切实提高企业自身维权能力。全年共发放涉企法律宣传资料400余份，调解涉企纠纷案件70余件。

（二）坚持履行审判职能，切实维护经济社会公平正义

推进平安广丰建设。受理刑事案件442件（含旧存12件），审结428件，同比上升37.18%。从严惩处严重危害社会治安犯罪，增强人民群众安全感，审理故意杀人、故意伤害、绑架、抢劫、强奸等暴力性犯罪案件62件76人；严厉打击涉众型经济犯罪，维护人民群众财产安全，审结集资诈骗、电信诈骗、非法吸收公众存款等案件14件17人，其中被告人张红宇因犯诈骗罪与非法吸收公众存款罪，数罪并罚判处有期徒刑10年零10个月；加大对腐败犯罪的惩处力度，依法审理贪污、贿赂、渎职等职务犯罪案件4件6人。

维护市场经济秩序。积极探索家事纠纷专业化、人性化、社会化化解方式，受理涉家事纠纷案件1356件，审结1347件，调解、撤诉结案864件，占64.14%，努力维护家庭和谐稳定。坚持诚实信用、意思自治等原则，平等保护各类商事主体合法权益，受理商事案件4172件，审结4061件，其中审结买卖、租赁、股权纠纷等案件634件，努力维护公平竞争的市场秩序。

（三）坚持以人民为中心，满足人民群众多元司法需求

大力开展“一站式”诉讼服务中心建设。积极推进诉讼服务中心转型升级，不断加强诉讼服务规范化、标准化建设，强化便民服务功能。依托移动微法院，深化案件“当场立、自助立、网上立、就近立”改革，构建本地与跨域立案，窗口与远程交费，人工与智能导诉的大服务模式。积极传递司法温暖，缓、减、免交诉讼费34余万元，发放司法救助金224.5万元，为186名被告人指定辩护律师。

深入推进“一站式”多元解纷机制建设。坚持把非诉讼纠纷解决机制挺在前面，建立“内引外联”“共建共享”的矛盾纠纷多元解纷机制；建立多元化解速裁中心，下设速裁团队、法院专职调解团队、律师调解团队、特邀调解团队。今年速裁团队 17 名员额法官共审结案件 5550 件，占院机关审判团队诉讼案件的 83.36%；诉前成功调解案件 491 件，其中法院专职团队调解 163 件，律师团队调解 25 件，特邀团队调解 303 件，诉前调解成功率为 68.6%。

切实巩固“基本解决执行难”成果。我院共受理执行案件 3875 件（含旧存 240 件），已经执结 3792 件，结案率 97.86%，首次执行和恢复执行到位金额 46517.43 万元。依托综合治理执行难大格局，积极借力信息技术，认真落实两个“1 号文件”和执行工作五年纲要精神，继续保持执行攻坚力度，不断巩固“基本解决执行难成果”。深入推进执行内设团队改革，着力健全执行工作长效机制，朝着“切实解决执行难”目标积极努力。

（四）坚持全面从严治院，全力打造更加过硬法院队伍

全面提升队伍素养。坚持实务需求为导向，组织干警参加各类培训 20 期 35 人次，切实提高法官适用法律、驾驭庭审、制作裁判文书能力。鼓励干警参加国家法律职业资格考试，提升干警的整体业务水平，2 名干警通过国家法律职业资格考试。组织干警送法进校园、禁毒宣传上街，开展党员干部重走革命路，不断增强法官素质和党性修养。

强化纪律作风建设。严格落实党风廉政建设责任制，深入学习贯彻落实《廉政准则》的要求；成立审务督察工作办公室，对全院审判纪律作风、上下班考勤、案件审理执行情况进行督察；结合区委政治巡察、市中院“问题隐患大检视、大整改”专项督察和一体推进“三不”工作，狠抓廉政预防制度建设，贯通运用监督执纪“四种形态”，铸牢拒腐防变的思想道德防线。2019 年，开展教育月活动 1 次，审务督查 12 次，责令检查 1 人，通报批评 6 人，诫勉谈话 1 人，警告 3 人。

自觉接受监督改进工作。认真办理代表委员关注的案件，主动走访省人大代表 14 人次，邀请代表委员视察工作 30 余人次，邀请旁听观摩 20 余人次，邀请参与监督执行 10 余人次；主动接受舆论和社会公众的监督，推进阳光司法机制建设，人民陪审员陪审案件 1006 件（全市排名第 1），网上直播庭审 2445 件（全市排名第 2），公开裁判文书 10515 份（全市排名第 1），政务网站、微信、微博发布审判信息 261 条。

在总结上述成绩的同时，我们更清醒地认识到，我院的工作还存在一些问题和困难：一是创新意识有待加强，与人民群众多元司法需求相比还有差距；二是司法能力和素质有待提高，少数案件审判质效不高；三是多元解纷机制有待完善，审判体系和审判能力现代化需要进一步提升；四是纪律作风建设有待强化，个别干警违法违纪问题仍然存在。对此，我们将采取有效措施切实

加以解决。

（报告人：区人民法院院长　凌目新）

四、检察院工作报告（摘要）

（2020 年 7 月 15 日在区十六届人大五次会议上）

2019 年主要工作情况

（一）主动服务大局，促进社会平安法治建设

坚决开展扫黑除恶专项斗争。2019 年共受理审查逮捕涉黑恶案件 17 件 49 人，批准（决定）逮捕 16 件 47 人；审查起诉涉黑恶案件 13 件 92 人，涉“保护伞”案件 1 件 5 人。依法从严从快办理了由市检察院交办的程森明涉黑案，认定该团伙涉嫌 13 个罪名 36 起犯罪事实，移送起诉 23 人，经法院判决，涉案被告人分别被判处 3 ~ 20 年有期徒刑，剥夺政治权利，并处没收个人财产、罚金，其中首犯程森明被判处 20 年有期徒刑，剥夺政治权利 3 年，并处没收个人全部财产。制发检察建议 22 份，其中推进社会综合治理检察建议 12 份，推动规范化执法办案检察建议 4 份，推动案件侦查检察建议 6 份。办理涉黑恶案件过程中梳理移送线索移送函 6 份。

精准服务打好“三大攻坚战”。重点惩治非法吸收公众存款、集资诈骗、传销等涉众型经济犯罪，共办理审查逮捕、审查起诉破坏金融管理秩序类案件 15 件 31 人，其中非法吸收公众存款罪案件 8 件 10 人，涉案金额 1.3 亿元。服务保障民营经济发展，成立非公企业维权办公室，与广丰区工商业联合会建立联系协调机制，加强工作对接，畅通沟通协调渠道；严惩侵害民营企业合法权益犯罪，为民营企业追回损失 700 余万元；坚持涉民企业案件羁押必要性审查，依法建议变更强制措施。认真落细落实司法救助支持脱贫攻坚的实施意见，对因案致贫、因案返贫的“应救尽救”，在区委政法委的支持帮助下，为符合条件的刑事案件被害人申请救助金 1 万元。持续开展破坏环境资源专项整治行动，保护广丰区“青山、绿水、净土”。如在桐畈镇王家村被污染环境案中，查明许某无证经营铝锭加工厂并无任何防护直接倾倒生产中固体废物约 2500 余吨严重污染环境的事实，通过发出检察建议，督促相关责任单位联系专业单位对倾倒的废渣进行无害化处理，恢复被污染的环境。

全面推进阳光检察深入建设。不断加大检务公开工作力度，认真做好检察机关执法办案环节信息公开工作。今年已向社会公布案件程序性信息 863 条，发布重要案件信息 21 条，公开法律文书 443 份，依法保障群众对检察工作的知情权、参与权和监督权。通过广丰检察微信公众号平台第一时间向社会传递检察工作最新动态，提升检察机关的社会认知度，目前“广丰检察”微信共计发布图文信息 300 余条，单篇信息阅读人次达 1000 余次。

扎实推进综合治理方式创新。全面落实“群众来信件件有回复”工作要求，办理群众来信47件。深入开展刑事执行监督，对全区23个司法所进行随机督查；开展新社区矫正人员入矫宣誓形式暨扫黑除恶警示教育9次；对司法所社区服刑人员开展“国庆70周年、祖国在我心中”主题警示教育活动6次；与区司法局组织全区社区服刑人员开展“德法共建”暨扫黑除恶警示教育活动。开展“4·16”双维护活动，发放权利义务告知卡、检察官联系卡360余份，对在看守所检查发现的问题及时发出检察建议10份。

（二）全面履行职能，推动“四大检察”工作协调发展

做优刑事检察工作，提升办案质效。共受理审查逮捕、审查起诉类案件920件，1372人。加大侦查活动监督、立案监督力度，采用口头纠正与书面纠正相结合的方式，防范侦查权的滥用，办理立案监督案件8件，发送书面纠正违法9件，追捕4人，追诉2人，追诉遗漏罪行7件。2019年本院依法从重从快办理侵犯未成年人案件14件14人。本院成立了未成年人案件办理小组，指定专人负责办理未成年人案件，做到“专案专办”，对认罪态度好、初犯、偶犯、情节轻微的犯罪嫌疑人依法作出不起诉决定，节约了诉讼成本，更帮助未成年人更好地回归社会。创新工作机制、提高办案效率，与区监察委建立了职务犯罪案件办理对接机制，坚持每案提前介入，快速、正确的办理了一批职务犯罪案件。

做强民事检察工作，保护民事主体平等。全年共受理各类民事监督案件18件，其中办理不服生效裁判的民事行政案件6件，对认为原裁判确有错误的依法提请市检察院抗诉3件、向本级法院发出再审检察建议2份，均获得了市检察院和区法院的支持。对原裁判正确的案件，积极开展释法说理，耐心做好服判息诉工作，维护了司法裁判权威。办理审判程序中的违法行为的监督案件4件，针对审判程序和执行程序中的瑕疵，及时发出检察建议。办理民事执行活动监督案件5件，针对法院长时间未穷尽强制措施、未依法执行、超过法定办案期限以及执行瑕疵等情况发出检察建议4份，切实保障诉讼当事人的合法权益。抓住群众反映强烈的当事人虚假诉讼、恶意诉讼和违法调解等问题，积极开展调研，主动加强与法院、公安机关的协作配合，探索建立虚假诉讼联合防范、发现和制裁机制。

做好公益诉讼工作，守护国家社会公共利益。去年共发现公益诉讼案件线索52件，通过审查核实，依法立案51件，发出诉前检察建议47件，提起刑事附带民事公益诉讼3件，法院判决3件。结合“保障千家万户舌尖上的安全”检察公益诉讼专项监督活动，积极开展饮用水安全公益巡查活动，对全区内饮用水水源地进行巡查，对发现的问题向区卫生健康委员会、生态环境局、水利局以及乡镇等部门发出检察建议11件。积极参与文明城市创建，办理环境污染类公益诉讼案件7件，向有关行政机关发出检察建议9份，督促有关单位进行河道清理，督促关停污染

企业4家。对破坏生态环境、非法捕杀野生动物刑事案件依法提起刑事附带民事公益诉讼3件。切实关注国有财产保护，督促行政部门收回国有土地出让金1.96亿元，收回人民防空易地建设费700余万元。督促2家企业主动办理取水许可证，切实保护水资源。

（三）注重固本强基，着力加强检察队伍建设

坚持向人大及其常委会报告工作，自觉接受人大及其常委会监督，确保检察权正确行使。认真贯彻落实区人大及其常委会的决议、决定和审议意见，将涉及检察机关和检察工作的决议、决定和审议意见纳入年度重点工作，认真研究部署，不折不扣贯彻落实。认真办理区人大常委会交办转办案件。积极配合区人大常委会开展涉及检察工作的调研，邀请人大代表参加“4·16”双维护暨扫黑除恶警示教育活动、视察检察工作等活动，切实加强同人大代表的联系，支持代表依法履职。

坚持规范司法提高司法能力。巩固和深化检察机关司法规范化建设，增强检察机关司法公信力，通过扎实开展案件质量评查、涉案财物检查、规范司法行为专项整治等活动，全面梳理案件办理过程中存在的不规范司法的突出问题，深入查找导致司法不规范的薄弱环节，进一步深化规范司法行为整治，提升人民群众对检察机关执法工作的满意度。常态化开展案件质量评查，覆盖率为100%，依托统一业务系统实行全过程、闭环式实时动态监督，发出书面流程监控通知书18次。

我们取得了一定的成绩，但同时也存在一些问题和不足：一是检察职能作用发挥得还不够充分，服务全区经济社会发展的实效还不够理想。二是“四大检察”工作中还存在薄弱环节，没有全面协调履行职能。三是“求极致”的工作标准还没有真正印在干警心中、融入血脉，司法责任制落实、专业化建设仍需持续努力。四是队伍建设仍然存在薄弱环节，全面从严治检还不够严紧硬。对于这些问题，我们将高度重视并认真解决

（报告人：区人民检察院检察长　肖连华）

决定决议

关于上饶市广丰区2019年财政预算执行情况和2020年预算的决议

（2020年7月16日区十六届人大五次会议通过）

上饶市广丰区第十六届人民代表大会第五次会议审查了区人民政府提出的《关于上饶市广丰

区 2019 年财政预算执行情况和 2020 年预算草案的报告》及 2020 年预算草案。会议同意上饶市广丰区人民代表大会财政经济委员会的审查报告，同意区人民政府《关于上饶市广丰区 2019 年财政预算执行情况及 2020 年预算草案的报告》，决定批准 2020 年预算。

附：关于区 2019 年财政预算执行情况及 2020 年预算草案的审查报告（摘要）

（一）关于 2019 年财政预算执行情况

2019 年全区财政总收入 55.5 亿元，增长 7%，其中：税收收入完成 44.16 亿元，占财政总收入 80%。2019 年全区一般公共预算收入 30.33 亿元，同口径比较增长 4.3%，加上级补助收入 25.83 亿元、债券资金转贷收入 1.97 亿元、上年结余 1.5 亿元、调入资金 18.4 亿元，动用预算稳定调节基金 2.83 亿元，一般公共预算收入总计 80.86 亿元；一般公共预算支出 77.72 亿元，增长 22.9%，加上债务转贷还本支出 0.56 亿元、上解支出 1.71 亿元，一般公共预算支出总计 79.99 亿元。收支扎抵后，年终结余 0.87 亿元。政府性基金预算收入 26.19 亿元；政府性基金预算支出 25.73 亿元。国有资本经营预算收入 0.02 亿元，国有资本经营预算支出 0.02 亿元；社会保险基金预算收入 20.45 亿元，社会保险基金支出 20.79 亿元，本年收支结余 –0.34 亿元，2018 年年末结余 12.69 亿元，2019 年年终滚存结余 12.35 亿元。

（二）关于 2020 年财政预算草案

2020 年全区财政收入预算安排 58.55 亿元，比 2019 年执行数（以下简称上年）增长 5.5%。一般公共预算财力安排 52.91 亿元，一般公共预算支出安排 52.91 亿元。政府性基金预算收入安排 23.02 亿元，比上年下降 12.07%，支出安排 22.56 亿元，结余 0.46 亿元。国有资本经营预算收入 0.02 亿元，支出安排 0.02 亿元。社会保险基金预算收入 19.88 亿元，比上年下降 3%；支出安排 21.35 亿元，比上年增长 3%，本年收支结余 –1.47 亿元，2019 年滚存结余 12.35 亿元，2020 年末社保基金滚存结余 10.88 亿元

六、第六次会议

区十六届人大六次会议于 2021 年 2 月 4 日至 6 日在区人民法院会议中心举行。本届应有人大代表 262 名，第五次会议后，有 2 名代表调离本区：沙田镇熊海淳，东阳乡王青海；有 4 名暂停代表职务。根据工作需要，按照法律规定，先后在有关选区补选 7 名代表：丰溪街道刘金华，泉波镇罗晓强，毛村镇徐凯，嵩峰乡黄盛，沙田镇陈丽军，大南镇张紫游，少阳乡刘卿。出席本

次会议的实有代表246名。区直机关各单位负责人、区政协委员、区人大常委会机关内设机构和乡镇街道人大有关负责人149名（不含政协委员人数）列席了会议；特邀出席会议人员46名。

大会议程

一、听取和审议区人民政府区长郑华森关于政府的工作报告；二、审查区国民经济和社会发展第十四个五年规划和2035年远景目标纲要（草案）；三、审查区2020年国民经济和社会发展计划执行情况与2021年国民经济和社会发展计划草案的报告，批准区2021年国民经济和社会发展计划；四、审查区2020年财政预算执行情况与2021年财政预算草案的报告，批准区2021年财政预算；五、听取和审议区人大常委会主任皮晓瑶关于人大常委会的工作报告；六、听取和审议区人民法院院长凌目新关于区人民法院的工作报告；七、听取和审议区人民检察院检察长肖连华关于区人民检察院的工作报告；八、审议区生态文明建设和生态环境状况的报告；九、选举李军为区监察委主任；十、通过选举区十六届人大财经委员会主任委员、副主任委员人选（名单略）；十一、通过上述工作报告的决议。大会结束时，区委书记胡心田作讲话。

组织领导

一、会议主席团成员和秘书长名单

主席团成员：（40名，按姓氏笔画排列）

卜　玲（女）　王华安　王建红（女）　王　艳（女）　毛小东　方有水　皮晓瑶（女）　刘汉水　刘成业　刘　芬（女）　刘德意　齐忠有　阮承有　阳莲华（女）　严卫华　杨华峰（女）　杨衰对　吴处银　邱在庆　余玉辉　汪志真（女）　林　辉　罗剑红（女）　罗剑锋　周建东　郑日贵　郑明华　郑　波　郑建平　郑道坎　胡心田　俞忠华　俞柳君（女）　俞剑波　祝灵文　黄宗敏　龚哲峰　管宜生　颜显高　颜福军

秘书长：王华安

二、主席团常务主席名单

胡心田　皮晓瑶（女）　齐忠有　方有水　管宜生　王华安　郑建平　郑明华　郑日贵　颜显高　俞柳君（女）

三、议案审查委员会名单

主任委员： 郑明华

副主任委员： 邱在庆

委　员：（按姓氏笔画排列）

阳莲华（女）　严卫华　杨华峰（女）　罗剑红（女）　祝建正

四、副秘书长名单

余玉辉　叶旭辉　杨华峰

工作报告

一、政府工作报告（摘要）

（2021 年 2 月 5 日在区十六届人大六次会议上）

2020 年，全区实现生产总值 451.89 亿元，增长 4%；财政总收入 55.87 亿元，增长 0.67%；税收收入 44.76 亿元，增长 1.35%，税占比 80.11%；规上工业增加值增长 4.8%；固定资产投资增长 9.8%，增速全市第一；社会消费品零售总额 127.03 亿元，增长 4.1%。

（一）坚持人民至上，疫情防控成效显著

坚持把人民生命安全和身体健康放在第一位，全面落实习近平总书记“坚定信心、同舟共济、科学防治、精准施策”总要求，全力做好“外堵、内控、集中治、全力保”各项工作，用不到半个月时间初步遏制了疫情蔓延势头，用 13 天实现新增病例归零，用 32 天实现住院确诊病例清零。组建月兔医疗器械厂，引导荣格科技转产，日产一次性医用口罩 200 万只，充分保障防疫需求。

（二）坚持精准施策，经济发展蹄疾步稳

全力以赴稳企业。严格落实降成本优环境专项行动、减税降费各项政策措施，全年为企业发放贷款 7.1 亿元，减税降费 13.32 亿元。深入实施稳就业“春风行动”，为 50 余家企业招工 4000 余人。

全力以赴扩投资。全年省、市重点项目分别完成投资 43.19 亿元、155.1 亿元，分别占年度计划的 176.3%、168.22%。积极向上争资，争取新增债券资金 13.15 亿元、特别国债 3 亿元、特殊转移支付资金 1.66 亿元、中央预算内和省基建项目资金 8.74 亿元，着力保障资金需求。

（三）坚持特色引领，产业优势日益凸显

新型工业持续壮大。成功引进立景创新科技二期、TCL 高盛达、和烁丰等 3 个“5020”项目，TCL 高盛达一期、和烁丰一期、方舟电子等 18 个首位产业项目建成投产，立景创新科技二期即将投产。成功引进总投资 50 亿元的绿色建材循环经济产业园项目，省内水泥产能指标置换工作已接近尾声。上饶高新区创建国家级高新区工作纳入部省合作 2021—2022 年工作要点。园区基础设施不断完善，完成土地报批 1500 余亩，盘活闲置厂房 13.6 万余平方米。新增规上工业企业 57 家，总数达 221 家。工业用电量 10.3 亿千瓦时，增长 39.2%，增速全市第一。高新区实现主营业务收入 522.6 亿元，增长 3.26%。

现代农业优化升级。全年马家柚产量达 0.6 亿公斤、果业综合产值达 10 亿元以上。建成高标准农田 2500 亩，粮食种植面积达 53.01 万亩、产量达 1.82 亿公斤，超额完成市下达任务。大力实施生猪复产增养行动，肉类总产量达 3.68 万吨，生猪生产达到自给自足水平。新增“两品一标”农产品 5 个、区级以上农业龙头企业 19 家、家庭农场 46 家、各类农业休闲项目 20 个。

（四）坚持统筹协调，城乡面貌显著改善

城市环境更加宜居。加快推动上浦高速、稼轩东大道、上饶南旅游慢道等项目建设，吴楚大道广丰段、上广公路改造提升全面完成。投资 8.9 亿元实施创国卫项目 174 个，完工 157 个，贯通“断头路”13 条，完成道路“白改黑”6 条，整治提升里弄小巷 127 条，新（改）建城区公厕 13 座。创国卫工作顺利通过国家技术评估，成功获评“国家卫生城市”，成功获得“全国文明城市”提名。扎实推进棚户区改造，完成房屋征收 1721 户 38.02 万平方米。投资 1.98 亿元，基本完成 24 个老旧小区改造提升。

乡村颜值更加靓丽。扎实推进美丽集镇建设三年攻坚行动，首批洋口、湖丰、毛村 3 个试点基本完成。投入 6100 余万元，完成 305 个新农村点、20 个“六好”秀美乡村点建设，完成县乡道路面改造 34.8 公里、美丽生态文明农村路 30.1 公里、窄路面拓宽 23.6 公里、县道升级改造 18.5 公里、生命安全防护工程 77.9 公里、危桥改造 7 座。新（改）建农村公厕 52 座，完成户厕改造 10743 户，农村无害化卫生户厕普及率在 90% 以上。成为全省唯一获评“2020 年农村生活垃圾分类和资源化利用示范县”的县（市、区）。大南镇获评“全国卫生乡镇”，洋口、湖丰等 8 个乡镇获评“江西省卫生乡镇”。泉波边山村、吴村路亭山村获评“全国文明村镇”。

生态优势更加彰显。完成城区生活污水处理厂一级 A 提标改造，基本完成 7 个乡镇污水处理厂建设，新（改）建城乡生活污水管网 33.43 公里、工业污水管网 9 公里。全年空气优良率

95.2%，PM2.5 浓度 27 微克 / 立方米，河流断面水质及城区饮用水达标率均保持 100%。大南石桥村、东阳管村、沙田沙溪村等 7 个行政村获评“国家森林乡村”，铜钹山七星村、东阳龙溪村、壶峤流源村等 7 个行政村获评“江西省森林乡村”。

（五）坚持改革开放，发展动力不断凝聚

重点改革持续深化。全面完成乡镇（街道）基层整合审批服务执法力量改革，306 名市管、城管、交警大队执法人员及 53 项事权统一下放至五街一镇，实行属地管理考核。持续推进“一网、一门、一次”改革，1425 项依申请类政务服务事项全部开通“在线办理”，“最多跑一次”事项占比达 95.5%，区、乡、村三级政务服务网上平台建设实现全覆盖。抓好“赣服通”3.0 版建设，上线区本级服务事项 105 项。大力推行“报价承诺法”，工程建设项目审批时间压缩至 90 个工作日。国企改革不断深化，设立广发集团，初步形成“1+5”管理格局，资产总额突破 500 亿元。

开放合作成效显著。全年新引进工业项目 108 个，总投资 218.3 亿元，其中亿元以上项目 50 个、5 亿元以上项目 9 个、20 亿元项目 4 个；预计全区 2000 万元以上项目实际进资 71.9 亿元，增长 9.3%；实际利用外资 1.47 亿美元，增长 3.7%。

创新驱动日益强化。新增高新技术企业 21 家，总数达 94 家，位列全市县（市、区）第一。全区专利申请量 802 件、授权量 583 件，分别增长 14.1%、20.5%。新增市级技术创新中心 2 个。积极落实各项创业政策，免费开展创业培训 1389 人，发放创业担保贷款 1.34 亿元，扶持创业 832 人，带动就业 3592 人。上饶高新区获评“省级博士后创新实践基地”。

（六）坚持共建共享，民生福祉持续增进

决战决胜脱贫攻坚。完成剩余 1074 户 1734 人脱贫任务。同步实现 775 户 1094 人城镇贫困人口脱贫解困，确保小康路上一个都不少。

社会保障更加坚实。全年投入民生资金 56.06 亿元，占一般公共预算支出 84.1%。养老、失业、工伤、生育、医疗等社会保险参保总数达 159.51 万人次。城、乡最低生活保障标准人均每月分别提高 65 元、85 元。新增城镇就业 4200 人，转移农村劳动力 7057 人，均超额完成全年任务。城镇居民人均可支配收入达 42406 元，农村居民人均可支配收入达 19377 元，分别增长 6.5%、7%。

（七）坚持固本培元，自身建设切实加强

自觉接受区人大法律监督、工作监督和区政协民主监督，认真办结人大代表建议 89 件、政协提案 93 件，办结率均达 100%。坚持政府带头过“紧日子”，严把财政支出关口，一般性支出较上年压减 9%，三公经费支出较上年下降 15%。强化审计监督及预算投资评审，全年节约政府性投资资金 3.04 亿元。严格落实中央八项规定精神，严肃查办违纪违法案件，一体推进“不敢腐、不能腐、不想腐”工作取得新成效。

在肯定成绩的同时，我们也应清醒地认识到发展中存在的困难和问题，主要是：发展不平衡不充分的问题尚未得到根本解决，土地、资金、人才、环境等要素制约明显；产业结构还需持续优化，新兴产业质效还有待进一步提升，传统产业升级的任务依然艰巨，自身资源优势尚未得到充分发挥；民生领域还存在不少短板，与群众期盼还有一定差距；城乡区域发展还不够均衡；等等。对此，我们将坚持目标导向、问题导向、效果导向，采取有力措施切实加以解决。

（报告人：区人民政府区长　郑华森）

二、人大常委会工作报告（摘要）

（2021 年 2 月 5 日在区十六届人大六次会议上）

2020 年主要工作回顾

2020 年区人大常委会听取审议专项工作报告 12 项，对 13 个报告事项开展满意度测评，检查了 4 部法律法规实施情况，对 85 件规范性文件进行备案审查，作出决议决定 19 项，办理代表建议 89 件，依法任免国家机关工作人员 28 人次，任命人民陪审员 40 名，配合省、市人大来广丰开展立法调研、执法检查、专题调研 17 次，用心用情用力答好了时代和人民赋予的答卷。

（一）坚定制度信仰信心，着力彰显“人大优势”

始终坚持党的领导。坚持党对人大工作的全面领导，主动落实重大事项请示报告制度，坚持把人大工作放在总体工作布局中去谋划，放在全区发展大局中去推动，工作部署紧贴区委中心工作，重大决定体现区委意图，人事任免体现党管干部原则，做到区委有号召、人大有行动，有效形成贯彻区委决策部署的工作合力，切实把党的领导的政治优势转化为制度优势、转化为治理效能。

保障宪法法律实施。贯彻落实宪法宣誓制度，制定出台人大选举和任命干部宪法知识任前考试意见，组织区政府工作部门副职 70 余人集中开展宪法宣誓活动，引导国家公职人员增强宪法意识、弘扬宪法精神、履行宪法使命。

（二）聚焦经济提质提效，着力汇集“人大智慧”

助力实体经济发展。认真落实区委“千名干部入千企”开展服务工作要求，常委会领导带头深入一线帮助解决具体问题，优化政企关系，服务企业发展。持续关注“果茶蔬”三大农业主导产业，今年以“放心茶叶”为主题，开展“赣鄱农产品质量安全行”活动，推动茶产品品牌建设，提升市场竞争力。

规范公共财政运行。强化全口径预算审查监督，作出区级预算调整等决定决议，开通区预算联网监督平台，切实提升预算审查监督实效性。加强对财政资金使用管理监督，听取审议 2019 年上级财政转移支付资金使用情况的报告，保障转移支付资金的安全高效。有序推进国有资产管理监督，听取审议了城投集团国有资产管理情况报告，推进有关方面加快推进企业国有资产管理体制机制改革，整合盘活政府经营性资产，做强做优做大国有资本。

监督计划规划执行。年中年末两次对计划执行情况进行专题调研，听取审议国民经济和社会发展计划执行情况的年度报告，重点了解区委重大决策部署落实情况，强化对宏观调控政策、重大经济政策落实情况的监督。听取审议“十三五”规划纲要实施和“十四五”规划纲要编制情况的报告，建议政府站在融入上饶主城区的高度，合理定位，科学布局，编制出符合区情实际的规划，为“十三五”圆满收官、开启“十四五”新征程积极贡献人大智慧。

（三）关切百姓所急所盼，着力发出“人大声音”

促进美丽广丰建设。开展《上饶市农村居民住房建设管理条例》执法检查，扎实推进秀美乡村建设。开展《上饶市住宅物业管理条例》执法检查，规范住宅物业管理活动，提升城市功能品质，改善居民的居住和生活环境。配合省市人大开展《土壤污染防治法》执法检查，坚决打好净土保卫战。以“共治水源周边污染，保障农村饮水安全”为主题，开展环保广丰行活动，督促政府加强水源周边污染治理，保障农村饮水安全。

助推健康广丰建设。开展 2020 年食品药品安全赣鄱行活动，对全区范围内已办理登记证的 181 户小作坊进行全覆盖检查，保障群众“舌尖上”的安全。开展医疗卫生队伍建设情况专题调研，从营造良好环境、加强人才队伍建设、加大资金投入等方面提出建议，促进我区卫生健康事业持续快速发展。

聚力平安广丰建设。听取审议社区矫正、一站式多元解纷和诉讼服务体系建设专项工作报告，推动有关部门加快基层社会治理信息化现代化，提高服务群众的能力和水平，预防和减少矛盾问题发生。认真做好信访工作，接待涉法涉诉来访群众 38 批次，做到件件有着落、事事有回音，推动解决了一批具体问题，维护社会和谐稳定。

（四）突出代表主体主动，着力展现“人大担当”

丰富代表履职活动。强化代表联络工作站建设，搭起了党和政府与人民群众的连心桥，充分发挥了密切联系群众的“重要窗口”作用。全年，全区各级人大代表进站工作800余人次，推动各类问题解决400多件。其中驻上海市流动代表联络站坚持规范运行，保证了代表和外出选民的良性互动，得到了省市人大的高度肯定。

认真办理代表建议。区十六届人大五次会议代表提出的89件建议、批评和意见，办复率100%，满意率100%，其中选取的优化营商环境、保障农村饮水安全、加强乡镇卫生院医生配备等代表反映集中、社会普遍关切的10件重点建议，在常委会领导督办、政府领导领办下，都得到了很好的落实，有效解决了一批事关经济社会发展和人民群众切身利益问题。

加强代表履职保障。实现代表列席常委会会议、参加常委会活动常态化，先后邀请300余名代表列席人大常委会会议及参加视察、调研、执法检查等活动。评选出26名能够为群众办实事、办好事和议政履职工作做得好的优秀区人大代表进行表彰。通过广丰电视台、广丰报社《代表风采》栏目对5名优秀区人大代表进行典型宣传，展示代表风采，扩大社会影响。

（五）抓实人大基层基础，着力提升“人大形象”

突出党的政治建设。严格落实党建主体责任和党风廉政“一岗双责”，支持驻机关纪检监察组履行职责，配合区委第四巡察组做好巡察常委会机关工作，积极营造风清气正的政治生态。不断加强对意识形态领域工作的领导，为人大依法行使各项职权提供坚强的思想保障。

推进机关作风建设。不断改进文风会风，精简会议文件，从严规范调研活动，力戒形式主义、官僚主义。加强各专委、委办之间的协调配合，重新调整对口联系部门，形成人大工作合力。机关干部坚持深入包保社区、道路、路口开展政策宣传、卫生清洁、文明劝导等志愿服务，以实际行动助力创建全国文明城市和国家卫生城市。

全面开展交流指导。持续加强与兄弟县（市、区）人大交流经验，在相互借鉴中共同提升。加强对乡镇（街道）人大工作指导，落实常委会领导分片联系、委办对口联系乡镇（街道）人大工作制度，坚持邀请基层人大负责人轮流列席常委会，召开全区人大负责人座谈会，促进乡级人大工作常态化、制度化、规范化，凝聚全区人大“一盘棋”效应，提升整体工作水平。加强人大新闻宣传，大力宣传人大制度、常委会工作和人大代表履职实践，讲好人大故事，其中2020年第四季度上稿省人大刊物列全省县（市、区）第7名，不断扩大和提升人大及人大代表在社会上的影响力和知名度。

回顾过去一年的工作，我们也清醒地认识到，常委会各项工作与时代的发展、人民的期望、代表的要求还有一定差距：监督的刚性和实效有待提高，代表履职服务保障有待完善，“双联”的广度和深度有待拓展，人大干部队伍的履职能力有待加强，等等。我们将虚心听取意见，自觉接受监督，不断改进工作。

（报告人：区人大常委会主任　皮晓瑶）

三、法院工作报告（摘要）摘要

（2021 年 2 月 5 日在区十六届人大六次会议上）

2020 年主要工作

一年来，我院共受理各类案件 10770 件（含旧存 256 件），审、执结 10458 件，结案率为 97.10%；法官人均办案数 299 件，位列全市第一。2020 年，我院周小兵同志被授予“全国法院办案标兵”称号，陈琅同志被授予全省优秀法官称号，排山、大南和八都法庭被评为“双达标”法庭，实现人民法庭“全面双达标”建设目标。

（一）坚持服务大局，为服务保障“六稳”“六保”提供良好司法服务

打好疫情防控阻击战。我院党组始终将疫情防控工作作为重要任务，组织全院干警全力参与社区网格化防控工作，积极发动干警捐款 25987 元，支援抗疫“一线”。同时，坚持将疫情防控和执法办案相结合，借力智慧法院建设成果，利用“云审判”系统等平台开展调解和开庭工作，依法保障涉疫情案件当事人诉讼权利。

积极推进三大攻坚战。今年 5 月，我院金融法庭挂牌运行，通过规模化、专业化审判，统一裁判标准和尺度，妥善化解金融类案件 916 件；聚焦扶贫工作，积极化解贫困群众产业发展、土地流转等矛盾纠纷，审结土地承包流转、房屋买卖、劳动争议、教育医疗、拖欠农民工工资等案件 253 件；积极践行“两山”理念，推进环境资源案件“二合一”归口审理模式，坚决打击破坏资源、污染环境等违法犯罪行为，审结各类环境资源案件 13 件。

坚决打赢扫黑除恶专项斗争收官战。我院共受理涉恶案件 7 件 40 人，均已审理完毕，其中刘林军等 15 名被告人涉恶案件，以“套路贷”形式牟利，并实施多起犯罪，首要分子刘某某被判处有期徒刑 12 年。在办理涉黑涉恶案件过程中，共发出司法建议 8 条。全面启动“六清”行动，共受理涉黑涉恶涉伞执行案件 24 件，现均已结案，执结率 100%，执行到位金额 827 万元。

积极营造法治化营商环境。院领导带头走访企业 40 余家，助力中小企业渡过难关，维护全区经济有序运行和社会稳定；积极开展“送法进企业”、邀请企业代表旁听涉企案件、召开座谈会等方式，不断强化企业人员的法律意识，切实提高企业自身维权能力。

（二）坚持司法为民宗旨，增强人民群众对公平正义的获得感

推进平安广丰建设。受理刑事案件481件（含旧存14件），审结455件。从严惩处严重危害社会治安犯罪，增强人民群众安全感，共审理故意杀人、故意伤害、绑架、抢劫、强奸等暴力性犯罪案件72件95人；严厉打击涉众型经济犯罪，维护人民群众财产安全，共审结集资诈骗、电信诈骗、非法吸收公众存款等案件25件72人；加大对腐败犯罪的惩处力度，共依法审理贪污、贿赂、渎职等职务犯罪案件3件9人。深化刑事诉讼制度改革，全力推进认罪认罚从宽制度，全年认罪认罚案件299件。

维护市场经济秩序。受理民商事案件6430件（含旧存158件），审结6196件。积极探索家事纠纷专业化、人性化、社会化化解方式，认真贯彻家庭本位裁判理念，共审结婚姻、继承、赡养等家事案件1321件，大力维护妇女、儿童、老人等弱势群体的合法权益；坚持诚实信用、意思自治等原则，平等保护各类商事主体合法权益，共审结商事案件4126件，努力维护公平竞争的市场秩序。

巩固提升执行质效。受理执行案件3842件（含旧存83件），执结3790件，执结率98.65%，执行到位金额2.15亿元。“3+1”核心指标均达到标，其中首次结案平均用时66.43天/件，位居全市第一。积极组织开展“一乡一镇一清理”“秋季行动”等涉民生专项行动，全力服务“六稳”“六保”工作。

（三）坚持深化改革创新，推进审判体系和能力现代化

全面落实司法责任制改革。健全新型权力运行和监督制约机制，依托“案件风险评估与监管”平台，全面加强院庭长监管职责，从6月15日开始，对已识别的88件一般风险、27件较大风险案件针对性地采取风险防控措施。推进法官惩戒相关工作，促进法官依法履行职责。

强力推进智慧法院建设。全面提升“收转发e中心”集约化、智能化水平，全年送达各类法律文书30840件次，送达成功18710件次，送达成功率为60.67%；从5月1日起，全面推行邮寄送达集约化，确保送达工作取得实效。新建数字化档案室，极大提升了案卷档案的信息化水平。根据全面“双达标”法庭建设要求，对大南、排山、八都3个基层人民法院完成升级改造。

（四）坚持全面从严治院，努力打造过硬法院队伍

全面提升队伍素养。坚持实务需求为导向，组织干警参加各类培训17期33人次，切实提高法官适用法律、驾驭庭审、制作裁判文书能力。鼓励干警参加国家法律职业资格考试，提升干警的整体业务水平，2名干警通过国家法律职业资格考试。严把选人、用人关，提拔3名副科级干部，调整充实2名院班子成员，各基层法庭庭长进行全面轮岗，为高质量法院建设事业提供坚强

组织保证和人才支撑。完善人员分类管理制度，优化聘用人员队伍，增补员额法官 2 名，核准退出员额 4 人，招录公务员 3 人，有序清理临聘人员 31 名。

提升接受监督的积极性。认真办理代表委员关注的案件，主动走访代表委员，邀请代表委员视察工作、旁听观摩、参与监督执行行动，全年共邀请代表委员视察工作 20 余人次，邀请旁听观摩 10 余人次，邀请参与监督执行 10 余人次。广泛接受社会监督，继续推行阳光司法，及时回应社会关切，人民陪审员参审案件 1002 件；庭审直播 2271 件，公开裁判文书 8707 份，政务网站、微信发布审判信息 254 条。

在总结上述成绩的同时，我们更清醒地认识到，我院的工作还存在一些问题和困难：一是司法理念、司法能力与新时代要求相比还有不小差距，司法质效需要进一步提升；二是案多人少矛盾依然突出，满足人民群众日益增长的司法需求还有较大差距；三是“一站式”多元解纷机制还不健全，审判体系和审判能力现代化需要进一步推进；四是队伍建设还存在薄弱环节，违纪违法问题仍有发生。对此，我们将采取有效措施切实加以解决。

（报告人：区人民法院院长　凌目新）

四、检察院工作报告（摘要）

（2021 年 2 月 5 日在区十六届人大六次会议上）

2020 年主要工作情况

（一）落实“六稳”“六保”要求，立足职能服务大局

助力打赢疫情防控阻击战。面对突如其来的新冠疫情，区检察院第一时间统筹疫情防控和依法履职，共起诉欺行霸市类案件 2 件 9 人，批准逮捕涉疫期间生产假冒伪劣口罩案件 1 件 1 人。加强对看守所的检察监督，与区看守所建立疫情防控信息互通机制，保障监管场所疫情防控安全。贯彻全国人大常委会《关于全面禁止非法野生动物交易、革除滥食野生动物陋习、切实保障人民群众生命健康安全的决定》，积极开展野生动物保护公益诉讼专项监督活动，对非法猎捕珍贵、濒危野生动物案件，开展刑事附带民事公益诉讼立案、起诉工作，坚决打击非法野生动物交易，推动全社会增强环境保护和公共安全意识。

决战决胜扫黑除恶专项斗争。今年以来共受理审查起诉涉恶犯罪案件 6 件 17 人，起诉 7 件 25 人。坚持以案促治，推行一案一评析、一案一建议，针对行业监管和社会治理存在的问题，制发检察建议 21 份，协力从源头上遏制黑恶势力滋生蔓延。开展扫黑除恶专项斗争案件财产刑执行检察活动，成立专项活动领导小组，核查涉黑恶案件 52 件，建立财产刑执行检察台账，追缴违法所得共计 254.3 万元，对执行不合法案件依法提出纠正意见，促进涉黑、恶财产刑执行活

动依法、公正、规范进行。

全力服务打好三大攻坚战。围绕防范化解重大风险，突出打击非法集资、信用卡诈骗等犯罪行为，批准逮捕破坏金融管理秩序犯罪和金融诈骗犯罪2人、起诉11人。围绕服务精准脱贫，开展司法救助助力精准脱贫，救助因案致贫群众10名，在区委政法委的支持下给予救助8万余元。加大驻村帮扶力度，督促党员干部与对口帮扶对象做好点对点服务，巩固定点帮扶贫困村脱贫成效。围绕污染防治，积极开展“守护鄱阳湖”检察公益诉讼专项监督活动。

持续服务民营经济健康发展。全面落实少捕、少押、慎诉的司法理念，审慎办理民营企业涉罪案件，对12名犯罪情节轻微的企业人员不捕或不诉，对7名依法可以不羁押的民营企业负责人继续取保候审。联合工商联开展服务“六稳”“六保”护航民企发展检察开放日活动，倾听民企呼声，增进司法认同，护航民企经济健康发展。结合“新时代检察宣传周”活动，加强对民营企业的法治宣传，提供法律咨询80余次，受理非公企业维权6件，立案监督2件，检察长提供法律服务5次，促进民营经济健康发展。

（二）深耕监督主责主业，促进社会公平正义

秉持客观公正，做优刑事检察。共批准逮捕348人、起诉636人，对不构成犯罪或证据不足的决定不批捕9人，不起诉19人。充分发挥检察机关在刑事诉讼中的主导作用，发送社会调查委托函260份，发送检察建议23份，提前介入案件16件。全面落实认罪认罚从宽制度，鼓励和促使更多的犯罪嫌疑人认罪认罚，化解社会矛盾，减少社会对抗，提升司法效率，确保办案效果，认罪认罚适用率、幅度刑量刑建议采纳率和确定刑量刑建议采纳率分别为83.81%、88.81%、88.05%。优化诉讼程序，提高案件质效，刑事案件质效评价核心指标“案件比”控制在1.46，较去年降低25.74%，相当于减少了145件案件。注重加强侦查活动监督，把经常性监督和重点监督有机结合起来，注重监督效果的及时性和实效性，就侦查机关取证不规范、滥用和随意改变强制措施等问题发送书面纠正违法5次，监督广丰区公安局立案13件，撤案2件，通知立案1件，纠正漏捕漏诉13人，其中纠正遗漏罪行8人，纠正遗漏同案犯5人，使用办案系统侦查监督平台对侦查机关纠正18次，充分发挥了法律监督作用。深化驻点检察与巡回检察相结合的刑事执行检察模式，强化刑罚执行监督，纠正社区矫正监管不当21人次。

坚持精准监督，做强民事检察。全年共办理民事生效裁判监督案件8件，提请抗诉4件。强化对审判人员违法行为监督工作，从对裁判结果监督向对诉讼过程监督延伸，从对实体监督向对程序监督拓展，针对民事审判中违法送达、审判程序错误、超期审理等问题，提出检察建议3件。深入开展打击虚假诉讼专项行动，全面梳理近年来在刑事案件中涉及法院判决存在虚假诉讼的案件，监督纠正当事人恶意串通损害第三人合法权益或者虚构法律关系案件，发现虚假诉讼线索6

起，提起抗诉2件，办理刘某某等人“套路贷”虚假诉讼案，让打假官司的人“吃”到真官司。

助推依法行政，做实行政检察。充分发挥行政检察“一手托两家”作用，促进行政机关依法行政，对行政诉讼监督中发现的行政机关履职不到位问题发出检察建议2份。积极开展行政非诉执行专项监督活动工作，推进“执行难”“执行乱”并行解决，针对社会反映强烈的消极执行、选择性执行、超标的执行、违法采取执行措施等情形，向法院发出检察建议5件；针对行政机关作出处罚决定后，向法院申请强制执行，法院超期作出裁定、虽作出准予强制执行裁定而未强制执行到位等情形，向法院及相关行政机关发出检察建议2件。

关注公共利益，做好公益诉讼检察。共摸排公益诉讼案件线索55件，通过审查核实，依法立案49件，发出诉前检察建议43件，提起刑事附带民事公益诉讼4件。积极开展烈士园林设施修缮管理维护检察公益诉讼监督活动，针对革命烈士陵园（纪念塔）保护不力的情况向广丰区退役军人事务局发出检察建议，区退役军人事务局在收到我院检察建议后，进行调查核实，对原先陵园的管理员进行更换，并制定了《广丰区烈士陵园管理员工作职责》《广丰区烈士陵园管理暂行规定》等系列制度，积极向区政府争取烈士陵园修复费。

（三）践行司法为民，在社会治理中体现检察担当

直面群众诉求做好矛盾化解。严格落实“群众来信件件有回复”制度，群众信访案件7日内程序性回复和3个月内办理结果答复均达100%。开展信访积案清理活动，检察长包案，通过释法说理、公开答复、上门回访等各种方式，做好息诉罢访和矛盾化解工作。

切实保障未成年人合法权益。呵护青春花朵，在“治病救人”中从严打击侵害未成年人犯罪，对涉嫌轻微犯罪并有悔罪表现的，作出相对不起诉1人，附条件不起诉1人，依法严惩侵害未成年人、主观恶性较大犯罪，受理公安机关移送审查逮捕、审查起诉性侵未成年人案件10件10人，犯罪嫌疑人均被批准逮捕并提起公诉。今年在原先以四名院主要领导为法治副校长的基础上，扩展到全部院领导及部门负责人共17名受聘为全区各中小学法治副校长并授课，开展了20余场送法进校园讲座，组织召开了10余场座谈会，在校园内部、周边开展环境整治和安全隐患排查8次，受益学校20余所，接受法治教育师生5000余人。

（四）坚持全面从严治检，狠抓队伍自身建设

抓实纪律作风建设规范司法行为。精准开展正反两方面典型教育，深入开展“依法用权观念淡薄、纪律规矩缺乏敬畏”等问题警示教育，持续整治检察队伍纪律作风。做好诉讼档案、涉案财务管理、利益驱动办案等专项自查自纠活动，对2014年以来的5000余件已办结案件档案进行了全面清查整改，经查无违规违法扣押、处理涉案财物，或因管理不当发生涉案财物丢失、损毁等问题，

不存在利益驱动办案的情况。严格执行过问或干预、插手司法办案“三个规定”，逐月报告、分析。扎实推进政法队伍教育整顿工作，以教育整顿促进其他各项检察工作任务的高质量完成。

着力提升干警综合业务素质。充分发挥领导示范引领作用，入额院领导带头办案、重大疑难复杂案件亲历性审查。培塑扫黑除恶、生态环境、未成年人检察、职务犯罪等专业化办案团队，1 人入选省级以上检察人才库。全面开展检察官业绩考评和公务员平时考核工作，深化考核结果运用，激励鞭策全体检察人员履职尽责。

自觉接受人大及其常委会监督。主动接受人民监督，邀请人民监督员对各项检察工作情况进行调研。依法保障群众对检察工作的知情权、参与权和监督权，通过新媒体平台第一时间向社会传递检察工作最新动态。积极推行审查案件听证制度，邀请人大代表、政协委员、律师代表参加 6 场公开听证会，协助高检院举办公开听证会 1 场，协助省检察院举办公开听证会 1 场，以“看得见”“听得到”的法治形式，赢得人民群众对检察工作的理解和支持，充分保障当事人的知情权和参与权，实现办案“三个效果”的有机统一。

我们也清醒认识到，当前检察工作中还存在一些问题和短板：一是机械办案现象仍然存在，系统思维还未完全建立，司法检察理念变革、更新需进一步深化。二是“四大检察”发展不平衡，民事、行政检察工作相对比较薄弱。三是服务保障全区经济社会高质量发展的措施不够细化实化，参与社会治理的深度广度还需进一步拓展。对于这些问题，我们将高度重视并认真解决。

（报告人：区人民检察院检察长　肖连华）

决定决议

一、关于上饶市广丰区国民经济和社会发展第十四个五年规划和二〇三五年目标纲要的决议

（2021 年 2 月 6 日区十六届人大六次会议通过）

上饶市广丰区第十六届人民代表大会第六次会议审查了区人民政府提出的《关于上饶市广丰区国民经济和社会发展第十四个五年规划和二〇三五年远景目标纲要草案的报告》。会议同意上饶市广丰区人民代表大会财政经济委员会的审查报告，决定批准《上饶市广丰区国民经济和社会发展第十四个五年规划和二〇三五年远景目标纲要》。

二、关于上饶市广丰区2020年财政预算执行情况和2021年预算的决议

（2021年2月4日区十六届人大会六次会议通过）

上饶市广丰区第十六届人民代表大会第六次会议审查了区人民政府提出的《关于上饶市广丰区2020年财政预算执行情况和2021年预算草案的报告》及2021年预算草案。会议同意上饶市广丰区人民代表大会财政经济委员会的审查报告，同意区人民政府《关于上饶市广丰区2020年财政预算执行情况及2021年预算草案的报告》，决定批准2021年预算。

附：关于区2020年财政预算执行情况和2021年预算草案的审查报告（摘要）

（一）2020年区级预算执行情况总体良好

预算执行情况总体良好，较好地完成了区十六届人大五次会议确定的预算任务，有力促进了全区经济社会高质量跨越发展。但在肯定成绩的同时也看到在预算执行和财政运行中还存在一些困难和问题：如随着减税降费政策持续实施，财政增收困难重重；落实“六稳”“六保”任务、乡村振兴、城市品质提升等刚性支出不断增加，财政收支矛盾压力较大；财政资金使用绩效管理有待进一步提高，公共财政职能作用有待进一步发挥；防范政府债务风险的任务仍然艰巨。

（二）2021年预算草案总体可行

全区一般公共预算收入计划安排5%左右的增长目标，是基于省、市的财政收入和对我区实际税源情况的预测，同时也充分考虑了大规模减税降费、保证财政平稳运，与年度经济社会发展目标相适应，预算编制更加细化，各项收入预算安排比较妥当，支出预算安排落实了保基层运转、保民生事业、保重点领域等要求。总的来看，2021年预算草案是可行的。

第五节　区第十七届人民代表大会

区十七届人大第一次会议，在2021年9月下旬举行，大会议程上没有国民经济和社会发展计划执行情况与国民经济和社会发展计划草案的报告，以及财政预算执行情况与财政预算草案的报告。鉴于跨年度原因，届中有关审查报告需要延续下一部《上饶市广丰区人民代表大会志》。

一、第一次会议

区十七届人大一次会议于2021年9月23日至26日在区人民法院会议中心举行，本届应有人大代表310名，出席本次会议实有代表310名。区直机关各单位主要负责人、区人大常委会机关内设机构有关负责人等84名列席了会议；特邀出席会议人员33名。

附：区十七届人大代表名单（按姓氏笔画排列）：

永丰街道（24名）

卢　超（女）　朱磷丰　刘小红（女）　纪志军　杨华峰（女）　吴晓蕾（女）　吴德坚
余贵炎　陈方火　邵隆标　罗剑红（女）　周　华（女）　周恒友　郑　波　郑小春（女）
郑理瑞　胡小贞（女）　祝文信　徐　璇（女）　徐建辉　龚振宙　童　敏　鲍金华　管华曙

洋口镇（19名）

毛云仙（女）　刘渊超　齐五洲　芮可文　李积林　杨建英（女）　吴业云　余小兵　邹　戈
陈小兵　陈礼平　陈武洪　周双花（女）　郑　敏　胡心田　徐　凯　黄庆来　谌志强
程榴英（女）

五都镇（19名）

毛柳妤（女）　邓国华　刘积旺　吴爱芳（女）　吴献金　何聪强　余　俊　余厚庆　陈　华
罗小红（女）　周云芳（女）　周建华　俞　斌　俞宏海　俞益文　夏凌峰　郭王琦　黄宗敏
黄海林

霞峰镇（13名）

毛志飞　朱康贵　刘丽俏（女）李金堂　杨兰英（女）张　菊（女）陈天波　陈光辉
邵　申　徐贵平　徐慧霖　程志学　潘凤英（女）

枧底镇（10名）

王　银　王灵燕（女）王治国　方小林　何　伟（女）郑日贵　郑罗罗（女）祝文君
梅川奇　程　斌

丰溪街道（17名）

王永三　王晓东　刘　丹（女）刘金芳（女）刘荣伟　刘树银　李　康　陈地春　邵建浪
周嘉豪　项小仙（女）赵婷婷（女）倪　艳（女）郭寿福　龚哲峰　潘若飞（女）
潘建国

芦林街道（14名）

刘兰菊（女）严少敏　陈金良　罗黎丰　郑雪峰　俞忠华　洪常艳（女）徐王波　徐良斌
徐高满　黄雅婷（女）韩　平　颜　静（女）潘金河

大石街道（13名）

王　虹（女）王贵锋　杨　波　吴建新　吴晓义（女）吴惠丰（女）周亚峰　郑古能
郑华芳（女）郑柳玉（女）郑金香（女）徐　剑　郭祥海

下溪街道（14名）

王小兵　阮承臣　杨　翔（女）余新发　张武达　罗莉萍（女）周海英（女）
郑　娟（女）郑发水　郑新斌　孟照金（土家族）徐安水　黄正一　童建秀（女）

壶峤镇（11名）

王卫建　刘　钰　刘洪峰　李　军　吴处银　陈　凯　周邦兵　周秋莲（女）顾光华
翁谓琴（女）陶艳青（女）

湖丰镇代表（11名）

毛玄辉　付佳丽（女）刘　芬（女）阮春仙（女）汪利伍　张桂枝（女）周家炉
郑丽红（女）郑腮献　郑德华　程雪美（女）

大南镇代表（11名）

王卫国　毛海新　邓荣军　吕燕芮（女）朱小林（女）余昊熨　张紫游　周　浩
周丽英（女）郑书礼　俞柳君（女）

吴村镇代表（13名）

王渊华（女）邓建林　邓　瑶（女）朱利锋　庄　勇　吴　松　吴大河　余翔宇
周建超（女）俞美银（女）夏列丰　黄奎烈　潘光献

排山镇（14 名）

占裕田　卢文旭　叶　宁　刘　依（女）吴慧敏（女）余利华　张凌豪　陈肖屹　林　华
周孝田　周丽云（女）俞直华　祝小霞（女）祝让忠

东阳乡（11 名）

王小伟　刘德意　杨依依（女）邱在庆　周丹丹（女）周则新　周季花（女）祝仁利
夏灵邦　谢远标　管宏晖

泉波镇（11 名）

叶修福　吕菊红（女）罗晓强　俞日波　饶丽红（女）祝金荣　徐少敏　徐思沙
徐珺甜（女）曾瑞兰（女）路明生

毛村镇（9 名）

王　菲（女）刘奇禄　吴浙江　余华松　张庆伟　张青华　周润卿　夏慧华（女）雷瑞甫

嵩峰乡（11 名）

王玉花（女）王建红（女）史桂英（女）沈玮景　张献有　陈丽军（女）郑金土
徐敏驹　郭天兴　黄　盛　曾爱香（女）

桐畈镇（16 名）

王华安　吕　勇　刘旭涛　许世中　许冬水　许雪琼（女）吴　杰　余　磊　陈水莲（女）
林元发　官章青　饶敏云　徐智红（女）黄　翼　谢亨全　颜峰侠

沙田镇（12 名）

毛熠睿　叶娟英（女）吕礼土　余玉辉　张处平　郑　慧（女）郑诗田　郑建平　夏树红
黄光健　童　翔　蔡德亮

横山镇（15 名）

尹玉高　刘联平　严　毅　杨建辉　吴贤才　张桂芳（女）林尊洲　周文敏　郑道坎
夏小光　夏志渭　徐海波（女）黄文艳（女）曹　娟（女）韩凤清（女）

少阳乡（10 名）

王　琳（女）王贞飞　尹红芳（女）刘　卿　余琳静（女）祝灵文　黄兴明　梅端敏
梁红军　颜显高

铜钹山镇（12 名）

皮晓瑶（女）刘金华　李　强　邱建勇　邱贵明　林丽红（女）林　青　周　鹏
郑瑶瑶（女）洪定华　夏贤水　徐　珊（女）

大会议程

一、听取和审议区人民政府代区长龚振宙关于政府的工作报告；二、听取和审议区人大常委会主任皮晓瑶关于人大常委会的工作报告；三、听取和审议区人民法院代院长雷瑞甫关于区人民法院的工作报告；四、听取和审议区人民检察院代检察长严毅关于区人民检察院的工作报告；五、选举和产生新一届区人大常委会组成人员，主任、副主任、委员；区人民政府区长、副区长；区人民法院院长、区人民检察院检察长。新一届区人大常委会主任皮晓瑶（女），副主任刘旭涛、颜显高、俞柳君、李积林、刘荣伟、李强，委员（24人、名单略）；区政府区长龚振宙，副区长吴松、幸锋、徐建军、王斐（女）、林辉、舒前鑫、汪学文；区人民法院院长雷瑞甫，区人民检察院检察长严毅（需报市检察院检察长提请市人大常委会批准任命）；六、选举吴献金为区监察委员会主任；七、选举区出席市第五届人民代表大会代表（51人、名单略）；八、通过选举区十七届人大各专门委员会主任委员、副主任委员、委员人选（名单略）；九、通过上述工作报告的决议。大会结束时，区委书记胡心田作讲话。

组织领导

一、主席团成员和秘书长名单

主席团：（52名，按姓氏笔画为序）

王华安　王建红（女）　毛玄辉　邓荣军　卢文旭　皮晓瑶（女）　吕　勇　朱康贵　庄　勇
刘　丹（女）　刘旭涛　刘金华　刘荣伟　刘积旺　刘德意　阮承臣　芮可文　李　军
李　强　李积林　杨华峰（女）　吴处银　邱在庆　余玉辉　余利华　陈方火　陈丽军（女）
陈金良　罗黎丰　周家炉　郑　波　陈　娟（女）　郑日贵　郑建平　郑柳玉（女）　郑道坎
胡心田　俞直华　俞忠华　俞柳君（女）　饶敏云　洪常艳（女）　祝灵文　倪　艳（女）
徐　璇（女）　黄文艳（女）　黄宗敏　黄雅婷（女）　龚振宙　龚哲峰　程志高　颜显高

秘书长：刘旭涛

二、主席团常务主席名单

胡心田　皮晓瑶（女）　龚振宙　陈金良　李　军　邓荣军　刘旭涛　王华安　郑建平
郑日贵　颜显高　俞柳君（女）　李积林　刘荣伟　李　强

三、议案审查委员会名单

主任委员：刘旭涛

副主任委员：邱在庆

委　员：（按姓氏笔画为序）

王　菲（女）　杨华峰（女）　周　浩　郑　波　祝让忠

四、副秘书长名单

余玉辉　叶旭辉　杨华峰　邱在庆　占王剑

工作报告

一、政府工作报告（摘要）

（2021 年 9 月 24 日在区十七届人大一次会议上）

五年的工作回顾

（一）经济运行稳中有进，综合实力全面增强。全区生产总值由 300.02 亿元增加到 451.89 亿元，年均增 8.54%；财政总收入由 41.8 亿元增加到 55.87 亿元，年均增 5.97%；人均生产总值 5.8 万余元，达到中等偏上收入国家（地区）水平，实际利用外资、社会消费品零售总额年均增长分别为 8.7%、9.9%；城镇居民人均可支配收入 42406 元，年均增长 8.2%；农村居民人均可支配收入 19377 元，年均增长 9.1%。综合实力连续 23 年稳居全市第一位、全省第一方阵。连续 5 年获评“全国综合实力百强区”“全国最具投资潜力百强区”；获评“广丰马家柚中国特色农产品优势区”“全国农村创业创新典型县”“全国农村一二三产业融合发展先导区”等荣誉；获评全省工业高质量发展先进县（市、区）、全省旅游产业发展先进县（市、区）、全省生态旅游示范区、全省绿色低碳试点县（市、区）等荣誉。

（二）产业结构持续优化，发展质量全面提升。三次产业比例由 7.6∶54.9∶37.5 调整为 5.9∶50.4∶43.7。新增规模以上企业 55 家，广丰烟厂、芦林纸业等 43 家企业完成技改升级。上饶高新区建成面积达 11.9 平方公里，建成工业标准厂房约 150 万平方米，“果茶蔬”种植面积突破 38 万亩，建成高标准农田 1.27 万亩，新增耕地 1.78 万亩，全面完成 14.72 万农户 29.25 万亩家庭承包耕地确权颁证工作。建筑业企业总数达 582 家，总产值年均增长 8.1%。数字经济产业园建成投入使用。新增铜钹山、红木文化创意产业园为国家 AAAA 级景区，嵩峰六石岩 1 个国家级 AAA 景区、十都王家大屋成功申报第八批全国重点文物保护单位。

（三）城乡建设统筹推进，功能品质全面跃升。城南新区全面建成，城区面积拓展至 32 平方公里，人口达 32 万。吴楚大道、芦洲大道等 53 条道路建成通车，翠屏桥、芦林大桥等 6 座桥梁完成拓宽改造，上浦高速、稼轩东大道启动实施。西溪湿地公园、中洲公园等 15 座公园建成开园。扎实推进秀美乡村建设，累计建成新农村建设点 1839 个，完成农村改厕 3.6 万个。新（改）建农村公路 778.1 公里，危桥改造 47 座，荣获江西省“四好农村路全省示范县”等荣誉。

（四）生态治理铁心硬手，环境质量全面改善。深入推进长江经济带“共抓大保护”攻坚行动，73 家“散、乱、污”企业全面关停、52 家烟花爆竹企业全面退出，12 家煤矿企业全部关停，39 家砂场，92 座黏土砖瓦窑、露天滑石窑全面拆除。完成生活污水处理厂提标改造，新建 10 座乡镇污水处理厂，新（改）建 14 座城区垃圾中转站，乡镇垃圾中转站实现全覆盖。完成碳汇造林 33.26 万亩，森林“四化”3062 亩，森林覆盖率由 60.9% 提高到 62.05%。城区空气质量优良率由 85.4% 增至 94.3%，PM2.5 平均浓度由 44 微克 / 立方米减至 27 微克 / 立方米。全区河流断面水质、城区饮用水达标率均保持 100%。

（五）改革开放持续深化，发展活力全面迸发。深入实施降成本优环境等专项行动，为企业“降息减负”30 亿元以上。大力实施城管执法力量下沉改革，实现“一支队伍管到底”。深化国企改革，组建广发集团，形成“1+5”管理格局，资产总额突破 500 亿元。加大开放招商力度，引进 5000 万元以上项目 177 个，总投资达 574.54 亿元。持续强化创新驱动，建成各类科技平台 21 家，授权专利近 2000 件，获评“国家知识产权强区工程试点区”，培育“专精特新”企业 10 个，新增高新技术企业 92 家。上饶高新区创建国家级高新区工作列入科技部考察计划。

（六）社会事业繁荣发展，幸福指数全面攀升。累计完成民生投入 262.59 亿元，占一般公共预算支出达 82.95%。脱贫目标如期实现，27 个贫困村全部退出，24299 名贫困群众全部实现稳定脱贫。教育投入力度空前，贞白中学、上饶卫校等相继建成，新改扩建中小学、公办幼儿园 254 所，办学条件得到全面改善，获评全国义务教育发展基本均衡县（市、区）。区人民医院内、外科大楼及区中医院中医药大楼等建成使用，新（改）建乡镇卫生院 8 家。文化事业蓬勃发展，区文化馆、图书馆、老年活动中心、融媒体中心投入使用，新时代文明实践中心（所、站）实现区乡村三级全覆盖。九仙湖引水工程一期建成通水，城乡供水一体化项目加快实施。信访工作体制机制更加健全，获评全省信访工作“三无”县。

（七）政府自身建设加强，行政效能全面提高。深入开展党风廉政建设和反腐败斗争，大力查处重点领域腐败问题，给予党纪政务处分 777 人次。持续加强行政监察审计监督及预算投资评审，累计清理盘活存量资产 9.48 亿元、节约政府性项目投资 6.5 亿元。自觉接受区人大法律监督和工作监督，区政协民主监督及社会监督，累计办理人大代表建议 479 件、政协提案 619 件，办结率均达 100%。深入开展“五型”政府建设，获评全省政府系统“五型”政府建设先进集体荣誉。

今后 5 年经济社会发展的主要目标是：主要经济指标总量和增幅保持全市前列，到 2025 年，生产总值突破 700 亿元，年均增长 9.15% 左右；财政总收入突破 80 亿元，年均增长 7.44% 左右；规模以上工业增加值年均增长 7% 左右；固定资产投资年均增长 9% 左右；社会消费品零售总额年均增长 9% 左右；实际利用外资年均增长 6% 左右；城镇、农村居民人均可支配收入年均分别增长 6% 左右、7% 左右；城镇登记失业率控制在 2.8% 以内；全面完成省市下达的各项约束性指标。综合经济实力跻身全省前十，在全国“双百强区”中位次前移。成功创建全国文明城市。上饶高新区跻身全省前 10 位，成功创建国家级高新区。

（报告人：区人民政府代区长　龚振宙）

二、人大常委会工作报告（摘要）

（2021 年 9 月 25 日在区十七届人大一会议上）

过去五年的主要工作

5 年来，区人大常委会共召开常委会会议 43 次，主任会议 82 次；听取审议专项工作报告 67 项，对 67 个报告事项进行满意度测评；开展执法检查 13 次，对 4 个部门进行工作评议；开展视察活动 11 次，专题调研 9 次，专题询问 3 次；依法任免国家机关工作人员 181 人次，任命人民陪审员 108 名；对 273 件规范性文件进行备案审查，作出决议决定 78 项，办理代表建议 480 件；配合省、市人大来广丰开展立法调研、执法检查、专题调研 60 余次，全面完成了本届人大常委会的各项目标任务。

（一）政治站位全面提升

加强学习坚定信心。把政治理论学习列为党组会议、主任会议、常委会会议的第一议题，努力在“率先”上着力、在“深学”中推进、在“践行”中深化，促使常委会班子成员、组成人员和全体代表的“四个自信”更加坚定、“四个意识”更加强化、“两个维护”更加突出，从根本上保证了常委会各项工作始终沿着正确方向前进。

自觉主动维护核心。围绕代表联络站创建、人大换届选举等工作，及时主动向区委汇报和征询意见。区委高度重视人大工作，多次召开会议研究人大工作，出台了《关于加强新时代人大工作的意见》等文件，召开了全区人大工作会议、区乡两级人大换届选举工作会议。

积极作为融入中心。围绕防范化解重大风险，加强对财政预决算、国有资产管理和政府债务的审查监督；围绕污染防治，开展环保广丰行活动；围绕脱贫攻坚和乡村振兴，组织专题视察，落实帮扶责任；围绕创文创卫“双创”工作，班子成员深入社区督导，机关落实牵头包责任，协调解决实际问题。

（二）依法履职全面到位

宪法法律有效执行。开展国家宪法日宣传活动，抓好民法典学习宣传实施。依法开展规范性文件备案审查，维护社会主义法治统一。加强普法工作监督，督促落实“谁执法谁普法”责任制。坚持依照法定职责、限于法定范围、遵守法定程序，开展执法检查13次，切实发挥“法律巡视”监督利剑作用。

选举任免依法进行。5年来，共依法任免国家机关工作人员181人次，组织宪法宣誓105人次，依法任免区政府新组建工作部门主要负责人、监察委副主任和委员，确保政府机构改革和监察体制改革顺利完成。依法选举产生新一届区人大代表310名、乡（镇）人大代表1283名。

（三）监督实效全面增强

聚焦改革发展重点。听取审议政务服务、房管、电子商务等专项工作报告，开展全区工业发展、银行业金融机构支持地方经济发展、电子信息产业发展、优化营商环境等专题调研，视察全区开放型经济和就业创业工作，对区行政服务中心开展工作评议；听取审议月兔集团、城投集团、广投集团加强国有资产管理，整合资金为经济建设服务的工作报告，实现国有资产保值增值，积极防范化解债务风险；监督计划规划执行，助力“十三五”圆满收官、“十四五”开局起步。

着眼社会治理难点。听取审议法检“两院”司法公开、公诉、生态检察、未成年人检察、一站式多元解纷和诉讼服务体系建设等专项工作报告，开展法院执行难工作专题询问，促进司法公正。听取审议区政府扫黑除恶专项斗争、人防、道路交通安全管理等专项工作报告，开展《禁毒法》《安全生产法》执法检查，推动平安广丰建设。

紧盯群众关注热点。开展《职业教育法》《义务教育法》执法检查，视察学校建设项目进展情况；开展医疗卫生队伍建设、医保报销资金管理使用等情况专题调研；开展《传染病防治法》《中医药条例》执法检查，对区卫健委开展工作评议；听取审议脱贫攻坚、社会救助、社区矫正等专项工作报告；连续5年开展食品药品安全赣鄱行活动、赣鄱农产品质量安全行活动。

（四）代表工作全面加强

增强联系群众实效。健全“双联”制度，密切常委会组成人员与代表、代表与群众的联系。

设立广丰区驻上海市流动人大代表联络工作站，这是江西省首个在外省设立的代表联络工作站，也是上海市首个外省建立的代表联络工作站，几年来坚持规范运行，保证了代表和外出选民的良性互动，得到了省市人大的高度肯定。

强化代表履职成效。本届共有代表列席常委会会议 176 人次，参加视察调研执法检查等活动 800 余人次，参加各类培训 1000 余人次，实现了“全覆盖”。每年评选出一批为群众办实事好事和履职工作做得好的优秀区人大代表进行表彰。

提高建议办理质效。5 年来，区十六届人大代表提出了 480 件建议、批评和意见，大部分得到了很好的落实，有效解决了一批事关经济社会发展和人民群众切身利益的问题。

（五）履职能力全面提高

优化作风主动进位。主动向省市人大常委会请示报告工作，自觉接受监督指导，配合做好各项执法检查、专题视察、立法调研等服务保障。持续加强与兄弟县（市、区）人大交流经验，在相互借鉴中共同提升。大兴调查研究之风，改进调研方式，确保提出的意见有理有据，作出的决策切实可行。加强各专委、委办之间的协调配合，重新调整对口联系部门，形成工作合力。

基层基础夯实到位。按照上级统一部署，增设了区人大法制、财政经济、社会建设三个专门委员会和区人大代表联络中心。开办了广丰人大门户网站和微信公众号，率先完成了会议电子表决系统建设，扎实推动人大信息化建设。加强对乡镇（街道）人大工作的业务指导，建立常委会领导分片联系、委办对口联系乡镇（街道）人大工作制度，坚持邀请基层人大负责人轮流列席常委会，完善规范乡镇人大“一年两会”，召开全区人大负责人座谈会，凝聚全区人大“一盘棋”效应。

回顾过去 5 年的工作，我们也认识到，常委会各项工作与时代的发展、人民的期望、代表的要求还有一定差距：监督方式还要进一步完善；代表主体作用有待进一步加强；对决议决定和审议意见的跟踪监督力度还需要进一步加大等。这些问题，需在今后工作中认真解决。

（报告人：区人大常委会主任　皮晓瑶）

三、法院工作报告（摘要）

（2021 年 9 月 25 日在区十七届人大一次会议上）

五年来的工作回顾

5 年来，我院共受理各类案件 52082 件，审结 32832 件、执结 16700 件，年均办案 10416 件，执行实际到位金额 18.23 亿元；法官年人均办案数由 2016 年 152 件上升到 2020 年 299 件，年度结案率由 2016 年的 78.49% 提升到 2020 年的 97.1%，区法院年收结案数及人均办案数长期位居全市第一、全省前列。

（一）坚决维护大局，聚焦聚力保障经济社会发展

积极推进三大攻坚战。2019 年 5 月，我院金融法庭挂牌运行，通过规模化、专业化审判，统一裁判标准和尺度，妥善化解金融类案件 2617 件，帮助金融企业清收债权 8 亿余元。聚焦扶贫工作，积极化解贫困群众产业发展、土地流转等矛盾纠纷，审结土地承包流转、房屋买卖、劳动争议、教育医疗、拖欠农民工工资等案件 1781 件；持续扎实做好扶贫工作，法院先后投入资金 160 余万元，切实为 84 名贫困户、6 个贫困村居排忧解难。全面推进环境资源审判工作，实行环境资源案件“二合一”归口审理模式，坚决打击破坏资源、污染环境等违法犯罪行为，审结各类环境资源案件 25 件。

坚决打赢扫黑除恶专项斗争。坚持以审判为中心，成立专门的合议庭审理涉黑涉恶案件，已审理完毕涉黑案件 5 件，涉恶案件 24 件，其中德兴市程某某等 17 名被告人重大涉黑案件，法检“两长”同庭履职，首犯程某某被判处有期徒刑 20 年，剥夺政治权利三年，依法没收个人全部财产。在办理涉黑涉恶案件过程中，共发出司法建议 20 条。全面启动“六清”行动，聚焦“黑财清底”，巩固和扩大“打财断血”成效，执结涉黑涉恶涉伞案件 24 件，执行到位金额 827 万元。

合力优化法治化营商环境。成立破产审判工作领导小组、执行转破产审判工作领导小组，发挥破产审判作用，完善市场主体救治和退出机制、促进产业结构调整等方面的独特作用，稳妥处置“僵尸企业”。5 年来，共受理江西省斯尔摩实业有限公司等破产案件 16 件，对 24 亿余元债权进行清算、重整，1300 余名债权人利益得到合法维护。

（二）忠诚履职尽责，全力促进社会公平正义

惩治刑事犯罪，维护社会稳定。5 年来，广丰法院审结刑事案件 2059 件。贯彻宽严相济刑事政策，严惩危害社会治安、侵害公民人身权利和多发性侵财犯罪，审理故意杀人、故意伤害、绑架、抢劫、强奸等暴力性犯罪案件 300 件；严惩危害公共安全犯罪，审结交通肇事犯罪案件 255 件、危险驾驶犯罪案件 165 件；严惩破坏市场经济秩序犯罪，审结电信网络诈骗、虚开增值税专用发票、合同诈骗、非法经营等犯罪案件 39 件；依法审结涉毒品犯罪案件 111 件；依法审结贪污、贿赂、渎职等犯罪案件 16 件。对社会危害较小、认罪态度较好、积极赔偿被害人损失、取得被害人谅解的轻微刑事案件，严格依法从宽处罚，对 25 件刑事案件免予刑事处罚。强化人权司法保障，为刑事案件被告人指定辩护律师 295 人次，对 971 名主动认罪认罚被告人从宽处理。依法惩治非法吸收公众存款犯罪活动，维护国家金融管理秩序，审结非法吸收公众存款案件

17件23人，判决挽回经济损失8.49亿元，保护集资受害人1326名。

化解民商事纠纷，促进社会和谐。5年来，共受理各类民商事案件31995件，审结30690件；依法保障人身权益，审结医患纠纷、人身伤害等侵权案件361件；审结离婚、赡养、子女抚养等婚姻家庭案件6327件；审结劳务合同、劳动争议、工伤案件1072件；着力保障民生，帮助农民工追回劳动报酬3000余万元；审结农村土地承包、宅基地纠纷等土地权属类案件112件。对裁判辖区内数量激增的民间借贷纠纷案件、因拖欠工程款引起的建设工程合同案件，提前做好了风险评估，防范风险、化解矛盾。

努力破解执行难题，共筑社会诚信。5年来，为19651件案件提供查询冻结服务，冻结资金3.6亿元，查询到车辆2000余辆，有力维护了当事人合法权益。全面推行案款管理系统运用，实行执行案款“一案一账号”制度，有效堵塞执行案款管理漏洞。积极推进网络拍卖工作，在淘宝网司法拍卖平台上拍卖房产、车辆、土地使用权等523件，成交金额2.73亿元，有效推动了查扣资产司法处置进程。加强信用惩戒力度，积极采用“悬赏”执行、媒体曝光执行、网上追逃等执行方法，发布限制高消费12343人次，发布失信6292人次（其中自然人6149人次、法人及其他组织143次），发布悬赏公告28期368人。

（三）深化司法改革，努力推进司法为民体系现代化建设

全面落实司法责任制改革。健全39名员额法官动态调整、常态化增补机制。严格落实院庭长常态化办案制度，入额法官包括院庭长全部回归一线办案。坚持放权与监督相结合，强化院庭长监督管理职责，不断完善“四类案件”和发改再案件审委会讨论制度。5年来，召开审委会会议讨论案件316次。依托“案件风险评估与监管”平台，全面加强风险案件监管，自平台运行以来，采取有效措施防控一般风险案件135件、较大风险案件44件。

深入推进一站式多元解纷诉讼服务体系建设。5年来，我院共进行网上立案1330件，跨域立案80件，诉前调解案件1076件。2019年，我院被省高院评定为“一站式”建设优秀法院，并列为全省第一批“一站式”示范创建法院。2020年6月，在全省“一站式”建设现场推进会上，我院代表基层法院在大会上作典型经验介绍。

深化智慧法院建设和应用。加快科技法庭建设，健全庭审同步录音录像系统设备，共新建22个科技法庭，更新6个人民法庭科技设备，为实现网上办案、庭审直播提供了更强有力的硬件保障。5年来，区法院电子送达26873件次，网上开庭581件，充分运用科技创新成果，方便当事人诉讼，减轻当事人诉累。

（四）铸魂强基固本，全力打造高素质法院队伍

真学实做推动党史学习教育活动。5 年来，精准对接群众司法需求，为 141 名受救助人发放执行救助保险金 362 万元；区法院共开展巡回审判 366 场次，开展普法宣传 316 次，组织员额法官挂牌企业提供法律服务 20 家；组建 212 名社情民意队伍，建立赣法民意中心工作站 7 个，及时解决群众诉求。

提升接受监督的积极性。5 年来，共邀请代表委员视察工作 80 余人次，邀请旁听观摩 60 余人次，邀请参与监督执行 50 余人次。主动接受舆论和社会公众的监督，推进阳光司法机制建设，人民陪审员陪审案件 8449 件，网上直播庭审 6175 件，公开裁判文书 36746 份，政务网站、微信、微博发布审判信息 1000 余条。

我院工作存在一些问题和困难：司法理念和司法能力离新时代要求和人民群众的需求还有一定差距；案多人少的矛盾还未彻底解决、干警普遍感到办案压力大；审判权力运行监督制约机制不够健全，少数法官作风不实、执法不规范；干部结构老化、人才流失等问题依然突出。对于这些问题，我们将在今后的工作中采取有效措施努力加以解决。

（报告人：区人民法院代院长　雷瑞甫）

四、检察院工作报告（摘要）

（2021 年 9 月 25 日在区十七届人大一次会议上）

过去五年工作回顾

（一）始终以高度的政治自觉，在服务高质量发展中勇于担当

精准服务打好三大攻坚战。5 年来共办理审查逮捕、审查起诉破坏金融管理秩序类案件 52 件 73 人，快捕快诉官某、张某等非法吸收公众存款、邬某组织领导传销等特大涉众型经济犯罪案件 41 件 50 人，涉案金额近 4 亿元。5 年来审查起诉破坏生态环境资源犯罪 87 人，办理生态环境和资源保护领域公益诉讼案件 89 件，积极开展“守护鄱阳湖”检察公益诉讼专项监督活动，向有关部门发出检察建议 10 份，清理各类固体废物、垃圾 160 余吨，关停整治环境污染企业 10 余家，保护广丰“青山、绿水、净土”。

全面推进扫黑除恶专项斗争。共受理审查逮捕涉黑恶案件 27 件 90 人，批准（决定）逮捕 21 件 54 人；审查起诉涉黑恶案件 28 件 122 人，“保护伞”案件 1 件 5 人，坚持“不放过、不凑数”标准，纠正漏捕漏诉 1 人。2019 年依法从严从快办理了由市检察院交办的程某涉黑案，移送起诉 23 人，其中首犯程某被判处 20 年有期徒刑，并处没收个人全部财产。部署开展涉黑恶案

件财产刑执行专项检察，核查涉黑恶案件28件，对执行不合法案件依法提出纠正意见，推动罚金执行到位23.4万元，追缴违法所得254.3万元，彻底摧毁黑恶势力经济基础。

持续优化法治营商环境。围绕“六稳”“六保”大局，依法审慎办理涉民营企业刑事案件，对涉案民营企业经营人员依法不捕不诉44人，捕后变更强制措施5人，继续取保候审12人，建议判缓刑10人。严惩侵害民营企业合法权益犯罪，共办理合同诈骗等侵害民营企业产权犯罪案件39件40人，为民营企业追回损失1500余万元。成立非公企业维权办公室，与区工商业联合会建立联系协调机制，畅通沟通协调渠道。

扎实推进反腐败斗争。2016年至2017年共立案侦查各类职务犯罪案件14件25人，其中贪污贿赂类犯罪案件11件19人，渎职侵权类犯罪案件3件6人。坚持标本兼治，积极开展职务犯罪预防工作，结合办案撰写职务犯罪年度分析报告6份，开展职务犯罪预防调查6件，发出检察建议5份，开展警示教育4次。全面配合支持国家监察体制改革，服务反腐败工作大局，2018年以来共受理监委移送职务犯罪案件11件19人，提前介入4件，已起诉11件19人，均作出有罪判决。

（二）始终以高度的法治自觉，在践行司法为民上彰显作为

致力于满足人民群众对平安生活的需求。5年来，批准逮捕各类刑事案件1438件1858人，提起公诉2057件2814人。其中办理故意杀人、“两抢一盗”、故意伤害等危害群众人身财产安全的严重刑事犯罪案件共计1693件1994人；办理多发、易发的交通肇事及危险驾驶等危害公共安全类犯罪案件667件668人；办理毒品类犯罪案件218件304人；办理涉“断卡”行动类案件137件316人。依法惩治妨害疫情防控犯罪，从严、从快起诉，共起诉欺行霸市类案件3件11人，办理官某生产假冒伪劣口罩案，涉案金额达1400万元，不合格口罩数量200万个，官某被法院判处十三年有期徒刑，并处罚金人民币700万元。积极开展野生动物保护公益诉讼专项监督活动，打击非法野生动物交易，加强生态文明建设，办理对非法猎捕珍贵、濒危野生动物案件7件12人。

致力于满足人民群众对美好生活的追求。以农贸市场、超市、校园周边销售的食用农产品、食品和网络餐饮以及水源地保护等为监督重点，办理食品药品安全领域公益诉讼案件44件，对相关部门发出检察建议44份。联合区公安局、区市场监督管理局就全面贯彻落实食品安全领域多项制度、案件信息共享、线索多向移送、联动抽检办案及协查机制、突出办理一批群众关注的热点案件达成共识、形成合力。

致力于满足人民群众对未成年人保护的关切。对侵害未成年人犯罪“零容忍”，批准逮捕16人、起诉16人。对涉罪未成年人该严则严、当宽则宽，对涉嫌轻微犯罪并有悔罪表现的，作出

相对不起诉12人，附条件不起诉15人，同步跟踪帮教，让“问题少年”回归正道。构建未成年人案件专业化办案团队，研究制定《刑事案件未成年被害人“一站式”救助体系暂行办法》，强化对未成年被害人的救助和保护。会同教体局和公安局建立“强制报告”“入职查询”等未成年人保护机制，对全区11349名教职人员开展性侵违法记录全面排查，查询出有性侵违法记录、暴力犯罪前科10人，均已作开除处理，为未成年人撑起法治平安蓝天。持续推动“一号检察建议”落实落地，全部院领导及部门负责人共17名受聘为全区各中小学法治副校长，常态化开展法治进校园活动。

（三）始终以高度的检察自觉，在维护公平正义上强化履职

刑事检察更加有力。共受理移送审查逮捕2268人，批捕1858人，不捕380人，受理移送审查起诉3385人，起诉2814人，不诉349人。设立派驻区公安局执法办案中心检察室，深入推进执法规范化建设，共监督侦查机关立案11件、撤案7件，纠正漏捕30人、漏诉11人，如在办理俞某（女）涉嫌交通肇事罪一案时，承办检察官严格审查复核证据，发现其包庇丈夫顶罪事实，避免了一起错案，该案被评为江西省检察机关典型案例。深化驻点检察与巡回检察相结合的刑事执行检察模式，强化刑罚执行监督，对刑罚执行和监管活动违法提出书面纠正3件，对监外执行不当提出书面纠正2件，均获公安机关积极回应并部署整改。开展违规违法办理减刑、假释、暂予监外执行案件全面排查整治工作，纠正社区矫正监管不当72人次。积极推进认罪认罚从宽制度，对1354名犯罪嫌疑人、被告人依法适用认罪认罚从宽制度。全面推行“案—件比”办案质量评价指标体系，“案—件比”为1.03，与最佳“案—件比”1.0仅有0.03差距，同比下降38.69%，相当于减少了355个案件，避免形成当事人诉累，节约了大量司法资源，办案质效显著提高。

民事检察持续做强。加强对法院生效裁判、判决错误和审判执行违法活动的监督，充分发挥诉讼检察监督作用，监督法院正确履行职责，保护当事人的正当诉讼权益，维护法律的正确实施，注重办理民间借贷、涉民营企业等涉及民生检察监督案件，共办理民事生效裁判监督案件23件，提请抗诉9件。针对民事审判中违法送达、审判程序错误、超期审理等问题，提出检察建议16份。

行政检察确切做实。对行政诉讼监督中发现的行政机关履职不到位问题发出检察建议11份。加强对行政非诉执行的监督，积极开展行政非诉执行专项监督活动，重点关注社会反映强烈的消极执行、选择性执行、超标的执行、违法采取执行措施等情形，推进“执行难”“执行乱”并进解决，针对行政机关作出处罚决定后，向法院申请强制执行，法院超期作出裁定、虽作出准予强制执行裁定而未强制执行到位等情形，向人民法院及相关行政机关发出检察建议13件，助推行

政非诉案件受理机制的完善，保障行政处罚权的正确行使。

（四）始终以高度的责任自觉，在锻造过硬队伍上提升形象

提站位，突出政治引领。推进“两学一做”学习教育常态化制度化，扎实开展“不忘初心、牢记使命”主题教育和党史学习教育。狠抓意识形态管理，充分发挥“检答网”“学习强国”学习平台作用，将意识形态相关要求纳入党组会、党组中心组、党支部理论学习内容。对网站、公众号平台上发布内容进行逐级审核、审慎发布，牢牢掌握网上舆论主导权、话语权和管理权，营造风清气正的舆情舆论环境。

利长远，夯实基层基础。全面实行“捕诉一体”，设置刑事、民事、行政、公益诉讼检察机构和专业化办案组织，实现四大检察职能重构性配置。改革后，一线办案力量明显增强。落实司法责任。院领导带头办理疑难案件，直接办理案件 1820 件。分层分类开展岗位培训，不断提高履职能力，1 人入选省级以上检察人才库、2 名干警获得“全省检察机关业务能手”称号、2 名干警获“全市检察机关业务能手”称号。

树公信，自觉接受监督。全面应用案件信息公开网，发布案件程序性信息 3883 条、重大案件信息 130 条、法律文书 2370 份。运用新媒体加强检察法治宣传工作，通过广丰检察微信公众号发布图文信息 400 余篇，单篇信息阅读人次达 1000 余次。主动接受外部监督，认真办理“两会”代表委员议案、建议和提案，落实代表委员审议意见，逐条梳理并及时反馈。自觉接受人大监督，拓宽监督渠道，邀请代表委员、人民监督员参加检察开放日等活动，提高检察工作透明度。强化案件质量评查工作，开展专项评查 10 次、常规案件评查 20 次，评查案件 3114 件，案件评查覆盖率 100%。

在取得成绩的同时，我们也认识到检察工作中还存在着一些不足：司法办案质量、效率有待进一步提升；法律监督职责履行不够到位，“四大检察”发展不平衡，法律监督的力度、效果与社会需求还有差距；参与社会治理的深度广度还需进一步拓展。对于这些问题，我们将高度重视并认真解决。

（报告人：区人民检察院代检察长　严毅）

第三章
县（区）人民代表大会常务委员会

第一节 县(区)人民代表大会常务委员会组成人员

一、县第十四届人民代表大会常务委员会组成人员

县第十四届人民代表大会第一次会议于2007年3月16日选举产生了县人民代表大会常务委员会主任、副主任、委员。

主 任:戴水春

副主任:郑德龙 王忠毅 鲍小红 吴祥国 余锡恭 韩祥华

委 员:(按姓氏笔画为序)

毛志洪 毛祖斌(2007年5月16日辞职) 毛晔华(女) 巩宪进

邱在庆(2009年11月1日辞职) 张建国 陈筱英(女) 罗存国

周竞梅(女) 郑通满 胡奀才 俞英发 俞菊芳(女) 徐新华

陶少敏(女) 潘发广

刘旭洲(在2011年2月22日县第十四届人民代表大会第五次会议选举)

周兴旺(在2011年2月22日县第十四届人民代表大会第五次会议选举)

二、县(区)第十五届人民代表大会常务委员会组成人员

县第十五届人民代表大会第一次会议于2011年9月5日选举产生了县人民代表大会常务委员会主任、副主任、委员。

主 任:刘月林

副主任:潘荣华 王忠毅(2014年1月28日辞职) 韩祥华(2016年2月10日辞职)

郑建平 郑明华 杨 绥

郑日贵(在2012年2月29日县第十五届人民代表大会第二次会议选举)

委 员:毛晔华(女) 叶 丹(女) 巩宪进 吕国华 刘旭洲

严剑飚(2015年8月31日辞职) 李树锋 张建国 林传松

周守勤　周兴旺　郑通满　胡奀才（2015 年 8 月 31 日辞职）

俞菊芳（女）　徐新华（2012 年 3 月 31 日辞职）　陶少敏（女）

潘明华　邱志强（在 2013 年 2 月 28 日县第十五届人民代表大会第三次会议选举）

蒋日云（在 2013 年 2 月 28 日县第十五届人民代表大会第三次会议选举）

俞柳君（女）（在 2013 年 2 月 28 日县第十五届人民代表大会第三次会议选举）

三、区第十六届人民代表大会常务委员会组成人员

区第十六届人民代表大会第一次会议于 2016 年 10 月 11 日选举产生了区人民代表大会常务委员会主任、副主任、委员。

主　任：皮晓瑶（女）

副主任：王华安　郑建平　郑明华（2021 年 4 月 28 日辞职）

郑日贵　颜显高　俞柳君（女）

委　员：毛小东（2021 年 4 月 28 日辞职）　周兴旺（2017 年 8 月 25 日辞职）

卢文旭（2017 年 8 月 25 日辞职）　洪　峰（2016 年 11 月 25 日辞职）

王建红（女）　蒋日云（2020 年 11 月 30 日辞职）

李建忠（2018 年 4 月 25 日辞职）　杨华峰（女）　王　艳（女）

王　菲（女）（2019 年 2 月 22 日辞职）　徐小友（2017 年 3 月 3 日辞职）

刘成业　周建东（2021 年 6 月 18 日辞职）　俞忠华　刘汉水

罗剑红（女）　卜　玲（女）　颜福军　阳莲华（女）　刘　芬（女）

邱在庆（在 2017 年 3 月 16 日区第十六届人民代表大会第二次会议选举）

陈卫华（在 2017 年 3 月 16 日区第十六届人民代表大会第二次会议选举）

吴处银（在 2018 年 2 月 5 日区第十六届人民代表大会第三次会议选举）

余玉辉（在 2019 年 3 月 15 日区第十六届人民代表大会第四次会议选举）

祝灵文（在 2019 年 3 月 15 日区第十六届人民代表大会第四次会议选举）

龚哲峰（在 2019 年 3 月 15 日区第十六届人民代表大会第四次会议选举）

夏灵邦（在 2019 年 3 月 15 日区第十六届人民代表大会第四次会议选举，2020 年 11 月 30 日辞职）

杨衰对（在 2019 年 3 月 15 日区第十六届人民代表大会第四次会议补选举）

四、区第十七届人民代表大会常务委员会组成人员

区第十七届人民代表大会第一次会议于2021年9月26日选举产生了区人民代表大会常务委员会主任、副主任、委员。

主　任：皮晓瑶（女）

副主任：刘旭涛　颜显高　俞柳君（女）　李积林　刘荣伟　李　强

委　员：（以姓名笔画为序，共24名）

王建红（女）　毛玄辉　卢文旭　刘　丹（女）　刘积旺　杨华峰（女）

吴处银　邱在庆　余玉辉　余利华　陈方火　陈丽军（女）　罗黎丰

郑　娟（女）　郑柳玉（女）　俞直华　俞忠华　饶敏云　祝灵文

徐　璇（女）　黄文艳（女）　黄雅婷（女）（2021年12月28日辞职）

龚哲峰　程志学

第二节　县（区）人民代表大会及其常务委员会的机构设置

一、县（区）人民代表大会和人民代表大会常务委员会机构设置

2003 年 6 月在县机构改革后县人大常委会设立：常委会办公室、财政经济办公室、教科文卫办公室、选举任免联络办公室、内务司法办公室、农业农村工作办公室，内设机构均为正科级。2007 年 6 月 28 日经县第十四届人大常委会第二次会议通过：县人大常委会内务司法办公室更名为县人大常委会内务司法工作委员会，县人大常委会财政经济办公室更名为县人大常委会财政经济工作委员会，县人大常委会农业农村工作办公室更名为县人大常委会农业农村工作委员会，县人大常委会教科文卫办公室更名为县人大常委会教科文卫工作委员会，县人大常委会选举任免联络办公室更名为县人大常委会选举任免联络工作委员会。2009 年根据工作需要又增设了县人大常委会城建环资工作委员会。近几年根据人民代表大会和人民代表大会常务委员会工作需要和全国人民代表大会和省、市人民代表大会及其常委会对机构设置的要求，区人民代表大会先后设立了财政经济委员会、社会建设委员会、法制委员会这三个人民代表大会的专门委员会。专门委员会的主任、副主任、委员由人民代表大会主席团提名。由人民代表大会全体会议选举或表决通过。大会闭幕后，专门委员会与相应的人大常委会工作委员会合署办公。人大常委会办公室和各工委主任、副主任由人大常委会任命。

二、县（区）人民代表大会专门委员会和人大常委会办公室、工作委员会主要职责和工作任务

1. 各专门委员会在人民代表大会召开前要对全区的社会建设、财政经济运行、法制建设等方面的情况与存在的问题进行认真的梳理与总结，并向人民代表大会如实报告。会后要对代表们提出的问题与意见、议案向有关部门交办，并督促整改或解答、解决。

2. 区人大常委会办公室及各工作委员会负责办理江西省人大常委会、上饶市人大常委会及区委、区人民政府及区直单位、乡镇（街道）和区属各单位有关的文电的呈（传）阅及处理。

3. 负责区人大常委会重要会议文件、领导讲话及日常重要文件的起草印发工作。

4. 根据区人大常委会意见，具体承办上饶市人大常委会部署的各项工作，负责同全区各乡镇人大及其主席团和街道人大工委的联系，并进行工作上的指导，组织交流工作情况和经验。

5. 负责常委会会议、主任会议、党组会议、人民代表大会会议和全区人大工作会议等会议的会务工作和常委会领导同志参加重要活动的组织安排。

6. 承办广丰区的省、市人大代表和区人大常委会组成人员的视察、调查研究等活动的具体工作。

7. 依法任免干部，受常委会委托承担全区乡（镇）换届选举的指导工作。并依法纠正选举中的违规违法行为。

8. 接待代表和人民群众来信来访，负责督促本区有关机关，组织整理人大代表提出的议案建议、批评和意见及人民群众的申诉。

9. 按照各自职责，做好对口部门的上下工作衔接，并认真做好工作。

10. 负责做好常委会机关的行政事务管理及接待工作，并完成常委会交办的其他任务。

三、区人民代表大会专门委员会主任、副主任名单

一、社会建设委员会

主任委员：龚哲峰（2019 年 3 月 15 日区第十六届人民代表大会第四次会议通过）

二、法制委员会

主任委员：洪　峰（2016 年 10 月 11 日区第十六届人民代表大会第一次会议通过）
陈卫华（2017 年 3 月 15 日区第十六届人民代表大会第二次会议通过）
祝灵文（2019 年 3 月 15 日区第十六届人民代表大会第四次会议通过）

副主任委员：陈卫华（2016 年 10 月 11 日区第十六届人民代表大会第一次会议通过）

三、财政经济委员会

主任委员：胡奀才（2012 年 6 月—2015 年 6 月）
卢文旭（2016 年 10 月 11 日区第十六届人民代表大会第一次会议通过）
饶敏云（2021 年 2 月 6 日区第十六届人民代表大会第六次会议通过）

副主任委员：徐　凯（2021 年 2 月 6 日区第十六届人民代表大会第六次会议通过）

四、区人民代表大会常务委员会内设机构

办公室

主　任：邱在庆（2005.1—2009.10）　周兴旺（2010.11—2017.1）
余玉辉（2018.4—2021.12）

副主任：周知木（2012.7—2014.11）　余玉辉（2017.1—2018.4）
朱秋梦（女）（2019.6—2021.8）　何燕飞（女）（2021.12—2021.12）

选任联工委

主　任：严剑飚（2012.3—2015.7）　王建红（女）（2015.9—2018.6）
邱在庆（2018.6—2021.12）

副主任：王建红（女）（2005.1—2012.6）　曹学敏（女）（2012.4—2021.12）

农业农村工委

主　任：周泽兴（2005.1—2007.5）　严剑飚（2010.11—2012.3）
邱在庆（2016.11—2018.6）　王建红（女）（2018.6—2021.12）

副主任：严剑飚（2007.6—2010.10）　王建红（女）（2012.3—2015.9）
龚哲峰（2016.11—2019.3）

财政经济委员会（预算审查工委）

主　任：胡侎才（2007.3—2015.7）　卢文旭（2015.7—2017.8）
饶敏云（2021.2—2021.12）

副主任：蒋日云（2003.4—2012.4）　卢文旭（2012.6—2015.7）
饶敏云（2017.4—2020.11）　徐　凯（2020.11—2021.12）

监察和司法工委（备案审查工委）

主　任：巩宪进（2005.1—2015.3）　洪　峰（2015.4—2016.11）
陈卫华（2016.12—2019.2）　祝灵文（2019.3—2021.12）

副主任：蒋文伟（2005.1—2009.11）　陈卫华（2012.8—2016.12）

教科文卫工委

主　任：徐新华（2005.1—2012.3）　俞柳君（女）（2012.6—2016.11）
吴处银（2017.4—2021.11）

副主任：潘惟发（2005.1—2007.5）　吴侎菊（女）（2005.1—2012.6）
徐朝霞（女）（2012.7—2021.12）

城建环资工委

主　任：蒋日云（2012.4—2020.10）

　　　　陈丽军（女）（2021.2—2021.12）

副主任：蒋文伟（2009.11—2011.3）

　　　　陈亨成（2012.7—2017.4）

　　　　周冰飞（2017.4—2021.12）

五、历年来机关工作人员数量

表 3-2-1

年度	人数	其中工人	年度	人数	其中工人
2005	35	7	2014	30	5
2006	35	7	2015	30	5
2007	34	7	2016	33	5
2008	34	7	2017	31	5
2009	33	7	2018	30	4
2010	31	5	2019	32	4
2011	33	5	2020	29	3
2012	32	5	2021	33	3
2013	31	5			

第三节　常委会党的组织

一、县（区）人大常委会党组成员

十三届县人大常委会党组

书　记：戴水春

副书记：郑德龙

成　员：吴克海　鲍小红　吴祥国　余锡恭　邱在庆

十四届县人大常委会党组

书　记：戴水春

副书记：郑德龙

成　员：鲍小红　吴祥国　余锡恭　韩祥华

邱在庆（2009 年 11 月调出）周兴旺（2010 年 9 月任）

十五届县（区）人大常委会党组

书　记：刘月林

副书记：潘荣华

成　员：韩祥华　郑建平　郑明华　杨　绥　周兴旺　郑日贵（2015 年 12 月任）

十六届区人大常委会党组

书　记：皮晓瑶

副书记：王华安

成　员：郑建平　郑明华　郑日贵　颜显高

周兴旺（2016 年 11 月调出）余玉辉（2018 年 2 月任）

十七届区人大常委会党组

书　记：皮晓瑶

副书记：刘旭涛

成　员：颜显高　李积林　刘荣伟　李　强　余玉辉

二、县（区）人大常委会机关党总支

（一）区人大常委会机关总支部委员会

（2017 年 2 月 16 日选举产生）

书　记：王华安

委　员：余庆龙　余玉辉

（2019 年 12 月 16 日选举产生）

书　记：王华安

副书记：祝灵文

委　员：吴祥国　周冰飞　曹学敏

县（区）人大常委会机关支部委员会

（2005 年 1 月接续至 2007 年 7 月 4 日）

书　记：邱在庆

副书记：徐新华

委　员：巩宪进　潘惟发　吴奀菊

（2007 年 7 月 5 日换届）

书　记：邱在庆

副书记：徐新华

委　员：巩宪进　吴奀菊　胡奀才

（2010 年 11 月 26 日换届）

书　记：周兴旺

委　员：巩宪进　严剑飚　吴奀菊　蒋文伟

（2017 年 2 月 16 日选举产生）

书　记：余玉辉

副书记：卢文旭

委　员：陈卫华

（2019 年 12 月 16 日换届）

书　记：余玉辉

委　员：饶敏云　周冰飞

（二）县人大常委会机关离退休老干部支部委员会

（2005年1月至2006年5月）

书　记：郑德龙（兼）

副书记：黄发藏

委　员：顾日醒　潘惟运　徐金珠（女）吴和光　祝清泉

县（区）人大常委会机关离退休老干部支部委员会

（2006年6月换届）

书　记：余庆龙（2006.6—2019.12）

副书记：周武东　郑连塘（2009年10月增选）

委　员：潘惟运　郭金泉　洪雪梅（女）

区人大常委会机关离退休老干部支部委员会

（2019年12月16日换届）

书　记：吴祥国

副书记：郑连塘

委　员：周武东　周泽兴　徐成益

（三）县（区）人大常委会机关离退休老干部党支部获奖情况

2011年下半年，在庆祝建党90周年撰稿征文活动中，人大退休干部夏贤良撰写的《九十个春秋铸就一种品格》一文获得全国老干部局举办的庆祝中国共产党成立90周年征文活动一等奖；退休干部宁武行撰写的《献给党的赞歌》诗词，获得县老干部局二等奖；退休干部叶妙生撰写的《学习杨善洲退休不褪色》一文获得三等奖。上述三篇文章（诗词），同时获得全县优秀征文奖。

2012年，在全市开展的创“五好党支部”活动中，县人大常委会机关老干部党支部获得全市离退休干部“五好支部”光荣称号，人大退休老干部支部副书记郑连塘出席了全市老干部工作“三先”表彰大会，报送了经验交流材料给大会，领回了“五好支部”的光荣奖牌。

在同年的全市离退休干部“诗书、画彩、抒情怀，喜迎党的十八大专题宣传”活动中，人大退休干部宁武行书写的《乘风破浪》的诗词作品评为全市一等奖。

2017年上半年人大退休干部饶金玉，被省老干部局授予“全省离退休干部正能量之星”的称号。10月间，由上饶市电视台和上饶市老年大学协会主办的全市老年大学首届“最美风采老人”网络评选活动中，全市参与选评34人，广丰区人大退休干部饶金玉以68625票，获得“十佳”最美风采老人一等奖第一名，人大退休干部文培竺获得风采老人第十名，他们分别收到上饶市广播电视台、上饶市老年大学协会颁发的奖杯、荣誉证书和奖品；文培竺同志在市老干局开展的“我为建设大美上饶献一策”活动中撰写了6篇好文章，均被市老干局采用，获得风采奖，奖金480元。

在2014年和2018年县（区）第九届、第十届老年人运动会上，人大老干部多项比赛获奖，其中地抛球队连续两届获得区直机关第一名，人大常委会机关老年体协获得比赛总成绩的第五名和第四名，被县（区）运动会组委会颁奖。

2019年人大退休干部饶金玉被授予全国“老年体育工作先进个人”的光荣称号。2020年，她在武汉抗疫捐款活动中，个人捐款3000元。

2020年人大退休干部、原县委书记黄发藏在少阳乡黄家山的“秀美乡村”建设中，个人捐款1万元。

2021年，在纪念市关工委成立三十周年颁奖大会上，区关心下一代工作委员会顾问黄发藏受到市委、市政府表彰。人大常委会机关退休干部、区关心下一代工作委员会常务副主任叶妙生被市委、市政府授予帮扶帮教工作先进个人。

（四）区人大常委会机关老干部工作

截至2021年底，区人大常委会机关共有离退休人员37人，其中退休干部34人、退休职工2人、离休干部1人，离退休人员中有共产党员35人。区人大常委会机关老干部党支部是2006年6月由原县人大常委会机关党支部分设出来的，支部书记余庆龙，支部副书记周武东，委员潘惟运、郭金泉、洪雪梅。2009年10月15日，为加强支部委员会建设，增选郑连塘为支部副书记。2019年12月16日，鉴于支部成员年龄偏大、身体状况欠佳，报请区人大常委会总支委员会同意，支部委员会进行了改选，改选后的支部书记为吴祥国，支部副书记为郑连塘，支部委员为周武东、周泽兴、徐成益。支部积极开展各项活动，将每月15日定为老干部集中学习日（逢节假日顺延），区人大常委会党组每逢学习日都指定一名区人大常委会的领导及其分管的工委或办公室对接，搞好学习材料的准备和后勤服务。每逢重阳节和春节，区人大常委会主要领导都亲自参加老干部集中学习会议，介绍常委会的工作情况，并征求老干部对人大工作的意见建议，和老干部一同欢度节日，使老干部倍感温暖。

第四节　常委会党组会议概况

一、县第十三届人大常委会党组会议

2005 年 1 月 1 日至 2007 年 1 月 28 日，县第十三届人大常委会党组共召开 10 次会议。会议均由党组书记戴水春主持。

2005 年 4 月 27 日第 1 次会议

保持共产党员先进性教育，党组民主生活会。

2005 年 7 月 18 日第 2 次会议

听取县委组织部副部长郑明华关于县财政局局长任免人选的说明。

2006 年 1 月 26 日第 3 次会议

听取县委常委、组织部部长何江平关于周遐光、郑卫平二人职务任免的提名，经党组研究，同意提请县人大常委会审议任免。

2006 年 4 月 27 日第 4 次会议

听取县委组织部副部长郑明华介绍的任免干部提名介绍。会议拟提请杨一虎任县发改委主任，免去高月富的县发改委主任职务及永丰、丰溪、芦林三个街道的人大工委正、副主任任职及部分法官、检察官的任免，提交县人大常委会审议任免。

2006 年 5 月 25 日第 5 次会议

研究徐岩波、裴建元、周启南三名副县长免职，周开旺、石斌、张晓军三人任副县长提请县人大常委会任免；免去张远明的县公安局局长，任命刘敏建为县公安局局长，拟提请县人大常委会任命。

2006 年 7 月 5 日第 6 次会议

县委常委、组织部部长江怡向县人大常委会党组通报新一届县委和纪委班子配备原则。

2006 年 8 月 25 日第 7 次会议

听取县委常委、组织部部长江怡代表中共广丰县委作的人员变动情况介绍。

2006 年 11 月 27 日第 8 次会议

会议研究拟推荐县人大常委会机关后备干部。

2006 年 12 月 6 日第 9 次会议

1. 研究县第十三届人大第五次会议有关事项；

2. 建议在县人代会上选举县出席上饶市第二届人民代表大会代表。

2007 年 1 月 28 日第 10 次会议

1. 县委组织部副部长陈金良介绍拟提请县人大常委会任命干部情况；

2. 研究召开县第十四届人大一次会议的有关情况。

二、县第十四届人大常委会党组会议

县第十四届人大常委会党组从 2007 年 5 月至 2011 年 2 月共召开 19 次会议。会议均由党组书记戴水春主持。

2007 年 5 月 14 日第 1 次会议

听取县委组织部副部长陈金良关于人员变动情况的通报，一致同意县委决定，建议列入县人大常委会审议通过。

2007 年 6 月 25 日第 2 次会议

听取县委组织部副部长陈金良关于人员变动情况的通报，并将人大常委会内设机构拟提拔使用的副主任、法院副院长和审判委员会委员的任职提请县人大常委会审议任命。

2007 年 8 月 24 日第 3 次会议

听取县委组织部副部长陈金良关于周金明任县人民政府副县长、姚文任县人民法院院长的情况说明，拟提请县人大常委会任命。

2007 年 12 月 10 日第 4 次会议

推荐出席江西省第十一届人民代表大会代表报上饶市人大常委会在上饶市人民代表大会选举产生。

2008 年 1 月 8 日第 5 次会议

1. 研究召开县第十四届人大第二次会议有关事项；

2. 成立大会临时党委。

2008 年 3 月 24 日第 6 次会议

1. 讨论县委关于人员变动情况的意见，提请县人大常委会任免两名法官、检察官。

2. 党组书记戴水春传达省委巡视组反馈意见。

2009 年 3 月 19 日第 7 次会议

1. 研究县人大常委会领导班子及机关学习实践科学发展观活动领导小组；以办公室主任为组长，各工委主任为副组长，副主任为成员，人大常委会办公室副主任为学习活动办公室副主任。

2. 研究县人大常委会领导班子及机关学习实践科学发展观实施方案。

2009 年 5 月 27 日第 8 次会议

召开党组民主生活会，党组成员人人都作自我批评，彰显班子团结。

2009 年 7 月 27 日第 9 次会议

听取县委组织部副部长陈金良作关于人事任命情况的介绍，建议人大常委会党组、人大常委会主任会议提请县人大常委会任免。

2009 年 9 月 25 日第 10 次会议

1. 听取县委组织部关于两名法官任命人选的介绍；

2. 增补九名人民陪审员，提请县人大常委会审议。

2009 年 10 月 30 日第 11 次会议

听取并讨论一名副县长任职和县人大常委会办公室主任因工作调动免职的议案，提请第十四届县人大常委会第十九次会议审议。

2010 年 7 月 20 日第 12 次会议

推荐县人大常委会机关正科级后备干部。

2010 年 8 月 11 日第 13 次会议

推荐县人大常委会机关副科级后备干部。

2010 年 9 月 6 日第 14 次会议

1. 县委组织部副部长俞英发介绍拟任职的 12 个政府组成部门人员情况；

2. 一致同意将以上任职人员提请县人大常委会议审议。

2010 年 11 月 1 日第 15 次会议

1. 区委组织部副部长陈金良介绍拟提请县人大常委会任职的两个干部的情况；

2. 研究吴桂文辞去县第十四届人大代表职务。

以上提请县第十四届人大常委会第二十七次会议审议通过。

2010 年 11 月 26 日第 16 次会议

1. 县委组织部副部长陈金良关于严剑飚任职的说明，拟提请县第十四届人大常委会第二十八次会议审议；

2. 研究改选县人大常委会机关党支部委员会。

2011 年 1 月 4 日第 17 次会议

以县人大常委会党组名义向县委建议在县第十四届人民代表大会第五次会议上补选周兴旺为县人大常委会委员。

2011 年 1 月 10 日第 18 次会议

县委组织部副部长陈金良介绍提请县第十四届县人大常委会第二十九次会议任命的县人民法院副院长、审判委员会委员和县人民检察院检察委员会委员人选情况，县人民法院院长姚文、县人民检察院检察长吴伯翔分别作了说明。

2011 年 2 月 19 日第 19 次会议

副主任鲍小红传达全市县、乡人大换届选举工作会议精神，研究县、乡人大换届选举工作。

三、县（区）第十五届人大常委会党组会议

县（区）第十五届人大常委会党组从 2011 年 7 月至 2016 年 8 月共召开会议 23 次。会议均由党组书记刘月林主持。

2011 年 7 月 27 日第 1 次会议

1. 研究县第十五届人民代表大会第一次会议筹备事项；

2. 调整县选举委员会；

3. 研究配合县委组织部共同做好市第三届人大代表推荐工作。

2011 年 8 月 12 日第 2 次会议

1. 讨论县人大常委会工作报告（稿）；

2. 研究区第十四届人大常委会第三十四次会议议程；

3. 讨论县人大代表履职办法（草案）；

4. 讨论县人大代表履职考核暂行办法（草案）。

2011 年 8 月 16 日第 3 次会议

1. 研究推荐市第三届人大代表名单；

2. 保留一定的老代表，兼顾方方面面。

2011 年 8 月 18 日第 4 次会议

研究各乡镇（街道）机关及县推荐的市第三届人大代表名单。

2011 年 11 月 1 日第 5 次会议

拟提请县第十五届人大常委会第一次会议任命：

1. 李新金为县人民政府副县长；

2. 蒋昌福工作变动，拟提请免去其县人民检察院副检察长、检察委员会委员、检察员职务。

2012 年 5 月 6 日第 6 次会议

1. 研究县人大常委会一名副科级干部任免职；

2. 研究县人大常委会各工委（办）2012 年 5 月份工作安排。

2013 年 6 月 26 日第 7 次会议

研究一名通过海选胜出的法官的任职议案，拟提请县人大常委会任命。

2013 年 10 月 25 日第 8 次会议

听取县委组织部干部科科长吕振东介绍拟任副县长张棉标情况，拟提请县人大常委会任命。

2014 年 3 月 5 日第 9 次会议

1. 研究通过党组党的群众路线教育实践活动实施方案；

2. 研究通过县人大机关党的群众路线教育实践活动实施方案。

2014 年 5 月 28 日第 10 次会议

1. 县委组织部介绍邵小亭、谭赣明二人职务任免的情况；

2. 同意县人民政府提请任命谭赣明为县人民政府副县长，提请县人大常委会任命，并决定其为县人民政府代县长。

2014 年 6 月 10 日第 11 次会议

1. 传达学习省委党的群众路线教育实践活动领导小组第九次会议精神；

2. 传达习近平总书记 2014 年 5 月 2 日重要批示精神及有关要求；

3. 传达学习市教育实践活动领导班子民主生活会实施方案。

2014 年 6 月 18 日第 12 次会议

1. 研究召开县第十五届人大五次会议有关事项；

2. 研究个别县人大代表辞去代表职务的报告（大南徐某某，泉波徐某某），以上提请县人大常委会审议；

3. 研究县人大常委会党组班子对照检查材料；

2014 年 6 月 22 日第 13 次会议

1. 传达学习习近平总书记在指导兰考县委常委班子民主生活会时的重要讲话精神；

2. 传达学习中央、省、市领导重要讲话精神；

3. 书记刘月林代表人大常委会党组作领导班子对照检查。

2014 年 9 月 25 日第 14 次会议

1. 区委组织部副部长杨华峰介绍提请任命郑华森、郑金车为县人民政府副县长，免去周开旺、郑铭、王建华的县人民政府副县长职务；

2. 补选县委副书记何党生，纪委书记齐忠有和郑华森（拟任常务副县长）三人为第十五届县人民代表大会代表。

以上任免补选议案提请县第十五届人大常委会第二十三次会议审议。

2015 年 3 月 6 日第 15 次会议

1. 县委组织部副部长邱志强介绍县人民政府提请任免人事的情况，县人民法院院长姚文关于免去林峰县人民法院副院长，县人民检察院检察长吴伯翔关于免去张华县人民检察院副检察长的议案。以上议案均提请 2015 年 3 月 11 日召开的县第十五届人大常委会第二十七次会议审议。

2. 研究县人大常委会各工委（办）2015 年 3 月份工作要点。

2015 年 4 月 27 日第 16 次会议

研究提请县第十五届人大常委会第二十八次会议任免的干部情况由县委组织部干部科科长吕振东参会介绍。一致同意提请县人大常委会审议。

2015 年 7 月 8 日第 17 次会议

1. 研究区人民政府和区人民法院提请任免的人员议案；

2. 研究个别人大常委会委员因工作变动请求辞去区人大常委会委员职务的议案。

以上议案提请区第十五届人大常委会第三十二次会议审议。

2015 年 12 月 29 日第 18 次会议

1. 集体学习习近平总书记在中共中央政治局第 26 次集体学习时的讲话；

2. 班子成员对照检查。

2016 年 1 月 13 日第 19 次会议

研究补选谢辉灵为上饶市第三届人民代表大会代表，提请县人大常委会选举。

2016 年 4 月 16 日第 20 次会议

1. 听取区人民检察院副检察长张晓峰报告关于县人大代表李某某涉嫌敲诈勒索案的报告；

2. 研究区第十五届人大常委会第三十八次会议相关事项；

3. 研究《关于在机关全体党员中开展学党章党规，学系列讲话，做合格党员学习教育实施方案》。

2016 年 6 月 20 日第 21 次会议

1. 听取全省县乡两级人大换届选举工作会议精神；

2. 研究区委转发《区人大常委会党组关于做好全区县、乡两级人民代表大会换届选举有关工作的意见》；

3. 研究区第十五届人大常委会第三十九次会议相关事项。

2016 年 8 月 16 日第 22 次会议

1. 区委组织部副部长邱志强宣读关于郑华森等人职务任免的通知；

2. 区委副书记齐忠有讲话。

2016 年 8 月 25 日第 23 次会议

1. 学习省纪委《关于重申严禁党员干部出入私人会所，违规接受吃请纪律的通知》；

2. 区委组织部副部长邱志强介绍提请区人民法院院长、区人民检察院检察长的任免案，提请区人大常委会任免。

四、区第十六届人大常委会党组会议

区第十六届人大常委会党组从 2016 年 8 月至 2021 年 9 月共召开会议 67 次，会议均由党组书记皮晓瑶主持。

2016 年 8 月 30 日第 1 次会议

副主任郑明华介绍区第十六届人大代表候选人有关情况。

2016 年 9 月 12 日第 2 次会议

研究区人大常委会党组向区委呈送《关于召开区第十六届人民代表大会第一次会议的报告》。

2016 年 11 月 10 日第 3 次会议

1. 学习党的十八届六中全会精神；

2. 会议精神重点体现在十二个关键词上，要做好学习的读书笔记和撰写心得体会。

2016 年 11 月 15 日第 4 次会议

1. 研究召开区第十六届人大常委会第二次会议相关事项，建议会议召开时间为 2016 年 11 月 16 日。

2. 听取和审议区人民政府关于提请审议区城市棚户区（城中村）改造项目（一期）购买服务资金纳入同期年度财政预算支出的议案。

2016 年 11 月 22 日第 5 次会议

1. 区人民政府关于提请任命肖剑峰为区人民政府副区长（挂职两年）的情况说明；

2. 关于人大常委会内设机构人员任免情况的说明；

3. 区人民法院关于任命两名法官的议案，以上人员的任免交区人大常委会主任会议研究，并提请区第十六届人大常委会第三次会议审议；

4. 研究区人大常委会领导分工及挂钩联系乡镇（街道）人大工作；

5. 研究区人大专委会和常委会工委、办公室挂钩联系乡镇（街道）人大工作。

2016年12月2日第6次会议

1. 区人大常委会党组成员、人大常委会副主任郑建平传达全省深化落实全面从严治党“两个责任”视频培训会会议精神；

2. 党组成员联系单位与本人的实际讨论如何落实两个责任。

2016年12月30日第7次会议

1. 学习关于转发《中共上饶市纪委办公室〈关于2017年元旦·春节期间进一步加强作风建设 严防“四风”问题反弹的通知〉的通知》；

2. 研究周兴旺、余玉辉的任免事项；

3. 研究关于调整2016年度财政预算收支计划的报告；

4. 研究筹备区第十六届人民代表大会第二次会议；

5. 研究决定2017年1月9—11日召开区第十六届人大常委会第四次会议。

2017年1月6日第8次会议

1. 听取区委组织部关于提请任命的政府组成部门负责人名单和情况；

2. 听取区人民法院院长提请任命的区人民法院审判员情况；

3. 学习十八届中纪委第七次全体会议工作报告和习近平总书记重要讲话。

2017年1月10日第9次会议

听取区人民政府关于提请审议将永丰、芦林、下溪三街道土地综合整理项目政府购买服务所需资金逐年纳入财政支出预算安排的议案。该议案拟提请区人大常委会审议。

2017年1月23日第10次会议

1. 讨论区人大常委会党组民主生活会对照检查材料；

2. 听取走访代表的建议和意见。

2017年2月22日第11次会议

1. 研究提交区委常委（扩大）会议审议的关于召开区第十六届人民代表大会第二次会议的报告的相关内容；

2. 学习习近平总书记在省部级主要领导干部学习贯彻十八届六中全会精神专题研讨班开班仪式上的讲话。

2017年3月2日第12次会议

1. 听取区委组织部关于人事任免的议案；

2. 研究决定于2017年3月3日召开区第十六届人大常委会第五次会议，审议有关议案。

2017年4月26日第13次会议

1. 听取关于接受刘某某辞去区第十六届人民代表大会代表职务的请求报告；

2. 听取区委组织部介绍拟任职人员情况；

3. 研究区乡镇（街道）人大工作考核方案。

2017 年 5 月 17 日第 14 次会议

1. 组织党组成员集体学习党章、党纪知识；

2. 研究《区人大常委会主任会议二次程序（试行）》和《区人大常委会会议工作程序（试行）》；

3. 关于开展人防工作专题调研的工作方案。

2017 年 6 月 21 日第 15 次会议

1. 研究吕某某辞去区第十六届人大代表的请求；

2. 听取选任联工委关于代表变动情况的说明；

3. 听取区委组织部关于提请任免人员的说明。

以上议案拟提请区第十六届人大常委会主任会议研究后提请第七次常委会审议。

2017 年 7 月 27 日第 16 次会议

1. 关于接受杨某某辞去区第十六届人民代表大会代表职务的请求；

2. 研究关于推进广丰区人大代表联络工作站建设全覆盖的通知和方案；

3. 学习《中国共产党纪律处分条例》，拟于 2017 年 8 月 30 日召开区第十六届人大常委会第八次会议。

所有议案由区人大常委会主任会议研究后提请区人大常委会审议。

2017 年 8 月 18 日第 17 次会议

1. 听取区人大常委会选任联工委关于拟任免人员情况介绍；

2. 关于组织市人大代表开展年中专题调研活动的实施方案；

3. 关于开展水土保持法执法检查的实施方案（草案）。

以上议案拟在区第十六届人大常委会第八次会议审议。

2017 年 9 月 27 日第 18 次会议

1. 学习习近平总书记 7 月 26 日重要讲话和党组工作条例；

2. 传达全省县乡人大工作和建设经验交流会会议精神及区贯彻落实意见；

3. 研究秀美乡村建设情况调研的方案（草案）；

4. 研究全区人大代表联络工作站建设情况分组督查安排；

5. 研究关于开展区人民检察院公诉工作调研的工作方案（草案）；

6. 研究确定于 2017 年 10 月下旬召开区第十六届人大常委会第九次会议。

2017年10月19日第19次会议

1. 学习习近平总书记在党的十九大所作的工作报告；

2. 研究关于接受吴某某辞去区第十六届人大代表职务的请求；

3. 研究区人民检察院提请免去两名检察委员会委员职务的议案。

以上议案拟在区第十六届人大常委会第九次会议审议。

2017年11月13日第20次会议

1. 研究补选6名区第十六届人民代表大会代表的议案；

2. 拟成立区人大专委和人大常委会工委专家组，每个专家组成员三名左右，由区人大常委会聘用；

3. 专题学习中共十九大精神。

2017年11月29日第21次会议

1. 传达学习中央、省、市委关于监察体制改革工作动员部署会议精神和《中华人民共和国监察法（草案）》；

2. 研究关于召开区第十六届人民代表大会第三次会议的相关事宜，建议于2018年2月7—8日召开大会，2月6日上午报到，2月6日下午召开“年末问结果”询问大会；

3. 研究组织区人大代表视察全区经济社会发展的工作报告。

2018年1月3日第22次会议

1. 学习中共十九大精神；

2. 新时代中国共产党的历史使命；

3. 新时代中国特色社会主义思想和基本方略；

4. 决胜全面建成小康社会，开启全面建设社会主义现代化国家新征程。

5. 研究补选谢来发等三人为上饶市第四届人大代表。提请区人大常委会审议。

2018年1月18日第23次会议

1. 传达学习广组字〔2018〕2号《关于认真做好2017年度领导班子民主生活会的通知》；

2. 确定2018年1月30—31日召开区人大常委会党组民主生活会。

2018年1月31日第24次会议

1. 传达学习省十三届人大一次会议精神；

2. 区委组织部副部长邱志强介绍拟任免干部情况；

3. 根据工作需要增选了六名区人大代表提请区第十六届人大常委会第十二次会议确认。

2018年2月6日第25次会议

听取区委组织部副部长邱志强介绍区监委副主任、委员人选情况，拟提请区第十六届人大常委会第十二次会议任命。

2018年2月22日第26次会议

1. 学习习近平总书记在党的十九届一中全会上的讲话；

2. 区人大常委会党组向区委推荐人大常委会办公室主任人选。

2018年3月9日第27次会议

1. 学习李克强总理在十三届全国人大一次会议上作的政府工作报告；

2. 研究区十六届人大三次会议代表建议办理工作；

3. 研究区人大常委会2018年工作要点（草案）；

4. 研究精准扶贫工作。

2018年4月23日第28次会议及《中国共产党章程修正案》

1. 学习《中华人民共和国宪法》；

2. 学习中华人民共和国监察法；

3. 学习刘奇在走访省人大常委会时的讲话要点；

4. 区人大常委会党组书记、常委会主任皮晓瑶讲话；

5. 确定六名区人大代表为优秀区人大代表采访对象。

2018年5月24日第29次会议

1. 党组成员分别诵读《红色家书》；

2. 全体党员共同诵读《红色家书》；

3. 学习全省和全区作风建设会议精神；

4. 书记皮晓瑶讲话。

2018年6月22日第30次会议

1. 学习全国省市两级人大常委会负责人学习组会议的精神；

2. 研究部署机关党建工作；

3. 听取区委组织部副部长邱志强关于提请区人大常委会任命的干部情况介绍。

2018年7月18日第31次会议

1. 学习全市人大常委会主任座谈会会议精神；

2. 研究中共区人大常委会党组关于贯彻《中共区委关于加强作风建设营造良好发展环境的实施意见》；

3. 研究意识形态工作相关事项。

2018年9月18日第32次会议

1. 传达学习中央全面依法治国委员会第一次会议主要精神；

2. 部署区人大常委会机关学习党的十九大文件。

2018年10月16日第33次会议

1. 学习栗战书委员长在深入学习贯彻习近平总书记关于坚持和完善人民代表大会制度的主要思想；

2. 制定出台关于加强和改进人大工作的意见。

2018年12月6日第34次会议

研究以区人大常委会党组名义向区委报告，建议于2019年3月中旬召开区十六届人大四次会议。

2018年12月25日第35次会议

1. 学习《中国共产党纪律处分条例》；

2. 学习习近平总书记在第五个宪法日之际作出的重要指示；

3. 研究提请区人大常委会任免的人员名单。

2019年1月2日第36次会议

研究人大党组党内规范性文件清理相关工作。

2019年1月24日第37次会议

1. 学习习近平总书记在省部级主要领导干部坚持底线思维着力防范化解重大风险专题研讨班上的重要讲话精神；

2. 研究党建、综治、党风廉政建设等相关工作。

2019年1月31日第38次会议

1. 研究接受肖剑峰同志辞去区人民政府副区长职务；

2. 研究政府组成人员提名人选提请人大常委会任命。

2019年2月22日第39次会议

1. 学习习近平总书记在政治局第十次集体学习时的重要讲话精神；

2. 学习省第十三届人大三次会议主要精神；

3. 研究关于区第十六届人大四次会议的相关事宜。

2019年3月11日第40次会议

学习习近平总书记在2019年考察中央党校（国家行政学院）中青年干部培训班开班仪式上的重要讲话精神。

2019年4月1日第41次会议

部署以下工作 :1. 扫黑除恶；2. 精准扶贫；3. 防范风险；4. 环境治理；5. 创建国家卫生城市；6. 做好宗教管理工作。

2019年4月22日第42次会议

1. 学习《中国共产党党组工作条例》；

2. 学习全省市县（市、区）人大常委会主任学习研讨班精神；

3. 传达学习习近平总书记视察江西时的重要讲话精神；

4. 学习栗战书委员长在加强和改进全国人大代表工作座谈会上的重要讲话精神。

2019年6月21日第43次会议

1. 学习习近平总书记在“不忘初心，牢记使命”主题教育工作会议上的重要讲话精神；

2. 听取区委组织部关于提请区人大常委会任命的干部情况。

2019年7月9日第44次会议

1. 研究关于许可对区第十六届人大代表王某某采取刑事强制措施的决定，提请区人大常委会通过；

2. 学习习近平总书记关于意识形态工作的重要论述精神。

2019年7月25日第45次会议

1. 学习习近平总书记关于地方人大及其常委会工作的重要指示；

2. 传达学习习近平总书记在中央和国家机关党的建设工作会议上的重要讲话；

3. 学习中共江西省委、上饶市委、区委全委会会议精神。

2019年8月26日第46次会议

1. 学习栗战书委员长在十三届全国人大常委会第十一次会议上的讲话；

2. 学习中央纪委办公厅《关于贯彻习近平总书记重要批示精神，深入落实中央八项规定精神的工作意见》的通知精神；

3. 研究拟提请人大常委会任命的人事事项。

2019年10月23日第47次会议

就党组成员如何做好表率答好问题，就广丰经济发展应抓好的工作进行了热烈的讨论。

2019年10月31日第48次会议

党组成员对照党章、党规找差距。

2019年11月26日第49次会议

1. 学习党的十九届四中全会精神；

2. 研究拟提请区人大常委会任命的人员情况。

2019年12月26日第50次会议

1. 传达中共江西省委第十四届第十次全会精神；

2. 传达学习全省人大工作会议精神；

3. 研究区人大常委会领导分工事宜。

2020 年 1 月 2 日第 51 次会议

1. 研究区人民法院拟提请区人大常委会任免的法官情况；

2. 研究召开区第十六届人民代表大会第五次会议的决定（草案）；

3. 提请区人大常委会选举陈云同志为上饶市第四届人民代表大会代表。

2020 年 2 月 25 日第 52 次会议

1. 学习习近平总书记关于疫情防控的系列重要指示和讲话；

2. 学习省人大常委会《关于依法全力做好新型冠状病毒肺炎疫情防控工作的决定》；

3. 传达全市人大工作会议和全市人大常委会主任座谈会精神；

4. 分析研判意识形态工作。

2020 年 3 月 25 日第 53 次会议

1. 学习习近平总书记关于脱贫攻坚的系列讲话；

2. 学习党委（党组）落实全面从严治党主体责任规定；

3. 传达区纪委第十三届五次全会精神；

4. 讨论代区委起草的《关于加强新时代人大工作的意见》。

2020 年 4 月 27 日第 54 次会议

1. 学习习近平总书记 3 月 29 日—4 月 1 日考察浙江时的重要讲话精神；

2. 学习《关于进一步加强各级人大常委会对审计查出突出问题整改情况监督的意见》；

3. 学习省委刘奇书记走访省人大常委会机关时的讲话精神；

4. 研究有关人事任免报请区人大常委会审议。

2020 年 4 月 29 日第 55 次会议

研究免去陈金良的区人民政府副区长，任命刘晓芳为区人民政府副区长，报请区人大常委会审议任免。

2021 年 1 月 20 日第 56 次会议

1. 学习习近平总书记在省部级干部学习贯彻党的十九届五中全会专题研讨班上的重要讲话精神；

2. 学习习近平总书记在中央全面深化改革委员会第十七次会议的重要讲话精神；

3. 学习全区经济工作会议精神；

4. 听取区委组织部关于两名干部职务任免的报告；

5. 研究关于召开区第十六届人大第六次会议有关事项；

6. 研究区人大常委会党组 2020 年工作情况的汇报。

2021 年 2 月 1 日第 57 次会议

1. 传达习近平总书记在十九届中央纪委五次全会上的重要讲话；

2. 传达学习省第十三届人大五次会议精神；

3. 听取区委组织部关于干部职务任免的报告；

4. 研究科级干部（机关）政治素质评价情况；

5. 研究 2020 年度区人大常委党组剖析材料。

2021 年 3 月 25 日第 58 次会议

1. 传达学习习近平总书记近期重要讲话精神：

①学习习近平总书记在党史学习教育动员大会上的讲话精神；

②学习习近平总书记在全国脱贫攻坚总结表彰大会上的讲话；

2. 传达学习第十三届全国人大第四次会议精神；

3. 传达学习市四届人大六次会议精神。

2021 年 4 月 26 日第 59 次会议

1. 传达习近平总书记在福建考察时的重要讲话精神；

2. 学习传达省委、省政府《关于全面推进乡村振兴加快农业农村现代化的实施意见》的精神；

3. 研究两名法官的任职问题；

4. 研究部署机关意识形态工作。

2021 年 5 月 28 日第 60 次会议

1. 学习习近平新时代中国特色社会主义思想学习问答的第一部分：思想之旗领航向；

2. 重温习近平总书记视察江西时的重要讲话精神；

3. 学习习近平总书记考察广西时的重要讲话精神；

4. 学习习近平总书记在推进南水北调后续工程高质量发展座谈会上的重要讲话精神；

5. 研究意识形态相关工作。

2021 年 6 月 17 日第 61 次会议

1. 传达学习习近平总书记考察青海时的重要讲话精神；

2. 学习《习近平新时代中国特色社会主义思想学习问题》第二部分：人间正道开新篇；

3. 传达区纪委、监委关于党员干部、公职人员酒驾问题的有关工作要求。

2021 年 7 月 19 日第 62 次会议

1. 学习习近平总书记近期重要讲话精神：

① 6 月 18 日在参观“不忘初心，牢记使命”中国共产党历史展览时的重要讲话精神；

②6月25日在中央政治局第三十一次集体学习时的重要讲话精神；

③6月29日在“七一勋章”颁授仪式上的重要讲话。

2.学习中央、省委“七一”庆祝大会精神。

3.学习《习近平新时代中国特色社会主义思想学习问题》第三部分：中流砥柱天地间。

4.研究对个别党员领导干部的处分问题。

2021年8月5日第63次会议

1.传达学习市财政局《关于进一步加强公务消费网络监管平台监管的通知》；

2.听取区委组织部关于龚振宙、郑华森二人职务任务的报告，拟提请区人大常委会按法律程序办理；

3.听取区委组织部代表区委关于五个街道人大工委主任、副主任的提名报告。

2021年8月13日第64次会议

1.关于调整区、乡两级人民代表大会代表选举日的报告；

2.学习违规吃喝等突出问题专项治理“十六不准”。

2021年8月25日第65次会议

1.宣读区委关于区人大常委会党组任职文件，并通报区人大常委会领导预分工的通知；

2.学习习近平总书记近期重要讲话精神：

①在亚太经合组织领导人非正式会议上的重要讲话精神；

②在西藏考察时的重要讲话精神；

3.听取区委相关人事事项的提名；

4.研究关于召开区第十七届人大第一次会议有关事项。

2021年9月9日第66次会议

1.传达学习省纪委关于转发《关于高安市人大、政协部分领导干部违规使用公用经费典型问题的通报》的通知；

2.研究关于区第十七届人大一次会议筹备工作的相关事项。

2021年9月14日第67次会议

1.学习习近平总书记在河北承德考察时的重要讲话精神；

2.学习习近平总书记在中央党校（国家行政学院）中青年干部培训班开班仪式上的重要讲话。

五、区第十七届人大常委会党组会议

区第十七届人大常委会党组会议从2021年10月至12月底共召开会议4次，会议均由党组书记皮晓瑶主持。

2021年10月18日第1次会议

1.学习习近平总书记在陕西榆林考察时的重要讲话精神；

2.学习习近平总书记在中央人才工作会议上的重要讲话精神；

3.在纪念辛亥革命110周年大会上的重要讲话精神；

4.学习《习近平新时代中国特色社会主义思想学习问答》第六部分：千秋伟业强基石；

5.传达学习市第五次党代会、区第十四次党代会精神。

2021年10月29日第2次会议

1.传达学习中央人才工作会议精神；

2.传达学习上饶市第五届人大一次会议精神；

3.研究分析研判机关意识形态工作。

2021年11月23日第3次会议

1.研究相关人事事项：

①政府组成部门主要负责人的任职；

②区人大常委内设机构及法院个别法官的免职。

2.传达学习中共十九届六中全会精神。

2021年12月27日第4次会议

1.学习《监察法实施条例》和新修订的《中华人民共和国审计法》；

2.传达学习省十五次党代会精神；

3.传达学习习近平总书记在中共中央政治局第三十五次集体学习会上的重要讲话精神；

4.传达学习中央经济工作会议主要精神。

第五节　常委会主任会议概况

一、县第十三届人大常委会主任会议

县第十三届人大常委会从 2005 年 1 月至 2006 年 12 月共召开主任会议 77 次。会议由常委会主任戴水春主持。

2005 年 1 月 5 日第 1 次会议

1. 讨论县第十三届人大常委会第十五次会议建议议程；

2. 审议县人大常委会关于加强和规范人大司法监督的若干规定（草案）；

3. 听取各办 2005 年工作安排。

2005 年 1 月 12 日第 2 次会议

1. 讨论县第十三届人民代表大会第三次会议有关事项，提请县第十三届人大常委会第十五次会议审议；

2. 研究 2004 年度县人大常委会机关评比工作。

2005 年 1 月 15 日第 3 次会议

1. 主任戴水春传达县委常委会议精神；

2. 经县第十三届人大常委会第十五次会议研究决定县第十三届人民代表大会第三次会议于 2005 年 2 月 17 日召开。

2005 年 2 月 5 日第 4 次会议

1. 研究各办 2 月份工作要点；

2. 研究春节安保工作。

2005 年 2 月 17 日第 5 次会议

研究参加保持共产党员先进性教育形势报告会一事。

2005 年 3 月 3 日第 6 次会议

1. 研究县第十三届人大常委会第十六次会议议程；

2. 人事任命，提请县第十三届人大常委会第十六次会议任命；

3. 研究各办 3 月份工作要点。

2005 年 3 月 9 日第 7 次会议

1. 研究补选七名县第十三届人大代表；

2. 决定对县人民政府副县长进行述职评议；

3. 研究消费者权益保护法执法检查工作。

2005 年 3 月 14 日第 8 次会议

1. 研究水污染防治法执法检查工作；

2. 组织上饶市第一届人民代表大会代表到上饶参会事宜；

3. 研究召开对口座谈会。

2005 年 3 月 28 日第 9 次会议

1. 听取县人民法院副院长徐洪龙关于选任人民陪审员的情况汇报；

2. 同意县发计委更名为发改委，计生委更名为人口与计划生育委员会，其主要负责人提请县人大常委会任命。

2005 年 4 月 15 日第 10 次会议

1. 研究召开县第十三届人大常委会第十七次会议建议议程；

2. 拟于 2005 年 4 月 22 日上午在县人民法院为人民陪审员颁发证书。

2005 年 4 月 18 日第 11 次会议

1. 听取关于国土收入情况的调研报告；

2. 听取县人大常委会任命干部 2004 年度工作测评结果。

2005 年 4 月 25 日第 12 次会议

1. 研究各办 5 月份工作要点；

2. 研究评议县人口与计划生育委员会主任余从华和农业局局长陈少华的实施方案；

3. 研究对三名法官、检察官的评议工作；

4. 戴水春主任传达县委常委民主生活会情况。

2005 年 5 月 8 日第 13 次会议

1. 鲍小红副主任传达县政府常务会议精神；

2. 戴水春主任传达县委常委会会议精神；

3. 办公室负责人分工。

2005 年 5 月 13 日第 14 次会议

1. 研究决定 5 月 15—17 日组织人大机关干部到革命圣地井冈山学习；

2. 研究省人大常委会领导到广丰调研的有关事项。

2005年5月25日第15次会议

1. 听取副主任鲍小红、余锡恭传达市人大教科文卫工作和农业农村工作座谈会精神；

2. 听取评议县公路分局和县招商局工作情况汇报。

2005年5月30日第16次会议

1. 研究各办6月份工作要点；

2. 研究先进性教育活动整改措施和方案；

3. 听取关于2005年“环保广丰行”视察活动；

4. 研究召开第十三届人大常委会第十八次会议有关事项。

2005年6月2日第17次会议

听取人大常委会机关保持共产党员先进性教育办公室汇报。

2005年6月13日第18次会议

1. 副主任张瑞耀汇报省人大常委会在萍乡召开的财经工作座谈会精神；

2. 副主任吴祥国汇报县政府44次常务会议精神；

3. 研究迎接省人大内司委《江西省集体合同条例》执法检查；

4. 研究对补选的县人大代表进行培训。

2005年6月28日第19次会议

1. 主任戴水春传达县委常委扩大会议精神；

2. 研究人大志编撰工作；

3. 迎接省人大常委会副主任孙用和一行到广丰调研。

2005年7月4日第20次会议

1. 研究各办7月份工作要点；

2. 研究赴乡镇林改工作；

3. 研究半年工作总结会；

4. 副主任张瑞耀传达政府常务会议精神。

2005年7月12日第21次会议

1. 研究人大志送审、编印工作；

2. 研究关于开展对邮政局进行工作评议的实施方案；

3. 主任戴水春传达县委常委会会议精神。

2005年7月18日第22次会议

1. 研究县十三届人大常委会第十八次会议增加议程的事宜；

2. 研究县人大常委会领导列席县政府常务会议和市人大常委会会议的排序。

2005 年 7 月 25 日第 23 次会议

1. 听取评议调查组对县农业局局长陈少华和县人口计生委主任余从华履职情况的调查报告；

2. 听取执法检查组关于水污染防治法执法检查的情况报告；

3. 听取关于 2004 年财政决算的调查报告。

2005 年 8 月 8 日第 24 次会议

研究人大志编写定稿的有关事项。

2005 年 8 月 15 日第 25 次会议

1. 讨论县第十三届人大常委会第十九次会议议程；

2. 研究对《中华人民共和国行政许可法》执法检查的实施方案；

3. 研究有关事项。

2005 年 8 月 22 日 26 次会议

1. 副主任鲍小红传达县政府常务会议精神；

2. 研究决定吴祥国、巩宪进、王希银三人参加普法验收；

3. 迎接省人大选任联工作会议在广丰县召开。

2005 年 9 月 8 日第 27 次会议

1. 研究三省七县（市）联席会议事宜；

2. 通报机关经费使用情况，要求节约开支。

2005 年 9 月 26 日第 28 次会议

1. 研究国庆期间值班安排；

2. 研究视察民办教育工作实施方案；

3. 听取评议调查组对邮政局工作评议的调查报告；

4. 听取述职评议组对两名法官、一名检察官履职情况调查报告。

2005 年 10 月 8 日第 29 次会议

1. 研究各办 10 月份工作要点；

2. 研究对县交通局局长王少波述职评议意见。

2005 年 10 月 12 日第 30 次会议

1. 研究四省八县市人大常委会第十八次联席会接待及会务分工，邀请县人大常委会原主任萧继帮参加；

2. 研究《中国人大》《时代主人》征订发行工作。

2005 年 10 月 30 日第 31 次会议

1. 通报 10 月份工作完成情况，研究各办 11 月份工作；

2. 总结四省八县（市）人大联席会情况；

3. 研究县第十三届人大常委会第二十次会议议程；

4. 研究开展采购法执法检查工作。

2005 年 11 月 8 日第 32 次会议

1. 研究关于开展对《关于进一步加强人大工作意见》的贯彻落实情况督查的方案；

2. 研究人大志征订工作。

2005 年 11 月 14 日第 33 次会议

1. 副主任余锡恭传达县政府常务会议精神；

2. 研究组织部分省、市、县人大代表视察广丰县招商引资工作；

3. 研究开展《中华人民共和国行政许可法》执法检查。

2005 年 11 月 21 日第 34 次会议

1. 成立县人大常委会信访工作领导小组；

2. 成立县人大常委会老干部工作领导小组等。

2005 年 11 月 28 日第 35 次会议

1. 主任戴水春传达县委常委会会议精神；

2. 人大志征订工作。

2005 年 12 月 5 日第 36 次会议

1. 副主任鲍小红传达县政府常务会议精神；

2. 研究各办 12 月份工作要点；

3. 研究县第十三届人大常委会第二十次会议审议意见。

2005 年 12 月 12 日第 37 次会议

1. 研究补选江卫农、万国达为县第十三届人大代表；

2. 研究《中华人民共和国行政许可法》执法检查。

2005 年 12 月 19 日第 38 次会议

1. 研究 2005 年度乡镇人大工作考核；

2. 给予有关人员工作奖励（招商引资、人大志编写等）。

2005 年 12 月 29 日第 39 次会议

听取县财政局局长王建华关于调整 2005 年预算收支计划的报告。

2006 年 1 月 6 日第 40 次会议

1. 各组汇报对乡镇人大工作考评情况；

2. 研究各办 2006 年 1 月份工作要点；

3. 研究县第十三届人大常委会第二十一次会议建议议程；

4. 研究关于召开县第十三届人大第四次会议有关事项。

2006 年 1 月 13 日第 41 次会议

1. 研究乡镇人大工作先进单位和优秀县人大代表名单；

2. 讨论向县人代会作的人大常委会工作报告。

2006 年 1 月 23 日第 42 次会议

1. 听取各办 2006 年工作安排的汇报；

2. 研究县人大常委会 2006 年主要工作安排。

2006 年 1 月 25 日第 43 次会议

研究县第十三届人大常委会第二十一次会议议程。

2006 年 2 月 5 日第 44 次会议

1. 补选周遐光为县第十三届人代会代表，郑卫平因调出广丰，终止其县人大代表；

2. 研究县第十三届四次人代会有关事项。

2006 年 2 月 21 日第 45 次会议

1. 研究召开各办对口联系工作会；

2. 研究机关考核工作；

3. 研究 4 月份人大常委会会议准备工作。

2006 年 3 月 6 日第 46 次会议

1. 研究县人大常委会 2006 年工作要点；

2. 研究各办 3 月份工作要点；

3. 研究赴新余工业园区学习考察。

2006 年 3 月 13 日第 47 次会议

1. 安排各办对口联系单位负责人座谈会；

2. 研究县人大代表分口视察事宜；

3. 研究县第十三届人大常委会第二十三次会议准备工作。

2006 年 3 月 17 日第 48 次会议

听取县人民政府关于利用国家开发银行开发性金融借款建设北环路 8 个公共设施项目贷款偿还有关事项的议案说明，拟提交县第十三届人大常委会第二十三次会议审议。

2006 年 3 月 20 日第 49 次会议

1. 副主任鲍小红传达县政府常务会议精神；

2. 讨论县第十三届人大常委会第二十四次会议建议议程；

3. 研究对县工商局工作评议的实施方案；

4. 研究关于开展《预防未成年人犯罪法》执法检查。

2006 年 4 月 3 日第 50 次会议

1. 研究各办 4 月份工作要点；

2. 听取县人大常委会执法检查组关于检查《中华人民共和国行政许可法》实施情况的汇报；

3. 要求每月至少组织机关干部学习两次，每年每人撰写 2 万字读书笔记。

2006 年 4 月 23 日第 51 次会议

1. 主任戴水春传达县委常委会会议精神；

2. 研究县第十三届人大常委会第二十四次会议议案；

3. 听取和审议县人民政府《关于我县撤并乡镇工作的议案》，提请县人大常委会审议。

2006 年 4 月 27 日第 52 次会议

讨论人事任免事项，经讨论同意提请区人大常委会审议任免。

2006 年 5 月 9 日第 53 次会议

1. 研究各办 5 月份工作要点；

2. 研究未成年人犯罪法执法检查工作；

3. 研究水土保持视察工作；

4. 研究环保广丰行活动；

5. 研究乡镇人大主席会议部署乡镇人代会会议事宜。

2006 年 5 月 25 日第 54 次会议

1. 研究审计法法治讲座工作；

2. 通报赴苏州工业园区考察情况；

3. 研究县第十三届人大常委会第二十五次会议议程。

2006 年 6 月 2 日第 55 次会议

1. 研究县第十三届人大常委会第二十六次会议建议议程；

2. 研究各办 6 月份工作要点；

3. 研究对法官、检察官述职评议实施方案。

2006 年 6 月 12 日第 56 次会议

1. 研究《预防未成年人犯罪法》执行情况的报告；

2. 研究合并后的东阳乡换届选举工作；

3. 研究对工商局工作评议情况的报告；

4. 研究对商业银行法执法检查实施方案。

2006年6月19日第57次会议

1. 研究县人大常委会组成人员走访人大代表和选民工作；

2. 研究分口进行县人大代表集中视察；

3. 拟起草充分发挥代表作用的若干规定。

2006年6月26日第58次会议

1. 学习中共中央转发的《中共全国人大常委会党组关于做好全国县、乡两级人民代表大会换届选举有关工作的意见》的通知；

2. 主任戴水春传达县委常委会会议精神；

3. 研究对县文化广播电视局局长徐贵清评议情况；

4. 其他。

2006年7月10日第59次会议

1. 研究各办7月份工作要点；

2. 主任戴水春传达县委常委会会议精神。

2006年7月18日第60次会议

1. 主任戴水春传达县委常委会会议精神；

2. 主任戴水春传达政府行政中心建设征求意见会精神；

3. 主任戴水春传达市人大常委会会议精神；

4. 讨论县第十三届人大常委会第二十七次会议议程。

2006年7月31日第61次会议

1. 研究各办8月份工作要点；

2. 副主任吴克海传达全市人大换届选举工作会议精神；

3. 副主任余锡恭传达县政府64次常务会会议精神；

4. 副主任郑德龙介绍赴萍乡学习考察街道人大工作情况；

5. 主任戴水春介绍省人大老领导王昭荣一行十一人到广丰调研情况。

2006年8月7日第62次会议

1. 研究县城近期控规；

2. 研究建设绿色生态广丰；

3. 研究关于加强法治文化教育的决议；

4. 讨论县人民政府关于提请调整市民中心建设用地规划的议案。

以上提请县人大常委会审议通过。

2006 年 8 月 14 日第 63 次会议

1. 研究县第十三届人民代表大会第五次会议的有关事宜；

2. 在县人代会上选举上饶市第二届人民代表大会代表；

3. 研究进一步加强县人大代表工作和县人大常委会制度建设的意见；

4. 研究关于开展对县经贸委进行工作评议的实施方案。

2006 年 8 月 21 日第 64 次会议

1. 听取县财政局局长王建华关于 2005 年财政决算的报告和 2006 年上半年预算执行情况的汇报；

2. 听取县审计局关于 2005 年财政预算执行情况和其他财政收支情况的审计工作汇报；

3. 听取副主任张瑞耀关于 2005 年财政决算的审查报告；

4. 听取县人大常委会执法检查组关于银行法执法检查的汇报；

5. 听取县人大常委会评议调查组对县文广局局长徐贵清、县林业局局长刘旭州履职情况的调查报告。

会议同意以上议案提请县人大常委会审议。

2006 年 9 月 10 日第 65 次会议

1. 听取各办对县第十三届人大四次会议代表建议督办情况的汇报；

2. 研究各办 9 月份工作要点；

3. 研究对县人民法院、县人民检察院上半年工作报告审议意见；

4. 研究对县人民政府上半年工作报告审议意见。

2006 年 9 月 10 日第 66 次会议

1. 主任戴水春介绍赴全国人大培训中心（北戴河）学习情况；

2. 学习党政领导干部保密工作责任制的规定；

3. 通报 9 月份各办工作落实情况；

4. 研究《中华人民共和国土管法》执法检查工作；

5. 研究《中华人民共和国安全生产法》执法检查工作。

2006 年 9 月 25 日第 67 次会议

1. 研究县第十三届人大常委会第二十八次会议建议议程；

2. 研究开展义务教育法重点执法检查方案；

3. 研究国庆节期间值班安排。

2006 年 10 月 8 日第 68 次会议

1. 研究成立俞瑞伍同志治丧小组（县人大常委会原副主任，2006 年 10 月 8 日晨逝世），定于10月9日9时38分在广丰殡仪馆举行遗体告别仪式；

2. 研究各办10月份工作要点。

2006年10月16日第69次会议

听取县政府和粮食局关于退城进郊项目贷款的汇报，提请第十三届人大常委会二十八次会议研究通过。

2006年10月23日第70次会议

1. 听取评议调查组对县经贸委工作情况的调查汇报；

2. 听取义务教育法执法检查情况的汇报。

2006年11月6日第71次会议

1. 副主任吴克海传达全省换届选举工作培训会议精神；

2. 研究各办11月份工作要点。

2006年11月13日第72次会议

1. 研究县第十三届人大常委会第二十九次会议议程；

2. 研究组织人大代表视察广丰县公安工作和社会治安防控体系建设工作。

2006年11月20日第73次会议

1. 布置换届前的准备工作；

2. 邱在庆传达全市《监督法》培训班精神；

3. 县人大常委会主任戴水春、副主任鲍小红分别传达市人大常委会会议和全县基层党风廉政建设工作会议精神。

2006年12月4日第74次会议

1. 研究各办12月份工作要点；

2. 研究县第十三届人大五次会议筹备工作。

2006年12月6日第75次会议

在县第十三届人大常委会第二十九次会议上增加以下议程：

1. 关于召开县第十三届人大五次会议的决定；

2. 审议县第十三届人大五次会议建议议程；

3. 审议县第十三届人大五次会议主席团和秘书长名单。

2006年12月18日第76次会议

1. 研究关于做好县乡两级人民代表大会代表工作的意见，成立县选举委员会；

2. 听取县人大常委会视察组关于县公安治安工作和社会治安防控体系建设工作的视察报告；

3. 听取县人大常委会执法检查组关于检查《中华人民共和国土地管理法》执行情况的报告。

2006 年 12 月 25 日第 77 次会议

1. 研究各乡镇选举委员会名单;

2. 研究推荐县第十四届人民代表大会代表建议名单。

二、县第十四届人大常委会主任会议

县第十四届人大常委会从 2007 年 3 月至 2011 年 8 月共召开主任会议 168 次，人大常委会主任戴水春主持了 166 次，另外两次由人大常委会副主任郑德龙主持。

2007 年 3 月 19 日第 1 次会议

1. 研究新一届人大常委会主任、副主任分工;

2. 研究县人大常委会 2007 年工作要点。

2007 年 3 月 27 日第 2 次会议

1. 讨论通过县第十四届人大常委会第一次会议建议议程;

2. 讨论县人大常委会组成人员守则(草案)。

2007 年 4 月 2 日第 3 次会议

1. 主任戴水春传达市二届人大二次会议精神;

2. 邱在庆传达全县组织工作会议精神;

3. 研究各办 4 月份工作要点。

2007 年 4 月 9 日第 4 次会议

副主任鲍小红传达县政府常务会议精神;研究决定由副主任吴祥国牵头负责创建工作。

2007 年 4 月 23 日第 5 次会议

1. 县人大常委会机关成立信访、老干部、文体、对外联络、宣传工作小组;

2. 研究县人大常委会机关规章制度;

3. 副主任王忠毅、吴祥国、余锡恭分别传达市人大常委会分口召开的座谈会精神。

2007 年 5 月 8 日第 6 次会议

1. 主任戴水春传达县委常委会会议精神;

2. 研究各办 5 月份工作要点。

2007 年 5 月 21 日第 7 次会议

1. 主任戴水春传达市人大常委会会议精神;

2. 研究关于开展对县质量技术监督局进行工作评议的实施方案;

3. 研究关于开展《中华人民共和国环境保护法》执法检查的实施方案。

2007年5月28日第8次会议

研究四省九地（市）人大联席会议在广丰召开的会务工作。

2007年6月4日第9次会议

1. 研究各办6月份工作要点；

2. 研究县第十四届人大常委会第二次会议议程；

3. 研究关于广丰县旅游资源保护和开发利用情况的审议意见。

2007年6月11日第10次会议

1. 邱在庆传达全县“五风”教育整改提高阶段工作会议精神；

2. 决定由副主任鲍小红赴乡镇检查人大工作；

3. 副主任郑德龙、吴祥国、余锡恭就做好分管工作发言。

2007年6月25日第11次会议

1. 研究于6月28日召开县第十四届人大常委会第二次会议；

2. 审议将县人大常委会的财经、城建环资、教科文卫、内务司法、选任联、农业农村办公室更名为工作委员会；

3. 研究人大常委会委员联系人大工委名单。

2007年7月9日第12次会议

1. 研究各工委（办）7月份工作要点；

2. 研究检查江西省劳动保障监察条例实施情况的有关事项；

3. 研究迎接市人大环保上饶行活动；

4. 听取副主任王忠毅关于高考情况的汇报；

5. 同意对县第十四届人大代表、县人民法院院长苏某某采取强制措施，提请人大常委会审议并许可。

2007年7月27日第13次会议

1. 听取和审议关于县2006年财政决算的审查报告；

2. 听取和审议关于对县质监局工作评议的调查报告；

3. 听取和审议关于广丰县文物保护工作的调查报告；

4. 听取和审议关于环保法执法检查的报告。

2007年7月30日第14次会议

1. 研究县第十四届人大常委会第三次会议关于政府工作专项报告的审议意见；

2. 研究关于对县质监局工作评议的审议意见；

3. 研究各工委（办）8月份工作要点。

2007 年 8 月 6 日第 15 次会议

1. 主任戴水春传达县委常委会会议精神;

2. 研究县第十四届人大常委会第四次会议议程。

2007 年 8 月 20 日第 16 次会议

1. 主任戴水春介绍赴广东、海南考察情况;

2. 研究县第十四届人大一次会议代表建议办理工作;

3. 研究城市规划法执法检查工作;

4. 研究迎接省人大《中华人民共和国城市规划法》执法检查工作。

2007 年 8 月 22 日第 17 次会议

研究召开县第十四届人大常委会第四次会议事宜;定于 8 月 27 日召开会议,审议人事事项。

2007 年 9 月 3 日第 18 次会议

1. 研究各工委(办)9 月份工作要点;

2. 研究县人大代表视察退城进郊粮库建设,视察创美小区、新天地、卧龙城、县幼儿园、芦林大道、关胜水库,时间为 2007 年 9 月 5 日。

2007 年 9 月 24 日第 19 次会议

1. 听取县人大常委会执法检查组关于检查科技进步法实施情况的汇报;听取县人大常委会选任联工委关于许可对县本级人民代表大会代表采取限制人身自由强制措施的办理程序(草案);以上提请县第十四届人大常委会第五次会议审议;

2. 研究各工委(办)10 月份工作要点。

2007 年 10 月 8 日第 20 次会议

1. 研究广丰县刑事审判、刑事检察工作的审议意见;

2. 听取关于广丰县中招、高招工作情况汇报;

3. 编制县城近期建设规划(2006—2010 年);

4.《中华人民共和国科技进步法》实施情况的审议意见;

5. 关于上饶市商业银行广丰支行工作报告的审议意见;

6. 研究社会治安管理工作调研工作方案。

2007 年 10 月 15 日第 21 次会议

1. 研究县第十四届人大常委会第六次会议建议议程;

2. 研究《中国人大》征订发行工作;

3. 研究补选副县长周金明、县人民法院院长姚文、县国税局局长徐国华为县人大代表;

4. 拟于 2007 年 10 月 17 日举办《中华人民共和国物权法》讲座。

2007年11月5日第22次会议

1. 研究各工委（办）11月份工作要点；

2. 研究《中华人民共和国工会法》执法检查实施方案；

3. 听取县质监局关于对县石油公司加油机检查情况的汇报；

4. 听取县人大常委会财经工委关于芦林工业园区工业用地检查情况的报告，建议以调查报告的形式向县委报告。

2007年11月19日第23次会议

1. 副主任鲍小红传达县政府常务会议精神；

2. 研究2007年乡镇街道人大工作年终检查工作；

3. 研究评选县优秀人大代表工作；

4. 研究检查《中华人民共和国水法》实施情况。

2007年11月26日第24次会议

1. 听取县人大常委会执法调查组关于新广中“三校合一”后运行情况的调研报告；

2. 听取和审议县发改委关于调整2007年县国民经济和社会发展计划部分指标的报告。以上同意提请县第十四届人大常委会第六次会议审议。

2007年11月28日第25次会议

听取县人民检察院检察长吴伯翔作关于提请对纪某某采取强制措施的报告。

2007年12月4日第26次会议

1. 主任戴水春传达市人大常委会会议精神；

2. 研究各工委（办）12月份工作要点；

3. 研究县第十四届人大常委会第六次会议审议意见。

2007年12月10日第27次会议

1. 推荐江西省第十一届人民代表大会代表人选，报市人大常委会；

2. 主任戴水春传达县委常委会议精神。

2007年12月30日第28次会议

听取和审议县财政局关于调整2007年预算收支计划的报告。提请县第十四届人大常委会第六次会议审议。

2008年1月2日第29次会议

1. 研究召开县第十四届人民代表大会第二次会议有关事项；

2. 研究县第十四届人大常委会第七次会议建议议程。

2008 年 1 月 16 日第 30 次会议

1. 听取和审议关于确认许可对县第十四届人大代表纪某某采取刑事拘留的决议（草案）；

2. 研究优秀人大代表人选；

3. 研究县人大常委会 2008 年监督工作计划。

2008 年 2 月 18 日第 31 次会议

1. 研究县第十四届人大二次会议筹备工作；

2. 研究召开对口部门工作座谈会。

2008 年 2 月 26 日第 32 次会议

1. 主任戴水春传达县委常委会会议精神；

2. 研究县第十四届人大常委会第八次会议建议议程；

3. 研究县人大常委会 2008 年工作要点。

2008 年 3 月 10 日第 33 次会议

1. 主任戴水春传达市人大常委会会议精神；

2. 研究各工委（办）3 月份工作要点；

3. 研究召开县人大常委会任命干部述职报告会；

4. 专题研究环保广丰行活动方案。

2008 年 3 月 25 日第 34 次会议

听取县人民检察院检察长吴伯翔作关于对县第十四届人大代表刘某某涉嫌贪污、受贿采取强制措施的报告。同意提请县人大常委会审议并许可。

2008 年 4 月 1 日第 35 次会议

1. 研究县第十四届人大常委会第九次会议建议议程；

2. 研究各工委（办）4 月份工作要点。

2008 年 4 月 7 日第 36 次会议

1. 主任戴水春传达省人大常委会会议精神；

2. 研究迎接省人大常委会内司委到广丰县开展就业再就业工作调研。

2008 年 4 月 14 日第 37 次会议

1. 研究县人大常委会机关内部管理有关制度；

2. 主任戴水春传达市委书记蔡晓明和市长董仚生在视察广丰时的讲话。

2008 年 4 月 21 日第 38 次会议

邱在庆传达全市人大常委会主任座谈会精神。

2008 年 4 月 27 日第 39 次会议

研究决定，2008 年 4 月 29 日召开县第十四届人大常委会第九次会议，审议决定补选市供电公司总经理祝伯渝为上饶市第二届人民代表大会代表。

2008 年 4 月 29 日第 40 次会议

1. 主任戴水春传达市人大常委会会议精神；

2. 研究各工委（办）5 月份工作要点。

2008 年 5 月 19 日第 41 次会议

1. 传达国办发明电〔2008〕27 号电报，确定 5 月 19 日为全国哀悼日（汶川地震）；

2. 研究关于加强水环境保护，确保饮用水安全的决议稿；

3. 研究农产品质量安全法执法检查工作。

2008 年 5 月 26 日第 42 次会议

1. 各工委作关于县第十四届人大第二次会议代表建议督办情况的汇报；

2. 听取县人大常委会调研组关于广丰县人口与计划生育工作的调研报告；

3. 听取县人大常委会执法检查组关于广丰县消防法实施情况的报告。

2008 年 6 月 4 日第 43 次会议

1. 研究各工委（办）6 月份工作要点；

2. 胡炗才汇报全市统计法执法检查动员会精神；

3. 副主任鲍小红汇报全市人大工作座谈会精神；

4. 听取和审议县人大常委会执法检查组关于农产品质量安全法执法检查的报告。

2008 年 6 月 23 日第 44 次会议

1. 研究县人大代表视察县工商局工作的建议；

2. 戴水春主任传达县委常委会会议精神。

2008 年 7 月 1 日第 45 次会议

1. 研究各工委（办）7 月份工作要点；

2. 听取 2008 年全县高考录取情况汇报。

2008 年 7 月 7 日第 46 次会议

1. 胡炗才汇报全市人大财经工作座谈会精神；

2. 研究召开全县乡镇人大工作暨半年总结会。

2008 年 7 月 17 日第 47 次会议

1. 主任戴水春传达省委巡视组跟踪回访工作情况；

2. 研究芦林会议、五都会议落实情况的督查工作。

2008 年 8 月 4 日第 48 次会议

1. 研究县第十四届人大常委会第十二次会议建议议程；

2. 听取和审议县人民政府关于推进社会主义新农村建设情况的报告；

3. 听取和审议县人民政府关于 2007 年县级财政决算和 2008 年 1—7 月份预算执行情况的报告；

4. 研究各工委（办）8 月份工作要点。

2008 年 8 月 7 日第 49 次会议

1. 主任戴水春传达全县信访工作会议精神；

2. 对上访群众要热情，实行领导干部包案制度。

2008 年 8 月 11 日第 50 次会议

1. 各委、办主任汇报落实芦林、五都会议精神督查工作；

2. 做好庆祝改革开放三十周年活动的准备；

3. 筹备全市人大常委会主任座谈会在广丰县召开的会务工作。

2008 年 8 月 20 日第 51 次会议

1. 副主任王忠毅、鲍小红、韩祥华汇报赴铅山县、信州区、德兴市人大常委会学习情况；

2. 蒋日云汇报国库集中支付工作情况。

2008 年 9 月 1 日第 52 次会议

1. 研究各工委（办）9 月份工作要点；

2. 听取和审议县公安局对县第十四届人大代表周某某采取取保候审的刑事强制措施。

2008 年 9 月 16 日第 53 次会议

听取县人大常委会调研组关于广丰县物业管理情况的调研报告。

2008 年 9 月 17 日第 54 次会议

听取和审议县审计局局长周永海关于广丰县 2007 年财政预算执行和其他财政收支的审计工作报告。提请县人大常委会会议审议。

2008 年 9 月 22 日第 55 次会议

1. 听取县财政局局长王建华作关于 2007 年财政决算和 2008 年 1—8 月份财政预算执行情况的报告；

2. 听取县人大常委会执法检查组关于检查安全生产法实施情况的报告；

3. 听取县人大常委会执法检查组关于食品卫生法实施情况的报告。

2008 年 10 月 6 日第 56 次会议

1. 研究各工委（办）10 月份工作要点；

2. 研究县第十四届人大常委会第十二次会议审议意见。

2008 年 10 月 14 日第 57 次会议

1. 研究县第十四届人大常委会第十三次会议建议议程；

2. 副主任鲍小红传达全市《中国人大》宣传发行工作会议情况。

2008 年 10 月 27 日第 58 次会议

1. 研究各工委（办）11 月份工作要点；

2. 听取县国税局局长徐国华、县地税局局长龚爱平、县财政局局长王建华工作汇报；

3. 讨论在全市人大工作会议上的典型发言材料。

2008 年 11 月 4 日第 59 次会议

1. 主任戴水春传达省委办公厅、省人大办公厅在市调研关于加强人大工作座谈会精神；

2. 研究各工委（办）2009 年工作计划；

3. 准备召开县第十四届人大常委会第十三次会议。

2008 年 11 月 11 日第 60 次会议

1. 学习中共上饶市委《关于加强新形势下人大工作的意见》；

2. 研究 2008 年人大工作年终检查；

3. 研究评选优秀县人大代表；

4. 研究部分人大代表到房地产企业、工业企业视察；

5. 讨论县人大常委会 2009 年监督工作计划。

2008 年 12 月 1 日第 61 次会议

1. 研究 12 月份各工委（办）工作要点；

2. 研究县第十四届人大常委会第十三次会议审议意见；

3. 研究部分全国人大、省人大代表到广丰县视察的接待工作。

2008 年 12 月 11 日第 62 次会议

听取广发公司负责人关于提请审议将“工信国际金象 45 号县民生工程保障和资金信贷计划”还款缺口资金列入同期年度财政预算的议案。

2008 年 12 月 22 日第 63 次会议

1. 各考评组汇报乡镇（街道）人大工作考评情况。

2. 因陈平、王荣两名县人大代表调离广丰，终止其县人大代表资格，同意补选倪美堂、郑日贵为县第十四届人民代表大会代表；提请县第十四届人大常委会第十四次会议审议。

3. 研究县第十四届人大常委会第十四次会议建议议程。

2008年12月29日第64次会议

1. 研究县第十四届人民代表大会第三次会议的筹备工作；

2. 研究一名法官的任职，提请县人大常委会审议。

2009年1月4日第65次会议

1. 研究确定优秀县人大代表人选；

2. 研究各工委（办）1月份工作要点；

3. 成立县人大常委会机关招商引资小分队。

2009年1月16日第66次会议

根据市人大常委会文件，苏某某构成犯罪，法院已作判决，建议罢免其市、县人大代表资格，提请人大常委会审议。

2009年2月17日第67次会议

1. 主任戴水春介绍省人代会主要情况；

2. 研究各工委（办）2月份工作要点；

3. 研究县第十四届人大常委会第十五次会议建议议程；

4. 研究县人大常委会2009年工作要点。

2009年2月23日第68次会议

1. 副主任郑德龙、王忠毅传达县人民政府有关会议精神；

2. 研究确定2月27日在供电公司会议室召开乡镇人大工作先进集体、优秀县人大代表会议。

2009年3月3日第69次会议

1. 研究各工委（办）3月份工作要点；

2. 研究县人民代表大会优秀代表建议、批评和意见及表彰办法（试行）；

3. 决定听取科技局、环保局、电信局、移动公司的专项工作报告。

2009年3月9日第70次会议

1. 听取县人民政府副县长石斌关于铜钹山军潭至高阳（木城关）、岭底至七星公路项目建设资金偿还列入财政专项预算的议案；

2. 做好信访稳定工作；

3. 做好招商引资工作；

4. 继续开好对口座谈会。

2009年3月23日第71次会议

1. 副主任王忠毅传达县政府常务会议精神；

2. 鉴于刘某某的县人大代表被罢免，同意补选康鑫铜业公司厉康宁为县第十四届人大代表，提请县人大常委会审议；

3. 研究开展 2009 年环保广丰行活动；

4. 研究县人大常委会机关开展效能年活动实施方案。

2009 年 4 月 10 日第 72 次会议

1. 研究各工委（办）4 月份工作要点；

2. 各位副主任分别传达到省、市、县参加有关会议的精神；

3. 研究县第十四届人大常委会第十六次会议建议议程；

4. 研究返乡农民工就业情况调研工作方案。

2009 年 4 月 17 日第 73 次会议

听取县国税局局长徐国华、县地税局局长龚爱平、县财政局副局长颜志灵、县经贸委副主任徐利洪、工业园区管委会副主任周其华 2009 年一季度工作情况汇报。

2009 年 4 月 29 日第 74 次会议

1. 研究各工委（办）5 月份工作要点；

2. 研究机关作风建设工作；

3. 研究“五一”期间的值班工作。

2009 年 5 月 11 日第 75 次会议

1. 邱在庆传达全县招商引资工作调度会和民生工程会议精神；

2. 主任戴水春传达县委常委会议精神；

3. 加强对典当行业的监管；

4. 研究《中华人民共和国防空法》执法检查。

2009 年 6 月 1 日第 76 次会议

1. 研究各工委（办）6 月份工作要点；

2. 研究开展《中华人民共和国村民委员会组织法》执法检查工作。

2009 年 6 月 10 日第 77 次会议

1. 研究县第十四届人大常委会第十七次会议建议议程；

2. 讨论县人大常委会班子深入学习贯彻落实科学发展观分析检查报告；

3. 审议关于广丰县返乡农民工创业就业情况的调研报告。

2006 年 6 月 25 日第 78 次会议

讨论《县村镇规划建设管理暂行办法》，拟提请县人大常委会审议。

2009 年 6 月 30 日第 79 次会议

1. 研究各工委（办）7 月份工作要点；

2. 研究县人大常委会学习实践科学发展观整改方案。

2009 年 7 月 6 日第 80 次会议

1. 研究出台《县人民代表大会代表活动办法》;

2. 研究 7 月 9 日在桐畈召开工作总结会。

2009 年 7 月 13 日第 81 次会议

1. 研究县第十四届人大常委会第十七次会议建议议程;

2. 研究学习教育活动的整改工作。

2009 年 7 月 20 日第 82 次会议

1. 主任戴水春传达县委常委会会议精神;

2. 听取和审议县人大常委会执法检查组关于检查《中华人民共和国防空法》实施情况的报告。

2009 年 7 月 23 日第 83 次会议

研究参加“庆祝新中国成立 60 周年——江西优秀代表创业成就展”代表候选人选推荐名单。

2009 年 7 月 27 日第 84 次会议

拟将县委决定李德龙为县人民政府副县长和四名检察员任职、两名法院审判委员会委员免职，提请县人大常委会审议。

2009 年 8 月 3 日第 85 次会议

1. 研究各工委（办）8 月份工作要点;

2. 研究《中华人民共和国体育法》执法检查工作;

3. 研究《中华人民共和国动物防疫法》执法检查工作;

4. 研究县第十四届人大常委会第十七次会议审议意见。

2009 年 8 月 17 日第 86 次会议

听取县人民政府副县长祝美清关于利用国家开发银行江西分行低风险金融借款实施中医院搬迁改造工程项目贷款有关事项议案的说明。一致同意提请县第十四届人大常委会第十八次会议审议。

2009 年 8 月 24 日第 87 次会议

1. 讨论县第十四届人大常委会第十八次会议建议议程;

2. 研究测评部分法官工作实施方案。

2009 年 9 月 18 日第 88 次会议

1. 研究各工委（办）9 月份工作要点;

2. 同意增选一名县人大代表，报请县人大常委会审议。

2009 年 9 月 19 日第 89 次会议

1. 研究迎国庆新任人大代表座谈会方案；

2. 听取县人大常委会调查组关于广丰县农村饮水安全的调研报告。

2009 年 9 月 21 日第 90 次会议

1. 听取县人大常委会执法检查组关于《中华人民共和国动物防疫法》执法检查情况的汇报；

2. 听取县人大常委会执法检查组关于《中华人民共和国体育法》执法检查情况的汇报；

3.《中华人民共和国研究合同法》执法检查工作；

4. 副主任韩祥华传达县政府常务会议精神。

2009 年 9 月 24 日第 91 次会议

1. 听取县审计局关于广丰县 2008 年度财政预算执行情况和其他财政收支情况的审计结果报告；

2. 听取县财政局关于 2008 年财政决算情况的报告。

2009 年 9 月 25 日第 92 次会议

1. 讨论两名法官任职情况介绍，提请县人大常委会任命；

2. 增选 9 名人民陪审员提请县人大常委会任命。

2009 年 10 月 19 日第 93 次会议

1. 研究各工委（办）10 月份工作要点；

2. 研究县第十四届人大常委会第十八次会议审议意见。

2009 年 10 月 19 日第 94 次会议

1. 主任戴水春介绍赴北京参加全国人大常委会培训情况；

2. 审议县人民政府关于调整 2009 年度计划生育社会抚养费征收标准的议案。提请县第十四届人大常委会第十九次会议审议。

2009 年 10 月 30 日第 95 次会议

1. 听取县委组织部副部长陈金良介绍拟任副县长候选人魏文攻情况；

2. 鉴于邱在庆调到政府部门工作，拟免去其县人大常委会委员、办公室主任，拟于 2009 年 11 月 1 日在县第十四届人大常委会第十九次会议审议。

2009 年 11 月 2 日第 96 次会议

1. 研究县第十四届人大常委会第二十次会议建议议程；

2. 研究各工委（办）11 月份工作要点。

2009 年 11 月 16 日第 97 次会议

确定关于县人大代表辞去代表职务的暂行规定（草案）。拟提请县第十四届人大常委会第二十次会议审议。

2009年11月30日第98次会议

1. 研究各工委（办）12月份工作要点；

2. 研究县第十四届人大常委会第二十次会议审议意见；

3. 研究对乡镇（街道）人大工作进行年终检查事宜；

4. 研究对优秀代表建议、批评和意见评选方案。

2009年12月11日第99次会议

1. 研究利用农业发展银行开发性金融借款建设广丰工业园区雨水渠改造工程贷款偿还有关事项的议案；

2. 研究县第十四届人大第四次会议筹备工作。

2009年12月25日第100次会议

研究确定6个乡镇（街道）人大主席团和人大工委为先进单位。

2009年12月30日第101次会议

1. 研究关于调整2009年财政预算收支计划的报告；

2. 研究县优秀人大代表人选；

3. 研究重点项目建设视察意见。

2010年1月11日第102次会议

副主任鲍小红传达市人大常委选任联工委在弋阳召开的会议精神。

2010年1月12日第103次会议

1. 提请研究县人民政府关于提请审议县城北环路建设项目有关事项的议案；

2. 财经工委汇报初审情况，研究一致同意融资，提请县第十四届人大常委会第二十一次会议审议。

2010年1月22日第104次会议

1. 研究年终走访乡镇（街道）人大和县人大代表事宜；

2. 抓紧做好《中国人大》《时代主人》征订工作。

2010年2月3日第105次会议

1. 研究县人民政府关于广丰老城区（南山片区）改造拆迁安置项目建设资金有关问题的报告；

2. 研究各工委（办）2月份工作要点；

3. 研究关于广丰县高中阶段教育发展情况的调研报告。

2010年2月26日第106次会议

1. 研究县第十四届人大常委会第二十一次会议议程；

2. 研究通过恢复周某某执行代表职务。

2010 年 3 月 2 日第 107 次会议

1. 研究召开县第十四届人民代表大会第四次会议相关工作；

2. 学习福建省浦城县“代表之家”做法；

3. 编印《代表风采》；

4. 研究各工委（办）3 月份工作要点。

2010 年 3 月 8 日第 108 次会议

1. 研究县第十四届人民代表大会第四次会议相关工作事项；

2. 研究第十四届县人大常委会第二十二次会议建议议程。

2010 年 3 月 29 日第 109 次会议

1. 总结县第十四届人民代表大会第四次会议经验与不足；

2. 研究编印人大代表风采纪念册有关事项；

3. 研究各工委（办）4 月份工作要点。

2010 年 3 月 30 日第 110 次会议

研究人大常委会机关简易装修事项。

2010 年 3 月 30 日第 111 次会议

研究 2010 年环保广丰行活动方案。

2010 年 4 月 12 日第 112 次会议

1. 研究《关于县人大代表联系原选区选民和人民群众的意见》；

2. 主任戴水春传达县委常委会会议精神；

3. 各工委要抓紧召开对口单位座谈会；

4. 督促代表建议办理。

2010 年 4 月 19 日第 113 次会议

1. 研究调整 2010 年工作要点；

2. 迎接省人大常委会“环保赣江行”检查组。

2010 年 4 月 26 日第 114 次会议

1. 研究第十四届人大常委会第二十三次会议建议议程；

2. 召开法律顾问组工作会。

2010 年 5 月 4 日第 115 次会议

1. 研究各工委（办）5 月份工作要点；

2. 通报人大代表纪念册编印情况。

2010年5月10日第116次会议

1. 副主任韩祥华传达县政府59次常务会议情况；

2. 其他。

2010年5月17日第117次会议

1. 研究对《中华人民共和国行政诉讼法》执法检查有关事项；

2. 副主任鲍小红汇报到福建浦城县学习“代表之家”的感受；

3. 研究补选县供电公司经理程振宇和电信公司经理谢蓉华为县第十四届人大代表事宜。

2010年5月24日第118次会议

1. 研究县人民法院提请任命的人民陪审员有关事项；

2. 研究广丰县村卫生所、诊所、民营医疗机构发展情况调研报告；

3. 对网吧管理、公交车停车、农业龙头企业、新办工业企业和农村低保由各位分管副主任分别带队进行调研，提请县第十四届人大常委会第二十四次会议审议。

2010年6月8日第119次会议

1. 研究各工委（办）6月份工作要点；

2. 研究关于广丰县城市管理执法工作的调研报告；

3. 研究关于开展土地管理法执法检查方案。

2010年6月21日第120次会议

1. 研究对政府工作部门、直属部门、条管单位工作的测评方案；

2. 学习《中华人民共和国突发事件应对法》；

3. 安排相应的座谈会召开时间。

2010年6月28日第121次会议

1. 研究县第十四届人大常委会第二十四次会议议程；

2. 研究各工委（办）7月份工作要点；

3. 研究《中华人民共和国土地管理法》执法检查动员会有关工作；

4. 研究关于开展对房管局工作评议的实施方案。

2010年7月12日第122次会议

1. 研究人大代表视察部分农业产业化龙头企业方案；

2. 研究召开《中华人民共和国土地管理法》执法检查座谈会；

3. 各工委（办）作半年工作总结。

2010年7月19日第123次会议

举办金融知识讲座。

2010年7月26日第124次会议

研究《中华人民共和国公路法》执法检查报告。

2010年8月2日第125次会议

1. 研究县第十四届人大常委会第二十四次会议审议意见；

2. 研究各工委（办）8月份工作要点。

2010年8月9日第126次会议

1. 对县第十四届人大二十四次会议建议办理分口督办；

2. 对统计局、科技局工作评议方案尽快拿出来。

2010年8月16日第127次会议

1. 研究关于对县统计局工作评议的实施方案；

2. 研究关于对科技局工作评议的实施方案。

2010年8月25日第128次会议

1. 研究县第十四届人大常委会第二十五、二十六次会议建议议程；经研究将原定第二十五次会议议程调整到第二十六次会议进行；

2. 将评议统计局、科技局工作列入第二十五次会议进行研究。

2010年8月30日第129次会议

1. 研究各工委（办）9月份工作要点；

2. 建议补选刘旭洲为县第十四届人大代表。

2010年9月6日第130次会议

1. 研究人事任免有关事项；

2. 所有任免人员提请县第十四届人大常委会第二十五次会议任免。

2010年9月13日第131次会议

1. 研究对统计局工作评议动员会；

2. 研究程振宇、谢蓉华、刘旭洲三人补选代表有关安排；

3. 各工委（办）做好县第十四届人大常委会第二十六次会议议题的准备。

2010年9月26日第132次会议

1. 审议县人民政府2009年财政决算情况的报告；

2. 县人大常委会执法检查组关于行政诉讼法实施情况的报告和广丰县城乡低保工作情况的调研报告。

2010年9月29日第133次会议

1. 研究关于2009年财政决算的审查报告；

2. 研究关于批准县2009年财政决算的决议（草案）；

3. 其他。

2010年10月8日第134次会议

1. 研究县第十四届人大常委会第二十六次会议审议意见；

2. 要求各位副主任就财政债务化解的问题做调研；

3. 研究决定2010年11月17日召开县人大常委会成立30周年庆祝大会。

2010年10月9日第135次会议

研究对县人大代表吴某某采取取保候审强制措施有关事项。

2010年10月19日第136次会议

1. 研究开展《中华人民共和国森林法》执法检查方案；

2. 关于人大内设机构人员变动，提拔拟与组织部门沟通，报县委审批。

2010年10月25日第137次会议

1. 主任戴水春介绍乡镇换届，人大主席团主席推荐人选的县委常委会研究情况；

2. 人大主席团主席配好后，县人大常委会将对新任职人员进行《中华人民共和国代表法》《中华人民共和国选举法》《中华人民共和国监督法》的培训。

2010年11月1日第138次会议

1. 主任戴水春传达县委常委会会议精神；

2. 研究各工委（办）11月份工作要点；

3. 研究县第十四届人大常委会第二十八次会议议程。

2010年11月5日第139次会议

1. 研究县第十四届人大常委会第二十七次会议审议意见；

2. 补选人大常委会办公室主任周兴旺为县人大代表，由霞峰镇选举；

3. 成立代表纪念册编委会。

2010年11月15日第140次会议

1. 副主任吴祥国通报县政府常务会议精神；

2. 研究各工委（办）11月份工作要点；

3. 各工委本年度工作总结，2011年的监督计划要着手进行。

2010年11月28日第141次会议

1. 研究对统计局、科技局工作评议的调查报告；

2. 关于检查《中华人民共和国森林法》实施情况的报告；

3. 研究对2010年度各乡镇（街道）人大工作进行检查的通知；

4. 研究关于全县城乡低保工作情况的调研报告；

5. 其他。

2010 年 11 月 29 日第 142 次会议

1. 通过县第十四届人大常委会第二十八次会议总监票人、监票人、计票人名单（草案）；

2. 研究各工委（办）12 月份工作要点；

3.12 月上旬视察新开工工业企业，下旬视察重点工程。

2010 年 12 月 6 日第 143 次会议

1. 研究县第十四届人大常委会第二十八次会议审议意见；

2. 研究关于补选个别县人大代表事宜。

2010 年 12 月 15 日第 144 次会议

1. 研究召开县第十四届人民代表大会第五次会议，拟于 2011 年春节后召开，具体时间报县委确定；

2. 拟于 2011 年 1 月上旬召开县第十四届人大常委会第二十九次会议。

2010 年 12 月 27 日第 145 次会议

1. 研究县第十四届人大常委会第二十九次会议建议议程，定于 2011 年 1 月 17 日召开；

2. 研究县第十四届人民代表大会第五次会议方案；

3. 研究省、市、县人大代表视察部分重点工程建设情况的方案。

2010 年 12 月 31 日第 146 次会议

县财政局局长王建华作关于调整 2010 年预算收支计划的报告。

2011 年 1 月 4 日第 147 次会议

1. 副主任郑德龙汇报县第十四届人大五次会议筹备情况；

2. 蒋日云汇报会议经费情况；

3. 周兴旺汇报向县委报告召开县第十四届人民代表大会第五次会议的有关事项；

4. 主任戴水春传达市第二届人大常委会第五次会议精神。

2011 年 1 月 10 日第 148 次会议

1. 研究各工委（办）1 月份工作要点；

2. 研究确定县优秀人大代表人选。

2011 年 1 月 24 日第 149 次会议

1. 研究县第十四届人民代表大会第五次会议有关材料的起草；

2. 定于 2011 年 1 月 25 日召开春节团拜会。

2011 年 2 月 11 日第 150 次会议

1. 研究关于调整县第十四届人民代表大会第五次会议时间的说明；

2. 研究各工委（办）2 月份工作要点。

2011 年 2 月 19 日第 151 次会议

1. 副主任鲍小红汇报全市县、乡人大换届选举工作会议的主要精神；

2. 副主任鲍小红传达市人大常委会党组关于做好县乡两级换届选举工作意见；

3. 确定 2011 年 4 月 16 日为选举日。

2011 年 2 月 28 日第 152 次会议

1. 副主任鲍小红汇报全省县乡换届工作培训会主要精神；

2. 研究县第十四届人大常委会第三十次会议建议议程；

3. 研究各工委（办）3 月份工作要点；

4. 研究县乡换届选举工作有关事项，拟出意见报县委批转。

2011 年 3 月 8 日第 153 次会议

1. 研究县第十五届人民代表大会代表名额分配和乡、镇人民代表大会代表的核定；

2. 研究县人大常委会 2011 年度工作要点报县委批准。

2011 年 3 月 14 日第 154 次会议

1. 研究县第十四届人大第五次会议建议交办会事项；

2. 向县委报告人大换届选举，2011 年工作要点。

2011 年 3 月 23 日第 155 次会议

1. 研究法院提请的法官任免议案，县委组织部副部长陈金良到会介绍拟任免人员情况；研究同意提请县第十四届人大常委会第三十次会议审议；

2. 研究乡镇（街道）选举委员会（指导组）名单（草案）。

2011 年 4 月 6 日第 156 次会议

1. 研究各工委（办）4 月份工作要点；

2. 研究县第十四届人大常委会第三十次会议审议意见。

2011 年 4 月 11 日第 157 次会议

研究县人大常委会关于开展“食品药品安全赣鄱行”活动方案。

2011 年 4 月 18 日第 158 次会议

组织部门向县人大推荐一人到机关跟班锻炼。

2011 年 10 月 25 日第 159 次会议

1. 主任戴水春通报县委常委会议精神；

2. 研究县第十四届人大常委会第三十一次会议建议议程。

2011 年 5 月 4 日第 160 次会议

研究各工委（办）5 月份工作要点。

2011 年 5 月 9 日第 161 次会议

1. 研究调整县第十四届人大常委会第三十一次会议议程；

2. 主任戴水春传达县委常委会会议精神。

2011 年 5 月 20 日第 162 次会议

1. 主任戴水春通报各乡镇（街道）人大主席、副主席或工委主任、副主任人选；

2. 研究建党九十周年活动。

2011 年 5 月 26 日第 163 次会议

1. 研究县第十五届人大常委会建议名单；

2. 研究各乡镇（街道）选举委员会（指导组）人员调整名单。

2011 年 6 月 1 日第 164 次会议

1. 审查县第十五届人大代表候选人名单；

2. 研究各工委（办）6 月份工作要点。

2011 年 6 月 9 日第 165 次会议

1. 组织部副部长俞英发介绍永丰、丰溪、芦林三街道拟任人大工委副主任人选情况；

2. 根据县人民政府县长周遐光提请任命邵小亭为县人民政府副县长的议案，县人大常委会根据《中华人民共和国地方人民政府组织法》决定免去周遐光的县人民政府县长职务，决定任命邵小亭为县人民政府副县长、代县长，提请县十四届人大常委会第三十二次会议决定任免。

2011 年 6 月 13 日第 166 次会议

审查新当选的县第十五届人民代表大会代表资格。由各乡镇街道将名单予以公布，报经县人民代表大会代表资格审查委员会审查，提请县人大常委会确认。

1. 研究各工委（办）7 月份工作要点；

2. 迎接市二届人大常委会第三十四次会议在我县召开。

2011 年 7 月 27 日第 167 次会议

1. 研究县第十四届人大常委会第三十三次会议有关事项，会议定于 2011 年 7 月 29 日召开；

2. 研究县第十五届人民代表大会第一次会议筹备事项；

3. 研究调整县选举委员会名单。

2011 年 8 月 24 日第 168 次会议

1. 讨论关于县 2010 年财政决算的审查报告；

2. 讨论县人大常委会工作报告；

3. 研究市二届人大常委会第三十四次会议议程。

三、县（区）第十五届人大常委会主任会议

县（区）第十五届人大常委会从2011年9月至2016年9月共召开主任会议98次。人大常委会主任刘月林主持了96次会议，副主任潘荣华主持了第84次会议，副主任郑建平主持了第98次会议。

2011年9月5日第1次会议

1. 明确常委会主任、副主任分工；

2. 明确常委会领导挂钩乡镇（街道）人大工作安排；

3. 重阳节活动。

2011年9月23日第2次会议

1. 研究县第十五届人大常委会第一次会议建议议程；

2. 研究各工委（办）10月份工作要点；

3. 研究县人大常委会组成人员守则；

4. 研究县人大常委会主任会议议事规则；

5. 研究县人大常委会议事规则。

2011年11月1日第3次会议

1. 研究县第十五届人大常委会委员分工联系工作；

2. 研究县第十五届人大常委会代表资格审查委员会名单。

3. 研究各工委（办）11月份工作要点。

2011年11月16日第4次会议

1. 研究第十五届人大常委会第一次会议审议意见；

2. 研究《中国人大》《时代主人》征订发行事项；

3. 研究机关公务接待事项。

2011年12月15日第5次会议

1. 审议县人民政府关于任命俞文强为县人民政府副县长的议案；

2. 研究决定于2011年12月19日召开县第十五届人大常委会第二次会议及议题；

3. 部署2012年度县人大常委会监督计划。

2011 年 12 月 31 日第 6 次会议

1. 财政局局长王建华作关于 2011 年预算收支计划调整的报告；

2. 研究补选郑日贵为县第十五届人大代表。

2012 年 1 月 30 日第 7 次会议

1. 研究定于 2012 年 2 月 10 日召开的县第十五届人大常委会第二次会议议程；

2. 审议代表资格审查委员会作的县第十五届人大代表资格审查报告。

2012 年 2 月 1 日第 8 次会议

听取县公安局介绍县第十五届人大代表余某某涉嫌故意伤害案件情况，提请县人大常委会采取刑事强制措施的报告。经研究同意提请县人大常委会审议。

2012 年 2 月 9 日第 9 次会议

1. 听取各检查组汇报 2011 年度乡镇（街道）人大工作情况，确定人大工作先进单位；

2. 审议县人大常委会视察组关于视察城市管理工作情况的报告；

3. 研究召开全县乡镇（街道）人大工作会议事项。

2012 年 3 月 12 日第 10 次会议

1. 研究县第十五届人大代表创业风采专辑编辑工作；

2. 研究县第十五届人大常委会第二次会议代表建议重点督办 10 件事。

2012 年 3 月 27 日第 11 次会议

传达县委书记办公会精神。

2012 年 3 月 30 日第 12 次会议

1. 拟于 2012 年 3 月 31 日上午在县人大常委会会议室，对拟任人员举行法律知识考试；

2. 三名新任职人员作表态发言；

3. 县委组织部副部长邱志强介绍拟任人员情况。

2012 年 4 月 10 日第 13 次会议

1. 审议县第十五届人大常委会第四次会议建议议程；

2. 研究补选三名县人大代表；

3. 研究县 2012 年赣鄱农产品质量安全行活动方案。

2012 年 4 月 25 日第 14 次会议

1. 听取县委组织部副部长邱志强介绍关于提请任免人员的情况，拟在 2012 年 4 月 27 日召开县第十五届人大常委会第四次会议审议，拟任人员参加任前法律知识考试；

2. 审议检查《中华人民共和国企业所得税法》实施情况的报告；

3. 审议检查《中华人民共和国农产品质量安全法》实施情况的报告；

4. 审议开展农村集体土地管理工作调研有关情况。

2012 年 5 月 6 日第 15 次会议

1. 审议县第十五届人大常委会第四次会议审议意见；

2. 审议关于开展“农产品食品安全赣鄱行”活动方案。

2012 年 5 月 31 日第 16 次会议

1. 刘月林主任传达 5 月 30 日县委常委会会议精神；

2. 研究定于 2012 年 6 月 15 日召开县第十五届人大常委会第五次会议；

3. 研究各工委（办）6 月份工作要点；

4. 组织省、市、县人大代表进行专题调研；

5. 研究补选县第十五届人大代表。

2012 年 6 月 14 日第 17 次会议

1. 县委组织部副部长邱志强介绍拟提请县人大常委会任免人员的情况；

2. 研究省、市人大代表调研相关工作；

3. 讨论通过县人大常委会关于农村集体土地管理工作的调研报告。

2012 年 7 月 23 日第 18 次会议

1. 审议代表资格审查委员会关于选举代表的代表资格审查报告，提请县人大常委会确认；

2. 听取县委组织部副部长邱志强关于拟提请县人大常委会任命人员的情况说明；

3. 讨论关于对县水利局、卫生局、教育局开展工作评议的实施方案；

4. 讨论关于年中询问“一府两院”2012 年工作进展情况的实施方案；

5. 讨论县人大常委会关于规范性文件备案审查工作暂行办法；

6. 讨论县人大常委会工作评议办法（试行）；

7. 讨论县第十五届人大常委会第六次会议于 2012 年 7 月 30 日召开。

以上议题提请县第十五届人大常委会第七次会议审议。

2012 年 8 月 16 日第 19 次会议

1. 讨论通过县第十五届人大常委会第七次会议于 8 月 30 日召开；

2. 讨论关于对县水利局、卫生局、教育局开展工作评议动员大会有关事项；

3. 研究补选俞柳君为县第十五届人大代表。

2012 年 8 月 28 日第 20 次会议

1. 县财政局副局长吕建忠汇报 2011 年财政决算草案和 2012 年上半年财政预算执行情况的报告；

2. 县审计局局长余祖华汇报关于 2011 年度县级财政预算执行和其他财政收支的审查报告；

3. 审议县人大常委会关于2011年财政决算的审查报告；

4. 研究各工委（办）9月份工作要点。

2012年10月9日第21次会议

1. 研究各工委（办）10月份工作要点；

2. 研究按片区分5个小组走访创业代表；

3. 研究确定2012年10月30日召开县第十五届人大常委会第八次会议。

2012年10月17日第22次会议

研究对第十五届人大代表徐某某采取拘留审查的议案，经江苏涟水县公安局介绍，该案件为公安部经侦局的督办案件，事实清楚，同意刑事拘留。提请县第十五届人大常委会第八次会议确认。

2012年10月23日第23次会议

1. 听取县人民法院副院长纪树生关于提请个别法官因年龄到龄退休，免去其审判委员会委员、审判员和法庭庭长职务的议案；

2. 审议县人大常委会代表资格审查委员会关于补选代表的代表资格审查报告；

3. 审议关于提请确认许可对第十五届县人大代表徐某某采取刑事拘留审查的决定报告；

4. 审议水土保持法执法检查报告；

5. 审议对水利局、卫生局、教体局工作评议的调查报告。

2012年11月16日第24次会议

1 . 审议对县水利局、卫生局、教体局工作综合评议意见；

2 . 审议研究对政府融资项目建设情况开展视察事项；

3 . 研究走访代表事项；

4 . 研究对乡镇（街道）人大代表工作考核事项；

5 . 研究《中国人大》《时代主人》杂志征订任务分配。

2012年12月6日第25次会议

研究县政府提请审议县民生工程集合资金信托计划还款缺口资金列入同期年度财政预算的议案提请县第十五届人大常委会第九次会议审议确认。

2012年12月13日第26次会议

1 . 研究确定县第十五届人大常委会第九次会议于2012年12月31日召开；

2 . 听取卫生局工作评议整改报告。

2012年12月31日第27次会议

研究调整2012年财政预算收支计划。

2013 年 1 月 17 日第 28 次会议

1.评选先进单位有关事项；

2.研究召开县第十五届人代会三次会议；

3.研究县第十五届人大常委会第十次会议建议议程。

2013 年 1 月 30 日第 29 次会议

1.听取县人民政府关于提请审议将县旅游开发有限公司担保贷款资金列入财政预算托底偿还的议案，提请县第十五届人大常委会第十一次会议审议；

2.讨论县第十五届人大第三次会议作的人大工作报告（草案）。

2013 年 2 月 20 日第 30 次会议

1.确定先进人大工作单位，优秀人大代表名单；

2.研究全县人大工作会议相关事项。

2013 年 3 月 11 日第 31 次会议

讨论县人大常委会 2013 年工作要点。

2013 年 3 月 25 日第 32 次会议

1.讨论通过各工委（办）4 月份工作要点；

2.研究讨论 2013 年度乡镇（街道）人大工作考核办法；

3.同意个别代表辞去代表职务的请求，提请县第十五届人大常委会第十一次会议确认；

4.研究关于提高人大常委会会议质量的暂行办法。

2013 年 3 月 27 日第 33 次会议

讨论市政府关于全力支持广丰县、德兴市跻身全国百强县的若干意见。

2013 年 4 月 7 日第 34 次会议

1.研究关于开展《中华人民共和国电力法》执法检查的通知；

2.研究关于提高人大常委会会议质量的意见；

3.研究关于召开县第十五届人大常委会第十一次会议建议议程及时间。

2013 年 4 月 24 日第 35 次会议

1.县人民检察院检察长吴伯翔提请两名检察官的任免议案，提请县第十五届人大常委会第十一次会议审议；

2.县政府办叶剑汇报关于提请审议企业发展资金为资源综合利用企业增值税调整融资贷款实行托底有关事项的议案；

3.县人民法院院长姚文提请免职两位法官的议案；

4.研究确定对国土局、农业局、文广局进行工作评议。

2013年5月15日第36次会议

1.学习县党政机关、事业单位公务用车管理办法；

2.研究县第十五届人大常委会第十一次会议审议意见；

3.研究各工委（办）5月份工作要点。

2013年5月27日第37次会议

1.听取审议县人民检察院检察长吴伯翔提请一名检察官的任职议案；

2.研究通过各工委（办）6月份工作要点；

3.研究确定2013年6月28日召开县第十五届人大常委会第十二次会议有关事项。

2013年6月6日第38次会议

研究关于对国土局、农业局、文广局开展工作评议的实施方案。

2013年6月26日第39次会议

1.听取县人民法院院长姚文提请任免一名法官的议案；

2.听取补选县人大代表情况说明；

3.研究通过各工委（办）7月份的工作要点；

4.听取审议县人大常委会执法检查组关于《中华人民共和国电力法》执法检查情况报告。

2013年7月5日第40次会议

1.审议县第十五届人大常委会第十二次会议审议意见；

2.审议《中华人民共和国电力法》执法检查报告审议意见；

3.审议新农村建设和农村清洁工程专项报告的审议意见；

4.研究于2013年7月11日召开评议工作动员会事宜。

2013年7月25日第41次会议

1.研究各工委（办）8月份工作要点；

2.审议县第十五届人大常委会第十三次会议审议意见；

3.研究确定于2013年8月29日召开县第十五届人大常委会第十四次会议，并研究确定建议议程和相关事项。

2013年8月28日第42次会议

1.县财政局局长程剑虹报告2012年度财政决算和2013年上半年财政预算执行情况；

2.县审计局局长余祖华作2012年度财政预算执行和其他财政收支的审计报告；

3.财经工委主任胡奀才汇报关于2012年财政决算的审查报告；

4.研究各工委（办）9月份工作要点。

2013 年 9 月 5 日第 43 次会议

1. 研究县第十五届人大常委会第十四次会议审议意见；

2. 研究关于开展人大代表建议办理工作“回头看”活动实施方案。

2013 年 9 月 25 日第 44 次会议

1. 研究各工委（办）10 月份工作要点；

2. 部署代表建议办理“回头看”活动，注重代表参与率，对办理工作进行梳理了解；

3. 研究决定 2013 年 10 月 29—30 日召开县第十五届人大常委会第十五次会议，其中 10 月 29 日为工作评议会；

4. 研究食品安全专题询问有关事宜。

2013 年 10 月 25 日第 45 次会议

1. 县委组织部干部科科长作关于张棉标、李新金的情况介绍，建议任命张棉标为县人民政府副县长，李新金挂职期满，免去其县人民政府副县长职务；

2. 听取对国土局、农业局、文广局工作评议的报告；

3. 听取对供电公司工作视察意见。

2013 年 11 月 1 日第 46 次会议

1. 研究县第十五届人大常委会第十五次会议审议意见；

2. 研究关于听取“十二五”规划中期评估报告相关工作；

3. 听取对县供电公司停电问题专题视察意见；

4. 听取对国土局、农业局、文广局综合评议意见。

2013 年 11 月 25 日第 47 会议

1. 研究县第十五届人大常委会第十六次会议建议议程，定于 2013 年 12 月 31 日召开会议；

2. 研究各工委（办）12 月份工作要点；

3. 研究对乡镇（街道）2013 年度人大工作考核意见；

4. 研究组织开展评选县优秀人大代表活动。

2013 年 12 月 27 日第 48 次会议

1. 听取县政府关于提请审议 2013 年度政府工作报告十大实事部分项目进行调整的报告；

2. 听取县政府提请审议将民生银行贷款还款缺口列入同期财政预算的议案；

3. 接受颜某某辞去县人大代表的议案。

以上议案提请县第十五届人大常委会第十六次会议审议。

2014 年 1 月 7 日第 49 次会议

1. 研究评选乡镇（街道）人大工作先进单位；

2. 研究评选代表建议办理工作先进单位；

3. 研究评选优秀人大代表事宜；

4. 研究县第十五届人大常委会第十六次会议审议意见。

2014年1月26日第50次会议

1. 县委组织部副部长杨华峰介绍拟任副县长龚振宙的简历，提请县第十五届人大常委会第十七次会议任命；

2. 同意接受王忠毅志辞去县人大常委会副主任职务；

3. 研究通过县第十五届人大常委会第十七次会议建议议程。

2014年2月24日第51次会议

专题研究县人大常委会2014年工作要点。

2014年3月5日第52次会议

1. 听取饶丰水库管理局负责人汇报饶丰灌区一干渠规划建设报告；

2. 研究各工委（办）3月份工作要点；

3. 研究县第十五届人大常委会第十九次会议建议议程，会议定于3月28日召开。

2014年3月7日第53次会议

研究县人民政府关于提请审议将中江国际·金象28号“县城镇化建设投资资金资产信托计划”还款缺口列入同期年度财政预算的议案。

2014年3月25日第54次会议

1. 听取和审议县人民法院关于人事任免的议案；

2. 讨论通过恢复余某某县第十五届人大代表职务，同意提请县第十五届人大常委会第十九次会议表决；

3. 研究各工委（办）4月份工作要点。

2014年4月10日第55次会议

审议县第十五届人大常委会第十九次会议审议意见。

2014年4月11日第56次会议

研究许可对县人大代表徐某某采取刑事拘留强制措施。提请县第十五届人大常委会第二十次会议确认。

2014年4月24日第57次会议

1. 研究增选39名人民陪审员；

2. 研究通过部分县人大代表视察饶丰灌区一干渠；

3. 研究各工委（办）5月份工作要点；

4. 研究确定 2014 年 5 月 28 日召开县第十五届人大常委会第二十次会议。

2014 年 5 月 28 日第 58 次会议

1. 研究县人民政府主要领导调整的议案；

2. 听取和审议县人民法院关于个别法官和新增人民陪审员任命的议案；

3. 确认对县第十五届人大代表徐某某采取强制措施的议案。

以上一并提请县第十五届人大常委会第二十次会议审议。

2014 年 6 月 10 日第 59 次会议

讨论审议县第十五届人大常委会第二十次会议审议意见。

2014 年 6 月 18 日第 60 次会议

1. 研究县第十五届人代会第五次会议有关事项；

2. 研究“农产品质量安全行、食品药品安全赣鄱行活动”启动仪式；

3. 研究个别县人大代表辞职事项。

提请县第十五届人大常委会第二十一次会议审议。

2014 年 6 月 25 日第 61 次会议

1. 研究各工委（办）7 月份工作要点；

2. 各工委汇报人大代表建议督办情况；

3. 研究审议县第十五届人大常委会第二十一次会议相关事项。

2014 年 7 月 8 日第 62 次会议

1. 研究听取关于提请确认许可对县第十五届人大代表徐某某采取刑事强制措施的决定的报告；

2. 研究决定于 2014 年 7 月 22 日召开县第十五届人大常委会第二十二次会议。

2014 年 8 月 5 日第 63 次会议

1. 研究县第十五届人大常委会第二十二次会议审议意见；

2. 研究通过《关于组织市人大代表开展农村环境卫生整治工作情况》专题调研的方案；

3. 研究县第十五届人大第五次会议建议办理有关事项；

4. 研究通过《中华人民共和国渔业法》执法检查方案；

5. 研究各工委（办）8 月份工作要点。

2014 年 8 月 26 日第 64 次会议

1. 研究关于召开赣浙闽皖四省七县（市）人大常委会第二十七次联席会议相关事项；

2. 研究通过关于检查《中华人民共和国人民防空法》实施情况的通知；

3. 研究定于 2014 年 9 月 29 日召开的县第十五届人大常委会第二十三次会议建议议程。

2014 年 9 月 25 日第 65 次会议

1. 县委组织部介绍拟任副县长郑华森、郑金车情况；

2. 郑金车拟任副县长兼公安局局长，免去郑铭的公安局局长职务；

3. 接受周开旺、郑铭、王建华辞去县人民政府副县长；

4. 补选何党生、齐忠有、郑华森为县第十五届人大代表；

5. 通过各工委（办）10 月份工作要点。

2014 年 9 月 28 日第 66 次会议

1. 听取关于 2014 年上半年国民经济和社会发展计划执行情况与下半年工作安排的报告；

2. 县审计局局长余祖华作审计报告；

3. 县财政局副局长吕建忠作 2013 年财政决算和 2014 年上半年财政预算执行情况报告。

2014 年 10 月 15 日第 67 次会议

1. 审议县城投公司管立柱关于申请发行 13 亿元公司债券有关事项的议案；

2. 常务副县长郑华森报告债券发行相关事项；

3. 通过《中华人民共和国科技进步法》《中华人民共和国渔业法》执法检查报告；

4. 审议县第十五届人大常委会第二十三次会议审议意见。

2014 年 10 月 31 日第 68 次会议

研究县人民政府提请将兴业银行贷款还款缺口资金列入周期年度财政预算的议案。

2014 年 11 月 4 日第 69 次会议

1. 研究讨论县第十五届人大常委会第二十五次会议有关事宜；

2. 研究各工委（办）11 月份工作要点；

3. 研究《上饶人大》组稿事宜。

2014 年 11 月 18 日第 70 次会议

审议县人民政府关于提请审议将县人民医院融资租赁贷款还款缺口资金列入同期年度财政预算的议案。

2014 年 11 月 25 日第 71 次会议

1. 研究各工委（办）12 月份工作要点；

2. 研究定于 2014 年 12 月 31 日召开的县第十五届人大常委会第二十六次会议相关事项；

3. 研究关于对乡镇（街道）人大工作考核的意见；

4. 研究关于评选县优秀人大代表的实施意见。

2014 年 12 月 5 日第 72 次会议

1. 研究关于召开县第十五届人民代表大会第六次会议的报告，提请县第十五届人大常委会第二十六次会议审议；

2. 研究县第十五届人大常委会第二十五次会议审议意见；

3. 报告县第十五届人民代表大会第四次、第五次会议代表建议办理督办情况。

2014 年 12 月 18 日第 73 次会议

1. 听取区人民政府关于提请审议将国有林场危旧房改造（二期）建设融资项目资金到期偿还纳入财政支出预算安排的议案，同意提请县第十五届人大常委会第二十七次会议通过；

2. 研究关于全省人大工作会议情况贯彻意见。

2014 年 12 月 30 日第 74 次会议

1. 县财政局局长程剑虹作关于调整 2014 年度预算收支计划的报告，拟提请 2014 年 12 月 31 日召开县第十五届人大常委会第二十六次会议审议；

2. 听取县人民政府、法院、检察院人事任免议案，拟提请县人大常委会审议；

3. 研究县第十五届人大常委会第二十六次会议审议意见。

2015 年 1 月 23 日第 75 次会议

研究关于撤县设区意见的报告及相关事项。拟提请县第十五届人大常委会第二十七次会议审议。

2015 年 3 月 6 日第 76 次会议

1. 听取郑华森常务副县长代表县人民政府提请的人事任免议案；听取县人民法院院长姚文、县人民检察院检察长吴伯翔提请的法官、检察官职务任免的议案；以上议案提请 2015 年 3 月 11 日召开的县第十五届人大常委会第二十七次会议审议；

2. 研究各工委（办）3 月份工作要点；

3. 研究对商务局、民政局、人防办的工作评议，并列入 2015 年度工作要点。

2015 年 3 月 19 日第 77 次会议

1. 研究讨论开展创建工作监督方案；

2. 确定对县民政局、县工商局进行工作评议。

2015 年 4 月 8 日第 78 次会议

1. 确定 2015 年 4 月 29 日召开县第十五届人大常委会第二十八次会议；

2. 研究各工委（办）4 月份工作要点。

2015 年 4 月 27 日第 79 次会议

1. 县委组织部介绍拟提请县人大常委会任职的人员情况；

2. 通过乡镇（街道）人大工作年度考核办法；

3. 研究代表建议督办方案。

2015 年 6 月 8 日第 80 次会议

1. 研究通过《关于对区民政局、工商局开展工作评议》的实施方案；

2. 研究通过开展《中华人民共和国防震减灾法》执法检查的通知；

3. 研究关于旅游强区建设情况报告及开展 2015 年助推旅游强区建设系列活动的方案；

4. 研究关于开展《中华人民共和国大气污染防治法》执法检查的通知；

5. 研究关于开展 2015 年环保广丰行活动；

6. 研究关于开展 2015 年赣鄱农产品质量安全行活动方案。

2015 年 7 月 8 日第 81 次会议

1. 听取关于对养老保险专项资金和新农合医疗资金专项审计调查报告；

2. 研究各工委（办）7 月份工作要点。

2015 年 8 月 6 日第 82 次会议

1. 研究通过关于组织市、区人大代表开展专题调研方案，要求在 8 月 18 日前完成，通过课题“创新农村新社区管理模式，维护农村和谐稳定”专题调研；

2. 研究 2015 年食品药品安全赣鄱行活动方案；

3. 研究关于检查《中华人民共和国气象法》实施情况的通知；

4. 研究关于检查《中华人民共和国安全生产法》实施情况的通知；

5. 研究召开区第十五届人大常委会第三十一次会议相关事宜。

2015 年 8 月 28 日第 83 次会议

1. 听取区发改委关于上半年国民经济和社会发展计划执行情况与下半年工作安排的报告；

2. 听取关于 2014 年财政决算草案和 2015 年上半年财政预算执行情况的报告；

3. 听取关于 2014 年度本级财政预算执行和其他财政收支的审议报告；

4. 研究起草中共广丰区委关于推动人大工作创新发展的意见（稿）；

5. 传达全市人大工作会议精神。

以上报告拟提请区第十五届人大常委会第三十一次会议审议。

2015 年 10 月 21 日第 84 次会议

1. 区政府关于提请胡志刚职务任命的议案；

2. 审议区第十五届人大常委会第三十三次会议建议议程；

3. 听取关于接受张棉标辞去区人民政府副区长的请求。

拟于 2015 年 10 月 21 日下午召开区第十五届人大常委会第三十三次会议，决定以上议案以后休会至 10 月 28 日继续开会，通过其他事项。

2015年10月26日第85次会议

1. 听取对区民政局进行工作评议的调查报告；

2. 听取关于《中华人民共和国防震减灾法》执法检查工作的报告；

3. 听取关于《中华人民共和国大气污染法》执法检查的报告；

4. 关于研究决定2015年12月31日召开区第十五届人大常委会第三十四次会议。

2015年12月9日第86次会议

讨论座谈区委关于制定全区"十三五"规划建议。

2015年12月29日第87次会议

1. 听取区人民法院关于提请任命49名人民陪审员的议案；

2. 补选谭赣明为上饶市第三届人民代表大会代表；

3. 听取关于调整2015年财政预算收支计划的报告。

以上议案拟提请2015年12月31日召开的区第十五届人大常委会第三十四次会议审议；

4. 研究各工委（办）2016年1月份工作要点。

2016年1月3日第88次会议

审议区人民政府关于提请审议黑滑石开采和综合利用相关事项的议案。

2016年2月1日第89次会议

1. 研究定于2016年2月4日召开的区第十五届人大常委会第三十六次会议建议议程；

2. 听取乡镇、街道人大工作考评情况。

2016年3月8日第90次会议

1. 研究2016年审查监督有关事项；

2. 研究确定2016年3月30日召开的区第十五届人大常委会第三十七次会议议程；

3. 研究区人大常委会2016年工作要点；

4. 研究各工委（办）3月份工作要点。

2016年3月29日第91次会议

1. 区人民法院副院长纪树生提请任免部分法官的议案；

2. 研究组织人大代表视察生态文明先行示范区暨"河长制"运行情况的实施方案。

以上拟提请区第十五届人大常委会第三十八次会议审议。

2016年5月18日第92次会议

1. 听取区人民政府《关于提请审议将区城投公司流动资金贷款到期偿还纳入财政支出预算安排的议案》，同意提请区第十五届人大常委会第三十八次会议审议。

2. 研究关于改设人大及其常委会有关机构的报告，设区人大法制委员会和财政经济委员会，各设主任1名、副主任2名，两个专门委员会的主任可由区人大常委会副主任兼任，副主任委员各2名，级别为正科级；保留区人大常委会办公室，设主任1名、副主任2名；保留农业农村、城建环资、选任联、教科文卫工委，分别设主任1名、副主任1名，报区委审批。

2016年6月23日第93次会议

1. 会议听取审议区政府关于提请审议将铜钹山景区基础设施项目贷款到期偿还纳入财政支出预算安排的议案；

2. 审议将铜钹山景区旅游养老项目补贴支付纳入财政支出预算安排的议案；

3. 审议将城投公司流动资金贷款到期偿还纳入财政支出预算安排的议案；

4. 审议将丰溪河流域生态环境综合治理政府购买服务到期应支付费用纳入财政支出预算安排的议案；

5. 研究乡镇（街道）选举委员会（指导组）名单（草案）。

以上拟提请区第十五届人大常委会第三十九次会议审议。

2016年8月8日第94次会议

研究区人大常委会机关几个具体问题向区委报告，请求解决。

2016年8月16日第95次会议

1. 区委组织部报告区委关于郑华森职务任免情况的议案；

2. 区委副书记齐忠有讲话；

3. 区人大常委会副主任郑明华系统介绍关于区第十五届人大常委会第四十次会议相关事项；

4. 通过“环保广丰行”实施方案。

2016年8月25日第96次会议

1. 听取关于部分行政区划分调整的议案；

2. 听取审议乡镇（街道）选举委员会（指导组）调整事项；

3. 听取发改委、财政、审计部门工作汇报；

4. 通过关于区2015年财政决算的审查报告；

5. 研究决定于2016年8月26日召开区十五届人大常委会第四十一次会议审议以上议案。

2016年8月30日第97次会议

副主任郑明华介绍区第十六届人民代表大会代表推荐有关情况。

2016年9月12日第98次会议

1. 研究通过区人大常委会党组关于召开区第十六届人民代表大会第一次会议的报告；

2. 研究区第十六届人大第一次会议议程；

3. 审议区人大常委会工作报告；

4. 研究决定 2016 年 9 月 18 日召开区第十五届人大常委会第四十二次会议审议通过，召开区第十六届人大第一次会议。

四、区第十六届人大常委会主任会议

区第十六届人大常委会于 2016 年 10 月至 2021 年 9 月，共召开主任会议 81 次。会议由常委会主任皮晓瑶主持。

2016 年 10 月 18 日第 1 次会议

1. 审议区第十六届人大常委会代表资格审查委员会组成人员名单；

2. 通报区第十六届人大代表王某被网上举报，经核对确有此事，故责成其本人辞去区第十六届人大代表职务。

以上提请区第十六届人大常委会第一次会议审议。

2016 年 11 月 15 日第 2 次会议

1. 研究区人民政府关于提请审议“区棚户区（城中村）改造项目（一期）”购买服务资金纳入同期年度财政预算的议案；

2. 研究决定 2016 年 11 月 16 日召开区第十六届人大常委会第二次会议审议以上议案。

2016 年 11 月 22 日第 3 次会议

1. 区委组织部介绍提请任免部分人员的情况；

2. 研究区人大常委会主任、副主任分工；

3. 研究区人大常委会各专委、工委、办公室联系乡镇（街道）人大工作事宜；

4. 研究开展执法检查工作。

2016 年 12 月 30 日第 4 次会议

1. 学习《中共上饶市纪委办公室〈关于 2017 年元旦、春节期间进一步加强作风建设严防“四风”问题反弹〉的通知》；

2. 听取和审议区人民政府提请审议将中国工商银行广丰支行贷款还款纳入财政支出预算安排的议案；

3. 听取区委组织部关于区人大常委会办公室主任、副主任任免的情况介绍；

4. 将区委推荐的三名增选的区第十六届人大代表候选人安排在东阳、湖丰、芦林三个乡镇街道选举；

5. 听取关于调整 2016 年财政预算收支计划的报告；

6. 听取关于政务服务工作情况的报告；

7. 听取关于规划执法工作情况的报告。

2017 年 1 月 6 日第 5 次会议

1. 听取区委组织部对政府组成部门拟任人员的情况介绍；

2. 听取区人民法院院长凌目新提请一名法官任职的介绍；

3. 研究区人大常委会各工委（办）2017 年 2 月份工作要点。

2017 年 1 月 10 日第 6 次会议

研究区人民政府关于提请将永丰街道、下溪街道、芦林街道土地综合整理项目政府购买服务所需资金逐年纳入财政支出预算安排的议案。

同意将以上议案提请区人大常委会审议。

2017 年 1 月 23 日第 7 次会议

听取年终走访人大代表、征求代表的意见和建议的汇报。

2017 年 1 月 22 日第 8 次会议

1. 副主任郑明华传达参加市人大工作报告征求意见座谈会精神；

2. 研究拟于 2017 年 3 月 15—17 日召开区第十六届人民代表大会第二次会议，会议于 3 月 14 日上午报到，会议安排代表履职培训一天。

2017 年 3 月 2 日第 9 次会议

1. 建议区人大常委会决定一名挂职副区长任职，同意一名区人大常委会委员辞职；

2. 研究《区人大常委会组成人员守则（草案）》《区人大常委会主任会议议事规则（草案）》《区人大常委会议事规则（草案）》；

3. 研究定于 2017 年 3 月 3 日召开的区第十六届人大常委会第五次会议的建议议程；

4. 研究区人大 2017 年第一季度工作要点。

2017 年 4 月 26 日第 10 次会议

1. 皮晓瑶主任传达全省县市（区）人大常委会主任培训会议精神；

2. 听取关于接受刘某某辞去区第十六届人大代表的请求；

3. 区委组织部介绍拟提请区人大常委会任命的人员情况；

4. 听取关于人防工作的专项报告；

5. 听取关于“七五”普法活动开展情况的报告；

6. 听取关于落实《中华人民共和国职业教育法》执法检查和审议意见情况的报告；

7. 听取关于落实《中华人民共和国森林防火条例》执法检查和审议意见情况的汇报；

8. 研究增选两名区人大代表；

9. 研究区第十六届人大第二次会议代表建议办理事宜。

2017年5月17日第11次会议

1.研究区人大常委会主任会议、常委会会议工作程序;

2.研究区人大财经委工作规划(试行)和财经委对口单位工作联系办法(草案);

3.听取关于参加市人大财经委工作交流暨业务培训座谈会及赴德兴市人大学习考察的情况汇报;

4.研究对区行政服务中心开展工作评议的实施方案(草案);

5.研究关于开展《中华人民共和国劳动法》执法检查的实施方案;

6.研究关于"七五"普法工作开展情况报告的审议意见(草案);

7.研究关于开展人防工作专题调研的工作方案;

8.研究关于开展广丰区乡村旅游建设情况专题调研工作方案。

2017年5月25日第12次会议

专题研究关于浦城县人民法院关于提请对区第十六届人大代表吕某某采取强制措施的请求,拟提请区人大常委会确认。

2017年6月21日第13次会议

1.听取关于选举代表和代表变动情况的代表资格审查报告;

2.听取区委组织部关于提请任命人员的情况介绍;

3.听取区人民检察院检察长肖连华提请的检察员任免事项;

4.听取区人大财经委主任卢文旭和区工信委主任张棉华关于广丰区工业发展情况的调研报告;

5.研究听取关于办理政务服务工作审议意见情况的调查报告;

6.研究关于区人民检察院办理贪污贿赂案件工作审议意见情况的调查报告;

7.研究关于检查《中华人民共和国劳动法》实施情况的报告;

8.研究人防工作的调研报告。

以上均提请区第十六届人大常委会第七次会议审议。

2017年7月17日第14次会议

1.听取关于接受杨某某辞去区第十六届人大代表的请求;

2.研究关于推进广丰区人大代表联络工作站建设"全覆盖"的方案;

3.研究关于建议预算审查咨询专家库暂行办法(草案),区级预算审查监督暂行办法(草案);

4.研究关于听取计划、财政预决算、审计三个报告的工作方案;

5.关于开展《中华人民共和国中草药条例》执法检查的实施方案(草案);

6.研究2017年环保广丰行活动办法(草案)。

2017 年 8 月 18 日第 15 次会议

1. 因工作变动，卢文旭提请辞去区第十六届人大常委会委员职务；

2. 区委组织部介绍提请区人大常委会任免人员的情况；

3. 研究关于开展《中华人民共和国水土保持法》执法检查的实施方案（草案）；

4. 研究举办加强人大建设及代表履职能力提升培训班相关事宜。

以上议案拟在 2017 年 8 月 25 日区第十六届人大常委会第八次会议上审议。

2017 年 9 月 27 日第 16 次会议

1. 传达全省县乡人大工作和建议经验交流会会议精神及我区贯彻意见；

2. 研究《关于 2016 年度区级决算和 2017 年上半年预算执行情况的报告》《关于 2016 年度区级预算执行和其他财政收支情况的审计工作报告》的审议意见。

以上议案提请拟于 2017 年 10 月下旬召开的区第十六届人大常委会第九次会议审议。

2017 年 10 月 19 日第 17 次会议

1. 研究关于接受吴某辞去区第十六届人民代表大会代表的请求；

2. 区人民检察院提请免去两名因年龄原因辞去检察委员会委员的请求。

2017 年 11 月 29 日第 18 次会议

1. 研究关于“七五”普法工作报告审议意见落实情况的调研报告；

2. 关于人防工作报告审议意见落实情况的调研报告；

3. 研究关于开展宗教情况调研的工作方案（草案）；

4. 研究关于视察城区学校建设情况的工作方案（草案）；

5. 研究关于推进全域旅游建设情况报告审议意见管理情况的调研方案（草案）；

6. 研究召开区第十六届人民代表大会第三次会议相关事项。建议召开时间为 2018 年 2 月 5—6 日。2 月 4 日上午报到，2 月 3 日下午召开“年末问结果”询问大会。

2017 年 12 月 28 日第 19 次会议

1. 审议区第十六届人大第二次会议期间代表建议办理情况的报告；

2. 听取审议关于 2016 年区级预算执行和其他财政收支审计查出问题整改督办情况的报告；

3. 研究关于 2017 年预算收支计划调整方案（草案）的审查报告；

4. 听取关于行政服务中心工作评议整改情况的调查报告；

5. 研究关于广丰区开展秀美乡村建设情况的调研报告；

6. 研究关于 2017 年赣鄱农产品质量安全行工作报告；

7. 研究关于落实《中华人民共和国水土保持法》执法检查报告及审议意见的调查报告；

以上议案提请区第十六届人大常委会第十次会议审议。

2018 年 1 月 3 日第 20 次会议

1. 学习党的十九大精神；

2. 接受个别代表因工作变动辞去上饶市第四届人民代表大会代表；

3. 研究补选谢来发等三人为上饶市第四届人民代表大会代表；

4. 研究关于召开区第十六届人民代表大会第三次会议有关事项；

5. 拟于 2018 年 1 月 3 日上午 10 时召开区第十六届人大常委会第十一次会议。

2018 年 1 月 31 日第 21 次会议

1. 传达江西省第十三届人大第一次会议精神；

2. 研究向区第十六届人大常委会第十二次会议提请的任免名单；

3. 研究向区第十六届人大常委会第十二次会议建议增选的 6 名区人大代表资格有关事项。

2018 年 2 月 6 日第 22 次会议

提请区第十六届人大常委会任命区监察委员会副主任 3 人、委员 5 人。

2018 年 3 月 9 日第 23 次会议

1. 学习第十三届全国人大第一次会议政府工作报告；

2. 学习省委书记鹿心社在第十三届省人大常委会第一次会议上的讲话；

3. 研究有关事项。

2018 年 4 月 23 日第 24 次会议

1. 学习《中华人民共和国宪法》及《宪法修正案》；

2. 学习《中华人民共和国监察法》；

3. 学习刘奇书记走访省人大常委会机关时的讲话；

4. 人事任免事项，提请区人大第十六届常委会第十四次会议研究。

2018 年 5 月 25 日第 25 次会议

1. 研究开展《中华人民共和国禁毒法》执法检查方案；

2. 审议关于对区卫计委和房管工作开展工作评议的方案；

3. 研究召开区第十六届人大常委会第十五次会议的有关事项。

2018 年 6 月 22 日第 26 次会议

1. 提请区第十六届人大常委会第十五次会议任命徐建军为区人民政府副区长、公安局局长等；

2. 研究关于建立区人大代表上海联络工作站相关事宜。

2018 年 7 月 18 日第 27 次会议

1. 研究召开全区乡镇（街道）人大工作负责人座谈会事宜；

2. 关于开展 2018 年食品药品安全赣鄱行活动方案；

3. 研究区第十六届人大常委会第十六次会议的准备工作。

2018 年 8 月 21 日第 28 次会议

1. 审议“一府两院”及其相关部门 2018 年上半年工作要点；

2. 人事任免，提请人大常委会会议审议。

2018 年 9 月 18 日第 29 次会议

1. 研究区人大常委会农村集体产权制度改革专题调研方案（草案）；

2. 研究关于对区人民法院执行工作开展专题询问的实施方案（草案）；

3. 听取赴玉山县人大学习交流规范性文件备案审查工作的情况汇报。

2018 年 10 月 16 日第 30 次会议

1. 讨论区人民法院提请确定人民陪审员名额的议案，提请区人大常委会任命；

2. 研究召开区第十六届人大常委会第十七次会议相关事宜。

2018 年 11 月 21 日第 31 次会议

1. 听取关于区第十六届人大第三次会议代表建议办理情况的报告；

2. 研究全市人大常委会主任座谈会于 11 月 21—22 日在广丰区召开的有关事宜；

3. 拟于 12 月下旬召开区第十六届人大常委会第十八次会议。

2018 年 12 月 12 日第 32 次会议

研究许可对区第十六届人大代表颜某某采取刑事强制措施，并提请区第十六届人大常委会第十八次确认。

2018 年 12 月 25 日第 33 次会议

1. 提请区第十六届人大常委会第十八次会议审议通过有关人事任免；

2. 听取有关单位工作汇报；

3. 研究召开第十六届人大第四次会议有关事项。

2019 年 1 月 24 日第 34 次会议

1. 研究区人民法院提请任免的法官议案，提请区第十六届人大常委会第十九次会议审议表决；

2. 研究召开区第十六届人大常委会第十九次会议有关事宜。

2019 年 1 月 31 日第 35 次会议

1. 因工作变动拟将肖剑峰辞去区人民政府副区长的请求，提请区第十六届人大常委会第十九次会议决定；

2. 听取区人民政府机构改革报告，并将改革后的政府组成部门主任、局长提请区十六届人大常委会第十九次会议任命。

2019年2月22日第36次会议

1. 因工作变动，提请区第十六届人大常委会第二十次会议接受傅师东等15人辞去区人民代表大会代表职务；

2. 提请区第十六届人大常委会第二十次会议接受王菲辞去区人大常委会委员职务；

3. 听取与研究区人大常委会2019年工作要点（草案）。

2019年3月11日第37次会议

1. 听取关于补选区人大代表和代表变动情况的审查报告，提请区第十六届人大常委会第二十一次会议审议；

2. 研究区第十六届人大第四次会议的议程，提请区第十六届人大常委会第二十一次会议审议。

2019年4月22日第38次会议

1. 听取关于全民科学素质行动实施情况调研报告；

2. 听取关于全市人大财经工作交流座谈会情况汇报；

3. 研究关于对水利局开展工作评议的实施方案；

4. 研究区第十六届人大第四次会议建议办理交办督办相关事宜；

5. 研究关于开展扫黑除恶斗争专题调研工作方案。

2019年5月27日第39次会议

1. 研究关于听取和审议区人民检察院关于生态检察工作情况报告的方案；

2. 研究落实关于省人大常委会2019年环保赣江行先期调研上饶市饮用水区安全暗访情况整改意见；

3. 研究区第十六届人大常委会第二十三次会议相关事项。

2019年6月20日第40次会议

1. 关于对区第十六届人大代表罗某某采取刑事强制措施的决定，提请区第十六届人大常委会第二十三次会议通过；

2. 关于预防和控制政府性债务风险情况的调研报告。

2019年6月21日第41次会议

1. 提请区第十六届区人大常委会第二十三次会议任命王斐为区人民政府副区长，朱秋梦为区人大常委会办公室副主任；

2. 研究建立区人民政府向区人大常委会报告国有资产管理情况制度的意见（审议稿）。

2019年7月9日第42次会议

按区公安局报告，王某某涉嫌涉黑犯罪，决定许可对其采取刑事强制措施，暂停其区第十六届人大代表资格，提请区人大常委会二十四次会议通过。

2019年7月25日第43次会议

1.部署创国卫攻坚冲刺工作；

2.研究2019年农产品质量安全赣鄱行活动方案；

3.研究2019年环保广丰行活动方案；

4.研究2019年助推旅游强区建设系列活动方案；

5.研究区第十六届人大常委会第二十四次会议事宜。

2019年8月26日第44次会议

1.研究区人民法院提请的5名法官的任命议案，同意提请区第十六届人大常委会第二十四次会议任命。

2.研究区第十六届人大常委会第二十四次会议相关议程。

2019年9月26日第45次会议

1.听取关于罢免余某某区第十六届人大代表和五都镇第十七届人大代表职务的报告，同意提请区第十六届人大常委会第二十五次会议通过。

2019年10月23日第46次会议

1.研究区人民法院提请免去两名法官职务的议案，提请区第十六届人大常委会第二十五次会议通过；

2.研究区第十六届人大常委会第二十五次会议相关议程。

2019年11月26日第47次会议

1.研究区人民政府提请任免部分政府组成人员的议案，同意提请区第十六届人大常委会第二十六次会议通过；

2.会议决定对2019年全区乡镇（街道）人大工作进行年终考核。

2019年12月13日第48次会议

1.研究许可对十六届区人大代表阮某某采取刑事强制措施，提请区第十六届人大常委会第二十六次会议确认；

2.研究关于建立区人民政府向区人大常委会报告国有资产管理情况制度的意见（审议稿）。

2019年12月26日第49次会议

1.因工作变动，研究同意区人民检察院提请免去一名检察委员会委员、检察员的议案，提请区第十六届人大常委会第二十六次会议通过；

2.研究区第十六届人大常委会第二十六次会议议程。

2019 年 12 月 30 日第 50 次会议

提请补选张辉霞为上饶市第四届人民代表大会代表（市移动公司经理），提请区第十六届人大常委会第二十六次会议通过。

2020 年 1 月 2 日第 51 次会议

1. 研究区人民法院提请任免三名法官职务的议案，同意提请区第十六届人大常委会第二十七次会议通过；

2. 研究关于召开区第十六届人大第五次会议的决定（草案），提请区第十六届人大常委会第二十七次会议通过。

2020 年 2 月 25 日第 52 次会议

1. 听取全市人大监察和司法工作座谈会会议精神，研究部署贯彻落实意见；

2. 因于疫情原因，研究推迟原定于 3 月 4 日召开的区第十六届人大第五次会议；

3. 研究区第十六届人大常委会组成人员，区人大常委会专委会、工委会负责人及乡镇（街道）人大主席、工委主任赴外省学习事宜。

4. 听取各专委、工委 2019 年工作总结和 2020 年工作计划。

2020 年 3 月 25 日第 53 次会议

1. 因工作调动，接受刘勇辞去区第十六届人民代表大会财经委委员职务，提请区第十六届人大常委会第二十六次会议通过；

2. 同意恢复颜禧标的区第十六届人民代表大会代表，提请区第十六届人大常委会第二十八次会议通过；

3. 听取区人民政府新型冠状肺炎疫情防控工作情况报告；

4. 研究区第十六届人大常委会第二十八次会议议程。

2020 年 4 月 27 日第 54 次会议

1. 听取关于区政府落实区人大常委会关于行政事业性国有资产管理情况审议意见情况的调研报告；

2. 听取关于新冠肺炎防控工作情况的报告；

3. 听取关于检查《中华人民共和国传染病防治法》实施情况的报告；

4. 研究区第十六届人大常委会第二十八次会议相关事宜。

2020 年 4 月 29 日第 55 次会议

提请免去陈金良区人民政府副区长职务，提请任命刘晓芳为区人民政府副区长，提请区第十六届人大常委会第二十八次会议通过。

2020 年 5 月 14 日第 56 次会议

1. 拟于 2020 年 5 月 26—28 日召开区第十六届人民代表大会第五次会议，提请区第十六届人大常委会第二十八次会议审议通过；

2. 研究区第十六届人民代表大会第五次会议建议议程。

2020 年 5 月 20 日第 57 次会议

1. 传达全省人大选举任免和代表工作电视电话会议精神，研究广丰区贯彻落实意见；

2. 听取区人民政府畜禽养殖事业情况专项报告（草案）；

3. 关于听取和审议区人民政府社会救助工作报告的方案；

4. 研究和听取区人民政府关于社区矫正工作情况专项报告的方案。

2020 年 7 月 1 日第 58 次会议

1. 听取区人民政府落实的《中华人民共和国传染病防治法》执法检查报告；

2. 传达全省人大农业农村工委工作交流及业务培训座谈会精神；

3. 传达《上饶市殡葬管理条例》；

4. 听取关于社会救助工作的调研报告；

5. 研究区第十六届人大常委会第二十九次会议议程。

2020 年 7 月 9 日第 59 次会议

1. 区人大代表谭赣明、刘勇调离广丰，代表资格终止；

2. 补选梁红军、郑理瑞、刘联平、夏小光、齐五洲、胡心田为区第十六届人民代表大会代表。

2020 年 7 月 10 日第 60 次会议

听取区公安局报告，对区第十六届人大代表周某某采取强制措施，报区第十六届人大常委会第三十次会议确认。

2020 年 7 月 23 日第 61 次会议

1. 研究关于许可对区第十六届人大代表杨启标酒驾酿成事故，碰刮行人胡某某当场死亡，故许可对其采取刑事强制措施；

2. 研究关于听取审议区人民法院“两个一站式”建设情况；

3. 研究关于检查《中华人民共和国野生动物保护法》实施情况工作方案和 2020 年环保广丰行活动工作方案；

4. 研究关于 2020 年食品药品安全赣鄱行活动工作方案，助推旅游强区建设系列活动工作方案和关于全区医疗卫生队伍建设情况的工作方案；

5. 研究区第十六届人大常委会第三十次会议相关事宜。

2020年8月20日第62次会议

1. 选任联工委报告：区人民法院提请任免的两名法官情况介绍，拟提请第十六届人大常委会第三十次会议审议；

2. 听取关于区人民法院“两个一站式”建设情况的调研报告；

3. 听取关于2020年上半年国民经济和社会发展计划执行情况的审查报告；

4. 听取和审议关于2019年区级财政决算（草案）和2020年上半年财政预算执行情况的审查报告，拟提请区第十六届人大常委会第三十次会议审议。

2020年9月18日第63次会议

1. 传达全省人大社会建设工作座谈会暨培训班精神；

2. 传达全省人大环境资源保护工作座谈会暨培训班精神；

3. 研究市人大常委会关于组织省、市人大代表开展专题调研四组的调研工作报告；

4. 研究区第十六届人大常委会第三十一次会议相关事宜。

2020年10月23日第64次会议

1. 研究区人民法院提请任命法官的议案，同意提交区第十六届人大常委会第三十一次会议审议。

2. 研究关于接受邱鹏因个人原因辞去上饶市第四届人大代表，研究关于接受杨某某因交通肇事判刑两年，缓刑两年，提请辞去区第十六届人大代表。以上议案提请区第十六届人大常委会第三十一次会议审议。

3. 听取区人大财经委调研组对区城投集团国有资产管理情况的调研报告。

4. 审议关于区2019年度转移支付资金使用情况的调研报告。

5. 审议关于督查区人大常委会关于我区社会救助工作情况报告和审议意见。

6. 同意法制委（监察和司法工委）意见，对区人民法院推进“一站式”多元解决纠纷和诉讼服务体系建设的落实情况进行调研。

2020年11月26日第65次会议

1. 根据区人大常委会选任联工委的报告，区人大常委会内设机构一名干部和区第十六届人民代表大会法制委一名委员因任职年龄到龄或工作调动提请辞职。法院、检察院九名法官、检察官的任免议案，拟提请区第十六届人大常委会第三十二次会议审议。

2. 研究许可对区第十六届人大代表祝某某采取取保候审强制措施，暂停区人大代表资格。

3. 研究2020年度乡镇（街道）人大工作考核办法和2020年度优秀区人大代表评选意见。

2020年11月30日第66次会议

1. 研究关于接受程剑虹辞去区人民政府副区长，接受夏灵邦辞去区人大常委会委员；

2. 研究关于徐利火、俞立峰任免议案，拟提请区第十六届人大常委会第三十三次会议审议。

2020年12月28日第67次会议

1. 研究关于召开区第十六届人大第六次会议的决定，决定于2021年2月3日在城区召开；

2. 研究关于决定李军为区监委代理主任事项；

3. 研究关于调整区第十六届人大代表名额事项。

2020年12月31日第68次会议

研究区第十六届人大代表另选和补选事宜。

2021年1月12日第69次会议

1. 研究关于接受王慧明因涉嫌严重违法违纪，本人提出申请辞去区第十六届人大代表，拟提请区第十六届人大常委会第三十三次会议审议；

2. 研究下拨2020年度人大代表联络工作站工作经费和区人大代表活动经费事宜。

2020年1月20日第70次会议

1. 对区人大常委会内设机构1名干部和永丰街道一名工委副主任的任免进行了审议，拟提请区人大常委会审议；

2. 研究区第十六届人大第六次会议的相关事宜。

2021年2月1日第71次会议

1. 关于区人大常委会城建环资工委主任的任职议案，拟提请区第十六届人大常委会第三十六次会议审议；

2. 因疫情防控原因，区第十六届人大第六次会议延期召开；

3. 听取关于区人大代表变动情况的汇报。

2021年3月25日第72次会议

1. 研究关于提请对区人大代表程某某采取行政拘留许可的事宜，决定暂停其代表资格。

2021年4月26日第73次会议

1. 研究区人民法院一名法官的任职案，拟提请区第十六届人大常委会第三十七次会议审议；

2. 研究贯彻落实市人大常委会关于开展我为群众办实事“六个一”活动事宜；

3. 研究区第十六届人大常委会第三十七次会议相关事宜。

2021年5月27日第74次会议

1. 传达学习全市人大财经工作暨业务培训交流座谈会精神；

2. 研究关于听取审议道路交通安全管理情况专项报告的方案；

3. 研究区第十六届人大常委会第三十八次会议相关事项。

2021年6月17日第75次会议

1. 听取关于城区部分街道办事处管辖区域边界调整的议案的审查报告；

2. 研究关于接受周建东辞去区第十六届人大常委会委员职务事项，拟提请区第十六届人大常委会第三十九次会议审议。

2021 年 7 月 19 日第 76 次会议

研究广丰区区、乡两级人大换届选举工作的有关事项。

2021 年 8 月 5 日第 77 次会议

1. 研究关于郑华森辞去区人民政府区长职务的议案，研究决定龚振宙代理区人民政府区长，拟提请区第十六届人大常委会第四十次会议审议；

2. 研究有关人员的职务任免。

2021 年 8 月 13 日第 79 次会议

经研究决定调整区、乡两级人民代表大会选举日由 2021 年 8 月 31 日推迟到 2021 年 9 月 6 日。议案提请区第十六届人大常委会第四十一次会议审议决定。

2021 年 9 月 9 日第 80 次会议

1. 研究关于调整区第十七届人大第一次会议召开的时间的决定；

2. 听取关于区第十七届人大代表选举情况的报告；

3. 听取关于代表资格审查情况的报告。

2021 年 9 月 14 日第 81 次会议

1. 研究关于凌目新辞去区人民法院院长、肖连华辞去区人民检察院检察长职务的议案；

2. 提请任免雷瑞甫为区人民法院副院长、代院长，严毅为区人民检察院副检察长、代检察长，以上任免提请区第十六届人大常委会第四十一次会议决定。

五、区十七届人大常委会主任会议

2021 年 10 月 18 日第 1 次会议

1. 听取区 2022 年重点项目建设计划；

2. 听取关于 2021 年全区重点项目建设进展情况的报告；

3. 听取关于优化营商环境工作情况的报告；

4. 听取关于督查落实上饶市城市管理条例执法检查报告及区人大常委会审议意见的报告；

5. 听取关于督查落实未成年人检察工作审议意见的报告；

6. 听取关于督查道路交通安全管理工作审议意见的报告；

7. 听取关于督查落实文化产业发展审议意见的报告；

8. 听取关于督查落实义务教育“一法一条例”执法检查报告及区人大常委会审议意见的报告；

9. 听取关于政府债务管理情况的调研报告；

10. 听取关于督查落实 2020 年度全区国有资产管理审议意见的报告；

11. 听取关于督查落实 2020 年度全区国有自然资源资产管理审议意见的报告；

12. 听取关于 2020 年新农村建设财政专项资金安排使用情况的调研报告。

2021 年 11 月 23 日第 2 次会议

1. 区委组织部介绍由区人大常委会任免职务的三名任免对象情况；

2. 提请区人大常委会接受一名区人大代表辞职；

3. 研究决定 2021 年 11 月 25 日上午召开区十七届人大常委会第二次会议。

2021 年 12 月 28 日第 3 次会议

1. 区人大常委会委员黄雅婷因工作变动，请求辞去区人大常委会委员，拟提请区人大常委会审议；

2. 听取关于 2021 年环保广丰行活动情况的汇报；

3. 研究关于城建项目建设情况的视察报告；

4. 听取关于 2021 年食品药品赣鄱行活动情况汇报；

5. 听取关于 2021 年助推旅游产业高质量发展活动情况汇报；

6. 听取关于《区人民政府落实区人大常委会对 2020 年度区级预算执行和其他财政收支审计工作报告审议意见情况的报告》和《区人民政府关于 2020 年度区级预算执行和其他财政收支审计查出问题整改情况的报告》的审查意见；

7. 听取关于《区人民政府落实区人大常委会对 2020 年区级决算和 2021 年上半年预算执行情况报告审议意见情况的报告》的审查意见；

8. 听取关于 2021 年预算收支计划调整方案（草案）的审查报告；

9. 研究关于退役军人服务保障情况的视察报告；

10. 听取关于 2021 年赣鄱农产品质量安全行活动情况汇报；

11. 研究关于区工业经济发展情况的视察报告；

12. 听取《关于区人民政府落实区人大常委会对我区政府债务管理情况报告审议意见情况的报告》的审查意见；

13. 听取关于《区人民政府落实区人大常委会对 2020 年新农村建设财政专项资金安排使用情况报告审议意见情况的报告》的审查意见；

14. 听取关于督促落实粮食工作审议意见的报告；

15. 研究人事任免规定；

16. 研究关于成立人大志编撰领导小组。

第六节　常委会会议概况

一、县十三届人大常委会会议（从2005年1月接续）

第十五次会议于2005年1月17日在县人大常委会会议室举行

会议由主任戴水春主持，副主任郑德龙、张瑞耀、吴克海、鲍小红、吴祥国、余锡恭和委员共21人出席了会议。县人民政府副县长徐岩波，县政协副主席、财政局局长梅宗池，县人大常委会老领导饶金玉，县人民法院代院长苏如明，县人民检察院检察长江健生列席了会议。列席会议的还有两名县人大常委会财经监督员，县人大常委会机关各办负责人。

会议纪要如下：

1. 会议审议了县人大常委会主任会议关于提请审议《县人大常委会关于召开县第十三届人民代表大会第三次会议决定（草案）》的议案，并表决通过了该议案。决定将议程草案、计划预算审查委员会、议案审查委员会主任委员、副主任委员、委员名单（草案）提请县第十三届人民代表大会第三次会议预备会议通过，主席团和秘书长名单（草案），提请县第十三届人民代表大会第三次会议预备会议选举。

2. 会议听取和审议县财政局局长梅宗池受县人民政府委托所作的关于调整2004年预算收支计划的报告，表决通过了关于县2004年财政预算调整的决定。会议要求县人民政府继续大力组织财政收入，节约支出，确保广丰县财政收支平衡。进一步采取切实措施，促进全县经济稳定发展，为完成全年财政预算任务而努力。

3. 会议审议并原则通过了《县人大常委会工作报告（草案）》。决定会后根据委员们提出的意见进行修改，由主任会议审定后，提请县十三届人大三次会议审议。

4. 会议审议通过了县人大常委会关于加强和规范人大司法监督的若干规定。

5. 会议提请审议了2014年度县人大常委会任命人员书面述职报告，并对上述人员进行了测评。

6. 会议听取审议了县人大常委会副主任、代表资格审查委员会主任委员吴克海所作的县人大常委会代表资格审查委员会关于代表资格的审查报告，并表决通过了该报告。

第十六次会议，于2005年3月29日在县人大常委会会议室举行。

会议由县人大常委会副主任郑德龙主持，副主任张瑞耀、吴克海、鲍小红、余锡恭和委员共19人出席了会议。主任戴水春、副主任吴祥国因事请假。县人大常委会老领导饶金玉，县人民检察院检察长江健生及县人民法院、县水利局、县农业局、县林业局、县卫生局、县工商局、县质量技术监督局、县经济发展服务中心等单位负责人列席了会议。列席本次会议的还有县人大常委会各办负责人，平京炉、吴国民等四名县人大代表。

会议纪要如下：

1. 会议听取和审议县水利局局长刘甘务、县农业局局长陈少华、县林业局局长刘旭洲受县人民政府委托分别所作的关于全县去冬今春农田水利基本建设和防汛准备工作情况的汇报，关于全县春耕备耕情况的汇报，关于全县春季植树造林情况的汇报。会议肯定了县人民政府在农业、林业、水利工作方面所取得的工作成绩，同时指出了工作中存在的问题和不足，对做好今年工作提出了意见和建议。

2. 会议听取和审议县经济发展服务中心主任颜显高受县人民政府委托所作的关于广丰县经济发展环境情况的汇报，会议充分肯定了全县经济发展环境建设工作。会议要求，县人民政府要进一步加强服务中心的管理，规范办证和收费行为，建立以便民为民为宗旨的办证制度，认真研究全县经济发展的环境问题，进一步优化经济发展环境。

3. 会议听取和审议县人大常委会副主任、执法检查组组长张瑞耀所作的县人大常委会执法检查组关于检查《中华人民共和国消费者权益保障法》实施情况的报告，会议同意该报告，会议要求县人民政府及有关部门要进一步加大对消费者权益保障法的宣传力度，分工负责，密切配合，形成工作合力，建立维护消费者合法权益的长效机制，加强对法律实施情况的监督检查，切实维护好消费者的合法权益。

4. 会议听取和审议县人大常委会代表资格审查委员会主任委员吴克海所作的关于终止余某某县十三届人民代表大会的代表资格的报告，鉴于余某某自2004年以来，无故连续两次未出席县十三届人民代表大会，根据《中华人民共和国全国人民代表大会和地方各级人民代表大会代表法》的有关规定，终止余某某的县十三届人民代表大会的代表资格。

5. 会议听取和审议了县人民政府副县长邱鹏受县人民政府县长郑卫平委托所作的关于提请任命高月富等3名同志职务的议案；听取和审议了县人民法院副院长徐洪龙受县人民法院院长苏如明委托所作的关于提请任命黄红军等38名同志为人民陪审员的议案，会议通过投票表决通过了以上人事任免事项。

第十七次会议于2005年5月26日在县人大常委会会议室举行。

主任戴水春、副主任郑德龙分别主持了会议。副主任张瑞耀、吴克海、鲍小红、余锡恭和委员共19人出席了会议。副主任吴祥国、委员毛晔华因事请假，县人民政府副县长邱鹏，县政协副主席、财政局局长梅宗池，县人大常委会老领导饶金玉，县人民检察院检察长江健生，县人民法院副院长徐洪龙，县人口与计划生育委员会、县安全生产监督管理局、县体育局、县气象局、县建设局、县司法局、县招商局、县公路分局等单位负责人列席了会议。列席会议的还有杨绥、黄兴仁、廖文华、毛忠发四名县人大代表，胡清洲、余敦修、刘孝仁等3名监督员以及县人大常委会机关各办负责人。

会议纪要如下：

1. 会议举行了对县发改委主任高月富、县人口与计划生育委员会主任余从华、县安全生产监督管理局局长吴云华颁发任命书仪式。

2. 会议听取和审议县财政局局长梅宗池受县人民政府委托所作的关于2005年度预算编制工作情况的汇报。会议认为今年预算编制比较科学、便利，很不容易。会议指出，今年收入方面不确定因素较多，要打紧支出盘子，强化对跑冒滴漏收入的征收、管理。会议要求，县人民政府和财政部门要严格执行预算法，确保预算收支平衡。同时深化财政体制改革，积极实施国库集中支付的尝试和推广，提高财政资金使用效益，提高部门预算执行水平，促进我县经济持续快速健康发展。

3. 会议听取和审议县体育局局长杨培有受县人民政府委托所作的关于广丰县体育工作的汇报，会议充分肯定了全县体育工作所取得的成绩。会议同时指出了全县体育工作存在的问题，要求县人民政府和体育局加强特色体育项目的培育和扶持，尽快进行教育、体育体制改革，进一步改善体育场地和设施，推进全县体育事业的蓬勃发展。

4. 会议听取和审议县气象局局长吴小卫受县人民政府委托所作的关于广丰县气象工作情况的汇报。会议对县气象部门为县委、县政府当好参谋助手，为全县经济社会和各项事业发展做出了积极贡献，会议要求，气象部门要进一步加强服务意识，推动气象事业的发展。

5. 会议听取和审议县建设局局长余祖华、受县人民政府委托所作的关于县城总体规划实施情况的报告。会议认为，县人民政府和县建设主管部门能按县城总体规划组织实施管理工作。会议同时指出，县城乱搭乱建，不按规划开发，仍然在某种程度上存在，会议要求县人民政府及建设主管部门要严格执行《规划法》，在落实总体规划的同时，尽快完善城市各项功能的配套协调发展。

6. 会议听取和审议县司法局局长杨维达受县人民政府委托所作的关于广丰县“四五”普法工作的情况报告。会议认为，广丰县“四五”普法工作在县委领导下，取得较好成绩。会议要求，县普法依法治理领导小组和普法办要认真总结经验，做好“五五”普法的规划和实施工作。

7. 会议分别听取和审议县招商局局长王华安、县公路分局局长周坤山分别所作的县招商局

2004年以来工作情况的汇报和县公路分局工作汇报，听取和审议了县人大常委会副主任张瑞耀、鲍小红分别所作的关于招商局工作评议调查情况的报告和关于对县公路局工作评议调查情况的报告，并对两个工作单位进行了工作测评。会议肯定了两局所取得的工作成绩，要求两家单位正确对待评议工作。对照常委会组成人员和其他列席会议人员提出的意见，认真抓好整改，不断取得新进步，创造新业绩。会上，县招商局局长王华安、县公路分局局长周坤山分别作了表态发言。

第十八次会议于2005年7月28日在县人大常委会会议室举行。

会议由主任戴水春主持，副主任郑德龙、张瑞耀、吴克海、鲍小红、吴祥国、余锡恭和委员共19人参加了会议。委员郑明华、叶文因事请假。县人民政府副县长邱鹏、县人民法院院长苏如明、县人民检察院检察长江健生列席了会议。列席会议的还有县纪委、县委组织部、财政局、发改委、审计局、环保局、烟草专卖局、人口计生委、农业局、招商局、公路分局、人大机关各办负责人以及应邀的七名县人大代表。

会议纪要如下：

1. 听取和审议县人民政府副县长邱鹏受县人民政府县长郑卫平委托所作的关于提请对梅宗池、王建华两名同志职务任免的议案，会议经过投票表决，决定免去梅宗池的县财政局局长职务，决定任命王建华为县财政局局长。

2. 听取和审议县发展改革委员会主任高月富受县人民政府委托所作的关于广丰县2005年上半年国民经济和社会发展计划执行情况的汇报。

3. 听取和审议县财政局局长王建华受县人民政府委托所作的关于广丰县2004年财政决算和2005年上半年财政预算执行情况的报告，听取和审议了县审计局局长周永海受县人民政府委托所作的关于县2004年度财政预算执行和其他财政收支的审计工作报告，听取了县人大常委会副主任张瑞耀所作的关于2004年县级财政决算的审查报告。会议认为，2004年我县财政预算执行情况总体良好。县人民政府及财政部门坚持量入为出原则，强化税收征管，依法认真组织各项收入，保持了财政收入的稳定增长，收入质量进一步提高，支出结构更趋合理，财政收入实现平衡并略有结余，对促进我县经济和社会发展、保持社会稳定发挥了重要作用。会议同时也指出了2004年财政预算执行和其他财政收支情况方面的问题和不足。会议要求县人民政府及有关部门要认真贯彻执行预算法和预算监督的有关规定，进一步加大统筹预算内外资金的力度，不断提高预算编制的科学性，进一步积极组织预算收入，确保完成今年预算收入任务；进一步从严控制财政支出，改善财政支出结构，强化预算约束，继续推进公开财政体系建设，深化各项预算改革，会议还表决通过了关于批准县2004年县级财政决算的决议。

4. 分别听取和审议县人民法院院长苏如明所作的关于广丰县今年上半年法院工作的报告、县人民检察院检察长江健生所作的关于广丰县上半年检察院工作的报告。会议充分肯定了法、检两院上半年的工作，同时指出了在执法工作和队伍建设等方面存在的一些问题，要求两院要正确对待，认真整改，促进执法公正，体现执法为民。

5. 听取和审议县环保局局长杨贞树受县人民政府委托所作的关于《水污染防治法》贯彻实施情况的报告，听取和审议了县人大常委会副主任吴祥国所作的县人大常委会执法检查组关于《水污染防治法》执法检查的情况报告。会议指出，环境保护是国策，是关系国计民生的大事，应引起高度重视。会议要求县人民政府要切实加大《水污染防治法》的宣传，建立重大决策环境影响评价制度，加大对违法排污单位、企业的打击和查处力度；要对广丰县的水污染防治作全面规划部署，加快实施垃圾处理厂、污水处理厂的建设步伐，相关部门及有关乡镇要对丰溪水环境保护，加强互动，落实相关措施。要为有关部门做好水污染防治的执法工作，创造经费和人才条件。

6. 听取和审议县烟草专卖局负责人所作的关于广丰县烟草专卖管理工作汇报。会议指出，县烟草专卖局为广丰县经济和社会发展做出了积极贡献。会议要求各级各部门要积极支持烟草专卖局的工作。烟草专卖局要加强自身建设，加大执法力度，全面净化广丰县的卷烟市场。

7. 分别听取和审议县人口与计生委主任余从华、县农业局局长陈少华所作的述职报告，听取和审议了县人大常委会评议调查组关于对县人口与计生委主任余从华、县农业局局长陈少华履行职责情况的调查报告，并对两名述职评议对象进行了民主测评。会议要求两位述职评议对象要进一步解放思想，创造性地开展工作，为县委、县政府决策当好参谋；要加大执法力度，严格依法行政；要加强所在单位的专业培训，不断提高技术人员的专业素质和水平。会议希望两人要以这次述职评议为契机，认真总结经验，发扬成绩，改进不足，戒骄戒躁，开拓进取，团结和带领广丰县人口与计划生育、农业系统的干部职工，为推进广丰县人口与计生工作和农业农村经济发展做出积极的努力和贡献。

8. 会议审议了县招商局、县公路分局关于工作评议整改情况的汇报，会议要求两局要对照不足，继续加强整改。

第十九次会议，于 2005 年 9 月 28 日在县人大常委会会议室举行。

会议由主任戴水春主持，副主任郑德龙、张瑞耀、吴克海、鲍小红、吴祥国、余锡恭和委员共 20 人参加了会议。委员郑明华因事请假。县人民政府副县长邱鹏、县人民法院院长苏如明、县人民检察院检察长江健生列席了会议。列席会议的还有县政府法制办、教育局、交通局、人口与计生委、农业局、邮政局、财保公司、审计局负责人，县人民法院、县人民检察院述职评议对象，县人大常委会机关各办负责人以及应邀的六名县人大代表。

会议纪要如下：

1. 听取了县人民政府副县长罗中锦的关于辞去县人民政府副县长职务的报告；听取了县人民

政府副县长邱鹏受县人民政府县长郑卫平委托所作的关于提请任命张永峰职务的议案。会议表决通过了上述辞呈和议案，同意接受副县长罗中锦的辞呈，决定任命张永峰为县人民政府副县长。

2. 听取和审议县教育局局长黄衣华受县人民政府委托所作的关于广丰县民办教育的报告。会议认为，全县民办教育的迅速发展，极大地缓解了全县地方财政压力和学生就学压力，成为我县教育事业发展的一支不可低估的生力军。会议指出，全县民办教育发展还不平衡，一些不容忽视的困难和问题继续存在，会议要求县人民政府及教育行政管理部门要加强调研，坚持“积极鼓励、大力支持、正确引导、依法管理”的方针，尽快解决民办教育发展中存在的一些突出问题。各民办学校要加强内部管理，通过各方努力，不断推进全县民办教育事业的健康、协调、和谐发展。

3. 听取和审议县人民政府法制办主任程传义受县人民政府委托所作的关于贯彻实施《中华人民共和国行政许可法》的情况汇报。会议指出，行政许可法的颁布实施，是对现行行政许可制度的规范和重大改革，对进一步转变政府职能、改革行政管理方式和推进依法行政将产生深远影响。会议充分肯定了县人民政府贯彻实施《行政许可法》所取得的成绩，同时指出了存在问题和不足，会议要求县人民政府要进一步加大对《行政许可法》的宣传、贯彻力度，确保该法在广丰县正确、顺利地实施。

4. 听取和审议县人民财产保险公司经理周厚武所作的关于广丰县财产保险工作情况汇报。会议对全县近几年财保工作表示满意，同时指出了存在的一些问题和不足，要求财保公司针对审议意见和建议，认真抓好整改落实，不断提高财保的服务质量和水平。

5. 听取和审议县邮政局副局长刘伟所作的关于广丰县邮政局工作情况的汇报，听取了县人大常委会评议调查组关于县邮政局工作评议的调查报告。会议充分肯定了广丰县邮政局的工作，同时也深入分析指出了存在的主要问题和不足。会议要求县邮政局要针对存在的问题和不足，切实加以整改。同时，会议还要求县人民政府及相关部门要多关心。支持邮政工作，不断提高县邮政局服务质量和水平。

6. 分别听取了评议了县交通局局长王少波、县人民法院副院长林峰、县人民法院执行二庭庭长毛红斌、县人民检察院副检察长张华的述职报告；分别听取和审议了县人大常委会评议调查组关于县交通局局长王少波、县人民法院副院长林峰、县人民法院执行二庭庭长毛红斌、县人民检察院副检察长张华履行职责情况的调查报告，并对受评议的 4 人进行了测评。会议肯定了四位述职评议对象的工作成绩，同时对各述职评议对象分别指出了学习、工作等方面存在的问题和不足。会议要求，4 位述职评议对象要以这次述职评议为契机，结合自身本职工作，总结成绩，查摆问题，认真整改，不断开创新业绩，提高履职能力和水平，更好地为广丰县经济和社会发展做出积极的贡献。

7. 分别审议了县人口计生委主任余从华、县农业局局长陈少华关于述职评议整改情况的书面汇报，要求两位述职评议对象继续按照整改意见和方案抓好整改落实。

第二十次会议于2005年11月25日在县人大常委会会议室举行。

会议由戴水春主任主持。副主任张瑞耀、吴克海、鲍小红、吴祥国、余锡恭和委员共20人出席了会议。副主任郑德龙因事请假。县人民政府副县长林伟、县人民法院院长苏如明、县人民检察院检察长江健生列席了会议。列席会议的还有发改委、财政局、交通局、质监局、审计局、邮政局、政府采购中心负责人，法院、检察院述职评议对象，县人大常委会机关各办负责人及应邀的六名人大代表、三名内务司法监督员。

会议纪要如下：

1. 听取和审议发改委主任高月富受县人民政府委托所作的关于县国民经济和社会发展第十一个五年规划编制工作情况的汇报。会议认为，县人民政府对"十一五"规划的编制工作高度重视，征集意见深入、广泛。本规划充分体现了党的十六届五中全会精神，坚持了科学发展观，坚持了经济发展的中心位置。围绕实现好、维护好、发展好最广大人民群众的根本利益和推动社会主义"三个文明"建设的根本，为构建全民创业、和谐创业氛围，为打造绿色、生态、文明开放、和谐平安广丰描绘了美好的蓝图。会议指出，"十一五"规划制定的目标实事求是，各项措施切实可行。会议同时对规划中存在的一些问题提出了修改意见，同意将该规划提请县十三届人民代表大会第四次会议讨论通过。

2. 听取和审议县财政局局长王建华受县人民政府委托所作的关于《中华人民共和国政府采购法》贯彻落实情况的汇报。听取和审议了县人大常委会副主任张瑞耀代表县人大常委会执法检查组所作的关于检查《中华人民共和国政府采购法》实施情况的报告。会议认为，全县贯彻实施《政府采购法》是到位的，各项工作措施也是切实可行的，对全县经济和社会发展起到了积极作用。会议同时指出了全县在贯彻实施《中华人民共和国政府采购法》过程中存在的一些问题和不足，提出了进一步贯彻执行《中华人民共和国政府采购法》的建议意见。会议要求县人民政府及相关部门要以这次执法检查为契机，完善工作机制，明确工作职责，理顺法律关系，进一步形成政府采购的整体合力。用好、用活、用足政府采购资金，规范政府采购行为。

3. 听取和审议县邮政局副局长刘伟所作的关于工作评议整改情况的报告，会议同意该整改报告，同时再次指出了县邮政局在工作中存在的问题和不足，要求县邮政局认真查找根源，改进不足，为全县经济和社会发展做出应有的努力和贡献。

4. 会议分别听取和审议县交通局局长王少波、县人民法院副院长林峰、县人民法院执行二庭庭长毛红斌、县人民检察院副检察长张华所作的关于述职评议整改情况的报告。会议同意上述述职评议对象所作的整改报告，同时希望各述职评议对象要继续努力，针对不足，加强学习，研究对策，落实措施，进一步抓好整改落实，为推进全县政务环境和司法环境的改善做出应有的努力和贡献。

5. 会议听取和审议县人大常委会副主任、代表资格审查委员会主任委员吴克海所作的关于补选代表的代表资格审查报告和关于恢复周端午执行县十三届人大代表职务的报告。会议通过表决，确认吴信江、巩宪进、顾慧、余俊德、刘柒灵、王华安6名补选的代表资格有效；同意恢复周端午执行县十三届人大代表职务。

第二十一次会议于2006年1月26日在县人大常委会会议室举行。

会议由戴水春主任主持。副主任郑德龙、张瑞耀、吴克海、鲍小红、吴祥国、余锡恭及委员共21人出席了会议。县委副书记周遐光，县委常委、组织部长何江平，县人民法院院长苏如明，县人民检察院检察长江健生列席了会议。列席会议的还有县人大常委会各办负责人及九名县人大代表。

会议纪要如下：

会议听取县委组织部部长何江平所作的关于周遐光的主要简历，听取和审议了县人民政府县长郑卫平关于提请任命周遐光为县人民政府副县长的议案，听取和审议了郑卫平辞去县人民政府县长职务的辞呈，听取和审议了县人大常委会主任戴水春所作的关于提请决定周遐光为县人民政府代县长的议案。会议经过表决，同意郑卫平辞去县人民政府县长职务，报县第十三届人民代表大会第四次会议备案；决定任命周遐光为县人民政府副县长、代县长。

第二十二次会议于2006年2月13日在县人大常委会会议室举行。

会议由戴水春主任主持。副主任郑德龙、张瑞耀、吴克海、鲍小红、吴祥国、余锡恭及委员共21人出席了会议。县人民政府副县长邱鹏、县人民法院院长苏如明、县人民检察院检察长江健生、县财政局局长王建华列席了会议。列席会议的还有县人大常委会机关各办负责人。

会议纪要如下：

1. 听取和审议县财政局局长王建华受县人民政府委托所作的关于调整2005年预算收支计划的报告，表决通过了关于县2005年财政预算调整的决定。会议要求县人民政府继续大力组织财政收入，节约支出，确保广丰县财政收支平衡，进一步采取切实措施，促进全县经济稳定。

2. 审议了县人大常委会主任会议关于提请审议《县人大常委会关于召开县第十三届人民代表大会第四次会议决定（草案）》的议案，并表决通过了该议案。决定将议程草案、计划预算审查委员会、议案审查委员会主任委员、副主任委员、委员名单（草案）提请县第十三届人民代表大会第四次会议预备会议通过，主席团和秘书长名单（草案），提请县人民代表大会第四次会议预备会议选举。

第二十三次会议于 2006 年 3 月 20 日在县人大常委会会议室举行。

会议由主任戴水春主持。副主任郑德龙、张瑞耀、吴克海、鲍小红、吴祥国、余锡恭及委员共 21 人出席了会议。县人民政府副县长邱鹏、县人民法院院长苏如明，县人民检察院检察长江健生列席了会议。列席会议的还有县财政局局长王建华、县审计局局长周永海、县监察局局长俞志新及县人大常委会机关各办负责人。

会议纪要如下：

1. 听取和审议县人民政府副县长邱鹏受县人民政府县长周遐光委托提请的《关于利用国家开发银行开发性金融借款建设北环路等 8 个公共设施项目贷款偿还有关事项的议案》，审议通过了县人大常委会《关于同意对县人民政府〈关于利用国家开发银行开发性金融贷款建设北环路等 8 个公共设施项目贷款偿还有关事项的议案〉的决定》，要求县人民政府要切实加强对国家开发银行开发性金融项目的筛选论证和监督管理，采取有力措施防范借款风险，最大限度地发挥资金使用效益，促进广丰县经济社会全面协调可持续发展。

2. 听取和审议《县人大常委会 2006 年工作要点》（讨论稿）。

第二十四次会议于 2006 年 4 月 28 日在县人大常委会会议室举行。

会议由主任戴水春主持。副主任郑德龙、张瑞耀、吴克海、鲍小红、吴祥国、余锡恭及委员共 19 人出席了会议，委员严卫华、陶少敏因事请假。县人民政府副县长邱鹏，县人民法院院长苏如明，县人民检察院检察长江健生和监察局、审计局、民政局、财政局、林业局、科技局、发改委、法制办负责人列席了会议。列席会议的还有永丰、芦林、丰溪 3 个街道人大工委主任、副主任拟任人员，县人民法院拟任法官，县人民检察院拟任检察官及县人大机关各办负责人。

会议纪要如下：

1. 学习中共中央转发《中共全国人大常委会党组关于进一步发挥全国人大代表作用 加强全国人大常委会制度建设若干意见》。

2. 听取和审议县人民政府副县长邱鹏所作的关于广丰县撤并乡镇调整区划的议案。会议同意县人民政府撤并乡镇调整区划的方案议案。会议认为。撤并乡镇是全县人民政治生活和基层政权建设中的大事，要严格按选举法、地方组织法等法律法规进行。会议就全县撤并乡镇有关问题作了决定。

3. 会议听取和审议了县财政局局长王建华受县人民政府委托所作的关于 2006 年财政收支预算编制情况及 2005 年非税收入管理情况的报告。会议肯定了全县今年的财政工作，认为 2006 年预算编制工作翔实、真实、可行，安排比较合理、科学，突出了重点。2005 年非税收入情况汇报清楚，对存在的问题不遮不掩，对进一步加强非税收入管理措施有力。同时，会议也指出了财政工作中存在的一些问题，并提出了意见和建议。

4. 听取和审议了县科技局长陈修光受县人民政府委托所作的关于贯彻落实《中华人民共和国科技进步法》暨科技创新工作情况的汇报。会议指出，全县科技工作近年来取得了较好较快的发展，但科技发展与经济社会发展的要求还不相适应。会议要求县人民政府及科技部门要进一步加大对《科技进步法》的宣传，进一步落实促进科技进步的措施，不断增强科技对全县经济社会发展的支撑和服务能力。

5. 会议听取和审议了县林业局局长刘旭洲受县人民政府委托所作的关于广丰县林业产权制度改革工作的报告。会议充分肯定了全县林业产权制度改革工作所取得的成绩，同时指出了工作存在的不足和问题，提出了针对性的整改意见。会议要求县人民政府及林业主管部门制定林业产权保护的制度，进一步落实整改措施。巩固林业产权制度改革成果。

6. 会议听取和审议的县人大常委会委员、教科文卫工委主任徐新华代表县人大常委会执法检查组所作的《关于中华人民共和国行政许可法》实施情况的报告。

7. 会议根据县人大常委会主任的提请议案，投票表决通过了县人大常委会永丰、芦林、丰溪三个街道工委主任、副主任名单，决定任命邵银堂为县人大常委会永丰街道工作委员会主任、郑兴来为副主任，俞国堂为县人大常委会丰溪街道工作委员会主任，徐常发为县人大常委会芦林街道工作委员会主任、琚清泉为副主任。

8. 根据县人民政府县长的提请议案，投票表决通过了县发展和改革委员会主任任免名单，决定免去高月富的县发展和改革委员会主任职务，任命杨一虎为县发展和改革委员会主任。

9. 根据县人民法院院长的提请议案，投票表决通过了 18 名法官的人事任免名单；根据县人民检察院检察长的提请议案，投票表决通过了 4 名检察官的人事任免名单。任命表决前，县人大常委会副主任吴祥国通报这次拟任人员任前法律知识考试情况。表决通过后，向被任命的人员颁发了任命书，杨一虎作了表态发言。

第二十五次会议于 2006 年 5 月 29 日在县人大常委会会议室举行。

会议由主任戴水春主持。副主任郑德龙、张瑞耀、吴克海、鲍小红、吴祥国、余锡恭及委员共 20 人出席了会议，委员俞菊芳因事请假。

县人民政府县长周遐光、县人民检察院检察长江健生和县人民法院、县监察局负责人列席了会议，列席会议的还有两名副县长拟任人员、县公安局局长拟任人员及永丰、芦林、丰溪三个街道人大工委主任、副主任，人大常委会机关各办负责人。

会议纪要如下：

1. 分别听取和审议县人民政府副县长徐岩波、裴建元、周启南 3 人因工作调动原因向县人大常委会提出辞去县人民政府副县长职务的辞呈。经举手表决，同意徐岩波、裴建元、周启南辞去县人民政府副县长职务，报县十三届人民代表大会第五次会议备案。

2. 听取和审议县人民政府县长周遐光关于提请人事任免的议案，投票表决通过了县人民政府副县长、县公安局局长任免名单，决定免去张远明的县公安局局长职务。决定任命石斌、张晓军为县人民政府副县长，任命刘敏建为县公安局局长。表决通过后，向被任命的人员颁发了任命书，3 名新任职人员作了任职表态发言。

第二十六次会议于 2006 年 6 月 16 日在县人大常委会会议室举行。

会议由主任戴水春主持。副主任郑德龙、张瑞耀、吴克海、鲍小红、吴祥国、余锡恭及委员共 20 人出席了会议，委员俞菊芳因事请假。县人民政府副县长林伟，县人民法院院长苏如明，县人民检察院检察长江健生，县监察局、审计局、团县委、工商局、民政局、卫生局、公安局、教育督导室负责人，县人大常委会各办负责人、各街道人大工委负责人列席了会议。列席会议的还有 5 名县人大代表。

会议纪要如下：

1. 根据县人民政府县长周遐光提请的议案，投票表决通过了县人民政府副县长任职名单，决定任命周开旺为县人民政府副县长，根据县人民检察院检察长江健生提请的议案，投票表决免去俞桂媛的县人民检察院检察员职务。表决通过后，向被任命人员颁发了任命书。

2. 听取和审议县人大常委会副主任、执法检查组组长吴祥国所作的关于检查《中华人民共和国预防未成年人犯罪法》实施情况的报告。会议认为，广丰县实施预防未成年人犯罪法的总体情况是好的，取得了一定的成效。会议同时指出了在实施该法中存在的一些问题，要求县人民政府及各有关部门、全社会共同关注预防未成年人犯罪问题，采取各项有力措施，扭转未成年人犯罪率不断上升的趋势，创造未成年人健康成长的良好环境。

3. 听取和审议民政局局长徐兰坤受县人民政府委托所作的关于广丰县第六届村级换届选举工作情况的报告。会议认为，全县第六届村级换届选举工作平稳，工作扎实，富有成效。

4. 听取和审议了县卫生局局长韩晨辉受县人民政府委托所作的关于广丰县新型农村合作医疗工作情况的报告。会议充分肯定了广丰县新农合工作。

5. 听取和审议县工商局局长李冬冬所作的关于广丰县工商行政管理的报告；听取和审议了县人大常委会委员邱在庆受工作评议调查组委托所作的关于评议县工商局工作的调查报告。会议认为，近几年县工商局在学习、宣传工商行政管理法律、法规，服务地方经济建设服务，规范市场经济秩序，维护消费者权益等各方面工作扎实有效，取得了良好成绩。县人大常委会对工商局工作表示满意。会议同时指出了县工商局在工作中存在的一些困难和问题。会议要求县工商局要以本次评议为契机，进一步转变观念，改进作风，强化各项工作职能，努力为全县创造良好的经济发展环境。会议同时建议县人民政府要进一步重视关心支持工商行政管理工作，积极帮助县工商行政管理部门解决办公条件、检测设备等方面存在的困难。

6. 会议表决通过了东阳乡选举委员会名单。

第二十七次会议于 2006 年 8 月 27 日在县人大常委会会议室举行。

会议由主任戴水春、副主任郑德龙主持。副主任张瑞耀、吴克海、鲍小红、吴祥国、余锡恭及委员 18 人出席了会议，委员徐新华因事请假。县人民政府副县长周开旺，县人民法院院长苏如明、副院长纪树生，县人民检察院检察长江健生、副检察长张华分别列席会议。列席会议的县委组织部、监察局、发改委、财政局、审计局、公安局、司法局、林业局、文化广播电视局、工商局、银监组、中国人民银行广丰支行、中行、城市信用社等单位负责人，各街道人大工委、人大常委会机关各办负责人以及四名县人大代表。

会议纪要如下：

1. 会议根据县人大常委会委员严卫华、郑明华的辞呈，经举手表决，同意严卫华、郑明华辞去县人大常委会委员职务。根据县人民政府县长周遐光提请的人事任免议案，投票表决通过了人事任免名单，决定免去杨一虎的县发展和改革委员会主任职务、韩祥华的县人事劳动和社会保障局局长职务。决定任命余锡华为县发展和改革委员会主任、郑明华为县人事劳动和社会保障局局长，根据县人大常委会主任戴水春提请的人事任命议案，投票表决通过了人事任命名单，决定任命刘少云为县人大常委会丰溪街道工作委员会副主任。

2. 会议听取和审议县人民政府副县长周开旺受县人民政府县长周遐光委托所作的关于县人民政府 2006 年上半年工作报告。会议认为，县人民政府上半年的工作思路清晰、目标明确、措施扎实，经济和社会各项事业取得了明显成效。会议同时指出了政府在企业用地管理、环境保护、社会保障、政府自身形象建设等方面存在的问题和不足。会议要求县人民政府在今后的工作中，认真落实实施各项措施，不断推进广丰县国民经济和社会各项事业迈大步、上台阶。

3. 听取和审议县人民政府副县长周开旺受县人民政府委托所作的关于提请调整市民中心建设用地规划的议案，会议表决通过了县人大常委会《关于同意调整市民中心建设用地规划的决定》，会议同意县人民政府提出的用地规划方案。

4. 听取和审议县发改委主任余锡华受县人民政府委托所作的关于 2006 年上半年国民经济和社会发展计划执行情况的报告。

5. 分别听取和审议财政局局长王建华、审计局局长周永海受县人民政府委托所作的关于县 2005 年财政决算和 2006 年上半年财政预算执行情况的报告。关于 2005 年财政预算执行和其他财政收支的审计报告。听取和审议县人大常委会副主任张瑞耀受县人大常委会主任委托所作的关于县 2005 年财政决算的审查报告，表决通过了县人大常委会关于批准县 2005 年度财政决算的决议。

6. 听取和审议县人民法院院长苏如明所作的县人民法院 2006 年上半年工作报告。会议认为，

2006年上半年，县人民法院在队伍建设、法治文化建设等方面取得了明显进步，充分发挥审判机关的作用，为全县经济社会统筹、协调全面发展和人民群众安居乐业创造了和谐稳定的社会环境。会议同时指出了县人民法院在案件执行率、基层法庭案件质量、队伍建设等方面存在的问题与不足，要求在今后的工作中，大力落实科学发展观，按照“规范、公正、过硬、一流”的工作要求，把县人民法院的各项工作不断向前推进。

7. 听取和审议县人民检察院检察长江健生所作的关于县人民检察院2006年上半年的工作报告。会议指出，县人民检察院的工作管理规范、秩序井然，检察工作的大局意识、全局意识强，为全县政治稳定和社会安定，保障改革和发展的顺利进行做出了积极贡献。会议要求，县人民检察院要继续抓好检察官的业务、理论知识学习培训，继续加大查办和预防职务犯罪工作力度，继续加强诉讼监督，继续加强队伍建设，为构建和谐平安广丰做出更大贡献。

8. 会议听取和审议县公安局政委张黔受县公安局局长刘敏建委托所作的关于广丰县公安工作情况的汇报。会议指出，全县公安机关在打击犯罪、维护社会稳定做了大量工作，公安机关内部管理日渐规范，在群众中树立了良好的公安形象。会议同时要求，县公安机关要建立重大事项向人大常委会报告制度，并在队伍建设、接警出勤、基层基础建设、打击刑事犯罪、处理一般治安案件等方面继续努力。进一步加强和改进公安工作、全面提高公安队伍的执法水平和队伍正规化建设水平。

9. 听取和审议县司法局局长杨维达受县人民政府委托所作的关于广丰县“四五”普法工作情况及“五五”普法工作安排意见的汇报，表决通过了县人大常委会关于加强法制宣传的决议。

10. 听取和审议县林业局局长刘旭洲所作的述职报告，听取和审议了县人大常委会委员郑通满受县人大常委会述职评议调查组委托所作的关于对县林业局局长刘旭洲履行职责情况的调查报告。会议对刘旭洲任林业局局长以来的工作表示满意。会议同时指出了刘旭洲任职以来存在的一些问题与不足，要求刘旭洲根据常委会组成人员提出的意见建议加快整改落实。

11. 听取和审议县文化广播电视局局长徐贵清所作的述职报告，听取和审议了县人大常委会委员邱在庆受县人大常委会述职评议调查组委托所作的关于对县文化广播电视局局长徐贵清履行职责情况的调查报告。会议肯定了徐贵清任文化广播电视局局长以来的工作。会议同时指出了徐贵清在工作中存在的问题和不足。要求徐贵清对照问题和不足，认真加以整改。

12. 听取和审议县工商局副局长余甘霖受县工商局局长李冬冬委托所作的关于县工商局工作整改情况的报告。会议认为，自2006年3月份对县工商局开展工作评议以来，县工商局能正确对待、主动接受工作评议，积极开展工作整改，整改落实情况较好，希望县工商局戒骄戒躁，再接再厉，不断提高履职能力和水平，更好地服务全县经济和社会事业发展。

13. 听取和审议县人大常委会副主任张瑞耀受县人大常委会执法检查组委托所作的关于检查

《中华人民共和国商业银行法》实施情况的报告。会议肯定了全县学习贯彻商业银行法所取得的成绩，同时指出了工作中存在的一些不容忽视的问题。

14. 听取和审议县人大常委会副主任、代表资格审查委员会主任吴克海所作的关于代表变动情况的代表资格审查报告，并表决通过了该审查报告，确认詹裕民，周岐清等 11 人的县第十三届人大代表资格自行终止。

15. 会议听取和审议关于召开县第十三届人民代表大会第五次会议的决定（草案）、县第十三届人民代表大会第五次会议议程（草案）、县第十三届人民代表大会第五次会议主席团和秘书长名单（草案），并表决通过了上述 3 个（草案）。

第二十八次会议于 2006 年 12 月 24 日在县人大常委会会议室举行。

会议由主任戴水春主持，副主任郑德龙、张瑞耀、鲍小红、吴祥国、余锡恭及委员共 17 人出席了会议。副主任吴克海、委员陈筱英因事请假。县人民政府副县长石斌、祝美清，县人民法院院长苏如明、县人民检察院检察长江健生列席了会议。列席会议的还有县委组织部、监察局、审计局、粮食局、林业局、文广局、教育局、经贸委述职评议对象和县人大机关各办负责人及各街道人大工委负责人，林传松、饶明荣、毛忠发、余宗国 4 名县人大代表和监督员刘孝仁也列席了会议。

会议纪要如下：

1. 听取和审议县人民政府副县长石斌受县长周遐光委托所作的关于提请《关于利用农业发展银行低风险财政垫付性金融借款实施国储粮库、省储粮库、县储粮库“退城进郊”建设项目贷款偿还有关事项的议案》。表决通过了关于同意县人民政府《关于利用农业发展银行低风险财政垫付性金融借款实施国储粮库、省储粮库、县储粮库“退城进郊”建设项目贷款偿还有关事项的议案》的决定。

2. 会议分别听取和审议县人民法院副院长纪树生、县人民检察院副检察长夏少华所作的述职报告。听取和审议了县人大常委会委员毛祖斌受县人大常委会述职评议调查组委托所作的关于县人民法院副院长纪树生、县人民检察院副检察长夏少华履行职责情况的调查报告，并对述职评议对象进行了测评。会议肯定了两人任现职以来所取得的成绩，同时中肯地指出了存在的问题和不足。会议要求两人要以本次述职为契机，认真总结，查找不足，对照意见落实整改，不断提升自己的工作能力和水平。

3. 分别听取和审议县林业局局长刘旭洲、县文化广播电视局局长徐贵清所作的关于述职评议整改情况的汇报，并对两人的评议整改情况进行了测评。会议认为，两人能正确对待县人大常委会的评议，能针对存在的问题和不足，认真落实整改措施，取得了一些成绩，会议要求两人继续对照县人大常委会的审议意见，创造条件，一项一项认真抓整改落实。

4. 会议听取和审议县人大常委会副主任、执法检查组组长鲍小红所作的关于检查《中华人民共和国义务教育法》实施情况的报告。会议认为，广丰县贯彻实施《中华人民共和国义务教育法》的总体情况是好的，同时指出了存在的问题和不足，要求县人民政府及相关部门要认真制定实施义务教育法“十一五”规划，继续保持教育经费的保障机制，统筹规划，合理调整教育资源，切实解决义务教育工作存在的问题，广丰我县人才资源提供基础保障。

5. 会议听取和审议县经贸委主任陈敏华受县人民政府委托所作的关于全县经贸委工作情况的汇报。听取和审议了县人大常委会委员郑通满受县人大常委会工作评议调查组委托所作的关于评议县经贸委工作的调查报告，并对县经贸委工作情况进行了测评。会议认为，县经贸委近两年来在县委的正确领导下，适应形势、转变思路、理顺职能、创新举措，为广丰县经济健康、快速发展做了大量工作。会议要求，县人民政府及经贸部门要继续加大对涉及经贸方面有关法律法规的宣传，进一步加大执法力度，进一步加强队伍和作风建设，充分发挥经贸工作的职能作用，为我县经济和社会发展做出更大的贡献。

第二十九次会议于 2006 年 12 月 6 日和 26 日分两段在县人大常委会会议室举行。

会议由主任戴水春主持，副主任郑德龙、张瑞耀、鲍小红、吴祥国、余锡恭和常委会委员出席了会议。6 日的会议，委员郑通满因病请假。26 日的会议，委员徐辉广、郑通满因事、因病请假，县人民政府副县长祝美清、县人民法院院长苏如明、县人民检察院检察长江健生列席了会议。列席会议的还有财政局、经贸委、国土局、安监局、公安局负责人、两名述职评议对象，县人大机关各办负责人及 3 个街道人大工委负责人，胡清洲、余敦修等两名监督员。

会议纪要如下：

会议于 2006 年 12 月 6 日审议并通过了《县人大常委会关于召开县第十三届人民代表大会第五次会议的决定》，决定县第十三届人民代表大会第五次会议于 2006 年 12 月 7—9 日在县城召开。

2006 年 12 月 26 日的会议，纪要如下。

1. 听取和审议县财政局局长王建华受县人民政府委托所作的关于调整 2006 年预算收支计划的报告，表决通过了关于县 2006 年财政预算调整的决定。

2. 听取和审议县经贸委主任陈敏华所作的关于县经贸委工作评议整改情况的报告，并对工作评议整改情况进行了测评。

3. 会议听取和审议县国土资源局副局长陈明兴受县人民政府委托所作的关于全县土地管理工作情况的汇报，听取和审议了县人大常委会副主任、执法检查组组长吴祥国所作的关于检查《中华人民共和国土地管理法》执行情况的报告。会议肯定了全县贯彻执行土地管理法所取得的成绩，同时指出了存在的问题和不足。会议要求县人民政府及国土管理部门要进一步强化对土地管理法及相关法律、法规的宣传教育，严格实施土地用途管理制度。进一步加大对闲置土地和违法违规用地行为的查处力度，规范用地行为。进一步加强自身建设，提高依法行政水平。

4. 听取和审议县人大常委会委员毛祖斌受县人大常委视察组委托所作的关于公安治安工作和社会治安防控体系建设工作的视察报告。会议充分肯定了全县公安治安工作，针对存在的问题和不足，提出了建议意见。

5. 会议听取和审议县人大常委会副主任、县人大常委会执法检查组组长张瑞耀所作的关于《中华人民共和国安全生产法》执法检查的调查报告。会议肯定了全县贯彻实施《安全生产法》的成绩，同时指出了存在的主要问题，会议要求县人民政府及安全监管部门要进一步明确责任，加大工作力度，全面提高全县安全生产水平，确保人民生命财产安全。

6. 听取和审议县人民法院副院长纪树生、县人民检察院副检察长夏少华分别所作的关于述职评议整改情况的汇报，并对述职评议对象进行了整改情况民主测评。

7. 会议审议并表决通过了县选举委员会名单、各乡镇（街道）选举委员会（指导组）名单，确定了县第十四届人民代表大会代表名额分配数和各乡镇人民代表大会代表名额数。

第三十次会议于2007年2月12日在县人大常委会会议室举行。

会议由主任戴水春主持，县人大常委会委员郑通满请假，其他委员全部参加了会议。县人大常委会各办负责人、街道人大工委主任列席了会议。

会议纪要如下：

1. 接受江健生辞去县人民检察院检察长；

2. 任命吴伯翔为县人民检察院副检察长、代检察长。

第三十一次会议于2007年2月12日在县人大常委会会议室举行。

会议由主任戴水春主持，县人大常委会组成人员全部参加了会议。县人大党组成员韩祥华、县人民政府副县长邱鹏、县人民法院院长苏如明、检察院副检察长蒋昌福、县人大各办负责人、街道人大工委主任列席了会议。

会议纪要如下：

1. 县人大常委办公室主任邱在庆宣读了有关草案。

（1）县第十四届人民代表大会第一次会议议程（草案）；

（2）县第十四届人民代表大会第一次会议主席团和秘书长名单（草案）；

（3）县第十四届人民代表大会第一次会议计划预算审查委员会，议案审查委员会组成人员，大会副秘书长名单（草案）；

（4）县第十四届人民代表大会第一次会议列席人员范围。

2. 县人大常委会副主任、代表资格审查委员会主任吴克海作代表资格审查报告。

3. 任命胡关才为县人大常委会财经办公室主任，任命余英勇为县统计局局长。

二、县十四届人大常委会会议

第一次会议于 2007 年 5 月 16 日在县人大常委会会议室举行。

主任戴水春主持了会议，副主任郑德龙、王忠毅、鲍小红、吴祥国、余锡恭、韩祥华和委员共 22 人出席了会议。委员陶少敏因事请假。

县人民政府县长周遐光、副县长石斌，县人大常委会副调研员吴克海，县人民检察院检察长吴伯翔和县人民政府 23 个组成部门主要负责人，县人民检察院一名检察员和县人大代表毛小东，旅游局负责人及各街道人大工委、部分乡镇人大主席、县人大机关各办负责人等列席了会议。

会议纪要如下：

上午的会议，进行了第一项议程，人事任免。

根据县人大常委会主任的提请议案，投票表决通过了县人大常委会机关 2 名工作人员免去职务的名单。

根据县人民政府县长周遐光提请的议案，投票表决通过了县人民政府 23 个组成部门人事任免名单。

根据县人民检察院检察长提请的议案，投票表决通过了一名检察员人事任免名单。任命表决前，县人大常委会副主任鲍小红通报了拟任人员任前法律知识考试情况，24 名拟任人员分别作了供职报告。常委会组成人员对供职报告进行了分组审议。表决通过后，举行了任命书颁发仪式。县人大常委会主任戴水春、县人民政府县长周遐光分别作了讲话。

下午的会议，进行了其他几项议程：

1. 学习了《中华人民共和国各级人民代表大会常务委员会监督法》。

2. 听取和审议县旅游局局长王明海受县人民政府委托所作的关于全县旅游资源保护与开发工作情况汇报。

3. 审议并通过《县人民代表大会常务委员会会议议事规则》《县人民代表大会常务委员会主任会议议事规则》《县人民代表大会常务委员会组成人员守则》。

第二次会议于 2007 年 6 月 28 日在县人大常委会会议室举行。

主任戴水春主持了会议，副主任郑德龙、王忠毅、鲍小红、吴祥国、余锡恭、韩祥华及委员共 21 人出席了会议。委员陶少敏、俞英发因事请假。

县人民政府副县长祝美清、县人大常委会副调研员吴克海、县人民法院院长苏如明、县人民检察院检察长吴伯翔及各街道人大工委、县人大机关各办负责人列席了会议。

会议纪要如下：

1. 会议审议通过《关于县人民代表大会常务委员会内务司法办公室等五个办公室更名的决定》。

2. 根据县人大常委会主任的提请议案，投票表决通过了县人大常委会机关 2 名工作人员任职的名单 .

3. 根据县人民法院院长的提请议案，投票表决通过了 2 名法官人事任免名单。任命表决前，县人大常委会副主任鲍小红通报了这次被拟任人员任前法律知识考试情况，4 名拟任人员分别作了供职报告，常委会组成人员对供职报告进行了审议。表决通过后，举行了任命书颁发仪式。

县第十四届人民代表大会常务委员会第二次会议决定：

县人大常委会内务司法办公室更名为县人大常委会内务司法工作委员会；

县人大常委会财政经济办公室更名为县人大常委会财政经济工作委员会；

县人大常委会农业农村办公室更名为县人大常委会农业农村工作委员会；

县人大常委会教科文卫办公室更名为县人大常委会教科文卫工作委员会；

县人大常委会选举任免联络办公室更名为县人大常委会选举任免联络工作委员会。

更名后的五个工作委员会为县人大常委会的工作机构。机构更名后，办公室原主任、副主任改任相应的工作委员会主任、副主任。

第三次会议于 2007 年 7 月 28 日在县人大常委会会议室举行。

主任戴水春主持了会议，副主任郑德龙、王忠毅、鲍小红、吴祥国、余锡恭、韩祥华及委员共 23 人出席了会议。县人民政府副县长邱鹏、祝美清，县人大常委会副调研员吴克海，县人民检察院检察长吴伯翔，县人民法院、发改委、财政局、审计局、文广局、环保局、质量技术监督局、林业局等单位负责人，人大常委会机关各工委（办）、各街道人大工委负责人及程剑虹等 12 名代表列席了会议。

会议纪要如下：

1. 会议学习了胡锦涛总书记 2007 年 6 月 25 日在中央党校干部培训班上的讲话精神。

2. 会议分别听取和审议发改委主任余锡华受县人民政府委托所作的关于县 2007 年上半年国民经济和社会发展计划执行情况与下半年计划安排的报告、财政局局长王建华受县人民政府委托所作的关于 2006 年财政决算的报告和 2007 年上半年预算执行情况的汇报、审计局局长周永海受县人民政府委托所作的关于广丰县 2006 年财政预算执行情况和其他财政收支情况的审计工作报告、县人大常委会副主任郑德龙受主任会议委托所作的关于县 2006 年财政决算的审查报告。会议肯定了广丰县在财政计划执行方面取得的成绩，要求县人民政府继续抓紧。

3. 会议听取和审议文广局局长徐贵清受县人民政府委托所作的关于广丰县文物保护工作情况

的报告。会议指出，要进一步加强文物保护工作的宣传，加大文物保护投入，充分做好文物保护利用工作，为我县旅游业服务。

4. 听取和审议林业局局长刘旭洲受县人民政府委托所作的关于全县林业产权制度改革情况的报告，会议指出要继续加强林改工作，推动林改向纵深发展，高标准完成目标任务，圆满完成年初县人代会确定的各项目标。

5. 听取和审议县环保局局长余雪华受县人民政府委托所作的关于广丰县环境保护工作情况汇报、县人大常委会副主任吴祥国所作的关于《中华人民共和国环境保护法》执法检查情况的报告。会议肯定了全县环保工作的成绩，同时指出了存在的一些问题。

6. 听取和审议县质量技术监督局局长叶钟良所作的关于广丰县质量技术监督工作的报告，县人大常委会委员、财经工委主任胡奀才所作的关于县质量技术监督局工作评议的调查报告，并对县质量技术监督局的工作进行了民主测评。会议肯定了县质量技术监督局对县经济发展所做的贡献，同时指出了质监局在队伍建设、法律法规政策、宣传技术装备、执法行为等方面存在不足。会议要求县质监局对上述问题加强整改、总结经验、吸取教训。

7. 会议听取和审议县人大常委会副主任、代表资格审查委员会主任委员鲍小红所作的县人大常委会主任会议关于提请许可对苏某某采取强制措施予以确认的报告、关于暂停苏某某的县第十四届人民代表大会代表职务的报告，并表决通过了上述两个报告。

第四次会议于 2007 年 8 月 27 日在县人大常委会会议室举行。

主任戴水春主持了会议，副主任郑德龙、王忠毅、鲍小红、吴祥国、余锡恭、韩祥华和委员共 23 人出席了会议。

县人民政府县长周遐光、县人大常委会副调研员吴克海、县人民法院党组书记姚文，县人民检察院检察长吴伯翔，县人大常委会各工委（办）和各街道人大工委负责人列席了会议。

会议纪要如下：

会议表决通过了邱鹏辞去县人民政府副县长职务的决定，表决通过了苏如明辞去县人民法院院长职务的决定。

根据县人民政府县长周遐光的提请议案，表决通过了县人民政府副县长周金明职务的任命；根据县人大常委会主任戴水春的提请议案，投票表决通过了县人民法院副院长姚文的职务任命，表决通过了姚文任县人民法院代院长，任命表决前，县人大常委会副主任韩祥华通报了这次拟任人员任前法律知识考试情况，表决通过后，举行了任命书颁发仪式，新任职的两人都作了表态发言。

第五次会议于 2007 年 9 月 26 日在县人大常委会会议室举行。

县人大常委会主任戴水春主持了会议，副主任郑德龙、王忠毅、鲍小红、吴祥国、余锡恭、韩祥华及委员共 23 人出席了会议。

县人民政府副县长祝美清，县人大常委会副调研员吴克海，县人民法院代院长姚文，县人民检察院检察长吴伯翔，县公安局、县教育局、县科技局、县规划局、县质量技术监督局、上饶市商业银行广丰支行、县人大常委会各工委（办）负责人及 5 名县人大代表和县人大常委会法律顾问组成员列席了本次会议。

会议纪要如下：

1. 听取和审议县教育局局长黄衣华受县人民政府委托所作的关于广丰县今年中招、高招情况的报告。会议要求县人民政府及教育部门要加强教育管理，强化师资队伍建设，狠抓教育质量。

2. 听取和审议县人民法院代院长姚文作的关于广丰县刑事审判工作情况的报告。会议认为县人民法院牢固树立“执法为民”的司法理念，积极推进执法规范化。会议指出，少数刑事案件存在倚重倚轻现象，人民陪审员参加庭审率还不高。会议要求县人民法院办案追求法律效果和社会效果的统一，积极参与社会治安综合治理。不断完善司法工作机制，提高司法能力。

3. 听取和审议县人民检察院检察长吴伯翔作的关于全县刑事检察工作情况的报告；会议认为县人民检察院在刑事检察工作中紧紧围绕“规范执法行为、促进执法公正”为主题，积极推进执法工作规范化，同时指出公、检、法在一些案件的追侦上未能达成共识；会议要求法、检、公三家之间要加强沟通，全面提高公安人员素质，完善工作机制，强化法律监督，维护公平正义的检察工作主题，为经济发展构建和谐平安广丰提供有力的司法保障。

4. 会议听取和审议县人大常委会副主任、执法检查组组长王忠毅作的关于检查《中华人民共和国科学技术进步法》实施情况的报告。会议认为县人民政府贯彻科技进步法取得了较好的工作成效，提高了全民科技意识，加强了对科技工作的领导，科技投入逐步增加，科研和科技应用推广较好等。同时，会议指出科技进步的宏观协调机制不健全、多元化的科技投入体制不完善、科技人才短缺等。会议要求县人民政府及科技部门要加大宣传，完善科技工作机制，增加科技投入，加强科技队伍建设，不断提高科学技术进步对生产力发展的贡献率。

5. 听取和审议上饶市商业银行广丰支行行长姚文正作的上饶市商业银行广丰支行工作报告。会议认为该行牢固树立存款立行思想，优化信贷资产结构，加强信贷风险管理。同时会议指出该行结构性存贷风险仍然存在，贷款结构单一，中间业务发展不够强。会议要求该行加大组织存款力度，努力创新存款业务，拓展信贷业务，加强内部控制管理力度，支持我县经济发展。

6. 审议并通过县人民代表大会常务委员会，关于许可对县本级人民代表大会代表采取代表限制人身自由强制措施的办理程序。

7. 听取和审议县规划局局长郑式湖受县人民政府委托所作的关于编制县城近期建设规划（2006—2010 年）情况的汇报，并表决通过了该汇报。同时会议要求县人民政府及规划部门加大规划方面的法律法规的宣传，强化规划意识，加强自身建设，不断提高城市规划水平和执法水平。

8. 会议听取和审议县质量技术监督局局长叶钟良作的县质量技术监督局关于工作评议整改情况的报告。

第六次会议于2007年11月29日在县人大常委会会议室举行。

县人大常委会主任戴水春主持了会议，副主任郑德龙、王忠毅、鲍小红、吴祥国、余锡恭、韩祥华及委员共23人出席了会议。县人民政府副县长祝美清、县人民检察院检察长吴伯翔、县人大常委会副调研员吴克海列席了会议。列席会议的还有县人民政府、公安局、发改委、财政局、规划局、粮食局、县金融合作办负责人和县人大机关各工委（办）负责人，各街道人大工委负责人，下溪、排山、壶峤镇人大副主席和四名人大代表。

会议纪要如下：

1. 听取和审议县发改委主任余锡华受县人民政府委托所作的关于调整2007年广丰县国民经济和社会发展部分计划的报告。会议同意该报告，并通过了县人大常委会关于批准县人民政府关于调整2007年国民经济和社会发展计划部分指标的决议。

2. 听取和审议了县金融合作办夏洪艳代表县财政局王建华局长受县人民政府委托所作的关于利用国家开发银行开发性金融借款建设北环路等公共设施项目情况的报告。会议认为，全县在利用国家开发银行开发性金融借款建设的5个项目，运转良好，效果明显。会议要求县人民政府及财政部门抓紧时机，抓好后续6个工程项目的金融借款争取工作，为全县主要工程建设提供资金保障。

3. 听取和审议粮食局局长郑诗良受县人民政府委托所作的关于利用农业发展银行低风险财政垫付性金融借款实施国储、省储、县储粮库“退城进郊”建设情况的报告。会议认为“退城进郊”工程运作良好，同时会议要求加强安全管理，确保粮库粮仓安全，进一步加快地方储备粮库建设，尽量发挥应有的作用。

4. 听取和审议县人民政府副县长祝美清所作的关于“三校合一”后广丰中学运行情况的汇报和县人大常委会副主任王忠毅代表县人大常委会调研组所作的关于“三校合一”后广丰中学运行情况的调研报告。会议指出，“三校合一”后广丰中学初步实现了重组磨合期的过渡，保持了学校教育工作的基本稳定。会议同时指出了新广中在运行过程中存在的问题。

5. 听取和审议县人大常委会副主任吴祥国代表县人大常委会执法检查组所作的关于检查《中华人民共和国城市规划法》实施情况的报告。会议认为，规划是城市建设的灵魂，要保证规划的科学性、前瞻性。会议要求县人民政府进一步加大《城乡规划法》及其相关法规的学习宣传力度，端正城乡规划建设的指导思想，不断满足广大居民的需要，全面实现社会主义小康目标，为建设和谐社会服务。

6. 听取和审议县人民政府办公室主任毛祖斌受县人民政府委托所作的关于县十四届人大一次会议期间代表建议办理情况的报告。会议认为县人民政府高度重视代表建议办理。问题解决率有了较大的提高，同时会议要求加强互相沟通，不断提高办理水平，提高办理质量。

7. 会议听取和审议县公安局政委张黔受县人民政府委托所作的关于《中华人民共和国治安处罚法》贯彻执行情况的报告，审议了县人大常委会调研组关于《中华人民共和国治安处罚法》的调研报告。

第七次会议于 2008 年 1 月 18 日在县人大常委会会议室举行。

会议由主任戴水春主持，副主任郑德龙、王忠毅、鲍小红、吴祥国、余锡恭、韩祥华及委员共 23 人出席了会议。县人大常委会副调研员吴克海，县人民法院代院长姚文，县人民检察院检察长吴伯翔，财政局、水利局、县人大机关各工委（办）负责人及各街道人大工委负责人出席了会议。

会议纪要如下：

1. 听取和审议财政局局长王建华受县人民政府委托所作的关于调整 2007 年财政预算收支计划的报告，并通过了县人民代表大会常务委员会关于县 2007 年财政预算调整的决定。

2. 听取和审议县人大常委会执法检查组所作的关于检查《中华人民共和国水法》实施情况的报告，会议认为县人民政府贯彻水法取得了较好的工作成效，提高了全民水法意识，有力地开展了水资源开发利用，水环境得到进一步保护，推动了水利行政的发展，加强了执法队伍的建设，严格执法，依法治水效果明显等。

3. 听取和审议并通过了县人大常委会副主任、代表资格审查委员会主任委员鲍小红所作的关于提请确认许可对县十四届人大代表纪某某采取刑事拘留的决定的报告。

4. 听取和审议县人大常委会副主任，代表资格审查委员会主任委员鲍小红所作的关于县第十四届人大常委会代表资格审查委员会关于补选选举代表和代表变动情况的代表资格审查报告。

5. 审议了县人大常委会工作报告稿。

6. 审议并通过了关于召开县第十四届人民代表大会第二次会议的决定。

7. 审议了县第十四届人民代表大会第二次会议主席团、秘书长名单（草案），计划预算审查委员会，议案审查委员会和副秘书长名单（草案）和列席人员名单（草案）。

第八次会议于 2008 年 3 月 26 日在县人大常委会会议室举行。

主任戴水春主持了会议，副主任郑德龙、王忠毅、鲍小红、吴祥国、余锡恭、韩祥华及委员共 23 人出席了会议。县人民政府副县长周开旺，县人大常委会副调研员吴克海，县人民法院代院长姚文，县人民检察院检察长吴伯翔，县人民法院、农业局、林业局、水利局、财政局、残联、总工会、物价局、县人大常委会各工委（办）负责人和各街道人大工委负责人以及5名县人大代表和5名人大副主席列席了会议。

会议纪要如下：

1. 会议学习了十一届全国人大一次会议精神。

2. 人事任免。根据县人民法院负责人的提请议案，投票表决通过了1名免职人员名单和2名任职人员名单。任命表决前，县人大常委会副主任韩祥华通报了这次被拟任人员任前法律知识考试情况；2名拟任人员分别作了供职报告，常委会组成人员对供职报告进行了审议，表决通过后，举行了任命书颁发仪式.

3. 听取和审议县财政局局长王建华受县人民政府委托所作的利用农业发展银行开发性金融借款建设西溪河改造项目贷款偿还有关事项的议案。并作出和通过了县人大常委会关于同意县人民政府《关于利用农业发展银行开发性金融借款建设西溪河改造项目贷款偿还有关事项的议案》的决定。

4. 听取和审议残联理事长周惠平受县人民政府委托所作的关于我县残疾人保障工作情况的报告。

5. 听取和审议农业局局长陈少华受县人民政府委托所作的全县2008年春耕备耕工作情况的汇报。

6. 听取和审议县林业局局长刘旭洲受县人民政府委托所作的去冬今春植树造林工作情况汇报。

7. 听取和审议县水利局局长刘甘务受县人民政府委托所作的关于全县病险水库除险加固情况汇报。

8. 听取和审议县物价局局长徐翠娇所作的县物价工作情况的汇报。

9. 听取和审议县人大常委会副主任、执法检查组副组长韩祥华所作的关于检查《中华人民共和国工会法》实施情况的报告。会议认为县人民政府宣传工作会不断深入，组织工作会不断加强，依法维权工作逐步推开，建立了扶贫帮困长效机制，搭建了困难职工援助平台。同时，会议指出部分单位和企业对《工会法》的重视程度不够，机构不够，工作开展不平衡。会议要求进一步加大宣传，提高干部素质，加强非公企业工会组建工作。

第九次会议于2008年4月29日在县人大常委会会议室举行。

会议由主任戴水春主持，副主任郑德龙、王忠毅、鲍小红、吴祥国、余锡恭、韩祥华及委员共23人出席了会议。县人民政府副县长张晓军、县人大常委会副调研员吴克海、县人民检察院检察长吴伯翔，县人民法院、县人大机关各工委（办）、各街道人大工委负责人列席了会议。

会议纪要如下：

会议审议了县人大常委会主任戴水春所作的《关于补选祝伯渝为上饶市二届人大代表的议案及说明》，会议经过投票表决，补选祝伯渝为上饶市第二届人民代表大会代表。

第十次会议于2008年5月28日在县人大常委会会议室举行。

会议由主任戴水春主持，副主任郑德龙、王忠毅、鲍小红、吴祥国、余锡恭、韩祥华及委员共23人出席了会议。县人民政府副县长祝美清，县人大常委会副调研员吴克海，县人民检察院检察长吴伯翔，县人民法院、人口和计生委、环保局、消防大队、水利局、总工会等单位负责人，县人大机关各工委（办）、各街道人大工委负责人及4位人大副主席、10位人大代表列席了会议 .

会议纪要如下：

1. 听取和审议县人口和计生委主任余从华受县人民政府委托所作的广丰县人口和计划生育工作报告。会议认为县人民政府有力地宣传了计生法律法规和有关政策，征收社会扶养费力度不断加强，队伍建设不断加强等。会议指出，社会抚养费征收力度有待加强，依法行政能力需要进一步提高，流动人口计划生育管理尚待加强。会议要求加强队伍建设，加强部门协调，强化流动人口计生管理等。

2. 会议学习了江西省人民代表大会常务委员会关于加强自身建设的决定。

3. 听取和审议县环保局副局长吕学雄受县人民政府委托所作的关于全县饮用水安全及节能减排工作情况汇报。会议认为环保部门在确保全县饮用水安全上做了大量工作，依法节水力度不断加强，严格依法行政，会议要求进一步提高认识，加强监管，加强饮用水源地保护等。会上通过了关于加强水环境保护确保饮用水安全的决议。

4. 听取和审议县人大常委会副主任、执法检查组副组长韩祥华所作的关于检查《中华人民共和国消防法》实施情况的报告。会议要求县消防大队要继续加大宣传教育，积极解决重大火灾隐患，加大基础设施投入，严格执法，强化监管。

5. 听取和审议了县水利局局长刘甘务受县人民政府委托所作的关于落实《中华人民共和国水法》执法检查报告及常委会审议意见情况的汇报。会议要求继续加强水利行政管理工作。

6. 会议听取和审议县总工会副主席项长富受县人民政府委托所作的关于落实《中华人民共和国工会法》执法检查的意见和建议的报告。

第十一次会议于2008年7月25日在县人大常委会会议室举行。

会议由主任戴水春主持，副主任郑德龙、王忠毅、鲍小红、吴祥国、余锡恭、韩祥华及委员共23人出席了会议。县人民政府副县长周金明，县人大常委会副调研员吴克海，县人民法院院长姚文，县人民检察院检察长吴伯翔，县发改委、县农业局、县建设局、县城市管理局、县工商局、消防大队、县人大常委会各工委（办）和各街道人大工委负责人以及5名县人大代表和5名人大副主席列席了本次会议。

会议纪要如下：

1. 听取和审议县发改委主任余锡华受县人民政府委托所作的《关于今年以来国民经济和社会发展计划执行情况的报告》。

2. 听取和审议县人大常委会执法检查组所作的《关于检查〈中华人民共和国农产品质量安全法〉实施情况的报告》。

3. 听取和审议县建设局局长余祖华受县人民政府委托所作的《关于我县城市生活污水处理设施建设情况的报告》。

4. 听取和审议县城市管理局局长刘国桦受县人民政府委托所作的《关于我县城市垃圾处理设施建设情况的报告》。

5. 听取和审议县人民法院院长姚文所作的《关于完善审判监督制度促进公正司法情况的报告》。

6. 听取和审议县人民检察院检察长吴伯翔所作的《关于完善检察监督制度促进公正司法情况的报告》。

7. 听取和审议县工商局局长李冬冬受县人民政府委托所作的《关于我县工商行政管理工作情况的报告》。

8. 听取和审议县消防大队教导员夏纪良受县人民政府委托所作的《关于落实〈中华人民共和国消防法〉检查报告及常委会组成人员审议意见情况的报告》。

第十二次会议于2008年9月26日在县人大常委会会议室举行。

会议由主任戴水春主持，副主任郑德龙、王忠毅、鲍小红、吴祥国、余锡恭、韩祥华及委员共23人出席了会议。县人民政府副县长周金明，县人大常委会副调研员吴克海，县人民法院院长姚文，县人民检察院检察长吴伯翔，县政府办、财政局、审计局、农业局、县委农工部、药监局、卫生局、安监局、经贸委、房管局、供销社、县人大常委会各工委（办）和各街道人大工委负责人，以及5名人大代表和5名人大主席、副主席列席了本次会议。

会议纪要如下：

1. 听取和审议县财政局局长王建华受县人民政府委托所作的《关于2007年县级财政决算和2008年1—8月财政预算执行情况的报告》。

2. 听取和审议县审计局局长周永海受县人民政府委托所作的《关于2007年县级财政预算执行和其他财政收支的审计工作报告》。

3. 听取和审议县人大常委会副主任郑德龙受县人大常委会委托所作的《关于县2007年财政

决算的报告》，并作出《县人大常委会关于批准县2007年财政决算的决议》。

4. 听取和审议县委农工部部长黄元亮作的《关于推进社会主义新农村建设情况的报告》。

5. 听取和审议县房管局局长徐成益受县人民政府委托所作的《关于我县物业管理工作情况的报告》，并听取了县人大常委会调研组所作的《关于我县物业管理情况的调研报告》。

6. 听取和审议县人民政府办公室主任毛祖斌受县人民政府委托所作的《关于县十四届人大二次会议代表建议办理情况的报告》。

7. 听取和审议县人大常委会执法检查组所作的《关于检查〈中华人民共和国食品卫生法〉实施情况的报告》。

8. 听取和审议县人大常委会执法检查组所作的《关于检查〈中华人民共和国安全生产法〉实施情况的报告》。

9. 听取和审议县农业局局长陈少华受县人民政府委托所作的《关于落实〈中华人民共和国农产品质量安全法〉检查报告及常委会组成人员审议意见情况的报告》。

第十三次会议于2008年11月28日在县人大常委会会议室举行。

会议由主任戴水春主持，郑德龙副主任因事请假，副主任王忠毅、鲍小红、吴祥国、余锡恭、韩祥华及委员共22人出席了会议。县人大常委会副调研员吴克海，县人民法院院长姚文，县人民检察院检察长吴伯翔，扶贫办、环保局、公安交警大队、建设局、卫生局、药监局、安监局、经贸委、县人大常委会各工委（办）和各街道人大工委负责人以及5名县人大代表和5名乡镇人大副主席列席了本次会议。

会议纪要如下：

1. 听取和审议县扶贫办主任杨贞树受县人民政府委托所作的《关于全县扶贫开发工作情况的报告》。

2. 听取和审议县环保局局长余雪华受县人民政府委托所作的《关于我县环境保护工作情况的报告》。

3. 听取和审议县人大常委会调研组所作的《关于我县道路交通安全工作的调研报告》。

4. 听取和审议县人大常委会执法检查组所作的《关于检查〈中华人民共和国建筑法〉实施情况的报告》。

5. 听取了县食品药品监督管理局局长齐华安受县人民政府委托所作的《关于落实〈中华人民共和国食品卫生法〉检查报告及常委会组成人员审议意见情况的报告》。

6. 听取了县安监局局长吴云华受县人民政府委托所作的《关于落实〈中华人民共和国安全生产法〉检查报告及常委会组成人员审议意见情况的报告》。

7. 听取了县经贸委主任许升平受县人民政府委托所作的《关于落实〈中华人民共和国安全生

产法〉检查报告及常委会组成人员审议意见情况的报告》。

第十四次会议于2008年12月30日在县人大常委会会议室举行。

戴水春主任主持了会议，副主任郑德龙、王忠毅、鲍小红、吴祥国、余锡恭、韩祥华及委员共23人出席了会议。县人民政府副县长林伟、县人大常委会副调研员吴克海，县人民法院院长姚文，县人民检察院检察长吴伯翔，发改委、财政局、工业园区管委会、广发公司、县人大常委会各工委（办）负责人和各街道人大工委负责人列席了本次会议。

会议纪要如下：

1. 听取和审议县人民法院院长姚文所作的《关于报请任命王贵钱同志职务任命的议案》，并全票通过，颁发了任命书。

2. 听取和审议县发改委主任余锡华受县人民政府委托所作的《关于调整2008年国民经济和社会发展计划部分指标的报告》，作出了《关于调整2008年国民经济和社会发展若干指标的决定》。

3. 听取和审议县财政局局长王建华受县人民政府委托所作的《关于调整2008年财政预算的报告》，并作出了《关于调整2008年财政预算的决定》。

4. 听取和审议县工业园区管委会副主任叶旭辉受县人民政府委托所作的《关于提请对县工业园区（河北片区）基础设施工程项目建设进行审议的报告》，并作出了《关于对县人民政府〈关于对县工业园区（河北片区）基础设施工程项目建设进行审议的报告〉的批复》。

5. 听取和审议县广发公司经理夏洪艳受县人民政府委托所作的《关于提请审议将“江信国际金象45号县民生工程集合资金信托计划”还款缺口资金列入同期年度财政预算的议案的报告》，作出了《关于同意利用“江信国际 金象45号县民生工程集合资金信托计划”还款缺口资金列入同期年度财政预算的决定》。

6. 听取和审议县人大常委会主任会议《关于提请许可对县十四届人大代表周某某采取取保候审刑事强制措施的决定的报告》，作出了《关于确认许可对县十四届人大代表周某某采取取保候审的刑事强制措施的决定的决议》。

7. 会议听取和审议县人大常委会代表资格审查委员会所作的《关于补选代表和代表变动情况的审查报告》。

8. 会议听取和审议县人民政府《政府工作报告（稿）》。

9. 会议听取和审议县人大常委会《县人大常委会工作报告（稿）》。

10. 会议听取和审议《关于召开县第十四届人民代表大会第三次会议的决定（草案）》，并表决通过。

11. 会议听取和审议县第十四届人民代表大会第三次会议主席团、秘书长、副秘书长、计划预算审查委员会名单，议案审查委员会名单（草案），并表决通过。

12. 会议听取和审议县第十四届人民代表大会第三次会议列席人员名单（草案）并表决通过。

第十五次会议于 2009 年 3 月 26 日在县人大常委会会议室举行。

主任戴水春主持了会议，副主任郑德龙、王忠毅、鲍小红、吴祥国、余锡恭、韩祥华及委员共 23 人出席了会议。县人民政府副县长石斌、县人大常委会副调研员吴克海，县人民法院院长姚文，县人民检察院检察长吴伯翔，人行、水利局、农业局、林业局、卫生局、建设局，县人大常委会各工委（办）负责人和各街道人大工委负责人以及 4 名县人大代表和 6 名乡镇人大主席、副主席列席了本次会议。

会议纪要如下：

1. 学习了十一届全国人大二次会议精神。

2. 听取和审议县林业局局长刘旭州受县人民政府委托所作的《关于我县造林绿化“一大四小”工作情况的报告》。

3. 听取和审议县人民政府副县长石斌受县人民政府委托所作的《关于提请审议县铜钹山管委会军潭至高阳（木城关）岭底至七星公路项目建设资金有关问题的议案及说明》，并作出了《关于同意将偿还铜钹山公路建设项目资金列入财政预算的决定》。

4. 听取和审议县人民银行行长邱学诗所作的《关于加强金融调控、服务县域经济建设情况的报告》。

5. 听取和审议县水利局局长刘甘务受县人民政府委托所作的《关于加强水利基础设施建设情况的报告》。

6. 听取和审议县农业局局长陈少华受县人民政府委托所作的《关于我县春耕备耕工作情况的报告》。

7. 会议听取和审议县卫生局局长韩晨辉受县人民政府委托所作的《关于我县农村卫生工作情况的报告》。

8. 听取和审议县建设局局长余祖华受县人民政府委托所作的《关于落实（中华人民共和国建筑法）检查报告及常委会组成人员审议意见情况的报告》。

第十六次会议于 2009 年 5 月 27 日在县人大常委会会议室举行。

会议由县人大常委会主任戴水春主持，副主任郑德龙、王忠毅、鲍小红、吴祥国、余锡恭、韩祥华及委员共 23 人出席了会议。县人大常委会副调研员吴克海，县人民法院院长姚文，县人民检察院检察长吴伯翔，经贸委、气象局、人劳局、农业银行、农村合作银行、电信公司、县人大常委会各工委（办）负责人和各街道人大工委负责人以及 5 名县人大代表和 5 名乡镇人大主席、副主席列席了本次会议。

会议纪要如下：

1. 学习了中共江西省委十二届九次全会会议精神。

2. 听取和审议县经贸委副主任徐利洪受县人民政府委托所作的《关于我县工业企业经营情况的报告》。

3. 会议听取和审议县气象局局长吴小卫受县人民政府委托所作的《关于我县气象工作情况的报告》。

4. 会议听取和审议县人大常委会调研组所作的《关于我县返乡农民工创业就业情况的调研报告》。

5. 会议听取和审议县电信公司经理吴亚民所作的《关于我县电信工作情况的汇报》。

第十七次会议于2009年7月28日在县人大常委会会议室举行。

会议由主任戴水春主持，副主任郑德龙、王忠毅、鲍小红、吴祥国、余锡恭、韩祥华及委员共23人出席了会议。县人民政府常务副县长周金明，县人民法院院长姚文，县人民检察院、发改委、财政局、规划局、交警大队、移动公司、人防办、县人大常委会各工委（办）和各街道人大工委负责人，以及5名县人大代表和五名乡镇人大主席、副主席列席了本次会议。

会议纪要如下：

1. 会议学习了《关于实行党政领导干部问责的暂行规定》。

2. 听取和审议县发改委主任余锡华受县人民政府委托所作的《关于2009年上半年国民经济和社会发展计划执行情况的报告》。

3. 听取和审议县财政局局长王建华受县人民政府委托所作的《2009年上半年财政预算执行情况的报告》。

4. 听取和审议县人民法院院长姚文所作的《关于我县法院执行工作情况的报告》。

5. 听取和审议县人民检察院副检察长蒋昌福所作的《关于我县监所检察工作情况的报告》。

6. 听取和审议县交警大队大队长刘少华受县人民政府委托所作的《关于我县公安交警工作情况的报告》。

7. 听取和审议县移动公司经理刘怡蒂所作的《关于我县移动通信工作情况的报告》。

8. 听取和审议县人大常委会执法检查组所作的《关于检查〈中华人民共和国人民防空法〉实施情况的报告》。

9. 会议通过了人事任免事项。

10. 听取和审议县人民政府副县长周金明受县人民政府委托所作的《关于提请审议〈县村镇规划建设管理暂行办法〉的议案及其说明》，并通过了《关于批准〈县村镇规划建设管理暂行办法〉的决议》。

第十八次会议于 2009 年 9 月 28 日在县人大常委会会议室举行。

主任戴水春主持了会议，副主任郑德龙、王忠毅、鲍小红、吴祥国、余锡恭、韩祥华及委员共 23 人出席了会议。县人民政府常务副县长周金明，县人大常委会副调研员吴克海，县人民法院院长姚文，县人民检察院检察长吴伯翔，政府办、财政局、审计局、卫生局、农业局、体育局、民政局、人防办、县人大常委会各工委（办）和各街道人大工委负责人以及 4 名人大代表和 4 名乡（镇）人大主席、副主席列席了本次会议。

会议纪要如下：

1. 会议由县人大常委会委员、办公室主任邱在庆带学中国共产党第十七届中央委员会第四次会议精神。

2. 人事任命。会议通过了王小祥等 2 人为县人民法院审判员、吴晓明等 9 人为人民陪审员的任命议案。

3. 听取和审议县财政局局长王建华受县人民政府委托所作的《关于 2008 年县财政决算的报告》。

4. 听取和审议县审计局局长周永海受县人民政府委托所作的《关于 2008 年度县级财政预算执行和其他财政收支的审计工作报告》。

5. 听取和审议县人大常委会副主任郑德龙受县人大常委会委托所作的《关于县 2008 年财政决算的审查报告》，并表决通过《县人大常委会关于批准县 2008 年财政决算的决议》。

6. 听取和审议县人民政府办公室主任毛祖斌受县人民政府委托所作的《关于县十四届人大三次会议代表建议办理情况的报告》。

7. 听取和审议县人民政府常务副县长周金明受县人民政府委托所作的《利用国家开发银行江西省分行低风险金融借款实施县中医院搬迁改造工程项目贷款偿还有关事项的议案及说明》，并作出了《关于批准县人民政府〈关于利用国家开发银行江西省分行低风险金融借款实施县中医院搬迁改造工程项目贷款偿还有关事项的议案〉的决定》。

8. 听取和审议县人大常委会委员郑通满受县人大常委会执法检查组委托所作的《关于检查〈中华人民共和国动物防疫法〉实施情况的报告》。

9. 听取和审议县人大常委会委员、办公室主任邱在庆受县人大常委会执法检查组委托所作的《关于检查〈中华人民共和国体育法〉实施情况的报告》。

10. 听取和审议县人大常委会委员、内务司法工委主任巩宪进受县人大常委会执法检查组委托所作的《关于检查〈中华人民共和国村民委员会组织法〉实施情况的报告》。

11. 听取和审议县人民政府办公室副主任、县人民防空办公室主任方顺兴受县人民政府委托所作的《关于落实〈中华人民共和国防空法〉检查报告及常委会组成人员审议意见情况的报告》。

第十九次会议于 2009 年 11 月 1 日在县人大常委会会议室举行。

会议由主任戴水春主持，副主任郑德龙、王忠毅、鲍小红、吴祥国、余锡恭、韩祥华及委员共 22 人出席了会议。县人民政府县长周遐光，县人大常委会副调研员吴克海，县人民法院院长姚文，县人民检察院、县人大常委会各工委（办）和各街道人大工委负责人列席了本次会议。

会议纪要如下：

会议通过了人事任免事项。根据县人民政府县长周遐光的提请，任命魏文攻为县人民政府副县长；根据邱在庆本人辞呈和县人大常委会主任戴水春的提请，会议决定接受邱在庆辞去县人民代表大会常委会委员职务的请求，报县十四届人民代表大会第四次会议备案，免去邱在庆的县人大常委会办公室主任职务。

第二十次会议于 2009 年 11 月 26 日在县人大常委会会议室举行。

会议由主任戴水春主持，副主任郑德龙、王忠毅、鲍小红、吴祥国、余锡恭、韩祥华及委员共 22 人出席了会议。县人民政府常务副县长周金明，县人大常委会副调研员吴克海，县人民法院院长姚文，县人民检察院检察长吴伯翔，发改委、卫生局、农业局、体育局、民政局、司法局、县人大常委会各工委（办）和各街道人大工委负责人以及 4 名县人大代表和 4 名乡（镇）人大主席、副主席列席了本次会议。

会议纪要如下：

1. 听取和审议县人民政府常务副县长周金明受县人民政府委托所作的《关于提请审议江西省广丰县再生资源公司向中国工商银行股份有限公司上饶广丰支行贷款事项的议案》及说明，并通过了关于批准县人民政府《关于提请审议江西省广丰县再生资源公司向中国工商银行股份有限公司上饶广丰支行贷款事项的议案》的决定。

2. 会议听取和审议县发改委主任余锡华受县人民政府委托所作的《关于县 2009 年重大项目运行情况的报告》。

3. 听取和审议县卫生局局长韩晨辉受县人民政府委托所作的《关于疾病防控工作情况的报告》。

4. 会议听取和审议县农业局副局长龚射金受县人民政府委托所作的《关于〈中华人民共和国动物防疫法〉执法检查报告及常委会组成人员审议意见情况的报告》。

5. 听取和审议县体育局局长徐利华受县人民政府委托所作的《关于贯彻〈中华人民共和国体育法〉执法检查报告及常委会组成人员审议意见情况的报告》。

6. 听取和审议县民政局局长徐兰坤受县人民政府委托所作的《关于贯彻〈中华人民共和国村民委员会组织法〉执法情况检查报告及常委会组成人员审议意见情况的报告》。

第二十一次会议于 2010 年 2 月 27 日在县人大常委会会议室举行。

会议由主任戴水春主持，副主任郑德龙、王忠毅、鲍小红、吴祥国、余锡恭、韩祥华及委员共 22 人出席了会议。县人大常委会副调研员吴克海，县人民政府副县长石斌，县人民法院院长姚文，县人民检察院检察长吴伯翔，财政局、供销社、广发公司、县人大常委会各工委（办）和各街道人大工委负责人列席了本次会议。

会议纪要如下：

1. 会议由县人大常委会委员、内务司法工委主任巩宪进带学中共广丰县委办公室关于转发《县人大常委会党组关于县人大代表辞去代表职务的几点意见》的通知。

2. 听取和审议县财政局局长王建华受县人民政府委托所作的《关于调整 2009 年财政预算的报告》。

3. 会议听取和审议县供销社主任郭金梓受县人民政府委托所作的《关于县再生资源公司的运作、纳税及向工商银行贷款等情况的报告》。

4. 听取和审议县人民政府副县长石斌受县人民政府委托所作的关于提请审议《关于利用农业发展银行开发性金融借款建设广丰工业园区雨水渠道改造工程贷款偿还有关事项的议案》及说明，并作出《关于批准县人民政府〈关于利用农业发展银行开发性金融借款建设广丰工业园雨水渠道改造工程贷款偿还有关事项的议案〉的决定》。

5. 听取和审议县广发公司经理夏洪艳受县人民政府委托所作的《关于提请审议县城北环路建设项目融资有关事项的议案》及说明，并作出《关于批准县人民政府〈关于县城北环路建设项目融资有关事项的议案〉的决定》。

6. 听取和审议广发公司经理夏洪艳受县人民政府委托所作的《关于县老城区（南山片区）改造拆迁安置项目建设资金有关问题的议案》及说明，并作出《关于批准县人民政府〈关于县老城区（南山片区）改造拆迁安置项目建设资金有关问题的议案〉的决定》。

7. 听取和审议县人大常委会副主任郑德龙受县人大常委会委托所作的《关于提请〈关于政府融资议案办理及监督意见（草案）〉的报告》，并表决通过。

8. 审议县人大常委会委员、教科文卫工委主任徐新华受县人大常委会调研组委托所作的《关于全县高中阶段教育发展情况的调研报告》。

9. 会议审议了《关于召开县第十四届人民代表大会第四次会议的决定》，并表决通过。

10. 会议审议了县人民政府《政府工作报告（稿）》。

11. 会议审议了县人大常委会《县人大常委会工作报告（稿）》。

第二十二次会议于 2010 年 3 月 9 日在县人大常委会会议室举行。

会议由主任戴水春主持，副主任郑德龙、王忠毅、鲍小红、吴祥国、余锡恭、韩祥华及委员共22人出席了会议。县人大常委会副调研员吴克海，县人民法院院长姚文，县人民检察院检察长吴伯翔，县人大常委会各工委（办）和各街道人大工委负责人列席了本次会议。

会议纪要如下：

1. 听取和审议县人大常委会副主任、代表资格审查委员会主任鲍小红受县人大常委会委托所作的《关于恢复周元钦执行县第十四届人大代表职务的报告》，并表决通过。

2. 听取和审议并通过了县人大常委会副主任、代表资格审查委员会主任鲍小红受县人大常委会委托所作的《关于代表资格终止和补选代表情况的审查报告》，并表决通过。

3. 听取和审议县第十四届人民代表大会第四次会议召开时间并表决通过。

4. 听取和审议县第十四届人民代表大会第四次会议主席团，秘书长，副秘书长、计划预算审查委员会，议案审查委员会名单（草案）并表决通过。

5. 听取和审议县第十四届人民代表大会第四次会议列席人员名单（草案）并表决通过。

第二十三次会议于2010年5月27日在县人大常委会会议室举行。

会议由主任戴水春主持，副主任郑德龙、王忠毅、鲍小红、吴祥国、余锡恭、韩祥华及委员共22人出席了会议。县人民政府副县长李德龙，县人民法院院长姚文，县人民检察院、邮政局、水利局、农业局、林业局、公安局、卫生局、药监局、农业银行、县人大常委会各工委（办）和各街道人大工委负责人以及4名县人大代表和4名人大主席、副主席列席了本次会议。

会议纪要如下：

1. 人事任免。会议表决通过了郑兴来等3人的免职议案。

2. 听取和审议邮政局局长冯学军受县人民政府委托所作的《关于邮政基础设施建设情况的报告》。

3. 听取和审议县水利局局长刘甘务受县人民政府委托所作的《关于农田水利设施基本建设情况的报告》。

4. 听取和审议县农业局副局长王玉琴受县人民政府委托所作的《关于我县农业产业化发展情况的报告》。

5. 听取和审议县林业局局长刘旭洲受县人民政府委托所作的《关于我县林业工作情况的报告》。

6. 听取和审议县公安局政委张黔受县人民政府委托所作的《关于我县禁毒工作情况的报告》。

7. 听取和审议县农业银行行长罗四清受县人民政府委托所作的《关于我县执行惠农贷款情况的报告》。

8. 会议听取和审议县人大常委会委员、教科文卫工委主任徐新华受县人大常委会调研组委托所作的《关于我县村卫生所、个体诊所、民营医院发展情况的调研报告》。

第二十四次会议于2010年7月29日在县人大常委会会议室举行。

会议由主任戴水春主持，副主任郑德龙、王忠毅、鲍小红、吴祥国、余锡恭、韩祥华及委员共22人出席了会议。县人民政府副县长魏文攻，县人大常委会副调研员吴克海，县人民检察院检察长吴伯翔，县人民法院、发改委、财政局、司法局、教育局、交通局、规划局、国土局、旅游局、城管局、公路分局、饶丰灌区管理局、县人大常委会各工委（办）和各街道人大工委负责人以及6名县人大代表和5名乡（镇）人大主席、副主席列席了本次会议。

会议纪要如下：

1. 听取和审议县发改委主任余锡华受县人民政府委托所作的《关于今年以来国民经济和社会发展计划执行情况的报告》。

2. 听取和审议县财政局局长王建华受县人民政府委托所作的《关于2010年上半年财政运行情况及下半年工作安排情况的报告》。

3. 听取和审议县司法局局长杨维达受县人民政府委托所作的《关于我县公证工作情况的报告》。

4. 听取和审议县饶丰灌区管理局局长余祖建受县人民政府委托所作的《关于关胜灌区除险加固工程实施情况的报告》。

5. 听取和审议了县旅游局局长王明海受县人民政府委托所作的《关于我县旅游工作情况的报告》。

6. 听取和审议县规划局党委书记、城管大队大队长潘剑波受县人民政府委托所作的《关于我县“三非”清理整顿工作情况的报告》。

7. 听取和审议县人民法院副院长纪树生所作的《县人民法院2010年上半年工作报告》。

8. 听取和审议县人民检察院检察长吴伯翔所作的《县人民检察院2010年上半年工作报告》。

9. 听取和审议县人大常委会委员、财经工委主任胡炁才受县人大常委会执法检查组委托作的《关于检查〈中华人民共和国公路法〉实施情况的报告》。

10. 会议听取和审议县人大常委会委员、财经工委主任胡炁才受县人大常委会调研组委托所作的《关于我县城市管理执法工作的调研报告》。

第二十五次会议于2010年9月6日在县人大常委会会议室举行。

会议由主任戴水春主持，副主任郑德龙、王忠毅、鲍小红、吴祥国、余锡恭、韩祥华及委员共22人出席了会议。县人民政府副县长魏文攻，县人大常委会副调研员吴克海，县人民检察院检察长吴伯翔，县人大常委会各工委（办）和各街道人大工委负责人出席了本次会议。

会议纪要如下：

会议通过了人事任免事项。根据县人民政府县长周遐光提请，免去毛祖斌等4人职务，对徐贵清等11名同志依法进行了任命。

第二十六次会议于2010年9月29日在县人大常委会会议室举行。

会议由主任戴水春主持，副主任郑德龙、王忠毅、鲍小红、吴祥国、余锡恭、韩祥华及委员共22人出席了会议。县人民政府副县长林伟，县人大常委会副调研员吴克海，县人民法院院长姚文，县人民检察院检察长吴伯翔，财政局、审计局、县政府办、农业局、环保局、交通运输局、水利局、公路分局、法制办、县人大常委会各工委（办）和各街道人大工委负责人以及5名县人大代表和5名乡（镇）人大主席、副主席列席了本次会议。

会议纪要如下：

1. 听取和审议县财政局局长王建华、县审计局局长周永海受县人民政府委托分别所作的《关于我县2009年财政决算情况的报告》《关于我县2009年财政预算执行情况和其他财政收支情况的审计工作报告》，听取和审议了县人大常委会副主任郑德龙受县人大常委会委托所作的《关于县2009年财政决算的审查报告》，并表决通过了《县人大常委会关于批准县2009年财政决算的决定》。

2. 听取和审议县政府办公室主任包晓辉受县人民政府委托所作的《关于县十四届人大四次会议代表建议办理工作情况的报告》。

3. 听取和审议县农业局局长陈少华受县人民政府委托所作的《关于我县农村经济专业合作社工作情况的报告》。

4. 听取和审议县文化广播电影电视局局长徐贵清受县人民政府委托所作的《关于我县网吧管理工作情况的报告》。

5. 听取和审议县环保局局长余雪华受县人民政府委托所作的《关于我县农村饮用水安全工作情况的报告》。

6. 听取和审议县交通运输局局长周荣敏受县人民政府委托所作的《关于落实〈中华人民共和国公路法〉检查报告及常委会组成人员审议意见情况的报告》。

7. 听取和审议县人大常委会委员巩宪进受县人大常委会执法检查组委托所作的《关于中华人民共和国行政诉讼法》实施情况的报告。

第二十七次会议于2010年11月1日在县人大常委会会议室举行。

会议由主任戴水春主持，副主任郑德龙、王忠毅、鲍小红、吴祥国、余锡恭、韩祥华及委员共22人出席了会议。县人大常委会各工委（办）负责人列席了会议。

会议纪要如下：

1. 听取和审议县人大常委会主任戴水春所作的《关于提请任免周兴旺等同志职务的议案》，并全票通过，颁发了任命书。

2. 会议听取和审议县人大常委会副主任鲍小红所作的《关于提请确认许可对吴某某采取取保候审的刑事强制措施的决定的报告》，作出了《关于确认许可对县十四届人大代表吴某某采取取保候审的刑事强制措施的决定的决议》。

第二十八次会议于2010年11月30日在县人大常委会会议室举行。

会议由主任戴水春主持。参加这次会议的有县十四届人大常委会全体组成人员，县人民政府副县长祝美清，县人大常委会副调研员吴克海，县人民法院院长姚文，县人民检察院检察长吴伯翔，教育局、国土资源局、林业局、民政局、统计局、科技局、县人大常委会各工委（办）和各街道人大工委负责人。3名乡（镇）人大主席或副主席、4名人大代表列席本次会议。

会议纪要如下：

1. 听取和审议县人大常委会主任戴水春所作的关于提请严剑飚职务任命的议案。会议进行了投票表决。根据投票结果，决定任命严剑飚为县人大常委会农业农村工委主任。会上颁发了任命书，严剑飚作任职表态。

2. 听取和审议县教育体育局局长徐康恒所作的关于广丰县义务教育均衡化工作情况的报告，县人民法院院长姚文所作的关于人民陪审员工作情况的报告，县人民检察院检察长吴伯翔所做的关于查办和预防职务犯罪、渎职犯罪工作情况的报告。

3. 听取和审议县人大常委会委员胡癸才所作的关于检查《中华人民共和国土地管理法》实施情况的报告、县人大常委会委员郑通满所作的关于检查《中华人民共和国森林法》实施情况的报告。

4. 听取和审议县人大常委会委员巩宪进所作的关于全县城乡低保工作情况的调研报告、县人大常委会委员胡癸才所作的关于对县统计局工作评议的调查报告和县人大常委会委员徐新华所作的关于对县科技局工作评议的调查报告。

第二十九次会议于2011年1月17日在县人大常委会会议室举行。

会议由主任戴水春主持。参加这次会议的有县十四届人大常委会全体组成人员，县人民政府常务副县长周金明，县人民政府博士杨萍（拟任县人民政府副县长候选人），县人民法院院长姚文，县人民检察院检察长吴伯翔，财政局、国土资源局、林业局、统计局、科技局、县人大常委会各工委（办）和各街道人大工委负责人和5名乡（镇）人大主席。

会议纪要如下：

1. 听取和审议县人民政府常务副县长周金明受县人民政府县长周遐光委托所作的关于提请杨萍职务任命的议案，县人民法院院长姚文所作的关于提请俞明仙等人职务任命的议案和县人民检察院检察长吴伯翔关于提请俞斌、吴必礼职务任命的议案。会议对被任免人员进行了投票表决。根据投票结果，决定任命杨萍为县人民政府副县长、俞明仙为县人民法院副院长、徐黄海为县人民法院审判委员会委员、毛红斌为县人民法院审判委员会委员、俞斌为县人民检察院检察委员会委员、吴必礼为县人民检察院检察委员会委员。会上颁发了任命书，杨萍和俞明仙作任职表态。

2. 听取和审议县财政局局长王建华受县人民政府委托所作的关于调整 2010 年财政预算的报告，并表决通过了关于调整 2010 年财政预算的决定。

3. 会议听取和审议县国土资源局局长余俊德所作的关于落实《中华人民共和国土地管理法》检查报告及常委会组成人员审议意见情况的报告，林业局局长纪英富所作的关于落实《中华人民共和国森林法》检查报告及常委会组成人员审议意见情况的报告，统计局局长余英勇所作的关于县统计局工作评议整改工作的报告，科技局局长徐光强所作的关于县科技局工作评议整改工作的报告。

4. 听取和审议县人大常委会代表资格审查委员会主任鲍小红所作的县人大常委会代表资格审查委员会关于代表资格终止和补选代表情况的审查报告。

5. 决定了县十四届人民代表大会第五次会议时间，表决通过了关于召开县第十四届人民代表大会第五次会议的决定。

6. 听取和审议县第十四届人民代表大会第五次会议主席团、秘书长、副秘书长名单，计划预算审查委员会、议案审查委员会名单（草案），列席县第十四届人民代表大会第五次会议人员名单（草案）。

7. 听取和审议《政府工作报告（讨论稿）》。

8. 听取和审议《县人大常委会工作报告（讨论稿）》，并表决通过。

第三十次会议于 2011 年 3 月 24 日在县人大常委会会议室举行。

会议由主任戴水春主持。县十四届人大常委会全体组成人员出席了这次会议，县人民政府副县长杨萍，县人民检察院检察长吴伯翔，县人民法院副院长纪树生，物价局、档案局、县委农工部、水利局、县人大常委会各工委（办）和各街道人大工委负责人列席了本次会议。

会议纪要如下：

1. 听取和审议关于提请高林芳等人职务任免的议案。会议对被任免人员进行了投票表决，根据投票结果，决定免去吕品的县人民法院审判员职务，决定任命高林芳、杨荣丰、贺小象、郑国辉 4 人为县人民法院审判员，并颁发了任命书。

2. 县人大常委会副主任鲍小红宣读县选举委员会名单（草案），并对乡（镇）选举委员会、街道选举指导组名单（草案）和县第十五届人大代表名额分配、各乡镇人大代表名额确定（草案）作了说明，经过审议表决通过了县人大常委会关于县、乡两级人民代表大会换届选举有关问题的决定，县、乡（镇）选举委员会、街道选举指导组名单和县第十五届人大代表名额分配、各乡（镇）人大代表名额确定。

3. 听取和审议县物价局局长邱在庆所作的关于物价监控工作情况的报告、县档案局局长张小平所作的关于档案工作情况的报告、县委农工部部长陈国健所作的关于农村清洁工程环境整治建设工作情况的报告和县水利局局长毛祖斌所作的关于山塘水库除险加固工作情况的报告。

第三十一次会议于 2011 年 5 月 26 日在县人大常委会会议室举行。

会议由县人大常委会主任戴水春主持。县人大常委会成员共 22 名出席了本次会议。县人民政府副县长杨萍，县人民法院院长姚文，县人民检察院检察长吴伯翔，县人民法院、政府办、安监局、农业局、县人大常委会各工委（办）和各街道人大工委负责人，3 名乡（镇）人大主席或副主席，5 名县人大代表列席本次会议。

会议纪要如下：

1. 会议上由县人大常委会选任联工委副主任王建红带学了《中华人民共和国全国人民代表大会和地方各级人民代表大会选举法》。

2. 听取和审议县安监局副局长周志雄受县人民政府委托所作的关于全县安全生产工作情况的报告和县农业局局长陈少华受县人民政府委托所作的关于马家柚产业发展情况的报告。

3. 听取和审议县政府办主任包晓辉受县人民政府委托所作的关于县十四届人民代表大会第五次会议代表所提建议意见办理工作情况的报告。

4. 听取和审议县人民法院副院长俞明仙受县人民法院委托所作的关于民事审判工作情况的报告。

第三十二次会议于 2011 年 6 月 10 日在县人大常委会会议室举行。

会议由主任戴水春主持，县人大常委会全体组成人员出席了本次会议。县人民政府常务副县长周金明、县人民法院院长姚文、县人民检察院副检察长夏少华、县人大常委会各工委（办）负责人列席了本次会议。

会议纪要如下：

1. 听取和审议县人民政府常务副县长周金明受县长周遐光委托所作的关于提请任命邵小亭为县人民政府副县长的议案和县人大常委会副主任郑德龙所作的关于提请程德茂等人职务任免的议案。会议对被任免人员进行了投票表决。根据投票结果，决定任命邵小亭为县人民政府副县长、程德茂为永丰街道人大工委副主任、周俊鹰为丰溪街道人大工委副主任、郑全生为芦林街道人大工委副主任，决定免去蒋文伟的县人大常委会城乡建设和环境资源工作委员会副主任职务。

2. 县人大常委会副主任鲍小红宣读了周遐光的辞呈，并举手表决通过了周遐光向县人大常委会提出的辞去县人民政府县长职务的请求。

3. 会议听取和审议关于提请决定邵小亭为县人民政府代理县长的议案，会议表决通过该提请议案。邵小亭代县长作了任职发言。

第三十三次会议于2011年7月29日在县人大常委会会议室举行。

会议由县人大常委会副主任郑德龙主持，县十四届人大常委会全体组成人员出席了本次会议，县人大常委会党组书记刘月林、副书记潘荣华，党组成员郑建平、郑明华、杨绥，副调研员夏旭辉，县人民政府代县长邵小亭，县人民法院院长姚文，县人民检察院检察长吴伯翔，县公安局、县人大常委会各工委（办）和各街道人大工委负责人列席了本次会议。

会议纪要如下：

1. 听取和审议县人民政府常务副县长周开旺受代县长邵小亭委托作的关于提请郑铭、刘敏建2人职务任免的议案。会议对被任免人员进行了投票表决。根据投票结果，决定免去刘敏建的县公安局局长职务，决定任命郑铭为县公安局局长。

2. 听取和审议县人大常委会副主任、代表资格审查委员会主任委员鲍小红所作的关于县第十五届人民代表大会代表的代表资格审查报告，并表决通过。

3. 会议听取和审议《县人大常委会工作报告（讨论稿）》，并表决通过。

4. 会议听取和审议《政府工作报告（讨论稿）》。

第三十四次会议于2011年8月25日在县人大常委会会议室举行。

会议由县人大常委会副主任郑德龙主持，副主任王忠毅、鲍小红、吴祥国、余锡恭、韩祥华和人大常委会委员共21人出席了会议。县人大常委会党组书记刘月林、副书记潘荣华，党组成员郑建平、郑明华、杨绥，副调研员夏旭辉，县人民法院院长姚文，县人民检察院检察长吴伯翔，县财政局、县审计局、县人大常委会各工委（办）和各街道人大工委负责人列席了本次会议。

会议纪要如下：

1. 会议决定了召开县第十五届人民代表大会第一次会议的时间。

2. 听取和审议县第十五届人民代表大会第一次会议主席团和秘书长名单（草案）和县第十五届人民代表大会第一次会议议案审查委员会组成人员、副秘书长名单（草案）。

3. 会议决定县第十五届人民代表大会第一次会议列席人员范围。

4. 会议听取和审议县财政局局长王建华受县人民政府委托所作的关于2010年财政决算情况的报告、副主任郑德龙作的关于县2010年财政决算的审查报告。会议最后表决通过了关于批准2010年财政决算的决定（草案）。

5. 会议听取和审议县审计局局长周永海受县人民政府委托所作的关于2010年度县级财政预算执行和其他财政收支的审计工作报告。

三、县（区）十五届人大常委会会议

第一次会议于2011年11月3日在县人大常委会会议室举行。

会议由县人大常委会主任刘月林主持。参加会议的有副主任潘荣华、韩祥华、郑建平、郑明华、杨绥和其他组成人员。县人大常委会调研员郑德龙、鲍小红、吴祥国、余锡恭，副调研员夏旭辉，县政府领导李新金，县人民法院院长姚文，县人民检察院检察长吴伯翔，司法局、教育体育局、农业开发办、房管局、房改办、民族宗教事务局、县人大常委会各工委（办）和各街道人大工委负责人，8名市、县人大代表和乡（镇）人大主席、副主席列席本次会议。

会议纪要如下：

1. 会议听取和审议县人民政府县长邵小亭委托所作的关于提请任命李新金为县人民政府副县长的议案和县人民检察院检察长吴伯翔所作的关于提请免去蒋昌福职务的议案。会议对人事任免进行了投票，根据投票结果，决定任命李新金为县人民政府副县长，决定免去蒋昌福的县人民检察院副检察长、检察委员会委员、检察员职务。会上颁发任命书，李新金作任职表态。

2. 会议听取和审议《县人大常委会组成人员守则（草案）》《县人大常委会主任会议议事规则（草案）》《县人大常委会议议事规则（草案）》和县第十五届人大常委会代表资格审查委员会组成人员名单，并全部表决通过。

3. 会议听取和审议司法局局长杨维达所作的广丰县“五五”普法实施情况和“六五”普法规划的报告，教育体育局局长徐康恒所作的广丰县学前教育工作情况的报告，农业开发办主任徐祖国所作的农业综合开发工作情况的报告，房管局局长徐成益、县房改办主任李敏所作的全县保障性住房建设管理工作情况的报告和县民族宗教事务局局长纪峰所作的关于宗教工作情况的报告。并表决通过了《县人大常委会关于进一步加强法制宣传教育的决议》。

第二次会议于2012年2月10日在县人大常委会会议室举行。

会议由县人大常委会主任刘月林主持。参加会议的有县十五届人大常委会组成人员，县人大常委会调研员郑德龙、鲍小红、吴祥国、余锡恭和副调研员夏旭辉，人大常委会党组成员郑日贵，县人民法院院长姚文，县人民检察院检察长吴伯翔，县财政局局长王建华、政府办副主任张庆良及人大常委会机关各工委（办）负责人及各街道人大工委主任。

会议纪要如下：

1. 县财政局局长王建华作关于调整2011年财政预算收支计划的报告。

2. 政府办公室副主任张庆良作关于县人大十五届一次会议建议办理情况的汇报。

3. 县人大常委会副主任、代表资格审查委员会主任郑明华作关于提请确认许可对余某某采取刑事强制措施的决定。

4. 郑明华作代表资格审查委员会作关于选举代表的代表资格审查报告。

5. 县人大常委会委员、人大常委会办公室主任周兴旺宣读关于召开县第十五届人民代表大会第二次会议的决定（草案）。

6. 周兴旺就县十五届人大二次会议主席团，秘书长名单（草案）作说明。

7. 周兴旺就十五届人大二次会议副秘书长，议案审查委员会组成人员名单（草案）作说明。

8. 周兴旺就十五届人大二次会议列席人员范围作说明。

9. 王建华就《政府工作报告》作说明。

10. 严剑飚就《人大常委会工作报告》作说明。

会议对以上议题进行了表决，一致通过以上议题和（草案）。

第三次会议于 2012 年 3 月 31 日在县人大常委会会议室举行。

会议由县人大常委会主任刘月林主持。县人大常委会全体组成人员参加了会议。县人民政府县长邵小亭，县人大常委会调研员郑德龙、鲍小红、吴祥国、余锡恭、副调研员夏旭辉，县人民法院院长姚文，县人民检察院检察长吴伯翔，县人大常委会机关各工委（办）负责人列席了会议。

会议纪要如下：

1. 因工作变动。会议同意徐新华辞去县人大常委会委员职务。

2. 县人大常委会副主任郑日贵宣读拟任人员法律知识考试分数。

3. 县人民政府县长邵小亭作关于提请任命郑敏等人职务的说明。

4. 会议通过了总监票人、监票人、计票人名单，并进行拟任人员投票表决。

5. 主任刘月林宣布投票结果。

6. 副主任郑明华宣读县人大常委会任命决定。

7. 主任刘月林向被任命人员颁发任命书。

8. 县财政局局长程剑虹、县建设局局长周其华表态发言。

9. 县政府组成部门任职人员就职宣誓。

10. 县长邵小亭作讲话，要求获任人员要有敬畏之心。

11. 主任刘月林作了总结讲话。

第四次会议于 2012 年 4 月 27 日在县人大常委会会议室举行。

会议由县人大常委会主任刘月林主持。郑日贵、潘明华因事请假。其他组成人员参加了会议。县人大常委会调研员郑德龙、鲍小红、吴祥国、余锡恭，县人民政府副县长王华安，县人民法院院长姚文，县人民检察院检察长吴伯翔列席了会议。教体局局长徐康恒、县人民政府侨务办主任刘孝才、农业局局长陈少华、地税局局长龚爱萍、消防大队大队长叶飞列席了会议。县人大常委会机关各工委（办）、街道人大工委负责人列席了会议。

会议纪要如下：

1. 人事任命。

（1）县人民法院院长姚文提请免去徐黄海同志职务的议案；

（2）县人民检察院检察长吴伯翔关于提请张晓峰等人职务任免的议案；

（3）主任刘月林关于提请任免蒋日云职务的议案；

（4）拟任人员进行了法律知识考试；

（5）对拟任人员进行了投票表决；

（6）主任刘月林宣布表决结果。

2. 徐康恒作关于广丰县校园校车安全工作情况的报告。

3. 刘孝才作关于广丰县外事侨务工作情况的报告。

4. 叶飞作关于广丰县公众聚集场所消防安全管理情况报告。

5. 胡奕才作关于检查《中华人民共和国企业所得税法》实施情况的报告。

6. 严剑飚作关于检查《中华人民共和国农产品质量安全法》实施情况的报告。

第五次会议于2012年6月15日在县人大常委会会议室举行。

会议由县人大常委会主任刘月林主持。其他人大常委会组成人员参加了会议。县人大常委会调研员鲍小红、吴祥国、余锡恭和副调研员夏旭辉，县人民政府副县长王建华，县人民法院院长姚文，县人民检察院检察长吴伯翔列席了会议。涂延令、毛祖斌、汪一彪、龚爱萍及县人大常委会机关各工委（办）、街道人大工委负责人列席了会议。

会议纪要如下：

1. 人事任免。

（1）副主任郑日贵宣读拟任人员任前法律知识考试成绩；

（2）主任刘月林提请任免俞柳君职务的议案及说明；

（3）投票表决拟任人员，主任刘月林宣布表决结果，并颁发任命书；

（4）任职人员作表态发言。

2. 涂延令作关于全县烟草专卖工作的报告。

3. 毛祖斌作关于2011年水利工程建设的报告。

4. 汪一彪作关于新型农村合作医疗的报告。

5. 吴伯翔作关于开展诉讼活动法律宣传的报告。

6. 陈少华作关于落实《中华人民共和国农产品质量安全法》的报告。

7. 人大常委会组成人员对以上报告进行审议。

第六次会议于2012年7月30日在县人大常委会会议室举行。

会议由县人大常委会主任刘月林主持。县人大常委会组成人员参加了会议。县人大常委会调研员鲍小红、吴祥国、余锡恭和副调研员夏旭辉，县人民检察院检察长吴伯翔，县人民法院副院长纪树生，县委组织部副部长邱志强，县人大常委会各工委（办）和街道人大工委负责人列席了会议。

会议纪要如下：

1. 人事任免。

（1）主任刘月林提请任免周知木等职务的议案及说明；

（2）副主任郑日贵宣读拟任人员任前法律知识考试成绩；

（3）投票表决。主任刘月林宣布表决结果，并颁发任命书；

（4）任职人员作表态发言。

2. 听取和审议县人大常委会代表资格审查委员会关于选举代表的代表资格审查报告（草案）；

3. 听取和审议县人大常委会关于规范备案审查工作暂行办法（草案）。

4. 听取和审议县人大常委会工作评议试行办法（草案）。

会议表决通过了：县人大常委会代表资格审查委员会关于选举代表的代表资格审查报告；县人大常委会关于规范备案审查工作暂行办法；县人大常委会工作评议的试行办法。

第七次会议于2012年8月30日在县人大常委会会议室举行。

会议由县人大常委会主任刘月林主持。县人大常委会组成人员参加了会议。县人大常委会调研员鲍小红、吴祥国和副调研员夏旭辉，县人民政府副县长王建华，县人民法院院长姚文，县人民检察院副检察长夏少华，县委组织部副部长邱志强，县人民政府办公室主任包晓辉，发展和改革委员会主任余锡华，县财政局局长程剑虹，审计局局长余祖华，林业局局长纪英富，城管局局长周亚鹰，县人大常委会各工委（办）、各街道人大工委负责人列席了会议。

会议纪要如下：

1. 听取和审议县十五届人大常委会代表资格审查委员会关于接受刘建红辞去县十五届人民代表大会代表的报告。

表决通过了接受刘建红辞去县第十五届人民代表大会代表的报告。

2. 听取和审议县人民政府关于2012年经济和社会发展计划情况的报告。

县发改委主任余锡华受县人民政府委托报告2012年上半年国民经济和社会发展情况与下半年工作安排的报告。

3. 听取和审议县人民政府关于2011年财政决算（草案）和2012年上半年财政预算执行情况的报告。

县财政局局长程剑虹作2011年财政决算（草案）报告和2012年上半年财政预算执行情况的说明。

4. 县审计局局长余祖华作2011年度县财政预算执行和其他财政收支的审计情况的报告。

5. 听取县人民政府办公室主任包晓辉作县人民代表大会代表所提建议、批评意见办理情况的报告。

6. 听取县林业局局长纪英富作关于林产品发展工作情况的报告。

7. 听取县城管局局长周亚鹰作关于县城管理工作情况的报告。

会议通过了县人民代表大会常务委员会关于批准县2011年财政决算的决议。

第八次会议于2012年10月30日在县人大常委会会议室举行。

会议由县人大常委会主任刘月林主持。县人大常委会全体组成人员出席了会议。列席会议的有县人大常委会调研员鲍小红、吴祥国和副调研员夏旭辉，县人民法院院长姚文，县人民检察院检察长吴伯翔，徐贵清、俞英发、毛祖斌、周永海、徐康恒、邱志强及县人大常委会机关各工委（办）和街道人大工委负责人。

会议纪要如下：

1. 会议表决通过免去县人民法院范小兰有关职务。

2. 听取和审议副主任郑明华代表县人大常委会代表资格审查委员会关于补选县人大代表的代表资格的审查报告。

3. 听取和审议县人大常委会主任会议确认许可对县十五届人大代表徐某某采取拘留审查的决定的报告。

4. 听取和审议县文化广播电视局局长徐贵清所作的文化市场管理情况的报告。

5. 听取和审议县扶贫办主任俞英发所作的关于扶贫移民工作情况的报告。

6. 听取和审议县人民法院院长姚文作的关于立案信访工作情况的报告。

7. 听取县人大常委会委员郑通满作的《中华人民共和国水土保持法》实施情况的报告。

8. 听取县人大常委会委员刘旭洲作的关于县水利局工作评议的报告。

9. 听取严剑飚委员受评议工作组委托所作的关于县卫生局工作评议的报告和关于教体局工作评议的报告。

会议表决通过县人大常委会代表资格审查委员会关于补选代表的代表资格审查报告；表决通过县人大常委会主任会议许可，对徐某某采取拘留审查的决定。

第九次会议于2012年12月31日在县人大常委会会议室举行。

会议由县人大常委会主任刘月林主持。县人大常委会全体组成人员出席了会议。列席会议的有县人大常委会调研员鲍小红、吴祥国和副调研员夏旭辉，县人民政府常务副县长周开旺，县人民法院院长姚文，县人民检察院检察长吴伯翔，程剑虹、毛祖斌、周永海、徐康恒、陈国健、张光东、芮可富、邱志强及县人大常委会机关工委（办）和街道人大工委负责人。还有县人大代表张武达、余诗荷、刘德华、黄依欣、周竞梅列席了会议。

会议纪要如下：

1. 听取卢隆代表县人民政府所作的《将工商银行信托贷款还贷缺口资金列入同期年度财政预算的议案》。

2. 听取县财政局局长程剑虹代表县人民政府所作的《关于调整 2012 年预算收支计划的报告》。

3. 听取县人保公司经理张光东代表县人民政府所作的关于广丰县人保工作开展情况的报告。

4. 听取陈国健代表县人民政府所作的关于马家柚特色产业和新农村工作的报告。

5. 听取县水保办负责人代表县人民政府所作的《关于落实中华人民共和国水土保持法》报告及常委会组成人员审议意见。

6. 听取县水利局局长毛祖斌所作的关于县人大常委会工作评议意见的整改报告。

7. 听取周永海局长所作的关于县人大常委会对卫生局工作评议的整改报告。

8. 听取县教体局副局长杨威所作的关于县人大常委会对县教体局工作评议的整改报告。

会议表决通过了：

（1）《关于提请审议将工商银行信托贷款还款缺口资金列入同期年度财政预算的议案》；

（2）表决通过了县人民政府关于调整 2012 年预算收支计划的报告。

第十次会议于 2013 年 2 月 5 日在县人大常委会会议室举行。

会议由县人大常委会主任刘月林主持，参加这次会议的有县十五届人大常委会全体组成人员。县人民政府副县长石斌，县人大常委会调研员鲍小红、吴祥国和副调研员夏旭辉，县人民法院院长姚文，县人民检察院检察长吴伯翔，县委组织部、县政府办、旅游公司，县人大机关各工委（办）负责人及各街道人大工委负责人列席了会议。

会议纪要如下：

1. 听取和审议县旅游公司总经理余良光作的《关于提请审议将江西省广丰旅游产业开发有限公司担保贷款资金列入财政预算托底偿还的议案》。

2. 审议《政府工作报告（讨论稿）》。

3. 听取和审议县人大常委会副主任、代表资格审查委员会主任委员郑明华作的关于县十五届人民代表大会代表资格审查报告。

4. 听取和审议县人大常委会办公室主任周兴旺宣读的《关于召开县第十五届人民代表大会第三次会议的决定（草案）》；审议了县第十五届人民代表大会第三次会议主席团、秘书长名单（草案）；审议了县第十五届人民代表大会第三次会议副秘书长、计划预算审查委员会、议案审查委员会组成人员名单（草案）；审议了列席县第十五届人民代表大会第二次会议人员范围（草案）；审议了《县人大常委会工作报告（征求意见稿）》。

5. 会议表决通过了《关于同意将江西省广丰旅游产业开发有限公司担保贷款资金列入财政预算托底偿还的决议（草案）》。

6. 表决通过了《关于召开县第五届人民代表大会第三次会议的决定（草案）》；表决通过了县人大常委会代表资格审查委员会《关于县十五届人民代表大会代表资格审查报告》；表决通过了县第十五届人民代表大会第三次会议主席团、秘书长、副秘书长、计划预算审查委员会人员、议案审查委员会人员组成名单（草案）；表决通过县第十五届人民代表大会第三次会议列席人员范围（草案）；表决通过了《县人民代表大会常务委员会工作报告（稿）》。

第十一次会议于 2013 年 4 月 26 日在县人大常委会会议室举行。

会议由县人大常委会主任刘月林主持。参加这次会议的有县十五届人大常委会全体组成人员：县人大常委会调研员鲍小红、吴祥国和副调研员夏旭辉，县人民政府副县长周开旺，县人民法院院长姚文，县人民检察院检察长吴伯翔，县财政局、计生委、供销社、交警大队，县人大常委会各工委（办）和各街道人大工委负责人。另外，还邀请了 4 名乡（镇）人大主席、副主席，4 名县人大代表列席本次会议。

会议纪要如下：

1. 根据县人民法院院长姚文的提请议案，投票表决通过了《关于提请任免周小荣等同志职务的议案》；根据县人民检察院检察长吴伯翔的提请议案，投票表决通过了《关于提请任免吴必礼等 2 人职务的议案》。

2. 听取和审议县财政局副局长吕建忠作的《关于提请审议以企业发展资金为资源综合利用企业增值税调整融资贷款实行托底有关事项的议案》。

3. 听取和审议县人口和计划生育委员会主任刘建强作的《关于人口和计划生育利益导向机制建立和落实情况的报告》。

4. 听取和审议县供销社主任李忠明作的《关于供销服务工作情况的报告》。

5. 听取和审议县交警大队大队长周能武作的《关于道路交通安全执法工作的情况报告》。

6. 听取和审议县人大常委会副主任、代表资格审查委员会主任委员郑明华作的《关于代表资格终止的代表资格审查报告》；听取和审议了县人大常委会办公室主任周兴旺宣读的《关于提高常委会会议质量的意见（审议稿）》。

7. 表决通过了《关于同意以企业发展资金为资源综合利用企业增值税调整融资贷款实行托底有关事项的决议（草案）》。

8. 表决通过了县人大常委会代表资格审查委员会《关于代表资格终止的代表资格审查报告》。

9. 表决通过了《县人大常委会关于提高常委会会议质量的意见》。

第十二次会议于2013年6月28日在县人大常委会会议室举行。

会议由县人大常委会主任刘月林主持。参加这次会议的有县第十五届人大常委会全体组成人员：县人大常委会调研员鲍小红、吴祥国和副调研员夏旭辉，县人民政府副县长王建华，县人民法院院长姚文，县人民检察院检察长吴伯翔，县工信委、农办、供电公司、县人大常委会各工委（办）和各街道人大工委负责人。另外，还邀请了5名乡（镇）人大主席、副主席，5名县人大代表列席本次会议。

会议纪要如下：

1. 根据县人民法院院长姚文的提请议案，投票表决通过了《关于提请任免潘求松等同志职务的议案》；根据县人民检察院检察长吴伯翔的提请议案，投票表决通过了《关于提请任命夏光文等同志职务的议案》。

2. 听取和审议县人大常委会委员、财经工委主任胡癸才作的《关于检查〈中华人民共和国电力法〉实施情况的报告》。

3. 听取和审议县农办主任陈国健作的《关于新农村建设情况的报告》。

4. 听取和审议县人民法院院长姚文作的《关于县人民法院上半年工作情况的报告》。

5. 听取和审议县人民检察院检察长吴伯翔作的《关于县人民检察院上半年工作的情况报告》。

6. 听取和审议县人大常委会副主任、代表资格审查委员会主任委员郑明华作的《关于补选代表的代表资格审查报告》。

7. 听取和审议县人大常委会办公室主任周兴旺宣读的《关于专项工作报告满意度测评工作暂行办法（审议稿）》。

8. 会议表决通过了《县人大常委会关于专项工作报告满意度测评工作暂行办法》。

第十三次会议于2013年7月23日在县人大常委会会议室举行。

会议由县人大常委会主任刘月林主持。参加这次会议的有县第十五届人大常委会全体组成人员：县人大常委会调研员鲍小红、吴祥国和副调研员夏旭辉，县人民政府副县长石斌，县人民法院院长姚文，县人民检察院检察长吴伯翔，县规划局、县人大常委会各工委（办）和各街道人大工委负责人。

会议纪要如下：

1. 听取和审议县人民政府副县长石斌作的《关于提请审议县城市总体规划（2011—2030年）的报告》。

2. 会议表决通过了《县城市总体规划方案（2011—2030年）的报告》。

第十四次会议于 2013 年 8 月 23 日在县人大常委会会议室举行。

会议由县人大常委会主任刘月林主持。参加这次会议的有县第十五届人大常委会全体组成人员：县人大常委会调研员鲍小红、吴祥国和副调研员夏旭辉，县人民政府副县长石斌，县人民法院院长姚文，县人民检察院检察长吴伯翔，县政府办、发改委、财政局、审计局、民政局、县人大常委会各工委（办）和各街道人大工委负责人。另外，还邀请了 3 名乡（镇）人大主席、副主席，3 名县人大代表列席本次会议。

会议纪要如下：

1. 听取和审议县发改委主任余锡华作的《关于 2013 年上半年国民经济和社会发展计划执行情况的报告》；听取和审议了县财政局局长程剑虹作的《关于 2012 年财政决算和 2013 年上半年预算执行情况的报告》；听取和审议了县审计局局长余祖华作的《关于 2012 年度县级财政预算执行和其他财政收支的审计工作报告》；听取和审议了县人大常委会委员胡炁才作的《关于县 2012 年财政决算的审查报告》；听取和审议了县政府办公室主任包晓辉作的《关于县第十五届人民代表大会第三次会议代表所提建议、批评和意见办理工作情况的汇报》；听取和审议了县民政局局长徐兰坤作的《关于高龄老人长寿补贴工作情况的报告》。

2. 会议表决通过了《关于批准 2012 年财政预算的决定（草案）》。

第十五次会议于 2012 年 10 月 30 日在县人大常委会会议室举行。

会议由县人大常委会主任刘月林主持。参加这次会议的有县十五届人大常委会全体组成人员：县人民政府常务副县长周开旺，县人大常委会调研员鲍小红、吴祥国和副调研员夏旭辉，县人民法院院长姚文，县人民检察院检察长吴伯翔，县政府办、财政局、审计局、司法局、农业局、规划局、工信委、旅游局、食安办、移动公司、供电公司、县人大常委会各工委（办）和各街道人大工委负责人。另外，还邀请了 2 名乡（镇）人大主席、2 名县人大代表列席本次会议。

会议纪要如下：

1. 根据县人民政府常务副县长周开旺作的提请议案，投票表决通过了《关于提请免去李新金同志职务的议案》以及《关于提请任命张棉标同志职务的议案》。

2. 听取和审议县司法局局长杨维达作的《关于我县律师执业状况工作报告》。

3. 听取和审议县农业局局长陈少华作的《关于我县绿色农产品发展工作情况的报告》。

4. 听取和审议县移动公司总经理饶德美作的《关于县移动公司工作情况的报告》。

5. 听取和审议县工信委主任俞利国作的《关于落实〈中华人民共和国电力法〉检查报告及常委会组成人员审议意见情况的报告》。

6. 听取和审议县财政局局长程剑虹作的《关于〈2012 年度县级财政预算执行和其他财政收支的审计报告〉所发现问题的整改落实情况报告》。

7. 听取和审议县人大常委会委员蒋日云作的《关于检查〈中华人民共和国城乡规划法〉实施情况的报告》。

8. 听取和审议县人大常委会委员俞柳君作的《关于开展“秀美江西广丰行”活动情况报告》。

9. 听取和审议县人大常委会委员周兴旺作的《关于开展“食品药品安全赣鄱行”活动情况报告》。

10. 对县政府有关部门履行食品安全工作职责进行了满意度测评。

第十六次会议于 2013 年 12 月 31 日在县人大常委会会议室举行。

会议由县人大常委会主任刘月林主持。参加这次会议的有县十五届人大常委会全体组成人员：县人大常委会调研员鲍小红、吴祥国和副调研员夏旭辉，县人民法院院长姚文，县人民检察院检察长吴伯翔、县政府办、城投公司、财政局、发改委、人社局、环保局、建设局、规划局、国土局、农业局、文广局、林业局、教体局、县人大常委会各工委（办）和各街道人大工委负责人，2 名乡（镇）人大主席。

会议纪要如下：

1. 听取和审议县政府办公室主任包晓辉作的《关于提请审议 2013 年政府工作报告十大实事部分项目进行调整的报告》。

2. 听取和审议县城投公司经理管立柱作的《关于提请审议将民生银行贷款还款缺口资金列入同期年度财政预算的议案》。

3. 听取和审议县人社局局长郑式湖作的《关于我县城乡居民社会养老保险工作情况的报告》。

4. 听取和审议县国土局局长余禁华作的《关于工作评议的整改报告》。

5. 听取和审议县农业局局长陈少华作的《关于工作评议的整改报告》。

6. 听取和审议县文广局局长徐贵清作的《关于工作评议的整改报告》。

7. 听取和审议县财政局局长程剑虹作的《关于调整 2013 年财政预算收支计划的报告》。

8. 听取和审议县发改委主任余锡华作的《关于〈县国民经济和社会发展第十二个五年规划〉实施情况中期评估报告》。

9. 听取和审议县环保局局长余雪华作的《关于环境保护工作情况的报告》。

10. 听取和审议县建设局局长周其华作的《关于重点工程建设工作情况的报告》。

11. 听取和审议县规划局局长项荣鲁作的《关于落实〈中华人民共和国城乡规划法〉检查报告及常委会组成人员审议意见情况的报告》。

12. 听取和审议县人大常委会委员俞柳君作的《关于检查〈中华人民共和国教师法〉实施情况的报告》。

13. 听取和审议县人大常委会委员郑通满作的《关于检查〈中华人民共和国林业法〉实施情

况的报告〉》。

14. 听取和审议县人大常委会副主任、代表资格审查委员会主任委员郑明华作的《关于提请接受颜某某代表辞职请求的报告》。

15. 会议表决通过了《关于同意2013年政府工作报告十大实事部分项目进行调整的决议（草案）》。

16. 表决通过了《关于同意将民生银行贷款还款缺口资金列入同期年度财政预算的决议（草案）》。

17. 表决通过了《关于调整2013年度预算收支计划的决定（草案）》。

18. 表决通过了《县人大常委会代表资格审查委员会关于接受颜某某代表辞职请求的报告》。

第十七次会议于2014年1月28日在县人大常委会会议室举行。

人大常委会主任刘月林主持了会议。县人大常委会全体组成人员出席了会议。县人大常委会调研员鲍小红、吴祥国和副调研员夏旭辉，县人大常委会各工委（办）负责人列席了会议。

会议纪要如下：

1. 人事任命。

2. 审议关于接受王忠毅辞去县第十五届人大常委会副主任职务请求的报告。

3. 听取和审议县人民政府关于落实《中华人民共和国森林法》检查报告及常委会组成人员审议意见情况的报告。

4. 听取和审议县人民政府关于落实《中华人民共和国教师法》检查报告及常委会组成人员审议意见情况的报告。

5. 审议关于召开县第十五届人民代表大会第四次会议的决定（草案）。

6. 审议县第十五届人民代表大会第四次会议主席团和秘书长名单（草案）。

7. 审议县第十五届人民代表大会第四次会议计划预算审查委员会、议案审查委员会组成人员、副秘书长名单（草案）。

8. 决定县第十五届人民代表大会第四次会议列席人员范围（草案）。

9. 审议县人大常委会工作报告（稿）。

10. 审议县人民政府工作报告（稿）。

第十八次会议于2014年2月18日在县人大常委会会议室举行。

县人大常委会主任刘月林主持会议，县人大常委会全体组成人员参加了会议。县人大常委会调研员鲍小红、吴祥国和副调研员夏旭辉，县人民法院院长姚文，县人民检察院检察长吴伯翔，县人大常委会各工委（办）负责人列席了会议。

会议纪要如下：

1. 副主任郑明华代表资格审查委员会作关于代表变动情况及补选的代表的资格审查报告。

2. 倪美堂、王忠毅已调出本行政区，代表职务自行终止。

3. 五都镇补选郑光泉、枧底镇补选薛明君为县第十五届人民代表大会代表。

4. 会议接受颜禧高辞去县第十五届人民代表大会代表。

第十九次会议于 2014 年 3 月 28 日在县人大常委会会议室举行。

县人大常委会主任刘月林主持会议，县人大常委会组成人员参加了会议。县人大常委会调研员鲍小红、吴祥国和副调研员夏旭辉，县人民法院院长姚文，县人民检察院检察长吴伯翔，县人大常委会各工委（办）负责人列席了会议。

会议纪要如下：

1. 人事任命。

2. 听取和审议代表资格审查委员会关于请求恢复余文土执行代表职务的报告。

3. 听取和审议县人民政府关于电信通讯服务工作情况的报告。

4. 听取和审议县人民政府关于自来水水源保护和供水管理工作情况的报告。

5. 听取和审议县人民政府关于农产品深加工工作情况的报告。

6. 审议县人大常委会 2014 年工作要点。

第二十次会议于 2014 年 5 月 30 日在县人大常委会会议室举行。

县人大常委会主任刘月林主持了会议，县人大常委会全体组成人员参加了会议。县人大常委会调研员鲍小红、吴祥国和副调研员夏旭辉，县人民法院院长姚文，县人民检察院检察长吴伯翔，人大常委会各工委（办）负责人列席了会议。

会议纪要如下：

1. 人事事项。

2. 听取和审议县人民政府关于广丰县金融形势的分析报告。

3. 听取和审议县人民政府关于“三农”档案收集整理工作情况的报告。

4. 听取和审议县人民政府关于县基层司法所工作情况的报告。

5. 听取和审议关于提请确认许可对第十五届人大代表徐某某采取刑事拘留及逮捕强制措施的决定的报告。

第二十一次会议于 2014 年 6 月 26 日在县人大常委会会议室举行。

县人大常委会主任刘月林主持了会议，县人大常委会全体组成人员参加了会议。县人大常委会调研员鲍小红、吴祥国和副调研员夏旭辉，县人民法院院长姚文，县人民检察院检察长吴伯翔，县人大常委会各工委（办）负责人列席了会议。

会议纪要如下：

1. 人事任免。

2. 审议关于接受徐某某、徐某某二人辞去县第十五届人民代表大会代表职务请求的报告。

3. 审议关于召开县第十五届人民代表大会第五次会议的决定（草案）。

4. 审议县第十五届人民代表大会第五次会议主席团和秘书长名单（草案）。

5. 审议县第十五届人民代表大会第五次会议议案审查委员会组成人员，副秘书长名单（草案）。

6. 决定县第十五届人民代表大会第五次会议列席人员范围（草案）。

第二十二次会议于 2014 年 7 月 22 日在县人大常委会会议室举行。

会议由县人大常委会主任刘月林主持，县人大常委会全体组成人员参加了会议。县人大常委会调研员鲍小红、吴祥国和副调研员夏旭辉，县人民法院院长姚文，县人民检察院检察长吴伯翔，县人大常委会各工委（办）负责人列席了会议。

会议纪要如下：

1. 听取和审议县人民政府关于禁赌工作情况的报告。

2. 听取和审议县人民政府关于保护森林及野生动植物资源工作情况的报告。

3. 听取和审议县人民政府关于居民健康档案建立、体检和随访管理工作情况的报告。

4. 听取和审议关于提请确认许可对徐某某采取刑事强制措施的决定的报告。

5. 听取和审议县第十五届人大常委会代表资格审查委员会关于代表变动情况的报告。

第二十三次会议于 2014 年 9 月 29 日在县人大常委会会议室举行。

县人大常委会主任刘月林主持了会议，县人大常委会全体组成人员参加了会议。县人大常委会调研员鲍小红、吴祥国和副调研员夏旭辉，县人民法院院长姚文，县人民检察院检察长吴伯翔和县人大常委会各工委（办）负责人列席了会议。

会议纪要如下：

1. 人事任免。

2. 听取和审议关于 2014 年上半年国民经济和社会发展计划执行情况的报告。

3. 听取和审议关于 2013 年财政决算草案和 2014 年上半年财政预算执行情况的报告。

4. 听取和审议关于广丰县 2013 年度财政预算执行和其他财政收支的审计工作报告。

5. 听取和审议县人民政府关于广丰县公安案件查办工作情况的报告。

第二十四次会议于 2014 年 10 月 16 日在县人大常委会会议室举行。

县人大常委会主任刘月林主持了会议，县人大常委会全体组成人员参加了会议。县人大常委会调研员鲍小红、吴祥国和副调研员夏旭辉，县人民法院院长姚文，县人民检察院检察长吴伯翔和县人大常委会各工委（办）负责人列席了会议。

会议纪要如下：

1. 人事任免。

2. 听取和审议县人民政府《关于县城市建设投资发展有限公司申请发行13亿元公司债券有关事项的议案》。

3. 听取和审议县人大常委会执法检查组关于检查《中华人民共和国科技进步法》实施情况的报告。

4. 听取和审议县人大常委会执法检查组关于检查《中华人民共和国渔业法》实施情况的报告。

第二十五次会议于2014年11月27日在县人大常委会会议室举行。

县人大常委会主任刘月林主持了会议，县人大常委会全体组成人员参加了会议。县人大常委会调研员鲍小红、吴祥国和副调研员夏旭辉，县人民法院院长姚文，县人民检察院检察长吴伯翔和县人大常委会各工委（办）负责人列席了会议。

会议纪要如下：

1. 听取和审议县人民政府《关于提请审议将兴业银行贷款还款缺口资金列入同期年度财政预算的议案》和《关于提请审议将县医院融资租赁贷款还款缺口资金列入同期年度财政预算的议案》。

2. 听取和审议县人民政府《关于我县社会保险工作情况报告》。

3. 听取和审议县人民政府《关于县义务教育均衡发展情况的报告》。

4. 听取和审议县人民政府关于办理县十五届人民代表大会第四、五次会议代表建议情况的报告。

第二十六次会议于2014年12月31日在县人大常委会会议室举行。

县人大常委会主任刘月林主持了会议，县人大常委会全体组成人员参加了会议。县人大常委会调研员鲍小红、吴祥国和副调研员夏旭辉，县人民政府常务副县长郑华森，县人民法院院长姚文，县人民检察院检察长吴伯翔和县人大常委会各工委（办）负责人列席了会议。

会议纪要如下：

1. 关于接受委员辞职事项。

2. 听取和审议县人大常委会关于代表资格终止的代表资格审查报告。

3. 人事任免。

4. 补选市人大代表事项。

5. 听取和审议县人民政府关于调整2014年度预算收支的报告。

6. 听取和审议县人民政府《关于提请审议将国有林场危旧房改造（二期）建设融资项目资金到期偿还纳入财政支出预算安排的议案）。

7. 听取和审议县人民政府关于落实县人大常委会审议意见情况的报告。

8. 听取和审议县人民政府关于落实《中华人民共和国科技进步法》检查报告及常委会组成人员审议意见情况的报告。

9. 听取和审议县人民政府关于落实《中华人民共和国渔业法》检查报告及常委会组成人员审议意见情况的报告。

10. 听取和审议县人大常委会执法检查组关于《中华人民共和国检查消费者权益保护法》情况的报告。

11. 听取和审议县人大常委会执法检查组关于检查《中华人民共和国人民防空法》情况的报告。

12. 审议关于召开县第十五届人民代表大会第六次会议的决定（草案）。

13. 审议县第十五届人民代表大会第六次会议主席团和秘书长名单（草案）。

14. 审议县第十五届人民代表大会第六次会议议案审查委员会组成人员、副秘书长名单（草案）。

15. 决定县第十五届人民代表大会第六次会议列席人员范围（草案）。

16. 审议县人大常委会工作报告（稿）。

17. 审议县人民政府工作报告（稿）。

第二十七次会议于 2015 年 3 月 11 日在县人大常委会会议室举行。

县人大常委会主任刘月林主持了会议，县人大常委会全体组成人员参加了会议。县人民政府常务副县长郑华森，县人大常委会调研员鲍小红、吴祥国和副调研员夏旭辉，县人民法院院长姚文，县人民检察院检察长吴伯翔和县人大常委会各工委（办）负责人列席了会议。

会议纪要如下：

1. 人事任免。

2. 听取和审议县人民政府关于提请审议撤销县设立区的议案。

3. 听取和审议县人民政府关于落实《中华人民共和国消费者权益保护法》检查报告及常委会组成人员审议意见情况的报告。

4. 听取和审议县人民政府关于落实《中华人民共和国人民防空法》检查报告及常委会组成人员审议意见情况的报告。

第二十八次会议于 2015 年 4 月 29 日在县人民政府五楼会议室举行。

县人大常委会主任刘月林主持了会议。县人大常委会副主任潘荣华、韩祥华、郑建平、郑明华、杨绥、郑日贵和人大常委会委员 23 人出席了会议。县人大常委会调研员鲍小红、吴祥国和副调研员夏旭辉，县人民法院院长姚文，县人民检察院检察长吴伯翔，县人大常委会各工委（办）负责人，永丰、丰溪、芦林街道人大工委负责人列席了会议。

会议纪要如下：

1. 研究讨论开展创建工作监督方案。

2. 确定对县民政局、工商局、商务局、人防办开展工作评议。

第二十九次会议于 2015 年 5 月 21 日在县人民政府五楼会议室举行。

县人大常委会主任刘月林主持了会议。县人大常委会全体组成人员出席了会议。县人大常委会调研员鲍小红、吴祥国和副调研员夏旭辉，县人民政府副县长颜显高，县人民法院院长姚文，县人民检察院检察长吴伯翔，县人大常委会各工委（办）负责人，各街道人大工委负责人和“全民动手，整洁市容”创建活动十二项内容规定的牵头单位负责人及部分县人大代表列席了会议。

会议纪要如下：

1. 听取和审议县人民政府关于撤县设区情况的报告。

2. 听取和审议县人民政府关于城市创建工作报告。

3. 城市创建工作各职能部门表态发言。

4. 县人民政府副县长颜显高讲话。

5. 听取和审议县人民政府关于开展 2014 年食品药品安全赣鄱行活动情况的报告。

6. 审议关于开展助推旅游强县建设系列活动情况的报告。

7. 听取和审议县人民政府关于全县国有林场改革工作情况的报告。

8. 审议通过县人大常委会 2015 年工作要点。

第三十次会议于 2015 年 7 月 9 日在区人民政府五楼会议室举行。

区人大常委会主任刘月林主持了会议。区人大常委会副主任潘荣华、韩祥华、郑建平、郑明华、杨绥、郑日贵和常委会组成人员 23 人出席了会议。区人大常委会调研员鲍小红、吴祥国和副调研员夏旭辉，区人民法院院长姚文，区人民检察院检察长吴伯翔，区人大常委会各工委（办）负责人，永丰、丰溪、芦林街道人大工委负责人列席了会议。

会议纪要如下：

1. 研究通过《关于对区民政局、工商局开展工作评议的实施方案》。

2. 研究通过开展《中华人民共和国防震减灾法》执法检查。

3. 听取和审议《关于旅游强区建设情况报告》。

4. 听取并审议《中华人民共和国大气污染防治法》执法检查的报告。

第三十一会议于 2015 年 8 月 31 日在区人大常委会会议室举行。

区人大常委会主任刘月林主持了会议，区人大常委会全体组成人员参加了会议。区人大常委会调研员鲍小红、吴祥国和副调研员夏旭辉，区人民法院院长姚文，区人民检察院检察长吴伯翔和人大常委会各工委（办）负责人列席了会议。

会议纪要如下：

1. 审议关于接受胡关才辞去区第十五届人大常委会委员职务请求的报告。

2. 人事任免。

3. 听取和审议区人民政府关于国土工作情况的报告。

4. 听取和审议区人民政府关于 2013 年度新农合资金专项审计情况的整改报告。

5. 听取和审议区人民政府关于 2013 年度养老保险资金专项审计情况的整改报告。

6. 听取和审议区人民检察院关于诉讼监督工作情况的报告。

第三十二次会议于 2015 年 9 月 20 日在区人大常委会会议室举行。

区人大常委会主任刘月林主持了会议，区人大常委会全体组成人员参加了会议。区人大常委会调研员鲍小红、副调研员夏旭辉和区人大常委会各工委（办）负责人列席了会议。

会议纪要如下：

1. 开展对区重点建设项目视察。

2. 听取和审议区人民政府关于重点项目建设情况的报告，并开展“年中问进度”专题询问。

第三十三次会议于 2015 年 10 月 28 日在区人大常委会会议室举行。

会议由区人大常委会主任刘月林主持，区人大常委会全体组成人员参加了会议。区人大常委会调研员鲍小红、吴祥国和副调研员夏旭辉，区人民法院院长姚文，区人民检察院检察长吴伯翔和区人大常委会各工委（办）负责人列席了会议。

会议纪要如下：

1. 人事任命。

2. 审议关于接受张棉标辞去区人民政府副区长职务请求的报告。

3. 听取和审议区人大常委会执法检查组关于检查防震减灾法实施情况的报告。

4. 听取和审议区人大常委会执法检查组关于检查《中华人民共和国大气污染防治法》实施情况的报告。

5. 对区民政局开展工作评议。

6. 听取和审议区人民政府关于办理区十五届人民代表大会第六次会议代表建议情况的报告。

第三十四次会议于 2015 年 12 月 31 日在区人大常委会会议室举行。

区人大常委会主任刘月林主持了会议，区人大常委会全体组成人员参加了会议。区人大常委会调研员鲍小红、副调研员夏旭辉，区人民法院院长姚文，区人民检察院检察长吴伯翔和区人大常委会各工委（办）负责人列席了会议。

会议纪要如下：

1. 人事任命。

2. 补选市人大代表事项。

3. 听取和审议区人民政府关于调整 2015 年度预算收支的报告。

4. 听取和审议区人民政府关于全区保障性住房建设和管理工作情况的报告。

5. 听取和审议区人民政府关于全区招商引资工作情况的报告。

6. 审议区人民政府关于全区妇幼保健工作情况的报告（书面）。

7. 审议区人民政府关于全区宗教活动工作情况的报告（书面）。

8. 听取和审议区人民政府关于全区民政评议工作整改情况的报告。

9. 听取和审议区人民政府关于落实《中华人民共和国大气污染防治法》检查报告及常委会组成人员审议意见情况的报告。

10. 听取和审议区人大常委会执法检查组关于检查《中华人民共和国安全生产法》实施情况的报告。

11. 听取和审议区人大常委会执法检查组关于检查《中华人民共和国气象法》实施情况的报告。

12. 审议区人大常委会执法检查组关于检查《中华人民共和国防震减灾法》实施情况的报告。

第三十五次会议于 2016 年 1 月 13 日上午在区人大常委会会议室举行。

区人大常委会主任刘月林主持了会议，区十五届人大常委会全体组成人员参加了会议。区人大常委会调研员鲍小红、副调研员夏旭辉，区人大常委会机关各工委（办）负责人列席了会议。

会议纪要如下：

会议补选市人大常委会推荐的谢辉灵为上饶市第三届人民代表大会代表，经区人大常委会酝酿。与会的区人大常委会委员认真填写选票，谢辉灵全票当选上饶市第三届人民代表大会代表。

第三十六次会议于 2016 年 2 月 4 日上午区人大常委会会议室举行。

区人大常委会主任刘月林主持了会议，区人大常委会全体组成人员参加了会议。区人大常委会调研员鲍小红、副调研员夏旭辉和区人大常委会机关各工委（办）负责人列席了会议。

会议纪要如下：

1. 审议关于接受副主任韩祥华因退休辞去区第十五届人大常委会副主任职务的请求。

2. 听取和审议区人民政府关于“十二五”规划完成情况及“十三五”规划编制情况的报告。

3. 听取和审议区人大常委会代表资格审查委员会关于区十五届人大民代表大会代表资格审查报告。

4. 审议关于召开区第十五届人民代表大会第七次会议的决定（草案）。

5. 审议区第十五届人民代表大会第七次会议主席团和秘书长名单。

6. 审议区第十五届人民代表大会第七次会议议案审查委员会组成人员、副秘书长名单（草案）。

7. 决定区第十五届人民代表大会第七次会议列席人员范围。

第三十七次会议于 2016 年 3 月 30 日在区人大常委会会议室举行。

会议由区人大常委会主任刘月林主持，区人大常委会全体组成人员出席了会议。区人大常委会调研员鲍小红、副调研员夏旭辉，区人民法院院长姚文，区人民检察院检察长吴伯翔，区公安局、房管局、安监局、防震减灾局、气象局、区人大常委会各工委（办）和各街道人大工委负责人列席了会议。

会议纪要如下：

1. 听取和审议区人民政府关于广丰区社会治安管理工作情况的报告。

2. 听取和审议区人民政府关于广丰区物业管理工作情况的报告。

3. 听取和审议区人民政府关于落实《中华人民共和国安全生产法》检查报告及常委会组成人员审议意见情况的报告。

4. 听取和审议区人民政府关于落实《中华人民共和国防震减灾法》检查报告及常委会组成人员审议意见情况的报告。

5. 听取和审议区人民政府关于落实《中华人民共和国气象法》检查报告及常委会组成人员审议意见情况的报告。

第三十八次会议于 2016 年 5 月 31 日在区人大常委会会议室举行。

会议由区人大常委会主任刘月林主持，区十五届人大常委会全体组成人员出席了会议。区人大常委会调研员鲍小红、副调研员夏旭辉，区人民法院院长姚文，区人民检察院检察长吴伯翔，区房管局、国资委、文广局、旅发委、区人大常委会各工委（办）和各街道人大工委负责人列席了会议。

会议纪要如下：

1. 听取和审议区人民法院关于全区案件执行工作情况的报告。

2. 听取和审议区人民政府关于全区物业管理工作情况的报告。

3. 听取和审议区人民政府关于全区国资管理工作情况的报告。

4. 听取和审议区人民政府关于全区城乡群众文化建设工作情况的报告。

5. 听取和审议关于开展 2015 年助推旅游强区建设系列活动情况的报告。

第三十九次会议于 2016 年 6 月 24 日在区人大常委会会议室举行。

会议由区人大常委会主任刘月林主持，区十五届人大常委会全体组成人员出席了会议。区人大常委会调研员鲍小红、副调研员夏旭辉，区人民法院院长姚文，区人民检察院检察长吴伯翔，区人大常委会各工委（办）和各街道人大工委负责人列席了会议。

会议纪要如下：

1. 补选市人大代表。

2. 听取和审议关于提请确认许可对厉某某采取取保候审强制措施的决定的报告。

3. 研究决定区乡换届选举有关事项。

4. 听取和审议区人民政府有关投融资的 4 个议案。

第四十次会议于 2016 年 8 月 16 日在区人大常委会会议室举行。

会议由区人大常委会主任刘月林主持，区十五届人大常委会全体组成人员出席了会议。区人大常委会调研员鲍小红、副调研员夏旭辉，区人民法院院长姚文，区人民检察院检察长吴伯翔，区人大常委会办公室、各工委和各街道人大工委负责人列席了会议。

会议纪要如下：

1. 人事任命。

2. 部署区（乡、镇）人民代表大会换届工作。

第四十一次会议于 2016 年 8 月 26 日在区人大常委会会议室举行。

会议由区人大常委会主任刘月林主持，副主任潘荣华、郑建平、郑明华、杨绥、郑日贵和常委会组成人员 23 人出席了会议。区人大常委会党组书记皮晓瑶、副书记王华安，党组成员颜显高，调研员鲍小红、副调研员夏旭辉和人大各专委、人大常委会办公室、人大常委会各工委负责人列席了会议。

会议纪要如下：

1. 人事任免。

2. 听取和审议区人民政府关于部分行政区划调整的议案。

3. 研究决定区乡换届选举时间调整事项。

4. 听取和审议区人民政府关于 2016 年上半年国民经济和社会发展计划执行情况的报告。

5. 听取和审议区人民政府关于 2015 年财政决算草案和 2016 年上半年财政预算执行情况的报告。

6. 听取和审议区人民政府关于 2015 年度区本级财政预算执行和其他财政收支的审计工作报告。

7. 听取和审议区人民政府关于办理区十五届人民代表大会第七次会议代表建议情况的报告。

第四十二次会议于 2016 年 9 月 18 日在区人大常委会会议室召开。

会议由区人大常委会主任刘月林主持，副主任潘荣华、郑建平、郑明华、杨绥、郑日贵和常委会组成人员 23 人出席了会议。区人大常委会党组书记皮晓瑶、副书记王华安，党组成员颜显高，调研员鲍小红、副调研员夏旭辉和人大各专委、人大常委会办公室、人大常委会各工委负责人列席了会议。

会议纪要如下：

1. 讨论通过区人大常委会党组关于召开区十六届人大一次会议的建议。

2. 讨论通过区十六届人大一次会议主席团和秘书长名单。

3. 讨论通过区十六届人大一次会议建议议程。

4. 审议通过区人大常委会工作报告。

四、区十六届人大常委会会议

区第十六届人大常委会第一次会议于 2016 年 10 月 18 日在区人大常委会会议室举行。

会议由区人大常委会主任皮晓瑶主持，区十六届人大常委会副主任王华安、郑建平、郑明华、郑日贵、颜显高、俞柳君和全体组成人员出席会议，区人大常委会老领导刘月林、潘荣华、鲍小红、杨绥、夏旭辉，区人民法院院长凌目新，区人民检察院检察长肖连华，区人大及常委会各专委、工委（办）负责人列席了会议。

会议纪要如下：

1. 审议关于接受王瑛辞去区第十六届人民代表大会代表职务请求的报告。

2. 其他。

第二次会议于 2016 年 11 月 4 日在区人大常委会会议室举行。

区人大常委会主任皮晓瑶主持了会议，区人大常委会全体组成人员出席会议。区人大常委会老领导刘月林、潘荣华、鲍小红、杨绥、夏旭辉，区人民法院院长凌目新，区人民检察院检察长肖连华和区人大及常委会各专委、工委（办）负责人列席了会议。

会议纪要如下：

1. 听取和审议区人民政府《关于提请审议“区城市棚户区（城中村）改造项目（一期）”购买服务资金纳入同期年度财政预算支出的议案》。

2. 其他。

第三次会议于 2016 年 11 月 25 日在区人大常委会会议室举行。

区人大常委会主任皮晓瑶主持了会议，区十六届人大常委会全体组成人员出席会议。区人大常委会老领导刘月林、潘荣华、鲍小红、杨绥、夏旭辉，区人民法院院长凌目新，区人民检察院检察长肖连华，区环保局、城管局、文广新局、教体局负责人，区人大及常委会机构负责人，区人大代表王水月、张小东、杨兰英、余丹丹，乡镇人大主席、街道人大工委主任：朱继安、林贤清、杨斌、杨衰对列席了会议。

会议纪要如下：

1. 审议关于接受洪峰辞去区第十六届人大常委会委员等职务请求的报告。

2. 人事任免。

3. 听取和审议区人民检察院检察长肖连华关于全区反贪工作情况的报告。

4. 听取和审议余雪华代表区人民政府关于环境保护工作情况的报告。

5. 听取和审议刘金林代表区人民政府关于城市管理工作情况的报告。

6. 听取和审议徐贵清代表区人民政府关于全区城乡群众文化建设工作情况的报告。

7. 听取和审议区人大常委会执法检查组关于检查《中华人民共和国职业教育法》实施情况的报告。

第四次会议于 2017 年 1 月 10 日—11 日在区人大常委会会议室举行。

区人大常委会主任皮晓瑶主持了会议，区人大常委会全体组成人员出席会议。区人大常委会老领导刘月林、潘荣华、鲍小红、杨绥、夏旭辉，区人民法院院长凌目新，区人民检察院检察长肖连华及区人大常委会各机构负责人列席了会议。

会议纪要如下：

1. 提请人事事项。

2. 表决人事事项。

3. 任命书颁发大会。

4. 区政府提请《关于提请审议将中国工商银行广丰支行贷款还款纳入财政支出预算安排的议案》。

5. 听取区政府《关于调整 2016 年预算收支计划的报告》。

6. 听取区人大财经委《关于调整 2016 年预算收支计划的报告》的审查报告。

7. 听取区政府关于政务服务工作情况的报告。

8. 听取区政府关于规划执法工作情况的报告。

9. 听取区政府关于推进素质教育工作情况的报告。

10. 听取区人大常委会执法检查组关于检查森林防火条例实施情况的报告。

11. 审议《关于提请审议将中国工商银行广丰支行贷款还款纳入财政支出预算安排的议案》。

12. 审议《关于调整 2016 年预算收支计划的报告》。

13. 审议区政府关于政务服务工作情况的报告。

14. 审议区政府关于规划执法工作情况的报告。

15. 审议区政府关于推进素质教育工作情况的报告。

16. 审议区人大常委会执法检查组关于检查森林防火条例实施情况的报告。

17. 对区政府有关专项报告进行满意度测评。

18. 表决区人大常委会关于同意将中国工商银行广丰支行贷款还款纳入财政支出预算安排的决议（草案）。

19. 表决区第十六届人大常委会《关于调整2016年预算收支计划的报告的决定（草案）》。

第五次会议于2017年3月3日在区人大常委会会议室举行。

区人大常委会主任皮晓瑶主持了会议，区人大常委会全体组成人员出席了会议。区人大常委会老领导刘月林、潘荣华、鲍小红、杨绥，区人民法院院长凌目新，区人民检察院检察长肖连华和区人大常委会各机构负责人，永丰、芦林、丰溪街道人大工委负责人列席了会议。

会议纪要如下：

1. 审议关于接受徐小友辞去区第十六届人大常委会委员职务请求的报告。

2. 人事任免。

3. 听取和审议区第十六届人大常委会代表资格审查委员会关于代表变动情况和选举代表的代表资格审查报告。

4. 审议通过关于召开区第十六届人民代表大会第二次会议的决定（草案）。

5. 审议区第十六届人民代表大会第二次会议主席团和秘书长名单（草案），决定提请区十六届人大二次会议预备会议表决。

6. 审议区第十六届人民代表大会第二次会议副秘书长人员名单（草案），决定提请区十六届人大二次会议主席团第一次会议通过。

7. 决定列席区第十六届人民代表大会第二次会议人员范围。

8. 审议区第十六届人民代表大会第二次会议案审查委员会名单（草案），决定提请区十六届人大二次会议预备会议通过。

9. 审议通过《区人大常委会组成人员守则（草案）》。

10. 审议通过《区人大常委会主任会议议事规则（草案）》。

11. 审议通过《区人大常委会议事规则（草案）》。

12. 审议区人大常委会工作报告（讨论稿），决定提请区十六届人大二次会议审议。

13. 审议通过区人大常委会2017年工作要点。

第六次会议于2017年4月26日在区人大常委会议室举行。

区人大常委会主任皮晓瑶主持了会议，区人大常委会全体组成人员出席了会议。区人大常委会老领导刘月林、潘荣华、鲍小红、杨绥，区人民法院院长凌目新，区人民检察院检察长肖连华，区人大及常委会各机构负责人到席了会议。

会议纪要如下：

1. 审议关于接受刘小雨辞去区第十六届人民代表大会代表职务请求的报告。

2. 人事任免。

3. 听取和审议区人民政府关于“七五”普法活动开展情况的报告，并进行满意度测评。

4. 听取区人民政府关于落实《中华人民共和国职业教育法》执法检查报告及审议意见情况的报告，并进行满意度测评。

5. 听取区人民政府关于落实《江西省森林防火条例》执法检查报告及审议意见情况的报告，并进行满意度测评。

6. 审议通过区人大代表履职考核暂行办法（草案）。

第七次会议于 2017 年 6 月 30 日在区人大常委会议室举行。

区人大常委会主任皮晓瑶主持了会议，区人大常委会全体组成人员出席了会议。区人大常委会老领导刘月林、潘荣华、鲍小红、杨绥，区人民法院院长凌目新，区人民检察院检察长肖连华，区人大及常委会各机构负责人到席了会议。

会议纪要如下：

1. 听取和审议关于接受吕信彪辞去区第十六届人民代表大会代表职务请求的报告。

2. 听取和审议区第十六届人大常委会代表资格审查委员会关于选举代表和代表变动情况的代表资格审查报告。

3. 人事任免。

4. 听取和审议区政府关于区工业发展情况的报告。

5. 听取和审议区政府关于人防工作专项报告。

6. 听取和审议区人大常委会执法检查组关于检查《中华人民共和国劳动法》实施情况的报告。

7. 听取和审议区政府关于推进区全域旅游建设情况的报告。

8. 听取“一府两院”办理区人大常委会关于反贪污贿赂、环境保护、城市管理、群众文化建设、政务服务、规划执法、推进素质教育工作的审议意见的报告并进行满意度测评。

第八次会议于 2017 年 8 月 25 日在区人大常委会议室举行。

区人大常委会主任皮晓瑶主持了会议，区人大常委会全体组成人员出席了会议。区人大常委会老领导刘月林、潘荣华、鲍小红、杨绥，区人民法院院长凌目新，区人民检察院检察长肖连华、区人大及常委会各机构负责人及发改委、财政局负责列席了会议。

会议纪要如下：

1. 审议关于接受杨振旺辞去区第十六届人民代表大会代表职务请求的报告。

2. 审议关于接受卢文旭辞去区第十六届人大常委会委员等职务请求的报告。

3. 人事任免。

4. 听取和审议区政府关于 2017 年上半年国民经济和社会发展计划执行情况的报告。

5. 听取和审议区政府关于2016年财政决算草案和2017年上半年财政预算执行情况的报告，批准2016年区本级财政决算。

6. 听取和审议区政府关于2016年度区本级财政预算执行和其他财政收支情况的审计工作报告。

7. 审议通过《区人民代表大会常务委员会关于进一步严肃常委会会风会纪提高会议质量的意见（草案）》。

第九次会议于2017年10月26日在区人大常委会议室举行。

区人大常委会主任皮晓瑶主持会议，区人大常委会全体组成人员出席会议。区人大常委会老领导刘月林、潘荣华、鲍小红、杨绥，区人民法院院长凌目新，区人民检察院检察长肖连华，人事劳动社会保障局局长周其华，区水利局局长周志刚，区人大及常委会各机构负责人出席了会议。

会议纪要如下：

1. 听取关于接受吴利辞去区第十六届人民代表大会代表职务请求的报告。

2. 人事事项。

3. 听取周其华代表区政府关于落实《中华人民共和国劳动法》执法检查报告及审议意见情况的报告，并进行满意度测评。

4. 听取和审议区人民法院院长凌目新关于司法公开工作专项报告。

5. 听取和审议区人民检察院检察长肖连华关于我区公诉工作专项报告。

6. 听取和审议区人大常委会执法检查组关于检查《中华人民共和国水土保持法》实施情况的报告。

7. 听取和审议区人大常委会执法检查组关于检查《中医药条例》实施情况的报告。

8. 审议通过区人民代表大会常务委员会关于对审计查出问题整改监督的办法（草案），关于审计查出问题整改满意度测评办法（草案），满意度测评工作办法（草案），审议意见督办办法（草案），专题询问办法（草案），关于进一步加强“双联”工作实施办法（草案），关于提高区人大代表建议、批评和意见办理质量实施办法（草案）。

第十次会议于2017年12月27日在区人大常委会会议室举行。

区人大常委会主任皮晓瑶主持了会议，区人大常委会全体组成人员出席了会议。区人大常委会老领导刘月林、鲍小红、杨绥，区人民法院院长凌目新，区人民检察院检察长肖连华，区人大及常委会各机构负责人列席了会议，区财政局、区行政服务中心、城市管理局负责人列席了会议。

会议纪要如下：

1. 听取区人民政府关于2017年预算收支计划调整的方案（草案）。

2. 听取区人民政府关于2016年区级预算执行情况和其他财政收支的审计查出问题整改情况的报告。

3. 听取区人民政府关于区十六届人大二次会议代表建议、批评和意见办理工作情况的报告。

4. 听取“一府两院”办理区人大常委会关于“七五”普法开展情况、人防工作、全域旅游建设情况审议意见的报告。

5. 听取区人民政府关于落实《水土保持法》执法检查报告及审议意见情况的报告。

6. 听取区行政服务中心、区城市管理局关于工作评议意见的整改情况报告。

7. 书面听取区人大常委会城建环资工委关于“2017 年环保广丰行”活动情况汇报，农工委关于“2017 年赣鄱农产品质量安全行”活动情况汇报，教科文卫工委关于“2017 年食品药品赣鄱行”活动情况汇报、关于 2017 年助推旅游强区建设系列活动情况汇报。

8. 审议区人民政府关于 2017 年预算收支计划调整的方案（草案）。

9. 审议区人民政府关于 2016 年区级预算执行情况和其他财政收支的审计查出问题整改情况的报告。

10. 审议区人民政府关于区十六届人大二次会议代表建议、批评和意见办理工作情况报告。

11. 审议区人民政府办理区人大常委会关于“七五”普法开展情况、人防工作、全域旅游建设情况审议意见的报告。

12. 审议区人民政府关于落实《水土保持法》执法检查报告及审议意见情况的报告。

13. 审议区行政服务中心、区城市管理局关于工作评议意见的整改情况报告。

14. 审议区人大常委会城建环资工委关于“2017 年环保广丰行”活动情况汇报，农工委关于“2017 年赣鄱农产品质量安全行”活动情况汇报，教科文卫工委关于“2017 年食品药品赣鄱行”活动情况汇报、关于 2017 年助推旅游强区建设系列活动情况汇报。

15. 对区人民政府关于 2016 年区级预算执行情况和其他财政收支的审计查出问题整改情况的报告及 6 个审计查出问题单位整改落实情况，关于办理“七五”普法工作审议意见的情况、人防工作审议意见的情况、全域旅游建设审议意见的情况、《中华人民共和国水土保持法》执法检查报告及审议意见情况的报告，以及对区行政服务中心、区城市管理局工作评议意见的整改情况报告进行满意度测评。

16. 表决批准区人民政府关于 2017 年预算收支计划调整的方案的决定。

第十一次会议于 2018 年 1 月 3 日在区人大常委会会议室举行。

区人大常委会主任皮晓瑶主持了会议，区人大常委会全体组成人员出席了会议。区人大常委会老领导刘月林、鲍小红、杨绥，区人民法院院长凌目新，区人民检察院检察长肖连华，区人大及常委会各机构负责人列席了会议。

会议纪要如下：

1. 学习党的十九大精神。

2. 审议关于接受余祖华辞去上饶市第四届人大代表职务请求的报告。

3. 补选市四届人大代表事项。

4. 补选谢来发、徐海高、张景忠为上饶市第四届人民代表大会代表。

4. 审议通过关于召开区第十六届人民代表大会第三次会议的决定（草案）。

5. 审议区第十六届人民代表大会第三次会议主席团和秘书长名单（草案），决定提请区十六届人大三次会议预备会议表决。

6. 审议区第十六届人民代表大会第三次会议副秘书长人员名单（草案），决定提请区十六届人大三次会议主席团第一次会议通过。

7. 决定列席区第十六届人民代表大会第三次会议人员范围。

8. 审议区第十六届人民代表大会第三次会议议案审查委员会名单（草案），决定提请区十六届人大三次会议预备会议通过。

第十二次会议于 2018 年 2 月 2 日在区人大常委会会议室举行。

区人大常委会主任皮晓瑶主持了会议，区人大常委会全体组成人员出席了会议。区人大常委会老领导鲍小红、杨绥，区人民政府副区长肖剑峰，区人民法院院长凌目新，区人民检察院检察长肖连华，区财政局、区人大各专委、区人大常委会办公室、各工委负责人列席了会议。

会议纪要如下：

1. 学习省十三届人大一次会议精神。

2. 审议关于接受王芬、曹海燕两人辞去区人民政府副区长职务请求的报告。

3. 人事任免。

4. 听取和审议关于调整区第十六届人大三次会议召开时间的决定（草案）。

5. 听取和审议区第十六届人大常委会代表资格审查委员会关于选举代表和代表变动情况的代表资格审查报告。

6. 听取和审议区政府关于区 2017 年财政预算执行情况和 2018 年预算草案的报告。

7. 听取和审议区人大财经委关于提请撤销区人大常委会两个决议的议案及情况说明，决定提请区十六届人大三次会议审议。

8. 审议区人大常委会工作报告（征求意见稿），决定提请区十六届人大三次会议审议。

第十三次会议于 2018 年 2 月 6 日在区人大常委会会议室举行。

会议由区人大常委会主任皮晓瑶主持，区人大常委会全体组成人员出席了会议。区人大常委会老领导鲍小红、杨绥，区监委主任张景忠和区人大各专委、人大常委会办公室、各工委负责人列席了会议。

会议纪要如下：

会议根据区监察委员会主任张景忠《关于提请任命周华武等同志职务的议案》，经审议，表决通过任命：

周华武、王智勇、李建忠为区监察委员会副主任；

余金炉、陈大玉、邱美星、徐洪辉、艾进进为区监察委员会委员。

第十四次会议于2018年4月25日在区人大常委会会议室举行。

区人大常委会主任皮晓瑶主持了会议。应到区人大常委会组成人员26人，因事因病请假6人（俞柳君、王艳、王菲、李建忠、罗剑红、王建红），符合法定人数。区人大常委会老领导鲍小红、杨绥；区人民政府副区长肖剑峰；区人民法院院长凌目新；区人民检察院检察长肖连华；区卫健委、农业局、林业局，区人大各专委，区人大常委会办公室，各工委负责人；区十六届人大专家组成员列席了会议。

会议纪要如下：

1. 学习十三届全国人大一次会议精神。

2. 学习省委书记刘奇走访省人大常委会机关时的讲话要求。

3. 因工作职务变动，李建忠已任区监察委员会副主任职务，会议依据《宪法》第一百零三条规定，同意其本人提出辞去区人大常委会委员的请求。

4. 会议决定免去余玉辉的区人大常委会办公室副主任职务，任命其为区人大常委会办公室主任。根据区人民法院院长凌目新提请的议案，决定免去黄万年的区人民法院审判委员会委员，审判员职务。

5. 听取区卫健委主任刘建强代表区人民政府所作的关于落实《中医药条例》执法检查报告及审议意见情况的报告。

6. 听取区人民法院院长凌目新办理区人大常委会关于司法公开审议意见的报告，听取区人民检察院检察长肖连华办理区人大常委会关于公诉工作审议意见的报告。

7. 审议区人大常委会2018年的工作要点。

会议一致通过了以上任免事项和报告。

第十五次会议于2018年6月28日在区人大常委会会议室举行。

区人大常委会主任皮晓瑶主持了会议，区人大常委会全体组成人员出席了会议。区人大常委会老领导鲍小红，区人民政府区长郑华森，区人民法院院长凌目新，区人民检察院检察长肖连华，区人大各专委、区人大常委会办公室、各工委负责人列席了会议。

会议纪要如下：

1. 会议任命邱在庆为区人大常委会选举任免联络工作委员会主任，免去其区人大常委会农业和农村工作委员会主任职务。

2. 任命王建红为区人大常委会农业和农村工作委员会主任，免去其区人大常委会选举任免联络工作委员会主任。

3. 根据区人民政府区长郑华森提请的议案，决定任命徐建军为区人民政府副区长兼公安局局长。

4. 根据区人民检察院检察长肖连华提请的议案，决定任命郑淑慧为区人民检察院检察委员会委员。

4. 听取区水利局吴国和所作的关于全区农村水利设施建设和资金使用管理情况的报告。

5. 听取区人大常委会财经委饶敏云所作的关于全区农村水利基础设施建设和资金使用管理情况的调研报告。

6. 听取区扶贫办主任李强所作的关于区精准扶贫工作情况的报告。

第十六次会议于 2018 年 8 月 28 日在区人大常委会会议室举行。

区人大常委会主任皮晓瑶主持会议，区人大常委会全体组成人员出席会议。区人民政府常务副区长龚振宙，区人民法院院长凌目新，区人民检察院检察长肖连华，区监察委员会负责人；区发改委、财政局、审计局、公安局、房管局和 6 个审计查出问题需整改的单位规划局、农业局、卫健委、司法局、市监局、地税局，区人大各专委，区人大常委会办公室，各工委负责同志；区人大财经委全体人员，专家组成员，4 个乡镇（街道）人大负责人，4 个区人大代表列席了会议。

会议纪要如下：

1. 人事任免。

2. 学习省委十四届六次全体（扩大）会议、市委四届六一次全体（扩大）会议、区委十三届六次全体（扩大）会议、全省市县（市、区）人大常委会主任学习班精神（书面）。

3. 审议“一府两院”及其相关部门 2018 年上半年工作报告（书面）。

4. 听取和审议区人民政府关于 2018 年上半年国民经济和社会发展计划执行情况报告。

5. 听取和审议区人民政府关于 2017 年区级决算和 2018 年上半年预算执行情况报告，批准 2017 年区级财政决算。

6. 听取和审议区人民政府关于 2017 年区级预算执行情况和其他财政收支的审计工作报告。

7. 听取和审议区人民政府关于 2018 年债券资金预算调整方案（草案）及 2018 年地方政府债务限额的说明。

8. 听取和审议区人大常委会执法检查组关于《中华人民共和国禁毒法》实施情况的报告。

9. 听取和审议区政府关于房管工作情况报告。

第十七次会议于 2018 年 10 月 25 日在区人大常委会会议室举行。

区人大常委会主任皮晓瑶主持会议。应到区人大常委会成员 25 人，实到 24 人。杨华峰委员因事请假，区人大常委会老领导鲍小红、杨绥，区人民政府副区长陈金良，区人民法院、区人民检察院、区监察委员会负责人，区政府办、区国资委、月兔集团、城投集团、广投集团、扶贫办、卫健委主要负责人，区人大各专委、区人大常委会办公室、各工委负责人列席了会议。

会议纪要如下：

1. 听取区人民法院关于提请确定人民陪审员名额的议案。

2. 区国资委主任包晓辉代表区人民政府作的关于月兔集团、城投集团、广投集团 2017 年国有资产管理情况的报告。

3. 听取区人大财经委副主任饶敏云作关于月兔集团、城投集团、广投集团 2017 年国有资产的调研报告。

4. 听取区扶贫办主任李强代表区人民政府作的关于落实区人大常委会对脱贫攻坚工作审议意见情况的报告。

5. 听取区卫健委刘建强主任作的关于评议工作整改情况的报告。

6. 区人大法制委主任委员陈卫华提请审议区人民代表大会常务委员会规范性文件备案审查办法（草案）会议通过了以上报告与议案。

第十八次会议于 2018 年 12 月 26 日在区人大常委会会议室举行。

区人大常委会主任皮晓瑶主持会议。区人大常委会全体组成人员出席会议。区人大常委会老领导鲍小红、杨绥，区财政局、发改委、房管局、公安局和区人大各专委、人大常委会办公室、各工委负责人列席了会议。

会议纪要如下：

1. 人事事项。

2. 审议通过关于确认许可对区十六届人大代表委员颜某某采取刑事强制措施并暂停代表职务的决定。

3. 审议并通过关于召开区第十六届人民代表大会第四次会议的决定。

4. 听取审议并通过区人民政府关于调整 2018 年预算收支计划的报告。

5. 听取审议并通过区人民政府关于“十三五”规划实施中期评估的报告。

6. 听取审议并通过区人民政府关于区十六届人大三次会议代表建议、批评和意见办理工作情况报告，并进行满意度测评。

7. 听取审议并通过区人大常委会教科文卫工委关于“2018 年食品药品赣鄱行活动情况”的汇报。

8. 听取区人民政府关于2017年度区级预算执行情况和其他财政收支的审计查出问题整改情况的报告，并进行满意度测评。

9. 听取区人民政府关于落实区人大常委会对房管工作审议意见情况的报告，并进行满意度测评。

10. 听取区人民政府关于落实《中华人民共和国禁毒法》执行检查报告及区人大常委会审议意见情况的报告，并进行满意度测评。

第十九次会议于2019年1月20日在区人大常委会会议室举行。

会议由主任皮晓瑶主持，区人大常委会副主任王华安、郑建平、郑明华。郑日贵、颜显高、俞柳君和委员24人出席了会议。区人大常委会老领导鲍小红、杨绥，区人民法院院长凌目新，区人民检察院检察长肖连华和区人大各专委、区人大常委会办公室、各工委负责人列席了会议。

会议纪要如下：

1. 会议表决通过肖剑峰辞去区人民政府副区长职务。

2. 会议听取区人民法院院长凌目新提请任命法官的议案，经审议票决同意了该任命议案。

3. 听取区人民政府机构改革报告，并对改革后的政府组成部门主任、局长统一任命。

4. 获得任命人员举行宣誓仪式。

第二十次会议于2019年2月22日在区人大常委会会议室举行。

皮晓瑶主任主持会议。委员毛小东、王菲、刘汉水、陈卫华请假，其他组成人员出席了会议。区人民政府副区长陈金良，区人大常委会调研员鲍小红、原副主任杨绥，区人民法院院长凌目新，区人民检察院检察长肖连华，区监委、发改委负责人，区人大各专委、办公室、工委负责人列席了会议。

会议纪要如下：

1. 审议关于接受傅师东等人请求辞去区第十六届人大代表职务的决定（草案）。

2. 审议关于接受王菲辞去区第十六届人大常委会委员职务请求的决定（草案）。

3. 审议关于调整区第十六届人民代表大会常务委员会代表资格审查委员会名单（草案）。

4. 审议和表决关于区第十六届人大常委会内务司法委员会更名为监察和司法委员会的决定（草案）。

5. 听取区人民政府关于落实区人大常委会关于“十三五”规划纲要实施情况中期评估报告审议意见的报告（书面）。

6. 审议区人大常委会工作报告（讨论稿），决定提请区十六届人大四次会议审议。

7. 审议区人大常委会2019年工作要点（草案）。

第二十一次会议于 2019 年 3 月 11 日在区人大常委会会议室举行。

区人大常委会主任皮晓瑶主持了会议。区人大常委会全体组成人员出席了会议。区人大常委会调研员鲍小红，人大常委会原副主任杨绥，区人民法院院长凌目新，区人民检察院检察长肖连华，区人大各专委、区人大常委会办公室、各工委负责人列席了会议。

会议纪要如下：

1. 人事事项。

2. 审议区第十六届人大常委会代表资格审查委员会关于补选代表和代表变动情况的代表资格审查报告。

3. 审议区第十六届人民代表大会第四次会议主席团和秘书长名单（草案），决定提请区十六届人大四次会议预备会议表决。

4. 审议区第十六届人民代表大会第四次会议副秘书长人员名单（草案），决定提请区十六届人大四次会议主席团第一次会议通过。

5. 决定列席区第十六届人民代表大会第四次会议人员范围。

6. 审议区第十六届人民代表大会第四次会议议案审查委员会名单（草案），决定提请区十六届人大四次会议预备会议通过。

第二十二次会议于 2019 年 4 月 23 日在区人大常委会会议室举行。

区人大常委会主任皮晓瑶主持会议，副主任郑日贵、委员毛小东因公请假，其他组成人员全部出席了会议。列席本次会议的有区人民政府副区长程剑虹，区人大常委会原副主任杨绥，区人民法院院长凌目新，区人民检察院检察长肖连华，区监察委员会、区政府办公室、区科协、各乡镇（街道）人大主席团（工委）、区人大各专委、区人大常委会办公室、各工委负责人。

会议纪要如下：

1. 学习十三届全国人大二次会议精神。

2. 听取审议区人民政府副区长程剑虹作的关于全民科学素质行动实施情况的报告。

3. 审议通过区人民代表大会常务委员会关于进一步完善督办代表建议办理工作的意见（草案）。

第二十三次会议于 2019 年 6 月 27 日在区人大常委会会议室举行。

区人大常委会主任皮晓瑶主持了会议。人大常委会全体组成人员出席了会议。区人大常委会调研员鲍小红、原副主任杨绥，区人民法院院长凌目新，区人民检察院检察长肖连华，区人大各专委、区人大常委会办公室、各工委及永丰、芦林、丰溪、大石、下溪 5 个街道的人大工委负责人列席了会议。

会议纪要如下：

1. 学习贯彻习近平总书记视察江西时的重要讲话精神。

2. 人事事项。

3. 审议通过关于确认许可对区十六届人大代表罗某某采取刑事强制措施并暂停代表职务的决定（草案）。

4. 听取区人民政府关于落实区人大常委会对全民科学素质行动实施情况审议意见的报告，并进行满意度测评。

5. 听取和审议区人民政府关于预防和控制政府性债务风险情况的报告。

6. 听取和审议区人民检察院关于生态检察工作情况专项报告。

7. 听取和审议区人大常委会执法检查组关于检查《上饶市城市管理条例》实施情况的报告。

8. 听取和审议区人民政府关于区学前教育专项工作报告。

第二十四次会议于 2019 年 8 月 29 日在区人大常委会会议室举行。

区人大常委会主任皮晓瑶主持了会议，区人大常委会全体组成人员出席了会议。区人大常委会调研员鲍小红，区人民法院院长凌目新，区人民检察院检察长肖连华，区监察委员会、区发改委、财政局、公安局、城管局、教体局和林业局、水利局、交通局、民政局、人防办主要负责人，区人大各专委、区人大常委会办公室、各工委负责人，部分乡镇（街道）人大主席团（工委）负责人，部分人大代表列席了会议。

会议纪要如下：

1. 学习贯彻习近平总书记关于地方人大设立常委会 40 周年的重要指示。

2. 人事事项。

3. 审议通过关于确认许可对区十六届人大代表王某某采取刑事强制措施并暂停代表职务的决定（草案）。

4. 听取和审议区发改委主任刘荣伟代表区人民政府作的关于 2019 年上半年国民经济和社会发展计划执行情况的报告。

5. 听取和审议区财政局局长包晓辉代表区人民政府作的关于 2018 年财政决算和 2019 年上半年财政预算执行情况的报告，批准 2018 年区级财政决算。

6. 听取和审议区审计局局长李积林代表区人民政府作的关于 2018 年财政预算执行情况和其他财政收支的审计工作报告。

7. 听取和审议区财政局局长包晓辉代表区人民政府作的关于 2019 年债券资金预算调整方案（草案）及 2019 年地方政府债务限额的说明。

8. 听取和审议区人民政府副区长、公安局局长徐建军代表区人民政府作的关于扫黑除恶专项斗争工作情况的报告。

9. 听取区城管局局长刘金林代表区人民政府作的关于落实《上饶市城市管理条例》执法检查报告及区人大常委会审议意见情况的报告，并进行满意度测评。

10. 听取区教体局局长周荣敏代表区人民政府作的关于落实区人大常委会对区2018年学前教育工作审议意见情况的报告，并进行满意度测评。

第二十五次会议于2019年10月30日在区人大常委会会议室举行。

区人大常委会主任皮晓瑶主持会议，区人大常委会全体组成人员出席了会议。区人大常委会调研员鲍小红，副区长、公安局局长徐建军，区人民法院院长凌目新，区人民检察院检察长肖连华，区监察委员会负责人，区财政局、交通局、水利局主要负责人，区人大各专委、区人大常委会办公室、区人大常委会各工委负责人列席了会议。

会议纪要如下：

1. 人事事项。

2. 听取区人大常委会代表资格审查委员会关于代表变动情况的报告。

3. 听取和审议区交通局局长李剑波代表区人民政府作的关于全区2018年农村公路建设和养护资金筹集管理使用情况的报告。

4. 听取区财政局局长包晓辉代表区人民政府作的关于落实区人大常委会对预防和控制地方政府债务风险工作审议意见情况的报告，并进行满意度测评。

5. 听取区水利局局长陈国健作的评议工作的整改情况汇报，并进行满意度测评。

6. 听取区人民检察院检察长肖连华作的关于落实区人大常委会对生态检察工作审议意见情况的报告，并进行满意度测评。

7. 听取副区长、公安局局长徐建军代表区人民政府作的关于落实区人大常委会对扫黑除恶专项斗争工作审议意见情况的报告，并进行满意度测评。

8. 听取和审议区人大常委会执法检查组关于《上饶市农村居民住房建设管理条例》实施情况的报告。

第二十六次会议于2019年12月30日在区人大常委会会议室举行。

区人大常委会主任皮晓瑶主持会议。区人大常委会全体组成人员出席会议。区人大常委会调研员鲍小红，区人民法院院长凌目新，区人民检察院检察长肖连华，区监察委员会、区政府办、财政局、交通局、住建局负责人，区人大各专委、区人大常委会办公室、区人大常委会、各工委负责人列席了会议。

会议纪要如下：

1. 传达学习全省人大工作会议精神。

2. 人事事项。

3. 审议通过关于确认许可对区十六届人大代表阮某某采取刑事强制措施并暂停代表职务的决定（草案）。

4. 听取审议区人民政府关于区十六届人大四次会议代表建议、批评和意见办理工作情况报告，并进行满意度测评。

5. 听取区人民政府关于2018年区级预算执行情况和其他财政收支审计查出问题整改情况的报告，并进行满意度测评。

6. 听取审议区人民政府关于2019年预算收支计划调整的报告。

7. 听取审议区人民政府关于行政事业性国有资产管理情况的报告。

8. 听取区人民政府关于落实区人大常委会对全区2018年农村公路建设和养护资金筹集管理使用情况的审议意见情况的报告，并进行满意度测评。

9. 听取区人民政府关于落实《上饶市农村居民住房建设管理条例》执法检查报告及区人大常委会审议意见情况的报告，并进行满意度测评。

10. 听取区人民政府关于落实区人大常委会对2018年区级决算和2019年上半年预算执行情况报告审议意见情况的报告（书面），并进行满意度测评。

11. 审议区人大常委会城建环资工委关于“2019年环保广丰行”活动情况汇报（书面）。

12. 审议区人大常委会农工委关于“2019年赣鄱农产品质量安全行”活动情况汇报（书面）。

13. 审议区人大常委会教科文卫工委关于“2019年食品药品赣鄱行”活动情况汇报（书面）。

14. 审议区人大常委会教科文卫（外侨民宗）工委关于2019年助推旅游强区建设系列活动情况汇报（书面）。

第二十七次会议于2020年1月2日在区人大常委会会议室举行。

区人大常委会主任皮晓瑶主持会议，人大常委会委员杨华峰因公请假，其他组成人员全部出席了会议。列席本次会议的有区人大常委会原副主任杨绥，区人民政府副区长王斐，区人民法院院长凌目新，区人民检察院检察长肖连华，区监察委员会、区人大各专委、区人大常委会办公室、各工委负责人。

会议纪要如下：

1. 经区人大常委会主任会议研究，提请补选陈云为上饶市第四届人民代表大会代表，经区人大常委会组成人员表决一致同意补选陈云为上饶市第四届人民代表大会代表。

2. 会议决定于2020年3月召开区第十六届人民代表大会第五次会议。

第二十八次会议于2020年4月29日在区人大常委会会议室举行。

区人大常委会主任皮晓瑶主持会议，区人大常委会组成人员全部出席了会议。列席本次会议的有区人民政府常务副区长龚振宙，区人民法院院长凌目新，区人民检察院检察长肖连华，区监察委员会负责人，区财政局、卫健委主要负责人，区人大各专委、常委会办公室、各工委负责人。

会议纪要如下：

1. 因工作变动，会议接受陈金良辞去区人民政府副区长职务。

2. 接受刘勇辞去区第十六届人民代表大会财政经济委员会委员职务。

3. 审议并通过关于恢复颜禧标执行区第十六届人民代表大会代表职务的决定。

4. 任命刘晓芳为区人民政府副区长。

5. 听取并审议区卫健委主任占王剑代表区人民政府作的关于新型冠状病毒肺炎防控的报告。

6. 听取并审议区人大常委会执法检查组《关于中华人民共和国传染病防治法》实施情况的报告。

7. 听取区人民政府关于落实区人大常委会关于行政事业性国有资产管理情况审议意见的报告（书面）并进行满意度测评。

第二十九次会议于2020年7月9日在区人大常委会会议室举行。

区人大常委会主任皮晓瑶主持会议，区人大常委会组成人员全部出席了会议。列席本次会议的有区人民法院院长凌目新，区人民检察院、区监察委员会负责人，区司法局、民政局、卫健委、医保局主要负责人，区纪委监委驻人大常委会机关纪检监察组负责人，区人大各专委、常委会办公室、各工委负责人。

会议纪要如下：

1. 传达学习十三届全国人大三次会议精神。

2. 传达学习市四届人大五次会议精神。

3. 审议关于接受张文茂辞去区第十六届人民代表大会代表职务的决定（草案）。

4. 审议关于《区人民代表大会常务委员会关于区第十六届人民代表大会第五次会议召开时间的决定（草案）的议案》。

5. 审议区十六届人民代表大会第五次会议主席团成员和秘书长名单（草案），决定提请区十六届人大五次会议预备会议选举。

6. 审议区十六届人民代表大会第五次会议议案审查委员会名单（草案），决定提请区十六届人大五次会议预备会议通过。

7. 审议通过区十六届人民代表大会第五次会议邀请列席、列席人员范围。

8. 审议区人大常委会工作报告（讨论稿）。

9. 审议区十六届人大常委会代表资格审查委员会关于代表资格的审查报告。

10. 听取审议司法局局长汪小青代表区人民政府作的关于社区矫正工作情况的报告。

11. 听取审议区人民政府作的关于社会救助工作情况的报告。

12. 听取区卫健委主任占王剑代表区人民政府作的关于落实《中华人民共和国传染病防治法》执法检查报告及区人大常委会审议意见情况的报告，并进行满意度测评。

第三十次会议于 2020 年 8 月 26 日在区人大常委会会议室举行。

区人大常委会主任皮晓瑶主持了会议。区人大常委会组成人员有 2 人请假，其他组成人员均出席了会议。列席会议的有区人民政府副区长刘晓芳；区人民法院院长凌目新；区人民检察院检察长肖连华；区监察委员会负责人；区发改委、财政局、审计局、自然资源局，6 个审计有问题需整改的单位人社局、劳动就业局、城管局、生态环境局、饶丰灌区管理局、信访局的主要负责人；区纪委监委驻人大常委会机关纪检监察组负责人；区人大各专委、常委会办公室、各工委负责人及部分乡镇（街道）人大负责人和人大代表。

会议纪要如下：

1. 人事事项。

2. 审议关于确认许可对区十六届人大代表周某某、杨某某采取刑事强制措施并暂停代表职务的决定（草案）。

3. 听取审议区人民政府关于 2020 年上半年国民经济和社会发展计划执行情况报告。

4. 听取审议区人民政府关于 2019 年区级决算和 2020 年上半年预算执行情况报告，批准 2019 年区级财政决算。

5. 听取审议区人民政府关于 2019 年区级预算执行情况和其他财政收支的审计工作报告。

6. 听取审议区人民法院关于两个“一站式”建设情况的报告。

7. 听取审议区人大常委会执法检查组关于检查《上饶市农村居民住房建设管理条例》实施情况的报告。

第三十一次会议于 2020 年 10 月 27 日在区人大常委会会议室举行。

区人大常委会主任皮晓瑶主持了会议。区人大常委会组成人员全部出席了会议，列席本次会议的有区人民政府副区长程剑虹，区人民法院、区人民检察院、区监察委员会负责人，区财政局、住建局、林业局、司法局、民政局、城投集团等单位主要负责人，区人大各专委、常委会办公室、各工委负责人。同时，为加强会议审议质量和提升代表各方面根据工作安排，还邀请了部分乡镇（街道）人大负责人、区人大代表列席会议。

会议纪要如下：

1. 人事事项。

2. 审议区人大常委会主任会议关于提请审议《区人民代表大会常务委员会关于接受邱鹏辞去上饶市第四届人民代表大会代表职务的决议（草案）》的议案。

3. 审议区人大常委会主任会议关于提请审议《区人民代表大会常务委员会关于接受杨启标辞去区第十六届人民代表大会代表职务的决议（草案）》的议案。

4. 听取审议区财政局局长包晓辉代表区人民政府作的关于全区 2019 年上级财政转移支付资金管理使用情况的报告。

5. 听取审议区财政局局长包晓辉代表区人民政府作的关于 2020 年抗疫特别国债资金、债券资金预算调整方案（草案）的报告。

6. 听取审议区城投集团董事长管立柱代表区人民政府作的关于城投集团国有资产管理情况的报告。

7. 听取审议区人大常委会执法检查组关于检查《中华人民共和国野生动物保护法》《全国人大常委会关于全面禁止非法野生动物交易、革除滥食野生动物陋习、切实保障人民群众生命健康安全的决定》实施情况的报告。

8. 听取审议区人大常委会执法检查组关于检查《上饶市住宅物业管理条例》实施情况的报告。

9. 听取区人民政府关于落实区人大常委会关于社区矫正审议意见情况的报告，并进行满意度测评。

第三十二次会议于 2020 年 11 月 30 日在区人大常委会会议室举行。

区人大常委会主任皮晓瑶主持会议。人大常委会全体组成人员出席了会议。区人大各专委、区人大常委会办公室、各工委负责人列席了会议。

会议纪要如下：

1. 审议区人大常委会主任会议关于提请审议《区人民代表大会常务委员会关于接受程剑虹同志辞去区人民政府副区长职务的决定（草案）》的议案。

2. 审议区人大常委会主任会议关于提请审议《区人民代表大会常务委员会关于接受蒋日云、夏灵邦辞去区人民代表大会常务委员会委员职务的决定（草案）》的议案。

3. 审议区人大常委会主任会议关于提请审议《区人民代表大会常务委员会关于接受王青海同志辞去区人民代表大会法制委委员职务的决定（草案）》的议案。

4. 审议关于确认许可对区十六届人大代表祝某某采取取保候审强制措施并暂停代表职务的决定（草案）。

5. 人事事项。

第三十三次会议于 2020 年 12 月 30 日在区人大常委会会议室举行。

区人大常委会主任皮晓瑶主持会议，人大常委会委员毛小东、周建东、刘成业请假，其他组成人员全部出席了会议。列席本次会议有区委常委、纪委书记李军，区人民政府副区长王斐，区人民法院院长凌目新，区人民检察院检察长肖连华，区监察委员会负责人，发改委、财政局、审计局、住建局、林业局、自然资源局、农业农村局、生态环境局、水利局、市场监督管理局、文广新旅局、城投集团、人社局、劳动就业局、城管局、生态环境局、饶丰灌区管理局、信访局主要负责人，区人大各专委、常委会办公室、各工委负责人。会议还邀请了部分乡镇（街道）人大负责人、区人大代表列席会议。

会议纪要如下：

1. 传达学习党的十九届五中全会精神。

2. 传达学习区委十三届十一次全会精神。

3. 人事任免。

4. 审议区人大常委会主任会议关于提请审议《区人民代表大会常务委员会关于接受张景忠辞去区监察委员会主任职务的决定（草案）》的议案。

5. 审议区人大常委会主任会议关于提请审议《区人民代表大会常务委员会关于李军为区监察委员会代理主任的决定（草案）》的议案。

6. 审议区人大常委会主任会议关于提请审议《区人民代表大会常务委员会关于召开区第十六届人民代表大会第六次会议的决定（草案）》的议案。

7. 听取审议区人民政府关于“十三五”规划纲要实施和“十四五”规划纲要编制情况的报告。

8. 听取审议区人民政府关于2020年预算收支计划调整的报告。

9. 听取区人民政府关于落实区人大常委会对2019年区级决算和2020年上半年预算执行情况报告审议意见情况的报告，并进行满意度测评。

10. 听取区人民政府关于落实区人大常委会对全区2019年上级财政转移支付资金的安排使用审议意见情况的报告，并进行满意度测评。

11. 听取区人民政府关于2019年区级预算执行情况和其他财政收支的审计查出问题整改情况的报告，并进行满意度测评。

12. 听取区人民政府关于落实区人大常委会对城投集团国有资产管理审议意见情况的报告，并进行满意度测评。

13. 听取区人民政府关于落实《上饶市农村居民住房建设管理条例》执法检查报告及区人大常委会审议意见情况的报告，并进行满意度测评。

14. 听取区人民政府关于落实《中华人民共和国野生动物保护法》《全国人大常委会关于全面禁止非法野生动物交易、革除滥食野生动物陋习、切实保障人民群众生命健康安全的决定》执法检查报告及区人大常委会审议意见情况的报告，并进行满意度测评。

15. 听取区人民政府关于落实《上饶市住宅物业管理条例》执法检查报告及区人大常委会审议意见情况的报告，并进行满意度测评。

16. 审议区人民政府关于落实区人大常委会对 2019 年度区级预算执行和其他财政收支审计工作报告审议意见情况的报告（书面），并进行满意度测评。

17. 审议区人大常委会农工委关于“2020 年赣鄱农产品质量安全行”活动情况汇报（书面）。

18. 审议区人大常委会城建环资工委关于“2020 年环保广丰行”活动情况汇报（书面）。

19. 审议区人大常委会教科文卫工委关于“2020 年食品药品赣鄱行”活动情况汇报（书面）。

20. 审议区人大常委会教科文卫（外侨民宗）工委关于 2020 年助推旅游强区建设系列活动情况汇报（书面）。

第三十四次会议于 2021 年 1 月 12 日在区人大常委会会议室举行。

区人大常委会主任皮晓瑶主持了会议，区人大常委会副主任王华安、郑建平、郑明华、郑日贵、颜显高、俞柳君和人大常委会组成人员 25 人出席了会议。区人大各专委、人大常委会办公室、各工委负责人列席了会议。

会议纪要如下：

会议听取审议并通过了区人大常委会主任会议关于提请审议王慧明辞去区十六届人民代表大会代表职务的议案。

第三十五次会议于 2021 年 1 月 22 日在区人大常委会会议室举行。

区人大常委会主任皮晓瑶主持会议。区人大常委会组成人员 25 人参加了会议。区人大各专委、区人大常委会办公室、各工委负责人列席了会议。

会议纪要如下：

1. 人事事项。

2. 听取和审议区人民政府关于区十六届人大五次会议代表建议，批评和意见办理情况报告，并进行满意度测评。

3. 审议区十六届人民代表大会第六次会议主席团成员和秘书长名单（草案），决定提请区十六届人大六次会议预备会议选举。

4. 审议区十六届人民代表大会第六次会议副秘书长和议案审查委员会名单（草案），决定提请区十六届人大六次会议预备会议通过。

5. 审议通过区十六届人民代表大会第六次会议邀请列席、列席人员范围。

6. 审议区人大常委会工作报告（讨论稿）。

第三十六次会议于 2021 年 2 月 1 日在区人大常委会会议室举行。

区人大常委会主任皮晓瑶主持了会议。区人大其他组成人员共 25 人出席了会议。区人大各专委、区人大常委会办公室、各工委负责人列席了会议。

会议纪要如下：

1. 人事事项。

2. 审议并通过区十六届人大常委会代表资格审查委员会关于代表资格的审查报告。

第三十七次会议于 2021 年 4 月 28 日在区人大常委会会议室举行。

会议由皮晓瑶主任主持，区人大常委会副主任王华安、郑建平、郑明华、郑日贵、颜显高、俞柳君和人大常委会组成人员共 23 人出席了会议。列席本次会议的有区人民政府副区长刘晓芳，区人民法院院长凌目新，区人民检察院检察长肖连华，区监察委员会负责人，司法局、民政局等主要负责人，区纪委监委驻人大常委会机关纪检监察组负责人，区人大各专委、常委会办公室、各工委负责人。

会议纪要如下：

1. 传达学习十三届全国人大四次会议主要精神。

2. 审议关于提请确认许可对区第十六届人大代表程某某采取行政拘留措施的议案。

3. 审议区人大常委会主任会议关于提请审议《关于接受程某某辞去区第十六届人大代表职务的决定（草案）》的议案。

4. 审议区人大常委会主任会议关于提请审议《关于接受毛小东辞去区第十六届人大常委会委员职务的决定（草案）》的议案。

5. 审议区人大常委会主任会议关于提请审议《关于接受郑明华辞去区第十六届人大常委会副主任职务的决定（草案）》的议案。

6. 审议区人大常委会主任会议关于提请审议《区第十六届人大常委会代表资格审查委员会主任委员补充（草案）》的议案，常委会一致通过郑建平副主任兼任十六届人大常委会代表资格审查委员会主任。

7. 听取区第十六届人大常委会代表资格审查委员会关于代表资格的审查报告。

8. 审议区人大常委会主任会议关于提请审议《关于重新确定上饶市广丰乡镇人民代表大会代表名额的决定（草案）的议案》。

9. 听取区人民政府关于我区第十一届村（居）民委员会换届选举工作情况的报告。

10. 听取区人民政府关于“七五”普法规划实施情况的报告，并就开展第八个五年法制宣传教育作出决议。

第三十八次会议于 2021 年 6 月 18 日在区人大常委会会议室举行。

区人大常委会主任皮晓瑶主持会议。区人大常委会副主任王华安、郑建平、郑日贵、颜显高、俞柳君和人大常委会组成人员 22 人出席了会议。区人民法院院长凌目新，区人民检察院检察长肖连华，区人大各专委、区人大常委会办公室、各工委负责人列席了会议。

会议纪要如下：

1. 会议审议并接受周建东辞去区第十六届人大常委会委员职务请求的议案。

2. 会议审议并接受徐启敏辞去区第十六届人大代表职务请求的议案。

3. 听取区第十六届人大常委会代表资格审查委员会关于代表资格的审查报告。

4. 听取审议区人民政府关于城区部分街道办事处管辖区域边界调整的议案。

5. 听取审议区人民法院关于调整人民陪审员名额的议案。

6. 听取审议区人民政府关于道路交通安全管理情况的报告。

7. 听取审议区人大常委会执法检查组关于检查《中华人民共和国义务教育法》《江西省义务教育条例》实施情况的报告。

第三十九次会议于2021年7月23日在区人大常委会会议室举行。

区人大常委会主任皮晓瑶主持会议，区人大常委会组成人员全部参加了会议。列席本次会议有区人民政府副区长王斐，区人民法院院长凌目新，区人民检察院检察长肖连华，区监察委员会负责同志，区政府办主要负责人，区纪委监委驻人大常委会机关纪检监察组负责人，区人大各专委、常委会办公室、各工委负责人。

会议纪要如下：

1. 审议并通过区人大常委会关于设立区、乡两级选举委员会的决定（草案）的议案。

2. 审议并通过区人大常委会关于设立街道指导组的决定（草案）的议案。

3. 审议并通过区人大常委会关于区第十七届人民代表大会代表名额分配的决定（草案）的议案。

4. 审议并通过区、乡两级人民代表大会换届选举有关问题的决定（草案）的议案。

5. 听取和审议区人民政府关于区十六届人大六次会议代表建议、批评和意见办理情况的报告，并进行满意度测评。

第四十次会议于2021年8月5日在区人大常委会会议室举行。

区人大常委会主任皮晓瑶主持了会议。应到区人大常委会组成人员22人，因事请假1人，实到21人。列席本次会议的有区委副书记、副区长、区长提名人选龚振宙，区人民法院院长凌目新，区人民检察院检察长肖连华，区监察委员会负责人，区纪委监委驻人大常委会机关纪检监察组负责人，区人大各专委、常委会办公室、各工委负责人。

会议纪要如下：

1. 审议区人大常委会主任会议关于接受郑华森辞去区人民政府区长职务请求的议案。会议一致通过郑华森的辞职请求。

2. 审议区人大常委会主任会议关于提请决定龚振宙代理区人民政府区长职务的议案。会议一致通过龚振宙代理区人民政府区长职务。

第四十一次会议于 2021 年 8 月 13 日在区人大常委会会议室举行。

区人大常委会主任皮晓瑶主持会议。区人大常委会组成人员 22 人全部参加了会议。区人大各专委、人大常委会办公室、各工委负责人列席了会议，

会议纪要如下：

会议议程只有一项，由区人大常委会委员，选任联工委主任邱在庆代表区人大常委会主任会议作关于调整区、乡两级人民代表大会代表选举的议案的说明。经审议将原定的 2021 年 8 月 31 日的区、乡两级人民代表大会代表选举的选举日调整为 2021 年 9 月 6 日。

第四十二次会议于 2021 年 8 月 26 日在区人大常委会会议室举行。

会议由主任皮晓瑶主持，区人大常委会组成人员 22 人全部参加了会议。列席本次会议的有区委常委、纪委书记、监察委员会主任候选人吴献金，区人民政府副区长王斐，区监察委员会、区人民法院、区人民检察院负责人，区发改委、区财政局、区审计局、区文广新旅局、区应急局、区城管局、审计查出问题整改责任单位（区商务局、区教体局、区自然资源局、区住建局）等负责人，区纪委监委驻人大常委会机关纪检监察组负责人、区人大各专委、人大常委会办公室、各工委负责人。

会议纪要如下：

1. 审议并接受区人大常委会主任关于接受李军辞去区监察委员会主任职务请求的议案。

2. 会议决定任命吴献金为区监察委员会副主任、代主任。

3. 审议并通过区人大常委会主任会议关于接受关于提请审议区人民代表大会常务委员会关于召开区第十七届人民代表大会第一次会议的决定（草案）的议案。

4. 听取和审议区人民政府关于 2021 年上半年国民经济和社会发展计划执行情况的报告。

5. 听取和审议区人民政府关于 2020 年区级决算和 2021 年上半年财政预算执行情况的报告，批准 2020 年区级财政决算。

6. 听取和审议县人民政府关于 2020 年区级预算执行情况和其他财政收支的审计工作报告。

7. 听取和审议区人民政府关于 2020 年度全区国有资产管理情况的综合报告。

8. 听取和审议区人民政府关于 2020 年度全区国有自然资源资产管理情况的专项报告。

9. 听取和审议区人民检察院关于未成年人检察工作情况的报告。

10. 听取和审议区人民政府关于文化产业发展情况的报告。

11. 听取和审议区人大常委会执法检查组关于检查安全生产“一法一条例”实施情况的报告。

12. 听取和审议区人大常委会执法检查组关于检查《上饶市城市管理条例》实施情况的报告。

第四十三次会议于2021年9月15日在区人大常委会会议室举行。

区人大常委会主任皮晓瑶主持会议，区人大常委会副主任王华安、郑建平、郑日贵、颜显高、俞柳君和其他组成人员共22人参加了会议。列席本次会议的有区委常委、纪委书记、监察委员会代理主任吴献金，区人民政府副区长徐建军，区人民法院院长候选人雷瑞甫，区人民检察院检察长候选人严毅，区纪委监委驻人大常委会机关纪检监察组负责人，区人大各专委、区人大常委会办公室、各工委负责人。

会议纪要如下：

1. 听取和审议并通过区人大常委会主任会议关于接受凌目新辞去区人民法院院长职务请求的议案。

2. 听取和审议并通过区人大常委会主任会议关于接受肖连华辞去区人民检察院检察长职务请求的议案。

3. 会议一致通过任命雷瑞甫为区人民法院副院长、代院长，严毅为区人民检察院副检察长、代检察长。

4. 审议区十七届人民代表大会第一次会议主席团成员和秘书长名单（草案），决定提请区十七届人大一次会议预备会议选举。

5. 审议区十七届人民代表大会第一次会议副秘书长和议案审查委员会名单（草案），决定提请十七届人大一次会议预备会议通过。

6. 审议通过区十七届人民代表大会第一次会议邀请列席、列席人员范围。

7. 审议区人大常委会工作报告（讨论稿）。

8. 审议区人大常委会代表资格审查委员会关于代表资格的审查报告。

五、区十七届人大常委会会议

第一次会议于2021年10月21日在区人大常委会会议室举行。

区人大常委会主任皮晓瑶主持会议。区人大常委会副主任刘旭涛、颜显高、俞柳君、李积林、刘荣伟、李强及委员31人出席了会议。区人大常委会老领导王华安、郑建平、郑日贵、鲍小红列席了会议，常务副区长吴松，区人民法院院长雷瑞甫，区人民检察院检察长严毅，区监察委员会负责人，区发改委、财政局、城管局、文广新旅局、交通局、农业农村局、应急局、自然资源局、国资办、交警大队等主要负责人，区纪委监委驻人大常委会机关纪检监察组主要负责人，区人大及常委会机构负责人和部分区人大代表、乡镇（街道）人大负责人列席了会议。

会议纪要如下：

1. 听取和审议并通过了区人大常委会主任会议关于提请审议《区第十七届人大常委会代表资格审查委员会组成人员名单（草案）》的议案。

2. 听取和审议区人民政府关于优化营商环境工作情况的报告并进行满意度测评。

3. 听取区人民政府关于 2021 年全区重点项目建设进展情况的报告。

4. 听取和审议区人民政府关于政府债务管理情况的报告。

5. 听取和审议区人民政府关于 2020 年新农村建设财政专项资金的安排使用情况的报告。

6. 听取和审议区人民政府关于粮食工作情况的报告。

7. 听取区人民政府关于落实区人大常委会对 2020 年度全区国有资产管理审议意见情况的报告，并进行满意度测评。

8. 听取区人民政府关于落实区人大常委会对 2020 年度国有自然资源资产管理审议意见情况的报告，并进行满意度测评。

9. 听取区人民政府关于落实区人大常委会对道路交通安全管理审议意见情况的报告，并进行满意度测评。

10. 听取区人民检察院关于落实区人大常委会对未成年人检察工作审议意见情况的报告，并进行满意度测评。

11. 听取区人民政府关于落实区人大常委会对文化产业发展审议意见情况的报告，并进行满意度测评。

12. 听取区人民政府关于落实区人大常委会检查《上饶市城市管理条例》实施情况报告及审议意见情况的报告，并进行满意度测评。

13. 听取区人民政府关于落实区人大常委会检查安全生产“一法一条例”实施情况报告及审议意见情况的报告，并进行满意度测评。

14. 听取区人民政府关于落实区人大常委会检查义务教育“一法一条例”实施情况报告及审议意见情况的报告，并进行满意度测评。

第二次会议于 2021 年 11 月 25 日在区人大常委会会议室举行。

区人大常委会主任皮晓瑶主持会议，区人大常委会组成人员 31 人全部参加了会议。列席本次会议的有区委常委、副区长幸锋，区人民法院院长雷瑞甫，区人民检察院检察长严毅，区监察委员会负责人，区人民政府组成部门主要负责人拟任人员，区纪委监委驻人大常委会机关纪检监察组主要负责人，区人大各专委、区人大常委会办公室、各工委负责人。

会议纪要如下：

1. 传达学习中央人大工作会议精神（书面）。

2. 传达学习党的十九届六中全会精神（书面）。

3. 审议区人大常委会主任会议关于接受杨某辞去区第十七届人大代表职务请求的议案。

4. 通过任命洪厚火等 24 名政府组成部门主要负责人的议案，并举行任职宣誓。

第三次会议于 2021 年 12 月 28 日在区人大常委会会议室举行。

区人大常委会主任皮晓瑶主持会议，区人大常委会组成人员 30 人出席了会议。列席本次会议的有区委常委、常务副区长吴松，区人民法院院长雷瑞甫，区人民检察院检察长严毅，区监察委员会负责人，区财政局、市监局、文广新旅局、审计局、农业农村局、生态环境局、水利局负责人和审计查出问题整改责任单位商务局、教体局、自然资源局、住建局等主要负责人，区纪委监委驻人大常委会机关纪检监察组主要负责人，区人大各专委、人大常委会办公室、各工委负责同志。

会议纪要如下：

1. 审议并通过区人大常委会主任会议关于接受黄雅婷辞去区第十七届人大常委会委员职务的议案。

2. 人事事项。

3. 审议并通过关于召开区第十七届人民代表大会第二次会议决定（草案）的议案。

4. 审议并通过区人民代表大会常务委员会人事任免规定（草案）。

5. 听取并通过区人民政府关于 2021 年预算收支计划调整方案（草案）的报告。

6. 听取区人民政府关于落实区人大常委会对 2020 年区级决算和 2021 年上半年预算执行情况报告及审议意见情况的报告，并进行满意度测评。

7. 听取区人民政府关于落实区人大常委会对政府债务管理审议意见情况的报告，并进行满意度测评。

8. 听取区人民政府关于 2020 年区级预算执行情况和其他财政收支的审计查出问题整改情况的报告，并进行满意度测评。

9. 听取区人民政府关于落实区人大常委会对粮食工作审议意见情况的报告，并进行满意度测评。

10. 听取区人民政府关于落实区人大常委会对 2020 年新农村建设财政专项资金的安排使用审议意见情况的报告（书面），并进行满意度测评。

11. 审议区人大常委会农工委关于“2021 年赣鄱农产品质量安全行”活动情况汇报（书面）。

12. 审议区人大常委会城建环资工委关于“2021 年环保广丰行”活动情况汇报（书面）。

13. 审议区人大常委会教科文卫工委关于“2021 年食品药品赣鄱行”活动情况汇报（书面）。

14. 审议区人大常委会教科文卫（外侨民宗）工委关于 2021 年助推旅游强区建设系列活动情况汇报（书面）。

第四章
常委会职权行使

上饶市广丰区人民代表大会志
SHANGRAOSHI GUANGFENGQU RENMIN DAIBIAO DAHUI ZHI
（2005—2021）

《中华人民共和国地方各级人民代表大会和地方各级人民政府组织法》第三章第二节第五十条规定，县级以上的地方各级人民代表大会常务委员会行使的职权共十八项，概括起来为三类，包括重大事项决定权、任免权和监督权。

第一节　常委会重大事项决定、决议

广丰县人大常委会关于同意县人民政府《关于利用国家开发银行开发性金融借款建设北环路等八个公共设施项目贷款偿还有关事项的议案》的决定

（2006 年 3 月 20 日县第十三届人大常委会第二十三次会议通过）

广丰县第十三届人大常委会第二十三次会议，审议了县人民政府提请审议的《关于利用国家开发银行开发性金融借款建设北环路等八个公共设施项目贷款偿还有关事项的议案》。会议同意：

一、县人民政府与国家开发银行就利用国家开发银行开发性金融借款建设北环路等八个重点公共设施项目贷款偿还承诺的有关条款；

二、县人民政府对向国家开发银行申请政府信用额度借款的政府指定借款人实施补贴还款，并将每年度应归还国家开发银行的借款本息（含建设期利息）纳入年度政府财政预算。

会议要求，县人民政府要切实加强对国家开发银行开发性金融贷款项目的筛选论证；要分设好资金使用机构和监管机构，加强对资金使用情况的监管和项目施工质量的监管；要采取有力措施防止借款风险，最大限度地发挥资金使用效益。

广丰县人大常委会关于加强法制宣传教育的决议

（2006 年 8 月 27 日县第十三届人大常委会第二十七次会议通过）

广丰县第十三届人大常委会第二十七次会议听取和审议了县司法局局长杨维达受县人民政府委托所作的关于广丰县“四五”普法工作情况和“五五”普法工作安排意见的工作报告，表决通过了广丰县人大常委会关于加强法制宣传教育的决议。

一、围绕全县经济社会发展“十一五”规划提出的目标任务，进一步加强宪法和国家基本法律的宣传普及；

二、全县一切有接受教育能力的公民都要接受法律宣传教育；

三、坚持学法用法相结合，全面开展多层次、多领域的依法治理工作，不断提高全社会法治化管理水平；

四、全力推进法制宣传教育工作的制度化、规范化、阵地化和社会化建设；

五、进一步强化法制宣传教育工作的组织领导，不断加大法制宣传教育工作的投入；

六、依法开展监督，促进法制宣传教育各项工作任务落到实处。

广丰县人大常委会关于同意县人民政府《关于利用农业发展银行低风险财政垫付性金融借款实施国储粮库、省储粮库、县储粮库“退城进郊”建设项目贷款偿还有关事项的议案》的决定

（2006 年 10 月 24 日县第十三届人大常委会第二十八次会议通过）

广丰县第十三届人大常委会第二十八次会议，审议了县人民政府提请审议的《关于利用农业发展银行低风险财政垫付性金融借款实施国储粮库、省储粮库、县储粮库“退城进郊”建设项目贷款偿还有关事项的议案》。会议同意：

一、县人民政府与农业发展银行就利用农业发展银行低风险财政垫付性金融借款实施国储粮库、省储粮库、县储粮库“退城进郊”建设项目贷款偿还承诺的有关条款；

二、县人民政府对向农业开发银行申请政府金融借款的政府指定借款人实施补贴还款，并将每年度应归还农业发展银行的借款本息纳入年度政府财政预算；

三、县人民政府建立农业发展银行低风险财政垫付性借款的财政预算专项补贴基金，并在农业发展银行上饶市分行设立财政预算专项补贴基金专户。

会议要求，县人民政府要切实加强对农业发展银行低风险财政垫付性金融贷款项目的实施工作；要分设资金使用机构和监管机构，加强对资金使用情况的监管和项目施工质量的监管；建设项目的实施情况、资金筹措与偿还情况要及时向县人大常委会报告；要采取有力措施防止借款风险，最大限度地发挥资金使用效益。

广丰县人大常委会关于同意将西溪河改造建设贷款本息列入相应年度财政资金予以补贴的决议

（2008 年 3 月 26 日广丰县第十四届人大常委会第八次会议通过）

广丰县第十四届人大常委会第八次会议，审议了县人民政府提请审议的《关于要求将西溪河

改造建设贷款本息列入相应年度财政资金予以补贴的议案》。会议同意将西溪河改造建设贷款本息列入相应年度财政资金予以补贴。

会议要求，县人民政府要严格按照《中华人民共和国预算法》有关规定程序办理相关手续。

广丰县人大常委会关于加强水环境保护确保饮用水安全的决议

（2008 年 5 月 28 日广丰县第十四届人大常委会第十次会议通过）

广丰县第十四届人大常委会第十次会议，听取和审议了县人民政府关于广丰县饮用水安全的工作报告。为依法加强水环境保护工作，确保人民群众饮用水安全，根据相关法律法规作出如下决议：

一、进一步统一思想，形成共识，不断增强社会各界依法护水的法制观念和责任意识；

二、严格依法行政，防治结合，确保生活饮用水的安全；

三、加强民主法制建设，切实增强监督实效。

会议要求，县人民政府应根据本决议和《江西省生活饮用水水源污染防治办法》，制定加强广丰县饮用水水源地保护、明确部门职责、确保饮用水安全的规范性文件，并认真付诸实施。

广丰县人大常委会关于同意将“江信国际·金象 45 号广丰县民生工程集合资金信托计划”还款缺口资金纳入同期年度财政预算的决定

（2008 年 12 月 30 日广丰县第十四届人大常委会第十四次会议通过）

广丰县第十四届人大常委会第十四次会议，听取和审议了县人民政府提请审议的《关于将“江信国际·金象 45 号广丰区民生工程集合资金信托计划”还款缺口资金纳入同期年度财政预算的议案》，会议同意将广丰县民生工程集合资金信托计划还款缺口资金列入同期年度财政支出预算。

会议要求，县人民政府严格按照《中华人民共和国预算法》有关规定程序办理相关手续（注：因工作需要，县人大常委会发文时间为 2008 年 12 月 12 日）。

广丰县人大常委会关于同意将偿还铜钹山公路建设项目建设资金列入财政专项预算的决定

（2009 年 5 月 27 日广丰县第十四届人大常委会第十六次会议通过）

广丰县第十四届人大常委会第十六次会议，听取和审议了县人民政府《关于提请审议广丰县铜钹山管委会军潭至高阳（木城关）、岭底至七星公路项目建设资金有关问题的议案》。会议同意将其资金及利息逐年列入财政预算，由财政收入或其他资金来源在预算中分年安排项目资金，用于偿还铜钹山公路建设项目贷款本金及利息。会议要求，县人民政府严格按照《中华人民共和国预算法》有关规定的程序办理法定手续，并负责监督执行（注：因工作需要，县人大常委会发文时间为 2009 年 3 月 6 日）。

广丰县人大常委会关于同意利用中国农业银行借款建设广丰县城北环路（广管线绕城公路）项目建设资金列入财政专项预算的决定

（2009 年 5 月 27 日广丰县第十四届人大常委会第十六次会议通过）

广丰县第十四届人大常委会第十六次会议，审议了县人民政府提请审议的《关于利用中国农业银行借款建设广丰县城北环路（广管线环城公路）项目贷款偿还有关事项的议案》。会议同意将资金及利息逐年列入财政预算，由财政收入或其他收入来源在预算中分年度安排项目资金，用于偿还广丰县城北环路（广管线环城公路）建设贷款本金及利息。

会议要求，县人民政府要按照《中华人民共和国预算法》有关规定的程序办理法定手续，并负责监督执行（注：因工作需要，县人大常委会发文时间为 2009 年 5 月 20 日）。

广丰县人大常委会关于同意利用中国工商银行股份有限公司广丰支行借款建设广丰县文化艺术中心项目建设资金列入财政专项预算的决定

（2009 年 5 月 27 日广丰县第十四届人大常委会第十六次会议通过）

广丰县第十四届人大常委会第十六次会议，审议了县人民政府提请审议的《关于利用中国工商银行股份有限公司广丰支行借款建设广丰县文化艺术中心项目贷款偿还有关事项的议案》。会议同意将资金及利息逐年列入财政预算，由财政收入或其他收入来源在预算中分年安排项目资金，用于偿还广丰县文化艺术中心建设贷款本金及利息。

会议要求，县人民政府要按照《中华人民共和国预算法》有关规定的程序办理法定手续，并负责监督执行（注：因工作需要，县人大常委会发文时间为 2009 年 5 月 20 日）。

广丰县人大常委会关于同意广丰县再生资源公司向市工商银行贷款事项的决定

广丰县第十四届人大常委会为支持、帮助江西省广丰县再生资源公司业务做大、做强、做优，使之成为广丰县再生资源的龙头企业，审议同意江西省广丰县再生资源公司向市工商银行贷款 2 亿元，以每月 70% 的增值税退税款作为还款来源。如退税款未按时退回，由县财政将 2 亿元资金列入归还江西省广丰县再生资源公司向广丰县工行退税质押贷款 2 亿元的还款预算。

广丰县人大常委会关于批准广丰县人民政府《关于利用农业发展银行开发性金融借款建设广丰工业园雨水渠改造工程贷款偿还有关事项的议案》的决定

（2009年12月11日广丰县第十四届人大常委会第二十一次会议通过）

广丰县第十四届人大常委会第二十一次会议，审议了县人民政府提请审议的《关于利用农业发展银行开发性金融借款建设广丰工业园雨水渠改造工程贷款偿还有关事项的议案》。为加快广丰工业园区基础设施建设，会议同意该项目向农业发展银行申请贷款3000万元，贷款期限为五年（2011—2015年），由县人民政府按还款计划，将项目贷款本息列入相应年度财政预算中安排资金进行补贴。

会议要求，县人民政府要按照《中华人民共和国预算法》有关规定程序办理相关手续，并加强监管，确保资金运行安全（注：因工作需要，县第十四届人大常委会第二十一次会议召开时间为2010年2月27日）。

广丰县人大常委会关于同意将偿还广丰县老城区（南山片区）改造拆迁安置项目建设资金列入财政专项预算的决议

（2010年2月27日广丰县第十四届人大常委会第二十一次会议通过）

广丰县第十四届人大常委会第二十一次会议，听取和审议了县人民政府提请审议的《关于广丰县老城区（南山片区）改造拆迁安置项目建设资金有关问题的议案》。会议同意将广丰老城区（南山片区）改造拆迁安置项目建设资金及利息逐年列入财政预算，由财政收入或其他来源在预算中分年安排项目资金，用于偿还广丰县老城区（南山片区）改造拆迁安置项目建设资金及利息。

会议要求，县人民政府要按照《中华人民共和国预算法》有关规定的程序办理法定手续，并负责监督执行（注：因工作需要，县人大常委会发文时间为2010年2月3日）。

广丰县人大常委会关于同意将偿还广丰工业园雨水渠改造项目建设资金列入财政专项预算的决议

（2010年2月27日广丰县第十四届人大常委会第二十一次会议通过）

广丰县第十四届人大常委会第二十一次会议，听取和审议了县人民政府《关于广丰县工业园区雨水渠改造项目建设资金有关问题的报告》。会议同意将广丰县工业园区雨水渠改造项目建设资金及利息逐年列入财政预算，由财政收入或其他来源在预算中分年安排项目资金，用于偿还广丰县工业园区雨水渠改造项目建设资金及利息。

会议要求，县人民政府要按照《中华人民共和国预算法》有关规定的程序办理法定手续，并负责监督执行（注：因工作需要，县人大常委会发文时间为2009年12月11日）。

广丰县人大常委会关于调整广丰县2011年部分支出预算的决定

（2011年5月26日广丰县第十四届人大常委会第三十一次会议通过）

广丰县第十四届人大常委会第三十一次会议，听取和审议了县人民政府《关于调整广丰县2011年财政支出预算的报告》。会议同意对广丰县2011年支出预算部分项目进行调整，一、支出增加项目：教育附加项目支出增加4000万元，医保配套经费增加1910万元，县乡换届经费增加90万元；二、支出减少项目：事业人员绩效工资预留减少6000万元。

会议要求，县人民政府认真按照调整后的预算执行，确保全年预算的顺利完成（注：因工作需要，县人大常委会发文时间为2011年5月4日）。

广丰县人大常委会关于同意将工商银行信托贷款还款缺口资金列入同期年度财政预算的决议

（2012年12月31日广丰县第十五届人大常委会第九次会议通过）

广丰县第十五届人大常委会第九次会议，审议了县人民政府《关于提请审议将工商银行信托贷款还款缺口资金列入同期年度财政预算的议案》。会议同意以广丰县城市建设投资发展有限公司为融资主体，通过中国工商银行股份有限公司广丰支行信托贷款，融资1.5亿元。县城市建设投资发展有限公司要以其所有收入优先用于归还中国工商银行股份有限公司广丰支行信托贷款。如前述资金归还信托贷款及利息存在缺口，则缺口资金列入同期年度财政预算，由县财政统筹安排资金负责偿还。

会议要求，县人民政府按照《中华人民共和国预算法》有关规定的程序办理法定手续，并负责监督执行（注：因工作需要，县人大常委会发文时间为2012年12月14日）。

广丰县人大常委会关于同意将江西省广丰旅游产业开发有限公司担保贷款资金列入财政预算托底偿还的决议

（2013年4月26日广丰县第十五届人大常委会第十一次会议通过）

广丰县第十五届人大常委会第十一次会议，审议了县人民政府《关于提请审议将江西省广丰旅游产业开发有限公司担保贷款资金列入财政预算托底偿还的议案》。

会议同意：一、以江西省广丰旅游产业开发有限公司为主体向上海浦东发展银行上饶分行申请贷款 2500 万元，用于建设铜钹山珍稀植物园旅游基础设施项目和九仙湖景区升级改造项目。该笔贷款由江西省广丰旅游产业开发有限公司委托江西省信用担保股份有限公司进行担保。借款期限为 1 年，还款计划为：按月结息，到期一次性还本付息。以上贷款金额所有当期需偿还的贷款本息不足部分，全部由广丰县负责偿还，贷款到期后，未偿还部分的贷款本息也全部由广丰县负责偿还，若需要续贷则由广丰县人民政府负责协调解决。二、包括不可抗力因素的影响，致使江西省广丰旅游产业开发有限公司无法正常偿还贷款本息时，由广丰县负责偿还。三、江西省广丰旅游产业开发有限公司上述贷款本息资金同意县财政列入当年预算，专项用于项目还贷，若广丰县未按本承诺约定履行偿还义务，同意由省财政通过上下级财政往来结算直接偿还（注：因工作需要，县人大常委会发文时间为 2013 年 1 月 30 日）。

广丰县人大常委会关于同意以企业发展资金为资源综合利用企业增值税调整融资贷款实行托底的决议

（2013 年 4 月 26 日广丰县第十五届人大常委会第十一次会议通过）

广丰县第十五届人大常委会第十一次会议，审议了县人民政府《关于提请审议以企业发展资金为资源综合利用企业增值税调整融资贷款实行托底有关事项的议案》。为深入贯彻节约资源和保护环境基本国策，大力发展循环经济，促进资源综合利用，会议同意资源综合利用企业以增值税退税款做质押和还款来源，向中国工商银行股份有限公司广丰支行融资，解决因增值税先征后退出现的短期资金困难。同意县财政利用企业发展资金为县工商银行对资源综合利用企业增值税调整融资贷款实行托底。

会议要求，县人民政府按照《中华人民共和国税法》《中华人民共和国预算法》有关规定的程序办理法定手续，并负责监督执行。

广丰县人大常委会关于同意将兴业银行贷款还款缺口资金列入同期年度财政预算的决议

（2014 年 11 月 27 日广丰县第十五届人大常委会第二十五次会议通过）

广丰县第十五届人大常委会第二十五次会议，审议了县人民政府《关于提请审议将兴业银行贷款还款缺口资金列入同期年度财政预算的议案》。为推进城市基础设施和工业园区建设，会议同意以广丰县城市建设投资发展有限公司和工业园区下属广丰县华泰投资有限公司为融资主体，通过兴业银行南昌分行贷款，分别融资 1.57 亿元和 0.8 亿元，共 2.37 亿元。广丰县城市建设投资发展有限公司和工业园区下属广丰县华泰投资有限公司，要以其所有收入优先用于归还兴业银行南昌分行贷款本息。如前述资金归还贷款及利息存在缺口，则缺口资金列入同期年度财政预算，确保未来五年土地出让收入优先用于偿还本笔贷款本息，由县财政统筹安排资金负责偿还。

会议要求，县人民政府按照《中华人民共和国预算法》有关规定的程序办理法定手续，并负责监督执行（注：因工作需要，县人大常委会发文时间为 2014 年 10 月 31 日）。

广丰县人大常委会关于同意落实广丰县人民医院项目融资租赁款有关问题的决议

（2014 年 11 月 27 日广丰县第十五届人大常委会第二十五次会议通过）

广丰县第十五届人大常委会第二十五次会议，审议了县人民政府《关于提请审议将广丰县人民医院融资租赁贷款还款缺口资金列入同期年度财政预算的议案》。会议同意：一、由广丰县人民医院（承租人）以融资租赁的方式，向平安国际融资租赁有限公司融资 1 亿元，用于支付县人民医院外科大楼工程款，融资租赁期限（还款期限）为 1 年。二、同意承租人按照其与平安国际融资租赁有限公司签署的租赁合同及其他合同（协议的书面文件），依靠自身收益向平安国际融资租赁有限公司支付租金及其他应付款项，不足和差额部分，由县财政列入每年的财政预算，安排县级专项资金和其他款项用于偿还事项。

会议要求，县人民政府按照《中华人民共和国预算法》有关规定的程序办理法定手续，并负责监督执行（注：因工作需要，县人大常委会发文时间为 2014 年 11 月 14 日）。

广丰县人大常委会关于同意将国有林场危旧房改造（二期）建设融资项目资金到期偿还纳入财政支出预算安排的决议

（2014 年 12 月 31 日广丰县第十五届人大常委会第二十六次会议通过）

广丰县第十五届人大常委会第二十六次会议，审议了县人民政府《关于提请审议将国有林场危旧房改造（二期）建设融资项目资金到期偿还纳入财政支出预算安排的议案》。会议同意，以广丰县城市建设投资发展有限公司为融资主体，通过江西省信用担保股份有限公司提供全额担保，向景德镇商业银行股份有限公司申请三年中长期贷款 5000 万元，并将到期还款资金列入广丰县同期年度财政预算。请县人民政府按照《中华人民共和国预算法》有关规定的程序办理手续，并负责监督执行。

会议要求，县人民政府要加强贷款资金的使用监管，按批准项目的规划设计和工程进度用好贷款资金，做到专款专用。要进一步加强对政府举债的管理，规范举债程序、控制举债规模、落实偿债责任，建立政府债务风险评估机制和政府债务报告制度，定期向县人大常委会报告举债和偿债情况，自觉接受人大常委会和社会各界的监督（注：因工作需要，县人大常委会发文时间为2014年12月13日）。

广丰县人大常委会关于同意广丰县撤县设区的决议

（2015年3月11日广丰县第十五届人大常委会第二十七次会议通过）

广丰县第十五届人大常委会第二十七次会议，审议了县人民政府《关于提请审议撤销广丰县设立广丰区的议案》。会议认为，广丰撤县设区这一行政区划调整决定，符合党中央、国务院关于加快长江中游城市群发展重大战略举措精神，符合省委、省政府关于建设鄱阳湖生态经济区和支持赣东北扩大开放合作加快发展的重大战略决策和总体部署，是全力贯彻落实市委、市政府进一步做大做强中心城市、打造江西东部重要增长极、加快构建赣浙闽皖四省交界区域中心城市的重要举措。有利于加快推进广丰县新型城镇化进程，放大高铁效应，进一步拓展县城发展空间，增强城市综合承载能力、集聚力和辐射力，避免重复建设和资源浪费，对于广丰建设三省交界宜居宜业宜游山水园林城市和上饶中心城区副城具有重要意义。

会议同意撤销广丰县，设立广丰区，由县人民政府按程序向上申报批准。

广丰县人大常委会关于广丰撤县设区有关事项的决定

（2015年5月21日广丰县第十五届人大常委会第二十九次会议通过）

广丰县第十五届人大常委会第二十九次会议，听取和审议了县人民政府《关于广丰撤县设区情况的报告》，会议同意这个报告。按照《中华人民共和国地方各级人民代表大会和地方各级人民政府组织法》《中华人民共和国全国人民代表大会和地方各级人民代表大会代表法》的有关规定，会议对撤销广丰县设立上饶市广丰区的有关事项作出如下决定：

一、广丰县第十五届人民代表大会更名为上饶市广丰区第十五届人民代表大会，换届时届次顺延，广丰县第十五届人民代表大会代表更名为上饶市广丰区第十五届人民代表大会代表，任期至届满为止，除了按有关法律法规规定的代表资格终止的情况外，代表资格继续有效。如需补选上饶市广丰区人民代表大会代表，由更名后的区人大常委会按有关法律法规进行。

二、广丰县人民代表大会常务委员会更名为上饶市广丰区人民代表大会常务委员会；现任的县人民代表大会常务委员会主任、副主任、委员，更名为上饶市广丰区人民代表大会常务委员会主任、副主任、委员，不再重新选举，届次、任期不变。

三、广丰县人民政府、广丰县人民法院、广丰县人民检察院更名为上饶市广丰区人民政府、上饶市广丰区人民法院、上饶市广丰区人民检察院，与其有隶属关系的机关、部门和单位名称相应变更。现任的县人民政府县长、县人民政府副县长、县人民法院院长、县人民检察院检察长更名为上饶市广丰区人民政府区长、副区长，上饶市广丰区人民法院院长，上饶市广丰区人民检察院检察长，不再重新选举任命，任期不变。

四、广丰县人大常委会各工作机构、办事机构相应更名。由县人大常委会任命的人大常委会各委室主任、副主任，街道人大工委主任、副主任，决定任命的县人民政府各工作部门的局长、主任，任命的县人民法院副院长、庭长、副庭长、审判委员会委员、审判员、人民陪审员，县人民检察院副检察长、检察委员会委员、检察员，一并转任上饶市广丰区相应的职务，不再重新任命。

五、广丰县各乡镇人民代表大会，更名为上饶市广丰区各乡镇人民代表大会，届次不变；广丰县各乡镇人民代表大会代表，更名为上饶市广丰区各乡镇人民代表大会代表，除了按有关法律法规规定的代表资格终止的情况外，任期至换届时为止。广丰县各乡镇人民政府更名为上饶市广丰区各乡镇人民政府。广丰县各乡镇人民代表大会主席、副主席，乡镇人民政府乡长、副乡长，镇长、副镇长更名为上饶市广丰区各乡镇人民代表大会主席、副主席，人民政府乡长、副乡长，镇长、副镇长，不再重新选举，任期不变。

上饶市广丰区人大常委会关于同意《“广丰区城市棚户区‘城中村’改造项目（一期）”购买服务资金纳入同期年度财政预算支出的议案》的决议

（2016 年 11 月 5 日上饶市广丰区第十六届人大常委会第二次会议通过）

上饶市广丰区第十六届人大常委会第二次会议，听取和审议了区人民政府《关于提请审议“广丰区城市棚户区‘城中村’改造项目（一期）”购买服务资金纳入同期年度财政预算支出的议案》。会议同意区人民政府与上饶市广丰城区改造开发有限公司签订的《广丰区城市棚户区“城中村”改造项目（一期）政府购买服务协议》，由上饶市广丰城区改造开发有限公司作为承接主体，负责本项目的实施；区人民政府作为购买主体，根据协议约定统筹安排财政资金逐年向上饶市广丰城区改造开发有限公司支付购买服务款；上饶市广丰城区改造开发有限公司用取得的购买服务款偿还贷款。同意本项目建成后，上饶市广丰城区改造开发有限公司将本项目移交给区政府，区政府通知区财政局根据政府购买服务协议约定，分期列入财政预算管理，分期拨付的购买服务协议款要用于归还向中国农业发展银行上饶市分行营业部申请的“广丰区城市棚户区‘城中村’改造项目（一期）”贷款本息。区人民政府要按照《中华人民共和国预算法》有关规定的程序办理手续，并负责监督执行。

会议要求，区人民政府要加强项目建设管理，规范和监管服务质量，切实提高资金使用效率。要进一步加强对政府举债的管理，规范举债程序，控制举债规模，落实偿债责任，建立政府债务风险评估机制和政府债务报告制度，定期向区人大常委会报告举债和偿债情况，自觉接受人大常委会和社会各界的监督。

上饶市广丰区人大常委会关于同意区人民政府《关于提请审议将广丰区城北新型城镇化二期项目政府购买服务所需资金逐年列入财政支出预算安排的议案》的决议

（2017 年 1 月 11 日上饶市广丰区第十六届人大常委会第四次会议通过）

上饶市广丰区第十六届人大常委会第四次会议，审议了区人民政府《关于提请审议将广丰区城北新型城镇化二期项目政府购买服务所需资金逐年列入财政支出预算安排的议案》。会议同意广丰区城北新型城镇化二期项目政府购买服务所需资金 5 亿元及预期回报，按照区政府与区广投公司 2016 年 12 月 12 日签订的《政府购买服务合同》的约定，分八年逐年纳入区财政预算安排。

会议要求，区人民政府要按照《中华人民共和国预算法》规定的程序办理手续并负责监督执行。

上饶市广丰区人大常委会关于同意区人民政府《关于提请审议将永丰街道、芦林街道、下溪街道土地综合整理项目政府购买服务所需资金逐年列入财政支出预算安排的议案》的决议

（2017 年 1 月 11 日上饶市广丰区第十六届人大常委会第四次会议通过）

上饶市广丰区第十六届人大常委会第四次会议，审议了区人民政府《关于提请审议将永丰街道、芦林街道、下溪街道土地综合整理项目政府购买服务所需资金逐年列入财政支出预算安排的议案》。会议同意广丰区永丰街道、芦林街道、下溪街道土地综合整理项目政府购买服务所需资金 15.66 亿元及预期回报，按照区建设局与区城投公司 2017 年 1 月 10 日签订的《政府购买服务合同》的约定，分十年逐年列入政府财政预算安排。

会议要求，区人民政府按照《中华人民共和国预算法》规定的程序办理相关手续，并负责监督执行。

上饶市广丰区人大常委会关于批准 2019 年债券资金预算调整方案及 2019 年地方政府债务限额的决议

（2019 年 8 月 29 日上饶市广丰区第十六届人大常委会第二十四次会议通过）

上饶市广丰区第十六届人大常委会第二十四次会议，审查了区人民政府提交的 2019 年债券资金预算调整方案（草案）及 2019 年地方政府债券限额。会议同意区人大财经委提出的《关于 2019 年债券资金预算调整方案（草案）及 2019 年地方政府债券限额的审查报告》。会议决定批准 2019 年债券资金预算调整方案，批准 2019 年地方政府性债券限额为 47.04 亿元。

上饶市广丰区人大常委会关于上饶市广丰区、乡两级人民代表大会换届选举有关问题的决定

（2021 年 7 月 23 日上饶市广丰区第十六届人大常委会第三十九次会议通过）

上饶市广丰区第十六届人大常委会第三十九次会议，根据《中华人民共和国宪法》《中华人民共和国地方各级人民代表大会和地方各级人民政府组织法》《中华人民共和国全国人民代表大会和地方各级人民代表大会选举法》《江西省各级人民代表大会代表选举实施细则》和《江西省人大常委会办公厅关于县、乡两级人民代表大会代表选举时间的通知》要求，研究决定：

一、上饶市广丰区区、乡两级人民代表大会代表应于 2021 年 8 月 31 日同步进行换届选举；二、上饶市广丰区第十七届人民代表大会第一次会议应于 2021 年 9 月底前召开；三、各乡镇新一届人民代表大会第一次会议应于 2021 年 9 月上旬召开。

上饶市广丰区人大常委会关于设立街道选举指导组的决定

（2021 年 7 月 23 日上饶市广丰区第十六届人大常委会第三十九次会议通过）

上饶市广丰区第十六届人大常委会第三十九次会议，根据《中华人民共和国全国人民代表大会和地方各级人民代表大会选举法》和《江西省各级人民代表大会代表选举实施细则》的规定，研究决定设立街道选举指导组。各街道选举指导组名单如下：

永丰街道选举指导组：

组　长：郑理瑞

副组长：刘　潇　吴德坚

成　员：刘溪屏　乐　欣　郭学慧　杨义波　余　军　陈　琤

芦林街道选举指导组：

组　长：俞忠华

副组长：韩　瑜　叶身财

成　员：陈　灿　周余胤　周　锋　罗树旺　周真红

丰溪街道选举指导组：

组　长：陈地春

副组长：詹庭民　高　英

成　员：刘珊珊　郭代文　田　剑　周孝斌　周云火　郑为强

下溪街道选举指导组：

组　长：徐安水

副组长：廖德光　傅春燕

成　员：廖静雯　毛慧珍　刘　倩　刘美华　虞建光　周清华

大石街道选举指导组：

组　长：杨　波

副组长：吴兴耀　郑柳玉

成　员：毛剑姿　周和正　夏再俊　张艳霞

周　伟　周智成　洪　勤

上饶市广丰区人大常委会关于设立上饶市广丰区区、乡两级选举委员会的决定

（2021 年 7 月 23 日上饶市广丰区第十六届人大常委会第三十九次会议通过）

上饶市广丰区第十六届人大常委会第三十九次会议，根据《中华人民共和国全国人民代表大会和地方各级人民代表大会选举法》和《江西省各级人民代表大会代表选举实施细则》的规定，决定：设立上饶市广丰区选举委员会和各乡镇选举委员会。各选举委员会组成人员名单如下：

区选举委员会：

主任委员：皮晓瑶

副主任委员：程剑虹　郑建平

委　员：周华武　杨华峰　徐高伟　俞　辉　邱在庆

洪强明　包晓辉　汪小青　黄式熙　俞顺东

吴必礼　朱建敏　占慧敏　王　艳

区选举委员会下设办公室，由区人大常委会副主任郑建平兼任办公室主任，由区委组织部常

务副部长杨华峰、区人大常委会选任联工委主任邱在庆兼任办公室副主任。

洋口镇选举委员会：

主任委员：邹　戈

副主任委员：周景乐　徐书国

委　员：刘　慧　黄逸豪　陈丽娟　杨　柳　陶海峰　郑岳乾　吴慧君

五都镇选举委员会：

主任委员：余厚庆

副主任委员：徐　敏　舒　俊

委　员：王宾怀　邓高瑾　张小平　诸达敏　项寻赟

霞峰镇选举委员会：

主任委员：徐慧霖

副主任委员：戴忠伟　郭满英

委　员：谢　颖　管文飞　韩礼荣　潘海艳　谢　坚　毛　赟

枧底镇选举委员会：

主任委员：方小林

副主任委员：夏文韬　周秋萍

委　员：郑上波　张恩通　张小飞　客立平　齐　琪　刘少龙　程　雁

湖丰镇选举委员会：

主任委员：阮春仙

副主任委员：周　琼　廖雪珍

委　员：虞功球　陈武斌　付红英　周建明　吕爱东　郑甜甜

壶峤镇选举委员会：

主任委员：刘洪峰

副主任委员：朱丽霞　朱国发

委　员：郑　曼　陈嘉敏　周绍光　刘利敏　周倩倩　刘燕玲　阮　涛

大南镇选举委员会：

主任委员：王卫国

副主任委员：张贤标　郑晓金

委　员：周　玢　郑红燕　周　伟　陈东华　纪雨丰　俞　敏　汤利明　周志忠

排山镇选举委员会：

主任委员：余利华

副主任委员：何斌贵　周红林

委　员：叶　克　韩礼英　周建文　王　明　祝伯丰　刘叶丰　翁黎艳

吴村镇选举委员会：

主任委员：朱利锋

副主任委员：潘凯锋　蒋昌金

委　员：方雪红　纪少斌　徐清辉　纪云和　蒋少林　祝接煜

东阳乡选举委员会：

主任委员：谢远标

副主任委员：林　亮　徐佩臻

委　员：李超超　陈　昊　王明锋　祝哲华　林海波

泉波镇选举委员会：

主任委员：俞日波

副主任委员：饶庆蔚　应文炜

委　员：吴丽琼　邓卫立　杨国庆　徐小军　黄安歆

毛村镇选举委员会：

主任委员：张庆伟

副主任委员：吕　震　俞燕燕

委　员：周　标　汤尚辉　吴连林　毛雅恬　叶鹏飞　蒋诗翼　周　婷

嵩峰乡选举委员会：

主任委员：沈玮景

副主任委员：叶智锐　刘　颖

委　员：周有龙　姚云彩　胡　莹　叶　浩　翁华伟　王武强

桐畈镇选举委员会：

主任委员：余　磊

副主任委员：姚　磊　鄢小莉

委　员：陈云英　刘海波　吕献礼　魏　望　余忠波

沙田镇选举委员会：

主任委员：郑诗田

副主任委员：叶华强　张朝伟

委　员：王　晖　易　宇　周彦丰　李　强

横山镇选举委员会：

主任委员：夏小光

副主任委员：上官世河　罗　清

委　员：李　珍　郑宜良　张　平　王德福　夏孝松　余丽娇

少阳乡选举委员会：

主任委员：梅端敏

副主任委员：杨　超　陈李巧

委　员：赖炳旺　陈卓群　阮旭伟　龚若望　王小兰　王　剑

铜钹山镇选举委员会：

主任委员：邱建勇

副主任委员：徐　晖　陈　耿

委　员：俞瑶天　刘康锋　沈翠雨　杨　慎

上饶市广丰区人大常委会关于区、乡两级人民代表大会换届选举日调整的决定

（2021 年 8 月 13 日上饶市广丰区第十六届人大常委会第四十一次会议通过）

上饶市广丰区第十六届人大常委会第四十一次会议，依照《中华人民共和国全国人民代表大会和地方各级人民代表大会选举法》和《江西省各级人民代表大会代表选举实施细则》的规定，经请示区委同意，研究决定：上饶市广丰区区、乡两级人民代表大会代表应于 2021 年 9 月 6 日同步进行换届选举。

第二节　常委会的人事任免

人事任免权是宪法和法律赋予地方人大常委会的一项重要职权，是人民当家做主、行使管理国家事务权力的具体体现。县（区）人大常委会始终坚持党管干部和依法任免相结合的原则，通过法定程序，充分发扬民主，以集体行使职权的形式统一形成国家意志，决定有关国家机关工作人员的任免，实现人事任免工作规范化、制度化。根据《中华人民共和国宪法》《中华人民共和国地方各级人民代表大会和地方各级人民政府组织法》《中华人民共和国监察法》《中华人民共和国人民法院组织法》《中华人民共和国人民检察院组织法》等法律的规定，县（区）人大常委会先后制定、修订了《上饶市广丰区人民代表大会常务委员会人事任免规定》《上饶市广丰区人大常委会关于对区人大选举和任命的人员进行宪法知识任前考试的意见》。凡须提请区人大常委会决定任免案，在常委会会议举行前召开党组会议和主任会议，听取组织部门的推荐意见和人大常委会选任联工委的意见。凡提请人大常委会任命的人员，必须参加人大常委会组织的宪法知识任前考试。常委会会议决定人事任免案时，先由提请人宣读提请报告，介绍被提请人的情况，再由常委会分管领导宣布任前宪法知识考试成绩，经认真审议，最后进行表决。从 2016 年 1 月开始，经区人民代表大会选举产生和人大常委会决定任命的国家机关工作人员正式就职前都公开进行宪法宣誓。

县第十三届人大常委会（自 2005 年 1 月 1 日起至 2006 年 3 月 14 日止）共依法任免国家机关工作人员 47 人次，其中任命 27 人次，免职（含辞职、撤职）20 人次。

县第十四届人大常委会共依法任免国家机关工作人员 85 人次，其中任命 64 人次，免职（含辞职）21 人次。

县（区）第十五届人大常委会共依法任免国家机关工作人员 183 人次，其中任命 117 人次，免职（含辞职）66 人次。

区第十六届人大常委会共依法任免国家机关工作人员 186 人次，其中任命 118 人次，免职（含辞职）68 人次。

区第十七届人大常委会（自 2021 年 11 月起至 12 月止）共依法任免国家机关工作人员 37 人次，其中任命 31 人次，免职（含辞职）6 人次。

一、县第十三届人大常委会的任免人员名单

表 4-2-1

姓名	单位	职务	任职		免职	
			会次	时间	会次	时间
高月富	县发展和改革委员会	主任	十六	2005 年 3 月 29 日		
余从华	县人口和计划生育委员会	主任	十六	2005 年 3 月 29 日		
吴云华	县安全生产监督管理局	局长	十六	2005 年 3 月 29 日		
王建华	县财政局	局长	十八	2005 年 7 月 28 日		
梅宗池	县财政局	局长			十八	2005 年 7 月 28 日
高月富	县发展和改革委员会	主任			二十四	2006 年 4 月 28 日
杨一虎	县发展和改革委员会	主任	二十四	2006 年 4 月 28 日		
邵银堂	广丰县人大常委会永丰街道工作委员会	主任	二十四	2006 年 4 月 28 日		
俞国堂	广丰县人大常委会芦林街道工作委员会	主任	二十四	2006 年 4 月 28 日		
徐常发	广丰县人大常委会芦林街道工作委员会	主任	二十四	2006 年 4 月 28 日		
郑兴来	广丰县人大常委会永丰街道工作委员会	副主任	二十四	2006 年 4 月 28 日		
琚清泉	广丰县人大常委会芦林街道工作委员会	副主任	二十四	2006 年 4 月 28 日		
徐洪龙	广丰县人民法院	副院长、审判委员会委员			二十四	2006 年 4 月 28 日
郑康兴	广丰县人民法院洋口法庭	庭长			二十四	2006 年 4 月 28 日
吴荣兴	广丰县人民法院刑事审判庭	副庭长			二十四	2006 年 4 月 28 日
罗　杰	广丰县人民法院洋口法庭	副庭长			二十四	2006 年 4 月 28 日
俞文清	广丰县人民法院桐畈法庭	副庭长			二十四	2006 年 4 月 28 日
郑　武	广丰县人民法院八都法庭	副庭长			二十四	2006 年 4 月 28 日

续表 4-2-1

姓名	单位	职务	任职		免职	
			会次	时间	会次	时间
邱振华	广丰县人民法院五都法庭	副庭长			二十四	2006 年 4 月 28 日
夏俊有	广丰县人民法院	审判员			二十四	2006 年 4 月 28 日
王世真	广丰县人民法院刑事审判庭	副庭长 审判员	二十四	2006 年 4 月 28 日		
吴荣兴	广丰县人民法院立案庭	副庭长	二十四	2006 年 4 月 28 日		
吴云杰	广丰县人民法院民一庭	副庭长	二十四	2006 年 4 月 28 日		
罗　杰	广丰县人民法院民二庭	副庭长	二十四	2006 年 4 月 28 日		
俞文清	广丰县人民法院洋口法庭	副庭长	二十四	2006 年 4 月 28 日		
郑　武	广丰县人民法院五都法庭	副庭长	二十四	2006 年 4 月 28 日		
徐胜杰	广丰县人民法院桐畈法庭	副庭长	二十四	2006 年 4 月 28 日		
叶小强	广丰县人民法院五都法庭	副庭长	二十四	2006 年 4 月 28 日		
杨爱仙	广丰县人民法院执行一庭	副庭长	二十四	2006 年 4 月 28 日		
韩诗强	广丰县人民法院	审判员	二十四	2006 年 4 月 28 日		
姜海燕	广丰县人民检察院	检察员	二十四	2006 年 4 月 28 日		
谢必勤	广丰县人民检察院	检察员			二十四	2006 年 4 月 28 日
余培基	广丰县人民检察院	检察员			二十四	2006 年 4 月 28 日
周忠实	广丰县人民检察院	检察员			二十四	2006 年 4 月 28 日
张远明	广丰县公安局	局长			二十五	2006 年 5 月 29 日
刘敏建	广丰县公安局	局长	二十五	2006 年 5 月 29 日		
张保淋	广丰县人民法院	审判员			二十五	2006 年 5 月 29 日

续表 4-2-1

姓名	单位	职务	任职		免职	
			会次	时间	会次	时间
祝乌光	广丰县人民法院	审判员			二十五	2006 年 5 月 29 日
俞桂媛	广丰县人民检察院	检察员			二十六	2006 年 6 月 16 日
杨一虎	广丰县发展和改革委员会	主任			二十七	2006 年 8 月 27 日
韩祥华	广丰县人事劳动和社会保障局	局长			二十七	2006 年 8 月 27 日
俞锡华	广丰县发展和改革委员会	主任	二十七	2006 年 8 月 27 日		
郑明华	广丰县人事劳动和社会保障局	局长	二十七	2006 年 8 月 27 日		
刘少云	广丰县人大常委会丰溪街道工作委员会	副主任	二十七	2006 年 8 月 27 日		
胡炗才	广丰县人大常委会财政经济办公室	主任	三十	2007 年 3 月 9 日		
吕　磊	广丰县统计局	局长			三十	2007 年 3 月 9 日
余美勇	广丰县统计局	局长	三十	2007 年 3 月 9 日		

二、县第十四届人大常委会的任免人员名单

表 4-2-2

姓名	单位	职务	任职		免职	
			会次	时间	会次	时间
毛祖斌	广丰县人大常委会	委员			一	2007 年 5 月 16 日
毛祖斌	广丰县人民政府办公室	主任	一	2007 年 5 月 16 日		
俞锡华	广丰县发展和改革委员会	主任	一	2007 年 5 月 16 日		
徐升平	广丰县经济贸易委员会	主任	一	2007 年 5 月 16 日		
余从华	广丰县人口和计划生育委员会	主任	一	2007 年 5 月 16 日		

续表 4-2-2

姓名	单位	职务	任职		免职	
			会次	时间	会次	时间
陈修光	广丰县科学技术局	局长	一	2007 年 5 月 16 日		
黄衣华	广丰县教育局	局长	一	2007 年 5 月 16 日		
徐贵清	广丰县文化广播电视局	局长	一	2007 年 5 月 16 日		
韩晨辉	广丰县卫生局	局长	一	2007 年 5 月 16 日		
刘敏建	广丰县公安局	局长	一	2007 年 5 月 16 日		
杨维达	广丰县司法局	局长	一	2007 年 5 月 16 日		
郑明华	广丰县人事劳动和社会保障局	局长	一	2007 年 5 月 16 日		
徐兰坤	广丰县民政局	局长	一	2007 年 5 月 16 日		
俞志新	广丰县监察局	局长	一	2007 年 5 月 16 日		
周永海	广丰县审计局	局长	一	2007 年 5 月 16 日		
王建华	广丰县财政局	局长	一	2007 年 5 月 16 日		
余英勇	广丰县统计局	局长	一	2007 年 5 月 16 日		
王少波	广丰县交通局	局长	一	2007 年 5 月 16 日		
陈少华	广丰县农业局	局长	一	2007 年 5 月 16 日		
刘旭洲	广丰县林业局	局长	一	2007 年 5 月 16 日		
刘甘务	广丰县水利局	局长	一	2007 年 5 月 16 日		
郑诗良	广丰县粮食局	局长	一	2007 年 5 月 16 日		
余祖华	广丰县建设局	局长	一	2007 年 5 月 16 日		
吴云华	广丰县安全生产监督管理局	局长	一	2007 年 5 月 16 日		

续表 4-2-2

姓名	单位	职务	任职		免职	
			会次	时间	会次	时间
周泽兴	广丰县人大常委会农业和农村办公室	主任			一	2007 年 5 月 16 日
潘维发	广丰县人大常委会教科文卫办公室	副主任			一	2007 年 5 月 16 日
郑明财	广丰县人民法院	审判委员会委员			一	2007 年 5 月 16 日
杨旭明	广丰县人民法院	审判委员会委员立案庭庭长			一	2007 年 5 月 16 日
郑贵祥	广丰县人民检察院	检察委员会委员			一	2007 年 5 月 16 日
郑明伟	广丰县人民检察院	检察员	一	2007 年 5 月 16 日		
蒋文伟	广丰县人大常委会内务司法工作委员会	副主任	二	2007 年 6 月 28 日		
严剑飚	广丰县人大常委会农业农村工作委员会	副主任	二	2007 年 6 月 28 日		
朱东风	广丰县人民法院	副院长	二	2007 年 6 月 28 日		
朱晓强	广丰县人民法院	审判委员会委员	二	2007 年 6 月 28 日		
祝仁树	广丰县人民法院	审判委员会委员刑事庭庭长			八	2008 年 3 月 26 日
陈大玉	广丰县人民检察院	检察委员会委员	八	2008 年 3 月 26 日		
郑远荣	广丰县人民检察院	检察委员会委员	八	2008 年 3 月 26 日		
王贵钱	广丰县人民法院	审判员	十四	2008 年 12 月 30 日		
徐洪辉	广丰县人民检察院	检察员	十七	2009 年 7 月 28 日		
郑淑慧	广丰县人民检察院	检察员	十七	2009 年 7 月 28 日		
夏裕旺	广丰县人民检察院	检察员	十七	2009 年 7 月 28 日		
潘晓华	广丰县人民检察院	检察员	十七	2009 年 7 月 28 日		
刘日进	广丰县人民法院	审判委员会委员			十七	2009 年 7 月 28 日

续表 4-2-2

姓名	单位	职务	任职		免职	
			会次	时间	会次	时间
毛寿全	广丰县人民法院	审判员			十七	2009 年 7 月 28 日
王小祥	广丰县人民法院	审判员	十八	2009 年 9 月 28 日		
余招财	广丰县人民法院	审判员	十八	2009 年 9 月 28 日		
郑兴来	广丰县永丰街道人大工作委员会	副主任			二十三	2010 年 5 月 27 日
琚清泉	广丰县芦林街道人大工作委员会	副主任			二十三	2010 年 5 月 27 日
刘少云	广丰县丰溪街道人大工作委员会	副主任			二十三	2010 年 5 月 27 日
毛祖斌	广丰县人民政府办公室	主任			二十五	2010 年 9 月 6 日
刘旭洲	广丰县林业局	局长			二十五	2010 年 9 月 6 日
刘甘务	广丰县水利局	局长			二十五	2010 年 9 月 6 日
陈修光	广丰县科学技术局	局长			二十五	2010 年 9 月 6 日
包小辉	广丰县人民政府办公室	主任	二十五	2010 年 9 月 6 日		
余祖建	广丰县工业和信息化委员会	主任	二十五	2010 年 9 月 6 日		
徐光强	广丰县科学技术局	局长	二十五	2010 年 9 月 6 日		
徐康恒	广丰县教育体育局	局长	二十五	2010 年 9 月 6 日		
徐贵清	广丰县文化广播电影电视局（县新闻出版局、县版权局）	局长	二十五	2010 年 9 月 6 日		
郑明华	广丰县人力资源和社会保障局	局长	二十五	2010 年 9 月 6 日		
周荣敏	广丰县交通运输局	局长	二十五	2010 年 9 月 6 日		
纪英富	广丰县林业局	局长	二十五	2010 年 9 月 6 日		

续表 4-2-2

姓名	单位	职务	任职		免职	
			会次	时间	会次	时间
毛祖斌	广丰县水利局	局长	二十五	2010 年 9 月 6 日		
吴云华	广丰县安全生产监督管理局（县煤矿安全监督管理局）	局长	二十五	2010 年 9 月 6 日		
余雪华	广丰县环境保护局	局长	二十五	2010 年 9 月 6 日		
周兴旺	广丰县人大常委会办公室	主任	二十七	2010 年 11 月 1 日		
蒋文伟	广丰县人大常委会城乡建设和环境资源工作委员会	副主任	二十七	2010 年 11 月 1 日		
蒋文伟	广丰县人大常委会内务司法工作委员会	副主任			二十七	2010 年 11 月 1 日
严剑飚	广丰县人大常委会农业的农村工作委员会	主任	二十八	2010 年 11 月 30 日		
俞明仙	广丰县人民法院	副院长	二十九	2011 年 1 月 17 日		
徐黄海	广丰县人民法院	审判委员会委员	二十九	2011 年 1 月 17 日		
毛红斌	广丰县人民法院	审判委员会委员	二十九	2011 年 1 月 17 日		
俞　斌	广丰县人民检察院	检察委员会委员	二十九	2011 年 1 月 17 日		
吴必礼	广丰县人民检察院	检察委员会委员	二十九	2011 年 1 月 17 日		
吕　品	广丰县人民法院	审判员			三十	2011 年 3 月 24 日
高林芳	广丰县人民法院	审判员	三十	2011 年 3 月 24 日		
杨荣丰	广丰县人民法院	审判员	三十	2011 年 3 月 24 日		
贺小象	广丰县人民法院	审判员	三十	2011 年 3 月 24 日		
郑国辉	广丰县人民法院	审判员	三十	2011 年 3 月 24 日		
程德茂	永丰街道人大工委	副主任	三十二	2011 年 6 月 10 日		

续表 4-2-2

姓名	单位	职务	任职		免职	
			会次	时间	会次	时间
周俊鹰	丰溪街道人大工委	副主任	三十二	2011 年 6 月 10 日		
郑全生	芦林街道人大工委	副主任	三十二	2011 年 6 月 10 日		
蒋文伟	广丰县人大常委会城乡建设和环境资源工作委员会	副主任			三十二	2011 年 6 月 10 日
刘敏建	广丰县公安局	局长			三十三	2011 年 7 月 29 日
郑　铭	广丰县公安局	局长	三十三	2011 年 7 月 29 日		

三、县（区）第十五届人大常委会的任免人员名单

表 4-2-3

姓名	单位	职务	任职		免职	
			会次	时间	会次	时间
蒋昌福	广丰县人民检察院	副检察长、检察员、检察委员会委员			一	2011 年 11 月 3 日
徐新华	广丰县人大常委会教科文卫工作委员会	主任			三	2012 年 3 月 31 日
严剑飚	广丰县人大常委会农业和农村工作委员会	主任			三	2012 年 3 月 31 日
严剑飚	广丰县人大常委会选举任免联络工作委员会	主任	三	2012 年 3 月 31 日		
郑　铭	广丰县公安局	局长	三	2012 年 3 月 31 日		
包小辉	广丰县人民政府办公室	主任	三	2012 年 3 月 31 日		
徐亨长	广丰县监察局	局长	三	2012 年 3 月 31 日		
余锡华	广丰县发展和改革委员会	主任	三	2012 年 3 月 31 日		
俞利国	广丰县工业和信息化委员会	主任	三	2012 年 3 月 31 日		
徐康恒	广丰县教育局	局长	三	2012 年 3 月 31 日		

续表 4-2-3

姓名	单位	职务	任职		免职	
			会次	时间	会次	时间
徐光强	广丰县科学技术局	局长	三	2012 年 3 月 31 日		
徐兰坤	广丰县民政局	局长	三	2012 年 3 月 31 日		
杨维达	广丰县司法局	局长	三	2012 年 3 月 31 日		
程剑红	广丰县财政局	局长	三	2012 年 3 月 31 日		
郑式湖	广丰县人力资源和社会保障局	局长	三	2012 年 3 月 31 日		
周其华	广丰县建设局	局长	三	2012 年 3 月 31 日		
周荣敏	广丰县交通运输局	局长	三	2012 年 3 月 31 日		
毛祖斌	广丰县水利局	局长	三	2012 年 3 月 31 日		
陈少华	广丰县农业局	局长	三	2012 年 3 月 31 日		
纪英富	广丰县林业局	局长	三	2012 年 3 月 31 日		
徐贵清	广丰县文化广播电影电视局	局长	三	2012 年 3 月 31 日		
周永海	广丰县卫生局	局长	三	2012 年 3 月 31 日		
刘建强	广丰县人口和计划生育委员会	主任	三	2012 年 3 月 31 日		
余祖华	广丰县审计局	局长	三	2012 年 3 月 31 日		
余雪华	广丰县环境保护局	局长	三	2012 年 3 月 31 日		
余英勇	广丰县统计局	局长	三	2012 年 3 月 31 日		
吴廉红	广丰县粮食局	局长	三	2012 年 3 月 31 日		
吴云华	广丰县安全生产监督管理局	局长	三	2012 年 3 月 31 日		
余世兴	广丰县食品药品监督管理局	局长	三	2012 年 3 月 31 日		

续表 4-2-3

姓名	单位	职务	任职		免职	
			会次	时间	会次	时间
蒋日云	广丰县人大常委会财经工作委员会	副主任			四	2012 年 4 月 27 日
蒋日云	广丰县人大常委会城乡建设和环境资源工作委员会	主任	四	2012 年 4 月 27 日		
徐黄海	广丰县人民法院	审判委员会委员、审判员、桐畈法庭庭长			四	2012 年 4 月 27 日
张晓峰	广丰县人民检察院	副检察长	四	2012 年 4 月 27 日		
林　忠	广丰县人民检察院	副检察长、检察员、检察委员会委员	四	2012 年 4 月 27 日		
徐黄海	广丰县人民检察院	检察委员会委员、检察员	四	2012 年 4 月 27 日		
王建红	广丰县人大常委会选举任免联络工作委员会	副主任			五	2012 年 6 月 15 日
吴奀菊	广丰县人大常委会教育科学文化卫生工作委员会	副主任			五	2012 年 6 月 15 日
俞柳君	广丰县人大常委会教育科学文化卫生工作委员会	主任	五	2012 年 6 月 15 日		
王建红	广丰县人大常委会农业和农村工作委员会	主任	五	2012 年 6 月 15 日		
卢文旭	广丰县人大常委会财政经济工作委员会	副主任	五	2012 年 6 月 15 日		
周知木	广丰县人大常委会办公室	副主任	六	2012 年 7 月 30 日		
曹学敏	广丰县人大常委会选举任免联络工作委员会	副主任	六	2012 年 7 月 30 日		
徐朝霞	广丰县人大常委会教育科学文化卫生工作委员会	副主任	六	2012 年 7 月 30 日		
陈卫华	广丰县人大常委会内务司法工作委员会	副主任	六	2012 年 7 月 30 日		
陈亨成	广丰县人大常委会城乡建设和环境资源工作委员会	副主任	六	2012 年 7 月 30 日		
范小兰	广丰县人民法院	审判委员会委员、审判员、民二庭庭长			八	2012 年 10 月 30 日
周小荣	广丰县人民法院洋口法庭	庭长	十一	2013 年 4 月 26 日		

续表 4-2-3

姓名	单位	职务	任职		免职	
			会次	时间	会次	时间
颜纯火	广丰县人民法院五都法庭	庭长	十一	2013 年 4 月 26 日		
程行旺	广丰县人民法院排山法庭	庭长	十一	2013 年 4 月 26 日		
韩剑峰	广丰县人民法院大南法庭	庭长	十一	2013 年 4 月 26 日		
叶小强	广丰县人民法院桐畈法庭	庭长	十一	2013 年 4 月 26 日		
韩诗强	广丰县人民法院八都法庭	庭长	十一	2013 年 4 月 26 日		
郑师炎	广丰县人民法院	审判委员会委员、行政审判庭庭长	十一	2013 年 4 月 26 日		
郑万辉	广丰县人民法院	审判委员会委员、立案一庭庭长	十一	2013 年 4 月 26 日		
周剑峰	广丰县人民法院	审判委员会委员、刑事审判庭庭长	十一	2013 年 4 月 26 日		
罗　杰	广丰县人民法院	审判委员会委员、民事审判一庭庭长	十一	2013 年 4 月 26 日		
毛伟中	广丰县人民法院	审判委员会委员、民事审判二庭庭长	十一	2013 年 4 月 26 日		
黄万年	广丰县人民法院	审判委员会委员、审判监督庭庭长	十一	2013 年 4 月 26 日		
俞文清	广丰县人民法院	审判委员会委员、立案二庭庭长	十一	2013 年 4 月 26 日		
周小兵	广丰县人民法院	审判委员会委员	十一	2013 年 4 月 26 日		
周罡红	广丰县人民法院	民事审判三庭庭长	十一	2013 年 4 月 26 日		
周献辉	广丰县人民法院	执行一庭庭长	十一	2013 年 4 月 26 日		
王小祥	广丰县人民法院	执行二庭庭长	十一	2013 年 4 月 26 日		

续表 4-2-3

姓名	单位	职务	任职		免职	
			会次	时间	会次	时间
周小荣	广丰县人民法院五都法庭	庭长			十一	2013 年 4 月 26 日
颜纯火	广丰县人民法院八都法庭	庭长			十一	2013 年 4 月 26 日
郑万辉	广丰县人民法院排山法庭	庭长			十一	2013 年 4 月 26 日
王从富	广丰县人民法院大南法庭	庭长			十一	2013 年 4 月 26 日
俞明仙	广丰县人民法院民事审判一庭	庭长			十一	2013 年 4 月 26 日
毛永高	广丰县人民法院行政审判庭	庭长			十一	2013 年 4 月 26 日
曾卫健	广丰县人民法院审判监督庭	庭长			十一	2013 年 4 月 26 日
毛红斌	广丰县人民法院执行二庭	庭长			十一	2013 年 4 月 26 日
黄衰发	广丰县人民法院执行一庭	庭长			十一	2013 年 4 月 26 日
程行旺	广丰县人民法院立案庭	副庭长			十一	2013 年 4 月 26 日
王世真	广丰县人民法院刑事审判庭	副庭长			十一	2013 年 4 月 26 日
刘　坚	广丰县人民法院审判监督庭	副庭长			十一	2013 年 4 月 26 日
韩剑峰	广丰县人民法院洋口法庭	副庭长			十一	2013 年 4 月 26 日
叶小强	广丰县人民法院五都法庭	副庭长			十一	2013 年 4 月 26 日
郑　武	广丰县人民法院五都法庭	副庭长			十一	2013 年 4 月 26 日
夏秀中	广丰县人民法院排山法庭	副庭长			十一	2013 年 4 月 26 日
罗　杰	广丰县人民法院民事审判二庭	副庭长			十一	2013 年 4 月 26 日
毛伟中	广丰县人民法院审判监督庭	副庭长			十一	2013 年 4 月 26 日
黄万年	广丰县人民法院刑事审判庭	副庭长			十一	2013 年 4 月 26 日

续表 4-2-3

姓名	单位	职务	任职		免职	
			会次	时间	会次	时间
俞文清	广丰县人民法院洋口法庭	副庭长			十一	2013 年 4 月 26 日
周罡红	广丰县人民法院民事审判一庭	副庭长			十一	2013 年 4 月 26 日
吴必礼	广丰县人民检察院	副检察长	十一	2013 年 4 月 26 日		
夏少华	广丰县人民检察院	副检察长			十一	2013 年 4 月 26 日
潘求松	广丰县人民法院民事审判二庭	副庭长	十二	2013 年 6 月 28 日		
周素敏	广丰县人民法院立案一庭	副庭长	十二	2013 年 6 月 28 日		
翁国华	广丰县人民法院刑事审判庭	副庭长	十二	2013 年 6 月 28 日		
吴莲英	广丰县人民法院民事审判一庭	副庭长	十二	2013 年 6 月 28 日		
王贵钱	广丰县人民法院五都法庭	副庭长	十二	2013 年 6 月 28 日		
邱振华	广丰县人民法院八都法庭	副庭长	十二	2013 年 6 月 28 日		
叶建国	广丰县人民法院洋口法庭	副庭长	十二	2013 年 6 月 28 日		
徐胜杰	广丰县人民法院刑事审判庭	副庭长	十二	2013 年 6 月 28 日		
吴云杰	广丰县人民法院审判监督庭	副庭长	十二	2013 年 6 月 28 日		
潘丽云	广丰县人民法院民事审判一庭	副庭长	十二	2013 年 6 月 28 日		
高林芳	广丰县人民法院行政审判庭	副庭长	十二	2013 年 6 月 28 日		
李敬云	广丰县人民法院立案二庭	副庭长	十二	2013 年 6 月 28 日		
余招树	广丰县人民法院大南法庭	副庭长	十二	2013 年 6 月 28 日		
韩　霞	广丰县人民法院	审判员	十二	2013 年 6 月 28 日		
周鸿敏	广丰县人民法院	审判员	十二	2013 年 6 月 28 日		

续表 4-2-3

姓名	单位	职务	任职		免职	
			会次	时间	会次	时间
潘求松	广丰县人民法院大南法庭	副庭长			十二	2013年6月28日
周素敏	广丰县人民法院执行一庭	副庭长			十二	2013年6月28日
徐胜杰	广丰县人民法院桐畈法庭	副庭长			十二	2013年6月28日
吴云杰	广丰县人民法院审判一庭	副庭长			十二	2013年6月28日
夏光文	广丰县人民检察院	检察委员会委员	十二	2013年6月28日		
郑明伟	广丰县人民检察院	检察委员会委员	十二	2013年6月28日		
俞艳敏	广丰县人民检察院	检察委员会委员	十二	2013年6月28日		
杨世忠	广丰县人民检察院	检察员	十二	2013年6月28日		
周　甜	广丰县人民检察院	检察员	十二	2013年6月28日		
夏　慧	广丰县人民检察院	检察员	十二	2013年6月28日		
陈　琅	广丰县人民法院	审判员	十九	2014年3月28日		
江周新	广丰县人民法院	审判员	十九	2014年3月28日		
刘丽萍	广丰县人民法院行政审判庭	副庭长	二十	2014年5月30日		
吕国华	广丰县人民法院排山法庭	副庭长	二十	2014年5月30日		
徐洪龙	广丰县人民法院	审判员			二十一	2014年6月26日
郑康兴	广丰县人民法院	审判员			二十一	2014年6月26日
郑金车	广丰县公安局	局长	二十三	2014年9月29日		
郑　铭	广丰县公安局	局长			二十三	2014年9月29日
余祖建	广丰县民政局	局长	二十六	2014年12月31日		

续表 4-2-3

姓名	单位	职务	任职		免职	
			会次	时间	会次	时间
余锡华	广丰县发展和改革委员会	主任			二十六	2014年12月31日
周永海	广丰县卫生局	局长			二十六	2014年12月31日
徐兰坤	广丰县民政局	局长			二十六	2014年12月31日
朱东风	广丰县人民法院	副院长			二十六	2014年12月31日
韩岳晶	广丰县人民检察院	检察员	二十六	2014年12月31日		
付　强	广丰县人民检察院	检察员	二十六	2014年12月31日		
谢　斐	广丰县人民检察院	检察员	二十六	2014年12月31日		
彭智宁	广丰县人民检察院	检察员	二十六	2014年12月31日		
谢超琼	广丰县人民检察院	检察员	二十六	2014年12月31日		
林添洁	广丰县人民检察院	检察员	二十六	2014年12月31日		
饶奕琛	广丰县人民检察院	检察员	二十六	2014年12月31日		
陈恭华	广丰县人民检察院	检察员			二十六	2014年12月31日
余燕华	广丰县人民检察院	检察员			二十六	2014年12月31日
周　甜	广丰县人民检察院	检察员			二十六	2014年12月31日
巩宪进	广丰县人大常委会内务司法工作委员会	主任			二十七	2015年3月11日
林　峰	广丰县人民法院	副院长、审判委员会委员			二十七	2015年3月11日
张　华	广丰县人民检察院	副检察长、检察委员会委员			二十七	2015年3月11日
刘金华	广丰县发展和改革委员会	主任	二十七	2015年3月11日		
周志刚	广丰县水利局	局长	二十七	2015年3月11日		

续表 4-2-3

姓名	单位	职务	任职		免职	
			会次	时间	会次	时间
曾生华	广丰县农业局	局长	二十七	2015 年 3 月 11 日		
汪小青	广丰县司法局	局长	二十七	2015 年 3 月 11 日		
龚中共	广丰县人民防空办公室	主任	二十七	2015 年 3 月 11 日		
毛祖斌	广丰县水利局	局长			二十七	2015 年 3 月 11 日
陈少华	广丰县农业局	局长			二十七	2015 年 3 月 11 日
杨维达	广丰县司法局	局长			二十七	2015 年 3 月 11 日
刘建强	广丰县卫生和计划生育委员会	主任	二十八	2015 年 4 月 29 日		
刘建强	广丰县人口和计划生育委员会	主任			二十八	2015 年 4 月 29 日
洪　峰	广丰县人大常务会内务司法工作委员会	主任	二十八	2015 年 4 月 29 日		
周俊鹰	广丰县丰溪街道人大工委	副主任			二十八	2015 年 4 月 29 日
刘荣伟	上饶市广丰区安全生产监督管理局（区煤矿安全监督管理局）	局长	三十	2015 年 7 月 9 日		
郑　波	上饶市广丰区统计局	局长	三十	2015 年 7 月 9 日		
吴云华	上饶市广丰区安全生产监督管理局（区煤矿安全监督管理局）	局长			三十	2015 年 7 月 9 日
余英勇	上饶市广丰区统计局	局长			三十	2015 年 7 月 9 日
胡奀才	上饶市广丰区人大常委会财经工委	主任			三十	2015 年 7 月 9 日
严剑飚	上饶市广丰区人大常委会选任联工委	主任			三十	2015 年 7 月 9 日
卢文旭	上饶市广丰区人大常委会财经工委	副主任			三十	2015 年 7 月 9 日
卢文旭	上饶市广丰区人大常委会财经工委	主任	三十	2015 年 7 月 9 日		

续表 4-2-3

姓名	单位	职务	任职		免职	
			会次	时间	会次	时间
周忠平	上饶市广丰区人民法院	副院长、审判员、审判委员会委员	三十	2015年7月9日		
朱晓强	上饶市广丰区人民法院	副院长	三十	2015年7月9日		
黎金涛	上饶市广丰区人民法院	审判员	三十	2015年7月9日		
王　晗	上饶市广丰区人民法院	审判员	三十	2015年7月9日		
吕淋琪	上饶市广丰区人民法院	审判员	三十	2015年7月9日		
王建红	上饶市广丰区人大常委会选任联工作委员会	主任	三十二	2015年9月20日		
王建红	上饶市广丰区人大常委会农业和农村工作委员会	副主任			三十二	2015年9月20日
胡志刚	上饶市广丰区市场监督管理局	局长	三十三	2015年10月12日		
陈　琅	上饶市广丰区人民法院民事审判一庭	副庭长	三十七	2016年3月30日		
吕国华	上饶市广丰区人民法院洋口法庭	副庭长	三十七	2016年3月30日		
黎金涛	上饶市广丰区人民法院桐畈法庭	副庭长	三十七	2016年3月30日		
吕淋琪	上饶市广丰区人民法院排山法庭	副庭长	三十七	2016年3月30日		
吕国华	上饶市广丰区人民法院排山法庭	副庭长			三十七	2016年3月30日
徐亨长	上饶市广丰区监察局	局长			四十一	2016年8月26日
郑　波	上饶市广丰区统计局	局长			四十一	2016年8月26日
傅师东	上饶市广丰区永丰街道人大工作委员会	主任	四十一	2016年8月26日		
杨衰对	上饶市广丰区丰溪街道人大工作委员会	主任	四十一	2016年8月26日		
俞忠华	上饶市广丰区芦林街道人大工作委员会	主任	四十一	2016年8月26日		

续表 4-2-3

姓名	单位	职务	任职		免职	
			会次	时间	会次	时间
韩　璐	上饶市广丰区永丰街道人大工作委员会	副主任	四十一	2016 年 8 月 26 日		
潘国梁	上饶市广丰区丰溪街道人大工作委员会	副主任	四十一	2016 年 8 月 26 日		
周月龙	上饶市广丰区芦林街道人大工作委员会	副主任	四十一	2016 年 8 月 26 日		
邵银堂	上饶市广丰区永丰街道人大工作委员会	主任			四十一	2016 年 8 月 26 日
俞国堂	上饶市广丰区丰溪街道人大工作委员会	主任			四十一	2016 年 8 月 26 日
徐常发	上饶市广丰区芦林街道人大工作委员会	主任			四十一	2016 年 8 月 26 日
程德茂	上饶市广丰区永丰街道人大工作委员会	副主任			四十一	2016 年 8 月 26 日
郑全生	上饶市广丰区芦林街道人大工作委员会	副主任			四十一	2016 年 8 月 26 日

四、区第十六届人大常委会的任免人员名单

表 4-2-4

姓名	单位	职务	任职		免职	
			会次	时间	会次	时间
邱在庆	上饶市广丰区人大常委会农业和农村工作委员会	主任	三	2016 年 11 月 25 日		
龚哲峰	上饶市广丰区人大常委会农业和农村工作委员会	副主任	三	2016 年 11 月 25 日		
俞柳君	上饶市广丰区人大常委会教育科学文化卫生工作委员会	主任			三	2016 年 11 月 25 日
洪　峰	上饶市广丰区人大常委会内务司法工作委员会	主任			三	2016 年 11 月 25 日
杨　芳	上饶市广丰区人民法院	审判员	三	2016 年 11 月 25 日		
郑志仙	上饶市广丰区人民法院	审判员	三	2016 年 11 月 25 日		
余玉辉	上饶市广丰区人大常委会办公室	副主任	四	2017 年 1 月 10 日		

续表 4-2-4

姓名	单位	职务	任职		免职	
			会次	时间	会次	时间
周兴旺	上饶市广丰区人大常委会办公室	主任			四	2017 年 1 月 10 日
郑金车	上饶市广丰区公安局	局长	四	2017 年 1 月 10 日		
叶旭辉	上饶市广丰区人民政府办公室	主任	四	2017 年 1 月 10 日		
刘金华	上饶市广丰区发展和改革委员会	主任	四	2017 年 1 月 10 日		
张棉华	上饶市广丰区工业和信息化委员会	主任	四	2017 年 1 月 10 日		
周荣敏	上饶市广丰区教育体育局	局长	四	2017 年 1 月 10 日		
周华武	上饶市广丰区监察局	局长	四	2017 年 1 月 10 日		
余祖建	上饶市广丰区民政局	局长	四	2017 年 1 月 10 日		
汪小青	上饶市广丰区司法局	局长	四	2017 年 1 月 10 日		
包小辉	上饶市广丰区财政局	局长	四	2017 年 1 月 10 日		
周其华	上饶市广丰区人力资源和社会保障局	局长	四	2017 年 1 月 10 日		
余禁华	上饶市广丰区国土资源局	局长	四	2017 年 1 月 10 日		
朱有清	上饶市广丰区建设局	局长	四	2017 年 1 月 10 日		
余彦伟	上饶市广丰区交通运输局	局长	四	2017 年 1 月 10 日		
周志刚	上饶市广丰区水利局	局长	四	2017 年 1 月 10 日		
曾生华	上饶市广丰区农业局	局长	四	2017 年 1 月 10 日		
纪英富	上饶市广丰区林业局	局长	四	2017 年 1 月 10 日		
徐贵清	上饶市广丰区文化广电新闻出版局	局长	四	2017 年 1 月 10 日		
刘建强	上饶市广丰区卫生和计划生育委员会	主任	四	2017 年 1 月 10 日		

续表 4-2-4

姓名	单位	职务	任职		免职	
			会次	时间	会次	时间
李积林	上饶市广丰区审计局	局长	四	2017 年 1 月 10 日		
余雪华	上饶市广丰区环境保护局	局长	四	2017 年 1 月 10 日		
龚中共	上饶市广丰区人民防空办公室	主任	四	2017 年 1 月 10 日		
余朝辉	上饶市广丰区统计局	局长	四	2017 年 1 月 10 日		
刘荣伟	上饶市广丰区安全生产监督管理局	局长	四	2017 年 1 月 10 日		
吴廉洪	上饶市广丰区粮食局	局长	四	2017 年 1 月 10 日		
胡志刚	上饶市广丰区市场和质量监督管理局	局长	四	2017 年 1 月 10 日		
高莉芳	上饶市广丰区人民法院	审判员	四	2017 年 1 月 10 日		
陈卫华	上饶市广丰区人大常委会内务司法工作委员会	主任	五	2017 年 3 月 3 日		
陈卫华	上饶市广丰区人大常委会内务司法工作委员会	副主任			五	2017 年 3 月 3 日
周月龙	上饶市广丰区芦林街道人大工作委员会	副主任			五	2017 年 3 月 3 日
吴处银	上饶市广丰区人大常委会教育科学文化卫生工作委员会	主任	六	2017 年 4 月 26 日		
周冰飞	上饶市广丰区人大常委会城乡建设和环境资源工作委员会	副主任	六	2017 年 4 月 26 日		
饶敏云	上饶市广丰区人大常委会预算审查工作委员会	副主任	六	2017 年 4 月 26 日		
陈亨成	上饶市广丰区人大常委会城乡建设和环境资源工作委员会	副主任			六	2017 年 4 月 26 日
傅师东	上饶市广丰区永丰街道人大工作委员会	主任			六	2017 年 4 月 26 日
饶敏云	上饶市广丰区人民代表大会财经委	副主任委员	七	2017 年 6 月 30 日		
俞立峰	上饶市广丰区安全生产监督管理局	局长	七	2017 年 6 月 30 日		

续表 4-2-4

姓名	单位	职务	任职		免职	
			会次	时间	会次	时间
俞秋香	上饶市广丰区文化广电新闻出版局	局长	七	2017 年 6 月 30 日		
刘荣伟	上饶市广丰区安全生产监督管理局	局长			七	2017 年 6 月 30 日
徐贵清	上饶市广丰区文化广电新闻出版局	局长			七	2017 年 6 月 30 日
易　云	上饶市广丰区人民检察院	检察员	七	2017 年 6 月 30 日		
王筱蕾	上饶市广丰区人民检察院	检察员	七	2017 年 6 月 30 日		
徐洪辉	上饶市广丰区人民检察院	检察员	七	2017 年 6 月 30 日		
翁晓华	上饶市广丰区人民检察院	检察员	七	2017 年 6 月 30 日		
刘荣伟	上饶市广丰区发展和改革委员会	主任	八	2017 年 8 月 25 日		
刘金华	上饶市广丰区发展和改革委员会	主任			八	2017 年 8 月 25 日
周有华	上饶市广丰区下溪街道人大工作委员会	主任	八	2017 年 8 月 25 日		
姜志龙	上饶市广丰区下溪街道人大工作委员会	副主任	八	2017 年 8 月 25 日		
杨开余	上饶市广丰区大石街道人大工作委员会	主任	八	2017 年 8 月 25 日		
邓小芳	上饶市广丰区大石街道人大工作委员会	副主任	八	2017 年 8 月 25 日		
卢文旭	上饶市广丰区人大常委会财经工作委员会	主任			八	2017 年 8 月 25 日
夏少华	上饶市广丰区人民检察院	检察委员会委员			九	2017 年 10 月 26 日
陈德钦	上饶市广丰区人民检察院	检察委员会委员			九	2017 年 10 月 26 日
杨开余	上饶市广丰区大石街道人大工作委员会	主任			十二	2018 年 2 月 2 日
毛志飞	上饶市广丰区大石街道人大工作委员会	主任	十二	2018 年 2 月 2 日		
汤尚剑	上饶市广丰区芦林街道人大工作委员会	副主任	十二	2018 年 2 月 2 日		

续表 4-2-4

姓名	单位	职务	任职		免职	
			会次	时间	会次	时间
曾卫健	上饶市广丰区人民法院	审判委员会委员			十二	2018年2月2日
周小荣	上饶市广丰区人民法院洋口法庭	庭长			十二	2018年2月2日
周华武	上饶市广丰区监察委员会	副主任	十三	2018年2月6日		
王智勇	上饶市广丰区监察委员会	副主任	十三	2018年2月6日		
李建忠	上饶市广丰区监察委员会	副主任	十三	2018年2月6日		
余金炉	上饶市广丰区监察委员会	委员	十三	2018年2月6日		
陈大玉	上饶市广丰区监察委员会	委员	十三	2018年2月6日		
邱美星	上饶市广丰区监察委员会	委员	十三	2018年2月6日		
徐洪辉	上饶市广丰区监察委员会	委员	十三	2018年2月6日		
艾进进	上饶市广丰区监察委员会	委员	十三	2018年2月6日		
余玉辉	上饶市广丰区人大常委会办公室	主任	十四	2018年4月25日		
余玉辉	上饶市广丰区人大常委会办公室	副主任			十四	2018年4月25日
黄万年	上饶市广丰区人民法院	审判委员会委员、审判监督庭庭长			十四	2018年4月25日
邱在庆	上饶市广丰区人大常委会选举任免联络工作委员会	主任	十五	2018年6月28日		
王建红	上饶市广丰区人大常委会农业和农村工作委员会	主任	十五	2018年6月28日		
邱在庆	上饶市广丰区人大常委会农业和农村工作委员会	主任	十五	2018年6月28日		
王建红	上饶市广丰区人大常委会选举任免联络工作委员会	主任			十五	2018年6月28日
郑淑慧	上饶市广丰区人民检察院	检察委员会委员	十五	2018年6月28日		

续表 4-2-4

姓名	单位	职务	任职		免职	
			会次	时间	会次	时间
陈大玉	上饶市广丰区人民检察院	检察委员会委员、检察员			十五	2018 年 6 月 28 日
夏光文	上饶市广丰区人民检察院	检察委员会委员、检察员			十五	2018 年 6 月 28 日
姜海燕	上饶市广丰区人民检察院	检察员			十五	2018 年 6 月 28 日
程良贵	上饶市广丰区人民检察院	检察员			十五	2018 年 6 月 28 日
程文开	上饶市广丰区人民检察院	检察员			十五	2018 年 6 月 28 日
易　云	上饶市广丰区人民检察院	检察员			十五	2018 年 6 月 28 日
杨世忠	上饶市广丰区人民检察院	检察员			十五	2018 年 6 月 28 日
饶奕琛	上饶市广丰区人民检察院	检察员			十五	2018 年 6 月 28 日
夏裕旺	上饶市广丰区人民检察院	检察委员会委员	十六	2018 年 8 月 28 日		
俞　斌	上饶市广丰区人民检察院	检察委员会委员			十六	2018 年 8 月 28 日
余祖建	上饶市广丰区民政局	局长			十八	2018 年 12 月 26 日
陈　琅	上饶市广丰区人民法院立案一庭	庭长	十八	2018 年 12 月 26 日		
陈　琅	上饶市广丰区人民法院审判一庭	副庭长			十八	2018 年 12 月 26 日
毛建明	上饶市广丰区科学技术局	局长	十九	2019 年 1 月 31 日		
张棉华	上饶市广丰区工业和信息化局	局长	十九	2019 年 1 月 31 日		
洪强明	上饶市广丰区民政局	局长	十九	2019 年 1 月 31 日		
朱有清	上饶市广丰区住房和城乡建设局	局长	十九	2019 年 1 月 31 日		
李剑波	上饶市广丰区交通运输局	局长	十九	2019 年 1 月 31 日		
陈国健	上饶市广丰区水利局	局长	十九	2019 年 1 月 31 日		

续表 4-2-4

姓名	单位	职务	任职		免职	
			会次	时间	会次	时间
曾生华	上饶市广丰区农业农村局	局长	十九	2019 年 1 月 31 日		
阮承臣	上饶市广丰区商务局	局长	十九	2019 年 1 月 31 日		
俞秋香	上饶市广丰区文化广电新闻出版旅游局	局长	十九	2019 年 1 月 31 日		
占王剑	上饶市广丰区卫生健康委员会	主任	十九	2019 年 1 月 31 日		
刘任军	上饶市广丰区退役军人事务局	局长	十九	2019 年 1 月 31 日		
俞立峰	上饶市广丰区应急管理局	局长	十九	2019 年 1 月 31 日		
胡志刚	上饶市广丰区市场监督管理局	局长	十九	2019 年 1 月 31 日		
李　强	上饶市广丰区扶贫办公室	主任	十九	2019 年 1 月 31 日		
周永红	上饶市广丰区医疗保障局	局长	十九	2019 年 1 月 31 日		
刘金林	上饶市广丰区城市管理局	局长	十九	2019 年 1 月 31 日		
周志刚	上饶市广丰区水利局	局长			十九	2019 年 1 月 31 日
余彦伟	上饶市广丰区交通运输局	局长			十九	2019 年 1 月 31 日
王良东	上饶市广丰区人民法院立案一庭	副庭长	十九	2019 年 1 月 31 日		
毛伟中	上饶市广丰区人民法院民事审判二庭	庭长			十九	2019 年 1 月 31 日
祝灵文	上饶市广丰区人大常委会监察和司法工作委员会	主任	二十一	2019 年 3 月 11 日		
龚哲峰	上饶市广丰区人大常委会农业和农村工作委员会	副主任			二十一	2019 年 3 月 11 日
郑理瑞	上饶市广丰区永丰街道人大工作委员会	主任	二十一	2019 年 3 月 11 日		
朱秋梦	上饶市广丰区人大常委会办公室	副主任	二十三	2019 年 6 月 27 日		
叶小强	上饶市广丰区人民法院	审判委员会委员	二十四	2019 年 8 月 29 日		

续表 4-2-4

姓名	单位	职务	任职		免职	
			会次	时间	会次	时间
周献辉	上饶市广丰区人民法院	审判委员会委员	二十四	2019 年 8 月 29 日		
王世真	上饶市广丰区人民法院	审判委员会委员	二十四	2019 年 8 月 29 日		
周小兵	上饶市广丰区人民法院立案庭	庭长	二十四	2019 年 8 月 29 日		
俞文清	上饶市广丰区人民法院民事审判二庭	庭长	二十四	2019 年 8 月 29 日		
叶小强	上饶市广丰区人民法院桐畈法庭	庭长			二十五	2019 年 10 月 30 日
颜纯火	上饶市广丰区人民法院五都法庭	庭长			二十五	2019 年 10 月 30 日
徐黄海	上饶市广丰区人民检察院	检察委员会委员、检察员			二十五	2019 年 10 月 30 日
严如彬	上饶市广丰区人力资源和社会保障局	局长	二十六	2019 年 12 月 30 日		
潘剑波	上饶市广丰区住房和城乡建设局	局长	二十六	2019 年 12 月 30 日		
洪厚火	上饶市广丰区文化广电新闻出版旅游局	局长	二十六	2019 年 12 月 30 日		
周其华	上饶市广丰区人力资源和社会保障局	局长			二十六	2019 年 12 月 30 日
朱有清	上饶市广丰区住房和城乡建设局	局长			二十六	2019 年 12 月 30 日
俞秋香	上饶市广丰区文化广电新闻出版旅游局	局长			二十六	2019 年 12 月 30 日
王良东	上饶市广丰区人民法院立案庭	副庭长	二十七	2020 年 1 月 2 日		
邱振华	上饶市广丰区人民法院八都法庭	副庭长			二十七	2020 年 1 月 2 日
王贵钱	上饶市广丰区人民法院五都法庭	副庭长			二十七	2020 年 1 月 2 日
俞明仙	上饶市广丰区人民法院	副院长、审判委员会委员、审判员			二十八	2020 年 4 月 29 日
朱东风	上饶市广丰区人民法院	审判委员会委员、审判员			二十八	2020 年 4 月 29 日

续表 4-2-4

姓名	单位	职务	任职		免职	
			会次	时间	会次	时间
潘求松	上饶市广丰区人民法院民二庭	副庭长 审判员			二十八	2020 年 4 月 29 日
毛红斌	上饶市广丰区人民法院	审判委员会委员、审判员			三十	2020 年 8 月 26 日
罗　纬	上饶市广丰区人民法院	副院长、审判员、审判委员会委员	三十	2020 年 8 月 26 日		
李　琴	上饶市广丰区人民法院	审判员	三十一	2020 年 10 月 27 日		
毛永高	上饶市广丰区人民法院	审判委员会委员			三十一	2020 年 10 月 27 日
蒋日云	上饶市广丰区人大常委会城乡建设和环境资源工作委员会	主任			三十二	2020 年 11 月 30 日
陈　琅	上饶市广丰区人民法院	副院长、审判委员会委员	三十二	2020 年 11 月 30 日		
黎金涛	上饶市广丰区人民法院桐畈法庭	庭长	三十二	2020 年 11 月 30 日		
高林芳	上饶市广丰区人民法院五都法庭	庭长	三十二	2020 年 11 月 30 日		
郑明伟	上饶市广丰区人民检察院	副检察长	三十二	2020 年 11 月 30 日		
韩岳晶	上饶市广丰区人民检察院	检察委员会委员	三十二	2020 年 11 月 30 日		
谢超琼	上饶市广丰区人民检察院	检察委员会委员	三十二	2020 年 11 月 30 日		
庄　曼	上饶市广丰区人民检察院	检察员	三十二	2020 年 11 月 30 日		
张晓峰	上饶市广丰区人民检察院	副检察长、检察委员会委员			三十二	2020 年 11 月 30 日
俞立峰	上饶市广丰区应急管理局	局长			三十二	2020 年 11 月 30 日
陈大玉	上饶市广丰区监察委员会	委员			三十三	2020 年 12 月 30 日
王　韬	上饶市广丰区监察委员会	委员	三十三	2020 年 12 月 30 日		
饶敏云	上饶市广丰区人大常委会预算审查工作委员会	主任	三十三	2020 年 12 月 30 日		

续表 4-2-4

姓名	单位	职务	任职		免职	
			会次	时间	会次	时间
饶敏云	上饶市广丰区人大常委会预算审查工作委员会	副主任			三十三	2020 年 12 月 30 日
姜志龙	上饶市广丰区人大常委会下溪街道工作委员会	副主任			三十三	2020 年 12 月 30 日
徐　凯	上饶市广丰区人大常委会预算审查工作委员会	副主任	三十五	2021 年 1 月 22 日		
韩　露	上饶市广丰区人大常委会永丰街道工作委员会	副主任			三十五	2021 年 1 月 22 日
陈丽军	上饶市广丰区人大常委会城乡建设和环境资源工作委员会	主任	三十六	2021 年 2 月 1 日		
李　琴	上饶市广丰区人民法院民事审判一庭	副庭长	三十七	2021 年 4 月 28 日		
郑志仙	上饶市广丰区人民法院五都人民法庭	副庭长	三十七	2021 年 4 月 28 日		
陈地春	上饶市广丰区人大常委会丰溪街道工作委员会	主任	四十	2021 年 8 月 5 日		
徐安水	上饶市广丰区人大常委会下溪街道工作委员会	主任	四十	2021 年 8 月 5 日		
杨　波	上饶市广丰区人大常委会大石街道工作委员会	主任	四十	2021 年 8 月 5 日		
吴德坚	上饶市广丰区人大常委会永丰街道工作委员会	副主任	四十	2021 年 8 月 5 日		
高　英	上饶市广丰区人大常委会丰溪街道工作委员会	副主任	四十	2021 年 8 月 5 日		
叶身财	上饶市广丰区人大常委会芦林街道工作委员会	副主任	四十	2021 年 8 月 5 日		
傅春燕	上饶市广丰区人大常委会下溪街道工作委员会	副主任	四十	2021 年 8 月 5 日		
郑柳玉	上饶市广丰区人大常委会大石街道工作委员会	副主任	四十	2021 年 8 月 5 日		
朱秋梦	上饶市广丰区人大常委会办公室	副主任			四十	2021 年 8 月 5 日
毛志飞	上饶市广丰区人大常委会大石街道工作委员会	主任			四十	2021 年 8 月 5 日
杨衰对	上饶市广丰区人大常委会丰溪街道工作委员会	主任			四十	2021 年 8 月 5 日

续表 4-2-4

姓名	单位	职务	任职		免职	
			会次	时间	会次	时间
周有华	上饶市广丰区人大常委会下溪街道工作委员会	主任			四十	2021 年 8 月 5 日
潘国梁	上饶市广丰区人大常委会丰溪街道工作委员会	副主任			四十	2021 年 8 月 5 日
汤尚剑	上饶市广丰区人大常委会芦林街道工作委员会	副主任			四十	2021 年 8 月 5 日
邓小芳	上饶市广丰区人大常委会大石街道工作委员会	副主任			四十	2021 年 8 月 5 日
毛伟中	上饶市广丰区人民法院	审判委员会委员			四十	2021 年 8 月 5 日
李积林	上饶市广丰区审计局	局长			四十二	2021 年 8 月 26 日
刘荣伟	上饶市广丰区发展和改革委员会	主任			四十二	2021 年 8 月 26 日
李　强	上饶市广丰区扶贫办公室	主任			四十二	2021 年 8 月 26 日
阮承臣	上饶市广丰区商务局	局长			四十二	2021 年 8 月 26 日
周　彪	上饶市广丰区监察委员会	副主任	四十三	2021 年 9 月 15 日		
徐洪辉	上饶市广丰区监察委员会	副主任	四十三	2021 年 9 月 15 日		
王志勇	上饶市广丰区监察委员会	副主任			四十三	2021 年 9 月 15 日
李建忠	上饶市广丰区监察委员会	副主任			四十三	2021 年 9 月 15 日

五、区第十七届人大常委会的任免人员名单

表 4-2-5

姓名	单位	职务	任职		免职	
			会次	时间	会次	时间
洪厚火	上饶市广丰区人民政府办公室	主任	二	2021 年 11 月 25 日		
俞江良	上饶市广丰区发展和改革委员会	主任	二	2021 年 11 月 25 日		

续表 4-2-5

姓名	单位	职务	任职		免职	
			会次	时间	会次	时间
周荣敏	上饶市广丰区教育体育局	局长	二	2021 年 11 月 25 日		
毛建明	上饶市广丰区科学技术局	局长	二	2021 年 11 月 25 日		
肖坚雄	上饶市广丰区工业和信息化局	局长	二	2021 年 11 月 25 日		
洪强明	上饶市广丰区民政局	局长	二	2021 年 11 月 25 日		
汪小青	上饶市广丰区司法局	局长	二	2021 年 11 月 25 日		
占王剑	上饶市广丰区财政局	局长	二	2021 年 11 月 25 日		
严如彬	上饶市广丰区人力资源和社会保障局	局长	二	2021 年 11 月 25 日		
潘剑波	上饶市广丰区住房和城乡建设局	局长	二	2021 年 11 月 25 日		
李剑波	上饶市广丰区交通运输局	局长	二	2021 年 11 月 25 日		
陈国健	上饶市广丰区水利局	局长	二	2021 年 11 月 25 日		
宁晓华	上饶市广丰区农业农村局	局长	二	2021 年 11 月 25 日		
李新良	上饶市广丰区商务局	局长	二	2021 年 11 月 25 日		
俞剑波	上饶市广丰区文化广电新闻出版旅游局	局长	二	2021 年 11 月 25 日		
吴贞河	上饶市广丰区卫生健康委员会	主任	二	2021 年 11 月 25 日		
刘任军	上饶市广丰区退伍军人事务局	局长	二	2021 年 11 月 25 日		
叶旭辉	上饶市广丰区审计局	局长	二	2021 年 11 月 25 日		
王青山	上饶市广丰区市场监督管理局	局长	二	2021 年 11 月 25 日		
余朝晖	上饶市广丰区统计局	局长	二	2021 年 11 月 25 日		
阮承有	上饶市广丰区人民防空办公室	局长	二	2021 年 11 月 25 日		

续表 4-2-5

姓名	单位	职务	任职		免职	
			会次	时间	会次	时间
王智丰	上饶市广丰区乡村振兴局	局长	二	2021 年 11 月 25 日		
周永红	上饶市广丰区医疗保障局	局长	二	2021 年 11 月 25 日		
刘金林	上饶市广丰区城乡管理局	局长	二	2021 年 11 月 25 日		
吴处银	上饶市广丰区人大常委会教育科学文化卫生工作委员会	主任			二	2021 年 11 月 25 日
纪树生	上饶市广丰区人民法院	副院长、审判委员会委员			二	2021 年 11 月 25 日
何燕飞	上饶市广丰区人大常委会办公室	副主任	三	2021 年 12 月 28 日		
杨利华	上饶市广丰区人大常委会大石街道工作委员会	主任	三	2021 年 12 月 28 日		
夏洪欣	上饶市广丰区应急管理局	局长	三	2021 年 12 月 28 日		
黄雅婷	上饶市广丰区科学技术局	局长	三	2021 年 12 月 28 日		
夏少波	上饶市广丰区退役军人事务局	局长	三	2021 年 12 月 28 日		
毛建明	上饶市广丰区科学技术局	局长			三	2021 年 12 月 28 日
刘任军	上饶市广丰区退役军人事务局	局长			三	2021 年 12 月 28 日
吴选峰	上饶市广丰区监察委员会	委员	三	2021 年 12 月 28 日		
罗　伟	上饶市广丰区监察委员会	委员	三	2021 年 12 月 28 日		
余金炉	上饶市广丰区监察委员会	委员			三	2021 年 12 月 28 日
罗　玮	上饶市广丰区人民法院	副院长、审判员、审判委员会委员			三	2021 年 12 月 28 日

第三节　评议工作

评议工作是人大对“一府一委两院”及其工作人员依法开展法律监督和工作监督的有效形式，有利于加强社会主义民主法治建设，增强国家机关工作人员的民主意识、公仆意识、法治意识和廉洁意识，也有利于提高国家机关及其工作人员依法行政水平和工作效率。人大评议工作主要包括两种形式，即述职评议和工作评议。

一、述职评议

述职评议工作是在县委统一领导下，县人大常委会组织开展的，由县人民代表大会及其常委会选举、任命的国家机关工作人员在常委会会议上就其所负责的工作进行全面陈述，常委会组成人员和人大代表对述职人进行评议的活动。述职评议的主要内容是，述职干部贯彻执行党的路线、方针、政策和国家法律、法规的情况；执行人大及其常委会的决定、决议，办理人大代表议案、批评、建议和意见的情况；履行岗位职责，完成工作任务和廉洁自律等方面的情况。县人大常委会对所任命的干部开展述职评议，不仅可以有效地拓宽对国家机关工作人员监督的渠道，实时掌握干部工作业绩，而且对于鼓励先进、鞭策后进，促进国家机关工作人员清正廉洁、勤政为民，增强工作人员公仆意识和法律意识都起到积极作用。

县第十三届人大常委会（从 2005 年 3 月至 2007 年 3 月止），共评议了人大常委会任命的国家机关工作人员 10 名，分别是县计生委主任余从华、县农业局局长陈少华、县交通局局长王少波、县人民法院副院长林峰、县人民法院执行二庭庭长毛红斌、县人民检察院副检察长张华、县林业局局长刘旭洲、县文广局局长徐贵清、县人民法院副院长纪树生和县人民检察院副检察长夏少华。

述职评议工作，首先在述职人所在单位召开群众评议会，由述职人向本单位干部职工报告工作，接受干部职工的评议。其次，县人大常委会召开述职评议会，由述职人做述职报告，县人大常委会评议调查组向会议做述职人履行职责情况的调查报告。县人大常委会委员和县人大代表在肯定工作成绩的同时，面对面地对述职人提出批评、建议和要求。最后对述职人进行满意度测评。述职人会后要针对人大常委会委员和人大代表提出的批评和建议，认真加以整改，并在规定的时间内向常委会报告整改工作情况。

评议过程中，县人大常委会评议调研组、县人大常委会委员、县人大代表提出了很好的批评意见和建议。如认为县计生委主任余从华要进一步解放思想，创造性地开展工作，更多地为县委、县政府对计生工作决策当好参谋。县农业局局长陈少华要加大执法力度，严格依法行政，加强单位工作人员的专业知识培训，不断提高技术人员的专业素质和水平。县文广局局长徐贵清要进一步加强文化阵地建设和文化事业发展，进一步加强与其他部门的协调沟通，增加贴近群众、关注“三农”的广播电视节目，进一步完善文化市场运作机制和加大监管力度，进一步加强调查研究。县林业局局长刘旭洲要进一步加强学习，不断提高自身素质，进一步解放思想，创造性地开展工作；继续加强改革创新力度，加大执法力度，严格依法行政。

受评议的述职人都能虚心接受委员、代表们的工作监督，会后都能按照委员、代表们的批评、意见和要求认真落实整改措施，在实际工作中整改到位。其述职评议整改情况的报告在常委会会议上均获得通过。

二、工作评议

2005年以来，县（区）人大常委会根据工作需要，共对19个单位开展工作评议。县第十三届人大常委会评议县招商局、广丰公路分局、县邮政局、县工商局、县经贸委5个单位；县第十四届人大常委会评议县质监局、县科技局和县统计局3个单位；县第十五届人大常委会评议了县水利局；县卫生局、县教体局、县农业局、县文广局、县国土局和县民政局7个单位；区第十六届人大常委会评议了区城管局、区行政服务中心区、区卫计委、区水利局4个单位。

2005年9月，县人大常委会对县邮政局进行工作评议。评议前，县人大常委会召开了评议工作动员会。会后，县人大常委会工作评议调查组分成了两个调查小组，深入县邮政局及其下属单位和永丰、横山、毛村、枧底等8个乡镇，采取民主测评、个别谈话、召开座谈会等形式，开展评议调查活动，广泛听取干部群众对县邮政局工作的意见、建议。评议中，委员、代表们在肯定县邮政局工作成绩的同时，指出了其存在的主要问题和不足：一是学习和宣传《中华人民共和国邮政法》及相关邮政知识不够细、不够深；二是邮政服务有待加强；三是基础设施管理力度不够大；四是邮政部门报刊邮件只负责投递到行政村，村以下的邮件投递由地方政府解决的办法不妥；五是用户信报箱及信报箱的点设置不够，邮件安全难以确保。同时提出了五点整改意见：一是要进一步加强邮政法律法规的宣传力度；二是要进一步提高邮政优质服务；三是要加强对员工特别是投递劳务工的专业培训，以提高其综合素质和服务水平；四是要加强报刊、信函的管理，确保及时准确投递到位；五是要进一步加强和完善邮政基础设施管理。围绕县人大常委会的评议意见，县邮政局领导班子高度重视，全力整改，效果明显，达到了评议工作的预期目的。

2006年6月，县人大常委会对县工商局进行了工作评议。评议会前，县人大常委会评议调查组通过个别谈话、查阅工商注册登记表、广告审查卷宗、市场巡查记录等档案资料，深入永丰、五都、洋口、湖丰等乡镇（街道），通过召开座谈会、发放问卷调查表等形式开展评议调查活动，广泛听取社会各界对工商局工作的意见和建议。评议中，委员、代表认为县工商局在加强学习宣传，提高法治观念；发挥职能作用，服务经济建设；促进公平竞争，维护市场秩序等工作取得明显成效。也提出了市场监督手段单一，执法力度不够大；服务意识、执法水平有待提高；硬件设施落后、队伍建设有待加强等批评意见。同时提出了五点整改意见：一是加强学习，提高队伍素质；二是完善监管方式，扩大监管层面，努力维护市场经济秩序；三是增强服务意识，公正文明执法，营造良好的发展环境；四是积极创造条件，逐步改善办公设施；五是进一步加强老干部工作，开展有益于老干部身心健康的活动。

2006年10月，县人大常委会对县经贸委开展了工作评议。县人大常委会评议调查组深入县经贸委机关、部分乡镇及煤矿。开展评议调查工作，采取召开座谈会、个别谈话、现场察看、查阅资料等方式，广泛听取社会各界对县经贸委工作的意见和建议。评议过程中，委员、代表充分肯定了县经贸委的工作成绩，但也提出了法律法规的学习宣传不够深入；市场环境经济秩序有待进一步规范，经贸执法力度不够、手段单一；新增职能履职有待加强等批评意见。明确指出了要进一步加大学习宣传经贸法律法规的力度；要进一步加大执法力度，做到大胆执法、敢于执法；要充分发挥职能作用，创造良好的发展环境；要加强队伍建设和作风建设，努力提高履职能力等整改意见。

2007年7月，县人大常委会对县质监局进行了工作评议。5月30日，县人大常委会召开了评议县质监局工作动员会。会后，评议调查组分别在永丰街道、芦林街道召集周边乡镇的部分县人大代表、业主代表、镇村（居）干部代表参加的评议工作座谈会。同时，根据代表、干部群众反映的问题，分赴湖丰、洋口、横山等地建材企业、烟花鞭炮企业有针对性地进行个别调查。调查组还充分听取了县质监局机关干部职工及离退休老干部代表对本局的工作意见与建议。评议中，肯定了县质监局的工作成绩，指出了存在的问题与不足，如工作横向沟通主动性不够，造成工作被动，执法随意性大；检测手段落后；规章制度制定不够合理等。提出了今后工作的整改意见：一是加强队伍思想作风建设，进一步提高干部职工执法为民思想；二是继续深化政务公开，提高工作透明度；三是加强检测设备建设和工作人员业务能力培训，以提高检测能力；四是加强横向沟通与联系，增强工作主动性。

2010年11月，县人大常委会对县统计局进行了工作评议。县人大常委会成立了以副主任郑德龙为组长的县统计工作评议调查组。会前，调查组深入统计局机关、相关乡镇、村居现场察看、查阅资料，召开座谈会、发放调查问卷，广泛听取社会各界对县统计局工作的意见与建议。评议会上，委员、代表充分发表意见，在肯定县统计局工作成绩的同时，提出了部分单位依法统计的法治意识不够强；统计基础工作仍较薄弱；统计数据质量有待提高；统计监督检查力度有待加强等批评意见。明确提出了加强学习，提高队伍素质；强化统计基础建设，提高基层统计人员素质；进一步拓宽服务领域，为经济建设和社会发展服务；进一步加大统计执法监督检查力度，确保统计数据质量等四个方面的整改意见。会后，县统计局严格按照委员代表提出的意见逐条落实专人负责认真整改，整改成效明显。

2010 年 11 月，县人大常委会对县科技局进行了工作评议。9 月 8 日，县人大常委会召开了县科技局工作评议动员会，发放并填写征求意见表。会后，工作评议调查组深入县科技局、县农业局、县人民医院等 7 个县直单位和芦林街道、洋口镇、五都镇等 5 个乡镇，通过听取汇报、召开座谈会、个别走访、民意测评，接待群众来信来访、专题调查等形式，广泛听取社会各界对县科技局工作的意见和建议。评议中，委员代表积极建言，提出了重视科技工作的程度不够；财务支出较大，没有量入为出；科技三项费用管理制度不健全；科技推广、服务指导不到位；项目培育缺乏主动性等批评意见。针对科技局的工作现状，要求其必须在重视科技工作，营造科学发展氛围；加强财务管理；建立健全规章制度、加强自身建设；培育创新主体、转化创新成果；打造科技推广平台，加强科技服务指导等方面加强工作整改，为科技兴县打好坚实基础。

2012 年 10 月，县人大常委会对县水利局、县卫生局、县教体局 3 个单位进行了工作评议。县人大常委会成立了县水利局工作评议、县卫生局工作评议及县教体局工作评议 3 个调查组。在各单位开展评议自查工作的基础上，调查组分别在县水利局、县卫生局、县教体局召开了本单位全体干部职工参与的工作评议动员大会，先后深入相关县直单位和相关乡镇，通过听取汇报、个别谈话、走访了解、民主测评等方式进行评议调查，广泛听取社会各界的意见和建议，并委托县审计局对被评议单位 2011 年度财务收支情况进行审计。

评议中，县人大常委会组成人员、人大代表充分肯定被评议单位取得的工作成绩，也提出了批评意见。如县水利局：《中华人民共和国水法》宣传力度仍需加强；水利建设服务仍然艰巨；水利监管体制有待完善；资金技术保障有待充实。县卫生局：医疗卫生服务能力尚需加强，新农合制度保障水平尚待提高。卫生监督执法工作尚待改正，卫生队伍建设与卫生事业发展要求还不相适应；医疗卫生投入仍然不足；医德医风建设亟须加强。县教体局：教育经费投入仍然不足；各类学校教育质量有待提高；教师队伍建设不容乐观，城区教育压力仍然较大；教育发展环境亟须优化，体育工作有待加强。针对各被评议单位的实际情况，提出了整改意见。县水利局：要加大资源环境保护的宣传，加快水利工程建设的步伐；加强水利设施建设的监管；加强资金技术支持的力度。县卫生局：要优化调整和合理配置卫生资源，切实提升医疗服务水平；巩固完善新型农村合作医疗制度，提高群众受益覆盖率和保障水平；强化卫生监督执法，着力化解医患矛盾；加强卫生人才队伍建设，健全完善工作机制；加大对卫生事业的投入，推进卫生健康事业快速发展；加强医德医风建设，更好服务人民群众。县教体局：要进一步加大教育的投入；进一步推进教育均衡发展；进一步强化教体教学管理；进一步加强队伍建设；进一步加强学校安全工作；进一步加强体育工作力度。

县人大常委会组成人员和部分人大代表民主测评情况表

表 4-3-1

被测评单位	参评人数	发出测评票	收回测评票	满意票	基本满意票	不满意票	弃权票	测评结果
县水利局	31	31	31	27	4	0	0	满意
县卫生局	31	31	31	24	6	1	0	满意
县教体局	31	31	31	26	5	0	0	满意

工作评议后，各被评议单位根据县人大常委会的综合评议意见及审计决定所指出的问题及建议，制定了切实可行的整改方案，并认真抓好了整改工作。2012 年 12 月，县第十五届人大常委会第九次会议听取了县水利局、卫生局、教体局的评议工作整改报告。会议认为，3 个单位的整改工作措施得力，整改成效明显，评议工作达到预期目的。

2013 年 10 月，县人大常委会对县农业局、县文广局、县国土资源局进行了工作评议。会前，县人大常委会成立了评议县农业局工作、评议县文广局工作、评议国土资源局工作三个领导小组。评议工作调查组组织人大常委会组成人员和部分人大代表分赴 3 个单位听取工作汇报，并对 2011 年以来 3 个单位的工作进行了测评。采取走访询问、查阅资料、召开座谈会等形式开展工作评议调查活动，听取干部群众的意见建议，获得工作评议的第一手资料。

评议中，县人大常委会组成人员、县人大代表在肯定工作成绩的同时，指出了工作中存在的短板和问题，县农业局：法律法规宣传有待深化；“三农”服务措施有待细化；农业质量监管有待强化；人才队伍建设有待硬化。县文广局：文化设施建设严重滞后；文化市场监管力度不够；文广服务功能还不够到位；文化人才短缺问题突出。县国土资源局：法治宣传还不够广泛深入；土地节约集约利用率相对较低；土地执法监察工作有待强化；机关工作作风有待进一步加强。同时提出了整改意见，县农业局：要进一步加大法律法规宣传；进一步推进农业机制创新；进一步加大农业专项治理，强化农业质量安全监管；进一步加强农业专业人才队伍建设，提高农业队伍素质。县文广局：要进一步加强公共文化设施建设；进一步加大文化市场监管力度；进一步强化文广服务功能；进一步加强文广干部队伍建设。县国土资源局：要进一步增强国土资源保护的法律法规意识；进一步提高土地节约集约利用水平；进一步加大国土资源管理执法力度；进一步加强机关工作作风建设。

县人大常委会组成人员和部分人大代表民主测评情况表

表 4-3-2

被测评单位	参评人数	发出测评票	收回测评票	满意票	基本满意票	不满意票	弃权票	测评结果
县农业局	57	57	57	56	1	0	0	满意
县文广局	57	57	57	48	9	0	0	满意
县国土资源局	57	57	57	44	12	1	0	满意

评议工作结束后，县农业局、县文广局和县国土资源局根据县人大常委会对其工作的综合评议意见，认真组织整改工作，并将整改工作情况向县第十五届人大常委会第十六次会议报告。会议认为，3 个单位的主要领导对整改工作高度重视，采取的措施扎实有效，整改工作成效明显。

2015 年 10 月，区人大常委会对区民政局进行了工作评议。会前，区人大常委会评议民政局工作调查组在区民政局召开评议工作动员会，采取召开座谈会、个别谈话、民主测评、实地走访等形式，分别就 2013 年以来贯彻实施宪法及相关法律法规，执行区人大常委会决定决议和代表建议办理情况，依法行政、履行职责和解决群众关心的热点问题等六个方面的工作情况进行全面了解。深入相关乡镇、区福利院、婚姻登记中心、城市流浪乞讨人员社会救助局等单位开展调查工作，广泛征求意见，并委托区审计局对区民政局 2013 年以来的财务收支情况进行了审计。评议中，区人大常委会组成人员、人大代表对区民政局推进社会救助工作、提升优抚双拥安置水平、推动社会福利体系建设、推进基层民主法治建设、加强公共管理、加强行政效能和服务能力建设、主动对接人大监督等方面的工作给予肯定。同时，提出了批评意见：低保管理工作有待进一步规范；殡葬改革工作亟须加强；老年人服务工作需加速推进；社会福利、救助服务能力还需提高；政策法律法规宣传有待进一步深入；队伍建设有待进一步提高。提出的整改意见是：努力完善社会救助保障机制；着力强化殡葬改革管理工作；不断加强养老服务事业；切实加大民政法律法规宣传；大力加强民政干部队伍建设。区人大常委会组成人员和部分人大代表民主测评情况为：发出测评票 19 张，收回 19 张，区民政局得满意票 14 张，基本满意票 5 张，不满意票 0 张，弃权 0 张。测评结果为满意。

区第十五届人大常委会第三十四次会议听取了区民政局关于评议工作的整改工作情况的报告。会议认为，区民政局行动迅速，措施得力，整改工作效果明显，评议工作起到了帮助区民政局改进提高工作的作用。

2017 年 10 月，区人大常委会对区城管局、区行政服务中心进行工作评议。会前，区人大常委会成立了 2 个评议工作调查组，分别到两个单位召开了评议工作动员大会。通过召开座谈会、实地察看、问卷调查、延伸调查、民意测评等形式，全方位开展了对区城管局、区行政服务中心的评议调查工作，听取社会各界的意见和建议。

评议会上，区人大常委会组成人员、人大代表在肯定被评议单位工作成绩的同时，提出了批评意见，区城管局：管理体制机制不畅；城市综合功能不全；公共设施有待完善；队伍素质参差不齐。区行政服务中心：部分行政审批和服务事项进驻不到位；部分单位职能归并工作不到位；服务态度与工作水平还需进一步改善和提高；项目审批流程复杂，环节多，硬件设施和办公条件有待进一步完善。同时，提出了整改意见和今后工作的努力方向。区城管局：要完善体制机制，健全长效机制；要加强统筹规划，完善城市功能；坚持问题导向，提升幸福指数；加强队伍建设，提高管理水平；注重宣传教育，营造良好氛围。区行政服务中心：要确保事项进驻和授权到位；进一步提高行政服务工作效率和工作水平；进一步加大对乡镇（街道）便民服务中心工作力度，做到硬件到位、人员到位、服务到位；进一步加大行政服务保障投入的水平。

区人大常委会组成人员和部分人大代表民主测评情况表

表 4-3-3

被测评单位	参评人数	发出测评票	收回测评票	满意票	基本满意票	不满意票	弃权票	测评结果
区城管局	41	41	41	32	7	2	0	满意
区行政服务中心	41	41	41	38	2	1	0	满意

区第十六届人大常委会第十次会议，听取区城管局、区行政服务中心的工作评议整改工作情况的报告。会议认为，区城管局、区行政服务中心能够根据区人大常委会评议工作的综合审议意见和要求，有针对性地开展评议整改工作，行动快，措施实，效果好，达到了评议工作的预期目的。

2018 年 8 月，区人大常委会对区卫计委进行工作评议。6 月，区人大常委会在区中医院召开由区卫计委班子成员、股室负责人、下属单位负责人和乡镇（街道）人大主席（主任）、部分区人大代表参加的评议区卫计委工作动员大会。会后，区人大常委会工作评议调查组采取召开座谈会、听取汇报、走访询问、民意测评等形式，对区卫计委 2016 年以来的工作情况进行全面了解，广泛听取各方面的意见和建议。

评议会上，区人大常委会组成人员、部分区人大代表充分肯定了区卫计委在医疗卫生服务能力、医药卫生体制改革、计生服务工作、卫计监管水平及队伍建设等方面取得明显工作成效的同时，提出如下批评意见：医疗卫生体制改革有待进一步深化；卫计法律宣传存在薄弱环节；卫生技术人才紧缺；基层医疗卫生服务水平不高；医疗机构债务较重；民营医院发展水平亟须提高。明确提出了以下整改意见：巩固改革成果，完善医疗卫生体制机制；强化法制治传，严格依法行政；优化人才结构，加强人才队伍建设；夯实医疗卫生基础，提升卫生服务能力；建立长效监管机制，促进民营医院良性发展。工作评议满意度测评结果：参评区人大常委会组成人员和区人大代表共52人，区卫计委测评得票情况：满意票50票，基本满意票2票，不满意票0票。测评结果为满意。

2018年10月25日，区第十六届人大常委会第十七次会议听取和审议了区卫计委工作评议整改工作情况的报告。会议认为，区卫计委高度重视评议整改工作，能根据区人大常委会对卫计委工作的综合评议意见，研究制定整改工作方案，明确班子成员分工，扎实开展整改工作，工作细、措施实、成效显，达到了工作评议的目的。

2019年8月，区人大常委会对区水利局进行工作评议。评议会前，区人大常委会在区水利局召开了评议水利局工作动员会。工作评议调查组深入区水利局、相关区直单位和乡镇街道，采取现场查看、召开座谈会、个别谈话和查阅资料等形式，深入了解区水利局的工作情况，听取社会各界的意见和建议。

评议会上，区人大常委会组成人员、人大代表在肯定工作成绩的同时，提出了以下批评意见：水利工程项目时效不高；农田水利建设存在短板；水利民生工程仍需加强；水利专业技术人才匮乏。提出的整改意见是：加强农田水利建设与管理；切实解决农村人口饮水安全问题；努力提升水利工程项目质量，加快选配培养水利专业人才。

2019年10月30日，区第十六届人大常委会第二十五次会议听取和审议的区水利局工作评议整改工作情况的报告。会议认为，区水利局能够根据区人大常委会对水利局工作的综合评议意见，采取有力措施，逐个消化问题，逐条办理落实评议意见，取得了明显成效，通过了其工作评议整改工作报告。

第四节　视察调查和执法检查工作

一、视察调查

在本级人民代表大会闭会期间，代表视察是人大代表履行职责、发挥代表作用的法定内容和重要形式，是人大代表监督、支持和促进“一府两院”工作的具体实践。历届县（区）人大常委会高度重视代表视察工作，有计划地组织开展人大代表视察活动，促进人大代表依法履职，帮助“一府两院”推动和改进工作。视察调查工作具有如下特点：一是坚持县（区）人大常委会统一安排。县（区）人大常委会每年都将人大代表视察调查工作列入年度工作要点，视察的对象、项目、时间和参加视察的人员均要经过县（区）人大常委主任会议研究决定。二是坚持专项视察与综合视察相结合。三是视察工作围绕关系县（区）经济社会发展大局和人民群众普遍关心的热点问题开展。四是视察工作呈现制度化、规范化和常态化。据统计，从 2005 年至 2021 年底止，县（区）人大常委会组织开展的视察调查活动共计 7 次，开展人代会会前代表集中视察活动共计 5 次。

（一）县第十三届人大常委会的视察（调查）活动

2006 年 11 月 17 日，县第十三届人大常委会为全面了解广丰社会治安现状，推动广丰社会治安及防控体系建设，组成了由县人大常委会主任戴水春任组长，县人大常委会组成人员、部分市、县人大代表参与的 23 人视察组。先后到县公安局、城区社会治安动态电视监控系统、刑警大楼、看守所进行视察。通过实地察看，听取汇报和组织座谈，充分了解广丰社会治安的形势和特点，全面掌握公安部门采取的打防措施，针对广丰社会治安存在的困难和问题，提出了五点视察建议，为县人民政府解决基层派出所建设办公用房所需经费和社会治安防控体系建设经费提供了决策依据。有力地助推了公安部门打击利用“六合彩”“网络”进行赌博等违法犯罪活动。通过加强法律宣传，增强了全社会的法律意识，有效地促进了未成年人犯罪的预防工作。

（二）县第十四届人大常委会的视察（调查）活动

县第十四届人大常委会在其任期内，围绕重点工程建设、工商行政管理、网吧管理和城市管理等方面的工作，共组织了4次人大代表视察活动，收到了良好的视察工作效果。

2007年9月5日，县人大常委会组织部分市、县人大代表对储备粮库“退城进郊”工程、芦洲大道、新建县幼儿园、卧龙城、新天地、创美住宅小区和关胜水库除险加固工程项目进行了视察，通过听取汇报和现场察看，县人大常委会委员及县人大代表亲身感受到县委、县政府对民生问题的高度关注和重视，体现了政府集中财力办大事的决心。在肯定成绩的同时，也指出了广丰重点工程项目建设存在四个方面的问题与不足，提出了齐心协力，形成共识；加强监管，确保质量；破解难题，加快进度三条视察意见，引起了县人民政府及有关部门的高度重视，强力地助推广丰重点工程建设项目高质高效按期完工。

2008年6月19日，县人大常委会组织部分县人大代表对广丰工商行政管理工作进行了视察。视察组先后实地察看了注册局、洋口工商分局、五都工商分局和永丰工商分局，在听取汇报、召开座谈会、调阅案卷的基础上，开展了民主测评工作。视察组认为，县工商局在营造良好的招商引资环境、打击制售假冒伪劣食品、农资等违法行为、维护农民合法权益等方面做了大量工作，发挥了职能作用，为广丰经济快速发展做出了贡献。同时指出了工作中存在三个方面的短板和不足。针对存在的问题，视察组提出了强化宣传意识，加大法律法规的宣传力度；增强责任意识，提高行政执法能力；增强服务意识，切实转变工作作风；加强自身建设，提高队伍整体素质四条视察意见。县工商局领导班子高度重视，针对视察意见，制定整改方案，落实班子成员分工负责整改工作，取得了明显成效。

2010年6月28日，县人大常委会组织部分省、市、县人大代表视察了县文广局网吧视频监管中心和网吧运行情况，先后听取了县文广局、公安局、工商局、电信局等网吧管理部门负责人关于网吧管理工作的情况汇报。视察组根据广丰网吧管理工作的现状及存在的问题，提出了六点视察意见：一要成立“广丰县网吧管理整治协调小组”，加强全县网吧管理专项整治工作的统一领导和协调行动；二要建立网吧管理工作联席会议制度，每季度定期召开联席会议，研究解决网吧管理工作中存在的问题；三要抓住源头，攻克难点；四要分工负责，从严管理；五要全民参与，共同管理；六要提高认识，正视责任。同时，为使视察工作出成效，县人大常委会向县人民政府发出了视察意见书，督促区人民政府及相关部门认真研究落实，并要求在三个月内将办理情况以书面形式反馈至县人大常委会。

2011年12月22日，县人大常委会组织部分省、市、县人大代表对广丰城市管理情况开展集中视察活动。代表们实地察看了县城道路维修、下水道改造、园林绿化、卫生保洁、“三乱”

整治和城市亮化等情况，在县城管局召开了座谈会，听取了县城管局的工作汇报。代表们认为，广丰一年来城管队伍的精神面貌得到了改变，市政设施进一步完善，城市亮化有了很大的改观，园林绿化得到了改造。但也存在环境卫生仍不尽如人意，齐抓共管的合力没有形成；占道经营现象仍然存在；乱搭乱倒现象时有发生等问题，需要在今后的工作中加以改进。为进一步加强和改进城市管理工作，不断提升城市管理水平，提出了如下视察意见：一要强化城市管理理念；二要进一步理顺管理体制；三要加大城市管理投入；四要突破城管的瓶颈障碍；五要搞好菜市场等专业市场的规划建设。

（三）县（区）第十五届人大常委会的视察（调查）活动

县（区）第十五届县人大常委会自 2012 年 1 月换届以来的 5 年时间里，紧紧围绕广丰经济建设和关系人民群众生产生活的“热点”“难点”问题，组织县（区）人大常委会组成人员和省、市、县（区）人大代表进行视察，深入基层，深入群众，掌握实际情况，发现工作中存在的缺板和问题，及时反馈给“一府两院”及有关部门，并督促其整改。

2013 年 10 月 22 日，县人大常委会针对广丰居民用电故障、停电现象频发的实际情况，组织了由县人大常委会正、副主任、部分省、市、县人大代表参加的视察组，对广丰停电问题进行专题视察，并邀请县人民政府副县长王华安陪同视察。代表们实地视察了博山 11 万伏变电站、洋口供电所、树线矛盾比较突出的上广线五里段、月湖开闭所、安吉小区、养排线 26 号杆等，并在县供电公司召开座谈会，听取县供电公司总经理程振宇的工作汇报。代表们认为，广丰停电现象多发，既有客观原因也有主观原因，客观因素是近年来随着广丰城市规模扩大、工业经济快速发展和群众生活水平的提高，用电量连年攀升，而电力设施相对落后，农网改造不彻底，一些线路长期带病运行，加上电力设施布局不合理，都对广丰电力安全稳定运行带来极大影响。从主观因素上看，供电公司内部对停电问题缺乏有效的责任追究机制，基层站所和线路主管人员没有具体的责任和压力，停电维修缺乏“抢”的意识。为此，代表们提出了三点视察意见：一要注重电力通道规划，狠抓电源点建设；二要增强责任意识，强化公司内部管理；三要主动沟通协调，创新工作机制。积极回应群众关切，通过强力整改，切实推进广丰电力建设，有效保障人民群众切身利益。

2014 年 4 月 10 日，县人大常委会组织人大常委会主任会议成员、部分县人大代表就饶丰灌区一干渠续建配套和节水项目的规划设计调整进行专题视察。饶丰灌区管理局、县发改委、县水利局、沙田镇、饶丰灌区设计单位和监理单位等相关负责人参加了视察活动，并在沙田镇政府召开了座谈会，听取了饶丰灌区管理局、设计单位和监理单位负责人的工作汇报。代表们认为，如果按原规划实施则面临诸多问题：一是原规划设计规划引流 12.17 立方米 / 秒，流量明显过大，未将灌区各地除险加固后的小型水库的水源考虑其中，会造成水源的浪费，且增加灌溉成本。二是征地拆迁较难，费用又高，易诱发群体上访事件。三是水源矛盾突出，负面影响难以调和。

针对上述问题，提出了如下视察建议：坚持实事求是原则，合理调整规划；正确处理各方关系，渠系引水只能保障农田灌溉，坚决打击在引水灌系上布局发电设施；积极争取上级部门的理解支持，加快项目规划调整的审批，促进项目尽快实施，造福于民。

（四）区第十六届人大常委会的视察（调查）活动

在区人代会召开前组织区人大代表开展会前集中视察，是代表依法执行代表职务的重要形式，是人民代表大会及其常务委员会对国家机关工作进行监督的重要举措，也是人代会召开前的重要准备工作。区第十六届人大常委会自 2016 年 10 月换届以来的 5 年时间里，在区人代会召开前共组织代表集中视察活动 5 次。组织代表会前集中视察，有利于区人大代表掌握全区经济、政治、文化和社会建设的宏观情况，监督国家工作机关的工作情况，为代表参加大会并审议报告做好准备；也有利于代表知情知政，掌握第一手资料，酝酿、起草、提出议案建议。集中视察不仅丰富了代表的活动内容，而且密切了代表与人民群众的联系，促进了代表议案、建议质量的提高，为代表依法履职奠定了基础。

二、执法检查

“在本行政区域内，保证宪法、法律、行政法规和上级人民代表大会及其常务委员会决议的遵守和执行。”是《中华人民共和国地方各级人民代表大会和地方各级人民政府组织法》赋予县级以上的地方各级人民代表大会常务委员会的重要职权之一。有计划、有重点地开展执法检查，加强对法律法规实施情况的监督检查，着力提高执法检查的能力水平，切实增强监督实效，保障法律法规顺利实施，是县级以上的地方各级人民代表大会常务委员会义不容辞的责任。据统计，县（区）人大常委会自 2005 年 1 月以来，共对 58 部（含一法数次检查）法律法规的贯彻实施情况进行了检查。其中，县第十三届人大常委会重点检查了 10 部；县第十四届人大常委会重点检查了 19 部；县（区）第十五届人大常委会重点检查了 17 部；区第十六届人大常委会重点检查了 12 部。

在多年执法检查的工作实践和探索中，县（区）人大常委会形成并完善了科学规范、操作性强的执法检查工作程序。（一）县（区）人大常委会每年年初有针对性地确定重点检查的法律法规，并将其列入县（区）人大常委会年度工作要点。（二）执法检查前，由相关专工委制定执法检查工作方案（草案），从县（区）人大常委会组成人员、县（区）人大代表中抽调人员成立执法检查工作领导小组或执法检查组，提交县（区）人大常委会主任会议研究后以文件形式下发。（三）县（区）人大常委会执法检查组组织检查组成员认真学习相关法律法规，吃透法律法规精神，明确检查的内容和重点，做好检查的各项准备工作。县（区）人民政府及其相关部门、各乡镇（街道）普遍开展自查工作，自查结束后向县（区）人大常委会递交法律法规实施情况的书面报告。（四）县（区）人大常委会执法检查组由常委会领导带队深入有代表性的部门、乡镇（街道）全面开展检查工作。检查的方法：听取县（区）人民政府及实施法律法规的相关部门负责人的工作汇报、召开座谈会、现场察看、个别走访、查阅资料、财务审计、民意测评等形式，全面了解法律法规的实施情况，广泛收集各方面的意见和建议。检查后，执法检查组组织撰写执法检查情况的综合报告。（五）召开县（区）人大常委会会议，由执法检查领导小组组长或副组长向常委会作检查法律法规实施情况的报告，人大常委会组成人员和与会的人大代表进行审议。会后，县（区）人大常委会将审议意见以文件形式转交县（区）人民政府及相关部门、县（区）人民法院、县（区）人民检察院办理落实。（六）县（区）人大及其常委会的相关专工委对县（区）人民政府及其相关部门、县（区）人民法院、县（区）人民检察院办理、落实执法检查组执法检查报告及县（区）人大常委会的执法检查审议意见情况进行跟踪督办，落实问效。要求县（区）人民政府及其相关部门、县（区）人民法院、县（区）人民检察院在规定时间内办理落实到位，并向县（区）人大常委会报告办理落实执法检查组执法检查报告及县（区）人大常委会执法检查的审议意见的情况，会上，对其办理落实的工作情况进行满意度测评。

（一）县第十三届人大常委会的执法检查

县第十三届人大常委会（2005 年 1 月至 2007 年 3 月），对《中华人民共和国消费者权益保障法》《中华人民共和国水污染防治法》《中华人民共和国行政许可法》《中华人民共和国政府采购法》《中华人民共和国科技进步法》《中华人民共和国预防未成年人犯罪法》《中华人民共和国商业银行法》《中华人民共和国义务教育法》《中华人民共和国土地管理法》《中华人民共和国安全生产法》10 部法律开展了执法检查工作，其中对《中华人民共和国行政许可法》实施情况于 2005 年和 2006 年先后两次进行了执法检查。

2005 年 3 月，县人大常委会开展《中华人民共和国消费者权益保障法》实施情况的执法检查。3 月 12 日，县人大常委会召开执法检查动员会，主任戴水春出席会议并作了重要讲话。会后执法检查组分成两组，分别由副主任张瑞耀和鲍小红带组，分赴县工商局、县质量技术监督局、县农业局、县卫生局、部分超市、企业进行重点检查。检查发现的主要问题是：法律宣传不够深入；侵犯消费者合法权益的现象仍比较严重；维护消费者合法权益的机制还不够健全；执法力度还不够大。

县第十三届人大常委会第十六次会议听取和审议了执法检查报告，提出了四点审议意见：进一步加大法律的宣传力度，提高全社会对实施《中华人民共和国消费者权益保障法》重大意义的认识；各方配合，形成合力，切实维护消费者的合法权益；建立维护消费者合法权益的长效机制；加大执法力度，加强对法律实施情况的监督检查。

2005 年 9 月，县人大常委会开展《中华人民共和国行政许可法》实施情况的执法检查。县人大常委会组成了以 6 位副主任为正、副组长，部分委员、县人民政府法制办、县审计局、县物价局、县司法局负责人为成员的三个执法检查组，对县人民政府及 31 个行政许可执法部门实施《中华人民共和国行政许可法》的情况进行全面检查。检查发现存在的问题是：思想认识还有一定的差距；部门之间行政许可的衔接关系还未完全理顺；相关保障工作还需进一步落实；配套制度建设尚不完善；后续监管工作仍很薄弱；电子政务建设相对滞后；许可项目实施不平衡；行政许可以外的乱收费乱作为现象仍然存在。

县第十三届人大常委会第十九次会议听取和审议了执法检查报告，提出了如下审议意见：要继续加大行政许可法的学习宣传力度；要提升行政许可实施机关工作人员的能力，切实抓好行政许可机关执法工作人员的培训；进一步健全和完善配套制度；进一步理顺部门之间行政许可衔接关系；要加大行政许可后续监管力度，强化行政监察；要加快电子政务建设，扩大公示内容；要积极拓宽行政许可项目，确保设定的行政许可项目到位、公开、透明、高效、便民；要强化行政许可经费保障，加强行政监督。

2005 年 10 月至 11 月，县人大常委会开展《中华人民共和国政府采购法》实施情况的执法检查。县人大常委会副主任张瑞耀带领执法检查组深入部分县直单位和乡镇开展了全面细致的执法检查活动，检查发现存在的主要问题：法律宣传的力度不够；工作进展不平衡；工作职责尚不明确；采购面有待进一步扩大；政府采购法的实施办法有待进一步完善。

县第十三届人大常委会第二十次会议听取和审议了执法检查报告，提出了如下审议意见：进一步加强对《中华人民共和国政府采购法》的宣传力度，促进政府部门严格执行采购法；健全机构，明确职责关系；加强采购计划管理，扩大采购面；齐抓共管，落实工作责任制；建章立制，完善管理规定。

2006 年 5 月至 6 月，县人大常委会开展《中华人民共和国预防未成年人犯罪法》实施情况的执法检查。执法检查组分成两个小组，先后到县法院、县检察院、县公安局法制科和监管大队、永丰公安分局、县文化广播电视局、县教育局以及有关学校开展检查活动。检查发现的主要问题有：不良文化对未成年人的危害不容低估；未成年人违法犯罪问题非常突出；未成年人司法保护体系不健全。

县第十三届人大常委会第二十六次会议听取和审议了执法检查报告，提出了如下审议意见：

进一步提高法律实施意义的认识，形成全民参与、齐抓共管的局面；进一步加强中小学校法制教育和教学质量评估；加强未成年人活动场所的监管力度；大力加强青少年文化阵地建设；要将预防未成年人违法犯罪工作列入社会治安综合治理总体规划；加强公检法的部门沟通协调，正确使用对未成年人违法犯罪的有关法律、法规和司法解释；积极探索未成年人案件审理方式，组建少年法庭和少年犯罪科，进一步做好未成年人犯罪的审理和预防工作。

2006年7月至8月，县人大常委会开展《中华人民共和国商业银行法》实施情况的执法检查。7月，县人大常委会副主任张瑞耀带领执法检查组深入银保监会驻广丰办事处、人民银行广丰支行、中国银行广丰支行、工商银行广丰支行、农业银行广丰支行、县邮政局、县农村合作银行、县城市信用社等金融单位，通过听取汇报、查阅资料、组织座谈和实地察看等形式进行重点检查。检查发现存在的主要问题是：存贷款规模偏小，资金供求矛盾仍然突出；贷款趋同现象严重，贷款结构不合理；金融对“三农”的支持力度不够，效果不理想；商业银行的法治观念比较淡薄。

县第十三届人大常委会第二十七次会议听取和审议了执法检查报告，提出的审议意见是：进一步增强法制观念，提高依法办事的自觉性；继续加大有效投入，切实解决“贷款难”问题；优化农村金融资源配置，加大金融支持“三农”工作力度。

2006年9月至10月，县人大常委会开展《中华人民共和国义务教育法》实施情况的执法检查。执法检查组分成两个小组，分别深入23个乡镇及其所在地学校开展检查活动，检查发现的主要问题有：对实施《中华人民共和国义务教育法》的重要意义认识不足；义务教育发展不平衡；城乡教育存在差距，农村优质教育资源相对匮乏；小学科教育开展不够，教师业务素质有待提高；初中生辍学现象仍然存在。

县第十三届人大常委会第二十八次会议听取和审议了执法检查报告，提出了五点审议意见：进一步加强义务教育规划，巩固义务教育基础地位；加大义务教育工作经费投入，保障正常工作经费支出；合理调整学校布局，统筹义务教育均衡发展；妥善解决初中学生辍学问题，保障适龄儿童、少年接受义务教育；进一步加强教育管理，以提高教育队伍整体素质。

2006年9月至10月，县人大常委会开展《中华人民共和国土地管理法》实施情况的执法检查。县人大常委会执法检查组分成三个小组，分别在常委会副主任张瑞耀、吴祥国、余锡恭的带领下，深入全县所有乡镇和县工业园区、县国土资源局，通过听取汇报、召开座谈会、实地察看等形式，对贯彻实施《中华人民共和国土地管理法》的情况进行了检查。检查发现的主要问题是：土地闲置现象比较严重；违法违规用地问题较为突出；县城规划区内、城乡接合部占用土地乱搭乱建现象较为突出；建房土地审批难；土地执法难以到位；少数干部依法行政意识不够强，法制观念比较淡薄。

县第十三届人大常委会第二十九次会议听取和审议了执法检查报告，提出了如下审议意见：进一步强化《中华人民共和国土地管理法》及相关法规和土地国策的宣传教育；严格实施土地用途管制制度，加强基本农田保护；进一步加大对闲置土地和违法违规用地行为的查处力度；要按照“控制总量、合理布局、节约用地、保护耕地”的原则，规范城乡建房用地审批；加强拆迁安置补偿工作，维护社会稳定；切实加强国土资源部门的自身建设，提高土地执法能力和水平。

2006 年 11 月至 12 月，县人大常委会开展《中华人民共和国安全生产法》实施情况的执法检查。执法检查组分别听取了县安全生产监督管理局、县交警大队、县建设局、县交通局、县经贸委等单位负责人关于实施《中华人民共和国安全生产法》的情况汇报，实地检查了洋口镇、霞峰镇等乡镇的部分花炮生产企业，排山、枧底等乡镇的片石厂、煤矿企业，并召开了座谈会。检查发现的主要问题是：安监人员配备未完全到位，安全生产投入不足；安全生产管理体系不完善，安全生产主体责任不落实；处理突发事故的能力有待提高；少数地方的安全监管体系没有理顺，安全监管的责任主体不明确。

县第十三届人大常委会第二十九次会议听取和审议了执法检查报告，提出了五点审议意见：要充分认识加强安全生产工作的重要性和现实紧迫性；紧抓监管重点，紧盯安全生产落实环节，减少和杜绝安全事故的发生；完善安全生产应急救援体系，提高处置突发安全事故的能力；进一步明确主体责任，切实强化企业安全生产责任意识；进一步加大《中华人民共和国安全生产法》的宣传力度，提高全社会对安全生产重要性的认识和关注度。

（二）县第十四届人大常委会的执法检查

县第十四届人大常委会紧紧围绕县委的中心工作和人民群众关注的热点问题开展执法检查工作，先后检查了《中华人民共和国环境保护法》《中华人民共和国科学技术进步法》《中华人民共和国城市规划法》《中华人民共和国治安管理处罚法》《中华人民共和国水法》《中华人民共和国工会法》《中华人民共和国消防法》《中华人民共和国农产品质量安全法》《中华人民共和国食品卫生法》《中华人民共和国安全生产法》《中华人民共和国建筑法》《中华人民共和国人民防空法》《中华人民共和国动物防疫法》《中华人民共和国体育法》《中华人民共和国村民委员会组织法》《中华人民共和国公路法》《中华人民共和国行政诉讼法》《中华人民共和国土地管理法》和《中华人民共和国森林法》19 部法律的贯彻实施情况。

2007 年 6 月至 7 月，县人大常委会开展《中华人民共和国环境保护法》实施情况的执法检查。执法检查组听取了县环保局关于贯彻实施《中华人民共和国环境保护法》的情况汇报后，实地检查了部分企业和乡镇污染治理情况，察看了生态建设现场。并召开了相关部门负责人和企业主参加的座谈会。检查发现的问题是：环保国策意识有待进一步加强；环境污染依然不容乐观；

执法环境欠优，执法力度不够。

县第十四届人大常委会第三次会议听取和审议了执法检查报告，提出了四条审议意见：树立科学发展观，正确处理保护环境与发展经济的关系；建立健全规章制度，强化监督管理职能；加强宣传，提高环保国策意识；提高认识，加大水污染防治工作力度。

2007 年 7 月至 9 月，县人大常委会开展《中华人民共和国科技进步法》实施情况的执法检查。7 月 19 日，县人大常委会召开执法检查动员会。随后，执法检查组对洋口镇、湖丰镇、芦林街道、桐畈镇、县科技局、县人劳局、县财政局、工业园区、县经贸委、县卫生局、县农业局、县水利局 12 个单位开展执法检查活动，并召开由相关部门单位负责人、县人大代表、科技人员、企业主等参加的座谈会。检查发现的主要问题有：全民科技意识有待加强；科技进步的宏观协调机制不健全；科技投入不足，多元化投入的体制还不完善；科技人才短缺；科技服务体系不够健全；科技创新能力不强，科技推广不够。

县第十四届人大常委会第五次会议听取和审议了执法检查报告，提出如下审议意见：进一步加大对科技进步法律法规的宣传力度，形成全社会把“科技摆在优先发展的战略地位”的共识；完善科技进步综合协调机制；切实增加科技投入；着力加强科技队伍建设；健全科技服务体系。

2007 年 10 月至 11 月，县人大常委会开展《中华人民共和国城市规划法》实施情况的执法检查。执法检查组在县人大常委会副主任吴祥国的带领下，对全县的城市规划实施情况进行了重点检查。分别到永丰、洋口、五都和县规划局等单位，采取听汇报、查资料、看现场、座谈反馈等形式，针对检查内容进行严格检查。检查发现的主要问题：全社会对规划工作重要性的认识不到位；规划编制经费不足，规划技术人员紧缺；规划批后管理工作较为薄弱；规划的引导、控制功能未能充分发挥。

县第十四届人大常委会第六次会议听取和审议了执法检查报告，提出了六点审议意见：加大城乡规划法律法规的宣传力度，不断增强规划意识；端正区城乡规划的指导思想；加强规划部门自身建设，严把规划审批关，提高规划的前瞻性、科学性和功能性；加大集镇规划编制经费投入，提高规划编制质量；加强职能部门协调配合，发挥执法主体的联动作用；加快老城区改造，提高城市品位。

2007 年 11 月至 12 月，县人大常委会开展《中华人民共和国水法》实施情况的执法检查。执法检查组听取了县水利局、环保局、饶丰灌区管理局、爱卫办等单位贯彻实施《中华人民共和国水法》的情况汇报后，实地检查了水利局下属单位、部分乡镇及县自来水公司、丰溪发电公司等部分企业。检查发现的主要问题：《中华人民共和国水法》宣传的广度和深度、经常性和长期性还不够；水资源污染不同程度的存在；水资源开发工作有待完善；部门履职能力有待提高；水行政队伍建设有待加强。

县第十四届人大常委会第七次会议听取和审议了执法检查报告，提出了如下审议意见：进一步加强《中华人民共和国水法》的学习宣传；突出重点，进一步完善水资源开发、利用和保护；加大水行政执法力度，开展专项执法行动；切实加强执法队伍建设；加强农村水利工作，促进社会主义新农村建设。

2007年10月至2008年3月，县人大常委会开展《中华人民共和国工会法》实施情况的执法检查。县人大常委会成立了以常委会主任戴水春为组长、副主任韩祥华为副组长的执法检查组，整个检查活动采取听、查、看、议的方式进行。检查组首先听取了县总工会关于实施《中华人民共和国工会法》的情况汇报，召开了由永丰、芦林、洋口等6个乡镇，县经贸委和同欣机械、白云淀粉等13个企业负责人参加的座谈会。实地察看了湖丰镇的华伦铁合金、锋银，洋口镇的烟花企业。2008年3月20日，县人大常委会主任、执法检查组组长戴水春在县工业园区亲自主持召开园区主要企业负责人座谈会，县委副书记、工业园区管委会主任刘月林，县政协副主席、总工会主席翁小玲参加座谈会，全面了解园区企业落实《中华人民共和国工会法》的情况。检查发现的主要问题是：少数单位和企业对《中华人民共和国工会法》的重视程度不够；工会组建难度较大，尤其是非公有制企业认识不到位；工会组织机构不健全；工会工作开展不平衡；县总工会的办公场所未解决，制约了总工会的正常办公和业务开展。

县第十四届人大常委会第八次会议听取和审议了执法检查报告，提出了如下审议意见：进一步加大《中华人民共和国工会法》的宣传力度，不断提高全社会对实施《中华人民共和国工会法》重要意义的认识；进一步加强非公有制企业工会的组建工作；加强工会干部培训，进一步提高工会干部的综合素质；加快县总工会办公楼的建设步伐，为县总工会开展各种工会活动提供便利条件。

2008年4月至5月，县人大常委会开展《中华人民共和国消防法》实施情况的执法检查。县人大常委会成立了以主任戴水春为组长，副主任韩祥华为副组长的执法检查组，在听取县消防大队主要负责人的工作汇报后，深入永利大酒店、县人民医院、县中医院、广丰中学、永丰中学、永丰小学、洋口镇、东阳乡等单位了解《中华人民共和国消防法》的贯彻执行情况。5月9日，县人大常委会主任、执法检查组组长戴水春在县消防大队召开了由县工业园区管委会、县公安局、县城建局、县规划局、县工商局、县文广局等县直单位以及永丰、芦林、丰溪、五都、嵩峰、东阳等乡镇分管领导参加的座谈会。检查发现的主要问题是：法律宣传未完全到位，全社会的消防意识比较薄弱；防范措施落实不够，火灾隐患仍然存在；法治意识不强，执法难以到位；消防设施配备跟不上形势发展的需要；工业园区消防现状堪忧；农村消防形势不容乐观；部门联动、齐抓共管效果不明显，前置审批未完全落实。

县第十四届人大常委会第十次会议听取和审议了执法检查报告，提出了如下审议意见：继续加大《中华人民共和国消防法》的宣传教育力度；下大力气消除各类消防安全隐患；加大消防基础设施的投入；严格执法，强化监督，落实责任；积极推进消防社会化工作。

2008年5月至7月，县人大常委会开展《中华人民共和国农产品质量安全法》实施情况的执法检查。执法检查组在听取县农业局、县工商局、县质监局等相关单位负责人关于贯彻实施《中华人民共和国农产品质量安全法》的情况汇报后，深入部分企业进行实地检查。检查发现的主要问题是：农产品质量安全意识不强；农产品流通环节中农村消费安全问题突出；投入不足影响农产品质量安全整体工作的开展；产地环境污染对农产品质量安全影响不容忽视；农业标准化程度有待进一步提高。

县第十四届人大常委会第十一次会议听取和审议了执法检查报告，提出了如下审议意见：强化宣传引导，提高农产品质量安全意识；切实加强组织协调，确保农产品质量安全管理措施落实到位；增加财政投入，保障农产品质量安全工作稳步推进；严格农产品质量监测，不断加强农产品质量安全监管力度；加快推行标准化生产，努力提高农产品质量安全整体水平。

2008年7月至9月，县人大常委会开展《中华人民共和国食品卫生法》实施情况的执法检查。执法检查组听取了县卫生局、县食品药品监督局、县质量技术监督局、县工商局、县农业局、县经贸委、县教育局、县盐务分局和大石乡、桐畈镇等相关单位主要负责人关于贯彻实施《中华人民共和国食品卫生法》的情况汇报，到家友、广联两家大型超市、海源宾馆、怡丰园大酒店、东海食品有限公司、白云淀粉厂、江西广云生态养殖有限公司、丰溪三都千亩西瓜种植基地等食品企业进行了实地检查，并召开由食品种植、生产经营、餐饮业及学校食堂等单位负责人参加的座谈会。检查发现的问题有：学习宣传《中华人民共和国食品卫生法》的深度、广度不够；全民食品卫生意识不够强，食品市场管理有待规范；行政监管存在盲区；食品卫生监管队伍建设有待加强；食品卫生信息公开有待进一步加强。

县第十四届人大常委会第十二次会议听取和审议了执法检查报告，提出了如下审议意见：进一步加强《中华人民共和国食品卫生法》的学习与宣传力度；加大食品卫生安全的监管力度；突出重点，进一步延伸食品卫生监管网络；加强食品卫生执法队伍建设；发挥群众监督、舆论监督的作用。

2008年7月至9月，县人大常委会开展《中华人民共和国安全生产法》实施情况的执法检查。7月，县人大常委会召开了执法检查动员大会。会后，执法检查组听取了县安监局、县经贸委、县供销社、工业园区、县建设局等单位的工作汇报，并实地检查了洋口、霞峰等乡镇的部分烟花鞭炮生产企业，横山、枧底、排山3个乡镇的4个煤矿企业，五峰山水泥厂、方正矿业、京新药业、福丰化工等企业。检查发现的主要问题是：《中华人民共和国安全生产法》及相关法律法规的宣传力度、深度不够，全民安全意识有待进一步提高；安全管理仍存在不足；安全救援体系不够完善，处置突发事故的能力不强；基层安全队伍建设有待加强。

县第十四届人大常委会第十二次会议听取和审议了执法检查报告，提出了如下审议意见：加大《中华人民共和国安全生产法》宣传力度，达成安全生产共识；加强安全生产监督管理，切实落实安全生产监督管理责任制；加大安全生产的排查和专项整治力度；加大事故责任的追究和处罚力度；进一步加强安全生产教育培训。

2008年9月至11月，县人大常委会开展《中华人民共和国建筑法》实施情况的执法检查。执法检查组听取县建设局关于贯彻实施《中华人民共和国建筑法》的情况汇报，赴3个乡镇（街道）进行了实地检查，召开了由建筑企业负责人和部分人大代表参加的座谈会，抽查了35个建筑项目。走访了广高建筑工程有限公司、群力建筑工程有限公司、龙马建筑工程有限公司等6家建筑企业，广泛听取各方面的意见和建议。检查发现的主要问题是：工程质量和安全形势依然严峻；履行建设程序不够规范；招投标工作中仍存在一些缺陷；建筑企业资质等级偏低，高级项目经理缺乏。

县第十四届人大常委会第十三次会议听取和审议了执法检查报告，提出了如下审议意见：进一步提高对贯彻实施《中华人民共和国建筑法》重要性的认识；从保护人民群众利益的高度抓好工程质量和安全；规范和监督建设单位的行为；改进立项审批工作。

2009年5月至7月，县人大常委会开展《中华人民共和国人民防空法》实施情况的执法检查。县人大常委会成立了以吴祥国副主任为组长的执法检查组，并于5月20日召开了执法检查工作动员大会。执法检查组听取了县人防办关于贯彻实施《中华人民共和国人民防空法》的情况汇报，实地检查了新东街、金山房产等4个人防工程，查阅了大量人防建设文件资料和人防工程档案，召开了人防工作相关单位及人防工程建设单位负责人参加的座谈会。检查发现的主要问题是：人防法律法规的有些规定没有完全落实到位；人防工程的数量偏少，维护管理还存在隐患；防空地下室建设项目审批和监管机制不够完善。

县第十四届人大常委会第十七次会议听取和审议了执法检查报告，提出了如下审议意见：进一步加强人防法律法规的宣传力度，使人防法律法规深入人心，为人防工作营造良好的发展环境；认真落实人防法律法规的各项规定，加大人防行政执法力度，维护人防法律法规的严肃性；进一步加强人防工程的建设、维护和管理，坚持建管并举，稳步提高人防工程的平战转换能力。

2009年8月至9月，县人大常委会开展《中华人民共和国动物防疫法》实施情况的执法检查。执法检查组听取了县农业局、县经贸委等单位贯彻实施《中华人民共和国动物防疫法》情况汇报，召开了部分企业负责人、农户以及部分乡镇、村居兽医人员参加的座谈会，实地察看了排山广云养猪场等农业企业。检查发现的主要问题有：《中华人民共和国动物防疫法》法律法规宣传不到位，思想认识不够，重养轻防，配合强化免疫不够主动；动物防疫经费投入不足，动物防疫基础设施滞后；动物防疫技术力量薄弱，年龄和知识普遍老化；生猪屠宰规范管理有待加强，畜牧兽医执法力度有待加强。

县第十四届人大常委会第十八次会议听取和审议了执法检查报告，提出了如下审议意见：继续加大《中华人民共和国动物防疫法》等法律法规的宣传贯彻力度，增强人民群众做好动物防疫工作的自觉性和责任感；加大经费投入，改善动物防疫、检疫、执法监督的工作条件；建立政府主抓、部门联动的工作机制，加大执法力度；进一步加强动物防疫队伍建设，努力培养高素质的动物防检疫工作人才。

2009 年 9 月，县人大常委会开展《中华人民共和国体育法》实施情况的执法检查。执法检查组分别听取了县体育局、教育局、财政局、规划局、卫生局、残联等相关部门的工作汇报，赴芦林、洋口等地实地检查了部分学校、村居（社区）、居民小区的体育设施情况，召开了由县总工会、广丰卷烟厂、电力公司、移动公司、海韵电子厂等单位负责人参加的企业体育工作座谈会，由广丰中学、广丰一中、永丰中学、永丰小学和县幼儿园等学校负责人参加的学校体育工作座谈会，由县老年体协、县棋牌协会、县游泳协会、县台球协会和县篮球协会等群众体育协会负责人参加的群众性体育工作座谈会，听取各方面的意见和建议。检查发现的主要问题是：宣传贯彻《中华人民共和国体育法》的力度还不够，对体育事业不够重视；体育场馆和设施建设滞后；学校体育发展滞后，后备人才的培养举步维艰；体育社会化和产业化发展水平低。

县第十四届人大常委会第十八次会议听取和审议了执法检查报告，提出了如下审议意见：进一步贯彻实施《中华人民共和国体育法》，重视体育事业发展；加大体育事业的投入，加快体育设施建设；加强学校体育工作，提高竞技体育水平；抓好全民健身活动，开展经常性群众体育活动；加快体育社会化和产业化发展步伐，促进体育事业高质量发展。

2009 年 7 月至 9 月，县人大常委会开展《中华人民共和国村民委员会组织法》实施情况的执法检查。执法检查组要求各乡（镇、街道）人大（工委）认真开展自查工作。总结工作成效，发现存在的问题，并提出意见建议。重点深入一些平时反映问题较多或有特殊情况（合并村）的村居进行实地检查，在吴村镇召开了由县人大代表、部分村民小组长、部分老干部参加的座谈会，听取法律实施方面的意见和建议，检查发现的主要问题是：村民自治法律法规学习宣传的力度还不够；民主决策、民主管理、民主监督有待加强；村务公开落实不够，工作开展难；少数村“两委”班子软弱涣散，违纪问题较多，甚至集体违法犯罪；村集体经济比较薄弱；村级合并问题较多。

县第十四届人大常委会第十八次会议听取和审议了执法检查报告，提出了如下审议意见：提高思想认识，进一步加大《中华人民共和国村民委员会组织法》等法律法规的宣传力度；加强教育培训，提高农村基层干部的依法办事、发展经济能力和村民素质；完善规章制度，促进民主选举、民主决策、民主管理、民主监督的全面落实；加强工作指导，及时研究解决村民自治中出现和遇到的新情况、新问题；发展农村经济，增强村民自治能力；妥善解决村级合并后的遗留问题。

2010年6月至7月，县人大常委会开展《中华人民共和国公路法》实施情况的执法检查。执法检查组听取了县交通局、公路分局的工作汇报，实地检查了广管线、岭底线等部分乡镇公路养护与管理情况，并先后在铜钹山、吴村、横山、嵩峰等乡镇召开了座谈会。检查发现的主要问题是：《中华人民共和国公路法》宣传有待深入；重建轻养问题仍然存在；侵害路产路权现象时有发生；村组公路建设资金缺口较大；路政管理存在部门协调不畅。

县第十四届人大常委会第二十四次会议听取和审议了执法检查报告，提出了如下审议意见：加大《中华人民共和国公路法》的学习宣传力度，营造依法治路的良好氛围；要着力解决重建轻养的问题，理顺管养机制，严格落实责任，努力保障公路应有的使用寿命；加强路政管理，着力解决侵占侵害路产路权问题；进一步加大资金投入，努力保障公路建设需要；加强安全设施建设。

2010年6月至9月，县人大常委会开展《中华人民共和国行政诉讼法》实施情况的执法检查。执法检查组分成两个小组，在县人大常委会副主任吴祥国、韩祥华的带领下开展执法检查工作，分别在县法院、县公安局召开了座谈会，并分赴具有行政执法资格的单位进行重点检查，检查发现的主要问题有：《中华人民共和国行政诉讼法》的学习宣传有待进一步加强；对严格执行《中华人民共和国行政诉讼法》的认识有待提高；行政应诉工作有待加强；行政非讼执行力有待提高。

县第十四届人常委会第二十六次会议听取和审议了执法检查报告，提出了如下审议意见：进一步加大《中华人民共和国行政诉讼法》的学习宣传力度，增强广大公民的法律意识，提高行政执法机关和执法人员依法执政意识；严格执行《中华人民共和国行政诉讼法》；进一步加强行政审判队伍建设，规范行政案件审理工作；进一步提高行政执法人员的综合素质和执法水平。

2010年6月至11月，县人大常委会开展《中华人民共和国土地管理法》实施情况的执法检查。成立了以常委会副主任吴祥国为组长的执法检查组，检查组听取了县国土局关于实施《中华人民共和国土地管理法》的情况汇报，分赴全县23个乡镇实地检查了《中华人民共和国土地管理法》的贯彻实施情况，并召开了座谈会。检查发现的主要问题是：违法用地现象较为严重，依法用地观念较为淡薄；土地监察执法、服务工作滞后，部门配合不到位；土地利用率不高，集约、节约用地意识未能有效形成；规划先行意识淡薄，用地规划难以执行到位。

县第十四届人大常委会第二十八次会议听取和审议了执法检查报告，提出了如下审议意见：建设规划必须与土地利用总体规划相适应；要搞好土地“占补平衡”；加大《中华人民共和国土地管理法》法律法规宣传力度，加强土地执法工作；着力解决农村农民建房问题；规范重点工程建设用地。

2010年10月至11月，县人大常委会开展《中华人民共和国森林法》实施情况的执法检查。执法检查组听取了县林业局、森林防火专业队等单位负责人的工作汇报，实地检查了东阳乡、沙田乡以及县森林专业防火队的防火工作情况，并分别在三地召开了座谈会，听取各方面的意见和建议。检查发现的主要问题是：《中华人民共和国森林法》及相关法律法规的宣传力度不够；林政管理力度有待加强；森林执法力度仍需加大；森林防火工作力度不够大；林业各种功能整体发挥不够好。

县第十四届人大常委会第二十八次会议听取和审议了执法检查报告，提出了如下审议意见：进一步加大《中华人民共和国森林法》及相关法律法规的宣传力度，采取多种宣传方式，宣传限额采伐、林地管理、生态公益林保护、森林防火和病虫害防治等制度，增强全社会林业法制观念和生态保护意识；建立并实行林政执法巡查制度，健全林政监管网络，强化林政管理；建立林业投入长效机制，推进林业产业化和可持续发展；切实加强森林防火工作。

（三）县第十五届人大常委会的执法检查

县第十五届人大常委会对《中华人民共和国企业所得税法》《中华人民共和国农产品质量安全法》《中华人民共和国水土保持法》《中华人民共和国电力法》《中华人民共和国城乡规划法》《中华人民共和国教师法》《中华人民共和国森林法》《中华人民共和国渔业法》《江西省渔业条例》《中华人民共和国科技进步法》《中华人民共和国消费者权益保障法》《中华人民共和国人民防空法》《中华人民共和国防震减灾法》《江西省防震减灾条例》《中华人民共和国大气污染防治法》《中华人民共和国安全生产法》《中华人民共和国气象法》17部法律法规的实施情况进行了检查。

2012年3月至4月，县人大常委会开展《中华人民共和国企业所得税法》实施情况的执法检查。执法检查组先后深入县国税局、地税局、工业园区、洋口镇和湖丰镇等单位，对《中华人民共和国企业所得税法》的实施情况进行了重点检查。通过查资料、听汇报、召开纳税人座谈会等形式，全面了解情况，听取各方面的意见建议。检查发现的主要问题是：税法宣传还需深入；征管机制有待完善；征管方式有待改进；征管力度有待加强。

县第十五届人大常委会第四次会议听取和审议了执法检查报告，提出了如下审议意见：要进一步加大税法宣传力度；要进一步完善税收征管机制；要切实改进税收征管方式，提高征管质量和效率；要进一步强化税收征管力度，防止税收“跑冒滴漏”。

2011年11月至2012年4月，县人大常委会开展《中华人民共和国农产品质量安全法》实施情况的执法检查。执法检查组听取了县农业局、洋口镇等相关单位关于贯彻实施《中华人民共和国农产品质量安全法》的情况汇报，采取召开座谈会、查阅资料和实地察看等形式，广泛听取了各方面的意见和建议。检查发现的主要问题是：法律宣传的力度还不够大；监管工作不够到位；执法力度不够强；检测手段落后。

县第十五届人大常委会第四次会议听取和审议了执法检查报告，提出了如下审议意见：加大《中华人民共和国农产品质量安全法》宣教力度，提升农产品生产者质量安全意识，引导全社会共同关注农产品质量安全；充分发挥县农业局和各级专业农技员的作用，为农民开展农产品生产业务培训和质量安全指导，从生产源头上把好质量安全关；提高农业、质监、工商、食品药品监督管理等部门的协调配合联动能力，明确落实各自责任，确保农产品质量安全工作权责明确，杜绝推诿扯皮现象的发生；进一步加大资金投入，完善人员配置，加强业务培训，强化农产品执法队伍整体素质和执法能力，提升农产品质量检测手段和水平；新闻媒体要定期发布农产品质量安全信息，并采用暗访、“曝光台”等形式，对违法行为予以曝光。

2012 年 8 月至 10 月，县人大常委会开展《中华人民共和国水土保持法》实施情况的执法检查。执法检查组先后听取了县水利局及横山、大南、铜钹山、东阳 4 个乡镇自 2010 年以来贯彻实施《中华人民共和国水土保持法》及其《实施办法》的情况汇报，重点抽查了所到乡镇、村及风景旅游区的水土保持工作情况，并与部分人大代表、干群进行了座谈，听取各方面的意见和建议。检查发现的主要问题是：《中华人民共和国水土保持法》的宣传针对性不强；有法不依现象时有发生；执法不严的现象比较突出；执法设施设备有待改善。

县第十五届人大常委会第八次会议听取和审议了执法检查报告，提出的审议意见是：进一步强化法律法规宣传，不断增强全民水土保持意识和法制观念；进一步加强对水土保持工作的重视，制定相关实施细则，明确责任，完善水土保持执法体系；进一步强化水土保持监管措施，严格控制水土流失；进一步加大资金投入，加快水土流失综合治理步伐。

2013 年 4 月至 6 月，县人大常委会开展《中华人民共和国电力法》实施情况的执法检查。执法检查组听取了县电力公司关于贯彻实施《中华人民共和国电力法》的情况汇报，先后深入县工信委、桐畈镇、工业园区、洋口镇、丰溪街道等单位进行实地检查，并召开座谈会，广泛听取各方面的意见和建议。检查发现的主要问题是：电力监管有待硬化；电网改造有待深化；电力服务有待细化；电力保护有待强化。

县第十五届人大常委会第十二次会议听取和审议执法检查报告，提出了如下审议意见：完善监管职能，维护良好的用电秩序；积极向上争取改造资金，推进城乡电网建设；提升服务水平，努力塑造电力良好形象；强化队伍建设，加大电力安全保护。

2013 年 7 月至 10 月，县人大常委会开展《中华人民共和国城乡规划法》实施情况的执法检查。执法检查组听取了县规划局、县规划执法大队的法律实施情况汇报，赴永丰街道及其有关村居（社区）进行实地检查，并在大石、毛村等乡镇召开了座谈会，听取实施《中华人民共和国城乡规划法》过程中遇到的困难和意见。检查发现的主要问题是：规划法律和政策的宣传力度不够广泛深入。部分群众和单位规划意识薄弱，违规建设活动屡禁难止；规划编制相对滞后；规划管理有待进一步加强；专业技术人才缺乏；查处违法建设力度不够。

县第十五届人大常委会第十五次会议听取和审议了执法检查报告，提出的审议意见是：进一步维护规划的权威性和严肃性；进一步加大城乡规划执法力度。一是要采取有效措施，从源头上控制违建的发生；二是规划管理执法部门要切实加强自身建设，健全完善规划执法监管工作机制，提高城乡规划监管执法水平；三是要加大协调力度，建立规划、建设、城管、国土、房产、公安和乡镇（街道）相互配合的监管联动机制，严厉打击违法行为，依法查处个别村（居）干部及执法人员违法乱纪行为，确保城乡规划落到实处。

2013 年 9 月至 12 月，县人大常委会开展《中华人民共和国教师法》实施情况的执法检查。执法检查组听取了县教体局、广丰中学、永丰中学、永丰小学、洋口镇中学、铜钹山镇、嵩峰小学等单位实施《中华人民共和国教师法》的情况汇报，实地察看了广丰中学、永丰中学、广丰一中等学校，召开了由部分乡镇分管教育的副镇长、学校负责人及教师代表参加的座谈会，广泛听取意见和建议。其间，抽样审计了广丰县教师待遇落实情况，对教师工资发放、津贴、住房、医疗、退休待遇等保障情况进行了调查，重点核实了教师平均工资水平与同级国家公务员的平均工资水平的对比情况。检查发现的主要问题是：《中华人民共和国教师法》宣传的广度和深度还不够；教育经费不足仍有部分欠账；教师队伍结构性矛盾仍然突出；边远学校教师的福利待遇低、课负重，造成边远山区教师队伍流动性大，影响教师队伍稳定和教学质量的提高。

县第十五届人大常委会第十六次会议听取和审议了执法检查报告，提出了如下审议意见：进一步加大《中华人民共和国教师法》的宣传力度；进一步优化教师资源配置；进一步改善教师生活和工作条件；进一步提高教师整体素质。

2013 年 10 月至 12 月，县人大常委会开展《中华人民共和国森林法》实施情况的执法检查。执法检查组听取了县林业局的法律实施情况汇报，深入大南镇、枧底镇等乡镇进行重点检查，召开了由县林业局班子成员、二级单位负责人、部分县人大代表以及大南镇、枧底镇负责人参加的座谈会，广泛听取各方面的意见和建议。检查发现的主要问题是：资源保护和利用的矛盾难以调和；林业的投入现状难以适应新形势的需要；森林防灾减灾形势不容乐观。

县第十五届人大常委会第十六次会议听取和审议了执法检查报告，提出了如下审议意见：1. 进一步加大林业的投入。一是要加大对公益林和林业执法保障的资金投入；二是要多渠道吸引外来资本、民间资本对林业的投入；三是积极引导和鼓励林农直接入股，缓解林业投入不足的矛盾。2. 进一步加强森林资源保护。要严格征占用林地和限额采伐林木审批程序，保护林农的合法权益。加强对重点林区和重点工程的监管，着力抓好森林防火和病虫害防治工作，强化森林资源的管理与保护。要继续抓好封山育林工作，尤其是对旅游区的林木古树进行重点保护，严禁采挖。

2014 年 8 月至 10 月，县人大常委会开展《中华人民共和国渔业法》《江西省渔业条例》《江西省实施〈渔业法〉办法》（以下简称“一法一条例一办法”）实施情况的执法检查。执法检查组听取县农业局、少阳乡、桐畈镇等单位负责人关于贯彻实施“一法一条例一办法”的情况汇报，并对上述 3 个单位进行了重点检查，召开了由县农业局领导班子成员及其二级单位负责人、少阳乡和桐畈镇负责人、部分县人大代表、渔民代表参加的座谈会，广泛听取各方面的意见和建议。检查发现的主要问题是：宣传贯彻《中华人民共和国渔业法》的广度和深度不够；渔政建设现代化水平不高；渔民养殖方式相对落后；电鱼、毒鱼、炸鱼、化肥养鱼等违法行为屡禁难止。

县第十五届人大常委会第二十四次会议听取和审议了执法检查报告，提出了如下审议意见：进一步深入学习宣传《中华人民共和国渔业法》；进一步加强渔业执法队伍建设，重点抓好化肥养鱼专项整治；进一步大力调整渔业产业结构，推进渔业产业化发展；进一步加强渔业科技创新，增强渔业发展后劲儿。

2014 年 9 月至 10 月，县人大常委会开展《中华人民共和国科技进步法》实施情况的执法检查。执法检查组听取了县科技局、财政局、卫生局、工信委、农业局、林业局、水利局、五都镇、桐畈镇、泉波镇等单位实施《中华人民共和国科技进步法》的情况汇报，实地察看了红海集团、广信药业、中投新能源、同欣机械、金盾科技等企业，召开了由以上单位和企业负责人、科技人才代表参加的座谈会，广泛听取各方面的意见和建议。检查发现的主要问题是：科学技术意识有待进一步增强；科学技术经费投入不够；科学技术人才明显不足；科学技术与本县经济发展结合不够紧密。

县第十五届人大常委会第二十四次会议听取和审议了执法检查报告，提出了如下审议意见：进一步增强全社会的科技意识；进一步引导企业自主科技创新；进一步鼓励农业科技研发；进一步增加科技经费投入和管理；进一步提高科技为经济发展服务水平。

2014 年 9 月至 12 月，县人大常委会开展《中华人民共和国消费者权益保障法》实施情况的执法检查。执法检查组先后深入县工商局、永丰街道、洋口镇、桐畈镇、五都镇等单位进行实地检查，通过开座谈会、查阅资料和听取汇报等形式，全面检查《中华人民共和国消费者权益保障法》的实施情况。检查发现的主要问题是：消费维权宣传广度力度有待深入；消费维权执法联动机制有待完善；消费维权设施建设投入有待加强；虚假欺诈消费侵权现象有待整治。

县第十五届人大常委会第二十六次会议听取和审议了执法检查报告，提出了如下审议意见：扩大宣传，营造良好的消费环境；强化领导，建立有效的联动机制；加大投入，推进稳固的设施建设；突出重点，形成强大的整治合力。

2014 年 7 月至 12 月，县人大常委会开展《中华人民共和国防空法》实施情况的执法检查。执法检查组听取了县人防办的法律实施情况汇报，赴相关人防设施和施工单位进行实地察看，召开了由县人防办、县规划局、县建设局、县房管局等单位负责人、有关施工单位负责人、部分县人大代表参加的座谈会，广泛听取各方面的意见和建议。检查发现的主要问题是：人防法律法规的有些规定还没有完全落实到位；人员掩体工程的数量偏少，维护管理还存在隐患；防空地下室建设项目审批和监管机制不够完善。

县第十五届人大常委会第二十六次会议听取和审议了执法检查报告，提出了如下审议意见：要进一步加大人防法律法规的宣传力度，为人防工作营造良好的发展环境；要认真落实人防法律法规的各项规定，加大人防行政执法力度；要进一步加强建管并举，稳步提高人防工程的平战转换能力。

2015 年 6 月至 10 月，区人大常委会开展《中华人民共和国防震减灾法》实施情况的执法检查。执法检查组听取了区人民政府关于贯彻实施《中华人民共和国防震减灾法》和《江西省防震减灾条例》的情况汇报，召开由县防震减灾局、编办、财政局、发改委、规划局、建设局、教育局、卫生局等单位负责人、部分县人大代表参加的座谈会，实地考察了地震应急避难场所等设施建设与管理情况，并查阅了相关资料。检查发现的主要问题是：应急救援能力总体较弱；抗震设防能力有待提高；地震监测能力较为薄弱；防震减灾意识有待提高。

区第十五届人大常委会第三十三次会议听取和审议了执法检查报告，提出了如下审议意见：1. 进一步完善应急体系建设。一要及时修订完善全区各级各类地震应急预案，提高预案的针对性、实用性和可操作性；二要加快建设地震应急指挥系统；三要利用消防、武警、民兵预备役现有队伍，组建地震灾害应急救援队伍；四要经常性地开展地震灾害应急救援演练；五要创新和完善救灾物资储备工作体制，保证救灾物资供给；六要加强科学规划，合理利用公园、绿地广场等场所，建设应急避难场所。2. 依法监管抗震设防。3. 进一步加大投入，提升监测预报能力。4. 加快建设防灾减灾科普基地，加强防震宣传教育。

2015 年 4 月至 10 月，区人大常委会开展《中华人民共和国大气污染防治法》实施情况的执法检查。执法检查组听取了区政府关于实施《中华人民共和国大气污染防治法》的情况汇报，在铜钹山管委会、洋口镇分别召开了由分管领导、区乡人大代表、部分村干部参加的座谈会，赴工业园区部分企业进行现场察看，询问相关企业主、群众以及工作人员对《中华人民共和国大气污染防治法》实施情况的意见和建议。检查发现存在的主要问题是：经济发展与污染物总量控制、环境质量改善之间的矛盾凸显；对淘汰落后产能的管理力度还不够；机动车尾气污染问题日益严重；城市粉尘污染控制问题凸显；环保监管能力有待进一步加强。

区第十五届人大常委会第三十三次会议听取和审议了执法检查报告，提出了如下审议意见：加强部门联动，形成工作合力；合理调整城市工业布局，从源头上控制污染；大力发展清洁能源，推进禁燃区建设；加强扬尘污染控制；开展机动车尾气污染整治工作。

2015 年 9 月至 12 月，区人大常委会开展《中华人民共和国安全生产法》实施情况的执法检查。执法检查组采取听取汇报、实地检查、查阅资料、召开座谈会等形式，广泛听取各方面的意见和建议。检查发现的主要问题是：生产经营企业主体责任有待落实到位；事故应急救援能力有待提升；安全监管力量有待加强。

区第十五届人大常委会第三十四次会议听取和审议了执法检查报告，提出了如下审议意见：增强责任意识，进一步完善安全生产责任体系；强化查改意识，进一步加大事故隐患排查和专项整治力度；强化落实意识，进一步提高安全生产工作管理水平。

2015 年 8 月至 12 月，区人大常委会开展《中华人民共和国气象法》实施情况的执法检查。执法检查组听取了区政府及其相关部门关于贯彻实施《中华人民共和国气象法》的情况汇报，在区气象局、洋口镇、泉波镇分别召开了由乡镇分管领导、气象站负责人、部分区人大代表、村（居）干部代表、群众代表参加的座谈会，充分听取广大干群、代表的意见和建议。检查发现的问题是：宣传落实力度有待进一步加大；气象服务水平有待进一步提升；气象综合保障有待进一步提高。

区第十五届人大常委会第三十四次会议听取和审议了执法检查报告，提出了如下审议意见：进一步加强气象科普宣传教育，不断提高公众气象防灾避险能力；进一步提升气象综合服务水平，不断提高气象科技服务效益；进一步提高气象综合保障力度，确保各项气象工作有效开展。

（四）区第十六届人大常委会的执法检查

区第十六届人大常委会紧紧围绕区委的重大决策部署、上饶市人大常委会制定的地方法规和人民群众关注的热点问题开展执法检查工作，先后对《中华人民共和国职业教育法》《江西省森林防火条例》《中华人民共和国劳动法》《中华人民共和国水土保持法》《中华人民共和国中医药条例》《中华人民共和国禁毒法》《上饶市城市管理条例》《上饶市农村居民住房建设管理条例》《上饶市住宅物业管理条例》《中华人民共和国野生动物保护法》《中华人民共和国义务教育法》《江西省义务教育条例》12 部法律法规的实施情况进行了检查。

2016 年 7 月至 11 月，区人大常委会开展《中华人民共和国职业教育法》实施情况的执法检查。执法检查组听取了区政府及其相关部门关于贯彻实施《中华人民共和国职业教育法》的情况汇报，深入全区各地进行了重点检查，并实地察看了广丰职业技术学校，召开了由区教体局、区人社局、信息技术学校、教师进修学校、凯强电子等单位负责人参加的座谈会，充分听取各方面的意见和建议。检查发现存在的主要问题是：社会认可度仍然不高；经费投入有待增加；教师队伍结构失衡；企业参与动力不足；技能培训仍需加强。

区第十六届人大常委会第三次会议听取和审议了执法检查报告，提出了如下审议意见：着力深化发展中职教育认识；积极推动整合中职教育资源；努力打造中职教育地方特色。

2016 年 11 月至 2017 年 1 月，区人大常委会开展《江西省森林防火条例》实施情况的执法检查。执法检查组听取了区林业局关于贯彻实施《江西省森林防火条例》的情况汇报，实地检查了嵩峰乡、五都镇等地的防火情况，并召开了座谈会，广泛听取各方面的意见和建议。检查发现的主要问题是：宣传教育的实效性不强；巡查监管不到位；森林防火保障力度不足；队伍装备建设有待加强；案件查处不及时。

区第十六届人大常委会第四次会议听取和审议了执法检查报告，提出了如下审议意见：进一步增强森林防火意识；进一步强化森林防火责任；进一步完善森林防火基础设施建设；进一步加强森林防火队伍建设；进一步加强森林火灾预防和案件查处。

2017 年 4 月至 6 月，区人大常委会开展《中华人民共和国劳动法》实施情况的执法检查。执法检查组听取了区政府关于贯彻实施《中华人民共和国劳动法》的情况汇报，深入壶峤镇、洋口镇、月兔家居有限公司、国铝实业有限公司等地开展实地检查，广泛听取各方面的意见和建议。检查发现的主要问题是：（一）用工单位拖欠工资方面：劳动保障监察执法难度大，任务重；“两金”制度还存在覆盖盲区。（二）劳动就业创业方面：劳动力供求总量矛盾仍十分突出，就业形势不容乐观，促就业压力大；劳动力结构性就业矛盾突显；“40”“50”人员和有特殊困难的弱势群体再就业难度大；基层就业平台作用有待进一步发挥；公共就业劳动力市场服务能力还需提升；推动创业工作仍需加强。（三）劳动职业培训工作方面：对园区企业新招员工定向培训补贴标准低，培训内容单一，效果还不够理想；就业技能培训还存在短板，培训机构的作用发挥不够。（四）相关配套政策方面：有些部门没有重视社保政策的宣传工作，政策宣传方式单一；符合条件的参保对象参保意识淡薄，对政策理解不够。

区第十六届人大常委会第七次会议听取和审议了执法检查报告，提出了如下审议意见：进一步加大劳动保障监察执法力度；进一步强化制度建设，建立工资防欠、治欠的长效机制；要扎实推进就业再就业工作；要大力开展职业技能培训、实现以培训促就业、推创业的目标；要用好小额担保贷款专项资金，用足优惠政策；要加大《中华人民共和国劳动法》和相关配套法规、政策的宣传力度。

2017 年 8 月至 10 月，区人大常委会开展《中华人民共和国水土保持法》实施情况的执法检查。执法检查组听取了区水土保持委员会成员单位关于贯彻实施《中华人民共和国水土保持法》的情况汇报，到吴楚大道、贞白中学、黄狮采石场、廿四都小流域水土保持项目、上饶高新区等地实地察看，听取了当地政府及有关单位的意见和建议。检查发现的主要问题是：水土保持意识有待提高；执法力度有待加强；水土保持“三同时”制度落实得不够彻底；恢复和治理任务仍然艰巨。

区第十六届人大常委会第九次会议听取和审议了执法检查报告，提出了如下审议意见：继续加强水土保持宣传教育；继续强化水土保持监管；继续加大水土保持资金的投入，提高水土保持工作水平；完善执法体系建设，加大联合执法力度。

2017 年 7 月至 10 月，区人大常委会开展《中华人民共和国中医药条例》实施情况的执法检查。执法检查组听取了区政府关于贯彻执行《中华人民共和国中医药条例》的情况汇报，深入永丰卫生院、湖丰中心卫生院、区中医院、徐氏中医诊所、开心人大药房、广信药业有限公司及其横山中草药种植基地、嵩峰覆盆子种植基地进行实地检查，并召开座谈会，广泛听取各方面的意见和建议。检查发现的主要问题是：《中华人民共和国医药条例》的宣传力度不够，对中医药发展的认识不够深入；基层中医药人才严重缺乏，服务能力较弱；中医药事业资金投入不足，设施设备老化；对中草药种植的扶持力度不够，中草药种植业的发展速度不快。

区第十六届人大常委会第九次会议听取和审议了执法检查报告，提出的审议意见是：加大《中华人民共和国中医药条例》的宣传力度，深化对中医药事业的认识；强化中医药人才队伍建设，提高基层中医药服务水平；加大资金投入，强化基础设施建设；出台优惠政策，促进中药材种植业发展。

2018 年 6 月至 8 月，区人大常委会开展《中华人民共和国禁毒法》实施情况的执法检查。执法检查组听取了区政府关于贯彻执行《中华人民共和国禁毒法》的自查情况汇报，深入公安局、洋口镇、禁毒教育基地、6.26 禁毒服务中心、贞白中学、京新药业等单位进行实地检查，并召开了座谈会，开展了个别走访，广泛听取各方面的意见和建议。检查发现的主要问题是：禁毒宣传教育有待进一步加强；禁毒整体合力有待进一步加强；社区戒毒（康复）有待全面落实。

区第十六届人大常委会第十六次会议听取和审议了执法检查报告，提出的审议意见是：认真落实执法检查报告提出的各项措施和建议；进一步深化禁毒宣传，努力增强全民禁毒意识；进一步夯实基础，切实推进社区戒毒（康复）工作。

2019 年 4 月至 6 月，区人大常委会开展《上饶市城市管理条例》实施情况的执法检查。执法检查组听取了区政府及其相关职能部门的关于《上饶市城市管理条例》的实施情况汇报，检查采取自查与重点检查相结合的方式开展，自查实行区政府及其相关职能部门、23 个乡镇（街道）全覆盖。在自查基础上，执法检查组重点到永丰街道进行实地检查。在区城管局、城管执法大队召开了座谈会，广泛征求各方面的意见和建议。检查发现的主要问题是：学习宣传不够深入；功能配套不够完善；执法取证难度大；部门联动不够紧密。

区第十六届人大常委会第二十三次会议听取和审议了执法检查报告，提出的审议意见是：发挥执法案例导向作用；加强基础设施日常维护；推行城市生活垃圾分类；规范住宅物业管理行为；加大行政执法处罚力度；健全城市管理长效机制。

2019 年 8 月至 10 月，区人大常委会开展《上饶市农村居民住房建设管理条例》实施情况的执法检查。执法检查组采取自查和重点检查相结合的方式开展检查工作。在 23 个乡镇（街道）、区政府及相关职能部门普遍开展自查工作的基础上，执法检查组深入五都镇、毛村镇进行了重点检查，并在区自然资源局召开了座谈会，广泛听取各方面的意见和建议。检查发现的主要问题是：学习宣传不够深入；村庄规划编制滞后；联动执法有待加强；其他问题不容忽视。一是大老宅拆除较难；二是“赤膊墙”较为普遍；三是村民附属房要求较高。

区第十六届人大常委会第二十五次会议听取和审议了执法检查报告，提出的审议意见是：切实增强宣传实效；修改完善村庄规划；尽快出台《上饶市农村居民住房建设管理条例》配套措施；全面提升审批效率；严格落实“五到场一公示”制度；抓紧抓实日常巡查。

2020 年 3 月至 4 月，区人大常委会召开《中华人民共和国传染病防治法》实施情况的执法检查。执法检查组听取了区政府及其相关部门关于贯彻执行《中华人民共和国传染病防治法》的情况汇报，在区卫健委召开了由区卫健委、医保局、农业农村局、财政局、市监局、血防站、卫监局等单位负责人参加的座谈会，广泛听取了各方面的意见和建议。同时，先后深入毛村、洋口、桐畈等乡镇卫生院、部分村居卫生室和区人民医院、区疾控中心、区卫生监督局、南方医院等卫生单位开展实地检查。检查发现的主要问题是：法律的宣传普及不够深入细致；人员队伍建设有待加强；传染病防治机构的设施设备落后；基层传染病防控能力较弱。

区第十六届人大常委会第二十八次会议听取和审议了执法检查报告，提出的审议意见是：强化宣传，提高对传染病防控工作的认识；加强人才队伍建设，提高传染病防治水平；加大资金投入，切实加强传染病防治基础设施建设；筑牢网底，提高基层传染病防治能力。

2020 年 7 月至 8 月，区人大常委会开展《上饶市农村居民住房建设管理条例》实施情况的执法检查。执法检查组听取了区政府及其相关部门关于《上饶市农村居民住房建设管理条例》实施情况汇报，在区自然资源局召开了座谈会，广泛听取各方面的意见和建议。检查组深入五都镇、洋口镇等地进行了重点检查。检查发现的主要问题是：部分干部群众认识还不到位；审批程序仍然需要进一步优化；“五到场一公示”落实不到位；职能部门履职存在“空窗期”。

区第十六届人大常委会第三十次会议听取和审议了执法检查报告，提出的审议意见是：进一步加大宣传教育力度；进一步发挥规划引领指导作用；进一步健全职责明确、齐抓共管的联动机制；积极化解农民建房遗留问题。

2020 年 4 月至 10 月，区人大常委会开展《上饶市住宅物业管理条例》实施情况的执法检查。执法检查组采取自查和重点检查相结合的方式开展检查工作，在区政府及其相关职能部门、23个乡镇进行自查的基础上，对永丰街道的锦绣江南、天地豪庭等小区进行实地重点检查，全面了解住宅物业管理工作的情况。检查组在区住建局召开座谈会，广泛听取各方面的意见和建议。检查发现的主要问题是：业主自治组织成立困难；部门联动执法亟须加强；街道作用发挥迫在眉睫；相关的配套政策有待完善。

区第十六届人大常委会第三十一次会议听取和审议了执法检查报告，提出的审议意见是：要持续加大宣传教育力度；要着力提升物业服务质量；要切实强化业主自治能力；要常态推进部门联动执法；要积极发挥街道职能作用；要尽快完善相关配套政策。

2020年8月至10月，区人大常委会开展《中华人民共和国野生动物保护法》《全国人大常委会关于全面禁止非法野生动物交易、革除滥食野生动物陋习、切实保障人民群众生命健康安全的决定》实施情况的执法检查。执法检查组在“一府两院”及政府相关部门、各乡镇（街道）全面开展自查的基础上，深入铜钹山镇、丰溪街道等地进行实地重点检查，并召开座谈会广泛听取有关方面的意见和建议。检查发现的问题是：法律宣传不到位；执法力量较薄弱；部门联动待加强；管理措施未跟进。

区第十六届人大常委会第三十一次会议听取和审议了执法检查报告，提出的审议意见是：进一步加强普法宣传；进一步落实工作保障；进一步强化联防联控；进一步完善配套政策。

2021年5月至6月，区人大常委会开展《中华人民共和国义务教育法》和《江西省义务教育条例》（以下简称“一法一条例”）实施情况的执法检查。执法检查组召开了由区教体局、财政局、发改委、教育督导室、人社局、编办等单位负责人参加的座谈汇报会，听取了贯彻执行“一法一条例”的情况汇报，并进行座谈。深入桐畈、东阳、横山、五都、丰溪等乡镇（街道）的公办中小学校和部分民办学校进行实地检查，召开片区座谈会，广泛听取各方面意见和建议。检查发现的主要问题是：法律宣传普及不够深入细致；教师队伍建设存在薄弱环节；实施素质教育面临诸多挑战；义务教育均衡发展存在差距。

区第十六届人大常委会第三十八次会议听取和审议了执法检查报告，提出如下审议意见：强化宣传，进一步提高对义务教育工作重要性的认识；突出重点，扎实推进教师队伍建设；“立德树人”，全面推进中小学素质教育；多措并举，力促城乡义务教育均衡发展。

第五节　审查批准决算，听取和审议计划、预算、审计工作报告

《中华人民共和国地方各级人民代表大会和地方各级人民政府组织法》第五十条第五款、第六款规定，县级以上的地方各级人民代表大会行使下列职权：“根据本级人民政府的建议，审查和批准本行政区域内的国民经济和社会发展规划纲要、计划和本级预算的调整方案”；“监督本行政区域内的国民经济和社会发展规划纲要、计划和预算的执行，审查和批准本级决算，监督审计查出问题整改情况，审查监督政府债务”。县人大常委会为推动区域经济高质量发展，切实改善民生，保障县（区）委的重大决策部署和各项工作目标落到实处，加强对计划、预算、审计工作的监督，对决算严格审查后才决定批准，监督工作实现科学化、规范化、常态化。自 2005 年 3 月县第十三届人大常委会第十六次会议始，至 2021 年 12 月区第十七届人大常委会第三次会议止，共审查和批准决算 15 个，听取和审议国民经济和社会发展计划、预算、审计工作报告共计 69 项。

审查批准决算，听取和审议计划、预算、审计工作报告一览表

表 4-5-1

届	汇报总数	计划	预算	审计	审查批准决算
十三	10	3	5	2	1
十四	20	6	9	5	5
十五	17	5	9	5	5
十六	21	5	11	5	5
十七	1		1		

第六节　听取和审议专项工作报告

听取和审议专项工作报告，是地方人大常委会依法行使监督权的基本形式和主要途径。县（区）人大常委会根据工作需要，每年选择若干关系全县（区）改革发展稳定大局和群众切身利益、社会普遍关注的热点问题，有计划地安排听取和审议县（区）人民政府、县（区）人民法院、县（区）人民检察院的专项工作报告。常委会召开前，决定成立专门工作调研组，深入相关区直单位、乡镇开展调查研究，全面掌握实际工作情况，了解工作中存在的困难和问题，并提出解决问题的方法措施，形成调研报告并向主任会议报告。常委会调研组将各方面对该项工作的意见建议进行汇总，交由县（区）人民政府、县（区）人民法院、县（区）人民检察院研究并在专项工作报告中进行回应。人大常委会听取并审议“一府两院”专项工作报告后形成人大常委会专项工作审议意见，交由县（区）人民政府、县（区）人民法院、县（区）人民检察院研究处理。“一府两院”将研究处理情况送交县（区）人民代表大会有关专门委员会或人大常委会有关工作机构征求意见后，向常委会提出书面报告。会上，与会的常委会组成人员和部分县（区）人大代表对“一府两院”办理人大常委会审议意见情况进行满意度测评。必要时，县（区）人大常委会将对“一府两院”办理常委会审议意见的情况报告向本级人大代表通报并向社会公布。

县第十三届人大常委会第十六次会议至区第十七届人大常委会第三次会议期间（2005 年 3 月至 2021 年 12 月），共听取“一府两院”专项工作报告 271 个。

历届人大常委会听取和审议“一府两院”工作报告情况汇总表

表 4-6-1

届	汇报总数	政府							法院	检察院	建议意见办理、评议意见整改
		执法情况	综合（人社、民政、统计、安监、监察）	工交、税务、物价、商金	城建国土环保规划	农林水	教科文卫、外侨民宗旅游	司法治安			
十三	42	2	2	3	2	5	4	3	2	2	17
十四	84	3	3	11	8	20	15	3	7	6	8
十五	74	1	4	8	9	10	17	6	2	4	13
十六	65	1	4	9	10	6	13	7	4	5	6
十七	6			4		2					

第七节　专题询问

询问权是人大监督权中的一项重要职权。开展专题询问是探索和创新人大监督工作方式方法的生动实践，是人大监督工作联系群众的桥梁，有利于增强人大监督的针对性和有效性，有利于真正使问者问出疑惑，问出要害，问出责任；答者答出原因，答出对策，答出承诺。也有利于人大常委会切实加强问后跟踪监督，督促整改落实，进一步增强监督工作实效。为切实加强和规范专题询问工作，2017 年 10 月 26 日，上饶市广丰区第十六届人大常委会第九次会议研究通过了《上饶市广丰区人民代表大会常务委员会专题询问办法》（广常发〔2017〕43 号），该办法指出：专题询问坚持党的领导、实事求是、民主公开、依法办事的原则；专题询问由区人大常委会主任会议组织实施，区人大专门委员会或区人大常委会工作委员会负责承办具体工作；专题询问采取会议询问的方式进行，会议询问由区人大常委会分管的副主任主持，并就回答情况进行满意度测评；专题询问的主体是区人大常委会组成人员和到会的区人大代表，具体人选由区人大常委会主任会议审定，参会的其他区人大常委会组成人员及区人大代表要求提问的，经会议主持人同意后可以提问，"一府两院"及其相关部门主要负责人回答询问；询问以"一问一答"模式为主，也可"一问多答"，询问人对回答不尽满意的，可以适当进行追问；专题询问结束后，议题相关的区人大专门委员会或区人大常委会工作委员会要形成审议意见，交"一府两院"办理；对在专题询问满意度测评中测评满意票达不到 50% 以上（不含 50%）的单位责成整改，并在四个月内向区人大常委会报告整改情况，再次测评仍不满意的，将依法启动质询、特定问题调查或者撤职案等刚性监督方式。广丰县人大常委会专题询问工作始于 2012 年，到 2021 年止，共开展了 5 次专题询问。

专题询问一览表

表 4-7-1

询问时间	询问主题	询问人员	询问对象	询问方法	询问内容
2012 年 9 月 5 日	年中询问进度	县人大及其常委会各专工委主任、部分人大代表	“一府两院”正副职领导、政府部门主要负责人	专工委主任主问，部分人大代表提问，适当进行追问	县十五届人大二次会议所通过的“一府两院”工作报告中目标任务完成的进展情况，群众关心的热点、难点问题
2013 年 10 月 16 日	食品安全专题询问	部分人大常委会委员、部分县人大代表	食安办、药监局、质监局、教体局、公安局、农业局、工商局、卫生局、商务局等单位主要负责人	常委会委员、部分县人大代表提问，一问一答，适当进行追问	1.2012 年广丰县“赣鄱农产品质量安全行”主题是“让群众吃上放心肉”，县人民政府具体监管举措有哪些？ 2. 县人民政府如何杜绝“毒大米”进入广丰粮食市场？有何措施？ 3. 学校周边流动摊贩、无证餐饮屡禁不止，县人民政府如何解决这些问题？ 4. 一次性消毒碗筷生产流程不规范，存在卫生问题，县人民政府有何举措？ 5. 县人民政府在打击食品安全违法犯罪方面做了哪些工作？取得哪些成效？ 6. 地沟油问题至今仍是老百姓担忧的问题，县人民政府对杜绝地沟油上餐桌采取了哪些措施？ 7. 民间传统制作米粉、豆腐的生产场地简陋，擅自加入危害人体的添加剂，在如何让老百姓吃上放心的米粉和豆腐问题上，县人民政府是如何监管的？ 8. 近几年，由于“四害”带来的传染病始终不能灭绝，县人民政府如何将除“四害”纳入常态化管理范畴？ 9. 县人民政府是如何加强酒类流通监管的？ 10. 目前，广丰县学校食堂现状如何？以后如何通过监管来保证学校食堂食品安全
2015 年 9 月 20 日	年中询问进度	区人大常委会部分工委主任、部分区人大代表	区发改委、经开区、商务局、建设局、房管局、自来水公司、教体局、工信委、非金属矿产业办、交通局、卫计委、农业局等单位主要负责人	部分工委主任、部分人大代表提问，一问一答，适当进行追问	区第十五届人民代表大会第六次会议所通过的政府工作报告的目标和工作任务完成的进度情况

续表 4–7–1

询问时间	询问主题	询问人员	询问对象	询问方法	询问内容
2018 年 2 月 1 日	2017 年度“年末询问结果”	13 名区人大代表	区法院、检察院、公安局、政府办、扶贫办、工信委、发改委、行政服务中心、农业局、环保局、教育局、国土局、卫健委等单位主要负责人	区人大代表提问，一问一答，适当进行追问	1. 精准扶贫工作 2. 经济发展工作 3. 工业经济发展工作 4. 创新服务举措，优化服务方式工作 5. 秀美乡村建设工作 6. 代表建议办理工作 7. 治安防控体系建设工作 8. 人民法院执行工作 9. 人民检察院打击涉众型经济犯罪工作 10. 扬尘治理工作 11. 农村空心房、危旧房改造工作 12. 教育发展工作 13. 医疗卫生工作
2018 年 10 月 25 日	区人民法院执行工作专题询问	区人大常委会部分组成人员、部分区人大代表	区人民法院班子成员	区人大常委会组成人员主问，区人大代表提问，适当进行追问	1. 三年来区人民法院执行工作的基本情况。 2. 全面推进执行模式、执行体制、执行管理、执行机制、执行监督体系改革情况。 3. 加强正规化、专业化、职业化专业队伍建设情况。 4. 建立健全信息化执行查控体系、执行管理体系、执行指挥体系及执行信用惩戒体系情况。 5. 对照最高院《纲要》要求，工作目标实现情况。 6. 存在的主要问题及下一步的工作打算

第八节　预算联网监督工作

开展预算联网监督工作，是宪法、预算法和监督法等赋予人大的审查监督职权。2019 年 5 月 29 日，上饶市人大常委会办公室转发了《江西省推进市县人大预算联网监督工作的指导意见》（饶常办发〔2019〕14 号），该意见指出：市县推进预算联网监督工作，可以加强人大预算决算审查监督和国有资产监督，可以充分有效地利用联网监督系统中的数据信息和技术手段，及时、准确、完整地掌握相关数据，通过强化对数据信息的分析、预警和使用，推动政府及财政等部门建章立制、堵塞漏洞、规范管理和改进工作，进一步管好用好财政资金，保障资金绩效最大化。预算联网监督工作坚持围绕中心、依法监督、统分结合、安全可控和逐步深化的原则。预算联网监督信息内容主要包括：年度预算决算草案、部门预算决算草案、月度财政预算执行情况、相关的财政管理动态和文件等；分部门、分地区、分预算单位按功能分类科目的预算下达、调整和执行的即时信息等；政府收入征管、人社、国资和审计等部门的信息。联网方式主要是：系统数据信息传输实行定期推送和实时查询相结合的方式。广丰区人大预算联网监督平台从 2019 年 6 月开始建设，于 2019 年底完成联网并投入使用。

年度开展的主要工作是：1. 区人大财经委督促涉及平台数据报送的区财政局、区国资办、区发改委、区人社局、区医保局、区自然资源局、区审计局、区税务局等单位指定的分管领导和工作人员按规定的报送时限收集并报送相关数据。2. 区人大财经委运用预算联网监督平台功能，加强对预算执行的监督，定期通报预算联网平台运行情况和相关材料报送情况。根据相关单位报送的资料，每年撰写 2 个预算联网监督平台数据分析报告并上传，同时，上传人大财经预算监督工作开展情况相关资料，包括调研方案、经济运行分析、审查结果报告、调研报告、决议、领导讲话、工作要点和工作总结等。3. 软件供应商——广东铭太信息科技有限公司负责相关资料的收集和录入工作，按季度提供数据分析报告：第一季度提供财政预算初审及预算执行情况分析报告；第二季度提供预算执行情况分析报告；第三季度提供上半年预算执行情况分析报告及财政决算分析报告；第四季度提供全年预算执行情况分析报告，为预算审查监督提供数据等基础性服务。区人大财经委坚持边建设边完善边使用的原则，充分有效地利用联网监督系统中的数据信息和技术手段，加强对财政支出预算和政策的审查监督。强化对数据信息的分析与利用，推动政府及财政等部门建章立制、堵塞漏洞、规范管理和改进工作。通过积极研究利用系统在季度、半年、全年等时间节点提供的信息和报告，为开展预算决算审查和监督预算执行情况、开展执法检查和听取政府有关专项工作报告提供了有效服务，切实增强了预算审查监督的有效性和针对性，提高了预算审查监督的实效。

第九节　横向联系和信访工作

一、横向联系

为切实加强和改进人大工作，探索新形势下做好人大工作的新方法，交流人大工作的成功做法和经验，浙闽赣六县（市）（江西省的广丰县、玉山县，浙江省的江山市、龙泉市，福建省的武夷山市、浦城县）共同建立了联席会，称为“浙闽赣六县（市）人大常委会联席会议”。随着浙闽赣六县（市）联席会议的不断交流与发展，临近的部分县也要求加入联席会议，经2005年10月的第十八次联席会议商议决定，吸收浙江省的常山县、安徽省的休宁县为联席会议成员，并将“浙闽赣六县（市）人大常委会联席会议”更名为“赣闽浙皖四省八县（市）人大常委会联席会议”。之后，随着江西省德兴市、浮梁县、婺源县，浙江省的开化县，福建省的松溪县的加入，赣闽浙皖四省人大常委会联席会议成员发展到十二个县（市、区），将“赣闽浙皖四省八县（市）人大常委会联席会议”更名为“赣浙闽皖四省交界县（市、区）人大常委会联席会议”。

（一）赣闽浙皖四省八县（市）人大常委会联席会议情况

赣闽浙皖四省八县（市）人大常委会第18次联席会议，于2005年10月28日至29日在江西省广丰县举行。浙江省江山市、龙泉市、常山县，福建省武夷山市、浦城县，安徽省休宁县，江西省广丰县、玉山县的人大常委会领导和办事机构人员及部分已离任的县（市）人大常委会原主任参加了会议。江西省上饶市人大常委会副主任郑树炃到会指导并作了讲话，中共广丰县委副书记、县人民政府县长郑卫平参会并致辞。会议围绕“新时期如何进一步加强和改进人大工作”这一主题，进行了交流和探讨。广丰县人大常委会主任戴水春从紧贴要务抓重点、锲而不舍抓难点、顺应民意抓热点三个方面交流和介绍了依法开展财经监督工作的成功做法和经验。会议还通过了《赣闽浙皖四省八县（市）人大常委会联席会议简章》，达成了《武夷山、浦城、龙泉、江山、常山、休宁、玉山、广丰八县（市）人大常委会关于进一步加强横向联系的协议意见》。会议期间，与会人员参观考察了广丰县铜钹山森林公园。

浙闽赣皖四省八县（市）人大常委会第19次联席会议，于2006年10月26日至27日在浙江省龙泉市举行。浙江省江山市、龙泉市、常山县，福建省武夷山市、浦城县，安徽省休宁县，江西省的广丰县、玉山县八县（市）的人大常委会领导和办事机构人员参加了会议。浙江省丽水市人大常委会副主任宋永平到会指导并作了讲话，中共龙泉市市委副书记徐光文到会致辞。会议围绕“新时期如何进一步加强和改进人大常委会自身建设”这一主题，介绍和交流了各地的成功做法和经验。广丰县人大常委会围绕适应新时期人大工作实际，加强和改进人大常委会自身建设，要从创优人大工作的外部环境，优化常委会组成人员结构，合理设置常委会办事机构，重视主任会议建设，推进机关队伍建设等方面进行努力作了交流发言。会议期间，与会人员参观考察了龙泉市青瓷宝剑园区和国家级自然保护区凤阳山风景。

浙赣皖闽四省八县（市）人大常委会第20次联席会议，于2007年10月17日至19日在浙江省常山县举行。浙江省常山县、江山市、龙泉市，福建省武夷山市、浦城县，安徽省休宁县，江西省的广丰县、玉山县八县（市）的人大常委会有关领导、工作机构负责人及工作人员共50余人出席了会议。浙江省衢州市人大常委会副主任王延生到会祝贺，中共常山县委副书记徐常青到会致辞，并向与会人员介绍了常山县经济社会发展情况。会议围绕“构建社会主义和谐社会，如何进一步发挥人大职能”这一主题，各地介绍和交流了自己的经验和做法。广丰县人大常委会就依靠党的领导，认真贯彻监督法，依法行使各项职权，充分发挥代表作用，不断加强自身建设，积极发挥地方人大在推进社会主义和谐社会建设中的职能作用等内容作了交流发言。会议期间，与会人员参观考察了中国青石花石市场和常山新都工业园区，参观了常山县三衢山、芙蓉湖、桃花源等景区。

浙赣皖闽四省八县（市）人大常委会第21次联席会议，于2008年10月20日至23日在福建省武夷山市举行。浙江省江山市、龙泉市、常山县，江西省广丰县、玉山县，安徽省休宁县，福建省浦城县、武夷山市八县（市）人大常委会的有关领导、工作机构负责人及工作人员共50余人出席了会议。中共福建省武夷山市市委副书记、纪委书记杨永华代表武夷山市委、市政府致欢迎辞，并简要介绍了武夷山市的基本情况。会议围绕“新形势下如何发挥地方人大常委会的职能作用，促进生态文明建设”这一主题，各地介绍和交流了其成功的做法和经验，探讨与交换了各地的深刻体会与思考。会议认为，党的十七大提出了建设生态文明的战略要求，地方人大及其常委会要主动作为，认真履职，在促进环境保护，建设生态文明中发挥好地方权力机关的作用。要适应建设生态文明的要求，与时俱进，创新思路，主动融入，积极作为，为促进当地的生态文明建设做出应有贡献。

皖浙赣闽四省八县（市、区）人大常委会第22次联席会议，于2009年5月24日至26日在安徽省休宁县举行。出席会议的有安徽省休宁县、屯溪区，浙江省江山市、龙泉市、常山县，江西省广丰县、玉山县（书面交流），福建省浦城县八县（市、区）人大常委会的有关领导、工作机构负责人共50余人。黄山市政协副主席、中共休宁县委书记胡宁出席开幕式，代表中共休宁县委、县政府致欢迎辞，并简要介绍了休宁县经济社会发展概况。会议的主题是：地方人大及其常委会如何保障和改善民生，促进社会和谐。会议认为，保障和改善民生，促进社会和谐，是党的十七大提出的全面建设小康社会战略要求，是一项长期艰巨的任务，地方人大及其常委会要切实履行法定职责，坚持解放思想和开拓创新，不断改进和完善人大工作机制，更好发挥人大常委会作用，为保障民生，建设和谐社会做出更大贡献。会议期间，与会人员参观考察了道教圣地齐云山、状元博物馆、木工学校和盐埔村新农村建设，感受了中国第一状元县、有机茶之乡和乡村旅游福地的氛围。

闽浙赣皖四省八县（市、区）人大常委会第23次联席会议，于2010年10月26日至28日在福建省浦城县举行。出席会议的有：浙江省江山市、龙泉市、常山县，江西省广丰县、玉山县，安徽省休宁县、屯溪区，福建省浦城县等县（市、区）人大常委会的有关领导、工作机构负责人及工作人员共65人。浦城县人民政府县长陈国发出席会议并致欢迎辞。会议主题是：发挥人大常委会监督职能，加快海峡西岸经济区发展。各地围绕这一主题介绍和交流了其成功的做法和经验。会议认为，加快建设海峡西岸经济区，是中央立足长远发展作出的一项战略决策，进一步融入海峡西岸经济区建设是地方人大及其常委会主动体现作为的责任所在，要坚持把依法履行人大职责与服务改革发展稳定大局紧密结合起来，在推动转变经济发展方式，促进经济社会又好又快发展中体现作为；要着力提高监督水平，把推动中央决策部署的贯彻落实作为人大监督工作的重中之重。

赣浙闽皖四省八县（市、区）人大常委会第24次联席会议，于2011年10月20日至22日在江西省玉山县举行。出席会议的有：浙江省常山县、江山市、龙泉市，安徽省休宁县、屯溪区，福建省浦城县，江西省广丰县、玉山县等县（市、区）人大常委会的有关领导、工作机构负责人及工作人员共60余人。玉山县县委副书记、县长饶清华出席会议并致欢迎辞。会议的主题是：创新监督方式，增强人大监督实效。各地围绕这一主题，介绍和交流了各自的主要做法和成功经验。会议认为，人大的监督是国家根本制度的监督，是坚持和完善人民代表大会制度及实现民主法治的具体要求，也是树立宪法权威，维护法治统一的重要举措；人大对“一府两院”的监督，既要体现对“一府两院”的关心、关注和保护，更要体现深入了解和主动服务；要重视监督机制的建设和创新，确保人大监督权威，增强人大监督实效。会议期间，与会人员考察了江西省政府重点调度的建设项目——江西昂大投资发展有限公司，参观了三清湖天梁风景区。

赣浙闽皖四省八县（市、区）人大常委会第25次联席会议，于2012年9月20日在安徽省黄山市屯溪区举行，出席会议的有：浙江省江山市、龙泉市、常山县，江西省广丰县、玉山县，安徽省休宁县、屯溪区，福建省浦城县等县（市、区）人大常委会的有关领导、工作机构负责人。中共屯溪区区委书记李高峰到会致辞并介绍了屯溪区情况。会议的主题是：如何发挥人大职能作用，推进社会管理创新。与会人员围绕会议主题，进行了广泛深入的交流，取得了良好的会议成效。会议认为，加强和创新社会管理，是党中央适应经济社会新形势，贯彻执政为民新要求作出的重大决策部署。发挥人大职能作用，推进社会管理创新是当前地方各级人大需要认真研究和探索的重点课题，地方人大及其常委会要努力在工作思路上有新拓展，在依法履职上有新成效，为推进区域加快发展，科学发展做出新的更大贡献。

赣浙闽皖四省八县（市、区）人大常委会第26次联席会议，于2013年10月23日至25日在浙江省江山市举行。

赣浙闽皖四省七县（市）人大常委会第27次联席会议，于2014年10月30日在江西省广丰县举行。出席会议的有：江西省玉山县，浙江省龙泉市、江山市、常山县，安徽省休宁县，福建省浦城县等县（市）人大常委会有关领导、工作机构负责人，广丰县人大常委会主任刘月林、副主任潘荣华、韩祥华、郑明华、郑日贵，调研员鲍小红、吴祥国，副调研员夏旭辉及有关工作机构负责人。广丰县县委副书记周开旺出席会议并代表县委、县政府致欢迎辞。会议的主题是：践行群众路线，加强民主监督。与会人员围绕主题，广泛深入地进行了研讨和交流，取得了预期效果。会议认为，践行群众路线是人大工作的生命线和根本工作路线；地方人大要坚持和依靠党的领导，做到与党委在政治上同向，思想上同心，行动上同步；要紧紧抓住事关改革开放和经济发展的重大问题，坚持监督与支持并重，促进区域经济持续健康发展；要高度关注民生福祉，着力保障和改善民生，努力实现好、维护好、发展好人民群众的根本利益。

赣浙闽皖四省七县（市、区）人大常委会第28次联席会议，于2015年11月12日至13日在浙江省龙泉市举行。会议的主题是：换届以来各地人大工作亮点和特色做法。

赣浙闽皖四省七县（市、区）人大常委会第29次联席会议，于2016年11月10日至11日在浙江省常山县举行。会议的主题是：各地人大工作亮点或特色做法。

赣浙闽皖四省交界县（市、区）人大常委会第33次联席会议，于2017年6月16日在江西省德兴市举行。江西省德兴市、广丰区、婺源县、玉山县、浮梁县，浙江省江山市、龙泉市、开化县、常山县，福建省浦城县，安徽省休宁县十一个县（市、区）人大常委会的有关领导、工作机构负责人及工作人员共60余人出席会议。中共德兴市委书记刘瑞英到会祝贺并致辞。会议围绕“如何做好新时期人大工作”这一主题进行研讨和交流。广丰县人大常委会就认真开展专题询问，选准选好询问议题、周密制定实施方案、深入开展调查研究、精心组织询问大会、切实加强跟踪督办，增强常委会组成人员和政府及其部门的责任意识和履职意识，增进常委会组成人员与政府及其部门的沟通和理解，增强人大监督的刚性等内容作了交流发言。会议认为赣浙闽皖四省交界县（市、区）人大及其常委会要依法履行好加强监督、重大事项决定和人事任免等各项职权，为推动地方经济社会发展和民主法治建设提供有力支持和保障。要更好地发挥人大代表的独特优势和作用，密切联系群众、服务群众，及时有效地化解社会矛盾，促进社会和谐稳定。准确把握新形势，主动适应新常态，充分发挥人民代表大会制度的特色和优势，进一步开创人大工作的新局面。会议期间，与会人员参观视察了德兴铜矿、江西矿冶博物馆、德兴城乡规划馆。

赣浙闽皖四省交界县（市、区）人大常委会第35次联席会议，于2018年4月26日至27日在安徽省休宁县举行。江西省德兴市、广丰区、浮梁县、婺源县、玉山县，浙江省常山县、江山市、开化县、龙泉市，福建省浦城县、松溪县，安徽省休宁县十二个县（市、区）人大常委会有关领导、工作机构和办事机构负责人共60余人出席了会议。中共休宁县县委书记卢邦生到会祝贺并致辞。会议围绕“本地人大推进生态建设与保护工作”这一主题进行了研讨与交流，介绍各地的好做法、好经验。广丰区人大常委会就每年选定一个主题开展“环保广丰行”检查采访活动，积极探索调查问卷、随手拍等多种监督方法，注重解决突出问题，注重发动代表参与，注重跟踪督查问效，取得了“监督实效增强，生态优势巩固，干群关系改善，生态意识强化”四大成效等内容作了交流发言。会议认为，赣浙闽皖四省交界县（市、区）人大常委会要以习近平新时代中国特色社会主义思想和党的十九大精神为指针，坚持创新、协调、绿色、开放、共享的发展理念，以生态文明建设引领经济社会发展，认真履行法定职责，聚焦生态文明建设重点难点，扎实开展依法监督，推动群众关切的生态环境问题有效解决，为推进生态文明建设做出新贡献。会议期间，与会人员参观了休宁县祥源·齐云小镇、横江公园、中国状元博物馆。

赣浙闽皖四省交界县（市、区）人大常委会第36次联席会议，于2018年10月18日至19日在浙江省江山市举行。江西省德兴市、浮梁县、广丰区、婺源县、玉山县，浙江省常山县、江山市、开化县、龙泉市，福建省浦城县、松溪县，安徽省休宁县十二个县（市、区）人大常委会有关领导、工作机构和办事机构负责人出席了会议。中共江山市市委书记童炜鑫出席会议，市委副书记、政法委书记汪胜到会祝贺并致辞。会议围绕“在监督推进政府民生实事工作方面的做法和经验”这一主题进行了研讨与交流。广丰区人大常委会就坚持以改善民生为工作导向，着力构建“一站二制三网”平台，深入开展“一督二察三行”活动，规范实施“一评二晒三问”制度，实现“帮政府忙”和“代人民言”的有效结合等内容作了交流发言。会议认为，赣浙闽皖四省交界县（市、区）人大常委会要始终坚持以人民为中心，广泛听取民意，汇聚民智，认真履职，创新监督方式，发挥代表作用，促进政府民生实事项目规范实施和顺利推进，不断增强人民群众的获得感、幸福感和安全感。会议期间，与会人员参观考察了开发区小学等民生实事项目以及大陈村新农村建设点，中共江山市委常委、市政府常务副市长王子平陪同考察。

赣浙闽皖四省交界县（市、区）人大常委会第37次联席会议，于2019年6月20日至21日在江西省上饶市广丰区举行。江西省德兴市、浮梁县、广丰区、婺源县、玉山县，浙江省常山县、江山市、开化县、龙泉市，福建省浦城县、松溪县，安徽省休宁县十二个县（市、区）人大常委会相关领导、工作机构和办事机构的负责人出席了会议。中共上饶市广丰区区委书记谭赣明参加会议并致辞。会议围绕“人大加强代表工作”这一主题进行了研讨和交流。广丰区人大常委会主任皮晓瑶就强力推进人大代表联络工作站建设，特别是创新建立驻外流动人大代表联络站和片区人大代表联络站，架起代表与选民之间的“连心桥”，有力地激发了代表履职的新活力，把充分发挥代表作用落到实处等内容作了交流发言。会议认为，人民代表大会制度具有强大生命力和显著优越性，赣浙闽皖四省交界县（市、区）人大常委会要始终坚持代表主体地位，完善代表联系群众制度，加强代表联络机构建设，拓宽代表联系群众的方式与渠道。进一步密切人大代表同人民群众的联系。会议期间，与会人员参观考察了上饶卫校、广丰卷烟厂易地技改、丰溪山水田园综合体（黄家淤片区人大代表联络工作站）、铜钹山秀美乡村及婚姻民俗文化村等。

赣浙闽皖四省交界县（市、区）人大常委会第38次联席会议，于2019年10月24日至25日在福建省松溪县举行。江西省德兴市、浮梁县、广丰区、婺源县、玉山县，浙江省常山县、江山市、龙泉市（开化县因另有工作安排临时请假），福建省浦城县、松溪县，安徽省休宁县十一个县（市、区）人大常委会相关领导、工作机构和办事机构的负责人出席了会议。中共松溪县县委书记黄美萍到会祝贺并致辞。会议围绕“助推乡村振兴工作方面的做法和经验”进行了研讨和交流。广丰区人大常委会就主动强化责任担当，积极发挥人大职能优势，扎实依托联络工作站、主题活动、专项扶贫行动等渠道，助推乡村治理有效、产业兴旺、生活富裕、生态宜居等内容作了交流发言。会议认为，赣浙闽皖四省交界县（市、区）人大常委会要深刻领会乡村振兴战略的科学内涵，依法履行人大职责，把促进乡村振兴战略作为重要工作内容抓实抓紧抓好，为早日实现农业强、农村美、农民富的乡村全面振兴愿景，发挥出更大的力量。会议期间，与会人员参观考察了郑墩镇万前村“百年蔗”基地、花桥乡源尾村人居环境整治和党建文化项目、松溪县版画院。松溪县人民政府副县长陈建斌陪同考察。

赣浙闽皖四省交界县（市、区）人大常委会第39次联席会议，于2020年11月27日至28日在浙江省常山县举行。江西省德兴市、浮梁县、广丰区、婺源县、玉山县，浙江省江山市、开化县、常山县、龙泉市，福建省浦城县、松溪县，安徽省休宁县十二个县（市、区）人大常委会相关领导、工作机构和办事机构的负责人出席了会议。中共常山县县委书记潘晓辉到会祝贺并致辞。会议围绕“加强司法监督，维护公平正义”这一主题进行了研讨和交流。广丰区人大常委会就主动强化责任担当，积极发挥人大职能优势，紧盯“扫黑除恶”等社会关注热点，以信访化解为突破口，着力助推法律落地实施，不断拓宽人民群众、人大代表的知情渠道，人民群众的司法满意度和公平正义获得感得到明显提升等内容作了交流发言。会议认为，全面依法治国、保证司法公正是关系人民幸福安康、关系社会公平正义、关系党和国家长治久安的重大战略问题，赣浙闽皖四省交界县（市、区）人大常委会要以习近平新时代中国特色社会主义思想和党的十九届五中全会精神为指导，围绕中心大局，科学谋划“十四五”时期司法行政的监督促进工作，全面助推依法治县（市、区）和司法行政各项工作，为顺利实现“十四五”规划和二〇三五年远景目标提供有力的法治保障和优质的法律服务。会议期间，与会人员参观考察了青石镇赏石小镇、招贤镇赛得健康小镇，参加了2020中国·常山乡村振兴大会、三十五届“三山”艺术节。

赣浙闽皖四省交界县（市、区）人大常委会第40次联席会议，于2021年4月22日至23日在江西省浮梁县举行。江西省德兴市、浮梁县、广丰区、婺源县、玉山县，浙江省江山市、常山县、开化县、龙泉市，福建省浦城县、松溪县，安徽省休宁县十二个县（市、区）人大常委会相关领导、工作机构和办事机构的负责人出席会议。中共浮梁县县委书记胡春平到会祝贺并致辞。会议围绕“不断创新监督方式，切实增强监督实效”这一主题进行了研讨和交流。广丰区人大常委会主任皮晓瑶就探索形成“四三”监督机制做法，在精选审议议题上做到与党委工作思路、“一府一委两院”重点工作、群众关注热点“三结合”，在调查研究上做到向全程跟踪调研、向各方力量协同参与、向综合运用各种方式“三转变”，在会议审议上做到时间、质量、会风会纪“三保障”，在意见督办上做到满意度测评、相关公告、督办结果“三公开”等内容作了交流发言。会议认为，监督权是宪法法律赋予县级人大及其常委会的重要职权。切实行使好人大的法定监督权，取得实实在在的监督实效，是考量县级人大常委会能不能有所作为的“硬指标”。赣浙闽皖四省交界县（市、区）人大常委会要坚持人大正确的政治方向开展监督工作，创新监督方式方法，突出监督重点，增强监督实效，为地方经济社会高质量发展贡献人大力量。会议期间，与会人员参观考察了浮梁古县衙廉政教育基地、高岭·中国村等。

赣浙闽皖四省交界县（市、区）人大常委会第41次联席会议，于2021年11月2日至3日在浙江省龙泉市举行。广丰区因受新冠疫情影响未能出席会议，以书面形式在会上作了交流。

（二）广丰县人大常委会赴外地考察学习情况

广丰县人大常委会赴外地考察学习一览表

表4–9–1

时间	地点	带队人及随行人数	内容
2005年6月3日	开化县、常山县	县人大常委会主任戴水春、部分人大机关工作人员	参观学习人大工作
2005年10月15日至23日	内蒙古、东北	县人大常委会主任戴水春一行	考察环保、再就业工作
2006年3月9日至10日	江西省新余市	县人大常委会部分组成人员	考察工业园区建设、环境与资源保护工作

续表 4-9-1

时间	地点	带队人及随行人数	内容
2006 年 3 月 11 日	广东省、香港	县人大常委会副主任吴克海、余锡恭、部分县人大代表	考察学习花卉苗木种植和市场经营
2006 年 4 月 27 日至 29 日	浙江省开化县、安徽省休宁县	县人大常委会副主任张瑞耀、财经办公室及财政局工作人员	考察学习非税收入管理工作
2006 年 5 月 16 日至 20 日	江苏省苏州市	县人大常委会主任戴水春、部分常委会组成人员、各委办负责人	考察工业园建设，参观华西村新农村建设
2006 年 8 月 18 日	萍乡市安源区、鹰潭市月湖区、景德镇市珠山区	县人大常委会副主任郑德龙、街道人大工委主任	走访区人大，交流人大工作
2006 年 9 月 11 日至 13 日	浙江省湖州市、衢州市	县人大常委会主任戴水春、副主任郑德龙、张瑞耀一行 12 人	学习考察人大工作
2006 年 10 月 11 日至 13 日	浙江省上虞市等地	县人大常委会主任戴水春、人大财经委、审计局等相关单位负责人	考察学习政府性投资项目审计工作
2006 年 10 月 27 日	河南省新乡县	县人大常委会主任戴水春、部分县人大代表	考察新农村建设工作
2010 年 5 月 11 日	福建省浦城县	县人大常委会副主任鲍小红一行 13 人	学习“代表之家”经验与做法
2011 年 11 月 28 日至 12 月 1 日	安徽省芜湖市、江苏省睢宁市	县人大常委会调研员鲍小红一行 5 人	考察学习代表工作

（三）其他市县人大常委会来广丰考察学习情况表

其他市县人大常委会来广丰考察学习一览表

表 4-9-2

时间	地点	带队人及随行人数	内容
2010 年 7 月 9 日	江西省永修县人大常委会	县人大常委会主任彭伦常一行 9 人	考察学习城市建设、交通管理工作
2010 年 8 月 24 日	福建省浦城县人大常委会	县人大常委会主任叶家庆一行 14 人	学习交流人大工作
2010 年 10 月 21 日至 22 日	江苏省宿迁市宿城区人大常委会	区人大常委会主任、党组书记王学通一行 38 人	参观考察经济建设、社会发展和人大工作
2013 年 10 月 14 日	山东省东明县人大常委会	县人大常委会主任庄付阁一行 5 人	参观学习人大工作、红色文化及王氏文化
2015 年 4 月 15 日至 16 日	江西省瑞金市人大常委会	市人大常委会副主任朱敏一行 11 人	考察学习人民防空工程建设管理工作

续表 4-9-2

时间	地点	带队人及随行人数	内容
2017 年 9 月 25 日	福建省浦城县人大常委会	县人大常委会副主任凌建军一行 7 人	学习交流人大工作
2017 年 9 月 28 日	南昌市人大常委会	市人大常委会副主任魏国华一行	考察交流乡村旅游工作
2018 年 3 月 27 日	湖北省黄石市人大常委会	市人大常委会副秘书长李文华一行 5 人	学习考察办公室工作及公车使用管理工作
2018 年 4 月 12 日	浙江省江山市人大常委会	市人大常委会原副主任徐惠民一行 6 人	参观考察扶持木业（门业）发展工作
2018 年 4 月 26 日至 27 日	上海市金山区山阳镇人大主席团	人大主席团主席黎连忠一行 9 人	考察交流人大工作及新农村建设
2018 年 5 月 22 日	黑龙江省大庆市人大常委会	市人大常委会副主任栾莹一行 9 人	考察交流河长制工作
2018 年 6 月 8 日	浙江省绍兴市人大常委会	市人大常委会党组副书记、副主任杨文孝一行 12 人	考察学习加强代表履职管理和规范镇街人大工作
2018 年 7 月 3 日至 4 日	四川省绵阳市人大常委会	市人大常委会副主任董晓彬一行 9 人	考察学习人大人事、代表工作
2019 年 10 月 13 日	福建省松溪县人大常委会	县人大常委会副主任徐义明一行 4 人	考察学习助推乡村振兴工作

二、信访工作

信访工作是人大及其常委会依法履行监督权的一项基础性工作，是参与社会治理和洞察民情的“窗口”，密切联系群众的纽带。县（区）人大常委会在多年受理群众来信来访的工作实践中，建立了“专人登记、领导阅批、归口处理、分级负责、监督办理、落实回复”的信访工作制度。县（区）人大常委会自办的信访件，由相关委（办）认真办理，从快回复。转办的信访件，县（区）人大常委会分管领导批转给相关单位办理，由相关委（办）督促办理并及时上报办理结果。上级人大常委会转办的信访件，县（区）人大常委会相关领导负责督办，相关工委负责及时上报处理结果。本着对人民群众高度负责的态度，县（区）人大常委会对受理的信访件做到件件有着落，事事有回音。2005 年 1 月至 2021 年 12 月，共接待群众来信来访 3214 件次，其中，办理省人大常委会转交办信访件 2 件，市人大常委会转交办信访件 15 件。

第五章
常委会内部建设

2005 年 5 月，中共中央转发了《中共全国人大常委会党组关于进一步发挥全国人大代表作用加强全国人大常委会制度建设的若干意见》的通知，指出：人民代表大会制度是我国的根本政治制度。坚持和完善这一制度，是发展社会主义民主、健全社会主义法制、建设社会主义政治文明、构建社会主义和谐社会的重要内容，是全党全社会的共同责任。当前，要支持、保证人大代表依法行使职权、充分发挥作用，切实加强人民代表大会及其常委会的组织制度和工作制度建设，使人民代表大会及其常委会更好地发挥国家权力机关的作用。

第一节　县（区）人大常委会的规章制度

一、县第十四届人大常委会规章制度

2007 年 5 月 16 日，县第十四届人大常委会第一次会议通过了《广丰县人民代表大会常务委员会组成人员守则》。

2007 年 5 月 16 日，县第十四届人大常委会第一次会议通过了《广丰县人民代表大会常务委员会主任会议议事规则》。

2007 年 5 月 16 日，县第十四届人大常委会第一次会议通过了《广丰县人民代表大会常务委员会议事规则》。

2007 年 9 月 26 日，县第十四届人大常委会第五次会议通过了《广丰县人民代表大会常务委员会关于许可对县本级人民代表大会代表采取限制人身自由强制措施的办理程序》。

2009 年 3 月 3 日，县第十四届人大常委会第六十九次主任会议通过了《广丰县人民代表大会优秀代表建议、批评和意见评选及表彰办法（试行）》。

2009 年 7 月 6 日，县第十四届人大常委会第八十次主任会议通过了《广丰县人民代表大会代表小组活动办法》。

2010 年 2 月 27 日，县第十四届人大常委会第二十一次会议通过了《关于政府融资议案办理及监督的意见》。

2010 年 3 月 12 日，县第十四届人大常委会第一百零七次主任会议通过了《关于广丰县人大代表联系原选区选民和人民群众的工作意见》。

二、县第十五届人大常委会规章制度

2011 年 11 月 3 日，县第十五届人大常委会第一次会议通过了《广丰县人民代表大会常务委员会组成人员守则》。

2011 年 11 月 3 日，县第十五届人大常委会第一次会议通过了《广丰县人民代表大会常务委员会议事规则》。

2011 年 11 月 3 日，县第十五届人大常委会第一次会议通过了《广丰县人民代表大会常务委员会主任会议议事规则》。

2011 年 11 月 3 日，县第十五届人大常委会第一次会议通过了《广丰县人大常委会关于进一步加强法治宣传教育的决议》。

2012 年 7 月 30 日，县第十五届人大常委会第六次会议通过了《广丰县人大常委会关于规范性文件备案审查工作暂行办法》。

2012 年 7 月 30 日，县第十五届人大常委会第六次会议通过了《广丰县人大常委会工作评议办法（试行）》。

2013 年 4 月 26 日，县第十五届人大常委会第十一次会议通过了《广丰县人大常委会关于提高常委会会议质量的意见》。

2013 年 6 月 28 日，县第十五届人大常委会第十二次会议通过了《关于专项工作报告满意度测评工作暂行办法》。

2014 年 12 月 30 日，县第十五届人大常委会第七十三次主任会议通过了《关于进一步加强和改进代表建议、批评和意见办理工作的意见》。

三、区第十六届人大常委会规章制度

2017 年 3 月 3 日，区人大常委会第五次会议通过了《上饶市广丰区人民代表大会常务委员会组成人员守则》。

2017 年 3 月 3 日，区人大常委会第五次会议通过了《上饶市广丰区人民代表大会常务委员会主任会议议事规则》。

2017 年 3 月 3 日，区人大常委会第五次会议通过了《上饶市广丰区人民代表大会常务委员会议事规则》。

2017 年 4 月 26 日，区第十六届人大常委会第六次会议通过了《上饶市广丰区人大代表履职考核暂行办法》。

2017年8月25日，区第十六届人大常委会第八次会议通过了《上饶市广丰区人民代表大会常务委员会关于进一步严肃常委会会风会纪提高会议质量的意见》。

2017年10月26日，区第十六届人大常委会第九次会议通过了《上饶市广丰区人民代表大会常务委员会关于对审计查出问题整改监督的办法》。

2017年10月26日，区第十六届人大常委会第九次会议通过了《上饶市广丰区人民代表大会常务委员会关于审计查出问题整改满意度测评办法》。

2017年10月26日，区第十六届人大常委会第九次会议通过了《上饶市广丰区人民代表大会常务委员会满意度测评工作办法》。

2017年10月26日，区第十六届人大常委会第九次会议通过了《上饶市广丰区人民代表大会常务委员会审议意见督办办法》。

2017年10月26日，区第十六届人大常委会第九次会议通过了《上饶市广丰区人民代表大会常务委员会专题询问办法》。

2017年10月26日，区第十六届人大常委会第九次会议通过了《上饶市广丰区人民代表大会常务委员会关于进一步加强“双联”工作实施办法》。

2017年10月26日，区第十六届人大常委会第九次会议通过了《上饶市广丰区人民代表大会常务委员会关于提高区人大代表建议、批评和意见办理质量实施办法》。

2018年1月31日，区第十六届人大常委会第二十次主任会议通过了《关于成立上饶市广丰区第十六届人大常委会专家组的决定》。

2018年8月21日，区第十六届人大常委会第二十八次主任会议通过了《上饶市广丰区人民代表大会常务委员会关于加强区人大代表学习培训工作的暂行办法》。

2018年10月25日，区第十六届人大常委会十七次会议通过了《上饶市广丰区人民代表大会常务委员会规范性文件备案审查办法》。

2019年4月23日，区第十六届人大常委会第二十二次会议通过了《上饶市广丰区人民代表大会常务委员会关于进一步完善督查区人大代表建议办理工作的意见》。

2019年12月13日，区第十六届人大常委会第四十九次主任会议通过了《上饶市广丰区人民代表大会社会建设委员会工作规则》。

2020年10月23日，区第十六届人大常委会第六十四次主任会议通过了《关于对上饶市广丰区人大选举和任命的人员进行宪法知识任前考试的意见》。

2021年7月19日，区第十六届人大常委会第七十七次主任会议通过了《上饶市广丰区人大常委会关于预算联网监督系统资料报送暂行办法》。

四、区第十七届人大常委会规章制度

2021年10月18日，区第十七届人大常委会第一次主任会议通过了《关于进一步提升人大代表联络工作站工作质效的实施方案》。

2021年10月18日，区第十七届人大常委会第一次主任会议通过了《上饶市广丰区人大代表联络工作站考核评比方案》。

2021年12月28日，区第十七届人大常委会第三次会议通过了《上饶市广丰区人民代表大会常务委员会人事任免规定》。

县（区）人大常委会制度建设一览表

表5-1-1

届别	十四届	十五届	十六届	十七届
件次	8	9	19	3

第二节　县（区）人大常委会党组中心组扩大学习会

《中国共产党党委（党组）理论学习中心组学习规则》规定：党委（党组）理论学习中心组学习，是各级党委（党组）领导班子和领导干部在职理论学习的重要组织形式，是严肃党内政治生活、强化党性修养的重要内容，是加强各级领导班子思想政治建设的重要制度，是建设学习型服务型的马克思执政党、提高党的执政能力和领导水平的重要途径。党委（党组）理论学习中心组主要由党委（党组）领导班子成员组成，可以根据学习需要适当吸收有关人员参加。

学习内容包括：

（一）马克思列宁主义、毛泽东思想、邓小平理论、“三个代表”重要思想、科学发展观、习近平总书记系列重要讲话和治国理政新理念、新思想、新战略。

（二）党章、党规、党纪和党的基本知识。

（三）党的路线、方针、政策和决议。

（四）国家法律法规。

（五）社会主义核心价值观。

（六）党的历史、中国历史、世界历史和科学社会主义发展史。

（七）推进中国特色社会主义事业所需要的经济、政治、文化、社会、生态、科技、军事、外交、民族、宗教等方面的知识。

（八）改革发展实践中的重点、难点问题。

（九）党中央和上级党组织要求学习的其他重要内容。

集体学习研讨应当保证学习时间和质量，每年应当集中一定的时间学习，每季度不少于1次。

一、第十三届人民代表大会

2005年6月27日，主任戴水春主持召开了县人大常委会党组中心组扩大学习会，学习了《求是》杂志刊载的福建省委常委、组织部部长李宏撰写的文章《思想入党是根本》和中共中央转发的《中共全国人大常委会党组关于进一步发挥全国人大代表作用加强全国人大常委会制度建设的若干意见》的主要精神，传达学习了保持共产党员先进性活动第二批工作会议精神。

2005年7月26日，主任戴水春主持召开了县人大常委会党组中心组扩大学习会，传达学习了《中华人民共和国水污染防治法》《关于加强和规范全国人大代表活动的若干意见》《全国人民代表大会代表议案处理办法》《全国人民代表大会代表建议、批评和意见处理办法》《全国人大常委会机关信访工作若干规定》和《关于充分发挥专门委员会作用的若干意见》。

2005年8月16日，主任戴水春主持召开了县人大常委会党组中心组扩大学习会，传达学习了胡锦涛总书记《在省部级主要领导干部提高构建社会主义和谐社会能力专题研讨班上的讲话》精神和全国农村税费改革会议的主要精神、《中共江西省委、江西省人民政府关于推动全民创业，加快富民兴赣的若干意见》、《中华人民共和国选举法》和《中华人民共和国地方各级人民代表大会和地方各级人民政府组织法》。

2005年11月1日，主任戴水春主持召开了县人大常委会党组中心组扩大学习会，传达学习了《中国共产党十四届五中全会公报》和《求是》杂志刊载的《守成更难》《长恨人心不如水，等闲平地起波澜》等文章。

2005年12月5日，主任戴水春主持召开了县人大常委会党组中心组扩大学习会，学习了《求是》杂志刊载的《自主创新能力建设》文章，传达学习了江西省人大常委会第十八次会议精神。

2006年1月21日，主任戴水春主持召开了县人大常委会党组中心组扩大学习会，学习了《求是》杂志评论员文章《大力提高自主创新能力，建设创新型国家》，学习了《中华人民共和国个人所得税法》。

2006年3月2日，主任戴水春主持召开了县人大常委会党组中心组扩大学习会，学习了中共中央、国务院《关于实施科技规划纲要增强自主创新能力的决定》和国务院《关于修改〈中华人民共和国个人所得税法实施条例〉的决定》。

2006年4月26日，主任戴水春主持召开了县人大常委会党组中心组扩大学习会，学习了树立和坚持社会主义荣辱观和《中华人民共和国审计法》。

2006年6月15日，主任戴水春主持召开了县人大常委会党组中心组扩大学习会，学习了《中华人民共和国公务员法实施方案》《关于加强和规范全国人大代表活动的若干意见》《全国人民代表大会代表议案处理办法》和《全国人民代表大会代表建议、批评和意见处理办法》。

2006年6月23日，主任戴水春主持召开了县人大常委会党组中心组扩大学习会，传达学习了《中共江西省委转发〈中共江西省人大常委会关于进一步加强省人大代表工作和省人大常委会制度建设的意见〉的通知》。

2006年7月31日，主任戴水春主持召开了县人大常委会党组中心组扩大学习会，学习了

《江西省预算审查监督条例》，传达学习了中共广丰县第十一届党代会精神。

2006年8月24日，主任戴水春主持召开了县人大常委会党组中心组扩大学习会，学习了《江泽民文选》第三卷中有关“三个代表”重要思想的文章。

2006年9月30日，主任戴水春主持召开了县人大常委会党组中心组扩大学习会，传达学习了《中华人民共和国各级人民代表大会常务委员会监督法》和胡锦涛总书记《关于各级党组织和党员要模范遵守和执行法律，支持人大依法开展监督工作》的讲话摘要。

2006年10月18日，主任戴水春主持召开了县人大常委会党组中心组扩大学习会，学习了《中国共产党第十六届六中全会公报》，传达了中共广丰县委“整顿机关作风，提高工作效能”文件精神，宣读了《广丰县人大机关“整顿机关作风，提高工作效能”工作方案》。

2006年11月9日，主任戴水春主持召开了县人大常委会党组中心组扩大学习会，学习了《中华人民共和国劳动法》，观看了宣传片《南街村》，布置了人大常委会机关“整顿机关作风，提高工作效能”转段工作。

2007年1月15日，主任戴水春主持召开了县人大常委会党组中心组扩大学习会，传达学习了代省长吴新雄在广丰县考察时的重要指示精神和在全省工业流动现场会上的讲话精神，学习了上饶市委书记姚亚平参加广丰代表团讨论时的讲话精神。

2007年2月27日，主任戴水春主持召开了县人大常委会党组中心组扩大学习会，学习了《公安机关组织管理条例》和《求是》杂志刊载的《塑造和谐的社会心态》。

二、第十四届人民代表大会

2007年3月20日，主任戴水春主持召开了县人大常委会党组中心组扩大学习会，传达学习了中共广丰县委“加强作风建设，实现新的跨越”集中教育活动动员大会的精神，提出“我为机关创环境，我为机关树形象”。

2007年3月27日，主任戴水春主持召开了县人大常委会党组中心组扩大学习会，传达学习了胡锦涛总书记在中纪委第七次全会上的《全面加强新形势下的领导干部作风建设，把党风廉政建设和反腐败斗争引向深入》的讲话精神和毛泽东的文章《整顿党的作风》。

2007年4月9日，主任戴水春主持召开了县人大常委会党组中心组扩大学习会，学习了毛泽东《给徐特立同志的一封信》《反对自由主义》和方志敏《可爱的中国》，学习了鲁迅的《少年闰土》一文，朗诵了文天祥的《过零丁洋》。

2007年5月8日，主任戴水春主持召开了县人大常委会党组中心组扩大学习会，学习了《中华人民共和国物权法》和《行政机关公务员处分条例》。

2007 年 6 月 18 日，主任戴水春主持召开了县人大常委会党组中心组扩大学习会，传达学习了中纪委关于印发《中共中央纪委关于严格禁止利用职务上的便利谋取不正当利益的若干规定》的通知。

2007 年 8 月 6 日，主任戴水春主持召开了县人大常委会党组中心组扩大学习会，学习了《求是》杂志刊载的《“为”与“位”的辩证法》《吃喝玩乐不是小事》《傲不可长，欲不可纵，志不可满，乐不可极》等文章。

2007 年 9 月 21 日，主任戴水春主持召开了县人大常委会党组中心组扩大学习会，学习了《中华人民共和国行政复议法实施条例》和《国务院关于加强食品等产品安全监督管理的特别规定》，学习了《学会找差距》一文。

2007 年 10 月 30 日，主任戴水春主持召开了县人大常委会党组中心组扩大学习会，传达学习了胡锦涛总书记在中国共产党第十七次全国代表大会上作的报告，学习了《中国共产党第十七届中央委员会第一次全体会议公报》和《中国共产党章程（修正案）》的决议。

2007 年 12 月 11 日，主任戴水春主持召开了县人大常委会党组中心组扩大学习会，学习了《中国共产党章程》和《中华人民共和国劳动合同法》。

2008 年 2 月 3 日，主任戴水春主持召开了县人大常委会党组中心组扩大学习会，传达学习了贺国强视察江西灾情时的讲话精神和省党代会会议精神。

2008 年 4 月 8 日，主任戴水春主持召开了县人大常委会党组中心组扩大学习会，学习了《求是》评论《为实现党的十七大确定的目标任务而奋斗》，学习了《中华人民共和国耕地占用税暂行条例》和《全国污染源普查条例》。

2008 年 6 月 11 日，主任戴水春主持召开了县人大常委会党组中心组扩大学习会，学习了《汶川地震灾后重建条例》，传达了省市勤廉兼优报告会的主要精神。

2008 年 7 月 1 日，主任戴水春主持召开了县人大常委会党组中心组扩大学习会，传达学习了胡锦涛总书记在四川召开的抗震救灾工作会议上的讲话，听取了赴川党员、广丰县卫生监督所副所长郑金良所作的抗震救灾报告。

2008 年 10 月 9 日，主任戴水春主持召开了县人大常委会党组中心组扩大学习会，学习了《江西省实施〈中华人民共和国各级人民代表大会常务委员会监督法〉办法》。

2009 年 3 月 24 日，主任戴水春主持召开了县人大常委会党组中心组扩大学习会，学习了《科学发展观重要论述摘编》的一部分至五部分：深刻理解科学发展观的重大意义、科学发展观提出的依据、科学发展观第一要义是发展、科学发展观核心是以人为本、学习毛泽东论科学发展。

2009 年 4 月 7 日，主任戴水春主持召开了县人大常委会党组中心组扩大学习会，学习了《科学发展观重要论述摘编》的六部分至八部分：科学发展观的根本方法是统筹兼顾、深入贯彻落实科学发展观要始终坚持党的基本路线、深入贯彻落实科学发展观要积极构建社会主义和谐社会。同时还学习了邓小平论科学发展观的有关论述。

2009年4月16日，主任戴水春主持召开了县人大常委会党组中心组扩大学习会，学习了《中华人民共和国突发事件应对法》，传达了全县“进千村访万户，解民忧促发展”动员会精神。

2009年5月19日，主任戴水春主持召开了县人大常委会党组中心组扩大学习会，邀请县药监局局长齐华安讲座《中华人民共和国食品安全法》，通过对立法背景、立法意义、立法过程、主要内容的讲解，使参学人员对《中华人民共和国食品安全法》有了更深层次的认识。

2009年5月26日，主任戴水春主持召开了县人大常委会党组中心组扩大学习会，传达学习了中共江西省委十二届九次全会精神和中共广丰县委、广丰县人民政府《关于加强作风建设的意见》。

2009年8月5日，主任戴水春主持召开了县人大常委会党组中心组扩大学习会，学习了《中华人民共和国统计法》和《彩票管理条例》。

2009年10月9日，主任戴水春主持召开了县人大常委会党组中心组扩大学习会，传达学习了《中华人民共和国人民武装警察法》和胡锦涛总书记国庆讲话精神。

2009年11月9日，主任戴水春主持召开了县人大常委会党组中心组扩大学习会，学习了《江西省财政监督条例》，同时各位干部交流了全年的学习体会。

2009年12月28日，主任戴水春主持召开了县人大常委会党组中心组扩大学习会，学习了《求是》杂志上刊载的《发展低碳经济，践行科学发展》《积极建设生态文明》《兴党必先忧党、忧党重在兴党》等文章。

2010年2月21日，主任戴水春主持召开了县人大常委会党组中心组扩大学习会，传达学习了《中共江西省委关于进一步加强和改进人大工作的意见》。

2010年3月15日，主任戴水春主持召开了县人大常委会党组中心组扩大学习会，学习了《中华人民共和国全国人民代表大会和地方各级人民代表大会选举法修正案（草案）》。

2010年4月30日，主任戴水春主持召开了县人大常委会党组中心组扩大学习会，学习了《中国共产党党员领导干部廉洁从政若干准则》。

2010年6月29日，主任戴水春主持召开了县人大常委会党组中心组扩大学习会，学习了《中华人民共和国突发事件应对法》，传达了全市人大常委会主任座谈会会议精神。

2010年9月21日，主任戴水春主持召开了县人大常委会党组中心组扩大学习会，学习了《求是》杂志刊载的《领导干部要有道德感召力》的文章，传达学习了县人民政府贯彻落实“三重一大”事项集体决策制度的实施意见（试行）。

2011年2月25日，主任戴水春主持召开了县人大常委会党组中心组扩大学习会，学习了中共上饶市委转发的《中共上饶市人大常委会党组关于做好全市县、乡两级人民代表大会换届选举有关工作的意见》。

2011 年 4 月 18 日，主任戴水春主持召开了县人大常委会党组中心组扩大学习会，学习了《中华人民共和国刑法（修正案）》和《中华人民共和国村民委员会组织法》。

2011 年 5 月 16 日，主任戴水春主持召开了县人大常委会党组中心组扩大学习会，学习了《换届风气重点督导工作实施方案》。

三、第十五届人民代表大会

2011 年 10 月 17 日，主任刘月林主持召开了县人大常委会党组中心组扩大学习会，学习了中共上饶市第十三次党代会报告。

2012 年 1 月 20 日，主任刘月林主持召开了县人大常委会党组中心组扩大学习会，学习了《中共江西省委、江西省人民政府关于加强干部作风建设，进一步优化发展环境若干问题的决定》和中共上饶市委、上饶市人民政府《关于贯彻〈中共江西省委、江西省人民政府关于加强干部作风建设，进一步优化发展环境若干问题的决定〉的实施意见》。

2012 年 2 月 13 日，主任刘月林主持召开了县人大常委会党组中心组扩大学习会，传达学习了全市作风整治电视电话会议精神。

2012 年 4 月 12 日，主任刘月林主持召开了县人大常委会党组中心组扩大学习会，传达学习了省委办公厅《关于深入学习人民日报评论员文章的通知》，学习了《人民日报》评论员文章：《集中精力把两会精神贯彻好》《牢牢把握稳中求进的总基调》《满怀信心迎接党的十八大》。

2012 年 4 月 28 日，主任刘月林主持召开了县人大常委会党组中心组扩大学习会，传达学习了优化环境服务发展的有关文件。

2012 年 6 月 1 日，主任刘月林主持召开了县人大常委会党组中心组扩大学习会，传达学习了有关文件：优化环境，打造学习型机关；强化管理，打造高效型机关；贴近群众，打造服务型机关；与时俱进，打造创新型机关；改进管理模式，提高舆论引导水平。

2013 年 6 月 8 日，副主任潘荣华主持召开了县人大常委会党组中心组扩大学习会，邀请了广丰县食监所的工作人员作《中华人民共和国食品安全法》的专题讲座。

2013 年 9 月 12 日，副主任潘荣华主持召开了县人大常委会党组中心组扩大学习会，传达学习了县委组织部《关于在全县开展党政领导干部违反规定接受和赠送现金、有价证券、支付凭证等问题专项治理活动的通知》。

2013 年 11 月 7 日，副主任潘荣华主持召开了县人大常委会党组中心组扩大学习会，传达学习了《中共中央关于薄熙来严重违纪违法案件及其教训的通报》。

2014年3月5日，主任刘月林主持召开了县人大常委会党组中心组扩大学习会，学习讨论了《县人大常委会党组党的群众路线教育实践活动实施方案》和《县人大机关党的群众路线教育实践活动实施方案》。

2014年6月10日，主任刘月林主持召开了县人大常委会党组中心组扩大学习会，传达学习了省委党的群众路线教育实践活动领导小组第九次会议精神。

2014年6月22日，主任刘月林主持召开了县人大常委会党组中心组扩大学习会，传世达学习了习近平总书记在指导兰考县委常委班子民主生活会时的重要讲话精神；刘云山在中央党校2013年秋季学期开学典礼上“关于批评和自我批评几点认识”的重要讲话精神和省委书记强卫主持指导南昌市委常委班子专题民主生活会的重要讲话精神。

2014年11月13日，主任刘月林主持召开了县人大常委会党组中心组扩大学习会，传达学习了广纪发《关于严禁党员干部和国家公职人员参与以钱物为注娱乐活动的通知》和《关于严禁机关工作人员工作日午餐饮酒的通知》，以及广办字《关于印发〈关于严格禁止领导干部，国家公职人员大操大办酒席的暂行规定〉的通知》。

2015年3月6日，副主任潘荣华主持召开了县人大常委会党组中心组扩大学习会，传达学习了省市县纪委文件精神：（1）适应从严治党新常态。（2）认清形势，深刻把握反腐败斗争严峻形势。（3）敢于担当，深化改革，扎实推进反腐败工作深入发展。

2015年12月29日，主任刘月林主持召开了区人大常委会党组中心组扩大学习会，传达学习了《习近平在中共中央政治局第二十六次集体学习时的讲话》。

2016年8月25日，主任刘月林主持召开了区人大常委会党组中心组扩大学习会，传达学习了省纪委《关于重申严禁党员干部出入私人会所、违规接受吃请纪律的通知》和区纪委《关于党员领导干部“八小时以外”违纪违规情况的通报》。

四、第十六届人民代表大会

2016年11月10日，主任皮晓瑶主持召开了区人大常委会党组中心组扩大学习会，传达学习了党的十八届六中全会精神，主要体现在12个关键词：全面从严治党；领导核心；党内政治生活；党内监督；纪律严明；党内民主；反对腐败；高级干部；权力监督；群众路线；民主集中制；造人用人。

2016年12月30日，主任皮晓瑶主持召开了区人大常委会党组中心组扩大学习会，传达学习了中共上饶市纪委办公室《关于2017年元旦、春节期间进一步加强作风建设严防“四风”问题反弹的通知》。

2017 年 1 月 6 日，主任皮晓瑶主持召开了区人大常委会党组中心组扩大学习会，传达学习了十八届中央纪律检查委员会第七次全会的工作报告和习近平总书记的讲话精神。

2017 年 2 月 22 日，主任皮晓瑶主持召开了区人大常委会党组中心组扩大学习会，传达学习了习近平总书记在省部级主要领导干部学习贯彻十八届六中全会精神专题研讨班开班仪式上的讲话。

2017 年 3 月 2 日，主任皮晓瑶主持召开了区人大常委会党组中心组扩大学习会，传达学习了习近平总书记在会见第一届全国文明家庭代表大会上的讲话，要动员社会各界广泛参与家庭文明建设，推动形成爱国爱家、相亲相爱、向上向善、共建共享的社会主义家庭文明新风尚。

2017 年 5 月 17 日，主任皮晓瑶主持召开了区人大常委会党组中心组扩大学习会，学习了《中国共产党章程》和党纪知识，并进行了试卷答题考试。

2017 年 6 月 21 日，主任皮晓瑶主持召开了区人大常委会党组中心组扩大学习会，传达学习了新华社播发的《以钉钉子精神抓落实——以习近平同志为核心的党中央着力推进全面深化改革落实工作纪实》。

2017 年 7 月 27 日，主任皮晓瑶主持召开了区人大常委会党组中心组扩大学习会，学习了《中国共产党纪律处分条例》。

2017 年 8 月 18 日，主任皮晓瑶主持召开了区人大常委会党组中心组扩大学习会，学习了《中国共产党巡视工作条例》。

2017 年 9 月 27 日，主任皮晓瑶主持召开了区人大常委会党组中心组扩大学习会，传达学习了习近平总书记 7 月 26 日在省部级主要领导干部专题研讨班上的重要讲话，“在新的时代条件下，我们要进行伟大斗争、建设伟大工程、推进伟大事业、实现伟大梦想”。学习了《中国共产党党组工作条例》。

2017 年 10 月 19 日，主任皮晓瑶主持召开了区人大常委会党组中心组扩大学习会，传达学习了习近平总书记在中国共产党第十九次全国代表大会上作的工作报告。

2017 年 11 月 13 日，主任皮晓瑶主持召开了区人大常委会党组中心组扩大学习会，专题学习了党的十九大会议精神。

2017 年 11 月 29 日，主任皮晓瑶主持召开了区人大常委会党组中心组扩大学习会，传达学习了中央、省委、市委、区委关于监察体制改革工作动员部署会的会议精神和《中华人民共和国监察法》。

2017 年 12 月 25 日，主任皮晓瑶主持召开了区人大常委会党组中心组扩大学习会，传达学习了中共中央办公厅印发的《习近平总书记关于进一步纠正“四风”加强作风建设重要批示》文件精神。

2018 年 1 月 3 日，主任皮晓瑶主持召开了区人大常委会党组中心组扩大学习会，传达学习了党的十九大精神，大会的主题是：不忘初心、牢记使命，高举中国特色社会主义伟大旗帜，决胜全面建成小康社会，夺取新时代中国特色社会主义伟大胜利，为实现中华民族伟大复兴的中国梦不懈奋斗。

2018 年 1 月 31 日，主任皮晓瑶主持召开了区人大常委会党组中心组扩大学习会，传达学习了省十三届人大一次会议精神及研究贯彻意见。江西省十三届人大一次会议于 1 月 23 日至 29 日在南昌召开，会议听取和审议了省长刘奇所作的《政府工作报告》、副主任周萌所作的《省人大常委会工作报告》、院长葛晓燕所作的《省高级人民法院工作报告》、检察长刘铁流所作的《省人民检察院工作报告》、主任张和平所作的《关于国家生态文明试验区（江西）建设情况的报告》。

2018 年 2 月 22 日，主任皮晓瑶主持召开了区人大常委会党组中心组扩大学习会，传达学习了习近平总书记《在党的十九届一中全会上的讲话》。

2018 年 3 月 9 日，主任皮晓瑶主持召开了区人大常委会党组中心组扩大学习会，学习了十三届全国人大一次会议政府工作报告。

2018 年 4 月 23 日，主任皮晓瑶主持召开了区人大常委会党组中心组扩大学习会，学习了《中华人民共和国宪法修正案》和《中华人民共和国监察法》，传达学习了刘奇在走访省人大常委会机关时的讲话要点。

2018 年 5 月 24 日，主任皮晓瑶主持召开了区人大常委会党组中心组扩大学习会，传达学习了全省作风建设工作会议精神和全区作风建设工作会议精神，诵读了《红色家书》，畅谈了学习心得。

2018 年 6 月 22 日，主任皮晓瑶主持召开了区人大常委会党组中心组扩大学习会，传达学习了全国省、市两级人大常委会负责人学习班会议的主要精神，学习了上饶市纪委《会风会纪督查情况通报》，研究部署了机关党建党风廉政建设及作风建设工作。

2018 年 8 月 28 日，主任皮晓瑶主持召开了区人大常委会党组中心组扩大学习会，传达学习了省委十四届六次全体（扩大）会议、市委四届六次全体（扩大）会议、区委十三届六次全体（扩大）会议、全省市县（市、区）人大常委会主任学习班精神。

2018 年 9 月 18 日，主任皮晓瑶主持召开了区人大常委会党组中心组扩大学习会，传达学习了中央全面依法治国委员会第一次会议主要精神，传达了区委贯彻落实省委十四届六次全体（扩大）会议精神任务化解会议精神。

2018 年 10 月 16 日，主任皮晓瑶主持召开了区人大常委会党组中心组扩大学习会，学习了《中共中央、国务院关于防范化解地方隐性债务风险的意见》和《中共中央办公厅、国务院办公厅关于印发〈地方政府隐性债务问责办法〉的通知》，传达学习了栗战书委员长在深入学习贯彻习近平总书记关于坚持和完善人民代表大会制度的重要思想交流会上的讲话精神和省、市人大常委会办公厅印发的《关于开展“学习、研究、宣传、贯彻习近平总书记关于人民代表大会制度重要论述”专题活动的实施意见》及研究部署广丰区的贯彻落实意见。

2018 年 11 月 21 日，主任皮晓瑶主持召开了区人大常委会党组中心组扩大学习会，传达学习了刘奇在省十三届人大常委会第八次会议闭幕时的讲话精神，学习了省、市人大常委会《关于开展“学习、研究、贯彻、宣传习近平总书记关于坚持和完善人民代表大会制度的重要思想”专题活动的补充通知》，学习了市人大常委会《关于转发省人大财经委、省人大常委会预算工委〈关于学习贯彻党中央、国务院关于防范化解地方政府隐性债务风险和强化问责决策部署的通知〉通知》。

2018 年 12 月 25 日，主任皮晓瑶主持召开了区人大常委会党组中心组扩大学习会，传达学习了《中国共产党纪律处分条例》和习近平总书记在第五个国家宪法日之际作出的重要指示精神。

2019 年 1 月 24 日，主任皮晓瑶主持召开了区人大常委会党组中心组扩大学习会，传达学习了习近平总书记在省部级主要领导干部坚持底线思维着力防范化解重大风险专题研讨班上的重要讲话精神。

2019 年 2 月 22 日，主任皮晓瑶主持召开了区人大常委会党组中心组扩大学习会，传达学习了习近平总书记在十九届中央政治局第十次集体学习时的重要讲话精神，学习了省十三届人大三次会议主要精神。

2019 年 3 月 11 日，主任皮晓瑶主持召开了区人大常委会党组中心组扩大学习会，传达学习了习近平总书记在 2019 年春季学期中央党校（行政学院）中青年干部培训班开班仪式上的重要讲话精神，学习了《中共中央关于加强党的政治建设的意见》。

2019 年 4 月 22 日，主任皮晓瑶主持召开了区人大常委会党组中心组扩大学习会，学习了《中国共产党党组工作条例》和全省、市、县（市、区）人大常委会主任学习研讨班精神。

2019 年 5 月 21 日，主任皮晓瑶主持召开了区人大常委会党组中心组扩大学习会，传达学习了习近平总书记在“不忘初心、牢记使命”主题教育工作会议上的重要讲话精神和省委书记刘奇在省委常委“不忘初心、牢记使命”主题教育暨市厅级主要领导干部专题读书班开班仪式上的辅导报告精神。

2019 年 6 月 27 日，主任皮晓瑶主持召开了区人大常委会党组中心组扩大学习会，传达学习了习近平总书记视察江西时的重要讲话精神，决心以更加有力的工作举措，努力开创新时代人大工作的新局面。

2019年7月25日，主任皮晓瑶主持召开了区人大常委会党组中心组扩大学习会，传达学习了习近平总书记对地方人大及其常委会工作的重要指示精神和在中央和国家机关党的建设工作会议上的重要讲话精神，传达学习了省委十四届八次全会、市委四届八次全会、区委十三届八次全会精神。

2019年8月26日，主任皮晓瑶主持召开了区人大常委会党组中心组扩大学习会，传达学习了栗战书委员长在第十三届全国人大常委会第十一次会议上的讲话精神，学习传达了中共中央纪委办公厅《印发〈关于贯彻习近平总书记重要批示精神深入落实中央八项规定精神的工作意见〉的通知》。

2019年12月26日，主任皮晓瑶主持召开了区人大常委会党组中心组扩大学习会，传达学习了省委十四届十次全会精神和全省人大工作会议精神。

2020年2月25日，主任皮晓瑶主持召开了区人大常委会党组中心组扩大学习会，传达学习了习近平总书记近期系列重要讲话精神，学习了省人大常委会《关于依法全力做好新型冠状病毒肺炎疫情防控工作的决定》和省十四届人大三次会议主要精神。

2020年3月25日，主任皮晓瑶主持召开了区人大常委会党组中心组扩大学习会，传达学习了习近平总书记3月6日在决战决胜脱贫攻坚座谈会上的重要讲话精神、3月10日在湖北省考察时的重要讲话精神和3月18日在中共中央政治局常委会上的重要讲话精神，学习了《党委（党组）落实全面从严治党主体责任规定》。

2020年4月27日，主任皮晓瑶主持召开了区人大常委会党组中心组扩大学习会，传达学习了习近平总书记3月29日至4月1日考察浙江省时的重要讲话精神、4月8日在中共中央政治局常委会上的重要讲话精神和4月20日至23日考察陕西省时的重要讲话精神，学习了《关于进一步加强各级人大常委会对审计查出突出问题整改情况监督的意见》，学习了省委刘奇书记走访省人大常委会机关时的讲话精神。

2020年5月20日，主任皮晓瑶主持召开了区人大常委会党组中心组扩大学习会，传达学习了习近平总书记5月11日至12日考察山西省时的重要讲话精神和5月14日在中共中央政治局常务委员会上的重要讲话精神，学习了《中共中央、国务院关于新时代加快完善社会主义市场经济体制的意见》。

2020年7月1日，主任皮晓瑶主持召开了区人大常委会党组中心组扩大学习会，传达学习了十三届全国人大三次会议精神和习近平总书记参加内蒙古代表团、湖北代表团、解放军和武警部队代表团审议时的重要讲话精神，传达了市四届人大五次会议精神。

2020年9月18日，主任皮晓瑶主持召开了区人大常委会党组中心组扩大学习会，传达学习了习近平总书记谈治国理政（第三卷）和在纪念中国人民抗日战争暨世界反法西斯战争胜利75

周年座谈会上的讲话精神、在2020年中国国际服务贸易会全球贸易峰会上的致辞、在全国抗击新冠疫情表彰大会上的讲话等重要讲话精神，学习了中共中央办公厅《关于巩固深化“不忘初心、牢记使命”主题教育成果的意见》。

2020年10月23日，主任皮晓瑶主持召开了区人大常委会党组中心组扩大学习会，传达学习了习近平总书记10月10日在2020年秋季学期中央党校（国家行政学院）中青年干部培训班开班仪式上的重要讲话精神、10月12日至13日在广东省考察时的重要讲话精神、第七个国家扶贫日到来之际对脱贫攻坚工作作出的重要指示精神和10月19日前往中国人民革命军事博物馆参观“铭记伟大胜利，捍卫和平正义——纪念中国人民志愿军抗美援朝出国作战70周年主题展览”时的重要讲话精神。

2020年12月28日，皮晓瑶主任主持召开了区人大常委会党组中心组扩大学习会，学习了中共中央《法治社会建设实施纲要（2020—2025年）》和中央经济工作会议精神。

2021年1月20日，主任皮晓瑶主持召开了区人大常委会党组中心组扩大学习会，传达学习了习近平总书记在省部级主要领导干部学习贯彻党的十九届五中全会精神专题研讨班开班仪式上的重要讲话精神和在中央全面深化改革委员会第十七次会议上的重要讲话精神。

2021年2月1日，主任皮晓瑶主持召开了区人大常委会党组中心组扩大学习会，传达学习了习近平总书记在十九届中央纪委五次全会上的重要讲话精神。他强调，2021年是实施“十四五”规划、开启全面建设社会主义现代化国家新征程的第一年，所有工作都要围绕开好局、起好步来展开。传达学习了省十三届人大五次会议精神和刘奇、马森述、秦义等省领导参加上饶代表团讨论时的讲话精神。

2021年3月25日，主任皮晓瑶主持召开了区人大常委会党组中心组扩大学习会，传达学习了习近平总书记2月20日在党史学习教育动员大会上的重要讲话精神和2月25日在全国脱贫攻坚总结表彰大会上的重要讲话精神，传达学习了十三届全国人大四次会议精神，学习了中央“十个严禁”“十个一律”和省委“八个严格、八个不得”换届纪律要求，传达了市四届人大六次会议精神和省市关于黄赌毒、酒驾等违法问题的指示要求精神。

2021年4月26日，主任皮晓瑶主持召开了区人大常委会党组中心组扩大学习会，传达学习了习近平总书记3月22日至25日在福建省考察时的重要讲话精神、4月2日在参加首都义务植树活动时的重要讲话精神和4月20日在博鳌亚洲论坛上发表的题为《同舟共济克时艰，命运与共创未来》的视频演讲，学习了中共中央、国务院《关于全面推进乡村振兴加快农业农村现代化的意见》精神，学习了江西省委、省人民政府《关于全面推进乡村振兴加快农业农村现代化的实施意见》。

2021年5月28日，主任皮晓瑶主持召开了区人大常委会党组中心组扩大学习会，学习了

《习近平新时代中国特色社会主义思想学习问答》（第一部分：思想之旗领航向），重温了习近平总书记视察江西时的重要讲话精神，传达学习了习近平总书记考察广西时的重要讲话精神和在推进南水北调后续工程高质量发展座谈会上的重要讲话精神。

2021 年 6 月 17 日，主任皮晓瑶主持召开了区人大常委会党组中心组扩大学习会，传达学习了习近平总书记考察青海时的重要讲话精神，学习了《习近平新时代中国特色社会主义思想学习问答》（第二部分：人间正道开新篇），传达了区纪委、区监委《关于党员干部、公职人员酒驾问题的有关工作要求》。

2021 年 7 月 19 日，主任皮晓瑶主持召开了区人大常委会党组中心组扩大学习会，传达学习了习近平总书记 6 月 18 日在参观“不忘初心、牢记使命”中国共产党历史展览时的重要讲话精神、6 月 25 日在中央政治局第三十一次集体学习时的重要讲话精神和 6 月 29 日在“七一勋章”颁授仪式上的重要讲话精神，学习了中共中央、省“七一”庆祝大会精神。

2021 年 8 月 25 日，主任皮晓瑶主持召开了区人大常委会党组中心组扩大学习会，传达学习了习近平总书记在亚太经合组织领导人非正式会议上的重要讲话精神、在西藏考察时的重要讲话精神、在党外人士座谈会上的重要讲话精神、7 月 30 日在中共中央政治局会议上的重要讲话精神和在中共中央政治局第三十二次集体学习上的重要讲话精神，学习了《习近平新时代中国特色社会主义思想学习问答》（第四部分：“四个全面”擘宏图）。

2021 年 9 月 14 日，主任皮晓瑶主持召开了区人大常委会党组中心组扩大学习会，传达学习了习近平总书记 8 月 23 日至 24 日在河北省承德市考察时的重要讲话精神、9 月 1 日在中央党校（国家行政学院）中青年干部培训班开班仪式上的重要讲话精神和 9 月 3 日在出席第六届东方经济论坛全会开幕式上的重要讲话精神，学习了《习近平新时代中国特色社会主义思想学习问答》（第五部分：“五位一体”谱华章）。

五、第十七届人民代表大会

2021 年 10 月 18 日，主任皮晓瑶主持召开了区人大常委会党组中心组扩大学习会，传达学习了习近平总书记 9 月 13 日至 14 日在陕西省榆林市考察时的重要讲话精神、9 月 27 日至 28 日在中央人才工作会议上的重要讲话精神和 10 月 9 日在纪念辛亥革命 110 周年大会上的重要讲话精神，学习了《习近平新时代中国特色社会主义思想学习问答》（第六部分：千秋伟业强基石），传达了市五次党代会、区十四次党代会精神。

2021 年 10 月 29 日，主任皮晓瑶主持召开了区人大常委会党组中心组扩大学习会，传达学习了习近平总书记在中央人大工作会议上的重要讲话精神，学习了市第五届人大一次会议精神和省纪委办公厅《关于带头落实公共机构节能要求监督推动绿色低碳发展的通知》。

2021 年 11 月 23 日，主任皮晓瑶主持召开了区人大常委会党组中心组扩大学习会，传达学习了党的十九届六中全会精神和《中共中央关于党的百年奋斗重大成就和历史经验的决议》，学习了《上饶市人大常委会关于规范乡镇人大预算审查监督工作的指导意见》。

2021 年 12 月 27 日，主任皮晓瑶主持召开了区人大常委会党组中心组扩大学习会，传达学习了习近平总书记在十九届中共中央政治局第三十五次集体学习会上的重要讲话精神，学习了《中共中央关于新时期坚持和完善人民代表大会制度，加强和改进人大工作的意见》，传达学习了栗战书委员长在学习贯彻党的十九届六中全会和中央人大工作会议精神，持续深入学习贯彻习近平总书记关于坚持和完善人民代表大会制度的重要思想交流会上的讲话精神，传达学习了省纪委《关于在案件查办中发现“寻梦牡丹”等项目突出问题的通报》《监察法实施条例》《中华人民共和国审计法》，传达了中央经济工作会议和省委第十五次党代会精神。

第三节　县（区）人大常委会专题教育

一、“整顿机关作风、提高工作效能”专题教育活动

从2006年10月开始，用3个月的时间，在人大常委会机关中深入开展作风整顿活动。

（一）指导思想：以邓小平理论、“三个代表”重要思想以及十六届五中全会精神为指导，以促进发展为目标，按照“八个坚持，八个反对”的要求，坚持正面引导与自我教育相结合，开门整改与征求群众意见相结合，教育整顿与促进工作相结合，紧密联系干部的思想和作风实际，集中解决一些突出问题，力争取得阶段性成果，为实现广丰县经济社会又快又好发展提供坚强的组织保证。

（二）基本目标：一是改进干部作风。二是形成发展合力。三是优化发展环境。四是促进各项工作。

二、开展深入学习实践科学发展观活动

从2009年3月开始全面开展第二批深入学习实践科学发展观活动。

（一）指导思想：高举中国特色社会主义伟大旗帜，以邓小平理论和“三个代表”重要思想为指导，深入贯彻落实党的十七大、十七届三中全会和胡锦涛总书记在江西省视察时的重要讲话精神，紧扣学习方志敏，弘扬广丰人精神，推动科学发展的主题，着力转变不适应、不符合科学发展观的思想观念，着力解决影响和制约科学发展的突出问题以及党员干部党性党风党纪方面的突出问题，着力构建有利于科学发展的体制机制，提高领导科学发展、促进社会和谐的能力，努力实现广丰县经济又好又快发展，在新的起点上再创广丰新辉煌。

（二）目标要求：1. 夯实学习实践活动基础，做到党员干部受教育。2. 围绕学习实践活动核心，实现科学发展上水平。3. 紧扣学习实践活动的目的，确保人民群众得实惠。

（三）主要原则：1. 坚持解放思想。2. 突出实践特色。3. 贯彻群众路线。4. 正面教育为主。

三、开展党的群众路线教育实践活动

时间：2014年1月至9月，为期8个月，其中教育时间不少于3个月。

（一）指导思想：高举中国特色社会主义伟大旗帜，全面贯彻落实党的十八大、十八届三中全会精神，以马克思列宁主义、毛泽东思想、邓小平理论、“三个代表”重要思想、科学发展观为指导，以保持党的先进性和纯洁性为主线，以为民务实清廉为主要内容，以贯彻落实中央八项规定和县委有关规定为切入点，充分发挥人大密切联系群众的优势，加强马克思主义群众观点和党的群众路线教育，大力弘扬党的理论联系实际、密切联系群众、批评和自我批评以及艰苦奋斗、求真务实等优良作风，坚决反对形式主义、官僚主义、享乐主义和奢靡之风，建设“学习型、服务型、务实型、创新型、和谐型”机关，充分发挥集体参谋助手和服务班子作用，更好地服务保障县人大及其常委会依法履职，为广丰县早日跻身全国百强县做出新的贡献。

（二）总要求：照镜子、正衣冠、洗洗澡、治治病。

（三）目标任务：聚焦作风建设，集中解决形式主义、官僚主义、享乐主义和奢靡之风这“四风”问题，教育引导党员、干部树立群众观点，弘扬优良作风，解决突出问题，保持清廉本色，全面落实为民务实清廉要求。

（四）基本原则：坚持正面教育为主，坚持批评和自我批评，坚持讲求实效，坚持领导带头。

四、开展“把纪律挺在前面”工作试点活动

时间：2015年8月至12月底。

（一）指导思想：深入贯彻党的十八大、十八届三中、四中全会和习近平总书记重要讲话精神，贯彻十八届中央纪委三次、四次、五次全会和王岐山关于“把纪律挺在前面”重要论述精神，主动适应全面从严治党新要求，创新监督执纪问责方式，把纪律挺在党风廉政建设前沿，推动人大常委会机关党风廉政建设和反腐败斗争深入开展，为营造一个风清气正的从政环境提供坚强保障。

（二）工作目标：坚持从严治党、依规治党、从严执纪，充分发挥纪律的治本作用，用纪律和规矩管住全体党员，真正把纪律和规矩立起来、挺起来，管到位、严到位，使党员干部自觉遵守党的纪律和规矩，切实维护党的纪律的严肃性，促使党组织担负起全面从严治党的主体责任，为全区全面推进“把纪律挺在前面”工作试点提供经验。

（三）主要内容：1. 开展党章党规专题学习。2. 完善约谈、谈心提醒和廉政谈话制度。3. 构筑廉政风险防控网。4. 完善党员干部个人廉情档案。5. 严纠“四风问题”。6. 加大执纪力度。7. 建

立健全党风廉政建设考核办法。

五、“学党章党规、学系列讲话，做合格党员”学习教育活动

时间：2016年。

（一）总体要求：开展“两学一做”学习教育，是落实党章关于加强党员教育管理要求、面向全体党员深化党内教育的重要实践，是推动党内教育从“关键少数”向广大党员拓展、从集中性教育向经常性教育延伸的重要举措，是加强党的思想政治建设的重要部署。“两学一做”学习教育不是一次活动，要突出正常教育，着力把党的思想政治建设抓在日常、严在经常，有效解决实际问题，真正把全面从严治党落实到每个党组成员、机关党支部每个党员。

（二）主要内容：1. 学党章党规、学系列讲话。（1）对全体党员的学习要求：学党章、党规，学《习近平总书记系列重要讲话读本（2016年版）》，重点解决一些党员理想信念模糊动摇，精神空虚迷茫，甚至参加封建迷信活动，信仰宗教等问题。（2）对科级以上党员领导的学习要求：学党章、党规，学系列讲话，以《习近平谈治国理政》和《习近平总书记重要讲话文章选编〈领导干部读本〉》为基本教材，学习《习近平总书记系列重要讲话读本（2016年版）》，重点解决党员干部队伍中存在的群众观念淡薄，服务意识欠缺，为群众办事不上心、不主动，甚至损害群众利益，假公济私，优亲厚友等问题。2. 做合格党员。着眼党和国家事业的新发展对党员的新要求，坚持以知促行，做讲政治、有信念，讲规矩、有纪律，讲道德、有品行，讲奉献、有作为的合格党员。3. 主要措施：一是围绕专题学习讨论。二是结合实际讲党课。三是召开党组专题组织生活会、党支部专题组织生活会。四是开展民主评议党员。五是认真抓好问题整改。六是立足岗位做贡献。七是领导班子领导干部作表率。

六、开展“我是代表我带头”活动

时间：2017年。

（一）指导思想：以邓小平理论、“三个代表”重要思想、科学发展观和区委工作思路为指导，深入贯彻落实党的十八大和十八届六中全会精神，进一步加强人大代表教育管理，提高人大代表综合素质，充分发挥广大代表在各项工作中的先锋模范作用，为广丰实现“发展升级、小康率先”提供坚强的保证。

（二）具体内容：

1. 带头讲政治，树宗旨意识。

2. 带头讲法纪、树法治意识。

3. 带头讲履职，树责任意识。

4. 带头讲走访，树奉献意识。

七、开展“学习、研究、宣传、贯彻习近平总书记关于人民代表大会制度重要论述”专题活动

时间：从 2018 年 9 月至 2019 年 8 月，历时一年。

（一）指导思想：习近平总书记关于人民代表大会制度的重要论述，是习近平新时代中国特色社会主义思想的重要组成部分，内涵丰富、思想深邃、博大精深，为长期坚持、全面贯彻、不断发展人民代表大会制度，做好新时代人大工作，提供了科学理论指导和行动指南。开展“学习、研究、宣传、贯彻习近平总书记关于人民代表大会制度重要论述”专题活动，要坚持以习近平新时代中国特色社会主义思想和党的十九大精神为指导，切实提高“四个意识”，增强“四个自信”，认真学习、研究、宣传、贯彻党的十八大以来人民代表大会制度取得的理论创新、实践创新、制度创新成果和工作经验，研究贯彻以习近平同志为核心的党中央对加强和改进人大工作所作出重大部署的有效举措，以理论大学习、思想大武装促进人大水平大提升，为谱写新时代广丰高质量发展新篇章做出人大的贡献。

（二）主要内容：《习近平总书记在首都各界纪念现行宪法公布施行 30 周年大会上的讲话》、《习近平总书记在庆祝全国人民代表大会成立 60 周年大会上的讲话》、习近平总书记关于《中共中央关于全面推进依法治国若干重大问题的决定》的说明、习近平总书记在庆祝中国共产党成立 95 周年大会上的讲话、习近平总书记在中国共产党第十九次全国代表大会上所作的报告、习近平总书记在第十三届全国人民代表大会第一次会议上的讲话、《习近平新时代中国特色社会主义思想三十讲》、习近平总书记关于人民代表大会制度重要论述摘编。

八、“不忘初心、牢记使命”主题教育活动

时间：2019 年 9 月至 11 月。

总要求：守初心、担使命、找差距、抓落实。

重点措施：学习教育、调查研究、检视反思、整改落实。

教育目标：实现主题教育理论学习有收获、思想政治受洗礼、干事创业敢担当、为民服务解难题、清正廉洁作表率。

教育步骤：1. 扎实推进学习研讨。一是领导带头讲党课。二是接受红色教育。三是集中学习研讨。四是发放学习资料。2. 深入开展调查研究。从代表联络站建设、公路建设、脱贫攻坚、人民调解、农村饮水安全等方面精选出 7 个调研课题，收集到群众意见和建议 100 多条，形成调研报告 7 篇。3. 全面深入检视问题。一方面坚持开门纳谏，多方面征求党员群众、人大代表的意见和建议。另一方面坚持自我检视，紧扣中央提出的“18 个是否”，结合答好“时代之问”，认真进行自我检查、检视反思。4. 聚焦问题抓整改，聚焦“两个梳理”“8+6+1+6”整改任务，结合人大工作实际，通过建立问题清单，确保整改实效。5. 切实加强组织保障，先后召开主题教育工作部署会、学习研讨会、调研成果交流会等 10 余场次。根据教育要求，对主题教育的 11 个方面组织了 30 人进行测评，好评率均达到 100%。

九、“开展党史学习教育”活动

（一）学习内容

1. 深刻学习铭记中国共产党百年奋斗的光辉历程。2. 深刻学习认识中国共产党为国家和民族做出的伟大贡献。3. 深刻学习感悟中国共产党始终不渝为人民的初心宗旨。4. 深刻学习掌握中国共产党推进马克思主义中国化形成的重大理论成果。5. 深刻学习传承中国共产党在长期奋斗中铸就的伟大精神。6. 深刻学习领会中国共产党成功推进革命、建设、改革的宝贵经验。

（二）主要安排

党史学习教育贯穿 2021 年全年，突出学党史、悟思想、办实事、开新局，注重融入日常、抓在经常，面向区人大常委会机关全体党员，以县处级以上领导干部为重点开展学习教育实践。主要体现在开展专题教育、组织学习培训、组织“学党史、促担当、开新局”解放思想大学习大讨论活动、开展“我为群众办实事”实践活动、召开专题组织生活会 5 个方面。

第四节　县（区）人大常委会主题活动

一、“环保广丰行”活动

根据省市人大环资委的统一部署和县人大常委会的工作安排，经研究，在配合省市人大开展的“2005年环保赣江行”“2005年环保上饶行”的基础上，从2005年起继续开展“环保广丰行”活动。

（一）“2005年环保广丰行”活动

1. 活动主题：以“保护母亲河——丰溪”为主题。

2. 指导思想：坚持以十六大、十六届三中、四中全会精神和“三个代表”重要思想为指导，按照全面、协调、可持续发展的科学发展观的要求，围绕活动主题，开展执法检查、视察等一系列活动。坚持法律监督与舆论监督、行政执法监督、群众监督相结合，大力宣传水资源、水环境保护法律法规，不断增强社会各界和广大人民群众的法治观念和水忧患意识，以及健康意识，促进水资源、水环境问题的逐步解决，推进广丰县经济和社会的可持续发展。

3. 活动目的：通过活动，一方面了解丰溪水资源、水环境、水污染的现状和存在的问题，为人大进一步做好监督工作提供依据。另一方面通过开展一系列活动，使广大人民群众特别是各级领导干部进一步树立和落实科学的发展观，充分认识到水资源、水环境面临的严峻形势，督促解决群众反映强烈、影响丰溪水资源和水环境保护、严重制约广丰县经济和社会可持续发展的突出问题，增强全县上下“保护丰溪，就是保护自己”的环保意识。

4. 活动重点内容：丰溪流域水质保护情况；丰溪及支流源头水土保持情况；城区生活污水、垃圾的排放和处理情况；芦林工业园区企业的污染防治情况。

（二）“2006年环保广丰行”活动

1. 活动主题：以“保护母亲河——丰溪”为主题，重点内容是水土保持，并继续跟踪督查水污染防治和森林资源保护中存在的问题。

2. 活动目的：通过开展环保广丰行活动，大力宣传《中华人民共和国水土保持法》等法律法规和《国务院关于落实科学发展观加强环境保护的决定》，表彰先进典型，批评和纠正破坏生态、导致水土流失的违法行为，监督各级政府更好地依法行政，增强领导干部的环境保护意识和依法防治水土流失的观念，提高公众保护环境的积极性和参与水平，推进《中华人民共和国水土保持法》的贯彻实施。

3. 活动的主要内容：对贯彻实施《中华人民共和国水土保持法》及配套法规的情况和对容易引发强度水土流失的开发及生产建设项目中人为造成水土流失的情况，组织检查采访或视察活动；重点检查采访、视察交通、矿产等行业的水土保持工作，城市开发区、工业园区和大中型建设项目依法编制水土保持方案、落实水保“三同时”制度的情况；对近年来环保广丰行检查采访中发现的主要问题进行跟踪检查，重点是丰溪河流域沿线乡镇（街道）、企业所出现的环境与资源问题的整改情况。

（三）“2007 年环保广丰行”活动（未开展活动）

（四）“2008 年环保广丰行”活动

1. 活动主题：继续以“保护母亲河——丰溪”为主题，重点是饮用水水源地生态环境保护、工业废水、生活污水的处理，并继续跟踪督查水土保持和森林资源保护中存在的问题。

2. 活动的主要内容：以丰溪河源头生态环境和水资源保护为重点，对丰溪河上游林业生态保护、水资源防治、水土保持方面的情况进行调研和现场检查采访，对广丰县城区饮用水水源地保护、生活垃圾和污水处理情况进行现场检查采访，对工业园区及有关企业发展循环经济开展节能减排、资源综合利用、清洁生产等情况进行现场采访，以水污染防治为重点，对 2007 年以来检查采访发现的主要问题的整改情况进行跟踪回访。

（五）“2009 年环保广丰行”活动

1. 活动的主题：以“关注农村面源污染，促进和谐新农村建设”为主题，重点是农村生活饮用水水源地保护，山塘水库水产养殖、畜禽养殖污染及农村生活垃圾、生活污水的处理，并继续跟踪督查 2008 年环保行活动中检查采访发现的重要问题的整改情况。

2. 活动的主要内容：以关注农村面源为重点，对全县范围内的山塘水库水产养殖、畜禽养殖污染的情况进行调研和现场检查采访；对重点乡镇饮用水水源地保护、生活垃圾和污水处理情况进行现场检查采访；继续对工业园区及企业发展循环经济，开展节能减排、资源综合利用、清洁生产等情况进行现场检查采访。（1）围绕活动主题，结合“世界水日”“世界土地日”“世界地球日”“世界环境日”等纪念活动和有关纪念日，宣传落实科学发展观，宣传环境与资源保护法律法规，不断增强广大干部群众特别是各级领导干部的环境与资源保护意识，唤起并动员广大人民群众自觉参与环境与资源保护活动。（2）督促县十四届人大三次会议有关环境保护方面的决议、决定及《广丰县人大常委会关于加强水环境保护确保饮用水安全的决议》的贯彻落实情况。（3）以关注农村面源为重点，对全县的山塘水库水产养殖、畜禽养殖污染的情况进行调研和现场检查采访。（4）对重点乡镇饮用水水源地保护、生活垃圾和污水处理情况进行现场检查采访。（5）继续对县工业园区及有关企业发展循环经济，开展节能减排、资源综合利用、清洁生产等情况进行现场检查采访。（6）对2008年以来检查采访发现的主要问题的整改情况进行跟踪回访。

（六）“2010年环保广丰行”活动

1.活动的主题：以“关注农村面源污染，促进和谐新农村建设”为主题，重点是农村生活饮用水水源地保护，山塘水库水产养殖、畜禽养殖污染及农村垃圾、生活污水的处理，并继续跟踪督查2009年环保行活动中检查采访发现的重要问题的整改情况。

2.活动的主要内容：（1）围绕活动主题，结合“世界水日”“世界土地日”“世界地球日”“世界环境日”等纪念活动和有关纪念日，宣传落实科学发展观，宣传环境与资源保护法律法规，不断增强广大干部群众特别是各级领导干部的环境与资源保护意识，唤起并动员广大人民群众自觉参与环境与资源保护活动。（2）督促县十四届人大四次会议有关环境保护方面的决议、决定及《广丰县人大常委会关于加强水环境保护确保饮用水安全的决议》的贯彻落实情况。（3）以关注农村面源为重点，对全县的山塘水库水产养殖、畜禽养殖污染的情况进行调研和现场检查采访。（4）对重点乡镇饮用水水源地保护、生活垃圾和污水处理情况进行现场检查采访。（5）围绕“环保赣江行、环保上饶行”活动主题开展相关活动。（6）对2009年以来检查采访发现的主要问题的整改情况进行跟踪回访。

（七）“2011年环保广丰行”活动

1.活动的主题：以“关注农村面源污染，促进和谐新农村建设”为主题，重点是农村生活饮用水水源地保护，山塘水库水产养殖、畜禽养殖污染及农村生活垃圾、生活污水的处理，并继续跟踪督查2010年环保行活动中检查采访发现的重要问题的整改情况。

2.活动的主要内容：（1）围绕活动主题，结合“世界水日”“世界土地日”“世界地球日”“世界环境日”等纪念活动和有关纪念日，宣传落实科学发展观，宣传环境与资源保护法律法规，不断增强广大干部群众特别是各级领导干部的环境与资源保护意识，唤起并动员广大人民群众自觉参与环境与资源保护活动。(2)督促县十四届人大五次会议有关环境保护方面的决议、决定及《广丰县人大常委会关于加强水环境保护确保饮用水安全的决议》的贯彻落实情况。(3)继续对全县水面化肥养殖进行现场检查采访和跟踪督查。(4)结合农村清洁工程对全县饮用水水源地保护、生活垃圾和污水处理情况进行现场检查采访。(5)围绕"环保赣江行、环保上饶行"活动主题开展相关活动。(6)对2010年以来检查采访发现的主要问题的整改情况进行跟踪回访。

(八)"2012年环保广丰行"活动

1. 活动的主题: 以"落实责任,保护丰溪碧水"为主题,重点是丰溪河水源保护、污水排放处理、沿岸垃圾清理。

2. 活动的主要内容: 继续对丰溪沿河水面化肥养殖进行现场检查采访和跟踪督查;结合农村清洁工程对沿岸水资源地保护、生活垃圾和污水处理情况现场检查采访;围绕"环保赣江行、环保上饶行"活动主题开展相关工作;对2011年以来检查采访发现的主要问题的整改情况进行跟踪回访。

(九)"2013年环保广丰行"活动

1. 活动的主题: 以"保护蓝天碧水,建设最美广丰"为主题,重点检查采访丰溪河水源保护、芦林工业区部分企业排放情况。

2. 活动的主要内容: 督办县第十五届人大三次会议人大代表有关环境保护方面的建议、批评、意见;继续对丰溪沿河化肥养殖进行现场检查采访和跟踪督查;结合农村清洁工程对沿岸水资源地保护、生活垃圾和污水处理情况进行现场检查采访;检查采访丰溪河捞沙采石情况。

(十)"2014年环保广丰行"活动

1. 活动的主题: 以"保护水资源,防止水污染"为主题,重点是检查采访全县水源保护、河流沿岸垃圾处理情况。

2. 活动的主要内容: (1)围绕活动主题,开展宣传活动。结合"世界水日""世界地球日""世界环境日"等纪念活动和有关纪念日,宣传落实科学发展观,宣传环境与资源保护法律法规,不断增强广大干部群众特别是各级领导干部的水环境与资源保护意识,唤起并动员广大人民群众自觉参与水环境与水资源保护活动。(2)督办县第十五届人大四次会议人大代表有关环境保护方面的建议、批评、意见。(3)继续对丰溪沿河化肥养殖进行现场检查采访和跟踪督查。(4)结合农村清洁工程对沿岸水资源地保护、生活垃圾和污水处理情况进行现场检查采访。

（5）检查采访丰溪河捞沙采石情况。（6）围绕“环保赣江行、环保上饶行”活动主题开展相关活动。（7）对2013年以来检查采访发现的主要问题的整改情况进行跟踪回访。

（十一）“2015年环保广丰行”活动

1. 活动的主题：以“保护水资源，防止水污染”为主题，重点是检查采访全区水源保护、河流沿岸垃圾处理情况。

2. 活动的主要内容：检查采访工业企业水污染防治工作，督促合理规划工业布局，重点监管造纸、印染、化工、电镀等行业企业进行技术改造，严格执行环境影响评价制度、污染物排放总量控制制度等，确保企业达标排放；检查水源地环境整治工作，督促铜钹山镇合理规划村镇建设，重点检查基础设施建设情况，主要指“雨污分流、污水配套建设”，垃圾收集情况主要检查是否做到“户分类、村集中、镇转运、集中处理”，严格检查饮用水取水口保护区内的违规建设项目；检查采访农村规模化畜禽养殖污染防治工作，督促全面摸清畜禽养殖污染防治工作的家底，强化畜禽养殖日常环境监管，抓好畜禽养殖场的环评及验收工作，严格要求实施标准化改造，建设粪污无害化处理和综合利用设施并保证正常运行，禁止向水体直接排放畜禽废弃物；检查采访农村规模化果业种植污染防治工作，督促强化规模化果业种植环境监管，注重科学使用化肥和农药，努力减少对周围水体的污染；检查采访山塘、水库投放化肥和畜禽粪便养殖污染水资源防治工作，对往年检查采访中发现的突出环境污染问题整改工作进行跟踪监督；督办人大代表有关环境保护方面的建议、批评、意见。

（十二）“2016年环保广丰行”活动

1. 活动的主题：以“减少农业面源污染，提升生态环境质量”为主题。

2. 活动重点：检查采访农业生产过程中特别是农业园区、农业产业大户化肥、农药使用情况，包括开展农作物病虫害绿色防控和统防统治、推广低毒低残留农药、实行测土配方施肥等；检查采访农村生活垃圾处理，农膜、农药包装废异物、农作物秸秆等农贸垃圾处理情况，包括农村生活垃圾分类、收集、存储、运输、处理，地膜使用、加工再利用，农药包装废异物回收、转运、储存、处理，开展秸秆还田和秸秆资源化利用等；跟踪回访畜禽规模养殖污染整改情况，包括科学划定“三区”，现有规模畜禽养殖场配套建设粪便污水储存、处理、利用设施，新建、改建、扩建规模畜禽养殖场实施雨污分流、粪便污水资源化利用等。

（十三）“2017年环保广丰行”活动

1. 活动的主题：以“加强水源地保护，保障饮用水安全”为主题。

2. 活动重点：检查采访集中式饮用水水源地保护情况，督促各地进一步加强饮用水水源保护区管理，确保饮用水水源保护区内无排污口，推动各地以深入落实“河长制”为抓手，大力加强水源地流域性水污染综合防治，确保水环境质量稳定趋好，水生态功能持续改善；检查采访区备用水源地规划和建设情况，督促区政府高度重视、科学谋划和加快实施城市应急备用水源工程建设，提升城市应急供水能力，确保城市饮用水安全；调查了解农村集中供水水源地保护情况；对往年检查采访发现的突出水污染问题整治情况进行跟踪监督。

（十四）“2018年环保广丰行”活动

1. 活动的主题：以“加强河流保护，保障饮用水安全”为主题，以军潭水库、丰溪河钓鱼潭备用水源、关里水库为重点。

2. 活动重点：检查采访集中式饮用水水源地保护情况，督促各地进一步加强饮用水水源保护区管理，确保饮用水水源保护区内无排污口，推动各地以深入落实“河长制”为抓手，大力加强水源地河流水污染综合防治，确保水环境质量稳定趋好，水生态功能持续改善；检查采访区备用水源地规划、建设和管理情况，督促区政府高度重视、科学谋划和加快实施城市应急备用水源工程建设，提升城市应急供水能力，确保城市饮用水安全；调查了解农村集中供水水源地保护情况和农业面源污染防治情况，保障农村饮用水安全。

（十五）“2019年环保广丰行”活动

1. 活动的主题：以“关爱生命健康，保障农村饮水安全”为主题。

2. 活动重点：（1）农村集中式饮用水水源保护区划定和保护管理情况。是否设立地理界标、警示标志和宣传牌；有无排污口、排放污染物的项目、与供水设施和保护水源无关的建设项目；有无网箱养殖、旅游、游泳、垂钓或者其他可能污染水体的活动；水质情况等。（2）农村饮用水水源地周边工业企业、畜禽养殖、农业种植、蔬菜果园等农产品基地、生活污水、生活垃圾、交通运输等污染防治和对水源地造成污染或威胁的情况。（3）农村集中式供水工程建设运行管理情况。水厂及其配套管网建设质量状况、是否受到“二次污染”、运行是否正常、管理是否规范。（4）兼顾农村分散式供水工程建设运行管理及水质情况。对照有关法律法规和生活饮用水卫生标准等，重点查找了解有关水污染防治是否到位、水质是否达标。（5）对省、市人大常委会发现问题的整治情况进行跟踪监督。

（十六）“2020年环保广丰行”活动

1. 活动的主题：以“共治水源周边污染，保障农村饮水安全”为主题。

2. 活动重点：（1）农村集中式饮用水水源保护区划定、保护和管理情况。包括保护区地理界标、警示标志、宣传牌和防护栏设置，保护区内排污口、排放污染物建设项目、与供水和保护水源无关建设项目的整治，保护区内违法行为的取缔等情况。（2）乡镇所在地饮用水水源安全的周边污染防治情况。包括农村饮用水水源地周边的耕地、工地废弃地、畜禽养殖废弃物、工业废水、生活污水、生活垃圾、医疗废物等影响和威胁水源地的情况。（3）农村分散式供水管理及水质情况。包括防治污染措施、水质合格率等情况。（4）生产、生活用水分类管理使用情况。（5）军潭水库水源保护及水质情况。（6）跟踪监督近年来“环保赣江行、环保上饶行、环保广丰行”等活动发现的突出问题整改情况。

（十七）“2021 年环保广丰行”活动

1. 活动的主题：以“聚焦流域上下游水污染防治，促进水资源可持续利用”为主题。

2. 活动重点：（1）宣传有关法律法规并依法检查政府及其有关部门责任落实情况：宣传党中央国务院关于生态文明建设和环境保护的方针政策、决策部署，水污染防治法、水资源保护、流域保护、上饶市大坳水库饮用水水源保护条例等法律法规，检查政府及其有关部门监管责任落实情况，增强各级政府和江西省领导干部的环境保护法治意识和责任意识，推动《中华人民共和国长江保护法》《江西省湿地保护条例》《江西省湖泊保护条例》《江西省实施河长制湖长制条例》等法律法规在广丰区有效贯彻实施。（2）检查流域水污染防治、水资源保护等情况：以入河湖排污口为切入点，溯源检查流域上下游工业废水、城乡生活污水、危险固体废物、畜禽养殖废弃物、农业面源污染等污染防治工作存在的突出问题，深入查找有关职能部门履行流域水环境监管责任方面存在的短板和不足；以山水林田湖草沙生命共同体为着眼点，检查禁渔退捕、禁止采沙、矿山地质环境保护和修复、湿地保护和管理等情况；以绿色发展方式为关注点，检查产业结构布局和主要河湖岸线开发建设等情况。（3）跟踪监督近年来“环保赣江行、环保上饶行、环保广丰行”等活动发现的突出问题整改情况。

二、“赣鄱农产品质量安全行”活动

依据《中华人民共和国农业法》和《中华人民共和国农产品质量安全法》等有关法律法规，督促各级政府依法加强对农产品质量安全工作的领导，切实增强全社会农产品质量安全意识，推动解决一些影响经济社会发展和关系人民群众切身利益的农产品质量安全问题，提高农产品质量安全水平和市场竞争性，经县人大常委会主任会议研究，决定从 2008 年开始，组织开展“赣鄱农产品质量安全行”活动，每年针对农产品质量安全工作中的一些热点问题，制定年度活动方案，开展各项活动。

（一）“2008年赣鄱农产品质量安全行”活动

1. 活动的主题： 以检查《中华人民共和国农产品质量安全法》实施情况为主题。

2. 指导思想和目的： 全面贯彻党的十七大精神，高举中国特色社会主义伟大旗帜，以邓小平理论和“三个代表”重要思想为指导，深入贯彻落实科学发展观，在县委的领导下，依据《中华人民共和国农业法》和《中华人民共和国农产品质量安全法》等有关法律法规，督促各级政府依法加强对农产品质量安全工作的领导，切实增强全社会农产品质量安全意识，推动解决一些影响经济社会发展和关系人民群众切身利益的农产品质量安全问题，进一步提高全县农产品质量安全水平和市场竞争性，促进农业增效、农民增收和社会稳定和谐，推进广丰县经济又好又快发展。

3. 活动内容及方式：（1）活动内容：紧紧围绕全县改革发展稳定大局，以全面提高农产品质量安全水平为宗旨，以加强农产品质量安全检验检测体系建设、大力推进农业标准化生产为重点，以强化法律监督、舆论监督和群众监督为动力，以推进建立健全安全农产品市场准入制度为突破口，健全农产品质量安全管理制度，强化全程监督，落实属地责任，完善综合服务，将质量安全工作贯穿农产品产前、产中、产后全过程，覆盖农产品生产、流通、消费各环节，推动《中华人民共和国农产品质量安全法》等法律法规在广丰县的实施。活动每年针对农产品质量安全工作中的一些热点问题，制定年度活动方案，开展各项活动。（2）活动方式：“赣鄱农产品质量安全行”活动采取组委会统一组织、人大实施监督、农业部门主管、各相关职能部门配合、有关企业参与、省市县三级联动的方式进行。即在组委会的领导下，组委会各成员单位和各乡（镇、街道）人大根据组委会的工作部署，各司其职，组织开展执法检查、视察、专题调研、专项检查和整治、集中采访报道等活动。

（二）“2009年赣鄱农产品质量安全行”活动

1. 活动的主题： 以“公众的健康安全高于一切”为主题。

2. 活动内容：（1）围绕县人大常委会督查县“饮用水决议”的贯彻执行情况进行调研。（2）围绕县人大常委会开展《中华人民共和国动物防疫法》执法检查情况进行专题调研，写出执法检查报告。（3）围绕农产品质量安全开展“赣鄱农产品质量安全行”活动。（4）配合省人大开展《中华人民共和国农产品质量安全法》执法检查。配合省、市人大对绿色（有机）食品标准化生产情况和绿色农业示范区建设情况进行检查。（5）开展《中华人民共和国农产品质量安全法》实施三周年宣传活动。（6）“赣鄱农产品质量安全行”广丰县组委会有关成员单位、结合本单位和当地实际情况，分别制定具体的活动方案，开展农产品质量安全行活动。（7）各乡（镇、街道）人大围绕活动主题，制定具体的活动方案，开展农产品质量安全行活动，重点突出对农产品质量安全的宣传。

（三）“2010 年赣鄱农产品质量安全行”活动

1. 活动的主题：以“保障农产品消费”为主题。

2. 活动内容：（1）围绕建设鄱阳湖生态经济区，发展生态农业，对农村水面养殖情况进行调研。（2）围绕县人大常委会开展《中华人民共和国森林法》执法检查情况进行专题调研，写出执法检查报告。（3）继续开展农产品质量安全专项整治行动。

（四）“2011 年赣鄱农产品质量安全行”活动

1. 活动的主题：以“安全生产、放心消费”为主题。

2. 活动的主要内容：（1）抓好农产品质量安全法等有关法律法规的宣传。围绕活动主题，采取多种形式，加大宣传力度，广泛宣传《中华人民共和国农产品质量安全法》等有关法律法规知识，普及农产品质量安全知识，不断提高广大人民群众农产品质量安全意识。（2）围绕建设鄱阳湖生态经济区，发展生态农业，对农村水面养殖情况进行调研。（3）围绕县人大常委会开展《中华人民共和国农产品质量安全法》执法检查情况进行专题调研，写出执法检查报告。（4）继续开展农产品质量安全专项整治行动。依法加强农业投入品管理，开展农业投入品市场专项检查，进一步解决好出售和使用违禁农业投入品问题。（5）结合常委会听取和审议农村清洁工程环境整治建设情况、农业综合开发情况、马家柚产业发展情况的报告工作情况进行调研。（6）开展《中华人民共和国农产品质量安全法》宣传活动周，加大农产品质量安全法的宣传力度，强化农产品质量安全抽查检测工作。（7）配合上级认真做好农产品质量安全行工作。

（五）“2012 年赣鄱农产品质量安全行”活动

1. 活动的主题：以“为了百姓菜篮子安全”为主题。

2. 活动内容：（1）继续开展农产品质量安全整治行动。依法加强农业投入品管理，开展农业投入品市场专项检查，进一步解决好出售和使用假冒伪劣、违禁农业投入品问题，督促农产品生产经营企业和农民专业合作经济组织建立健全生产经营档案，为建立农产品质量安全准入制度创造条件。（2）围绕县人大常委会开展《中华人民共和国水土保持法》执法检查情况进行专题调研，写出执法检查报告。（3）组织部分人大常委会委员、人大代表对新农村与产业发展结合情况进行视察。（4）结合人大常委会听取和审议农产品质量安全法执法检查整改落实情况进行检查。（5）开展农产品质量安全监管活动周，加大农产品质量安全法的宣传力度，强化农产品质量安全抽查检测工作。(6)开展粮油质量安全质检体系建设情况调研，强化粮油质量安全检测工作，保障粮油质量安全；开展农业标准化示范项目调研。(7)配合上级认真做好农产品质量安全行工作。

(六)"2013年赣鄱农产品质量安全行"活动

1. 活动的主题：以"让群众吃上放心肉"为主题，组织开展赣鄱农产品质量安全行活动，督促有关部门加强畜禽产品质量安全监管，切实解决畜禽产品质量安全方面存在的一些问题，让人民群众能够购买到放心、满意的畜禽产品。

2. 活动的内容：参加全市人大"赣鄱农产品质量安全行活动情况交流会"；参加市人大表彰人大系统开展"赣鄱农产品质量安全行"活动先进单位；召开组委会成员单位联席会议；下发2013年广丰县开展"赣鄱农产品质量安全行"活动方案；组织部分县人大常委会组成人员、县人大代表对县现代农业示范区建设情况进行视察；配合市人大常委会开展畜禽养殖标准化示范创建情况调研；组织有关新闻媒体，围绕活动以来的情况进行集中采访报道。配合省人大组织开展农产品质量安全条例草案的调研、论证工作；检查活动方案落实情况，对本年度活动进行总结。

(七)"2014年赣鄱农产品质量安全行"活动

1. 活动的主题：深入学习贯彻中共十八大、十八届三中全会精神，按照中央农村工作会议关于用最严谨的标准、最严格的监管、最严厉的处罚、最严肃的问责，确保广大人民群众"舌尖上的安全"的要求，推进农产品质量安全法的实施，对6年来"赣鄱农产品质量安全行"活动"回头看"，针对存在的突出问题，集中力量督促整改，力求取得实实在在的成效。

2. 活动的内容：督促解决6年来"赣鄱农产品质量安全行"活动存在的突出问题；重点督查农产品质量安全监管制度建设、违禁农业投入品监管和查处情况；研究、制定"2014年赣鄱农产品质量安全行"活动方案；有关成员单位、各乡(镇、街道)根据通知要求，分别制定具体的活动方案并组织实施；督查农产品质量安全法的实施情况；围绕建立健全农产品质量安全监管机制，通过有效形式，督查农产品质量安全监管制度建设；采取上下联动的方式，督查违禁农业投入品监管和查处情况；配合省人大组织开展农产品质量安全条例草案的调研、论证工作。

(八)"2015年赣鄱农产品质量安全行"活动

1. 活动的主题：以"加强农产品质量安全监管"为主题。

2. 主要内容：(1)配合市人大开展农产品质量安全法执法检查。主要了解将农产品质量安全管理工作纳入本级国民经济和社会发展规划，落实属地管理责任情况；加强农业标准化示范县建设，引导、推广农产品标准化生产情况；农产品质量安全检测与监管体系建设和机制运行情况，农产品生产环境和农业投入品的监管情况；农产品产地准出、市场准入等制度的建立及落实情况等。（2）开展农产品质量安全监管部门协调机制的督查，将通过对各部门的信息沟通、人员与技术交流和检测设备等方面的协调机制建立情况进行督查调研，督促政府建立沟通平台，实现信息互通资源共享，提高区域内农产品质量安全综合监管能力。

（九）“2016 年赣鄱农产品质量安全行”活动

1. 活动的主题：以“强化农产品质量安全监管”为主题。

2. 主要内容：（1）开展农产品质量安全法执法跟踪检查。将农产品质量安全管理工作纳入本级国民经济和社会发展规划，落实属地管理责任情况；加强农业标准化示范区建设，引导、推广农产品标准化生产情况；农产品质量安全检测与监管体系建设和机制运行情况；农产品生产环境和农业投入品的监管情况；农产品产地准出、市场准入等制度的建立和落实情况。（2）通过对各部门的信息沟通、人员与技术交流和检测设备等方面的协调机制建立情况进行督查调研，督促政府建立沟通平台，实现信息互联互通、资源共享，提高区域内农产品质量安全综合监管能力。

（十）“2017 年赣鄱农产品质量安全行”活动

1. 活动的主题：以“提升农产品品质”为主题。

2. 主要内容：绿色有机农产品示范基地和农产品质量安全追溯体系基础完善建设情况；绿色有机农产品示范基地和农产品质量安全追溯体系发展提升建设情况；农产品质量安全监管部门协调机制建设情况。

（十一）“2018 年赣鄱农产品质量安全行”活动

1. 活动的主题：以“农业质量年”为主题。

2. 主要内容：（1）果业产地环境保护和治理。重点摸清果业土壤污染状况，明确果业土壤污染防治重点区域。（2）果业生产过程管控、农业标准化建设情况。果业生产过程管控制度建设、标准化生产建设规模扩大、品牌创建和农产品质量安全属地管理责任等方面。（3）农产品质量安全追溯体系建设。质量安全监管水平提高情况，大力推行农产品产地证明制度，统一格式规范，产地证明随货同行。

（十二）“2019 年赣鄱农产品质量安全行”活动

1. 活动的主题：以“放心水产品”为主题。

2. 主要内容：以提高鱼类等农产品质量安全水平为引领，全面实施农产品质量安全监管，守住安全底线，开展农产品专项整治、农资打假专项行动、推动农产品质量安全追溯管理、开展国家农产品质量安全县的创建工作。

（十三）“2020 年赣鄱农产品质量安全行”活动

1. 活动的主题：以“放心茶”为主题。

2. 主要内容：以“全面试行食用农产品合格证制度，全力维护消费者舌尖上的安全”为着力点，全面提高茶叶等农产品质量安全水平，大力实施农产品质量安全监管，积极开展县级农产品检测机构的资质认证和质量认证（即“双认证”）工作，持续推进绿色食品认证工作，全面试行农产品合格证制度，确保农产品质量安全底线。

（十四）“2021 年赣鄱农产品质量安全行”活动

1. 活动的主题：以“放心农产品上餐桌”为主题。

2. 活动内容：（1）农产品质量安全的宣传教育情况。主要了解区政府和相关职能部门开展农产品质量安全相关法律法规、农产品质量安全知识和技能的宣传教育和培训情况；收集农产品质量安全法贯彻实施的意见和建议。（2）农产品质量安全产地管理情况。主要了解生猪等农产品基地建设、农业标准化生产、农产品质量安全监管、“三品一标”产地环境管理情况；农业投入品经营者经营档案建立情况；农产品生产者按农产品质量安全标准和有关规定开展生产情况；农药、化肥、饲料等农业投入品的规范使用等情况。（3）农产品质量安全监测制度执行情况。主要了解农产品生产经营环节质量安全监督检查和监测检验情况；农产品规模生产者自行检测或委托检测情况；主要肉类产品的屠宰、检疫和安全监管情况；农批市场、集贸市场、生鲜商超检测力量配备及开展检测情况；相关检验检疫证明查验、进销台账制度执行等情况。（4）乡镇农产品质量安全网格化管理体系建立情况。主要了解乡镇农产品质量安全监管公共服务机构是否公示网格化管理图，包括网格监管员、协管员（信息员）布局安排、工作职责、联系电话等基本信息；是否在农产品生产企业、农民合作社、家庭农场生产基地醒目位置公示生产主体基本情况、质量安全责任人、质量安全承诺书及网格监管员、协管员（信息员）信息，张贴禁限用农药兽药名录等。

三、“食品药品安全赣鄱行”活动

为进一步贯彻实施《中华人民共和国食品药品安全法》和《中华人民共和国药品管理法》，加大监督检查力度，根据省市人大常委会的统一部署，县人大常委会主任会议研究决定自 2011

年起开展“食品药品安全赣鄱行”活动。

（一）“2011 年食品药品安全赣鄱行”活动

1. 活动的主题：以“关注健康餐桌”为主题，以小餐饮、学校食堂和旅游景区餐饮安全整治为重点，健全餐饮服务食品安全管理制度，落实属地责任，进一步推动《中华人民共和国食品安全法》的贯彻落实。

2. 具体内容：（1）政府贯彻实施食品安全法，建立餐饮服务食品安全监管工作机制的情况。（2）食品药品监管部门餐饮服务食品安全监管队伍组建、工作经费落实、检验技术能力、执法装备到位情况。（3）餐饮服务单位（重点对小餐饮、学校食堂、旅游景区餐饮点）持证经营，推行良好的操作规范、量化分级管理情况，以及执行食品进货查验、索证索票、在库保管、操作分工、从业人员健康检查管理情况。

（二）“2012 年食品药品安全赣鄱行”活动

1. 活动的主题：以“关注群众健康，保障药品安全”为主题，以贯彻实施《中华人民共和国药品管理法》、加强基本药物管理为重点，开展执法调研和专项整治活动。

2. 具体内容：（1）检查基本药物监管，确保人民群众用药安全的情况。主要是基本药物生产企业中标价格情况和高风险品种生产情况。（2）检查对重大案件查办，严厉打击药品违法行为的情况。主要是打击生产销售假劣药品的违法违规行为，取缔虚假药品广告，重点打击基本药物领域的违法行为。（3）督促建立健全药品安全监管长效机制。主要是加强源头管理，完善监督责任机制，健全机构，保障投入，加强队伍建设，强化监管工作的系统性和有效性。（4）推动广泛宣传药品管理法、普及安全用药知识。主要是开展法制宣传教育，加强对基本药物质量安全知识及其监管工作的宣传普及，营造法律实施的良好社会氛围。

（三）“2013 年食品药品安全赣鄱行”活动

1. 活动的主题：以“关注校园餐饮”为主题。

2. 活动内容：（1）当前各类学校（以中小学、幼儿园和职技校为主）及周边餐饮安全的总体情况及存在的主要问题，包括小餐饮的营业及管理情况。（2）学校及周边餐饮单位宣传、落实食品安全法律法规的情况，包括执证经营、场所设施建设、从业人员管理、原料采购等情况。（3）学校及周边餐饮单位内部食品安全管理制度建设情况，包括岗位责任的建立和落实，操作规范是否执行到位等情况。（4）开展食品安全专题询问工作。主要检查县贯彻实施《中华人民共和国食品安全法》的情况和对食品安全违法犯罪行为的惩处情况，以及群众反映强烈的食品安全问题。

（四）"2014 年食品药品安全赣鄱行"活动

1. 活动的主题： 以"关注放心肉"为主题，以整治"黑"猪肉为重点。

2. 活动内容：（1）当前全县生猪屠宰的总体情况及存在的主要问题，包括生猪屠宰企业的内部食品安全管理制度建设情况等。（2）县猪肉销售市场的基本情况及存在的主要问题，包括对猪肉销售批发及零售市场的监管情况等。（3）上年度"关注校园餐饮"整改措施的落实到位情况。（4）政府相关职能部门开展食品安全整治活动情况。

（五）"2015 年食品药品安全赣鄱行"活动

1. 活动的主题： 以"关注群众健康，保障药品安全"为主题，以贯彻落实《中华人民共和国药品管理法》，加强基本药物管理为重点，结合跟踪督办区政府落实区人大常委会组成人员审议意见及区人大代表建议、批评、意见的情况。

2. 活动内容：（1）当前区医疗机构临床用药管理的总体情况及存在的主要问题。（2）当前区落实基本药物配备使用政策的情况。（3）当前区药品管理法规的贯彻执行及违法违规整治情况。（4）对"2014 年食品药品安全赣鄱行"活动开展"回头看"。食安委有关组成部门开展食品药品违法违规执法活动，并于年底将 2014 年以来的执法办案情况集中向区人大常委会报告，区人大常委会组织市、区、乡（镇）人大代表对食安委相关部门的执法情况进行满意度测评，测评不满意的开展质询等相关程序。

（六）"2016 年食品药品安全赣鄱行"活动

1. 活动的主题： 以"关注旅游景区食品安全，创建国家全域旅游示范区"为主题，以贯彻落实《中华人民共和国食品安全法》等法律法规，加强旅游景区食品安全管理为重点。

2. 活动内容：（1）当前区旅游景区食品安全管理的总体情况及存在的主要问题。（2）旅游景区宣传、落实食品安全法律法规的情况，包括执证经营、场所设施建设、从业人员管理、原料采购等情况。（3）旅游景区食品安全管理制度建设情况。

（七）"2017 年食品药品安全赣鄱行"活动

1. 活动的主题： 以"推动食品安全进校园"为主题，以贯彻落实《中华人民共和国食品安全法》等法律法规，加强校园食品安全管理为重点。

2. 活动内容：（1）当前区各类学校（以中小学、幼儿园和职技校为主）及周边餐饮安全的总体情况及存在的主要问题，包括小餐饮（含包子铺）的营业及管理情况。(2）学校及周边餐饮单位执证经营、场所设施建设、从业人员管理、原料采购等情况。(3）学校及周边餐饮单位内部食品安全管理制度建设情况，包括岗位责任的建立和落实，操作规范是否执行到位等情况。(4）对食品安全违法犯罪行为的惩处情况。

（八）“2018 年食品药品安全赣鄱行”活动

1. 活动的主题：以“关注米粉食品安全，创建省级食品安全示范城市”为主题。

2. 活动内容：贯彻落实《中华人民共和国食品安全法》等法律法规，加强对米粉生产企业的规范化管理，督促企业健全诚信和自律机制，促进米粉生产行业健康规范发展，为上饶市创建省级食品安全示范城市贡献广丰力量，确保广大人民群众的饮食安全。

（九）“2019 年食品药品安全赣鄱行”活动

1. 活动的主题：以“规范疫苗使用管理，保障群众疫苗使用安全”为主题。

2. 活动内容：(1）疫苗使用单位持证情况。(2）管理制度建立完善情况。(3）进货渠道是否合法情况。(4）建立疫苗领用（购进）、储存和使用全过程追溯体系等情况。(5）疫苗安全性及使用效果情况。

（十）“2020 年食品药品安全赣鄱行”活动

1. 活动的主题：大力宣传习近平总书记提出的食品安全“四个最严”要求和党中央关于食品安全工作的决策部署，重点宣传《中华人民共和国食品安全法》《江西省食品小作坊小餐饮小食杂店小摊贩管理条例》等法律法规，推动各地各部门坚决担负起食品安全工作责任，依法履行保障人民群众饮食安全的法定职责。

2. 活动内容：检查《江西省食品生产加工小作坊三年提升计划》在广丰区的贯彻落实情况。包括食品小作坊登记和属地监管、规范生产、集中化品牌化发展等情况，以及食品小作坊三年提升工作的机制保障情况。

（十一）“2021 年食品药品安全赣鄱行”活动

1. 活动的主题：以“聚焦豆制品食品安全，守护群众饮食健康”为主题。

2. 活动内容：(1）宣传有关法律法规。大力宣传习近平总书记提出的食品安全“四个最严”要求和党中央关于食品安全工作的决策部署，重点宣传《中华人民共和国食品安全法》《江西省食品小作坊小餐饮小食杂店小摊贩管理条例》等法律法规，检查政府及其有关部门监管责任落实情况，增强市场主体的依法生产经营意识，推动相关法律法规在广丰有效贯彻实施。（2）开展豆制品监督检查行动。结合2021年区政府开展的豆制品专项整治行动，着力开展“回头看”，了解专项整治成效情况和相关问题的整改情况，进一步巩固专项整治成果。依法组织开展监督检查工作，重点加大对豆制品作坊有无牌照、原料来源情况、非法使用添加剂、流通市场等环节的检查，加大突击抽检频次，不断完善日常监管常态化机制，进一步提升广丰区豆制品质量安全。

四、“助推旅游强县（区）建设”系列活动

为贯彻落实中共广丰县委把旅游业作为重要产业来抓的战略部署，努力把广丰旅游资源优势转化为经济优势、发展优势，加快建设旅游强县步伐，县人大常委会决定从2014年开始每年组织开展助推旅游强县建设系列活动。

（一）“2014年助推旅游强县建设”系列活动

1.活动的主题：以提升旅游服务质量为主题，以推动旅游服务标准制定和贯彻，规范旅游从业人员服务行为为重点。

2.活动内容：（1）组织学习、宣传和贯彻《中华人民共和国旅游法》情况。（2）旅游标准化建设情况，包括宣传贯彻推广国家、省级旅游标准，制定旅游服务、交通、购物、餐饮、会展、娱乐及红色培训等相关旅游地方标准情况。（3）加强旅游从业人员队伍建设，对旅游专业人才的培养，旅游从业人员的职业培训和资格考核等情况。（4）加强旅游执法监管，对旅行社经营行为和导游、领队等旅游从业人员服务行为开展监督检查，以及对游客投诉受理处理情况。（5）开展多种形式的游客满意度调查，了解广丰县旅游服务、市场监管总体情况。（6）对“秀美江西广丰行”活动中未解决的问题进行跟踪问效。

3.活动方式：采取专题调研、重点检查、跟踪督办等方式进行。

（二）“2015年助推旅游强区建设”系列活动

1.活动的主题：以优化旅游发展环境为主题，以依法治理旅游市场秩序、加强旅游市场监管为重点。

2.活动内容：（1）抓好旅游相关法律法规的宣传，广泛凝聚共识，通过组织新闻媒体集中采访等形式，营造全社会关心支持旅游发展的良好氛围。（2）对政府及其相关部门贯彻落实《中华人民共和国旅游法》，优化旅游服务环境，依法规范旅游市场秩序，建立旅游市场综合治理长效机制等情况进行调研。（3）对景区、景点、宾馆、旅行社的服务环境、质量等情况以及重点旅游

项目组织人大代表视察或重点检查。（4）对“2014 年助推旅游强县建设”系列活动中未得到解决的问题进行跟踪问效，督促政府相关部门抓好落实。

3. 活动形式：专题调研、重点检查、代表视察、跟踪督办等方式进行。

（三）“2016 年助推旅游强区建设”系列活动（未开展活动）

（四）“2017 年助推旅游强区建设”系列活动

1. 活动的主题：积极对接上饶创建首批国家全域旅游示范区，把推进旅游供给侧改革作为工作重点，以转变旅游发展方式、促进产业提质增效为主题。

2. 活动内容：（1）全面部署、精心策划活动方案。（2）做好活动的相关宣传工作，积极参加有关旅游宣传推介活动。（3）组织部分人大代表调研、视察旅游重点项目、旅游基础设施建设情况。（4）科学编制旅游发展规划，围绕“一龙头、一中心、四片区”的旅游立体开发格局，做好重点项目的编制工作。

（五）“2018 年助推旅游强区建设”系列活动

1. 活动的主题：以推进乡村旅游发展为主题，以督促政府及相关部门规范乡村旅游发展，提升服务质量，创建乡村旅游精品景区为重点。

2. 活动内容：（1）抓好旅游相关法律法规的宣传，广泛凝聚共识，通过组织新闻媒体集中采访等形式，营造全社会关注旅游发展的良好氛围。（2）对全区乡村旅游发展现状进行调研。（3）对全区乡村旅游标准化实施情况进行督查。（4）视察乡村旅游精品景区创建情况。（5）继续对全区“2017 年助推旅游强区建设”系列活动中未得到解决的问题进行跟踪问效，督促政府相关部门抓好落实。

3. 活动方式：采取代表视察、专题调研督查等方式进行。

（六）“2019 年助推旅游强区建设”系列活动

1. 活动的主题：以推进乡村旅游发展为主题，以督促政府及相关部门规范乡村旅游发展，提升服务质量，创建乡村旅游精品景区为重点。

2. 活动内容：（1）江西省人民政府办公厅《关于进一步加快发展乡村旅游的意见》和上饶市《关于进一步加快发展乡村旅游的若干意见》贯彻实施情况。（2）对广丰区建立健全乡村旅游工作协调推进机制，完善相关配套扶持政策，编制乡村旅游规划，统筹解决乡村旅游工作中规划、资金、管理、人才、宣传推广等情况。（3）全区乡村旅游十大发展模式打造情况。（4）“旅游 +”

战略实施，旅游业与三次产业融合发展，新业态、新热点的培育情况。（5）乡村旅游基础设施“乡村环境景区化”标准建设情况。（6）继续对全区“2018年助推旅游强区建设”系列活动中未得到解决的打造乡村旅游精品路线、创乡村旅游品牌等问题进行跟踪问效，督促政府相关部门抓好落实。

3. 活动方式：采取代表视察、专题调研督查等方式进行。

（七）“2020年助推旅游强区建设”系列活动

1. 活动的主题：继续以推进乡村旅游发展为主题，以督促政府及相关部门规范乡村旅游发展，提升服务质量，创建乡村旅游精品景区为重点。

2. 活动内容：（1）江西省人民政府办公厅《关于进一步加快发展乡村旅游的意见》和上饶市《关于进一步加快发展乡村旅游的若干意见》贯彻实施情况。（2）对广丰区建立健全乡村旅游工作协调推进机制，完善相关配套扶持政策，编制乡村旅游规划，统筹解决乡村旅游工作中规划、资金、管理、人才、宣传推广等情况。（3）全区乡村旅游十大发展模式打造情况。（4）“旅游+”战略实施，旅游业与三次产业融合发展，新业态、新热点的培育情况。（5）乡村旅游基础设施“乡村环境景区化”标准建设情况。（6）查看“2019年助推旅游强区建设”系列活动有关问题整改落实情况。

3. 活动方式：采取代表视察、专题调研督查等方式进行。

（八）“2021年助推旅游强区建设”系列活动

1. 活动的主题：以“推动AAAA级以上景区及旅游新业态发展”为主题，进一步促进全区AAAA级以上景区的创建和运营，推动广丰区旅游新业态多样化发展，助力旅游产业高质量发展，为打造现代化大美广丰做出积极贡献。

2. 活动内容：（1）全区AAAA级以上景区创建情况。（2）疫情下广丰区AAAA级以上景区运营情况。（3）近年来全区旅游新业态发展情况。（4）当前AAAA及以上景区创建和运营过程中存在的主要问题及建议意见。（5）全区AAAA级以上景区周边餐饮场所、住宿等配套服务设施提升以及停车场、旅游厕所、标识牌、休闲场所、周边道路交通等基础设施完善情况。（6）景区“一体化”管理体制改革推动情况。（7）旅游规划、招商情况。（8）智慧旅游景区建设的推进情况。

第五节　宣传工作

宣传工作是人大工作的重要组成部分，早在十一届全国人大二次会议时就明确提出：我们要加强和改进人大宣传工作，充分利用广播、电视、报纸杂志和网络媒体，深入宣传中国特色的社会主义政治发展道路和人民代表大会制度。

《中共上饶市广丰区委关于加强新时代人大工作的意见》指出，加强人民代表大会制度和宪法的宣传教育研究，把习近平总书记关于坚持和完善人民代表大会制度的重要思想、宪法法律作为各级党委（党组）理论学习中心组学习内容，纳入党校（行政学院）干部教育培训的必修课程。有计划对人大及其常委会选举任命干部开展人大制度理论和宪法知识的培训，将宪法学习纳入领导干部年度述职述法的重要内容。

2005 年以来，广丰县（区）人大常委会搭建多种宣传平台，根据不同时期人大工作的重点，全方位地组织宣传队伍，制作宣传栏目和版面。一是搭建自身平台，主要有“一台、一站、一报、一刊物、一栏目”。“一台”指的是广丰电视台；“一站”指的是广丰人大网站；“一报”指的是《广丰报》；“一刊物”指的是《广丰人大动态》；“一栏目”指的是广丰电视台开辟的《人大代表》专题栏目。二是借助其他媒体宣传人大工作，主要借助《中国人大》《时代主人》《人民代表报》《当代江西》《上饶人大》等，同时注重网络媒体的宣传，利用中国人大新闻网、江西人大新闻网、人民代表网等，进一步扩大对人大工作的宣传面。

一、对人民代表大会的宣传

人民代表大会制度是我国的根本政治制度。人大会议、人大常委会会议、主任会议，是人大及其常委会行使职权的法定形式和主要方式，会议的各项议程，作出的各项决议、决定，都是本地区经济、政治和文化建设的重大事项，都是事关改革、发展、稳定的大事。因此，对人民代表大会及其常委会会议的宣传，做到有报道计划和安排，除程序性和会议结果的报道外，突出重点。根据会议的内容有选择地在媒体上开设专版（专栏）、专题等栏目，对会议的实质性内容进行全程报道，使人民群众充分了解人大及其常委会行使权力的过程。

2005年以来的各届人民代表大会各次会议，县（区）人大常委会都会认真制定宣传方案，明确各部门、各单位的工作职责。广丰报社、广丰电视台分别开辟“两会”专版和专题节目，设置“代表风采”“聚聚年度亮点”“会议花絮”“领导访谈”等栏目，主要对年度工作大盘点、优秀代表先进事迹和代表履职情况、会议召开盛况、各代表团讨论、代表活动侧记、领导访谈、工作报告、会议通过的各项决议、会议公告和会议的其他消息采取多种形式开展会前、会中、会后的新闻报道。

2007年3月16日，为进一步深入学习人民代表大会制度，提高人大代表的依法履职水平，县人大常委会邀请全国人大法律专家到广丰为第十四届县人民代表大会全体代表、县直单位主要负责人、法检两长、乡镇（街道）人大主席（主任）、副主席（副主任）、县人大机关全体干部讲人民代表大会制度有关法律知识。同年7月，为纪念《中华人民共和国全国人民代表大会和地方各级人民代表大会代表法》颁布15周年，县人大常委会组织了法律知识竞赛活动。知识竞赛分为普赛、预赛、决赛3个阶段。普赛阶段中实行公开考试，试卷由县人大常委会拟定，由各乡镇（街道）负责实施。各乡镇（街道）普赛后选出3名人大代表（其中必须要求1名县人大代表、1名乡镇代表）参加县人大常委会组织的预赛，取预赛前10名进入决赛。决赛全程为四轮，即个人必答题、集体必答题、演讲题、风险题。通过《中华人民共和国全国人民代表大会和地方各级人民代表大会代表法》知识竞赛活动，使每位人大代表获得了一次学习培训的机会。

2009年，为隆重庆祝中华人民共和国成立60周年，进一步宣传人民代表大会制度，县人大常委会召开了历届县人大代表庆祝中华人民共和国成立60周年暨人民代表大会制度建立55周年、地方人大常委会设立30周年茶话会，参加人员有各乡镇（街道）人大主席（主任）、副主席（副主任）；离退休的县人大常委会原主任、副主任；在职的县人大常委会全体组成人员、副调研员；县人大机关在职干部和离退休老干部；部分第一届至第十四届县人大代表（含人大常委会组成人员）共计130多人。县人大常委会还制作了以“走进人大”为主题的依法履职成果展板，展板分历史回顾、自身建设、依法监督、代表风貌、民主进程等几大板块，在“庆祝中华人民共和国成立60周年历届人大代表茶话会”召开时展出。

2010年，为纪念县人大常委会设立30周年，充分发挥人大代表在经济社会发展中的积极作用，广泛宣传人民代表大会制度，县人大常委会编制了《广丰县十四届人大代表纪念册》，主要介绍县十四届人大代表履职情况，通过人大代表工作、学习、生活中的图片和简况，展示人大代表的时代风采。

2012年3月，为进一步加强代表工作，充分发挥人大代表在县域经济社会发展中的积极作用，广泛宣传人大代表创业业绩，展现代表风采，县人大常委会编制了《广丰县十五届人大代表创业风采专辑》，通过人大代表个人和企业的图片和简况，介绍十五届人大代表中创业成功人士的精神风貌，展示人大代表创业风采。

2018年2月3日，区第十六届人民代表大会第三次会议召开，区人大常委会诚邀区、乡镇人大代表和社会各界人士关注大会盛况及“广丰人大”微信公众号，及时掌握了解人代会的各种讯息。“广丰人大”微信公众号从此成为广丰人民了解广丰人大工作的主要官方信息平台。10月，为深入学习栗战书委员长在江西调研时提出的“要学习、研究、宣传、贯彻好习近平总书记关于人民代表大会制度重要论述”的指示精神，经区人大常委会主任会议研究，决定在全区人大系统中开展“学习、研究、宣传、贯彻习近平总书记关于人民代表大会制度重要论述”专题活动。活动共举行了六场专题学习会，参加者110多人。组织特色活动1次，参加者40多人。获得省、市研究成果各一篇（建立驻外流动人大代表联络工作站和建立跨片区人大代表联络工作站）。有2篇学习报道在市级新闻媒体刊登。

二、对法律法规的学习宣传

2006年8月，县第十三届人大常委会第二十七次会议通过了《广丰县人民代表大会常务委员会关于加强法制宣传教育的决议》，提出：在全体公民中有组织、有计划、有步骤地宣传普及法律知识，是落实依法治国基本方略和推进依法治县工作的基础。要求进一步加强宪法和国家基本法律的宣传普及，使全体公民进一步掌握宪法基本知识，忠于宪法、遵守宪法、维护宪法的权威。

2006年8月27日，第十届全国人大常委会第二十三次会议通过了《中华人民共和国各级人民代表大会常务委员会监督法》，县人大常委会立即组织学习，并将《中华人民共和国各级人民代表大会常务委员会监督法》和胡锦涛总书记的重要讲话精神列入人大常委会中心组学习内容，并组织各乡镇（街道）人大主席团（人大工委）学习，将《中华人民共和国各级人民代表大会常务委员会监督法》的学习落实到每一个县、乡镇人大代表。

2007年12月，县人大常委会举办了《中华人民共和国企业所得税法》法制讲座，邀请上海金融学院教授应小陆主讲，参加讲座的有县人大常委会正副主任、机关各委办负责人，政府分管财税、工业、招商引资的副县长，各乡镇长、街办主任，财政、国税、地税中层以上干部及企业代表共280余人。

2008年11月，县人大常委会组织对县人大常委会组成人员；乡镇（街道）人大主席、副主席，（人大工委）主任、副主任；县直相关单位主要负责人；厂矿、酒店（宾馆）、娱乐业负责人共100多人进行《中华人民共和国劳动合同法》的讲座。

2011年11月，县第十五届人大常委会第一次会议审议通过了《广丰县人大常委会关于进一步加强法制宣传教育的决议》，为了更好地适应中国特色社会主义法律体系建设的新形势和新任务，要求深入学习宣传以宪法为统帅的中国特色社会主义法律体系，进一步增强法制宣传教育的针对性和实效性，不断丰富和创新法制宣传教育的形式和方法，坚持法制宣传教育与法制实践相结合，完善法制宣传教育的组织领导和保障机制，加强对本决议贯彻实施情况的监督检查。

2017 年 4 月 26 日，区第十六届人大常委会第六次会议听取和审议了区人民政府关于“七五”普法工作开展情况的报告，要求：1. 创新普法宣传形式和内容。一要继续充分发挥广播、电视、微信平台的作用，围绕创建平安广丰，促进经济发展的主题，开展形式多样、生动活泼、群众喜闻乐见的法制宣传教育。二要进一步加大对青少年特别是留守儿童的普法宣传力度，进一步推进学校、家庭、社会“三位一体”的青少年法制教育格局。三要进一步加大对党员干部，特别是领导干部的普法宣传力度。四要紧紧抓住人民群众普遍关心关注的征地拆迁、城市管理、食品卫生安全、环境保护等热点难点和社会管理薄弱环节，经常性地开展专项依法治理和法制宣传。2. 完善普法工作责任机制，按照“谁执法、谁普法”的原则，将普法工作责任落实到相关单位。3. 加强普法队伍建设。从提高普法宣传队伍素质入手，提高普法宣传软实力。同年，区人大常委会副科级以上领导全部参加了全省领导干部网上法律知识的学习和考试。

2017 年，区人大常委会组织区人大常委会组成人员、部分区人大代表、区人大常委会机关全体干部、各乡镇人大主席、各街道人大工委主任参加省人大常委会举办的“人大讲座”。

2018 年第五个国家宪法日之际，区人大常委会机关以“国家宪法日，人大在行动”为主题，组织开展了 12 月主题党员活动日。通过组织集中学习《中华人民共和国宪法修正案》，开展谈体会、谈作为、谈认识。组织区政府工作部门副职 70 余人，集中在国旗下举行了庄严的宪法宣誓活动，引导国家公职人员增强宪法意识，弘扬宪法精神，履行宪法使命。同时还走街串巷，通过发放传单、口头讲解等形式，向人民群众广泛宣传宪法知识，努力营造“崇尚宪法、学习宪法、遵守宪法、维护宪法、运用宪法”的浓厚氛围。

2020 年 4 月，广丰区委通过了《关于加强新时代人大工作的意见》，指出：加强人大制度和人大工作宣传，党委宣传部门和新闻舆论单位要把人大宣传工作纳入工作总体部署，积极发挥新兴媒体作用，突出宣传宪法法律、人民代表大会制度、人大工作和人大代表履职活动，让国家根本政治制度深入人心。

三、对人大工作活动的宣传

1. 宣传队伍建设

2005 年以来，为了加强人大制度宣传工作，充分调动和激发人大常委会机关工作人员、乡镇人大秘书及其他新闻工作者对人大工作宣传报道的积极性，提高在市级以上报刊上要稿、重稿、优稿的比例，县（区）人大常委会十分重视宣传队伍建设，着力打造一支特别能写的宣传队伍。多次下发了《关于进一步加强人大宣传报道工作的实施意见》，成立县人大常委会宣传工作领导小组，由分管宣传工作的副主任任组长，各有关委室主要负责人任成员。2006 年 4 月，为提高宣传队伍的业务水平，县人大常委会还邀请到江西省人大常委会主办的《时代主人》副总编公艳萍和《上饶日报》负责人分别为各乡镇人大主席、秘书；街道人大工委主任、秘书；县人大常委会机关宣传领导小组成员进行新闻写作知识培训。2006 年，县人大机关在省级报刊上稿 11 篇，市级报刊上稿 9 篇，县级报刊上稿 73 篇。2009 年，县人大宣传不断出重稿、优稿，全年有 17 篇新闻报道在《中国人大》《中国人大新闻网》等中央级新闻媒体刊登，有 58 篇文章在《人民代表报》《江西人大新闻网》《时代主人》等省级新闻媒体刊登，有 18 篇文章被《上饶人大》刊登。先后获得江西省第十五届、第十六届、第十七届、第十八届、第二十届“宣传人民代表大会制度好新闻”二等奖、三等奖，主任戴水春 2006 年至 2010 年连续五年被评为省人大优秀通讯员。

为充分调动基层人大工作者对人大宣传工作的重视，2005 年以来，县（区）人大常委会把宣传工作作为对乡镇人大工作考核的重中之重，设立了人大宣传工作先进单位，要求每个乡镇（街道）人大每年要向县级以上报纸杂志投稿 12 篇以上，并且用稿 4 篇以上。乡镇人大主席或副主席完成关于人大工作的稿件和有在中央、省、市级报纸杂志上稿，年终考核时给予相应的加分。2007 年，要求乡镇（街道）人大都要配备专兼职的报道员。2012 年，要求各乡镇（街道）人大向县级以上报纸杂志投稿 12 篇，用稿 2 篇。2013 年，要求各乡镇（街道）人大上县级新闻稿件 3 篇，含纸质、网络刊物，向县人大办公室报送宣传信息材料 4 篇。2015 年，要求各乡镇（街道）人大上县级新闻稿件 3 篇，全年向县人大办公室报送宣传信息资料 5 篇。2020 年，要求各乡镇（街道）人大在市以上媒体用稿 3 篇，含纸质和网络刊物，全年向区人大常委会办公室报送宣传信息资料 4 篇。为进一步加强新时代人大宣传工作，更加有力地宣传人民代表大会制度，展示区人大系统、各级人大代表的履职成效，推进民主法治建设，营造人大工作发展的良好氛围，促进经济社会跨越式发展。2021 年，区人大常委会下发《关于进一步做好人大宣传工作的通知》，要求把握人大宣传工作的重点，注重人大宣传报道的质量，保证人大宣传报道的数量。

2. 自身宣传平台建设

一是“借东风”。充分利用广丰电视台、《广丰报》、微信广丰等宣传媒体开设人大宣传专栏，同时发动广大人大宣传工作者踊跃向《中国人大》《江西人大》《上饶人大》《时代主人》等人大宣传媒体投稿，全方位地宣传广丰人大工作。2005 年以来，继续在广丰电视台和《广丰报》开创《代表风采》专栏，在每次人民代表大会召开之际集中展播优秀代表的履职事迹。2008 年 6

月开始，又在广丰电视台和《广丰报》开办每月一期的人大宣传专栏《人大代表》，主要以广丰县人大的主要工作、主要事项、人大代表中的突出人物、人民群众关注的社会焦点问题为主线，宣传代表履职活动，交流代表履职经验。二是搭建自身的宣传平台。2009 年以来，陆续创办了《广丰人大》刊物和广丰人大公众号网站，积极鼓励乡（镇、街道）人大投稿和报送材料，只要乡（镇、街道）人大有新闻线索，可以在调研后在刊物和网站上发表，拓展了人大宣传的宽度和广度，使人大宣传内容、对象、途径和形式都具有广泛性。通过宣传，使人大宣传工作的成效进一步增强，在各种媒体用稿的数量、种类逐年增加，获省宣传人民代表大会制度好新闻奖越来越多，广大干部选民参与人大宣传工作的热情进一步增加。

四、乡镇人大宣传工作先进单位

2005 年度

永丰镇人大主席团　吴村镇人大主席团

少阳乡人大主席团

2006 年度

桐畈镇人大主席团　枧底镇人大主席团

下溪镇人大主席团

2007 年度

县人大办公室　下溪镇人大主席团

（人大宣传工作先进个人：巩宪进　严剑飚）

2008 年度

下溪镇人大主席团　五都镇人大主席团

丰溪街道人大工委

2009 年度

五都镇人大主席团　丰溪街道人大工委

下溪镇人大主席团

2010 年度

桐畈镇人大主席团　嵩峰乡人大主席团

排山镇人大主席团　霞峰镇人大主席团

湖丰镇人大主席团

2011 年度

大石乡人大主席团　湖丰镇人大主席团

芦林街道人大工委　东阳乡人大主席团

五都镇人大主席团　沙田镇人大主席团

2012 年度

洋口镇人大主席团　五都镇人大主席团

永丰街道人大工委　大石乡人大主席团

东阳乡人大主席团　毛村镇人大主席团

大南镇人大主席团

2013 年度

下溪镇人大主席团　枧底镇人大主席团

桐畈镇人大主席团　霞峰镇人大主席团

2014 年度

霞峰镇人大主席团　大石乡人大主席团

东阳乡人大主席团　吴村镇人大主席团

2015 年度

五都镇人大主席团　吴村镇人大主席团

桐畈镇人大主席团　枧底镇人大主席团

2016 年度（缺评）

2017 年度

壶峤镇人大主席团　横山镇人大主席团

洋口镇人大主席团　桐畈镇人大主席团

2018年度

毛村镇人大主席团　桐畈镇人大主席团
下溪街道人大工委　洋口镇人大主席团
湖丰镇人大主席团　壶峤镇人大主席团
横山镇人大主席团　大石街道人大工委

2019年度

东阳乡人大主席团　洋口镇人大主席团
桐畈镇人大主席团　毛村镇人大主席团
壶峤镇人大主席团

2020年度

湖丰镇人大主席团　桐畈镇人大主席团　霞峰镇人大主席团

2021年度

桐畈镇人大主席团　吴村镇人大主席团　横山镇人大主席团
湖丰镇人大主席团

第六章
“一府一委两院”
人员名单

第一节　县（区）人民政府

县（区）长：

郑卫平（2005 年 1 月—2006 年 1 月）

周遐光（2006 年 2 月—2011 年 6 月）

（2006 年 1 月—2006 年 2 月　代理县长）

邵小亭（2011 年 9 月—2014 年 5 月）

（2011 年 6 月—2011 年 9 月　代理县长）

谭赣明（2014 年 7 月—2016 年 8 月）

（2014 年 5 月—2014 年 7 月　代理县长）

郑华森（2016 年 10 月—2021 年 8 月）

（2016 年 8 月—2016 年 10 月　代理区长）

龚振宙（2021 年 9 月—2021 年 12 月）

（2021 年 8 月—2021 年 9 月　代理区长）

副县（区）长：

邱　鹏（2005 年 1 月—2007 年 8 月）

徐岩波（2005 年 1 月—2006 年 5 月）

裴建元（2005 年 1 月—2006 年 5 月）

祝美清（女）（2005 年 1 月—2011 年 9 月）

周启南（2005 年 1 月—2006 年 5 月）

林　伟（2005 年 1 月—2011 年 9 月）

罗中锦（2005 年 1 月—2005 年 9 月）

张永峰（2005 年 9 月—2007 年 9 月）

石　斌（2006 年 5 月—2016 年 8 月）

张晓军（2006 年 5 月—2011 年 9 月）

周开旺（2006 年 6 月—2014 年 9 月）

周金明（2007 年 8 月—2011 年 9 月）

李德龙（2009 年 7 月—2011 年 7 月）

魏文攻（2009 年 11 月—2011 年 9 月）

杨　萍（女）（2011 年 1 月—2012 年 1 月）

郑　铭（2011 年 9 月—2014 年 9 月）

王华安（2011 年 9 月—2016 年 8 月）

王建华（2011 年 9 月—2014 年 8 月）

曹海燕（女）（2011 年 9 月—2018 年 2 月）

李新金（2011 年 11 月—2013 年 10 月）

俞文强（2011 年 12 月—2016 年 8 月）

张棉标（2013 年 10 月—2015 年 10 月）

龚振宙（2014 年 1 月—2021 年 9 月）

郑华森（2014 年 9 月—2016 年 10 月）

郑金车（2014 年 9 月—2018 年 5 月）

颜显高（2014 年 10 月—2016 年 8 月）

陈金良（2016 年 8 月—2020 年 4 月）

程剑虹（2016 年 8 月—2021 年 9 月）

张军华（2016 年 8 月—2021 年 9 月）

肖剑峰（2016 年 11 月—2019 年 1 月）

王　芬（女）（2017 年 3 月—2018 年 2 月）

徐建军（2018 年 6 月—2021 年 12 月）

王　斐（女）（2019 年 6 月—2021 年 12 月）

刘晓芳（女）（2020 年 4 月—2021 年 9 月）

徐利火（2020 年 11 月—2021 年 9 月）

吴　松（2021 年 9 月—2021 年 12 月）

幸　锋（2021 年 9 月—2021 年 12 月）

林　辉（2021 年 9 月—2021 年 12 月）

舒前鑫（2021 年 9 月—2021 年 12 月）

汪学文（2021 年 9 月—2021 年 12 月）

邓颖翔（2021 年 12 月—2021 年 12 月）

第二节　区监察委员会

主任：

张景忠（2018 年 2 月—2020 年 12 月）

李　军（2021 年 2 月—2021 年 8 月）

（2020 年 12 月—2021 年 2 月　代理主任）

吴献金（2021 年 9 月—2021 年 12 月）

（2021 年 8 月—2021 年 9 月　代理主任）

副主任：

周华武（2018 年 2 月—2021 年 12 月）

王智勇（2018 年 2 月—2021 年 9 月）

李建忠（2018 年 2 月—2021 年 9 月）

周　彪（2021 年 9 月—2021 年 12 月）

徐洪辉（2021 年 9 月—2021 年 12 月）

第三节　县（区）人民法院

院　长：

苏如明（2005年2月—2007年8月）

（2005年1月—2005年2月　代理院长）

姚　文（2008年2月—2016年8月）

（2007年8月—2008年2月　代理院长）

凌目新（2016年10月—2021年9月）

（2016年8月—2016年10月　代理院长）

雷瑞甫（2021年9月—2021年12月）

（2021年9月15日—2021年9月26日　代理院长）

副院长：

徐洪龙（2005年1月—2006年4月）

纪树生（2005年1月—2021年11月）

林　峰（2005年1月—2015年3月）

朱东风（2007年6月—2014年12月）

俞明仙（女）（2011年1月—2020年4月）

周忠平（2015年7月—2017年1月）

（注：2017年1月为区委文件建议免职时间，2016年8月已调到弋阳县作为弋阳县人民法院院长候选人提名人选）

朱晓强（2015年7月—2021年12月）

罗　纬（2020年8月—2021年12月）

陈　琅（女）（2020年11月—2021年12月）

第四节　县（区）人民检察院

检察长：

江健生（2005 年 1 月—2007 年 2 月）

吴伯翔（2007 年 3 月—2016 年 8 月）

（2007 年 2 月—2007 年 3 月　代理检察长）

肖连华（2016 年 10 月—2021 年 9 月）

（2016 年 8 月—2016 年 10 月　代理检察长）

严　毅（2021 年 9 月—2021 年 12 月）

（2021 年 9 月 15 日—2021 年 9 月 26 日　代理检察长）

副检察长：

蒋昌福（2005 年 1 月—2011 年 11 月）

夏少华（2005 年 1 月—2013 年 4 月）

张　华（2005 年 1 月—2015 年 3 月）

张晓峰（2012 年 4 月—2020 年 11 月）

林　忠（2012 年 4 月—2021 年 12 月）

吴必礼（2013 年 4 月—2021 年 12 月）

郑明伟（2020 年 11 月—2021 年 12 月）

第七章
乡镇（街道）人大工作

乡镇人民代表大会是基层国家权力机关，是地方国家政权的重要基础。为加强乡镇人民代表大会的建设，《中华人民共和国地方各级人民代表大会和地方各级人民政府组织法》规定，乡镇人民代表大会每届任期五年，每年举行两次代表会议。

乡镇人民代表大会行使下列职权：

（一）在本行政区域内，保证宪法、法律、行政法规和上级人民代表大会及其常务委员会决议的遵守和执行；

（二）在职权范围内通过和发布决议；

（三）根据国家计划，决定本行政区域内的经济、文化事业和公共事业建设计划；

（四）审查和批准本行政区域内的预算和预算执行情况的报告；

（五）决定本行政区域内的民政工作的实施计划；

（六）选举本级人民代表大会主席、副主席；

（七）选举乡长、副乡长，镇长、副镇长；

（八）听取和审议乡、民族乡、镇的人民政府的工作报告；

（九）撤销乡、民族乡、镇的人民政府的不适当的决定和命令；

（十）保护社会主义的全民所有的财产和劳动群众集体所有的财产，保护公民私人所有的合法财产，维护社会秩序，保障公民的人身权利、民主权利和其他权利；

（十一）保护各种经济组织的合法权益；

（十二）保障少数民族的权利；

（十三）保障宪法和法律赋予妇女的男女平等、同工同酬和婚姻自由等各项权利。

市辖区、不设区的市的人民代表大会常务委员会可以在街道设立工作机构。工作机构负责联系街道辖区内的人民代表大会的代表，组织开展活动，反映代表和群众的建议、批评和意见，办理常务委员会交办的监督、选举以及其他工作，并向常务委员会报告工作。

《江西省乡镇人民代表大会工作条例》规定：乡镇人民代表大会每届第一次会议，在本届人民代表大会代表选举完成后的两个月内举行。乡镇人民代表大会每届第一次会议的预备会议，由上一届乡镇人民代表大会主席团主持。

第一节　乡镇人大主席团的职责

乡镇人民代表大会主席团是乡镇人民代表大会举行会议时选举产生的机构。2016 年 1 月 6 日，中共江西省委办公厅印发了《关于加强市县乡人大建设的若干实施意见》的通知，要求：切实加强乡镇人大建设，在乡镇人大设专职主席和 1 名专职副主席，明确 1 名专职工作人员。人大主席、副主席不参与行政分工，专职从事人大工作。在街道设立人大工作委员会，作为县级人大常委会工作机构，设专职主任和 1 名专职工作人员；根据工作需要，也可以增设 1 名专职副主任。街道人大工作委员会主任、副主任，由设立的县级人大常委会任命。

《中华人民共和国地方各级人民代表大会和地方各级人民政府组织法》规定：乡、民族乡、镇的人民代表大会设主席，并可以设副主席一人至二人。主席、副主席由本级人民代表大会从代表中选出，任期同本级人民代表大会每届任期相同。乡、民族乡、镇的人民代表大会主席、副主席不得担任国家行政机关的职务；如果担任国家行政机关的职务，必须向本级人民代表大会辞去主席、副主席的职务。

乡、民族乡、镇的人民代表大会主席、副主席在本级人民代表大会闭会期间负责联系本级人民代表大会代表，根据主席团的安排组织代表开展活动，反映代表和群众对本级人民政府工作的建议、批评和意见，并负责处理主席团的日常工作。

主席团在本级人民代表大会闭会期间，每年选择若干关系本地区群众切身利益和社会普遍关注的问题，有计划地安排代表听取和讨论本级人民政府的专项工作报告，对法律、法规实施情况进行检查，开展视察、调研等活动；听取和反映代表和群众对本级人民政府工作的建议、批评和意见。主席团在闭会期间的工作，向本级人民代表大会报告。

2018 年 7 月，根据中共中央转发的《中共全国人大常委会党组关于加强县乡人大工作和建设的若干意见》精神，广丰区第十六届人大常委会第 26 次主任会议研究，决定从 2018 年开始全区乡镇人民代表大会每年召开两次会议。2020 年 4 月 18 日，中共上饶市广丰区委出台了《关于加强新时代人大工作的意见》，要求：乡镇党委要高度重视乡镇人大工作，保障乡镇人大依法行使职权，落实乡镇人大一年召开两次人民代表大会要求，科学依法确定议题，会期不少于 1 天，切实提高会议质量。乡镇人大在代表大会闭会期间，主席团要有计划地安排代表听取讨论本级人民政府的专项工作报告，组织开展执法检查、视察调研等活动。乡镇（街道）人大（工委）主席（主任）、副主席（副主任）应当把主要时间精力放在人大工作上。人大（工委）主席（主任）列席乡镇（街道）党（工）委会议，享受同职级党政干部待遇。

2005 年至 2021 年，广丰县（区）乡镇共举行过 2006 年、2011 年、2016 年、2021 年四届人民代表大会，大会通过无记名投票方式，依法进行了换届选举，产生了新一届的乡镇各届人民代表大会主席团及乡镇人民政府正、副乡镇长。

《江西省乡镇人民代表大会工作条例》对乡镇人民代表大会主席团的职责有着明确的规定。乡镇人民代表大会主席团对乡镇人民代表大会负责并报告工作，其职责主要有：

（一）在本行政区域内，保证宪法、法律、行政法规、地方性法规和上级人民代表大会及其常务委员会决议、决定的遵守和执行；

（二）主持乡镇人民代表大会会议，负责筹备和召集下一次人民代表大会会议，并审议代表资格审查委员会对代表资格的审查报告；

（三）在人民代表大会闭会期间，每年选择若干关系本地区群众切身利益、社会普遍关注的问题，有计划地安排代表听取和讨论乡镇人民政府的专项工作报告，对法律、法规实施情况进行检查，开展视察、调研等活动；

（四）检查乡镇人民代表大会的决议、决定的遵守和执行情况，听取和反映代表和群众对乡镇人民政府工作的建议、批评和意见，督促乡镇人民政府及时办理代表的建议、批评和意见；

（五）审查乡镇人民政府对乡镇人民代表大会通过的建设计划和财政预算的部分变更，并向下一次人民代表大会会议报告；

（六）组织代表联系选民，定期组织代表向原选区选民报告履职情况；

（七）组织代表检查、评议乡镇人民政府及有关单位的工作，并向乡镇人民代表大会或者县级人民代表大会常务委员会报告；

（八）根据代表的要求，联系安排本级或者上级的代表持代表证就地进行视察；

（九）办理乡镇人民代表大会和县级人民代表大会常务委员会交付的其他事项。

2005 年至 2021 年期间，广丰历经了撤县设区，各乡镇（街道）的行政区划也作了比较大的调整。2005 年 11 月，岭底乡实现了撤乡设镇，并更名为铜钹山镇。2006 年 4 月，分别撤销了永丰镇，设立了永丰街道；将原永丰镇的翁岭村、石谢居、西坛居、源溪居、湖头居、塘溪居同洋口镇的五里居、上呈村和霞峰镇的三官殿居合并，设立了芦林街道；撤销塘墀乡，将原塘墀乡所辖的行政区划同大石乡的苏塘社区、五角塘社区合并，设立丰溪街道。2006 年 4 月，撤销管村乡、社后乡建制，合并后设立了东阳乡。2015 年 2 月 16 日，根据《国务院关于同意江西省调整上饶市部分行政区划的批复》（国函〔2015〕37号）精神，同意撤销广丰县，设立上饶市广丰区。2016年7月，撤销下溪镇、大石乡，分别设立下溪街道、大石街道。根据《中华人民共和国地方各级人民代表大会和地方各级人民政府组织法》的规定，撤乡镇设街道后的乡镇人大、政府相应撤销，乡镇的人大代表资格相应终止。2017年2月，设立下溪街道丰源社区居委会和柳坞社区居委会。2017年4月，经上饶市人民政府批准，并报江西省民政厅备案，将下溪街道丰源社区居委会及官塘社区居委会的毛家居民小组建制地划归永丰街道管辖。到2021年12月，全区乡镇（街道）人大共设置有5个街道人大工委，18个乡镇人大主席团。

第二节　乡镇（街道）人大主席（主任）的职责和名单

《江西省乡镇人民代表大会工作条例》对乡镇人大主席的工作职责有明确的规定。乡镇人民代表大会主席职责是：

（一）负责召集、主持乡镇人民代表大会主席团会议，处理乡镇人民代表大会闭会期间的日常工作；

（二）宣传、贯彻宪法、法律、行政法规、地方性法规和上级人民代表大会及其常务委员会和乡镇人民代表大会及其主席团的决议、决定；

（三）组织主席团成员联系人民代表大会代表，组织代表开展活动，总结交流代表工作经验；

（四）向乡镇人民政府反映代表和群众对政府工作的建议、批评和意见，接待、办理乡镇人民代表大会代表和群众的来信来访；

（五）办理乡镇人民代表大会主席团交办的其他有关事项。

副主席协助主席工作，主席因故不能履行职责时，由副主席代理主席职责。

2005—2021年各乡镇人大主席、副主席；街道人大工委主任、副主任名单

一、街道人大工委主任、副主任

永丰街道人大工委

2006年1月20日，撤销永丰镇人大主席团，设立永丰街道人大工委。

主　任：邵银堂（2006年4月—2016年7月）
傅师东（2016年7月—2017年8月）
郑理瑞（2019年3月—2021年12月）

副主任：郑兴来（2006年4月—2010年4月）
程德茂（2011年6月—2016年6月）
韩　璐（女）（2016年7月—2020年12月）

吴德坚（2021年7月—2021年12月）

（永丰镇人大主席团）

主　席：周开旺（2005年1月—2006年4月）

副主席：王建华（2005年1月—2006年4月）

芦林街道人大工委

2006年4月，设立芦林街道人大工委。

主　任：徐常发（2006年4月—2016年8月）

俞忠华（2016年8月—2021年12月）

副主任：琚清泉（2006年4月—2010年4月）

郑全生（2011年6月—2016年8月）

周月龙（2016年8月—2017年12月）

汤尚剑（2017年12月—2021年7月）

叶身财（2021年7月—2021年12月）

丰溪街道人大工委

2006年4月，撤销塘墀乡人大主席团，成立丰溪街道人大工委。

主　任：俞国堂（2006年4月—2016年6月）

杨衰对（2016年6月—2021年7月）

陈地春（2021年7月—2021年12月）

副主任：刘少云（2006年8月—2010年4月）

周俊鹰（2011年6月—2015年3月）

潘国梁（2016年8月—2021年7月）

高　英（女）（2021年7月—2021年12月）

（塘墀乡人大主席团）

主　席：李元涛（2005年1月—2006年6月）

副主席：刘少云（2005年1月—2006年8月）

大石街道人大工委

2016年7月，撤销大石乡人大主席团，设立大石街道人大工委。

主　任：杨开余（2016年7月—2017年12月）

毛志飞（2017年12月—2021年7月）

杨　波（2021年7月—2021年12月）

杨利华（2021年12月—2021年12月）

副主任：邓小芳（女）（2016 年 7 月—2021 年 7 月）

郑柳玉（女）（2021 年 7 月—2021 年 12 月）

（大石乡人大主席团）

主　席：刘旭涛（2005 年 1 月—2010 年 10 月）

张飞斌（2010 年 10 月—2012 年 12 月）

杨开余（2016 年 6 月—2016 年 7 月）

副主席：诸云富（2005 年 1 月—2007 年 2 月）

吕石仕（2008 年 1 月—2010 年 4 月）

周和正（2011 年 5 月—2016 年 6 月）

下溪街道人大工委

2016 年 7 月，撤销下溪镇人大主席团，设立下溪街道人大工委。

主　任：周有华（2016 年 7 月—2021 年 6 月）

徐安水（2021 年 7 月—2021 年 12 月）

副主任：姜志龙（2016 年 7 月—2020 年 10 月）

傅春燕（女）（2021 年 7 月—2021 年 12 月）

（下溪镇人大主席团）

主　席：徐运海（2005 年 1 月—2007 年 2 月）

项荣鲁（2007 年 2 月—2010 年 10 月）

徐少玲（2010 年 10 月—2015 年 3 月）

邵接宗（2015 年 3 月—2015 年 6 月）

周有华（2016 年 6 月—2016 年 7 月）

副主席：吴政法（2006 年 4 月—2010 年 4 月）

陈慧海（2011 年 5 月—2015 年 3 月）

姜志龙（2016 年 6 月—2016 年 7 月）

二、乡镇人大主席团主席、副主席

洋口镇人大主席团

主　席：吕国华（2005 年 1 月—2015 年 3 月）

朱继安（2015 年 3 月—2021 年 7 月）

邹　戈（2021 年 7 月—2021 年 12 月）

副主席：平京炉（2005 年 1 月—2007 年 2 月）

占金火（2008 年 1 月—2011 年 4 月）

程衰双（2011 年 5 月—2015 年 3 月）

徐书国（2016 年 7 月—2021 年 12 月）

霞峰镇人大主席团

主　席：李积林（2005 年 1 月—2006 年 6 月）

黄晨光（2006 年 6 月—2016 年 6 月）

杨　斌（2016 年 6 月—2021 年 7 月）

徐慧霖（2021 年 7 月—2021 年 12 月）

副主席：姚成月（2005 年 1 月—2010 年 4 月）

蒋昌金（2011 年 5 月—2018 年 6 月）

郭满英（女）（2021 年 7 月—2021 年 12 月）

枧底镇人大主席团

主　席：张棉华（2005 年 1 月—2011 年 5 月）

郑敏强（2011 年 5 月—2015 年 2 月）

叶　丹（女）（2015 年 2 月—2016 年 6 月）

林贤清（2016 年 6 月—2021 年 7 月）

方小林（2021 年 7 月—2021 年 12 月）

副主席：陈仕湖（2005 年 1 月—2007 年 2 月）

罗林华（2008 年 1 月—2011 年 5 月）

林玉香（女）（2011 年 5 月—2021 年 7 月）

周秋萍（女）（2021 年 7 月—2021 年 12 月）

湖丰镇人大主席团

主　席：许信云（2005 年 1 月—2006 年 6 月）

徐亨长（2006 年 6 月—2010 年 11 月）

罗小丰（2010 年 11 月—2011 年 5 月）

徐督生（2011 年 5 月—2014 年 10 月）

周家炉（2014 年 10 月—2015 年 2 月）

倪　艳（女）（2015 年 2 月—2016 年 6 月）

刘汉水（2016 年 6 月—2021 年 7 月）

阮春仙（女）（2021 年 7 月—2021 年 12 月）

副主席：郑书东（2005 年 1 月—2010 年 11 月）

郑旭树（2011 年 5 月—2016 年 6 月）

付红英（女）（2016 年 6 月—2021 年 7 月）

廖雪珍（女）（2021 年 7 月—2021 年 12 月）

壶峤镇人大主席团

主　席：周荣敏（2005 年 1 月—2006 年 6 月）

廖文华（2006 年 6 月—2010 年 10 月）

杨小林（2010 年 10 月—2016 年 6 月）

周　怿（2016 年 6 月—2021 年 7 月）

刘洪峰（2021 年 7 月—2021 年 12 月）

副主席：刘柏林（2005 年 1 月—2010 年 4 月）

付红英（女）（2011 年 5 月—2016 年 6 月）

周国英（女）（2016 年 6 月—2021 年 7 月）

大南镇人大主席团

主　席：王　河（2005 年 9 月—2007 年 2 月）

颜显高（2007 年 2 月—2010 年 8 月）

陈伟华（2010 年 10 月—2011 年 5 月）

严如彬（2011 年 5 月—2016 年 6 月）

潘惟发（2016 年 6 月—2021 年 7 月）

王卫国（2021 年 7 月—2021 年 12 月）

副主席：郑云水（2005 年 1 月—2006 年 4 月）

吴贞勇（2008 年 1 月—2010 年 4 月）

夏素仙（女）（2011 年 5 月—2021 年 3 月）

徐利明（2021 年 3 月—2021 年 7 月）

郑晓金（2021 年 7 月—2021 年 12 月）

排山镇人大主席团

主　席：颜福光（2005 年 1 月—2007 年 2 月）

汪小青（2007 年 2 月—2010 年 8 月）

鲍志华（2011 年 5 月—2016 年 6 月）

余利华（2016 年 7 月—2021 年 12 月）

副主席：夏瑞辉（2006 年 4 月—2010 年 4 月）

毛慧珍（女）（2011 年 5 月—2016 年 6 月）

刘仁忠（2016 年 7 月—2021 年 7 月）

周红林（2021 年 7 月—2021 年 12 月）

吴村镇人大主席团

主　席：胡德水（2005 年 1 月—2011 年 5 月）

陈国龙（2011 年 5 月—2016 年 6 月）

朱利锋（2016 年 6 月—2021 年 12 月）

副主席：李昌华（2005 年 1 月—2007 年 2 月）

刘孝海（2008 年 1 月—2016 年 6 月）

蒋日国（2016 年 6 月—2017 年 6 月）

蒋昌金（2018 年 6 月—2021 年 12 月）

东阳乡人大主席团

2006 年 4 月，撤销管村乡人大主席团和社后乡人大主席团，设立东阳乡人大主席团。

主　席：纪英富（2006 年 6 月—2010 年 8 月）

曾生华（2010 年 8 月—2011 年 5 月）

王孝文（2011 年 5 月—2016 年 6 月）

洪仁全（2016 年 6 月—2017 年 12 月）

夏灵邦（2017 年 12 月—2020 年 10 月）

谢远标（2021 年 7 月—2021 年 12 月）

副主席：王孝文（2008 年 1 月—2011 年 5 月）

韩礼英（女）（2011 年 5 月—2016 年 6 月）

郑柳玉（女）（2016 年 6 月—2021 年 7 月）

陈　昊（2021 年 7 月—2021 年 12 月）

（社后乡人大主席团）

主　席：郑建平（2005 年 1 月—2006 年 4 月）

副主席：吴兴塘（2005 年 1 月—2006 年 4 月）

（管村乡人大主席团）

主　席：纪英富（2005 年 1 月—2006 年 4 月）

五都镇人大主席团

主　席：罗存国（2005 年 1 月—2011 年 5 月）

高日炎（2011 年 5 月—2016 年 6 月）

余金河（2016 年 6 月—2019 年 9 月）

余厚庆（2021 年 7 月—2021 年 12 月）

副主席：姚成兴（2005 年 1 月—2010 年 4 月）

陈树华（2011 年 5 月—2016 年 6 月）

俞宏芳（2016 年 6 月—2021 年 7 月）

舒　俊（2021 年 7 月—2021 年 12 月）

泉波镇人大主席团

主　席：袁　飞（2005 年 1 月—2006 年 4 月）

苏利福（2006 年 4 月—2016 年 6 月）

俞日波（2016 年 6 月—2021 年 12 月）

副主席：黄瑞福（2005 年 1 月—2010 年 4 月）

邓志武（2011 年 5 月—2015 年 3 月）

杨奇慧（女）（2016 年 6 月—2021 年 7 月）

吴丽琼（女）（2021 年 7 月—2021 年 12 月）

毛村镇人大主席团

主　席：余彦伟（2005 年 1 月—2010 年 1 月）

龚哲峰（2010 年 10 月—2011 年 5 月）

洪强明（2011 年 5 月—2016 年 6 月）

夏宗海（2016 年 6 月—2021 年 7 月）

张庆伟（2021 年 7 月—2021 年 12 月）

副主席：蒋诗贵（2005 年 1 月—2007 年 2 月）

徐家法（2008 年 1 月—2016 年 6 月）

吴处石（2016 年 6 月—2021 年 7 月）

俞燕燕（女）（2021 年 7 月—2021 年 12 月）

嵩峰乡人大主席团

主　席：程剑虹（2005 年 1 月—2010 年 8 月）

严如彬（2010 年 8 月—2011 年 5 月）

徐成华（2011 年 5 月—2016 年 7 月）

沈玮景（2016 年 7 月—2021 年 12 月）

副主席：周海水（2005 年 1 月—2006 年 4 月）

吕奏珊（2008 年 1 月—2011 年 5 月）

黄满贤（2011 年 5 月—2016 年 7 月）

刘　颖（女）（2016 年 7 月—2021 年 8 月）

桐畈镇人大主席团

主　席：张晓军（2005 年 1 月—2005 年 9 月）

俞利国（2005 年 9 月—2006 年 6 月）

周龙树（2006 年 6 月—2016 年 6 月）

许声旺（2016 年 6 月—2021 年 7 月）

余　磊（2021 年 7 月—2021 年 12 月）

副主席：纪辉旺（2005 年 1 月—2007 年 2 月）

叶良松（2008 年 1 月—2010 年 4 月）

刘　雄（2011 年 5 月—2019 年 5 月）

席方强（2021 年 1 月—2021 年 7 月）

陈云英（女）（2021 年 7 月—2021 年 12 月）

沙田镇人大主席团

主　席：徐光强（2005 年 1 月—2006 年 6 月）

卢小云（2006 年 6 月—2016 年 6 月）

余　磊（2016 年 6 月—2021 年 7 月）

郑诗田（2021 年 7 月—2021 年 12 月）

副主席：王明乐（2005 年 1 月—2010 年 1 月）

叶玉和（2011 年 5 月—2021 年 7 月）

张朝伟（2021 年 7 月—2021 年 12 月）

横山镇人大主席团

主　席：刘建强（2005 年 1 月—2006 年 6 月）

吴国喜（2006 年 6 月—2011 年 5 月）

蒋书武（2011 年 5 月—2016 年 6 月）

郑道坎（2016 年 6 月—2017 年 4 月）

夏小光（2019 年 8 月—2021 年 12 月）

副主席：周温存（2005 年 1 月—2006 年 4 月）

吕昌庭（2006 年 4 月—2010 年 4 月）

余双赤（2011 年 5 月—2016 年 6 月）

罗　清（2016 年 6 月—2021 年 12 月）

少阳乡人大主席团

主　席：李树锋（2005 年 1 月—2006 年 6 月）
徐祖国（2006 年 6 月—2010 年 8 月）
俞永贵（2010 年 10 月—2016 年 6 月）
陈国标（2016 年 6 月—2021 年 7 月）
梅端敏（2021 年 7 月—2021 年 12 月）

副主席：余金琪（2005 年 1 月—2010 年 4 月）
陈武斌（2011 年 5 月—2016 年 6 月）
黄富金（2016 年 6 月—2021 年 7 月）
陈李巧（女）（2021 年 7 月—2021 年 12 月）

铜钹山镇人大主席团

2005 年 11 月，岭底乡撤乡设镇，岭底乡人大主席团更名为铜钹山镇人大主席团。

主　席：李元涛（2006 年 6 月—2011 年 12 月）
俞书炎（2013 年 3 月—2015 年 2 月）
王协强（2015 年 3 月—2016 年 6 月）
叶　宁（2016 年 6 月—2021 年 7 月）
邱建勇（2021 年 7 月—2021 年 8 月）

副主席：金满银（2006 年 6 月—2011 年 5 月）
郑为春（2011 年 5 月—2015 年 3 月）
张小勇（2016 年 6 月—2021 年 7 月）
俞瑶天（女）（2021 年 7 月—2021 年 12 月）

（岭底乡人大主席团）

主　席：毛小东（2005 年 1 月—2006 年 4 月）

副主席：金满银（2005 年 1 月—2006 年 4 月）

第三节　乡镇（街道）人大工作先进单位和个人

为了及时总结经验，树立典型，表彰先进，弘扬正能量，进一步提高人大代表依法履职的积极性和主动性，促进全社会为人大代表执行职务提供支持和保障，2005 年以来，县（区）人大常委会继续每年对乡镇（街道）人大及代表履职进行考评，考评内容主要包括完善党委领导人大工作机制情况、乡镇人大主席团（街道人大工委）日常工作情况、代表工作开展情况、人大宣传工作情况，以及考察乡镇（街道）推荐优秀县（区）优秀人大代表人选情况。根据考评情况评选出乡镇（街道）人大工作先进单位、优秀县（区）人大代表等先进单位和个人。

一、乡镇（街道）人大工作先进单位

2005 年度

排山镇人大主席团　枧底镇人大主席团

五都镇人大主席团　下溪镇人大主席团

桐畈镇人大主席团　岭底乡人大主席团

2006 年度

桐畈镇人大主席团　枧底镇人大主席团

排山镇人大主席团　排山镇人大主席团

大石乡人大主席团　五都镇人大主席团

2007 年度

永丰街道人大工委　排山镇人大主席团

五都镇人大主席团　大南镇人大主席团

泉波镇人大主席团　枧底镇人大主席团

2008 年度

大南镇人大主席团　霞峰镇人大主席团
大石乡人大主席团　桐畈镇人大主席团
嵩峰乡人大主席团　芦林街道人大工委

2009 年度

永丰街道人大工委　洋口镇人大主席团
排山镇人大主席团　桐畈镇人大主席团
嵩峰乡人大主席团　大南镇人大主席团

2010 年度

五都镇人大主席团　横山镇人大主席团
丰溪街道人大工委　大石乡人大主席团
洋口镇人大主席团　大南镇人大主席团

2011 年度

洋口镇人大主席团　泉波镇人大主席团
永丰街道人大工委　嵩峰乡人大主席团
霞峰镇人大主席团　吴村镇人大主席团

2012 年度

芦林街道人大工委　湖丰镇人大主席团
嵩峰乡人大主席团　铜钹山镇人大主席团
吴村镇人大主席团　壶峤镇人大主席团
沙田镇人大主席团

2013 年度

大石乡人大主席团　丰溪街道人大工委
永丰街道人大工委　壶峤镇人大主席团
沙田镇人大主席团　嵩峰乡人大主席团

2014 年度

枧底镇人大主席团　嵩峰乡人大主席团
洋口镇人大主席团　永丰街道人大工委
下溪镇人大主席团　丰溪街道人大工委

2015 年度

湖丰镇人大主席团　大南镇人大主席团
丰溪街道人大工委　东阳乡人大主席团
下溪镇人大主席团　铜钹山镇人大主席团

2016 年度（缺评）

2017 年度

壶峤镇人大主席团　芦林街道人大工委
横山镇人大主席团　洋口镇人大主席团
湖丰镇人大主席团　下溪街道人大工委
少阳乡人大主席团　东阳乡人大主席团
枧底镇人大主席团

2018 年度

毛村镇人大主席团　湖丰镇人大主席团
东阳乡人大主席团　壶峤镇人大主席团
五都镇人大主席团　铜钹山镇人大主席团
丰溪街道人大工委　横山镇人大主席团

2019 年度

东阳乡人大主席团　壶峤镇人大主席团
桐畈镇人大主席团　毛村镇人大主席团
铜钹山镇人大主席　团洋口镇人大主席团
枧底镇人大主席团　大南镇人大主席团
嵩峰乡人大主席团　湖丰镇人大主席团

2020年度

霞峰镇人大主席团　湖丰镇人大主席团　大南镇人大主席团
毛村镇人大主席团　壶峤镇人大主席团　桐畈镇人大主席团
洋口镇人大主席团
驻上海市流动人大代表联络工作站

2021年度

铜钹山镇人大主席团　霞峰镇人大主席团　湖丰镇人大主席团
吴村镇人大主席团　东阳乡人大主席团　壶峤镇人大主席团
洋口镇人大主席团　芦林街道人大工委

二、优秀县（区）人大代表

2005年度

徐寿高　塘墀乡朱坞村支书
俞吉火　京盛公司经理
余菊芳（女）　五都镇项家村主任
刘美凤（女）　吴村镇村民
吴凤英（女）　排山塑料编织福利厂厂长
林传松　排山镇黄狮村支书
潘丽娜（女）　永丰镇白鹤畈社区支书
徐梅芳（女）　永丰镇居民
潘求凯　永丰镇居民
程正柯　湖丰镇湖丰居支书、主任
周云水　枧底镇济坞煤矿矿长
周小兵　横山镇孚村支书、主任
柯维西　洋口镇村民
余宗国　洋口镇庙林村支书
夏雪英（女）　少阳乡村民
郑荣龙　壶峤镇郑坞村支书

毛忠潮　中铁十八局五公司经理

张武达　下溪镇西溪社区支书

徐安福　泉波镇泉波村支书

张建国　沙田镇十六都村支书、主任

颜喜高　桐畈镇王家村村主任

吴桂文　桐畈镇溪山居支书、主任

李小林　霞峰镇坑东村财务专管员

张如水　岭底乡岭底村支书

王奀水　嵩峰乡十都村支书

占玉香（女）　社后乡村民

张素珍（女）　怡丰园大酒店经理

曾修亮　大南镇古村村支书

韩间亮　大石乡四公村支书、主任

2006年度（缺评）

2007年度

吕树芳　毛村镇村民

杨正旺　东阳乡村民

杨祥发　横山镇廿三都村主任

李云生　铜钹山镇军潭村支书

吴凤英（女）　排山塑料编织福利厂厂长

吴忠溪　少阳乡茭溪村支书

何金水　五都镇黄丰村村民

张武达　下溪镇西溪社区支书

张建国　沙田镇十六都村支书、主任

林丽红（女）　吴村镇村民

罗清海　洋口镇古城村支书

周国英（女）　枧底镇副镇长

郑云仙（女）　洋口镇水北村村民

郑书礼　大南镇大南村支书

郑志龙　壶峤镇东阳村主任

郑金土　嵩峰乡十一都村主任

郑明海　大石乡乡长

项冬贵　五都镇兰田村主任

俞小燕（女）　永丰中学教师

徐安福　泉波镇泉波村支书

徐寿高　丰溪街道朱坞村支书

徐常发　芦林街道人大工委主任

徐常华　永丰街道华城投公司董事长

韩间溪　霞峰镇顺溪花炮厂厂长

程雪美（女）　湖丰镇丰达公司董事长

颜喜高　桐畈镇王家村村主任

2008 年度

王菊媛（女）　嵩峰乡十都村村民

毛志洪　永丰街道平安居支书

吕树芳　毛村镇百花村村民

朱新荣　大南镇茭塘村支书

刘志福　五都镇双桥村主任

刘顺银　下溪烽银金属有限公司董事长

杨　琦　横山镇红雨针织厂厂长

吴忠溪　少阳乡茭溪村支书

吴珍凤（女）　湖丰镇尖山村妇女主任

何金水　五都镇黄丰村村民

应道智　吴村镇河源村副支书

张文茂　排山镇荷坞村村民

张处平　沙田齐力春酒业有限公司总经理

林瑞荣　芦林街道五里居村民组长

罗清海　洋口镇古城村支书

周元隆　枧底镇溪西村支书

周开满　东阳乡管村村支书

郑云仙（女）　洋口镇水北村村民

郑菊仙（女）　壶峤镇塘头村干部

徐安福　泉波镇泉波村支书

徐寿高　丰溪街道朱坞村支书

徐美秀（女）　大石乡水阁完小教师

徐常华　永丰街道华城投资公司董事长

蒋昌炉　桐畈镇蒋坞村主任

韩间溪　霞峰镇顺溪花炮厂厂长

潘军芳（女）　铜钹山镇计生服务站副站长

2009 年度

吕树芳　毛村镇百花村村民

吕信彪　九牧屹立新型墙体材料厂厂长

刘顺银　广丰烽银金属公司总经理

纪云水　东阳乡社后村支书

杨金华　桐畈镇桐畈居主任

杨　绥　永丰街道党委书记

吴龙树　枧底镇镇长

吴亨常　横山镇廿四都村支书

吴邦福　五都镇花棚村支书

吴忠溪　少阳乡茭溪村支书

张衰华　铜钹山镇家潭村支书

林瑞荣　芦林街道五里居村民组长

罗清海　洋口镇古城村支书

周水香（女）　大南镇塘狮村村民

周清华　丰物公交公司总经理

郑云仙（女）　洋口镇水北村村民

郑志荣　壶峤镇东阳村主任

郑金土　嵩峰乡十一都村主任

郑崇国　湖丰镇徐家村主任

夏有仁　五都镇仙洲村支书

夏洪欣　排山镇常务副镇长

徐安福　泉波镇泉波村支书

徐金顺　吴村镇东塘村村民

徐寿高　丰溪街道朱坞村支书

黄永发　海韵电子玩具有限公司总经理

韩间溪　霞峰镇顺溪花炮厂厂长

2010年度

毛忠潮　江西省潮欣劳务工程有限公司董事长

厉康宁　康鑫铜业公司总经理

叶恭鹏　下溪镇王洋居支书

吕雄平　叶坞发电有限责任公司董事长

刘金林　永丰街道主任

杨金华　桐畈镇桐畈居主任

吴亨常　横山镇廿四都村支书

吴忠溪　少阳乡茭溪村支书

何金水　五都镇黄丰村支书

应道智　吴村镇河源村支书

张建国　沙田镇十六都支书、主任

林文仙（女）大南镇古村村计生专干

林传松　排山镇牌门村支书

林瑞荣　芦林街道五里居村民组长

罗清海　洋口镇古城村支书

周积海　洋基煤矿矿长

周清华　丰物公交公司总经理

郑志荣　壶峤镇东阳村主任

郑金土　嵩峰乡十一都村主任

姜仁益　东阳乡占家坞水库管委会主任

夏有仁　五都镇仙洲村支书

徐孝高　丰溪街道朱坞村支书

徐利火　铜钹山镇党工委副书记、副镇长

徐美秀（女）　大石乡水阁村完小教师

韩间溪　顺溪花炮厂厂长

程雪美（女）　丰达矿业董事长

2011 年度（缺评）

2012 年度

毛丽霞（女）　洋江花炮有限公司董事长

毛美芳（女）　嵩峰乡杨柳村支书

叶恭鹏　下溪镇王洋居支书

吕东水　泉波镇梧桐坞村支书

吕素芳（女）　毛村镇敬老院院长

刘少珍（女）　洋口镇莲古村支书

刘汉春　广丰合信康宁生物医药科技有限公司董事长

刘顺全　大石乡十字垄村支书、主任

刘德华　洋口镇水北居支书

江祥立　瑞丰型材公司董事长

李金堂　上饶市金昌担保公司董事长

杨金华　桐畈镇桐畈居支书

吴华辉　丰溪街道塘墀社区主任

吴宗福　五都镇澄村村支书

应道智　吴村镇河源村支书

张小东　枧底镇溪西居支书

张素珍（女）　江西省中投新能源锂电池有限公司总经理

张福兴　沙田镇坞垄村支书、主任

罗剑红（女）　东关小学校长

周小兵　横山镇上孚村支书、主任

周顶荣　芦林街道湖头居支书

周雪美（女）　永丰街道麦园社区支书

俞杨钟　湖丰镇湖丰居支书、主任

祝家礼　广丰日升织染有限公司董事长

夏有仁　五都镇仙洲村支书
徐林峰　江西硕丰有限公司董事长
黄正义　铜钹山镇岭底村综治主任

2013年度

毛美芳（女）　嵩峰乡杨柳村支书
吕东水　泉波镇梧桐坞村支书
刘汉春　广丰合信康宁生物医药科技有限公司董事长
刘志福　五都镇双桥村主任
刘顺全　大石乡十字垄村支书、主任
杨金华　桐畈镇桐畈居支书
吴华辉　丰溪街道塘墀社区主任
吴黎民　广丰县国税局稽查局局长
应道智　吴村镇河源村支书
张　华　江西三清山化肥有限总经理
张小东　枧底镇溪西居支书
张青华　私营企业主
张素珍（女）　江西中投新能源锂电池有限公司董事长
张莲彩（女）　江西庆良建设工程有限公司总经理
张福兴　沙田镇坞垄村支书、主任
陈光辉　上海莘国实业有限公司董事长
陈帮洪　五都镇六都村主任
罗剑红（女）　东关小学校长
周小兵　横山镇上孚村支书、主任
周顶荣　芦林街道湖头居支书
周厚贵　壶峤镇壶峤社区支书
周清华　广丰县燎原客运公司董事长
周雪美（女）　永丰街道麦园社区支书
俞杨钟　湖丰镇湖丰居支书、主任
夏新年　江西威乐建设集团董事长
徐广红（女）　广丰县汇鑫典当有限公司董事长

程　霞（女）　下溪小学工会主席

2014年度

王小华　上饶华骏机电设备公司总经理

王永三　江西山旺鹿业有限公司总经理

王贞飞　华飞模塑厂总经理

卢文喜　广丰县根根陶瓷厂南山砖厂厂长

刘小珍（女）　洋口镇莲古村支书

刘玉品　龙凤轩红木家具厂经理

刘顺全　大石乡十字垄村支书

刘康凛　私营企业主

杨金华　桐畈镇桐畈居支书

吴华辉　丰溪街道塘墀社区主任

吴宗福　五都镇澄村村支书

余建敏　五都镇紫坞村计生专干

应道智　吴村镇河源村支书

张　华　江西三清山化肥有限公司总经理

张小东　枧底镇溪西居支书

张文木　江西交建集团有限公司董事长

陈小兵　洋口镇居民

林传松　县人大常委会委员

周小兵　横山镇上孚村支书、主任

周顶荣　芦林街道湖头居支书

周厚贵　壶峤镇壶峤社区支书

周雪美（女）　永丰街道麦园社区支书

郑秉权　翔烽建筑工程公司董事长

翁贤标　上饶龙江房地产开发有限公司

诸荣艳　永丰街道东关社区支书

黄正文　铜钹山镇岭底村支书

程　霞（女）　下溪小学工会主席

管春晖　广丰县网络行业协会会长

2015 年度

王小华　上饶华骏机电设备公司总经理

王永三　江西山旺鹿业有限公司总经理

王贞飞　华飞模塑厂总经理

毛素芳（女） 嵩峰乡杨柳村支书

吕素芳　毛村镇敬老院院长

刘丽琴　永丰街道乌林街社区支书

刘志福　五都镇双桥村主任

刘德华　洋口镇水北居支书

杨金华　桐畈镇桐畈居支书

李金堂　上饶金昌实业有限公司总经理

余建敏　五都镇紫坞村计生专干

张　华　江西三清山化肥有限公司总经理

张小东　枧底镇溪西居支书

张武达　下溪镇西溪居支书

张福兴　沙田镇坞垄村支书

林传松　区人大常委会委员

罗清海　洋口镇古城村支书

周小兵　横山镇上孚村支书、主任

周开满　东阳乡管村村支书

周雪美（女） 永丰街道麦园社区支书

祝显树　广丰锦鸡混凝土有限公司副董事长

祝家礼　广丰日升织染有限公司董事长

徐存国　广丰国铝实业公司总经理

徐腮美　湖丰镇蚕场场长

诸荣艳　永丰街道东关社区支书

黄正文　铜钹山镇岭底村支书

韩　平　广丰区芦林纸业有限总经理

潘丽娜（女） 永丰街道白鹤畈社区支书

2016年（缺评）

2017年

万丽红（女）　吴村镇吴村居村民

王永三　江西山旺鹿业特种养殖有限公司董事长

王贞飞　华飞模塑总经理

王　银　枧底镇畈上村支书

尹玉高　广丰区残联副主席

邓邦辉　广丰区食品流通商会常务会长

吕燕芮（女）　大南镇村邮东购服务站站长

刘晓燕（女）　永丰街道北门社区主任

杨兰英（女）　霞峰镇赤塘村支书

肖光富　五都镇塔山村支书

吴连强　上海强丰集团董事长

吴惠丰　大石乡计生服务站站长

张处平　江西齐力实业发展有限公司董事长

张青华　江西青云实业有限公司董事长

林元发　上海林蕾建筑装潢有限公司董事长

林少鸿　铜钹山镇军潭村支书

林　华　排山镇牌门村支书

周丹丹（女）　东阳乡管村幼儿园园长

周倩茹（女）　壶峤镇中心小学科研主任

周　蓉（女）　芦林幼儿园园长

郑秋芳（女）　湖丰镇湖丰居妇女主任

祝云武　苏州万宇钢结构建筑安装工程有限公司董事长

祝文信　广丰区家电协会会长

祝青梅　泉波镇村民

黄庆来　洋口镇新村村支书

程正高　洋口镇蔡村村支书

2018年度

万丽红（女） 吴村镇吴村居村民

王为银 江西省银鹰建设工程有限公司董事长

王永三 江西山旺鹿业特种养殖有限公司董事长

王 银 枧底镇畈上村支书

王睦福 江西虹一公司董事长

吕燕苘（女） 大南镇村邮东购服务站站长

刘晓燕（女） 永丰街道麦园社区支书

杨兰英（女） 霞峰镇赤塘村支书

肖光富 五都镇塔山村支书

吴连强 广丰区驻上海流动人大代表联络工作站站长

吴惠丰 大石街道计生服务站站长

陈水莲（女） 桐畈镇桐畈居居民

陈肖屹 江西银达塑业有限公司副总经理

罗莉萍（女） 下溪街道纪工委委员

周丹丹（女） 东阳乡管村幼儿园园长

周 华（女） 永丰街道丰源社区支书

周秋莲（女） 江西万花谷电子商务有限公司总经理

郑金国 萍乡市广丰商会会长、江西丰科机械董事长

郑秋芳（女） 湖丰镇湖丰社区妇女主任

郑 慧（女） 沙田中学教师

夏凌峰 上海憨牛建设工程有限公司董事长

徐 梦（女） 泉波镇边山村村民

黄正文 铜钹山镇岭底村支书

黄兴明 江西千山农业开发有限公司总经理

蒋诗文 广丰区鹏达文化科技有限公司董事长

2019年度

卜 玲（女） 区应急管理局干部

王永三 江西山旺鹿业特种养殖有限公司董事长

王 银 枧底镇畈上村支书

叶　宁　铜钹山镇人大主席

阳莲华（女）　区审计局经济责任审计中心主任

吴连强　驻上海流动人大代表联络站站长

汪利伍　湖丰镇中心卫生院院长

张处平　江西齐力实业发展有限公司董事长

张青华　江西省青云实业有限公司董事长

张素仙（女）　五都镇杉中教师

陈光辉　上海闵骋市容服务管理有限公司总经理

林元发　上海林蕾建筑装潢有限公司总经理

林少鸿　铜钹山镇军潭村支书

林　华　排山镇牌门村支书、主任

周秋莲（女）　江西万花谷电子商务有限公司总经理

俞忠华　芦林街道人大工委主任

俞海燕（女）　区妇幼保健院副院长

祝青梅（女）　泉波镇泉波村村民

夏灵邦　东阳乡人大主席

夏凌峰　上海憨牛建设工程有限公司董事长

夏新年　威乐建设集团有限公司董事长

黄庆来　洋口镇新村村支书

韩　平　芦林纸厂总经理

程正高　洋口镇蔡村村支书

程剑英（女）　区财政局经济建设管理股股长

2020 年度

卜　玲（女）　区应急管理局干部

王永三　江西山旺鹿业特种养殖有限公司董事长

王　银　枧底镇畈上村支书

毛志飞　大石街道人大工委主任

尹玉高　区残联肢残人协会副主席

刘德意　东阳乡党委书记

芮可文　毛村镇党委书记

吴连强　上海强丰集团董事长

余　磊　沙田镇人大主席

汪利伍　湖丰镇中心医院院长

林元发　上海林蕾建筑装潢有限公司法人代表

周有华　下溪街道人大工委主任

周　华（女）永丰街道丰源社区支书

周丽云（女）排山镇中心小学教师

周秋莲（女）江西万花谷电子商务有限公司总经理

郑书礼　大南镇大南村第一书记

俞海燕（女）区妇幼保健院副院长

祝让忠　霞峰镇党委副书记、镇长

夏凌峰　上海憨牛建设工程有限公司董事长

夏新年　威乐建设集团有限公司董事长

徐智红（女）靖安水电站总经理

黄正文　铜钹山镇岭底村支书

黄庆来　洋口镇新村村支书

韩　平　芦林纸厂总经理

程正高　洋口镇蔡村村支书

曾瑞兰（女）泉波镇梧桐坞村村民

2021年度

王渊华　吴村镇河源村书记、主任

毛云仙（女）洋口镇中心社区书记、主任

毛海新　大南镇菱塘村村民

占裕田　排山镇卅八都村书记、主任

叶娟英（女）沙田镇卫生院副院长

刘　卿　少阳乡党委副书记、乡长

许冬水　桐畈镇高厅村书记、主任

严少敏　芦林卫生院院长

吴建新　大石街道党工委书记

吴浙江　毛村镇党委副书记、镇长

张桂芳（女）　横山镇柴九洋村委会支委
陈　华　上海美哈医药科技有限公司总经理
陈　凯　兴物城建集团有限公司总经理
邵建浪　丰溪街道黄家淤社区支书、主任
周　华　永丰街道丰源社区支书、主任
郑理瑞　永丰街道人大工委主任
郑腮献　湖丰镇村民
祝文君　枧底镇党委副书记、镇长
夏凌峰　上海憨牛建设工程有限公司董事长
徐　珊（女）　铜钹山镇小丰村支书
徐思沙　香港富荣集团有限公司董事长兼 CEO
徐慧霖　霞峰镇人大主席
郭天兴　嵩峰乡村民
黄正一　下溪街道西溪社区支书、主任
黄庆来　洋口镇新村村支书、主任
谢远标　东阳乡人大主席

第四节 乡镇（街道）代表联络工作站建设

根据省、市人大常委会有关推进人大代表联络站建设的要求，2016 年，区人大常委会主任会议通过了《上饶市广丰区关于加强人大代表联络站建设的实施意见》，指出：加强人大代表联络站建设，有利于强化代表履职的载体建设，为各级人大代表提供有组织、有制度、有服务的联系群众、开展活动的场所和保障，进一步丰富和规范代表履职工作。人大代表联络站是闭会期间人大代表开展常态化活动的场所，是密切联系群众、依法规范履职、推进问题解决的平台。联络站建设的主要任务是：学习宣传宪法和法律法规，党的路线、方针、政策，区人大及其常委会作出的决议、决定；围绕法律法规的贯彻实施、本行政区域经济社会发展以及人民群众关注的热点难点问题，开展走访、调研等活动，协助本级人民政府推行工作；收集和反映社情民意，帮助解决选民的实际困难，发挥桥梁纽带作用；开展履职交流、接待选民、服务选民、回答选民询问等活动，为选民解疑释惑，自觉接受选民监督，增强代表履职意识；配合做好乡镇、街道人大有关工作。联络站设立的要求：根据人大代表及选区、选民的分布情况和辖区实际，各地按照方便服务群众、有利于开展活动的要求，加强人大代表联络站建设。每个乡镇、街道应设立 1 个人大代表联络站，并配置若干个联络点。具体要求是：一是有固定场所。联络站应具备一定的场地面积和必要的工作条件，便于选民群众与人大代表沟通交流。二是有固定人员。配备站长 1 名，由乡镇人大主席（街道人大工委主任）担任；副站长 1 名，分别由乡镇人大副主席（街道人大工委副主任）担任，并配备专职工作人员。人大代表联络站以所在代表小组的区人大代表为主体，可吸收所在区域的乡镇人大代表或邀请所在地的省、市人大代表共同参与。三是有工作制度。建立健全代表信息公示及联络站工作规则等各项制度，规范联络站的日常运作。四是有计划安排。围绕区中心工作、区人大常委会年度工作要点和实际需要，研究制定联络站年度工作计划。联络点的设立要求：可以在村、社区、单位中设置联络点，服务范围可以是一个或若干个村、社区（选区、选举单位）。

为深入贯彻落实全国人大常委会办公厅印发的《关于完善人大代表联系人民群众制度的实施意见》精神，2017 年 7 月 20 日召开的江西省第十二届人大常委会第 95 次主任会议通过了《关于加强全省人大代表联络工作站建设工作的指导意见》，明确提出了建设人大代表联络工作站的总体要求：加强人大代表联络工作站建设，是畅通社情民意反映和表达渠道，进一步支持和保证代表与人民群众密切联系、更好发挥代表作用的必然要求，是坚持和完善人民代表大会制度、做好新形势下人大工作的重要内容，是落实和完成省委确定的民主法制领域改革重点突破任务的内在要求。人大代表联络工作站以乡镇、街道为单位分片设立，每一个乡镇、街道至少要设立 1 个人大代表联络站，县、乡人大代表人数较多的乡镇、街道应当按照选区划分，设立多个人大代表联络工作站，确保每位人大代表每年不少于 2 次进站开展联系人民群众的活动。人大代表联络工作站不仅要配置 1 名站长，1 ~ 2 名副站长，若干名联系员，而且要建立健全代表联系群众、意见处理、重要情况报告、代表履职登记等制度，并做到工作安排、代表信息、联采方式、开放时间、主要职责、台账管理等“上墙”，确保人大代表联络工作站规范运行、发挥作用。

2017 年 8 月 24 日，上饶市第四届人大常委会第六次会议通过了《上饶市人民代表大会常务委员会关于加强全市人大代表联络工作站建设工作实施办法》，要求全市各级人大及其常委会要依据“立足基层、方便群众、勤俭节约、因地制宜”的总原则，按照“有场所、有人员、有制度、有经费、有活动、有实效”的总要求，结合地方实际和工作需要，积极推进人大代表联络工作站建设。

为了更好地执行省、市人大常委会的工作部署，扎实有序地开展人大代表联络站建设，区人大常委会办公室下发了《关于推进全区人大代表联络工作站建设“全覆盖”的通知》，要求做到“两个全覆盖”：一是地域设立全覆盖，即每个乡（镇、街道）应在辖区内建立一个代表联络工作站，有条件的村（社区）应建立代表联络工作站；二是代表进站全覆盖，即联络站所在行政区域内的各级人大代表应全部编入代表联络工作站，参加活动。标准要达到“六有”，即有统一名称、有固定场所、有固定人员、有工作制度、有活动安排、有经费保障。同时，区人大常委会还制定了统一的联络工作站工作职责、联络工作站学习例会制度、人大代表联系选民制度、人大代表接待日制度和代表建议、批评和意见办理制度，使全区的人大代表联络站建设有章可循。

联络工作站学习、例会制度

（一）时间安排：学习原则上每月学习一次，以自学为主，集中学习每季度不少于一次；例会原则上每季度安排一次。时间、内容一般提前一星期通知各位代表和与会人员。

（二）参加人员：站内各级人大代表、分片联络员；特殊需要，邀请本地政协委员、专业人士、政府相关部门人员、新闻媒体参加，邀请区人大常委会及其工作机构相关领导参加。

（三）主要内容：1. 学习的内容主要有：学习马克思列宁主义、毛泽东思想、邓小平理论和“三个代表”重要思想以及党的路线方针政策；学习习近平总书记系列讲话和党的十八大精神；学习宪法和法律法规以及各级人大的决议决定；学习科学文化知识和代表工作基础知识等。2. 例会主要内容有：（1）计划和总结工作站年度工作；（2）小结上一季度工作，安排下一季度工作；（3）探讨社情民意，研究整理选民意见和建议，提出建议批评意见，议定承办单位进行提交；（4）听取承办单位办理答复意见，落实专人向选民反馈答复意见；（5）讨论通过人大代表联络工作站相关工作。

人大代表联系选民制度

（一）联系方式：（1）工作站人员分片联系选民，并由联络员协助代表联系选民；（2）站内各级人大代表亦可按工作性质对口联系选民（选举单位）。

（二）联系方法：（1）采取走访、家访等专访形式进行，直接深入选民工作单位或家庭进行联系，了解情况，解答问题；（2）采取召开选民座谈会、接访日等预约接访形式，听取选民意见和建议，帮助解决实际问题；（3）定期或不定期采用电话、电子邮件等形式，同选民交流工作，听取意见和建议；（4）向选民（选举单位）述职，汇报履行代表职务情况，自觉接受选民（选举单位）监督。

人大代表接待日制度

（一）接待时间：每月的1号、16号为人大代表联络工作站代表接待日（如遇节假日时间顺延），由联络员负责通知代表。平时选民来访由乡镇人大正副主席（街道人大工委正、副主任）及联络员负责接待。

（二）接待地点：人大代表联络工作站。

（三）接待人员：代表联络站内各级人大代表和联络员。

（四）接待要求：（1）站内各级人大代表和联络员按年初排定的秩序到站接待选民，每次代表接待日安排代表若干名、联络员1名；（2）当班代表若到日不能当班，须事先请假，由工作站站长安排其他代表顶班；（3）接待日接待时间为上午9:00—11:30，接待人要认真做好选民的接访工作；（4）接待人要认真做好接待日相关记录，以便备案处理。

（五）接待范围：仅限本区域内围绕政治、经济、文化、社会生活中的重点、难点问题，对于来访者个人困难及解决资金、物资等问题不在接待范围。

代表建议、批评和意见办理制度

（一）建议素材来源：（1）代表视察调研过程中获取的；（2）代表联系选民时获取的；（3）接待日接待选民时获取的；（4）其他途径获取的。

（二）规范建议提交：（1）提交建议、批评和意见必须有利于促进区域经济和社会全面发展，有利于解决选民关心的热点难点问题，有利于和谐社会建设，不违反党的路线方针政策。（2）提交建议、批评和意见格式要规范，有问题原因、解决方案、谁来解决等主要要件。（3）提交方式，代表收集的建议、批评和意见统一汇总到联络工作站，由联络工作站根据相关规定交办。

（三）意见建议交办及回复：对于所提建议、批评和意见属于乡镇职权范围的，由站内乡镇人大代表作为闭会期间代表建议向乡镇人大主席团提出，由乡镇人大主席团依法交办处理；属于街道和区级职权范围的，由站内区人大代表作为闭会期间代表建议向区人大常委会提出，由区人大常委会代表工作机构依法交办处理；属于国家或省市职权范围的，可以通过区人大常委会代表工作机构转交上级人大常委会代表工作机构依法处理。办结情况由代表联络工作站在3个月内向来访群众回复。“一府两院”办理意见，既可由提交的代表向相关选民反馈，也可由人大代表联络工作站采取一定的方式向本地选民反馈。

2017年8月23日，区人大常委会在芦林街道召开了代表联络站工作推进会，全面启动全区人大代表联络站建设工作。截至8月底，全区23个乡镇（街道）都建立了人大代表联络工作站。10月9日至15日，区人大常委会又组织7个督查组对全区人大代表联络站建设及运行情况进行督查。到2017年底，各代表联络工作站已接待选民177人次、走访选民801人次，收到代表建议120件，协调解决和解答了群众提出的低保、老年证办理、公益性岗位、城改拆迁等民生问题，积极配合区中心工作。2018年以来，又先后在华家源、罗城（八都）、黄家淤、管村、高庄等地建立了跨乡镇（街道）或跨村片区人大代表联络工作站，致力打造片区联动新载体，共同推动解决跨乡镇（街道）选民的生产生活诉求。

2018年7月13日，区驻上海市流动人大代表联络工作站在上海市闵行区成立，工作站站长由区人大代表吴连强担任，区人大代表夏凌峰、五都镇人大主席余金河、霞峰镇人大主席杨斌、丰溪街道人大工委主任杨衮对、芦林街道人大工委主任俞忠华和桐畈镇人大主席许声旺担任副站长。工作站有成员九名，分别为区人大代表陈光辉、市人大代表夏贞茂、区人大代表徐梓良、区人大代表黄海林、区人大代表林元发、区人大代表颜禧标、区人大代表毛十五、区人大代表张处平、乡人大代表徐居海、联络员费余晗。广丰区驻上海市流动人大代表联络站是江西省首个延伸外省建立的工作站，也是在上海设立的首个外省人大代表联络工作站，走出了“流动代表履职”和“在外选民权利保障”有效结合探索实践的第一步，为流动代表、在外选民打造了“新娘家”，这是广丰区人大工作的创新之举，起到了示范效应。流动人大代表联络工作站的建立，为代表联络工作开辟了一条新路径，为在外选民与当地政府沟通架起了一座新桥梁。到2018年底，联络工作站共接待选民50多人次，收集到意见建议7件，如选民提出的公交车同城不同价、保护五都古镇、苏五公路绿化亮化等建议，区人大及时转交区人民政府和五都镇人民政府办理，其中保护五都古镇、苏五公路绿化亮化的建议，区人民政府及时发函进行了详细的回复，代表和选民均表示满意。到2018年10月底，全区建成23个乡级代表联络工作站，2个村级代表联络工作站，1个驻上海市流动人大代表联络工作站，5个片区人大代表联络工作站，人大代表参加活动2805人次，接待群众1954人次，收集意见1009条，解决问题806个。

2020年，为深入贯彻江西省深化发展和改革双“一号工程”推进大会精神，全力打造营商环境一流的“聚宝盆”，全方位对接长三角一体化发展，区人大常委会组织全区各级领导干部中的人大代表进代表联络站开展优化营商环境专题活动，通过代表进代表联络站，接待商会会员、中小微企业主、市场主体和选民，广泛听取征求优化营商环境方面的意见建议。具体活动内容有：一是市场主体保护方面。主要包括依法保护市场主体合法权益，涉及政府产权纠纷治理机制、纠纷多元化解决机制、规范行业协会商会行为情况等。二是市场环境方面。主要包括市场准入，政务诚信，反垄断和反不正当竞争，政府采购和招标投标，金融机构盲目抽贷、压贷、断贷行为监管，拖欠市场主体账款治理情况等。三是政务服务方面。主要包括信息共享、中介服务、政策兑现情况等。四是监管执法方面。主要包括信用监管和信用修复、规范执法、包容审慎监管情况等。五是法治保障方面。主要包括依法保护企业家和企业家合法权益、落实司法政策、法规宣传贯彻情况等。

上饶市广丰区四套班子领导中的人大代表进代表联络站安排一览表

表7–1–1

区领导	代表联络站	联络员
胡心田	洋口镇人大代表联络站	邹　戈　洋口镇人大主席
龚振宙	永丰街道人大代表联络站	郑理瑞　永丰街道人大工委主任
陈金良	芦林街道人大代表联络站	俞忠华　丰溪街道人大工委主任
皮晓瑶	铜钹山镇人大代表联络站	邱建勇　铜钹山镇人大主席
李　军	壶峤镇人大代表联络站	刘洪峰　壶峤镇人大主席
邓荣军	大南镇人大代表联络站	王卫国　大南镇人大主席
吴献金	五都镇人大代表联络站	余厚庆　五都镇人大主席
路明生	泉波镇人大代表联络站	俞日波　泉波镇人大主席
吴　松	吴村镇人大代表联络站	朱利峰　吴村镇人大主席
刘旭涛	桐畈镇人大代表联络站	余　磊　桐畈镇人大主席
颜显高	少阳乡人大代表联络站	梅瑞敏　少阳乡人大主席
俞柳君	大南镇人大代表联络站	王卫国　大南镇人大主席
李积林	洋口镇人大代表联络站	邹　戈　洋口镇人大主席
刘荣伟	丰溪街道人大代表联络站	陈地春　丰溪街道人大工委主任
李　强	铜钹山镇人大代表联络站	邱建勇　铜钹山镇人大主席
严卫华	永丰街道人大代表联络站	郑理瑞　永丰街道人大工委主任
雷瑞甫	毛村镇人大代表联络站	张庆伟　毛村镇人大主席
严　毅	横山镇人大代表联络站	夏小光　横山镇人大主席

2021 年 10 月，为全面贯彻落实中央人大工作会议精神，夯实代表履职平台基础，强化基层人大工作水平，更好发挥人大代表的主体作用，区人大常委会制定了《关于进一步提升人大代表联络工作站工作质效的实施方案》，具体目标要求：（一）规范阵地建设。按照代表联络工作站“五个有”的建设标准，进一步提升联络工作站的规范化建设水平。一是有建设规范的办公场所。配备能满足接待人民群众来访和代表集体活动所需的固定用房，选址原则上设在一楼，方便代表活动和人民群众进站。二是有配备标准的办公设备。配备数量和质量能满足工作需要的桌椅、电脑、资料柜和联络设施等必要的办公设备。三是有内容丰富的学习资料。征订与人大工作相关的图书、报纸、杂志等各类资料，为代表学习提供便利条件。四是有科学合理的管理制度。做到站情简介、代表信息、代表活动、接待选民等制度上墙。五是有清晰醒目的站点标志。设计统一的人大代表联络工作站专属 LOGO，方便群众找到代表联络工作站，更好地参与和支持联络工作站的工作。（二）强化运行管理。按照代表联络工作站“五个到位”的工作要求，进一步提升联络工作站的运行管理水平。一是人员配备到位。联络工作站明确站长、副站长和联络员，明确专人负责联络工作站日常工作。二是履职档案到位。编入联络工作站的代表及时登记造册，建立统一规范的履职档案，纸质档案与电子档案相结合，做到一人一档，动态管理。对于履职不到位的代表，原则上不能连任。三是台账管理到位。代表进站开展活动，必须有专人记录，统一使用专用记录本，定期收集归档，确保资料完整。同时，按照省人大常委会“江西数字人大”建设的统一工作部署，上传报送活动开展的有关情况。四是处理机制到位。对收集到的社情民意，建立完善的分析处理工作机制，线上线下互动，对群众反映的合理事项件件有回音，事事抓落实。五是经费保障到位。联络工作站活动经费纳入财政预算，专项列支，专款专用，保障联络工作站正常运行。（三）发挥代表作用。瞄准“五个地”的职能定位，进一步发挥代表主体作用。一是接待选民的场地。让选民能够在固定的场地找到代表，反映他们的意见和要求。二是代表履职的阵地。为代表提供一个依法履职的主阵地，听取选民意见和要求的好场所。三是学习知识的园地。定期组织代表学习、培训、交流，使代表的履职能力和水平不断得到提升。四是为民服务的高地。通过代表“坐诊”接待选民“出诊”联系群众，收集社情民意，把联络工作站打造成帮助群众办实事，解难事，做好事的新高地。五是人大宣传的基地。利用联络工作站，讲好人大故事，传播人大声音，奏响人大乐章，提升人大宣传工作的质量和水平。

同月，区人大常委会制定了《上饶市广丰区人大代表联络工作站考核评比方案》，考核内容主要包括：领导重视，措施有力；设施完备，保障到位；管理规范，运行高效；活动常态规范有序；创新形式、富有特色。考核评比方式：一是对照评定标准现场走访、查看资料；二是召开座谈会，了解联络工作站实际运行情况；三是向部分选民发放满意度测评表，调查联络工作站发挥作用情况。2021 年，全区 24 个联络工作站 1507 名四级人大代表就地就近编入站点，开展接待选民等活动，仅 12 月 6 日一天就有 102 名代表进站，现场解答选民提问 37 件。

2021 年先进人大代表联络工作站

毛村镇人大代表联络工作站

芦林街道人大代表联络工作站

大南镇人大代表联络工作站

沙田镇人大代表联络工作站

永丰街道人大代表联络工作站

洋口镇人大代表联络工作站

横山镇人大代表联络工作站

桐畈镇人大代表联络工作站

第五节　乡镇（街道）人大代表

一、乡镇（街道）人大代表选举

2020年11月25日江西省第十三届人民代表大会常务委员会第二十五次会议第四次修正的《江西省各级人民代表大会代表选举实施细则》规定，乡镇（街道）的人民代表大会代表按选区进行选举。选举乡镇的人民代表大会代表的选区，按以下规定划分：

（一）农村以一个村民小组为单位划分选区，人口较少的村民小组也可以联合划分选区；

（二）城镇按照居民委员会管辖范围划分选区；

（三）乡、民族乡、镇的机关和所属单位可以和邻近的居民委员会联合划分选区，人口较多的也可以单独划分选区。

选民登记按选区进行，经登记确认的选民资格长期有效。每次选举前只对上次选举以后新满十八周岁的选民和被剥夺政治权利期满后恢复政治权利的选民进行登记。每一选民只能在一个选区进行登记。选民登记要做到不错、不重、不漏，使有选举权利的公民都能依法行使选举权利。无法行使选举权和被选举权的精神病患者和无法表达意志的痴呆人，经监护人同意或者医疗部门证明，选举委员会确认，不列入选民名单。患间歇性精神病的选民，列入选民名单，选举时发病的，不行使选举权利。患传染病必须隔离的选民，由选区委托专业医务人员负责进行选民登记。选民登记结束后，由选举委员会于选举日的二十日以前在选区或者选民小组公布选民名单，发放选民证。同时，公布选举日期和地点。乡镇人民代表大会代表候选人，按选区提名产生。采用无记名投票方式选举。

根据《江西省实施〈中华人民共和国全国人民代表大会和地方各级人民代表大会代表法〉办法》，代表享有下列权利：

（一）出席本级人民代表大会会议，参加审议各项议案、报告和其他议题，发表意见；

（二）依法联名提出议案、质询案、罢免案等；

（三）提出对各方面工作的建议、批评和意见；

（四）参加本级人民代表大会的各项选举；

（五）参加本级人民代表大会的各项表决；

（六）获得依法执行代表职务所需的信息和各项保障；

（七）法律规定的其他权利。

代表应当履行下列义务：

（一）模范地遵守宪法和法律，保守国家秘密，在自己参加的生产、工作和社会活动中，协助宪法和法律的实施；

（二）按时出席本级人民代表大会会议，认真审议各项议案、报告和其他议题，发表意见，做好会议期间的各项工作；

（三）积极参加统一组织的视察、专题调研、执法检查等履职活动；

（四）加强履职学习和调查研究，不断提高执行代表职务的能力；

（五）与原选区选民或者原选举单位和人民群众保持密切联系，听取和反映他们的意见和要求，努力为人民服务；

（六）自觉遵守社会公德，廉洁自律，公道正派，勤勉尽责；

（七）法律规定的其他义务。

乡镇人民代表大会代表十人以上书面联名，有权提出本级人民代表大会主席、副主席和人民政府领导人员的人选。乡镇人民代表大会会议期间，五分之一以上代表联名，有权提出对本级人民代表大会主席、副主席和人民政府领导人员的罢免案。罢免案应当写明罢免的理由，并提供有关材料。乡镇人民代表大会代表在闭会期间应当参加乡镇人民代表大会主席团安排的执法检查和其他活动。乡镇人民代表大会代表，如果被逮捕、受刑事审判，或者被采取法律规定的其他限制人身自由的措施，执行机关应当立即书面报告乡镇人民代表大会主席团；在乡镇人民代表大会闭会期间，执行机关应当立即书面报告乡镇人民代表大会主席、副主席，由主席、副主席向下次人民代表大会会议书面报告。

代表有下列情形之一的，暂时停止执行代表职务，由代表资格审查委员会向乡镇人民代表大会报告：

（一）因刑事案件被羁押正在接受侦查、起诉、审判的；

（二）被依法判处管制、拘役或者有期徒刑而没有附加剥夺政治权利，正在服刑的。前款所列情形在代表任期内消失后，恢复其执行代表职务，但代表资格终止者除外。

代表有下列情形之一的，其代表资格终止：

（一）迁出或者调离本行政区域的；

（二）辞职被接受的；

（三）未经批准两次不出席本级人民代表大会会议的；

（四）被罢免的；

（五）丧失中华人民共和国国籍的；

（六）依照法律被剥夺政治权利的；

（七）丧失行为能力的。

代表迁出或者调离本行政区域，应当及时告知原选区或者原选举单位或者乡镇人民代表大会。乡镇人民代表大会代表资格的终止，由代表资格审查委员会报本级人民代表大会，由本级人民代表大会予以公告。

二、乡镇人大代表数

《江西省各级人民代表大会代表选举实施细则》规定，乡镇人民代表大会代表名额基数为四十五名，每一千五百人可以增加一名代表；但是，代表总名额不得超过一百六十名；人口不足二千的乡镇，代表总名额可以少于四十五名。乡级的人民代表大会代表的具体名额，由县级的人民代表大会常务委员会按规定报上一级人民代表大会常务委员会备案。

2006 年 12 月，县第十三届人民代表大会常务委员会第二十九次会议决定县新一届乡镇人民代表大会代表名额依法确定为 1221 名，其中中共党员一般不超过 65%，妇女代表不得低于 21%，非中共党员比例不得低于 35%。要注意推荐一定数量的财会、法律专业人士、乡镇企业家、专业户、科学种田能手、先进模范人物和率领群众致富的带头人为代表。由于东阳乡在 2006 年上半年重新选举产生了新一届人大和政府，可以不参加统一的乡镇换届。

广丰县各乡镇人民代表大会代表名额一览表

表 7–5–1　　　　单位：人

乡镇名称	总数	乡镇代表名额		备注
		妇女代表数	非党代表数	
洋口镇	85	21	30	含洋中
五都镇	86	22	30	含五中
排山镇	62	16	22	
湖丰镇	55	14	19	
大南镇	52	13	18	
桐畈镇	67	17	23	
横山镇	66	17	23	含关胜局
毛村镇	53	13	19	

续表 7–5–1

乡镇名称	总数	乡镇代表名额		备注
		妇女代表数	非党代表数	
下溪镇	57	14	20	含农科所
大石乡	60	15	21	
铜钹山镇	58	15	20	含七星、军潭、条铺管理局
枧底镇	52	13	18	
壶峤镇	57	14	20	
霞峰镇	64	16	23	
东阳乡	57	14	20	
泉波镇	58	15	20	
嵩峰乡	56	14	19	
沙田镇	59	15	21	
吴村镇	62	16	22	
少阳乡	55	14	19	
合计	1221	308	427	

2011 年 3 月，县第十四届人民代表大会常务委员会第三十次会议决定县新一届乡镇人民代表大会代表名额依法确定为 1293 名。其中中共党员一般不超过 65%，妇女代表不得低于 25%，少数民族代表要依法予以保证。代表中领导干部的人数不宜过多，要保证有适当数量的基层代表，特别是工人、农民和知识分子代表。对积极参加代表活动，具有较强执行代表职务的能力、作用发挥较好的现任人大代表，在换届时要适当保留，连任的代表应占一定比例。

广丰县各乡镇人民代表大会代表名额一览表

表 7–5–2　　单位：人

乡镇名称	总数	乡镇代表名额		备注
		妇女代表数	非党代表数	
洋口镇	89	23	32	含洋中
五都镇	94	24	33	含五中
排山镇	67	17	24	
湖丰镇	59	15	21	
大南镇	54	14	19	
桐畈镇	73	19	26	
横山镇	71	18	25	含关胜局

续表 7-5-2

乡镇名称	总数	乡镇代表名额		备注
		妇女代表数	非党代表数	
毛村镇	56	14	20	
下溪镇	61	15	22	含农科所
大石乡	62	16	22	
铜钹山镇	57	15	20	含七星、军潭、条铺管理局
枧底镇	55	14	20	
壶峤镇	60	15	21	
霞峰镇	67	17	24	
东阳乡	59	15	21	
泉波镇	62	16	22	
嵩峰乡	58	15	21	
沙田镇	64	16	23	
吴村镇	66	17	24	
少阳乡	59	15	21	
合计	1293	330	461	

2016 年 6 月，区第十五届人民代表大会常务委员会第三十九次会议决定，新一届乡镇人民代表大会代表名额保持上届的 1293 名代表数不变。中共党员代表一般不超过 65%，妇女代表不得低于 25%，少数民族代表要依法予以保证。

上饶市广丰区各乡镇人民代表大会代表名额一览表

表 7-5-3　　单位：人

乡镇名称	总数	乡镇代表名额		备注
		妇女代表数	非党代表数	
洋口镇	89	23	32	含洋中
五都镇	94	24	33	合五中
排山镇	67	17	24	
湖丰镇	59	15	21	
大南镇	54	14	19	
桐畈镇	73	19	26	
横山镇	71	18	25	含关胜局
毛村镇	56	14	20	

续表 7-5-3

乡镇名称	总数	乡镇代表名额		备注
		妇女代表数	非党代表数	
下溪镇	61	15	22	含农科所
大石乡	62	16	22	
铜钹山镇	57	15	20	含七星、军潭、条铺管理局
枧底镇	55	14	20	
壶峤镇	60	15	21	
霞峰镇	67	17	24	
东阳乡	59	15	21	
泉波镇	62	16	22	
嵩峰乡	58	15	21	
沙田镇	64	16	23	
吴村镇	66	17	24	
少阳乡	59	15	21	
合计	1293	330	461	

2021 年 4 月 28 日，区第十六届人民代表大会常务委员会第三十七次会议通过，决定对广丰区各乡镇人民代表大会的名额依法重新确定，并报上饶市人民代表大会常务委员会备案。重新确定的乡级人大代表总名额为 1288 名。

广丰区各乡镇人民代表大会代表名额一览表

表 7-5-4

乡镇名称	乡镇代表名额数	乡镇名称	乡镇代表名额数
铜钹山镇	63	洋口镇	98
五都镇	103	霞峰镇	74
枧底镇	62	湖丰镇	66
壶峤镇	67	大南镇	60
排山镇	73	吴村镇	74
东阳乡	63	泉波镇	68
毛村镇	62	嵩峰乡	63
桐畈镇	79	沙田镇	70
横山镇	78	少阳乡	65
		合计	1288

第八章
人物

第一节　县（区）人大常委会主任、副主任等简历

王忠毅，男，汉族，1966 年 2 月出生，江西广丰人，在职研究生学历，理学学士学位，1986 年 8 月参加工作，无党派人士。

2007 年 3 月 16 日在广丰县第十四届人民代表大会第一次会议上当选为常委会副主任，2011 年 9 月 5 日在广丰县第十五届人民代表大会第一次会议上继续当选为常委会副主任。

2013 年 12 月调上饶市人大常委会工作。

韩祥华，男，汉族，1955 年 9 月出生，江西广丰人，大学学历，1973 年 10 月参加工作，1976 年 4 月入党。

2007 年 3 月由中共广丰县委组织部副部长调任中共广丰县人大常委会党组成员。

2007 年 3 月 16 日在广丰县第十四届人民代表大会第一次会议上当选为常委会副主任。

2011 年 9 月 5 日在广丰县第十五届人民代表大会第一次会议上继续当选为常委会副主任。

刘月林，男，汉族，1960 年 8 月出生，江西鄱阳人，大学学历，1981 年 8 月参加工作，1984 年 4 月加入中国共产党。

2011 年 7 月由中共广丰县委副书记调任中共广丰县人大常委会党组书记。

2011 年 9 月 5 日在广丰县第十五届人民代表大会第一次会议上当选为常委会主任。

潘荣华，男，汉族，1957年6月出生，江西广丰人，大学学历，1974年8月参加工作，1978年5月加入中国共产党。

2011年7月由玉山县人民政府副县长调任中共广丰县人大常委会党组副书记。

2011年9月5日在广丰县第十五届人民代表大会第一次会议上当选为常委会副主任，2017年正县级退休。

郑建平，男，汉族，1965年2月出生，江西广丰人，大学学历，1986年8月参加工作，1985年6月加入中国共产党。

2011年7月由芦林街道党工委书记调任中共广丰县人大常委会党组成员。

2011年9月5日在广丰县第十五届人民代表大会第一次会议上当选为常委会副主任。

2016年10月11日在上饶市广丰区第十六届人民代表大会第一次会议上继续当选常委会副主任。

现任上饶市广丰区人大常委会二级调研员。

郑明华，男，汉族，1961年3月出生，江西广丰人，大学学历，1981年3月参加工作，1984年12月加入中国共产党。

2010年被授予上饶市先进工作者称号。

2011年7月由中共广丰县委组织部副部长、县人力资源和社会保障局党组书记、局长调任中共广丰县人大常委会党组成员。

2011年9月5日在广丰县第十五届人民代表大会第一次会议上当选为常委会副主任。

2016年10月11日在上饶市广丰区第十六届人民代表大会第一次会议上继续当选为常委会副主任，三级调研员退休。

杨绥，男，汉族，1960年12月出生，江西广丰人，大专学历，1976年7月参加工作，1982年2月加入中国共产党。

2011年7月由永丰街道党工委书记调任中共广丰县人大常委会党组成员。

2011年9月5日在广丰县第十五届人民代表大会第一次会议上当选为常委会副主任，三级调研员退休。

郑日贵，男，汉族，1965年4月出生，江西铅山人，大学学历，1983年10月参加工作，1989年1月加入中国共产党。

2011年12月由中国人民解放军广丰县人武部部长转业到广丰县人大常委会任中共广丰县人大常委会党组成员。

2012年2月在广丰县第十五届人民代表大会第二次会议上当选为常委会副主任。

2016年10月11日在上饶市广丰区第十六届人民代表大会第一次会议上继续当选为常委会副主任。

现任上饶市广丰区人大常委会二级调研员。

夏旭辉，男，1956年8月出生，江西广丰人，1970年4月参加工作，1984年4月加入中国共产党。

曾任大南乡党委书记，县文化广播电视局局长，广丰县人民政府党组成员，县人民政府办公室主任。

2011年7月由中共上饶市云碧峰国家森林公园纪工委书记调任广丰县人大常委会副调研员，2017年3月退休。

皮晓瑶，女，汉族，1966年4月出生，江西丰城人，在职研究生学历，1985年8月参加工作，1985年1月加入中国共产党。

2016年8月由中共上饶市广丰区委常委、组织部部长调任中共上饶市广丰区人大常委会党组书记。

2016年10月11日在上饶市广丰区第十六届人民代表大会第一次会议上当选为常委会主任。

2021年9月26日，在上饶市广丰区第十七届人民代表大会第一次会议上继续当选为常委会主任。

王华安，男，汉族，1962年10月出生，江西广丰人，大学学历，1981年9月参加工作，1983年12月加入中国共产党。

2010年被授予江西省先进工作者称号。

2016年8月由区人民政府副区长调任中共上饶市广丰区人大常委会党组副书记。

2016年10月11日在上饶市广丰区第十六届人民代表大会第一次会议上当选为常委会副主任。

颜显高，男，汉族，1968年10月出生，大专学历，1988年8月参加工作，1992年3月加入中国共产党。

2010年被授予上饶市先进工作者称号。

2016年8月由区人民政府副区长调任中共上饶市广丰区人大常委会党组成员。

2016年10月11日在上饶市广丰区第十六届人民代表大会第一次会议上当选为常委会副主任。

2021年9月26日，在上饶市广丰区第十七届人民代表大会第一次会议上，继续当选为常委会副主任。

俞柳君，女，1971年12月出生，江西广丰人，大学学历，1990年9月参加工作。

2016年10月11日在上饶市广丰区第十六届人民代表大会第一次会议上当选为常委会副主任，2021年9月26日在上饶市广丰区第十七届人民代表大会第一次会议上继续当选为常委会副主任。

刘旭涛，男，汉族，1966年7月出生，江西广丰人，中央党校大学学历，1991年3月加入中国共产党，1989年9月参加工作。

2020年被评为江西省先进工作者。

2021年8月由中共上饶市广丰区委常委、区委统战部部长、区政协党组副书记、区民宗局局长调任中共上饶市广丰区人大常委会党组副书记。

2021年9月26日在上饶市广丰区第十七届人民代表大会第一次会议上当选常委会副主任，兼任中共上饶市广丰区总工会党组书记、主席。

李积林，男，汉族，1967年12月出生，江西省上饶市广信区人，大学学历，1992年8月加入中国共产党，1986年8月参加工作。

2021年8月由上饶市广丰区审计局党组书记、局长，四级调研员调任中共上饶市广丰区人大常委会党组成员。

2021 年 9 月 26 日在上饶市广丰区第十七届人民代表大会第一次会议上当选为常委会副主任。

刘荣伟，男，汉族，1971 年 2 月出生，江西广丰人，1997 年 8 月加入中国共产党，1994 年 9 月参加工作。

2021 年 8 月任中共上饶市广丰区人大常委会党组成员。

2021 年 9 月 26 日在上饶市广丰区第十七届人民代表大会第一次会议当选为常委会副主任。继续兼任中共上饶市广丰区委办公室主任。

李强，男，汉族，1970 年 1 月出生，江西广丰人，1994 年 10 月加入中国共产党，1993 年 9 月参加工作。

2019 年被评为上饶市争当方志敏式好干部；2020 年被评为上饶市先进工作者和江西省人民满意的公务员；2021 年 2 月被中共中央、国务院授予全国脱贫攻坚先进个人，并到北京参加表彰大会，聆听习近平总书记的重要讲话。

2021 年 8 月由区扶贫办党组书记、主任调任中共上饶市广丰区人大常委会党组成员。

在 2021 年 9 月 26 日在上饶市广丰区第十七届人民代表大会第一次会议上当选为常委会副主任。

第二节　省、市、县（区）人大代表中的受市级以上（含市级）表彰的先进个人

倪风华，男，1974 年 1 月出生，本科学历，中共党员，1992 年参加工作，现为江西中烟广丰卷烟厂卷包车间副主任技师。

2000 年度荣获全国劳动模范称号。

2008 年当选为江西省第十一届人民代表大会代表。

作为一名劳动模范，倪风华把做好“传、帮、带”当作自己一项重要的工作。利用劳模工作室的工作平台，将自己的技术毫不保留地传授给大家。2020 年以倪风华名字命名的“风华创新团队”被公司授予红旗团队称号。

2019 年被烟草行业吸收为卷接专业高级考评员，编入行业专家库成员。多次被评为厂及公司先进工作者和优秀共产党员。

李云生，男，1966 年 10 月 1 日出生，江西广丰人，1998 年 6 月参加工作，1997 年 3 月加入中国共产党，广丰县第十四届人民代表大会代表。

2005 年被评为江西省劳动模范；2007 年被评为江西省造林先进个人；2008 年被评为江西省抗冻救灾先进个人；2010 年被评为全省十佳造林先进个人；2012 年被评为全省种植大户。

徐兰坤，男，1960 年 4 月出生，江西省广丰区永丰街道人，大学本科（中央党校党政管理专业），广丰县第十届、十一届、十二届、十三届人大代表。

2005 年 11 月在任县民政局党总支书记、局长岗位上，因工作成绩突出，被省人民政府授予“江西省先进工作者”称号。

郑敏强，男，汉族，1970年7月出生，江西广丰人，大学学历，中共党员，1992年7月参加工作，现任上饶高新区党工委书记。

广丰县第十四届、十五届人民代表大会代表。

2016年荣获上饶市优秀党务工作者和江西省优秀党务工作者称号。

罗剑红，女，1978年10月出生，大学学历，中共党员。

上饶市第五届人大代表，广丰县第十五届人大代表，上饶市广丰区第十六届人大常委会委员，中小学正高级教师，江西省上饶市广丰区永丰小学校长，江西省语文学科带头人，上饶市优秀教师，获全国微型讲座一等奖，曾获“江西省五一劳动奖章”、“江西省第三期名校长”、上饶市“关心下一代工作先进个人”、上饶市“三八红旗手”、广丰区“十佳校长”、广丰区“教育特殊贡献奖”等荣誉，受聘为广丰区政府教育督学。

包晓辉，男，1971年8月出生，广丰吴村镇人，中共党员，大学本科学历，现为上饶市广丰区政协党组成员、副主席。

2016年当选为上饶市广丰区第十六届人民代表大会代表。

2017年9月，被上饶市委市政府授予全市支教先进个人；2019年5月，被上饶市委市政府授予全市老年教育先进工作者；2020年10月，被江西省委省政府授予江西省先进工作者。

刘丽琴，女，汉族，1966年12月11日出生，江西广丰人，中共党员，大专学历，上饶市广丰区永丰街道横路社区党工委书记。

广丰县第十五届人民代表大会代表。

1984年3月参加工作，历任团支书、民兵营长、居委会主任、党支部书记，社区党工委书记。

2020年10月荣获江西省劳动模范荣誉称号。

毛祖斌，男，汉族，1961年1月生，江西省玉山县人，大学学历，中共党员。

2002年4月任广丰县总工会主席，2005年被省总工会和省人事厅授予全省优秀工会主席，享受上饶市劳动模范待遇，广丰县第十二届、十三届、十四届人大代表，第十三届、十四届广丰县人大常委会委员。

余俊德，男，汉族，1958年8月出生，江西广丰人，大学学历，中共党员，1975年参加工作。上饶市第三届人民代表大会代表。

2005年被评为上饶市先进工作者。

郑云水，男，汉族，1964年7月生，江西省广丰县人。

2003年1月任广丰县永丰镇北门村村委会主任，2004年2月至今任广丰区永丰街道北门社区党委书记，2001年6月加入中国共产党。

广丰县第十五届人民代表大会代表。2010年被评为上饶市劳动模范。

俞直华，男，汉族，1974年11月出生，江西广丰人，研究生学历，中共党员，2010年2月任广丰广信村镇银行董事长。

2021年9月当选广丰区第十七届人民代表大会代表，并在第十七届人民代表大会第一次会议上当选为广丰区第十七届人大常委会委员。

荣获2020年第一季度全省金融领域担当作为先进个人、上饶市劳动模范称号。

王永三，男，汉族，1974年1月9日出生，江西广丰人，本科学历，中共党员，2011年创办江西山旺鹿业特种养殖有限公司，任董事长，广丰区赣峰农林综合开发专业合作社总经理，上饶市野生动植物保护协会副会长，广丰区野生动植物保护协会副会长，江西永俊劳务建筑有限公司总经理，朱坞村村民委员会委员，江西山旺鹿业特种养殖有限公司党支部书记。

上饶市第五届人大代表、广丰区第十六届、十七届人大代表。2015年荣获上饶市劳动模范称号。

余雪华，男，汉族，1964年3月出生，江西广丰区少阳人，中共党员，1983年参加工作，2000年至2007年任广丰区财政局副局长，2007年5月至2022年4月任上饶市广丰区生态环境局党组书记、局长，曾任上饶市广丰区第十六届人民代表大会代表；2020年被上饶市委市政府评为“上饶市先进工作者”。任职期间单位连续多年被评为“全省环境保护重点工作先进单位”。

文件辑存

市、区委有关文件

一、关于健全人大讨论决定重大事项制度、各级政府重大决策出台前向本级人大报告的实施意见

为贯彻落实党的十九大和十八届三中全会精神，确保党的主张通过法定程序成为国家意志，根据宪法和法律有关规定以及中央和省委关于健全人大讨论决定重大事项制度、各级政府重大决策出台前向本级人大报告的系列文件精神（中办发〔2017〕10号、赣发〔2017〕25号），结合上饶实际，提出如下实施意见。

（一）总体要求

1. 讨论决定重大事项是宪法和法律赋予人大的一项重要职权。健全人大讨论决定重大事项制度，各级政府重大决策出台前向本级人大报告工作，要以习近平新时代中国特色社会主义思想为指导，坚持党的领导，坚持以人民为中心，坚持依法治市，坚持围绕中心、服务大局，坚持从市情和实际出发，统筹推进“五位一体”总体布局和协调推进“四个全面”战略布局，围绕全市工作大局，科学决策、民主决策、依法决策，保证人大正确有效行使宪法和法律赋予的职权，为长期坚持、全面贯彻、不断发展人民代表大会制度，促进全市经济社会发展和民主法治建设做出积极贡献。

（二）重大事项、重大决策的重点和范围

2. 各级人大讨论决定重大事项的重点。县级以上各级人大行使重大事项决定权的重点是：听取审议本级“一府两院”工作报告，本级政府关于生态文明建设和生态环境状况的报告，审查批准本级国民经济和社会发展规划计划、预算，以及宪法和法律规定属于本级地方人大职权的其他事项。

乡镇人大行使重大事项决定权的重点是：听取审议本级政府工作报告，审查批准本行政区域内的财政预算和预算执行情况报告及本级决算，决定本行政区域内的经济文化事业和公共事业的建设计划、民政工作的实施计划等。

“一府两院”要将工作中的大事要事、重大举措和法律法规规定应当报告的事项，反映在当年向本级人大所作的有关报告和提交的有关文件中，并通过适当方式提前征求本级人大代表的意见。

3. 各级人大常委会讨论决定重大事项的范围。根据有关法律规定，应当由各级人大常委会讨论决定的重大事项主要有：本级国民经济和社会发展规划计划、预算的调整方案，本级决算，本级政府债务限额，城市总体规划的修改，授予或者撤销地方的荣誉称号，人大换届选举工作中的

有关重大事项，对本级人民代表大会代表限制人身自由的措施，法律法规明确规定属于本级人大常委会职权的其他事项。

各级人大常委会可以结合当地实际，依法讨论决定属于本级人大常委会职权的重大事项，包括：保证宪法和法律法规、上级人大及其常委会和本级人大决定决议贯彻执行的重大措施，本行政区域内的关系改革发展稳定和群众切身利益、社会普遍关注的重大措施和重大改革方案，城镇建设、重大民生工程、重大建设项目等重大事项，加强民主法治建设的重大措施，人大常委会在对“一府两院”实施监督中需要依法决定的其他重大事项。

4. 各级政府重大决策出台前向本级人大及其常委会报告的范围。各级政府对事关本行政区域内经济社会发展全局、涉及群众切身利益的重大决策，依法在出台前向本级人大及其常委会报告。主要有：重大财政资金安排，制定或者调整各类总体规划、重要的区域规划和专业规划，国有资产管理情况，重大行政区划调整，土地管理、劳动就业、社会保障、文化卫生、科技教育、食品药品监督、安全生产、公共安全、生态环境保护、住房保障、城镇建设、乡村振兴等方面的重大政策措施，行政管理体制改革的重大措施，宪法和法律法规规定需要向本级人大及其常委会报告的其他重大决策。对法律法规规定须先经本级人大或者人大常委会审议的事项，地方政府在报上级政府审批前，应当依法先提请本级人大或者人大常委会审议。

（三）完善讨论决定重大事项的机制和程序

5. 完善党委统筹领导机制。各级党委要健全党委集体研究重大事项、重大决策工作机制，善于把党的重大决策部署通过法定程序转化为国家意志，对涉及全局性、根本性、长远性的重大事项，通过人大依法作出决定决议。对人大常委会党组报请的年度讨论决定重大事项的建议议题、拟讨论的重大事项和讨论中的重要分歧意见、涉及重大体制和重大政策调整的决定决议草案等，

要及时进行研究。要建立健全党委、人大常委会、政府秘书长或办公厅（室）主任联席会议制度，及时通报重大决策和工作部署，沟通协商讨论决定重大事项议题。

6. 完善年度讨论决定重大事项意见提出机制。每年人民代表大会例会前，人大常委会办公厅（室）根据同级党委的部署要求，法律法规的明确规定，“一府两院”提交的下一年度提请人大及其常委会讨论决定的重大事项、事先报告的重大决策的安排，人大代表、常委会组成人员和有关方面的建议，经济社会发展中的突出问题和人民群众普遍关注的重大问题，研究提出年度讨论决定的重大事项和政府事先向人大报告的重大决策的意见，由人大常委会党组报同级党委同意后，列入人大常委会年度工作计划组织实施。因工作需要对年度讨论决定重大事项计划进行调整的，应报同级党委同意。

7. 完善人大及其常委会审议决定机制。人大及其常委会讨论决定重大事项，应当严格按照法

定程序和议事规则进行，提高工作质量和效率。提交人大讨论决定的重大事项的议案，应同时提供重大事项的基本情况，必要性、可行性说明，有关法律法规和政策依据，需要解决的主要问题和解决方案等。政府重大决策出台前，须向本级人大重点报告重大决策的内容，必要性、可行性，法律法规和政策依据等。人大及其常委会讨论决定重大事项、审议政府事先报告的重大决策，“一府两院”负责人应当到会说明情况，听取意见，回答询问；政府有关部门主要负责人也可以受政府委托到会说明情况，听取意见，回答询问。

人大及其常委会讨论重大事项，可以根据法律法规和实际情况，依法作出决定决议或在有关法规中作出规定，也可以将审议意见转送有关国家机关研究办理；人大及其常委会对政府事先报告的重大决策，可以提出审议意见，交由政府研究处理。

8.完善政府依法决策机制。各级政府要切实提高依法行政能力，健全依法决策机制，对属于人大及其常委会职权范围、需要提请人大及其常委会讨论决定的重大事项或事先报告的重大决策，有关方面应当依法及时提出。法律法规规定须由人大及其常委会讨论决定的重大事项，政府不得超越权限作出决定。对应当报告而不报告或者超越权限作出决定的，要责令其限期改正或者依法撤销其决定；对违法违规决策造成重大损失、严重负面影响的，要严格追究相关领导和责任人的纪律责任和法律责任。

（四）提高讨论决定重大事项的质量和水平

9.加强合法性审查。人大及其常委会讨论决定重大事项，审议政府事先报告的重大决策，应当重点加强对重大事项、重大决策草案的合法性审查。人大及其常委会作出的决定决议，应当依法报送上一级人大备案；政府重大决策出台后形成的规范性文件，应当依法报送上一级政府和本级人大备案。确保人大及其常委会作出的决定决议、政府出台的重大决策，如不同宪法、法律、法规、上级人大及其常委会决定决议相抵触，坚决维护国家法制统一和宪法法律权威。

10.强化科学性论证。对人大拟讨论决定的重大事项和政府事先报告的重大决策，人大有关专门委员会、常委会工作机构可以根据工作需要，提前介入，进行专题调研。对专业性、技术性较强的重大事项，人大有关专门委员会、常委会工作机构应当组织专家、智库、专业机构等深入论证评估或要求有关机关、有关方面进行补充论证。对存在重大分歧或涉及重大利益调整的重大事项，应当召开听证会听取各方面意见。

11.拓宽民主化途径。扩大公众有序参与讨论决定重大事项，通过多种形式广泛听取意见，健全意见采纳情况反馈机制，积极回应社会关切；对社会关注度高的重大事项、重大决策，应当公开相关信息、进行解释说明，根据需要可以通过网络、报刊等媒体向社会公开征求意见，引导社会公众合理表达诉求。充分发挥人大代表和常委会组成人员作用，把讨论决定重大事项同审议代表议案、办理代表建议结合起来，邀请相关人大代表参加调研、座谈会、听证会、论证会等，认真听取、充分采纳人大代表和常委会组成人员的意见建议。强化工作的透明度，人大及其常委会作出的重大事项决定决议、政府出台的重大决策，依法向社会公开，自觉接受社会监督。

（五）确保人大决定决议有效实施

12. 加大决定决议贯彻实施力度。人大及其常委会作出的决定决议具有法定效力。有关国家机关、社会团体、企事业单位和公民必须遵守和执行；“一府两院”要采取措施认真落实人大及其常委会作出的决定决议。对人大及其常委会作出的决定决议的贯彻实施情况，“一府两院”可以在年度工作报告中集中报告，也可以在有关专项工作报告中报告。对人大及其常委会的审议意见，“一府两院”应当依法研究处理并及时报告情况。

13. 加强对决定决议落实情况监督。人大及其常委会要充分运用执法检查、听取审议专项工作报告、专题询问、代表视察、专题调研、专项工作评议及满意度测评等方式，加强对决定决议贯彻落实情况的监督检查，推动决定决议得到正确有效执行。有关机关不执行或执行不力的，人大常委会应责令限期改正；逾期未改正或者造成严重后果的，可以采取询问、质询、特定问题调查等方式依法监督。人大常委会讨论决定重大事项、政府重大决策出台前向本级人大报告的工作情况，应当作为人大常委会工作报告的内容，向本级人民代表大会报告并向社会公开。

（六）加强组织领导和工作保障

14. 各级党委要加强领导。各级党委要发挥总揽全局、协调各方的领导核心作用，切实加强对人大讨论决定重大事项、各级政府重大决策出台前向本级人大报告工作的领导，支持和保证人大依法行使重大事项决定权；健全讨论决定重大事项协调机制，及时研究解决工作中遇到的问题。

15. 各级人大要依法履职。各级人大及其常委会要坚持在同级党委领导下，依法正确有效行使重大事项决定权，通过法定程序贯彻落实好中央和省委重大决策及同级党委工作部署。对重大事项决定权行使过程中遇到的重大问题，要及时向同级党委汇报。涉及重大体制和重大政策调整的决定决议草案，要先报同级党委同意后，再按照法定程序办理。市人大常委会要制定讨论决定重大事项议事规则，加强对下级人大及其常委会讨论决定重大事项工作指导。县（市、区）人大常委会可结合实际制定实施办法。

16. 各级政府要密切配合。对已列入人大常委会工作计划的需讨论决定的重大事项和政府须事先报告的重大决策，各级政府要认真配合实施。政府提出的重大事项决定决议的议案、重大决策出台前的报告，应按照时间节点报送材料、提请审议，保证人大常委会有必要的调研论证和审议时间。要结合本级政府重大决策工作实际，研究制定重大决策出台前向本级人大报告的工作制度。

17. 加大宣传力度。切实加大对人大讨论决定重大事项、各级政府重大决策出台前向本级人大报告工作的宣传力度，正确引导舆论，广泛凝聚社会正能量。认真总结人大讨论决定重大事项的实践经验，支持基层有益探索，推进工作制度化规范化。

18. 强化工作督查。对本意见的贯彻落实情况和各级人大讨论决定重大事项、各级政府重大决策出台前向本级人大报告工作情况，由各级党委办公厅（室）牵头，人大常委会办公厅（室）、政府办公厅（室）参加，开展监督检查，及时督促解决存在的问题。

（中共上饶市委文件【饶发（2018）12号】2018年8月6日）

二、中共上饶市委关于加强新时代地方人大工作的意见

为深入贯彻习近平新时代中国特色社会主义思想和党的十九大精神，认真落实全省人大工作会议要求和省委《关于加强新时代地方人大工作的意见》精神，进一步加强和改进党对人大工作的领导，支持和保证人民通过人民代表大会行使国家权力，支持和保证人大及其常委会依法行使职权，更好地发挥全市各级人大及其常委会职能作用，提升全市人大工作整体实效，现就加强新时代地方人大工作提出如下意见。

（一）加强和改善党对人大工作的领导

1. 坚持正确政治方向。党的领导是人民代表大会制度的内在要求，是人民代表大会制度本质特征和政治优势的集中表现，必须坚定坚持党对人大工作的全面领导，切实贯彻党的基本理论、基本路线、基本方略。各级人大及其常委会要以习近平新时代中国特色社会主义思想为指导，增强“四个意识”，坚定“四个自信”，做到“两个维护”，坚持党的领导、人民当家作主、依法治国有机统一，通过人民代表大会制度保证党的路线方针政策和决策部署在工作和治理中得到全面贯彻、充分体现和有效执行。

2. 完善党委领导机制。各级党委要把人大工作纳入总体工作布局，坚持每届任期内至少召开1次人大工作会议，每年听取人大常委会党组的工作汇报，及时讨论研究人大工作中的重大事项和重要问题，及时答复问题请示；除有明确规定的范围外，党委召开全局性会议、开展重大活动，党委组织部门组织民主推荐、民主测评，应安排同级人大专门委员会和常委会工作机构主要负责人参加。人大常委会开展专项工作评议及满意度测评的意见和结果等情况，应作为干部选拔任用的重要参考。

3. 发挥人大常委会党组实现对人大工作领导，及时通报重大事项和重要人事安排，换届时拟

继续提名的人大代表人选，应听取人大常委会党组的意见。人大常委会党组要发挥把方向、管大局、保落实的领导作用，贯彻党中央决策部署、落实上级党组织及同级党委工作安排的重要情况、履职中的重大事项和重要问题，及时向同级党委请示报告，重要议题提请同级党委常委会会议研究；认真履行全面从严治党主体责任，严明党的纪律规矩，严格贯彻中央八项规定精神，切实转变和改进作风；大力支持纪委派驻纪检监察组履行职责、开展工作；把不忘初心、牢记使命作为人大及其常委会加强党的建设永恒课题和党员、干部的终身课题，建立长效机制。

4. 加大人民代表大会制度宣传研究。各级党委要把习近平总书记关于坚持和完善人民代表大会制度的重要思想、宪法法律列入党委（党组）理论学习中心组学习内容，纳入党校（行政学院）干部教育培训的必修课程。党委宣传部门和新闻舆论单位要把人大宣传工作纳入工作总体部署，积极发挥新兴媒体作用，突出宣传宪法法律、人民代表大会制度、人大工作和人大代表履职活动，让国家根本政治制度深入人心。人大及其常委会要加大对人民代表大会制度理论和人大工作实践创新研究，推动人大理论研究走深走实。

（二）支持和保证人大及其常委会依法行使职权

5. 提高地方立法质量和效率。完善党委领导、人大主导、政府依托、各方参与的立法工作格局。市委每届任期内至少召开 1 次立法工作会议，总结部署全市立法工作；市委常委会及时听取人大立法工作汇报，研究决定地方立法中的重大事项，协调解决重大立法争议。市人大及其常委会要充分发挥立法主导作用，科学编制立法规划计划，围绕城乡建设和管理。环境保护和历史文化保护等重点领域，深入推进科学立法、民主立法、依法立法，为地方深化改革、扩大开放提供法治保障。市政府要完善立法体制机制，按时完成法规案起草任务；各级政府要根据法规授权和实施需要及时出台配套的相关规定。完善公众有序参与机制，推进“开门立法”，在立法选项、起草、审议等环节开展立法民主协商，提高法规草案征求意见的覆盖面和知晓度，广泛凝聚立法共识。

6. 推进人大正确监督有效监督。各级党委要重视发挥人大的监督作用，支持人大常委会依法运用听取审议专项工作报告、执法检查、询问质询和特定问题调查等方式实施监督，及时研究解决监督过程中遇到的重大问题。人大及其常委会要围绕党委决策部署，聚焦影响法律法规实施、制约经济社会发展、损害群众利益增强的突出问题，实行正确监督、有效监督；依据监察法的规定，人大常委会听取审议同级监委的专项工作报告；依法创新监督方式方法，改进执法检查、专题询问、工作评议和审议意见督办等方式，切实增强监督实效。“一府一委两院”要自觉接受监督，认真研究整改人大及其常委会提出的审议意见和建议、及时报告落实情况；“一府一委两院”要按要求派负责人列席人大及其常委会会议，听取意见，接受监督。

7. 落实讨论决定重大事项制度。建立党委、人大、政府讨论决定重大事项联席会议制度，沟通协调讨论决定重大事项议题。对属于人大职权范围内的重大事项，有关方面应当依法及时提出，通过人大依法作出决定决议。人大及其常委会要依法行使重大事项决定权，并加强对决议决定落实情况的监督。有关部门要依法贯彻实施人大作出的决定决议，认真处理、及时反馈人大提出的意见。

8. 保障人大依法行使选举任免权。各级党委要坚持党管干部和人大依法任免相统一原则，凡应由人大及其常委会选举任命的干部人选，提名人应按相关法律规定向本级人大或人大常委会对拟提请任命人员任前审查机制，拟任人员须符合法定任职条件。人大及其常委会选举或者任命的国家工作人员，必须进行宪法知识任前考试，正式就职时公开向宪法宣誓。在法定限期内应保持相对稳定，确需调整的，要严格按照法定程序办理。

（三）充分发挥人大代表主体作用

9. 增强代表履职服务保障能力。各级党委要加强对人大代表选举工作的领导，严肃查处违反选举法律法规、破坏选举工作的违法违纪行为，把好代表的政治关、素质关、结构关、廉洁关。换届时连任代表提名人选应占代表总数的三分之一，党委推荐党外人大代表候选人不少于35%。各级人大及其常委会要建立人大代表培训机制，统筹开展初任学习、履职学习、专题学习，届内对本级人大代表至少培训1次。代表所在单位对代表依法执行职务应给予时间保障，保证工资和其他待遇；无固定工资收入的代表执行代表职务，应根据实际情况由本级财政发放履职补贴。

10. 密切同代表和人民群众的联系。各级党委和国家机关要加强同人大代表的联系，通过多种方式听取意见建议。加强人大常委会组成人员联系本级基层人大代表和代表联系人民群众制度，完善人大代表列席人大常委会和专门委员会会议制度，确保本级基层人大代表任期内至少列席1次常委会会议、参加1次人大常委会履职活动。加强人大代表联络工作站建设，明确功能定位、规范标准职责，工作经费列入县市区财政预算。代表中的各级领导干部应带头进联络工作站开展活动，各级人大代表每年应当进站接待群众1次。政府研究出台重大工程项目或涉及民生的重大举措要主动听取代表意见建议。

11. 办好人大代表议案建议。人大常委会要建立领导牵头督办重点建议制度，每年从代表中选取若干件重点建议，由人大常委会领导牵头督办，对办理不重视不到位的，要采取有效监督方式督促办理，公开办理结果，接受群众和媒体监督。“一府一委两院”要落实办理单位主要领导责任制，扎实推进代表建议办理，不断提高问题解决率和代表满意度；各承办单位应当依照法律规定，优化代表建议、批评、意见办理和答复流程，认真研究办理，积极回应人民关切。

12. 强化人大代表管理监督。人大及其常委会要完善人大代表履职档案监督机制，建立健全代表履职档案，届末汇总代表任期内履职情况，向同级党委组织部门通报，作为换届时代表继续提名的重要依据；要建立代表述职制度，组织代表向原选举单位、原选区选民报告履职情况，直接选举的代表任期内至少向原选区选民报告1次履职情况；健全代表届中调整和退出机制，对不称职或因身体等原因不能履职或因工作变动不适宜继续执行代表职务、连续两年未经批准缺席人民代表大会的，按法定程序辞去代表职务。

（四）加强人大及其常委会自身建设

13. 优化组成人员结构。各级党委要重视优化人大常委会组成人员结构，提高有法治实践和相关专业人才的比例，确保人大常委会专职组成人员比例达到60%以上。党委推荐党外人大常委会委员候选人不少于30%。人大常委会组成人员调整要与人大常委会党组沟通。各专门委员会配备1名熟悉人大工作的同级副职专职委员。人大常委会建立组成人员出席会议情况通报制度，组成人员一年内未经批准缺席常委会会议2次以上的，经人大常委会主任会议研究并报同级党委同意，劝其辞去常委会组成人员职务。

14. 重视人大常委会机关建设。加强人大常委会机关干部队伍建设，配备必需的专业人才。重视培养选拔中青年干部，积极选派一定数量政治素质好、法治观念强和工作能力优的人大干部到党政、司法机关任职。市、县（市、区）人大常委会主任、副主任不占人大常委会机关编制。加快人大常委会机关信息化建设，推进人大会议系统、电子表决系统、代表履职信息系统建设。建设省市县标准统一、数据共享的预算联网监督系统平台，加强备案审查信息平台建设，强化生态环境保护网上监督系统平台功能。人大及其常委会重要会议和重大活动所需经费，人大专委会和常委会工作机构工作经费，立法和监督等履职所需的经费，代表活动、培训和宣传工作等经费，列入财政预算，严格管理使用。探索在省级以上开发区、风景名胜区建立人大工作运行机制。

15. 夯实乡镇人大基础。各级党委特别是县乡党委要高度重视乡镇人大工作，保障乡镇人大依法行使职权，落实乡镇人大一年召开两次代表大会要求，科学依法确定议题，会期不少于1天，切实提高会议质量。乡镇人大在代表大会闭会期间，主席团要有计划地安排代表听取讨论本级人民政府的专项工作报告，组织开展执法检查、视察调研等活动。乡镇人大主席、街道人大工委主任列席乡镇（街道）党（工）委会议，主要时间和精力应放在人大工作上。乡镇（街道）人大（工委）主席（主任）、副主席（副主任）与同职级党政干部待遇同等。乡镇（街道）人大的会议、代表、选举等工作经费，列入同级财政预算。

16. 加强联动协同发展。充分发挥全市各级人大及其常委会的整体作用，密切工作联系；加强工作指导，联动开展监督工作，邀请下级人大代表参加有关会议活动，提高下级人大主要负责人在上级人大常委会委员中的比例。总结推广基层人大工作中的好经验好做法，推动全市人大工作创新发展。积极开展地方人大与国外地方议会交往，人大外事活动应纳入地方外事活动计划。

（中共上饶市委文件【饶发（2020）2号】2020年1月3日）

三、关于推动人大工作创新发展的意见

人民代表大会制度是中国特色社会主义制度的重要组成部分，是坚持党的领导、人民当家作主、依法治国有机统一的根本制度安排，是支撑我国国家治理体系和治理能力的根本政治制度。加强人大工作和建设，是当前和今后一个时期坚持和完善人民代表大会制度，做好新形势下人大工作的重要方面。为深入贯彻落实党的十八大，十八届三中、四中全会精神和习近平总书记在庆祝全国人民代表大会成立60周年等系列重要讲话精神，坚定不移走中国特色社会主义政治发展道路，充分发挥人大及其常委会在推进法治广丰建设中的重要作用，根据中发〔2015〕18号、赣发〔2014〕25号、赣办发〔2016〕1号、饶发〔2015〕12号文件精神，按照总结、继承、完善、提高的原则，现就推动人大工作创新发展提出如下意见。

1. 加强和改善党对人大工作的领导。各级党委要按照“总揽全局、协同各方”的原则和推进国家治理体系、治理能力现代化的要求，把人大工作纳入总体工作部署和年度目标考核，支持和保证人大及其常委会依法行使职权，开展工作，每届党委至少召开一次人大工作会议，每年至少听取两次人大工作专题汇报，党委年度述职报告应体现加强人大工作领导方面内容。人大常委会主任列席党委常委会会议，应有人大常委会党组成员进入同级党的委员会。党委召开全局性会议、开展重大活动，人大专委会和常委会工作机构主要负责人参加。组织部门组织民主推荐、民主测评，除上级组织部门和党委明确具体参加推荐和测评人员范围外，人大专委会和常委会工作机构主要负责人参加。干部学法、用法、守法情况，人大常委会开展工作评议、述职评议、询问的意见和结果等情况，应作为干部选拔任用重要参考。把宪法、法律和人民代表大会制度理论学习列入党委（党组）中心组学习内容、纳入党校（行政学院、社会主义学院）领导干部和公务员培训的必修课程。党委宣传部门、新闻舆论单位，要把宪法、法律、人民代表大会制度宣传和人大工作宣传纳入宣传工作总体部署。人大及其常委会要坚持正确政治方向，增强代表人民行使管理国家权力的政治责任感，履行宪法法律赋予的职责。人大常委会党组要完善重大事项报告制度，确保党的路线方针政策和党委重大决策部署的贯彻落实。工作中的重大问题和重要事项，人大常委会党组要及时向同级党委请示报告。

2. 支持人大依法行使监督权。认真落实“一府两院”由人大产生、对人大负责、受人大监督制度。人大及其常委会要采取各种有效形式，依法加强对行政权和审判权、检察权的监督，增强

监督实效，推动党委重大决策部署贯彻落实。“一府两院”及其各部门要自觉接受人大及其常委会的监督，主动报告工作，并向人大及其常委会报送年度工作计划和总结；按规定列席人大及其常委会会议，听取意见，回答询问，积极配合开展视察、调研、评议、执法检查等履职活动；及时报告贯彻执行人大及其常委会决议决定情况、经济社会发展中的重大事项、涉及人民群众切身利益问题，以及人大及其常委会要求报告事项；认真研究处理人大及其常委会审议意见，逐条抓好落实整改。垂直管理部门、派出机构要自觉接受人大及其常委会的依法监督。

3. 依法加强司法活动的监督。围绕提高司法公信力、完善司法管理体制和司法权力运行机制、规范司法行为，加大监督力度促进公正司法。顺应司法体制改革新变化，探索司法工作监督新路径，完善对法官、检察官的履职监督机制。推动完善确保依法独立公正行使审判权和检察权的制度，推动实行审判权和执行权相分离的体制改革试点，推动建立检察机关提起公益诉讼制度，推进以审判为中心的诉讼制度改革，依法监督落实办案质量终身负责和错案责任倒查问责制。加强对人民法院审判、执行工作和人民检察院法律监督工作的监督，让人民群众在每一个司法案件中感受到公平正义。

4. 强化计划和预算决算审查监督。切实贯彻预算法，各级政府应将全部收入和支出都纳入预算，依法建立全口径、全覆盖预算体系，及时全面公开预算及决算，探索建立跨年度预算平衡、政府性债务管理及风险预警等机制，严格预算执行，经人民代表大会批准的预算未经法定程序不得调整。政府有关部门应当在本级人民代表大会会议举行的一个月前，将当年计划草案、预算决算草案的主要内容提交人大及其常委会进行初步审查。人大及其常委会要加强全口径预算决算审查监督，创新方式方法，做好对财政转移支出、重点支出、重大投资项目资金、政府性债务资金、结余结转资金等使用和绩效的审查监督。

审计部门应全面如实地向人大作年度审计报告。加大对审计查出问题的整改督办力度，强化预算决算责任追究。

5. 履行国有资产监督职能。人大及其常委会要履行对本级政府国有资本经营预算的审查和国有资产监管情况的监督，逐步建立政府向本级人大及其常委会报告国有资产管理情况的制度。督促各级政府建立覆盖全部国有企业、分级管理的国有资本经营预算和收益分享制度，逐步提高国有资本收益上缴公共财政比例，规范国有资本收益使用范围和方向，完善国有资产监管体制，保障国有资产保值增值。转让国有企业全部国有资产，或者转让部分国有资产致使国家对该企业不再具有控股地位的重大国有资产转让处置，应报同级人大及其常委会审议。

6. 加强对生态环境保护的监督。要把生态环境保护纳入考核体系，实行生态环境保护“一票否决”制。人大及其常委会要加强对生态环境保护的法律监督和工作监督，督促政府建立生态环境损害责任终身追究制，推动对领导干部实行自然资源资产离任审计。区政府每年要向区人大及其常委会报告生态环境状况和生态环境保护目标完成情况，对发生的重大环境事件及时向本级人大及其常委会报告。

7. 完善监督工作方式方法。进一步改进和完善人大及其常委会开展询问、工作评议等组织方式和工作机制，增强询问和专项工作评议等监督活动的针对性和实效性。逐步建立述职评议制度有计划地对依法任命人员履职情况开展评议工作。人大及其常委会听取审议专项工作报告、询问、专项工作评议以及述职评议要进行满意度测评，其结果向社会公开并报送同级党委、政府及上级行政主管部门，同时抄送同级党委组织部门。对满意度低于三分之二的应督促整改，整改不到位的，可依法进一步采取其他方式加强监督。逐步健全规范性文件备案审查机制和程序，强化备案审查能力建设，“一府两院”制定的所有规范性文件应当依法报人大常委会备案审查，对违法的规范性文件应依法撤销或纠正。综合运用听取审议专项工作报告、执法检查、评议、询问乃至质询、特定问题调查等形式加大监督力度，积极回应社会关切。

8. 落实人大重大事项决定权。党委要强化法治思维，运用法治方式，善于把重大决策部署通过人大法定程序转化为国家和人民意志，人大及其常委会要按照《江西省各级人民代表大会常务委员会讨论、决定重大事项的规定》，依法行使重大事项决定权；要把听取审议“一府两院”工作报告、审查批准计划和预算作为行使重大事项决定权的重点，依法认真负责地作出决议、决定。凡人大及其常委会作出的决议决定，本行政区域内的所有国家机关、社会团体、企事业单位和公民必须遵守执行。“一府两院”应切实落实重大事项向同级人大报告制度。各级政府重大决策出台前应向本级人大及其常委会报告，对超过一定数额的政府举债等重大事项，应提请同级人大及其常委会审议决定，对人大及其常委会作出的决议、决定，“一府两院”要主动报告实施情况。

9. 保障人大依法行使任免权。坚持党管干部原则与人大依法选举任免相统一，党委推荐人大及其常委会选举、任免的人选，在讨论决定或者决定呈报前，应根据职位和人选的不同情况，在人大常委会有关领导成员中进行酝酿。凡应由人大及其常委会选举、任免的干部人选，提名机关应向人大或人大常委会介绍情况、听取意见。建立健全人大常委会对“一府两院”拟任人员任前审查机制，拟任人员须符合法定任职条件，提请任命的法官、检察官必须经法律知识考试合格。人大及其常委会要不断完善选举、任免各项制度，坚持任前见面、供职表态、颁发任命书等程序要求，落实宪法宣誓制度，凡经人大及其常委会选举或者决定任命的国家工作人员正式就职时公开向宪法宣誓。加强对选举和任命干部的任后监督。经人大及其常委会选举、任命的干部，任期内涉嫌违纪违法被查处的，纪检监察机关、党委组织部门和司法机关应及时与人大常委会联系沟通，并依法办理。

10. 强化党委对选举工作的领导。党委对人大换届选举工作负领导责任，要把人大代表选举作为党管人才的重要工作内容。党委提名推荐代表候选人，应提高基层特别是一线工人、农民和专业技术人才的比例，把好代表的政治关、素质关、结构关，确保代表政治素质高、思想品德正、遵纪守法好、履职能力强。人大代表初步建议人选由党委组织部门会同人大常委会党组及有关方面在充分发扬民主、广泛听取意见基础上提出，并由组织部门综合汇总或经换届选举工作领导小组审核后报党委批准。组织部门要加强对代表候选人的考察和审查。人大及其常委会对人大换届选举工作负组织责任，要依据法律规定，加强对当选代表是否符合宪法、法律规定的代表的基本条件，选举是否符合法律规定的程序，以及是否存在破坏选举和其他当选无效的违法行为进行审查；要推荐履职优秀的代表参加连选。换届时连任代表提名人选一般要占代表总数的三分之一。纪检监察机关要严肃查处选举中的不正之风，公安机关、司法机关要依法追究破坏选举行为的法律责任，确保选举工作风清气正。

11. 密切人大代表同人民群众联系。人大及其常委会要建立健全组成人员联系代表、代表联系群众制度，完善社情民意收集分析工作机制；要加强代表联络机构、代表履职服务网络平台建设，有计划地组织各级人大代表参与代表联络站活动，密切人大代表与人民群众的联系，加强国家机关同人大代表的联系，发挥代表在联系群众、汇聚民意、服务发展等方面的重要作用；要组织好代表学习培训、视察、专题调研、列席人大常委会会议等活动，保障代表知情知政；探索建立代表履职监督和激励机制、代表述职制度，推动代表积极履职。组织人大代表向原选区选民报告履职情况，接受选民监督。政府和有关方面要为代表履职提供必要条件，有效保障代表活动经费，建立完善代表履职补助制度，给予无固定收入代表履职补贴。代表所在单位要落实代表履职时间、经济待遇和经费保障。

12. 提高人大代表议案建议办理质量。人大及其常委会要把办理代表议案建议作为支持代表依法履职，充分发挥代表作用的关键环节，强化对议案建议办理单位承诺事项落实的跟踪问效，开展办理工作满意度测评，切实提高议案建议所涉问题的解决率。“一府两院”应将代表议案建议办理和落实情况纳入承办单位年度工作绩效考核，严格落实办理工作责任制和“一把手”责任制，切实解决重答复、轻落实的问题，提升议案建议办理工作整体水平。政府要设立代表建议办理专项基金，用于办理人民群众比较关注又无法列入计划、难以办理的代表建议，提高代表建议的办结率。

13. 高度重视人大常委会机关建设。适应立法工作和人大职能需要，为区人大设立法制委员会、财政经济委员会、区人大常委会设立预算审查工作委员会积极创造条件。积极探索县级人大常委会秘书长和专职委员编制单列管理模式，为区人大常委会机关配备与工作任务相适应的编制数。根据工作需要，区人大设立法制、财政经济专门委员会，并健全常委会办事机构和工作机构。街道设立人大工作委员会。加快推进信息化建设，依托电子政务网络体系，建立县级人大门户网站、人大常委会机关信息机构，增强人大常委会机关、人大代表与人民群众的交流互动。积极推进人大常委会建立电子表决系统。上级人大要加强对下级人大工作的指导和监督，上下之间、同级之间要密切沟通联系与交流。人大及其常委会重要会议和重大活动所需经费，人大专委会和常委会工作机构工作经费，监督等履职所需的专项经费，代表活动、培训和宣传工作等经费，列入财政预算，严格管理使用。

14. 优化人大常委会组织建设。重视优化人大常委会组成人员结构，增加有法治实践经验和其他相关专业人才的比例，逐步将常委会专职组成人员比例提高到60%以上，努力实现年龄梯次合理、专业适应履职要求。各专委会可以配备熟悉并热爱人大工作、与工作相适应的同级副职级专职委员。为了保持人大工作的连续性，维护依法任免的严肃性，人大及其常委会依法选举任命的国家工作人员，任期内应保持相对稳定，新提名到人大常委会机关的拟任人选应能任满一届，原则上应当有三分之一左右的人大常委会组成人员可以在换届时连任。确因工作需要安排的，其任职要能达到三年以上。在注重从本级人大常委会工作机构负责人中安排组成人员人选的同时，提高下级人大主要负责人在上级人大常委会委员中的比例。

15. 关心人大干部队伍建设。要把人大干部培养使用纳入整个党政机关干部队伍建设总体规划，保持人大干部队伍老中青梯次结构。加大人大常委会机关与其他党政机关之间的干部交流力度，把人大作为培养干部增强法治思维、运用法治方式的重要基地，注重选拔一定数量政治素质好、法治观念强、工作能力优的人大干部到党政、司法机关任职。人大机关在同一职位上任职满十年应当对外交流或根据具体情况换岗。区人大常委会专门委员会主任委员（副主任委员）和人大常委会工作机构负责人任职年龄应与其他党政部门同级干部有所区别，适当放宽。定期安排一定数量的人大机关干部到基层挂职锻炼，有计划地选调人大机关中青年干部参加各级党校、行政学院学习培训。人大常委会组成人员，属平级安排的，其人事工资关系、生活福利待遇不变，由原单位继续负责；属异地提拔使用的，根据本人意愿，经区委批准，其人事工资关系等可转到任职的人大常委会机关。

16. 规范乡镇（街道）人大工作。乡镇（街道）设人大专职主席（工委主任）1名，并提名为县级人大代表人选；配备专职副主席（工委副主任），配备与工作任务相适应的工作人员。乡镇（街道）人大主席（工委主任）、副主席（工委副主任 ）应当把主要时间和精力放在人大工作上，负责处理主席团的日常工作。乡镇人民代表大会会议一般每年举行2次，会期不少于1天，有选举事项时，会期适当增加。乡镇人大在代表大会闭会期间，主席团要有计划安排代表听取和讨论本级人民政府的专项工作报告，对法律、法规实施情况进行检查，开展视察、调研等活动；听取和反映代表和群众对本级人民政府的建议、批评和意见。乡镇人大主席团成员不担任乡镇政府的职务。乡镇（街道）人大（工委）主席（主任）、副主席（副主任）与同职级党政干部待遇同等。乡镇（街道）人大主席（工委主任）参加区委召开的全局性会议和相关的重大活动，参加区委组织部门组织的同职级干部参加的民主推荐和民主测评。加大乡镇（街道）人大与乡镇党政班子或区党政机关之间干部交流力度，届内应有一定数量人员交流、重用、提拔到乡镇党政班子，或区党政部门任职。把乡镇（街道）人大工作纳入全区年度综合考核范围。适应乡（镇、街道）财县管体制要求，人大会议、代表、选举等方面工作所需经费，列入财政预算，实行国库集中支付，做到专款专用。

（中共上饶市广丰区委文件【广发（2016）11号】2016年5月5日）

四、关于加强新时代人大工作的意见

为深入学习贯彻习近平新时代中国特色社会主义思想和党的十九大精神，坚持和完善人民代表大会制度，认真落实全省、全市人大工作会议和省委、市委《关于加强新时代地方人大工作的意见》精神，进一步加强党对人大工作的领导，支持和保证人民代表大会行使国家权力，支持和保证人大及其常委会依法行使职权，更好地结合实际发挥全区各级人大及其常委会职能作用，提升全区人大工作整体实效，现就加强新时代人大工作提出如下意见。

（一）加强党对人大工作的全面领导

1. 坚持正确政治方向。人民代表大会制度是坚持党的领导、人民当家作主、依法治国有机统一的根本政治制度。习近平总书记关于坚持和完善人民代表大会制度的重要思想，是习近平新时代中国特色社会主义思想的重要组成部分，是做好新时代人大工作的行动指南。全区上下要坚持以习近平新时代中国特色社会主义思想为指导，增强“四个意识”，坚定“四个自信”，做到“两个维护”，切实增强责任感使命感，认真落实中央、省委、市委关于人大工作的要求，加强对人大工作的领导，支持和保障人大依法行使职权，创造性地做好监督、决定、发挥代表作用等工作，更好地服务经济社会发展大局，推动人大工作与时俱进、创新发展，共同谱写好新时代广丰改革发展新篇章。

2. 健全党委领导制度。各级党委要把人大工作纳入总体工作布局，每届任期内至少召开1次人大工作会议，每年要听取人大常委会党组的专题工作汇报，定期研究人大工作，及时解决人大工作中的重大事项和重要问题；除有明确规定的范围外，党委召开全局性会议、开展重大活动，党委组织部门组织民主推荐、民主测评，应安排同级人大专门委员会工作机构主要负责同志参加。要把党委工作部门支持人大工作、“一府一委两院”接受人大监督的情况纳入领导班子和领导干部实绩考核。政府垂直管理部门、派出机构要依法自觉接受区人大常委会及所在地人大的监督。人大常委会开展专项工作评议及满意度测评的意见和结果等情况，应作为干部选拔任用的重要参考。

3. 发挥人大党组的作用。各级党委要加强对人大工作的领导，及时通报重大事项和重要人事安排。换届时拟继续提名的人大代表人选，应听取人大常委会党组的意见。人大常委会党组要发挥把方向、管大局、保落实的领导作用，严格执行《中国共产党党组工作条例》《中国共产党重大事项请示报告条例》，人大工作中的重大事项、重大问题和重要情况，及时向区委报告，重要议题提请同级党委常委会会议研究。认真履行全面从严治党主体责任，严明党的纪律规矩，严格贯彻中央八项规定精神，切实转变和改进作风；把“不忘初心，牢记使命”作为人大及其常委会加强党的建设永恒课题和党员干部的终身课题；大力支持纪委监委派驻纪检监察组履行职责、开展工作，推进清廉人大建设。

4. 加强人民代表大会制度和宪法的宣传教育研究。把习近平总书记关于坚持和完善人民代表大会制度的重要思想、宪法法律作为各级党委（党组）理论学习中心组学习内容，纳入党校（行政学院）干部教育培训的必修课程。有计划地对人大及其常委会选举任命干部开展人大制度理论和宪法知识的培训，将宪法学习纳入领导干部年度述职述法的重要内容。加强人大制度和人大工作宣传，党委宣传部门和新闻舆论单位要把人大宣传工作纳入工作总体部署，积极发挥新兴媒体作用，突出宣传宪法法律、人民代表大会制度、人大工作和人大代表履职活动，让国家根本政治制度深入人心。加强人大制度理论和实践研究，把人大制度理论和人大工作研究纳入领导干部重要调研课题内容，推动人大理论研究走深走实。

（二）支持和保障人大及其常委会依法行使职权

5. 配合上级人大做好立法调研和规范性文件备案审查工作。根据全国、省、市人大常委会的安排，动员全区各级人大代表，特别是立法调研点的代表，积极参与立法调研工作，提高法规草案征求意见的覆盖面和知晓度，及时反映基层意见建议，推动有关法律法规的完善和实施，服务好上级立法工作。依法履行备案审查职责，“一府一委两院”规范性文件应依法向本级人大常委会报送备案，坚持有件必备、有备必审、有错必纠，推进规范性文件合法性审查。

6. 增强人大监督实效。各级党委要重视和支持人大依法监督，协调解决人大监督工作中遇到的重大问题。人大常委会要围绕党委决策部署，聚焦影响法律法规实施、制约经济社会发展、损害群众利益的突出问题，创新和改进执法检查、专题询问、工作评议、专项报告等组织方式，开展持续监督、联动监督、跟踪监督，使监督压力真正转化为改进工作的动力。依据监察法的规定，人大常委会听取审议同级监委的专项工作报告；改进执法检查工作，探索建立邀请专家参与、引入第三方评估等机制，加强对行政职能部门裁量权的监督，增强检查针对性和有效性；加强政府预算全口径审查、全过程监督，加快推进预算联网监督；推行预算绩效审查，推进人大预算审查监督重点向支出预算和政策拓展；建立健全人大国有资产监督制度，推进国有资产管理情况报告和监督深化拓展、提质增效；加强政府性债务的审查监督，建立健全政府债务管理情况向人大定期报告制度；支持人大借助审计力量开展监督，建立人大审查监督与政府审计的工作衔接机制，年度审计计划安排要听取人大财经委意见，依法及时公开审计结果，加大对审计结果查出问题的整改力度，形成监督合力；扩大专项工作报告，审查意见满意度测评工作的覆盖面，探索运用质询、特定问题调查等法定监督方式，推进专题询问常态化。

7. 推进讨论决定重大事项工作常态化。建立党委、人大、政府讨论决定重大事项联席会议制度。沟通协调讨论决定重大事项议题。政府要落实重大决策出台前向人大常委会报告的规定，加快制定相关工作制度，完善报告的议题范围、方式和程序，及时向人大及其常委会提出，通过人大依法作出决定决议。人大及其常委会要依法行使重大事项决定权，并加强对决议决定落实情况的监督。有关部门要依法贯彻实施人大作出的决定决议，认真处理并及时向人大反馈。

8. 保障人大依法行使选举任免权。要坚持党管干部和人大依法任免相统一原则，保证党组织推荐的人选通过法定程序成为国家机关领导人员。凡应由人大及其常委会选举任命的干部人选，提名人应按相关法律规定向本级人大或者常委会介绍情况、听取意见。鼓励和支持人大常委会通过履职评议等形式，加强对任命干部任后监督。认真实施任前法律知识考试制度，任前发言制度和任后宪法宣誓制度，人大及其常委会选举和任命“一府一委两院”及政府部门任命的国家工作人员，就职时要按相应程序进行宪法宣誓。

（三）积极发挥人大代表主体作用

9. 做好代表履职服务保障。各级党委要加强对人大代表选举工作的领导，依法做好人大代表选举工作，继续实施三分之一连任代表由区人大常委会党组和乡镇人大主席团向同级党委提出建议人选，党委推荐的党外人大代表候选人不少于35%。严肃查处违反选举法律法规、破坏选举工作的违法违纪行为，把好代表的政治关、素质关、结构关、廉洁关。完善人大代表培训机制，统筹开展初任学习、履职学习、专题学习，届内对本级人大代表至少培训1次。代表所在单位对代表依法执行职务应给予时间保障，保证工资和其他待遇。建立代表履职补助制度，对代表依法履职产生的交通、通信、食宿等费用参照相关规定由所在单位给予补助，无固定工资收入的代表参加履职活动，应根据实际情况发放履职补贴，相关费用由本级财政解决。

10. 密切代表联系制度。各级党委和国家机关要加强同人大代表的联系，通过多种方式认真听取意见建议。健全区人大常委会组成人员联系区级基层人大代表和代表联系人民群众“双联”制度，完善人大代表列席人大常委会和专门委员会会议制度，改进人大代表参加集中视察、专题调研方式，扩大代表对人大常委会和专门委员会工作的参与面，保证基层人大代表任期内至少列席 1 次常委会会议、参加 1 次人大常委会履职活动。提升人大代表联络工作站建设、管理和使用，明确功能定位、规范标准职责，工作经费列入区、乡财政预算；进一步加强驻外、片区人大代表联络站建设的探索实践，不断总结经验、加强举措，力争以实实在在的成效赢得群众认可；制度化常态化规范化开展“代表接待日进站接待选民”，各级人大代表每年至少应当进站接待群众 1 次，领导干部代表要率先垂范。政府研究出台重大工程项目或涉及民生的重大举措要主动听取代表意见建议。

11. 办好人大代表议案建议。探索建立民生实事项目人大代表票决制，完善人大常委会领导领衔督办机制、各专工委日常督办机制、选任联工委综合督办机制和满意度测评机制，切实提高建议办理实效。每年从代表建议中选取 10 件左右作为重点建议，由人大常委会领导牵头督办，公开办理结果，接受群众和媒体监督。“一府一委两院”要落实办理单位主要领导责任制，扎实推进代表建议办理，不断提高问题解决率和满意度；各承办单位应当依照法律规定，优化代表建议、批评、意见办理和答复流程，在解决问题上下足功夫，积极回应人民关切。

12. 强化代表履职管理监督。完善人大代表履职监督机制，建立健全代表履职档案，届末汇总代表任期内履职情况，向同级党委组织部门通报，作为换届时代表继续提名的重要依据；建立代表述职制度，组织代表向原选举单位、原选区选民报告履职情况，直接选举的代表任期内至少向原选区选民报告 1 次履职情况；完善代表激励机制，由区人大常委会每年对履职优秀的代表进行表彰，并通过电视台、报社开设《代表风采》栏目进行事迹宣传，展示代表风采，扩大社会影响，激发代表履职热情；健全代表届中调整和退出机制，对不称职或因身体等原因不能履职或因工作变动不适宜继续执行代表职务、连续两年未经批准缺席人民代表大会的，按法定程序辞去代表职务；对违反社会道德或存在与人大代表身份不符的行为，经提醒仍不改正的，责令其辞去代表职务。

（四）努力提高人大及其常委会履职水平

13. 优化人大常委会组成人员结构。进一步优化人大常委会组成人员知识、年龄和专业等结构，提高有法治实践经验和相关专业人才的比例，常委会工作机构负责人、乡镇人大负责人在人大常委会组成人员中应有适当比例，确保人大常委会专职组成人员比例达到 60% 以上，党委推荐党外人大常委会候选人不少于 30%。人大常委会组成人员调整要与人大常委会党组沟通。各专门委员会配备 1 名熟悉人大工作的同级副职专职委员。人大常委会建立组成人员出席会议情况通报制度，组成人员一年内未经批准缺席常委会会议 2 次以上的，经人大常委会主任会议研究并报同级党委同意，劝其辞去常委会组成人员职务。

14. 重视人大常委会机关建设。进一步畅通人大干部的“进出口”，重视培养选拔中青年干部，积极选派一定数量政治素质好、法治观念强和工作能力优的人大干部交流任职。配备必要的专业人才，充实专门委员会和工作机构的工作力量。落实好“人大常委会主任、副主任不占人大机构编制”的决定。加快人大常委会机关信息化建设，推进人大会议系统、电子表决系统、代表履职信息系统建设。建设省市县标准统一，数据共享的预算联网监督系统平台，加强备案审查信息平台建设，强化生态环境保护网上监督系统平台功能。人大及其常委会重要会议和重大活动所需经费，人大专委会和常委会工作机构工作经费，监督等履职所需的经费，代表活动、培训和宣传工作等经费，列入财政预算，严格管理使用。

15. 加强和规范乡镇（街道）人大工作。乡镇党委要高度重视乡镇人大工作，保障乡镇人大依法行使职权，落实乡镇人大一年召开两次人民代表大会要求，科学依法确定议题，会期不少于1天，切实提高会议质量。乡镇人民代表大会闭会期间，主席团要有计划地安排代表听取讨论本级人民政府的专项工作报告，组织开展执法检查、视察调研等活动。区人大常委会、街道党工委要支持和保障街道人大工委依法开展工作、发挥作用。乡镇（街道）人大（工委）主席（主任）、副主席（副主任）应当把主要时间和精力放在人大工作上。人大（工委）主席（主任）列席乡镇（街道）党（工）委会议，享受同职级党政干部待遇。乡镇（街道）人大的会议、代表、选举等工作经费，列入同级财政预算。

16. 加强工作交流联动。充分发挥全区各级人大的整体作用，密切工作联系，加强工作指导，联动开展监督工作，邀请乡镇人大代表参加有关会议和活动，提高乡镇人大主要负责人在区人大常委会委员中的比例，增强新时代人大工作整体实效。加强区人大常委会对外学习交流，共同提升人大履职水平；完善人大常委会班子成员、专工委联系乡镇（街道）人大（工委）制度，区乡人大座谈会制度；尊重首创精神，鼓励工作创新，及时交流推广经验做法，推动全区人大工作创新发展。

（中共上饶市广丰区委文件【广发（2020）2号】2020年4月18日）

编后记

《广丰县（区）人民代表大会志》第三部（续志）编纂工作，是一项浩繁的系统文化工程，本书旨在全面系统地记述2005年至2021年广丰县（区）人民代表大会制度，在新时代的不断完善和发展历程，为推进社会主义政治建设提供科学借鉴。

广丰区人大常委会对本志书的编纂工作高度重视，2021年12月28日，区人大常委会主任皮晓瑶主持召开区第十七届人大常委会第3次主任会议，作出了《广丰县（区）人民代表大会志》续编第三部志书决定，确定由区人大常委会党组副书记、人大常委会副主任刘旭涛负总责，负责编纂志书的各项工作。2022年4月中旬，编纂工作启动，聘用了3位退休老同志、1名人大机关在职干部共同承担志书编纂工作。2022年5月19日，编委会召开了编纂人员和办公室有关人员会议，研究和部署了编纂各项工作。此后，编纂人员参照人大上两部志书的纲目，以及邻县（区）人大志编写经验，结合人大工作实际，制订了编纂工作计划、编写纲目，确定编写框架，进行编写分工。根据个人的分工情况，各自进入区人大档案室查阅文档资料，收集、复印、摘录。同时，走访人大专工委、区直机关有关单位、基层乡镇人大了解有关情况，坚持边收集资料，边执笔编写。按照志书体例要求，横列县（区）人民代表大会及其常委会有关门类，综述县（区）人民代表大会历史与现状，按章、节、目3个层次，层层相辖，依次记述，诸体并用，以概述总摄梗概，大事记采用编年、月、日为序，志述以专章为主，图表为辅，本志书共修改纲目3次，收集资料380多万字。

2022年12月初，本志书初稿出炉，先送给人大相对应的各专工委审查核稿、校对、修改，然后由编写人员整理收集，送方圆公司打印综合装订成册，形成征求意见稿，分别2023年春节后召开历届人大常委会正、副主任座谈会和区直机关有关单位负责人、乡镇（街道）人大（工委）主席（主任）座谈会上，广泛征求意见，吸收各方面的意见和建议，力求使这部志书更加翔实、完整、客观准确地反映广丰县（区）人大工作的发展历史。经编纂人共同努力，志书于2023年5月底初稿全部完成，送往北京方志出版社付印。全书除概述、凡例、大事记及文件辑存外，正文共 8 章，40 节。

在编纂人大志过程中，多方面工作得到了区人大专工委办鼎力相助，稿件审查给予大力支持和帮助，尤其是人大常委会办公室为编纂人员提供了优越的办公环境，解决了编写人员所遇到的困难和问题。同时也得到人大历届老领导、区委宣传部、区民政局、区融媒体中心（电视台）、区总工会、区档案馆、区党史办等，以及乡镇（街道）主席团（工委）等给予工作支持和配合。在此，特向所有给予关心、支持、帮助以及付出辛劳的领导和员工表示衷心的感谢！

由于本部志书时间较长，前后涉及 5 届人民代表大会史，有的资料欠缺，使少数章节内容不够完整，定有不尽如人意之处，恳请读者批评指正。

2023 年 8 月 18 日

注：编撰人员分工（名单排列不分先后）：

吴处银　凡　例、概　述、第四章、第六章；

郑连塘　第二章、文件辑存、编后记；

叶妙生　大事记、第三章、第八章；

张志强　第一章、第五章、第七章。